중학교

국어 3-1
평가문제집

이삼형 교과서편

구성과 특징

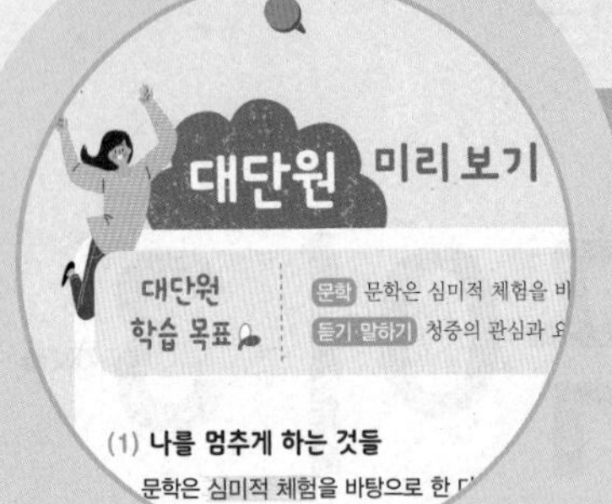

대단원 미리 보기

대단원의 학습 목표와 대단원에서 배울 내용을 정리하고, 확인 문제를 통해 이를 확인하도록 하였습니다.

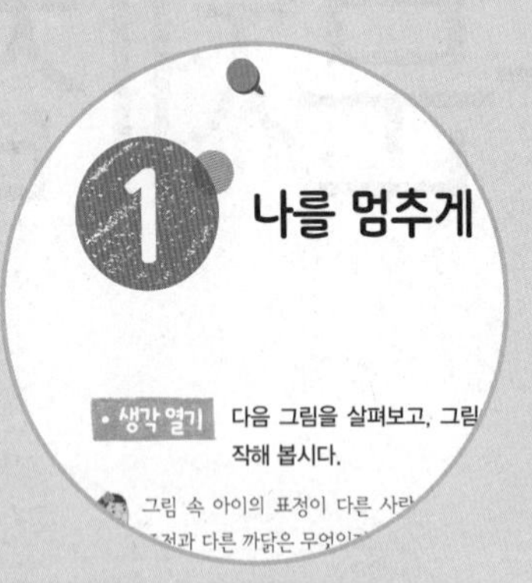

소단원 도입

교과서의 소단원 도입 활동인 '생각 열기'의 내용을 확인하고, 소단원의 학습 목표와 핵심 원리를 이해하도록 하였습니다.

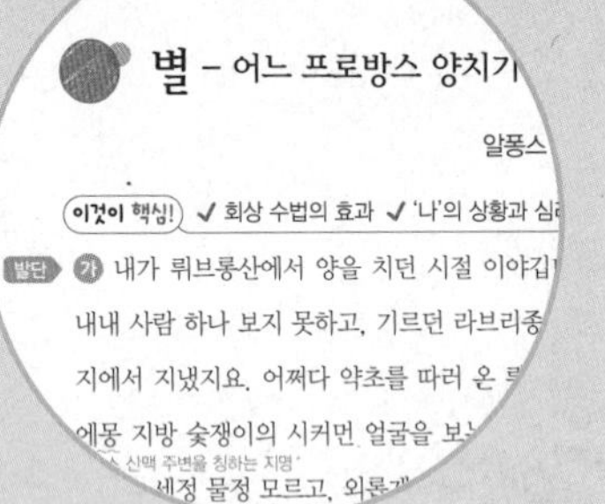

소단원 본문

'이것이 핵심'과 '핵심 확인'을 통해 글의 구성 단계별 핵심 내용을 정리하고, '핵심 개념'을 통해 활동 단원의 주요 개념을 확인하도록 하였습니다. '확인 문제'의 풍부한 문제를 바탕으로 본문의 내용을 꼼꼼하게 확인 · 평가할 수 있도록 하였습니다.

학습 활동 다지기

학습 활동의 예시 답을 확인하고 이에 따른 문제를 풀어 봄으로써 소단원의 주요 내용을 확인하고, '수행 평가 대비 활동'을 통해 창의 · 융합 활동을 바탕으로 한 수행 평가를 대비할 수 있도록 하였습니다.

핵심 콕 마무리

소단원 제재의 핵심 내용과 소단원 학습 내용의 핵심 원리를 한눈에 확인할 수 있도록 정리하였습니다.

소단원 핵심 문제

소단원에서 꼭 알아야 할 다양한 유형의 핵심 문제를 풀어 봄으로써 자신의 실력을 평가해 보도록 하였습니다. 또한 서술형 문제의 비중을 높여 내신에서 논술형 문제를 대비할 수 있도록 하였습니다.

단원 + 단원

대단원에 포함된 각 소단원을 연결하는 '단원 + 단원' 활동을 정리하고, 각 활동에 대한 해설과 예시 답안을 제시하였습니다.

대단원 확인 문제

각 소단원에서 배운 학습 내용을 종합적으로 평가하도록 하였습니다. 시험에 꼭 나올 만한 문제를 통해 대단원의 내용을 정확히 이해하였는지 확인하고, 내신을 완벽하게 대비하도록 하였습니다.

차례

1 문학을 통한 소통과 공감

2 좋은 글, 바른 문장

3 전략적으로 읽고 논리적으로 쓰기

4 문학 속의 세상

5 비판적인 읽기와 듣기

1 문학을 통한 소통과 공감

(1) 나를 멈추게 하는 것들

(2) 별

(3) 자연이 하는 말을 받아쓰다

대단원 학습 목표

문학 문학은 심미적 체험을 바탕으로 한 다양한 소통 활동임을 알고 문학 활동을 할 수 있다.

듣기·말하기 청중의 관심과 요구를 고려하여 효과적으로 말할 수 있다.

• 정답과 해설 p.2

(1) 나를 멈추게 하는 것들

문학은 심미적 체험을 바탕으로 한 다양한 소통 활동임을 알고 문학 활동을 할 수 있다.

- 시에 나타난 심미적 인식을 공유하고 삶의 의미 성찰하기
- 자신의 심미적 체험을 문학적으로 표현하기

「나를 멈추게 하는 것들」은 일상의 평범하고 사소한 대상에서 발견한 가치를 통해 삶의 의미를 성찰하고 앞으로 나아가려는 화자의 모습을 형상화한 작품이다. 화자가 발견한 가치를 자신의 삶과 관련지어 봄으로써, 심미적 인식을 이해하고 삶의 의미를 성찰해 보도록 한다.

심미적 체험이란 어떤 대상을 감상하고 지각하고 즐기는 경험을 말한다. 이때 '심미'는 단순히 아름다움의 측면만 가리키는 것이 아니라 아름다움과 추함, 숭고함과 비속함, 슬픔이나 우스움 등의 여러 측면을 의미한다.

확인 문제

01 심미적 체험에 관한 설명으로 옳은 것은 ○, 틀린 것은 ×를 하시오.

(1) 어떤 기준에 따라 대상의 아름다움을 판단하는 것이다. ( )

(2) 모든 존재의 의미를 아름다움의 차원에서 받아들이는 것을 말한다. ( )

(3) 어떤 대상에 대해 '아름답다, 추하다, 조화롭다.' 등을 느끼는 것을 의미한다. ( )

(2) 별

문학은 심미적 체험을 바탕으로 한 다양한 소통 활동임을 알고 문학 활동을 할 수 있다.

- 문학이 심미적 체험을 바탕으로 한 소통 활동임을 이해하기
- 자신의 심미적 체험을 다양한 방법으로 표현하기

「별」은 사랑에 관한 작가의 심미적 인식과 문학적 표현의 심미성을 잘 드러내고 있는 작품이다. 「별」을 통해 소설의 서정성과 문학적 묘사가 만들어 내는 아름다움을 체험하며 문학을 즐기고 향유해 보도록 한다.

(3) 자연이 하는 말을 받아쓰다

청중의 관심과 요구를 고려하여 효과적으로 말할 수 있다.

- 청중의 관심과 요구 분석하기
- 청중의 관심과 요구를 고려하여 효과적으로 말하기

「자연이 하는 말을 받아쓰다」에서 강연자가 청중의 효과적인 이해를 위해 어떤 표현 전략을 사용했는지 평가해 보면서 청중을 고려한 말하기의 중요성과 효과를 파악하도록 한다. 이를 바탕으로 청중의 관심과 요구를 고려하여 효과적으로 말하기를 해 보도록 한다.

성공적인 말하기를 위해서는 말하기의 목적이 무엇인지, 말하기의 상황이 어떠한지 등 많은 요소를 고려해야 한다. 그중에서 가장 중요한 것은 말을 듣는 청중에 관해 분석하는 것이다. 따라서 말하기를 할 때는 **청중의 관심과 요구**를 고려해야 한다.

확인 문제

02 다음 빈칸에 들어갈 알맞은 말을 쓰시오.

> 말하기를 계획할 때 청중의 □□과 □□ 등 청중을 분석하여 말하기 전략을 세우면 의사소통을 효과적으로 할 수 있다.

이 단원에서는 문학 작품의 심미적 인식을 파악하고, 문학을 통한 소통과 공감의 측면을 이해할 거야. 또한, 청중의 요구와 관심사를 고려하여 말하는 방법을 알아볼 거야. 그러면 문학을 더 잘 이해하고, 효과적으로 의사소통할 수 있을 거야.

나를 멈추게 하는 것들

• 생각 열기 다음 그림을 살펴보고, 그림에 담긴 작가의 생각을 짐작해 봅시다.

그림 속 아이의 표정이 다른 사람들의 표정과 다른 까닭은 무엇일까요?

예시 답 다른 사람들은 모두 자신의 바쁜 일상에 쫓겨 길가에 핀 예쁜 꽃을 바라보지 못하고 있지만, 아이는 이를 발견하고 꽃의 아름다움에 감동을 받았기 때문에 미소를 짓고 있는 것이다.

주변의 사소한 대상을 보고 아름다움을 느낀 경험을 말해 봅시다.

예시 답 등굣길에 낮은 담장에 앉아 있는 참새들을 보고 아름답다고 생각하였다. 아침이면 뿔뿔이 흩어져 각자 자기들의 일을 하러 떠나는 인간과 달리 모두 함께 모여 같은 곳을 바라보는 모습이 새롭게 보였기 때문이다.

• 학습 목표로 내용 엿보기

"그림 속 아이의 모습을 보고, 주변의 사소하지만 아름다운 것들을 다시 한번 생각해 보게 되었어. 이처럼 문학 작품을 감상할 때도 작품에 담긴 삶에 관한 인식을 이해하고, 이를 바탕으로 나의 경험들을 돌아본다면 삶의 의미를 이해할 수 있겠지?"

핵심 1 시 「나를 멈추게 하는 것들」에 나타난 심미적 인식을 파악하며 작품 감상하기

핵심 2 시 「나를 멈추게 하는 것들」에 담긴 심미적 인식을 바탕으로 자신의 심미적 체험을 문학적으로 표현하기

핵심 원리 이해하기 심미적 인식

1. 심미적 체험과 심미적 인식의 의미

심미적 체험	어떤 대상을 감상하고 지각하고 즐기는 경험
심미적 인식	대상의 가치를 아름다움의 측면에서 깨닫는 행위, 또는 그러한 깨달음의 결과

2. 심미적 인식을 바탕으로 한 심미적 체험의 의의

- 인간의 삶에 대한 생각을 공유하고 이를 통해 세계를 깊이 이해하며 삶의 의미를 성찰할 수 있다.
- 심미적 상상력과 건전한 심성을 계발하고 바람직한 인생관과 세계관을 형성할 수 있다.

개념 확인 콕콕 • 정답과 해설 p.2

01 심미적 인식을 바탕으로 문학 작품을 감상한 내용으로 적절한 것은?

① 소설에 반영된 과거의 삶을 오늘날의 삶에 비추어 우리 사회를 성찰해 보았어.
② 소설 속 인물의 삶을 통해 어떻게 사는 것이 바람직한 삶인지를 성찰해 보았어.
③ 소설이 창작될 당시의 사회 · 문화적 상황을 파악하면서 작품의 주제를 생각해 보았어.
④ 다른 사람들도 인정하고 공감할 만한 근거를 바탕으로 시에 대한 내 의견을 정리해 보았어.
⑤ 시의 화자가 대상의 가치를 아름다움의 측면에서 바라보고 얻은 깨달음을 중심으로 시를 이해하였어.

02 다음 빈칸에 들어갈 알맞은 말을 쓰시오.

> 문학 작품을 읽고 심미적 체험을 바탕으로 다양한 소통 활동을 하면 인간의 삶에 대한 생각을 공유하고 이를 통해 세계를 깊이 이해하며 삶의 의미를 (　　　)할 수 있다.

03 다음 시에 대한 심미적 체험으로 적절한 것은?

> 죽는 날까지 하늘을 우러러
> 한 점 부끄럼이 없기를,
> 잎새에 이는 바람에도 / 나는 괴로워했다.
> – 윤동주, 「서시」

① 기발한 발상이 아름다움을 주고 있어.
② 화자의 성찰적 태도에서 숭고함이 느껴져.
③ 삶을 아름답게 여기는 인식이 나타나고 있어.
④ 현실을 절망적으로 바라보는 비장함이 느껴져.
⑤ 미래에 대한 희망을 이야기하는 화자의 의지적 태도가 아름다워.

본문 안내

이 소단원은 문학 활동이 작가와 독자, 독자와 독자가 인간의 삶에 관한 심미적 인식을 공유함으로써 세계에 대한 깊이 있는 이해와 삶의 의미를 성찰하는 언어 활동임을 다루고 있다. 「나를 멈추게 하는 것들」은 작고 나약하지만 꿋꿋이 살아가는 사물과 사람들에 관한 심미적 인식과 화자의 성찰적 태도가 잘 드러나 있는 시이다. 작품 속의 심미적 인식을 바탕으로 자신의 삶을 돌아보고, 이를 다양한 방법을 통해 심미적으로 표현하는 능력을 길러 보도록 한다.

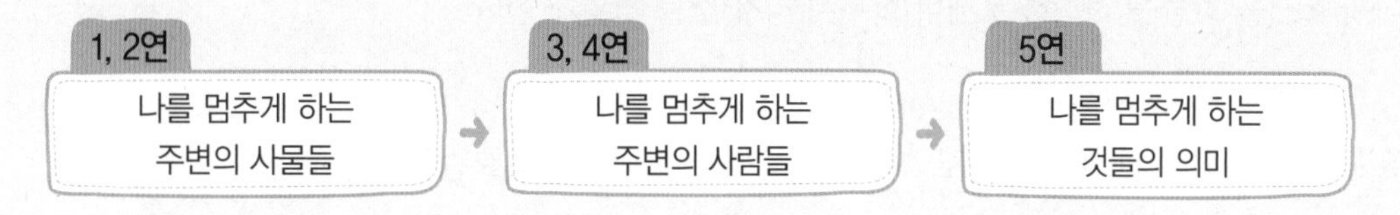

본문 개관

★ **글쓴이 소개** 반칠환

시인. 1992년 『동아일보』 신춘문예로 등단하며 작품 활동을 시작하였다. 시집 『뜰채로 죽은 별을 건지는 사랑』, 『웃음의 힘』, 시선집 『누나야』, 시평집 『내게 가장 가까운 당신』 등이 있다.

★ **갈래** 자유시, 서정시

이 시는 정해진 형식이나 운율에 구애받지 않고 자유로운 형식으로 이루어진 자유시이며, 개인의 감정이나 정서를 담은 서정시이다.

★ **성격** 사색적, 성찰적

이 시는 화자가 일상의 평범하고 사소한 대상을 발견하고 그것의 가치에 대해 깊이 생각하고 있다는 점에서 사색적이며, 주변의 사소한 대상에서 발견한 가치를 통해 자신의 삶을 돌아보고 있다는 점에서 성찰적이다.

★ **제재** 나를 멈추게 하는 것들

이 시에서 화자를 멈추게 하는 것들은 '씀바귀꽃, 제비, 노점 할머니의 옆모습, 실업자 어머니의 뒷모습' 등으로 주변에서 흔히 발견할 수 있는 작고 연약한 대상들이다. 화자는 이러한 대상들을 통해 삶의 의미를 성찰하고 있으며 앞으로 나아가는 힘을 얻고 있다.

★ **주제** 작고 나약하지만 꿋꿋이 살아가는 사물과 사람들이 주는 삶의 위안

화자는 일상의 사소한 대상에서 의미를 발견하고 이러한 심미적 인식의 체험을 시의 마지막 연에 함축적으로 표현하고 있다. 마지막 연에서 화자는 작고 나약하지만 굳세게 살아가는 사물과 사람들을 통해 삶의 위안과 힘을 얻는다고 말하며 그것을 통해 앞으로 나아가게 되었다는 뜻을 전하고 있다.

나를 멈추게 하는 것들
– 속도에 대한 명상 13

반칠환

이것이 핵심! ✔ 화자의 심미적 인식

보도블록 틈에 핀 씀바귀꽃 한 포기가 나를 멈추게 한다

어쩌다 서울 하늘을 선회하는 제비 한두 마리가 나를 멈추게 한다

육교 아래 봄볕에 탄 까만 얼굴로 도라지를 다듬는 할머니의 옆모습이 나를 멈추게 한다

굽은 허리로 실업자 아들을 배웅하다 돌아서는 어머니의 뒷모습은 나를 멈추게 한다

나는 언제나 나를 멈추게 한 힘으로 다시 걷는다

핵심 확인 작품에 담긴 심미적 체험

화자의 심미적 체험	어느 봄날 길을 걷다가 사소하고 일상적이지만 가치 있는 대상들을 발견하고 멈춤.
↓	
작가가 전하고자 한 심미적 인식	일상의 사소한 대상들이 주는 삶의 위안과 그것들의 가치를 이야기하고자 함.

화자의 심미적 체험을 드러낸 방법과 효과

화자의 심미적 체험을 드러낸 방법	주로 시각적 심상을 통해 드러냄.
↓	
심상을 통해 심미적 인식을 표현한 효과	읽는 이가 말하고자 하는 바를 구체적이고 생생하게 느낄 수 있음.

확인 문제

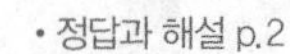
• 정답과 해설 p.2

01 이 시에 대한 설명으로 적절하지 않은 것은?

① 향토색이 잘 드러나 있다.
② 중심 소재를 열거하고 있다.
③ 삶의 의미를 성찰하고 있다.
④ 사소한 대상에서 발견한 가치를 표현하고 있다.
⑤ 문장 구조의 반복을 통해 운율감을 형성하고 있다.

핵심

02 이 시를 통해 작가가 전하고자 한 심미적 인식으로 가장 적절한 것은?

① 평화로운 세상에서 살고 싶은 소망
② 일상의 사소한 대상들이 주는 삶의 위안
③ 자연과의 교감을 통해 깨달은 삶의 가치
④ 부정적인 현실에 좌절하지 않는 삶의 의지
⑤ 고난과 역경 속에서도 완성되는 삶의 아름다움

03 이 시에서 주로 사용된 심상이 나타나 있는 시구로 적절한 것은?

① 밥티처럼 따스한 별
② 뒷문 밖에는 갈잎의 노래
③ 서러운 풀빛이 짙어 오것다
④ 분수처럼 흩어지는 푸른 종소리
⑤ 어마씨 그리운 솜씨에 향그러운 꽃지짐

서술형

04 이 시에서 화자를 멈추게 한 것들의 공통점을 〈조건〉에 맞게 서술하시오.

조건
- 화자를 멈추게 한 것들의 특성과 주제와의 관련성을 고려하여 쓸 것.
- 공통점 2가지를 각각의 문장으로 쓸 것.

학습 활동

• 정답과 해설 p.2

이해 활동

1. 이 시의 화자가 어떠한 상황에 있는지 이야기해 봅시다.

예시 답 화자는 어느 봄날 길을 걷다가 사소하고 일상적이지만 가치 있는 대상들을 발견하고 길을 멈춘 상황이다.

2. 이 시에서 화자를 멈추게 한 것들을 정리해 보고, 그 공통점을 파악해 봅시다.

보도블록 틈에 핀 씀바귀꽃 한 포기

어쩌다 서울 하늘을 선회하는 제비 한두 마리

나를 멈추게 하는 것들

육교 아래 봄볕에 탄 까만 얼굴로 도라지를 다듬는 할머니의 옆 모습

굽은 허리로 실업자 아들을 배웅하다 돌아서는 어머니의 뒷모습

공통점 우리 주위에서 흔히 발견할 수 있는 작고 연약한 대상이지만 화자에게는 삶의 의미와 가치를 전해 주는 대상들이다.

이해 **다지기 문제**

1 이 시에서 화자를 멈추게 한 것들의 공통점으로 적절하지 <u>않은</u> 것은?

① 작고 연약한 대상이다.
② 화자의 감정이 이입된 대상이다.
③ 삶의 의미와 가치를 전해 주는 대상이다.
④ 일상 속에서 쉽게 지나칠 수 있는 대상이다.
⑤ 우리 주위에서 흔히 발견할 수 있는 대상이다.

목표 활동

1. 이 시의 화자가 체험한 심미적 인식을 이해하며 작품을 감상해 봅시다.

1 화자가 걸음을 멈춘 까닭을 생각해 보고, 이 시의 마지막 연이 뜻하는 바를 이야기해 봅시다.

나는 언제나 나를 멈추게 한 힘으로 다시 걷는다

↓

예시 답 화자는 평소에는 큰 의미가 없었던 일상의 사소한 대상에서 의미를 발견하여 발걸음을 멈추었을 것이다. 따라서 마지막 연은 화자가 작고 나약하지만 굳세게 살아가는 사물과 사람들을 통해 삶의 위안과 힘을 얻고, 그것을 통해 앞으로 나아가게 되었다는 뜻일 것이다.

2 이 시에 나타난 화자의 모습을 통해 작가가 전하고자 한 심미적 인식은 무엇이었을지 생각해 봅시다.

작가는 일상의 사소한 대상들이 주는 삶의 위안 또는 가치 을/를 이야기하고 싶었을 것이다.

3 이 시를 감상한 후, 우리가 사는 세계와 삶의 의미에 관해 어떤 깨달음을 얻을 수 있었는지 말해 봅시다.

예시 답 나는 그동안 나에게 의미 없던 존재들을 다시 돌아보게 되었어. 그랬더니 모든 사물이 다시 보였어. 다 쓴 몽당연필 한 자루도 내가 그것을 쓰며 보낸 시간들을 생각하니 의미 있는 존재가 되었어.

세계에 관한 깊이 있는 이해를 돕는 심미적 인식

심미적 인식이란 대상의 가치를 아름다움의 측면에서 깨닫는 행위, 또는 그러한 깨달음의 결과를 말합니다. 우리는 문학 작품을 감상함으로써 작가의 심미적 인식을 공유하고, 우리가 사는 세계를 깊이 있게 이해하며, 삶의 의미를 성찰하게 됩니다.

목표 다지기 문제

1 이 시의 화자에 대한 설명으로 가장 적절한 것은?
① 삶의 의미를 성찰하고 있다.
② 부정적 현실을 비판하고 있다.
③ 현실의 잘못을 반성하고 있다.
④ 자신의 지나간 삶을 아쉬워하고 있다.
⑤ 주변 대상에게 너그러운 태도를 보이고 있다.

2 시의 주제와 관련지어 이 시를 감상한 내용으로 가장 적절한 것은?
① 주변의 자연물과 사람이 교감하는 모습을 보면서 생명의 가치에 대해 생각해 보았어. 벌레를 생명이 있는 존재로 보니 벌레가 징그럽지 않더라.
② 주변의 사물들이 화자에게 의미 있게 다가온 것을 보면서 사물의 본질에 대해 생각하게 되었어. 나도 주변 사람들에게 의미 있는 존재가 되고 싶어.
③ 절망적인 순간에도 삶의 아름다움을 발견하는 화자의 태도를 통해 삶을 바라보는 긍정적인 자세에 대해 생각하게 되었어. 삶을 희망으로 만드는 건 나 자신이야.
④ 부정적인 현실에 좌절하지 않는 용기와 의지에 대해 생각하는 기회가 되었어. '나를 멈추게 한 힘으로 다시 걷는다'라고 한 화자처럼 나도 좌절하지 않을 거야.
⑤ 나는 그동안 나에게 의미 없던 존재들을 다시 돌아보는 계기가 되었어. 다 쓴 몽당연필 한 자루도 내가 그것을 쓰며 보낸 시간들을 생각하니 의미 있는 존재가 되었어.

2. **이 시는 주로 시각적 심상을 통해 화자의 심미적 체험을 드러내고 있습니다. 이어지는 활동을 바탕으로 이러한 표현의 효과를 생각해 봅시다.**

1 나를 멈추게 한 일상 속의 경험을 생각해 보고, 다음 중 한 가지 심상을 골라 그 심상을 중심으로 표현해 봅시다.

청각 후각 미각 촉각

예 (촉각) 아침 등굣길, 얼굴에 비친 따스한 햇살이 나를 멈추게 한다.

예시 답 (후각) 오랜만에 할머니를 뵈러 가는 길, 들풀의 싱그러운 냄새가 나를 멈추게 하였다.

2 동일한 심상을 선택한 친구들끼리 모둠을 이뤄 서로의 경험을 나누어 보고, 그 내용을 정리해 봅시다.

우리 모둠의 심상: 예시 답 생략

이름	걸음을 멈추게 한 경험

3 이와 같이 심상을 통해 심미적 인식을 표현한 효과를 말해 봅시다.

예시 답 심미적으로 인식한 내용을 심상의 방법으로 표현하니 말하고자 하는 바를 구체적이고 생생하게 느낄 수 있었다.

목표 다지기 문제

3 국어 시간에 다음과 같은 활동을 하였다. 활동의 수행을 가장 잘한 학생은?

> 다음의 〈조건〉에 맞는 문장을 만들어 제출하시오.
> • 조건 1: 나를 멈추게 한 일상 속의 경험을 생각하여 쓸 것.
> • 조건 2: 시각, 청각, 후각, 미각, 촉각 중 한 가지 심상을 골라 그 심상을 중심으로 표현할 것.

① 경준: (시각) 따뜻한 입김을 불어 그린 낙서가 포근하다.
② 준영: (후각) 바다 냄새 가득 싣고 오는 버스와 부푼 바다 물빛이 나를 멈추게 한다.
③ 민경: (촉각) 바람이 찬 저녁, 퇴근하고 오신 아버지의 서느런 옷자락이 나를 멈추게 한다.
④ 선형: (미각) 쓰디쓴 약을 먹으면서도 찡그리지 않고 웃는 어린 동생의 모습이 정말 정겹다.
⑤ 영선: (청각) 우리 반 교실에서 까르르까르르 웃는 아이들의 웃음과 초롱초롱 반짝이는 아이들의 눈이 나를 멈추게 한다.

창의·융합 활동

함께하기

다음 시를 감상한 후, 이어지는 활동을 해 봅시다.

딸을 위한 시

마종하

한 시인이 어린 딸에게 말했다.
'착한 사람도, 공부 잘하는 사람도 다 말고
관찰을 잘 하는 사람이 되라고.
겨울 창가의 양파는 어떻게 뿌리를 내리며
사람들은 언제 웃고, 언제 우는지를.
오늘은 학교에 가서
도시락을 안 싸 온 아이가 누구인지 살펴서
함께 나누어 먹기도 하라고.'

– 마종하, 『활주로가 있는 밤』

1. 이 시를 감상하고, 이를 바탕으로 모둠별로 모방 시를 만들어 봅시다.

1 이 시의 주제를 파악해 보고, 이 시를 감상한 후의 느낀 점에 관해 모둠원들과 이야기를 나누어 봅시다.

예시 답 • 주제: 딸이 주변을 관찰하고, 도움이 필요한 대상을 배려할 줄 아는 사람이 되기를 바라는 아버지의 마음

• 느낀 점: 자기 딸에게 관찰을 통한 관심과 배려로 아름다운 세상을 만들 것을 말하고 있는 아버지의 생각이 마음을 따뜻하게 해 줬어.

2 일상 속 주변의 모습이나 대상을 관찰한 것을 바탕으로 모둠원들과 함께 이 시의 '시인의 말'을 새롭게 만들어 봅시다.

한 시인이 어린 자녀에게 말했다.
'착한 사람도, 공부 잘하는 사람도 다 말고
관찰을 잘 하는 사람이 되라고.
예시 답 화단의 개나리는 언제 꽃을 피우고 / 친구들이 언제 기뻐하고 슬퍼하는지를. / 오늘은 학교에 가서 / 손과 빰이 차가운 친구는 없는지 살피고, / 두 손을 꼭 잡아 주라고.'

2. 1에서 창작한 모방 시를 영상으로 표현하여 친구들과 함께 감상해 봅시다.

1 모둠별로 영상 시를 제작하기 위한 이야기판을 만들어 봅시다.

예시 답 생략

2 이야기판을 활용하여 영상 시를 완성한 후, 반 친구들과 함께 감상해 봅시다.

예시 답 생략

수행 평가 대비 활동

| 수행 평가 TIP | 우선 시를 감상하고 시인이 시를 통해 무엇을 말하고자 했는지를 파악해 봅니다. 원작의 주제와 분위기는 그대로 살리되, 일부 표현만을 바꾸어 새로운 시를 완성해 봅니다. 완성한 모방 시를 영상으로 제작할 때는 영상의 각 장면을 어떻게 찍을지 예상하여 촬영 방법, 배경 음악이나 효과음, 자막 등의 활용 방법을 계획한 다음 영상 시를 만들면 완성도를 높일 수 있어요.

1 평가 내용 확인하기

• 「딸을 위한 시」의 주제와 분위기를 파악하기
• 모방 시를 창작하고, 그것을 영상으로 표현하여 공유하기

2 평가 기준 확인하기

• 시에 담긴 심미적 인식을 잘 파악하여 모방 시로 표현하였는가?

「딸을 위한 시」의 주제와 분위기를 파악하여 시의 앞부분과 흐름이 잘 연결되는 시를 써야 해요.

• 모둠별로 제작한 영상 시가 다른 이들에게 즐거움과 감동을 줄 수 있는가?

시와 영상 매체의 통합이 효과적으로 이루어져야 다른 사람들에게 즐거움과 감동을 줄 수 있어요.

수행 평가 +

1. 일상의 평범하고 사소한 대상에서 가치를 발견했던 경험을 적어 봅시다.

도와줄게 자신의 삶을 진지하게 되돌아보고 주변의 사물이나 사람에게서 가치를 발견했던 경험을 솔직하게 표현해 봅니다.

예 가족과 함께 등산을 하고 있었는데, 산에 핀 들꽃에게 인사를 건네는 꼬마 아이를 보고 사소한 존재의 가치에 대해 깨달은 적이 있다.

2. 1의 내용을 바탕으로 '나를 멈추게 하는 것들'을 참고하여 시를 써 봅시다.

도와줄게 주변의 대상에게서 가치를 발견했던 경험과 그것을 통해 얻은 깨달음이 잘 드러나도록 표현해 봅니다. 가장 적절한 표현을 고민해 보며 여러 번의 퇴고를 거치면 더욱 좋은 시를 쓸 수 있습니다.

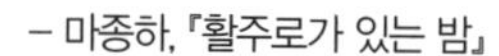

소단원 제재 정리

갈래: 자유시, 서정시
성격: 사색적, 성찰적
제재: 나를 멈추게 하는 것들
주제: 작고 나약하지만 꿋꿋이 살아가는 사물과 사람들이 주는 삶의 위안
특징: ① 중심 소재를 열거하며 삶의 의미를 성찰함.
② 문장 구조의 반복을 통해 주제 의식을 강조함.

제재 한눈에 보기

1~2연	3~4연	5연
나를 멈추게 하는 주변의 사물들	나를 멈추게 하는 주변의 사람들	나를 멈추게 하는 것들의 의미
• 씀바귀꽃 한 포기 • 제비 한두 마리	• 노점 할머니 • 실업자의 어머니	삶의 위안과 힘을 얻고, 앞으로 나아가게 됨.

→ (1~2연 → 3~4연 → 5연)

핵심 원리

심미적 체험과 심미적 인식의 의미

심미적 체험	어떤 대상을 감상하고 지각하고 즐기는 경험 예 어떤 대상에 대해 '아름답다, 추하다, 숭고하다, 비장하다' 등과 같이 느낌.
심미적 인식	대상의 가치를 (❶)의 측면에서 깨닫는 행위, 또는 그러한 깨달음의 결과

심미적 인식을 바탕으로 한 심미적 체험의 의의
• 인간의 삶에 대한 생각을 공유하고 이를 통해 세계를 깊이 이해하며 삶의 의미를 성찰할 수 있음.
• 심미적 상상력과 건전한 심성을 계발하고 바람직한 인생관과 세계관을 형성할 수 있음.

핵심 내용

(1) 시상의 전개와 중심 내용

1~2연	나를 멈추게 하는 주변의 사물들
3~4연	나를 멈추게 하는 주변의 사람들
5연	나를 멈추게 하는 것들의 의미

↓

화자는 일상의 평범하고 사소한 대상에서 가치를 발견하고 삶의 의미를 (❷)하는 모습을 보여 주고 있음.

(2) 화자의 심미적 체험을 드러낸 방법과 효과

주로 (❸) 심상을 통해 화자의 심미적 체험을 드러냄. → 말하고자 하는 바를 (❹)이고 생생하게 느낄 수 있음.

(3) 화자를 멈추게 한 것들의 특징

화자를 멈추게 한 것들 (중심 소재)	공통점
• 씀바귀꽃 한 포기 • 제비 한두 마리 • 도라지를 다듬는 할머니의 옆모습 • 실업자 아들을 배웅하다 돌아서는 어머니의 뒷모습	• 작고 연약한 대상임. • 화자에게는 삶의 (❺)와 의미를 전해 주는 대상임. • 관심을 기울이지 않으면 일상 속에서 쉽게 지나칠 수 있음.

↓

화자는 평소에 큰 의미가 없던 일상의 사소한 대상에게서 의미를 발견하여 발걸음을 멈추었고, 이 과정에서 삶의 의미와 가치를 깨닫게 됨.

(4) 작품에 담긴 심미적 체험

화자가 체험한 심미적 인식	사소하고 일상적이지만 가치 있는 대상들을 발견하고 길을 멈춤.
작가가 전하고자 한 심미적 인식	일상의 사소한 대상들이 주는 삶의 위안 또는 가치를 이야기하고 싶음.
독자가 체험한 심미적 인식	그동안 자신에게 의미 없던 존재들을 다시 돌아보게 되고 모든 사물을 새롭게 인식하게 됨.

↓

우리는 문학 작품을 감상함으로써 작가의 (❻)을 공유하고, 우리가 사는 세계를 깊이 있게 이해하며 삶의 의미를 성찰하게 됨.

정답 ❶ 아름다움 ❷ 성찰 ❸ 시각적 ❹ 구체적 ❺ 가치 ❻ 심미적 인식

소단원 핵심 문제

• 정답과 해설 p.3

[01~06] 다음 시를 읽고, 물음에 답하시오.

보도블록 틈에 핀 씀바귀꽃 한 포기가 나를 멈추게 한다

어쩌다 서울 하늘을 선회하는 제비 한두 마리가 나를 멈추게 한다

㉠ 육교 아래 봄볕에 탄 까만 얼굴로 도라지를 다듬는 할머니의 옆모습이 나를 멈추게 한다

굽은 허리로 실업자 아들을 배웅하다 돌아서는 어머니의 뒷모습은 나를 멈추게 한다

㉡ 나는 언제나 나를 멈추게 한 힘으로 다시 걷는다

출제 예감 85%

01 이 시의 특징으로 적절한 것은?

① 사색적이고 성찰적이다.
② 여성 화자의 고백적인 어조가 나타나고 있다.
③ 현대 문명에 대한 비판적인 태도가 나타나고 있다.
④ 화자의 정서를 다른 대상에 이입해 표현하고 있다.
⑤ 자연과 인간의 대비를 통해 주제를 드러내고 있다.

출제 예감 90% 학습 활동 응용

02 이 시의 화자에 대한 설명으로 가장 알맞은 것은?

① 자연과 동화되는 과정을 겪고 있다.
② 자연물에서 삶의 교훈을 발견하고 있다.
③ 주변의 대상을 따스한 시선으로 보고 있다.
④ 자연의 섭리에 대한 깨달음을 전달하고 있다.
⑤ 현실의 고난을 극복하려는 의지를 지니고 있다.

출제 예감 85%

03 ㉠과 같은 표현 방식이 사용된 것은?

① 스러져 가는 분홍빛 놀
② 쓰디쓴 약과 같은 인생
③ 물소리 구슬피 들려 오는
④ 나는 온몸에 풋내를 띠고
⑤ 젊은 아버지의 서느런 옷자락에

출제 예감 90% 학습 활동 응용

04 ㉡을 가장 바르게 이해한 사람은?

① 재원: 주변의 대상들을 바라보면서 자신의 이기적인 삶을 성찰하고 있어.
② 세진: 주변의 작고 보잘것없는 대상들을 따스하게 바라보며 우리의 고단한 삶을 위로하고 있어.
③ 미란: 작고 연약하지만 씩씩하게 살아가는 대상들을 통해 삶의 위안을 얻는다고 말하고 있어.
④ 유라: 주변의 대상들을 통해 우리 사회가 서로 조화롭게 어울려 사는 공간이 되기를 희망하고 있어.
⑤ 성빈: 소외된 이웃들을 따스한 시선으로 바라보며 더불어 살아가는 삶의 가치에 대해 생각하고 있어.

출제 예감 95% 학습 활동 응용

05 이 시를 감상한 독자들의 심미적 체험으로 가장 적절한 것은?

① 정우: 화자 내면의 감정이 섬세하게 묘사되고 있는 작품을 읽으면서 마음이 따뜻해지는 체험을 하였어.
② 현주: 자연 속에 머물고 싶은 화자의 감정을 쉽고 일상적인 시어를 통해 잘 표현해서 아름다움이 느껴졌어.
③ 기문: 주변의 대상에게서 가치를 느끼는 화자의 모습을 보고 나에게 의미 없던 존재들을 다시 생각하는 계기가 되었어.
④ 서연: 인간과 자연의 정서적 교감을 드러낸 작품을 읽으니, 주변의 자연물을 소중하게 여겨야겠다는 다짐을 하게 되었어.
⑤ 세현: 미래에 대한 소망으로 현실의 어려움을 이겨 내는 화자의 모습을 보면서 의지적으로 살아야겠다는 깨달음을 얻었어.

출제 예감 90% 서술형 학습 활동 응용 논술 대비

06 이 시의 중심 소재들의 공통점을 서술하시오.

조건
• 중심 소재의 공통점을 2가지 이상 쓸 것.
• 50자 내외의 한 문장으로 쓸 것.

소단원 핵심 문제

[07~11] 다음 시를 읽고, 물음에 답하시오.

보도블록 틈에 핀 씀바귀꽃 한 포기가 나를 멈추게 한다

어쩌다 서울 하늘을 선회하는 제비 한두 마리가 나를 멈추게 한다

육교 아래 봄볕에 탄 까만 얼굴로 도라지를 다듬는 할머니의 옆모습이 나를 멈추게 한다

굽은 허리로 실업자 아들을 배웅하다 돌아서는 어머니의 뒷모습은 나를 멈추게 한다

나는 언제나 나를 멈추게 한 힘으로 다시 걷는다

출제 예감 90%

07 이 시의 내용상 특징으로 가장 적절한 것은?

① 자연의 아름다움을 예찬하고 있다.
② 사소한 대상에게서 가치를 발견하고 있다.
③ 자연물에 빗대어 내면 의식을 드러내고 있다.
④ 일상생활의 소중함에 대한 자각이 드러나 있다.
⑤ 자연과의 교감을 통해 생명의 소중함을 깨닫고 있다.

출제 예감 85%

08 시인이 심미적 체험을 시로 형상화하는 과정에서 떠올렸을 생각으로 적절하지 않은 것은?

① 쉽고 간결한 언어로 표현해야지.
② 반복적 표현을 사용해 운율을 형성해야지.
③ 일상적인 소재에서 얻은 삶의 깨달음을 드러내야지.
④ 현실에 대한 비판적 인식을 우의적으로 표현해야지.
⑤ 화자를 겉으로 드러내어 주제를 진솔하게 표현해야지.

출제 예감 95% 서술형 학습 활동 응용

09 이 시에서 심상을 통해 심미적 인식을 표현한 효과를 서술하시오.

조건
- 시의 내용적 측면과 관련지어 쓸 것.
- '~(할) 수 있다.'의 문장 형태로 쓸 것.

출제 예감 90% 학습 활동 응용

10 이 시를 읽고 난 후의 반응으로 적절한 것은?

① 기문: 화자가 삶에서 느꼈던 깨달음을 독자에게 설득하려는 어조가 잘 드러나는 시야.
② 서연: 평소에는 큰 의미가 없었던 일상의 사소한 대상에서 느꼈던 감동을 형상화한 시야.
③ 세현: 시를 읽을 독자를 구체적으로 한정함으로써 주제를 효과적으로 드러내고 있는 시야.
④ 현주: 동일한 시구와 음보를 반복하여 시의 의미를 강조하고 운율감을 형성하고 있는 시야.
⑤ 정우: 주변에서 흔히 볼 수 있는 사람들의 삶의 모습을 반영하여 우리 사회의 모습을 잘 보여 주고 있는 시야.

출제 예감 90% 학습 활동 응용 사고력 확장 문제

11 이 시와 〈보기〉의 공통점으로 적절한 것은?

보기

한 시인이 어린 딸에게 말했다.
'착한 사람도, 공부 잘하는 사람도 다 말고
관찰을 잘 하는 사람이 되라고.
겨울 창가의 양파는 어떻게 뿌리를 내리며
사람들은 언제 웃고, 언제 우는지를.
오늘은 학교에 가서
도시락을 안 싸 온 아이가 누구인지 살펴서
함께 나누어 먹기도 하라고.'

– 마종하, 「딸을 위한 시」

① 개인적이고 주관적인 정서보다는 대상의 감각적 묘사에 주력하고 있다.
② 시의 화자는 일상의 사소한 대상들에 대해 애정과 관심을 지닌 사람이다.
③ 향토적인 소재를 사용하여 토속적 분위기를 형성하며 친근감을 주고 있다.
④ 상징적인 시어를 사용하여 삶의 가치를 깨우쳐 주고 시적 여운을 남기고 있다.
⑤ 구체적인 청자를 설정하여 화자가 청자에게 건네는 말을 들려주듯이 표현하고 있다.

[12~15] 다음 시를 읽고, 물음에 답하시오.

보도블록 틈에 핀 씀바귀꽃 한 포기가 나를 멈추게 한다

어쩌다 서울 하늘을 선회하는 제비 한두 마리가 나를 멈추게 한다

육교 아래 봄볕에 탄 까만 얼굴로 도라지를 다듬는 할머니의 옆모습이 나를 멈추게 한다

굽은 허리로 실업자 아들을 배웅하다 돌아서는 어머니의 뒷모습은 나를 멈추게 한다

㉠나는 언제나 나를 멈추게 한 힘으로 다시 걷는다

출제 예감 85%

12 이 시에 대한 설명으로 알맞은 것은?

① 시적 화자의 감정이 직설적으로 드러나 있다.
② 주변의 대상을 통해 삶의 의미를 성찰하고 있다.
③ 시적 대상에 대한 방관적인 태도가 드러나 있다.
④ 고백적인 어조를 통해 자신의 삶을 반성하고 있다.
⑤ 시적 화자의 하루 일과를 시간의 흐름에 따라 표현하고 있다.

출제 예감 90%

13 ㉠의 의미로 가장 적절한 것은?

① 힘들게 살아가는 주변의 대상들을 바라보면서 자신의 현재 처지에 감사함을 느꼈다는 의미이다.
② 화자가 작고 나약하지만 굳세게 살아가는 사물과 사람들을 통해 삶의 위안과 힘을 얻었다는 뜻이다.
③ 약하지만 굳센 주변의 대상들을 통해 화자가 바람직하게 생각하는 삶의 자세를 깨닫게 되었다는 뜻이다.
④ 힘들고 어려운 현실에 절망하며 무기력해졌지만 주변의 대상들을 보면서 힘과 용기를 얻었다는 의미이다.
⑤ 부정적 현실 앞에서 체념하고 좌절하는 모습을 보였다가도 타인의 모습을 보고 자신도 그렇게 살아갈 것이라는 뜻이다.

출제 예감 80% 사고력 확장 문제

14 주제 면에서 이 시와 가장 유사한 것은?

① 벼는 서로 어우러져 / 기대고 산다. / 햇살 따가워질수록 / 깊이 익어 스스로를 아끼고 / 이웃들에게 저를 맡긴다.
– 이성부, 「벼」
② 뼈에 저리도록 '생활'은 슬퍼도 좋다. / 저문 들길에 서서 푸른 별을 바라보자……. // 푸른 별을 바라보는 것은 하늘 아래 사는 거룩한 나의 일과이거니…….
– 신석정, 「들길에 서서」
③ 봄은, / 제비꽃을 모르는 사람을 기억하지 않지만 // 제비꽃을 아는 사람 앞으로는 / 그냥 가는 법이 없단다 // 그 사람 앞에는 / 제비꽃 한 포기를 피워 두고 가거든
– 안도현, 「제비꽃에 대하여」
④ 나무를 길러 본 사람만이 안다 / 반듯하게 잘 자란 나무는 / 제대로 열매를 맺지 못한다는 것을 / 너무 잘나고 큰 나무는 / 제 치레하느라 오히려 / 좋은 열매를 갖지 못한다는 것을
– 신경림, 「나무 1 – 지리산에서」
⑤ 저것은 벽 / 어쩔 수 없는 벽이라고 우리가 느낄 때 / 그때 / 담쟁이는 말없이 그 벽을 오른다 // 물 한 방울 없고 씨앗 한 톨 살아남을 수 없는 / 저것은 절망의 벽이라고 말할 때 / 담쟁이는 서두르지 않고 앞으로 나아간다.
– 도종환, 「담쟁이」

출제 예감 95% 서술형 학습 활동 응용

15 이 시에 나타난 화자의 모습을 통해 작가가 전하고자 한 심미적 인식은 무엇이었을지 정리하고자 할 때, ⓐ에 들어갈 적절한 내용을 서술하시오.

작가는 (ⓐ)을/를 이야기하고 싶었을 것이다.

별

• 생각 열기 다음은 어느 항공사에서 기내식과 함께 제공하는 소금 봉투에 적힌 문구입니다. 이를 바탕으로 문학적 표현의 효과에 관해 생각해 봅시다.

이러한 문구가 쓰인 소금 봉투를 본다면 어떠한 느낌이 들지 이야기해 봅시다.

예시 답 소금을 비유적으로 표현하여 인상 깊고, 기억에 오래 남을 것 같다.

일상에서 쉽게 접할 수 있는 사물 하나를 골라 문학적으로 표현해 봅시다.

예시 답 안경: 물안개처럼 뿌연 세상, 어느새 다가온 밝음의 미소

• 학습 목표로 내용 엿보기

"내가 이 비행기의 승객이라면 소금 봉투에 적힌 아름다운 문구 덕분에 비행기에서의 식사가 더 특별한 경험으로 기억될 거야. 우리가 문학 작품을 읽고 아름다움을 느끼는 과정에는 이런 문학적 표현도 중요하게 작용하는 것 같아. 이 소설에서 심미성이 드러난 부분을 살펴보고, 나의 심미적 체험도 문학적으로 표현해 봐야겠어."

핵심 1 주제와 표현에 담긴 문학적 심미성을 바탕으로 소설 「별」 감상하기

핵심 2 자신의 심미적 체험을 문학적으로 표현하기

핵심 원리 이해하기 문학 작품을 통한 심미적 체험 방법

- 주제에 담긴 가치와 작가가 독자들에게 전달하고자 한 심미적 인식을 파악하며 작품을 감상함.
- 표현에 담긴 미적 가치와 문학적 표현의 효과를 파악하며 작품을 감상함.

→ 작품의 내용뿐만 아니라 형식적 측면과 창의적 표현 방식까지 모두 고려할 때 온전한 심미적 체험이 이루어짐.

개념 확인 콕콕 • 정답과 해설 p.4

01 **문학 작품을 수용하는 과정에서 심미적 체험을 하기 위한 방법으로 적절하지 않은 것은?**

① 주제에 담긴 가치를 파악하며 읽는다.
② 문학적 표현의 효과를 이해하며 읽는다.
③ 표현에 담긴 미적 가치를 파악하며 읽는다.
④ 내용보다는 창의적 표현에 집중하며 읽는다.
⑤ 작가가 독자에게 전달하고자 한 심미적 인식을 파악하며 읽는다.

02 **다음 빈칸에 알맞은 말을 쓰시오.**

> 우리는 문학 작품을 감상하며 그 내용과 표현에 대해 '아름답다, 추하다, 숭고하다, 비속하다, 슬프다, 우습다' 등과 같이 느끼거나 생각하는데, 이를 독자의 (　　　) 체험이라고 한다.

03 **다음 글에 사용된 심미적 표현에 대한 설명으로 적절하지 않은 것은?**

> 샘물은 낮보다 한결 또랑또랑한 소리로 노래하듯 흐르고, 연못은 작은 불꽃들을 밝히지요. 산의 모든 정령들이 자유로이 왔다 갔다 하고요. 허공중에는 뭔가 삭삭 스치는 듯한 소리, 알아들을 수 없는 소리들이, 마치 나뭇가지가 자라나고 풀들이 쑥쑥 커 오르는 소리처럼 들려온다니까요.
>
> – 알퐁스 도데, 「별」

① 자연물을 의인화하여 친근감 있게 표현하였다.
② 시각적, 청각적 심상을 사용하여 감각적으로 표현하였다.
③ 의성어와 의태어를 사용하여 밤 풍경을 생생하게 표현하였다.
④ 직유법을 사용하여 다양한 밤의 소리들을 효과적으로 표현하였다.
⑤ 설의법을 사용하여 누구나 다 아는 사실을 의문형으로 나타냈다.

본문 안내

이 소단원은 문학이 인간과 세계에 관한 작가의 생각을 형상화하여 타인과 소통하기 위한 언어 예술임을 드러내고 있다. 「별」은 스테파네트 아가씨를 향한 양치기의 순수하고 아름다운 사랑을 이야기하고 있는 소설이다. 아름다운 자연과 그 속에서 피어나는 양치기의 아가씨를 향한 순수한 사랑 이야기를 통해 심미적 인식을 이해하고 자신의 삶 속에서 정서적 · 심미적 경험을 확충할 수 있다.

발단 '나'의 소개와 아가씨를 향한 '나'의 사랑
→ **전개** '나'에게 음식을 가져다주러 산에 올라온 아가씨
→ **절정 1** 산 아래로 내려갔던 아가씨가 물에 흠뻑 젖어 나타남.
→ **절정 2** 잠 못 이루는 아가씨가 모닥불 근처에 있는 '나'에게 옴.
→ **결말** 함께 이야기를 나누던 아가씨가 '나'의 어깨에 기대어 잠이 듦.

본문 개관

★ **글쓴이 소개** 알퐁스 도데

소설가. 풍부한 서정과 잔잔한 묘사가 돋보이는 작가로 평가받는다. 주요 작품으로 소설 「마지막 수업」, 「아를의 여인」 등이 있다.

★ **갈래** 단편 소설, 순수 소설

이 소설은 하나의 짧은 이야기가 소설이라는 완결된 형식을 갖춘 단편 소설이자, 예술적 가치를 중시하는 순수 소설이다.

★ **성격** 서정적, 목가적(전원적)

이 소설은 순수하고 아름다운 사랑을 하는 인물의 정서가 잘 표현되어 있다는 점에서 서정적이고, 산 위 목장의 소박하고 평화로운 정경을 담고 있다는 점에서 목가적 또는 전원적이다.

★ **제재** 별, 양치기의 순수한 사랑

이 소설에서 '나'는 별 이야기를 건네면서 아가씨를 향한 순수하고 아름다운 사랑을 이루어 나간다.

★ **주제** 아가씨를 향한 양치기의 순수하고 아름다운 사랑

이 소설에서는 한 양치기의 아름답고도 순수한 사랑 이야기를 들려주고 있다. 프로방스의 대자연과 농장에 대한 묘사를 통해 양치기의 사랑 이야기를 순수하고 아름답게 완성시킴으로써 사랑에 관한 작가의 심미적 인식을 잘 드러내고 있다.

별 – 어느 프로방스 양치기의 이야기

알퐁스 도데 지음 / 임희근 옮김

이것이 핵심! ✔ 회상 수법의 효과 ✔ '나'의 상황과 심리

발단 ㉮ 내가 뤼브롱산에서 양을 치던 시절 이야깁니다. 나는 몇 주 동안 내내 사람 하나 보지 못하고, 기르던 라브리종 개와 양들과 함께 목초지에서 지냈지요. 어쩌다 약초를 따러 온 뤼르산의 은둔 수도자나 피에몽 지방 숯쟁이의 시커먼 얼굴을 보는 정도였지요. 하지만 그런 사람들은 세정 물정 모르고, 외롭게 살다 보니 말도 없고, 말하고 싶다는 생각조차 없어져 버린 사람들인지라, 산 아랫마을이며 도시에서 요즘 화젯거리가 무엇인지 같은 건 도무지 몰랐답니다. 그래서 산꼭대기에 이르는 오르막길에 한 달에 두 번씩, 보름마다 먹을 것을 날라다 주는 우리 농장 노새의 방울 소리가 들리고, 꼬마 미아로(농장의 심부름꾼 아이)의 똘망똘망한 얼굴이나 노라드 할머니의 불그레한 머리쓰개가 조금씩 조금씩 모습을 드러내면 나는 정말이지 너무나 행복했습니다. 산 아랫마을 소식, 누가 영세하고 누가 결혼하는지 얘기해 달라고 부탁해서 듣곤 했지요. 그렇지만 뭐니 뭐니 해도 가장 관심 있었던 일은, 우리 주인댁 따님 스테파네트 아가씨, 근방 100리 안에서 가장 예쁜 그 아가씨 소식이었습니다. ㉠<u>그 얘기에 너무 관심 갖는 티는 내지 않으면서도 축제나 밤샘 파티에는 많이 가시는지, 여전히 구애하는 남자</u>

피에몽: 알프스 산맥 주변을 칭하는 지명

•확인 문제•

• 정답과 해설 p.4

핵심 | 날개 확인 문제

01 '나'가 과거를 회상하며 이야기를 시작함으로써 얻고 있는 효과로 가장 적절한 것은?

① '나'의 내면 심리가 잘 드러난다.
② 독자의 상상력을 풍부하게 자극한다.
③ 실제로 자신에게 일어났던 이야기를 들려주는 듯한 느낌을 준다.
④ '나'의 설명을 통해 독자가 사건의 전모를 쉽게 파악할 수 있도록 해 준다.
⑤ 독자들로 하여금 현재 벌어지고 있는 사건에 더욱 몰입하도록 한다.

02 (가)의 구성 단계상 역할로 적절한 것은?

① 갈등이 구체화된다.
② 위기감이 점차 고조된다.
③ 갈등이 최고조에 이른다.
④ 사건의 실마리가 나타난다.
⑤ 갈등이 해결되고 사건이 마무리된다.

03 '나'에 대한 설명으로 적절하지 <u>않은</u> 것은?

① 산 아랫마을 소식을 궁금해한다.
② 개와 양들과 함께 목초지에서 살고 있다.
③ 산에서 외롭게 살다 보니 말수가 적어졌다.
④ 몇 주 동안 사람 얼굴을 보지 못할 때도 있다.
⑤ 식량을 가져다주러 보름마다 오는 사람을 손꼽아 기다린다.

서술형 | 날개 확인 문제

04 ㉠을 통해 알 수 있는 아가씨를 향한 '나'의 마음을 서술하시오.

들이 새록새록 찾아오는지, 그런 것을 알아보았지요. 산에 사는 초라한 양치기 주제에 그런 게 무슨 상관이냐고 누가 묻는다면, 난 대답하겠어요. 그때 내 나이 갓 스물이었고, 스테파네트 아가씨는 그때까지 내가 본 가장 아름다운 사람이었다고.

발단 | '나'의 소개와 아가씨를 향한 '나'의 사랑

핵심 확인 회상 수법의 효과

지나간 사건을 '나'가 돌이켜 보는 방법으로 묘사하는 '회상 수법'이 사용됨.	→	• 실제로 자신에게 일어났던 과거의 이야기를 들려주는 듯함. • 지나간 일에 대한 애틋한 느낌을 줌.

'나'의 상황과 심리

'나'의 상황과 처지	• 스무 살 청년으로 뤼브롱산에서 양을 치고 있음. • 몇 주 동안 사람을 보지 못할 때가 많아서 보름마다 먹을 것을 날라다 주는 미아로와 노라드 할머니를 기다림.
'나'의 심리	산 아랫마을 소식, 특히 아가씨에 대한 소식을 듣는 것을 좋아함. → 아가씨를 남몰래 좋아하고 있음.

이것이 핵심! ✔ 소설의 시점과 효과 ✔ '나'의 심리 변화

전개 ㉯ 그러던 어느 일요일, 보름마다 꼬박꼬박 오는 보급품을 기다리는데, 그날따라 꽤나 시간이 가도 안 오지 뭡니까. 아침나절엔 "오늘 큰 미사가 있어서 그럴 거야."라고 혼잣말을 했지요. 그런데 정오쯤 되니 거센 비바람이 몰아쳐서 '올라오는 길이 안 좋아져 노새가 길을 떠나지 못했겠구나.'라고 생각했죠. 그러다 오후 3시쯤 되니, 하늘이 환해지면서 산은 물기와 햇빛으로 반질거렸고, 나뭇잎에서 뚝뚝 물 떨어지는 소리와 불어난 시냇물이 콸콸 흐르는 소리 틈새로 노새 방울 소리가 딸랑딸랑, 마치 부활절 날 커다랗게 울려 대는 종소리처럼 명랑하고 또렷하게 들려오더군요. 하지만 노새를 끌고 온 사람은 꼬마 미아로도 아니고, 노라드 할머니도 아니고, 바로바로⋯⋯ 누구였을까 맞혀 보세요! 바로 우리 아가씨였답니다. 우리 아가씨가 몸소, 버들고리 바구니들 사이에 꼿꼿이 앉아서 산바람과 한바탕 폭풍우로 서늘해진 공기에 얼굴이 발그레해 가지고⋯⋯.

버들고리: 키버들의 가지를 어긋나게 엮어 만든 상자

05 이 글의 내용에 대한 이해로 적절하지 <u>않은</u> 것은?

① 보급품이 오는 날은 하루 종일 날씨가 안 좋았다.
② 아가씨가 직접 노새를 끌고 보급품을 가져다주었다.
③ '나'에게는 보름에 한 번씩 보급품이 꼬박꼬박 지급되었다.
④ 평소에는 꼬마 미아로나 노라드 할머니가 노새를 끌고 왔다.
⑤ 서늘한 공기 때문에 스테파네트 아가씨의 얼굴은 발그스름했다.

핵심 | 날개 확인 문제

06 이 글의 표현상 특징으로 적절한 것은?

① 서술자가 자신의 이야기를 하고 있다.
② 외부 이야기에 내부 이야기를 담고 있다.
③ 단편적인 사건을 병렬적으로 나열하고 있다.
④ 과거와 현재를 교차하며 사건을 전달하고 있다.
⑤ 서술자가 현재 눈에 보이는 장면을 생생하게 묘사하고 있다.

07 (나)에 나타난 '나'의 심리 변화로 가장 적절한 것은?

① 불안감 → 안심함
② 기다림 → 놀라움
③ 안타까움 → 감사함
④ 속상함 → 당황스러움
⑤ 걱정스러움 → 다행스러움

08 (나)에서 〈보기〉의 밑줄 친 부분에 해당하는 문장을 찾아 쓰시오.

보기
이 소설에서는 '나'가 자신의 이야기를 독자에게 직접 이야기하듯이 전달하여 독자로 하여금 친근감을 느끼도록 하고 있다. 이는 <u>'나'가 독자와 대화를 나누고 있는 것처럼 표현된 부분</u>에서도 확인할 수 있다.

다 꼬마 미아로는 아프고, 노라드 할머니는 휴가라서 자식들 집에 가셨답니다. 아름다운 스테파네트 아가씨가 노새 등에서 내리며 죄다 말해 주었고, 오다가 길을 잃어 늦었다고도 했지요. 하지만 꽃 모양 리본을 달고, 반짝거리는 치마와 레이스 장식으로 일요일답게 치장을 한 아가씨를 보니 덤불숲에서 길을 찾느라 늦었다기보다는 어디 잔치에서 춤이라도 추다가 늦은 것 같은 모양새였지요. 오, 귀여운 사람! 눈에 넣어도 아프지 않을 것만 같더군요. 아무리 보아도 지치지 않을 것만 같았죠. 내가 아가씨를 그렇게 가까이서 본 적은 그때까지 한 번도 없었답니다. 어쩌다 양 떼들이 평지로 내려가 있는 겨울철, 내가 저녁을 먹으러 농장 안집에 들어갈 때면 아가씨는 생기발랄하게 식당을 지나가긴 했어도 하인들에게 말을 건네는 법이라곤 없었고, 언제나 예쁘게 꾸미고 조금은 으스대는 모습이었거든요……. 그런 아가씨가 지금 바로 내 앞에 와 있다니, 그것도 나만을 위해. 그야말로 정신 못 차릴 만한 일 아니었겠어요?

라 바구니에 담아 온 것들을 꺼내고 나자 스테파네트 아가씨는 신기한 듯이 주변을 두리번거리기 시작했어요. 일요일에만 입는 예쁜 치마가 행여 상할까 살짝 추켜올리며 아가씨는 목책을 쳐 놓은 울안으로 들어와 내가 자는 곳, 밀짚으로 엮고 양가죽을 덮어 잠자리로 쓰는 구유, 벽에 걸린 커다란 망토, 양 치는 지팡이, 부싯돌 등을 보려고 했어요. 그 모든 게 흥미로웠나 봅니다.

"그러니까 양치기는, 여기 사는 거야? 항상 혼자 지내니 얼마나 심심할까! 무얼 하지? 무슨 생각을 해?"

'아가씨, 당신 생각을 한답니다.'

라고 대답하고 싶었지요. 그렇다 해도 거짓말은 아니었을 겁니다. 하지만 어찌나 떨리던지 단 한 마디도 할 말을 찾을 수가 없었어요. 아가씨도 그걸 눈치챘던 것 같은데, 글쎄 이 장난꾸러기 아가씨는 짓궂게도 나를 한층 더 곤혹스럽게 만드는 일에 재미를 느끼고 있었지요.

"그럼 양치기 여자 친구는? 가끔 만나러 올라오나? …… 그 여자 친구는 분명 황금 염소일 거야. 아니면 산봉우리만 타고 다닌다는 에스테렐 요정이거나."

09 이 소설의 서술자에 대한 설명으로 알맞은 것은?

① 작품 속의 '나'는 부수적 인물이다.
② 주인공이 자신의 이야기를 전달하고 있다.
③ 작품 속의 관찰자가 주인공의 이야기를 전달하고 있다.
④ 서술자가 인물의 내면 심리까지 독자에게 전달하고 있다.
⑤ 작품 밖의 서술자가 주인공의 행동을 객관적으로 전달하고 있다.

핵심

10 (다)에 대한 반응으로 적절하지 않은 것은?

① '나'는 아가씨를 일방적으로 동경하고 있군.
② 아가씨와 '나'는 신분이 달라서 거리감이 있는 사이야.
③ '나'는 아가씨와 가까이 있을 수 있다는 생각에 설렌 것 같아.
④ '나'는 자신을 위해 아가씨가 산에 왔다는 사실에 감동하고 있군.
⑤ 아가씨는 밝고 활달하며 다른 사람을 잘 배려하는 사람인 것 같아.

11 (다)에서 다음 설명에 해당하는 문장을 찾아 쓰시오.

> 아가씨에 대한 '나'의 감정을 관용 표현을 활용하여 효과적으로 드러내고 있다.

핵심

12 (라)를 바탕으로 볼 때, '나'에 대한 설명으로 알맞은 것은?

① 친절하고 배려심이 많다.
② 수줍음이 많고 순박하다.
③ 엉뚱하고 어수룩한 면이 있다.
④ 소극적이나 능청스러운 면이 있다.
⑤ 소심하지만 낙천적인 성격을 지녔다.

내게 이런 말을 하면서 고개를 뒤로 젖히고 까르르 예쁘게도 웃으며 얼른 가려고 서두르는 — 그래서 지금 찾아온 것이 마치 환영처럼 느껴지는 — 아가씨가 바로 그 에스테렐 요정 같기만 했습니다.

"잘 있어, 양치기!" / "안녕히 가세요, 아가씨."

그러고는 빈 바구니를 싣고 아가씨는 떠났습니다.

전개 ┊ '나'에게 음식을 가져다주러 산에 올라온 아가씨

핵심 확인 소설의 시점과 효과

작품 속 주인공인 '나'가 자신이 겪은 일을 서술함.	→	• '나'와 독자가 대화하듯이 표현함. • 독자는 서술자에게 친근감과 신뢰감을 느끼게 됨.

'나'의 심리 변화

기다림과 걱정 → 놀라움 → 감동과 설렘

이것이 핵심! ✔ 등장인물의 심리 ✔ '나'의 성격

절정 1 (마) 비탈진 오솔길로 아가씨가 사라지자, 노새 발굽이 땅을 차면서 이리저리 구르는 자갈돌 하나하나가 내 가슴에 툭툭 떨어지는 것만 같았지요. 그 소리가 귀에 오래오래 들려왔습니다. 날이 저물 때까지 나는 잠에 취한 사람처럼, 행여 내 꿈이 사라져 버릴까 봐 움직일 엄두도 못 내고 마치 잠에 취한 사람처럼 그렇게 서 있었지요. 저녁이 다 되어 골짜기 저 아래쪽까지 검푸른 빛깔로 변하기 시작하고 양들이 우리에 들어가려고 매매 울어 대며 서로 몸을 부딪치면서 모여들 무렵, 내리막길에서 누가 나를 부르는 소리가 들리더니, ㉠우리 아가씨가 나타나는 게 아니겠어요. 아까처럼 생글생글 웃는 모습이 아니라 춥고 두려워서 흠뻑 젖은 몸을 덜덜 떨고 있었지요. 소르그강이 저 아래 산기슭에서 쏟아진 비로 콸콸 넘치고 있는 모양이었습니다. 그래서 어떻게든 강을 건너려다 물에 빠질 뻔했던 거지요. 문제는, 한밤중 이 시간은 이미 농장의 본채로 돌아갈 생각을 할 수 없는 시간이라는 것이었습니다. 왜냐하면 빨리 가는 지름길을 우리 아가씨 혼자서는 절대 알 턱이 없을 테고, 나는 양 떼를 떠날 수가 없었으니까요. 산에서 밤을 보내야 한다는 생각에 아가씨는 많이 당황스러워했지요. 특히 집에 있는 가족들이 걱정할까 봐서 그랬지요. 난 최선을 다해 아가씨를 안심시켰어요.

소르그강: 프로방스 지방을 남북으로 흐르는 론강의 한 줄기

핵심

13 이 글을 읽은 독자의 반응으로 적절하지 않은 것은?

① '나'의 심리를 감각적인 표현을 통해 인상적으로 드러냈군.
② 아가씨는 '나'의 마음을 눈치챘으면서도 무례하게 행동하고 있어.
③ 한밤중이라는 시간적 배경이 소설의 극적인 요소를 더하고 있군.
④ 아가씨를 대하는 행동으로 볼 때, '나'는 배려심이 많은 사람 같아.
⑤ '나'는 아가씨와 함께한 잠깐 동안의 행복을 오래도록 간직하고 싶어 했어.

14 다음 설명에 해당하는 문장을 (마)에서 찾아 첫 어절과 끝 어절을 각각 쓰시오.

> • 아가씨와 이별하는 상황에서의 '나'의 행동이 묘사된 부분이다.
> • 비유적 표현이 나타나고 있다.

핵심 날개 확인 문제

15 (마)에 나타난 '나'의 심리 변화로 적절한 것은?

① 서운함 → 설렘
② 아쉬움 → 놀라움
③ 당혹감 → 속상함
④ 안타까움 → 만족감
⑤ 두려움 → 당황스러움

16 ㉠의 이유로 가장 적절한 것은?

① 산에서 밤을 보내고 싶어서
② 혼자 있을 '나'가 걱정되어서
③ 집으로 돌아가고 싶지 않아서
④ 산속이라 빨리 날이 어두워져서
⑤ 강물이 불어나 강을 건너지 못해서

㉠"7월은 밤이 짧답니다, 아가씨……. 불편해도 잠시만 참으시면 돼요." / 그러면서 얼른 아가씨의 발과 소르그강 강물로 흠뻑 젖은 치마를 말릴 수 있게 큰 불을 피웠지요. 그런 다음 아가씨 앞에 양젖과 크림치즈를 갖다 놓았어요. 하지만 ㉡가엾은 아가씨는 불을 쬘 생각도 먹을 생각도 하지 않았고, 그 두 눈에 그렁그렁 눈물이 차오르는 것을 보니 나도 울고 싶은 심정이었어요.

절정 1 | 산 아래로 내려갔던 아가씨가 물에 흠뻑 젖어 나타남.

핵심 확인 등장인물의 심리

'나'	아가씨가 떠나자 아쉬움을 느낌. → 아가씨의 등장에 놀라움. → 걱정하는 아가씨의 모습에 안타까움.
아가씨	산에서 밤을 보내게 되어 당황스러움.

'나'의 성격

- 걱정하는 아가씨를 최선을 다해 안심시킴.
- 아가씨를 위해 큰 불을 피우고 음식을 준비함.
- 아가씨를 안타깝게 여겨 울고 싶어짐.

➡ 배려심이 많음.

이것이 핵심! ✔ '나'와 아가씨의 관계 변화 ✔ '나'를 대하는 아가씨의 태도 변화

절정 2 (바) ㉢그러는 동안 깜깜한 밤이 되었죠. 산의 능선 위에 남은 것이라고는 먼지 같은 햇빛의 잔영 그리고 해가 떨어진 방향으로 어슴푸레 마치 한 줄기 김처럼 남은 잔광뿐이었습니다(잔광: 해가 질 무렵의 약한 햇빛). 난 우리 아가씨가 울안에 들어가서 좀 쉬었으면 했어요. ㉣새로 깐 밀짚 위에 멋진 새 양가죽을 깔고는 아가씨에게 잘 주무시라고 말하고 밖으로 나와 문 앞에 앉았지요……. 울안 한구석, 아가씨가 자는 모습을 신기하다는 듯 바라보는 양 떼 바로 곁에서 우리 주인댁 따님이, 다른 모든 양보다 훨씬 더 소중하고 더 하얀 양 한 마리처럼 내가 지켜 주는 가운데 쉬고 있다고 생각하니 정말이지 자랑스러울 따름이었죠. ⓐ그때까지 하늘이 그렇게 깊어 보이고 별들이 그렇게 빛나 보인 적은 없었다니까요……. 갑자기, 양 우리의 울타리가 살포시 열리더니 어여쁜 스테파네트 아가씨가 나타났어요. ㉤아가씨는 잠들 수가 없었던 거지요. 양들이 몸을 뒤척이면서 건초가 부스럭댔거나, 아니면 양들이 잠결에 매매 소리를 냈던 것일 테죠. 아가씨는 불 옆으로 오는 편이 낫다고 생각했던 겁니다.

17 (바)에서 '나'를 대하는 아가씨의 태도로 적절한 것은?

① '나'에 대한 경계를 누그러뜨렸다.
② '나'가 불편해할까 봐 조심히 행동하였다.
③ 자신의 마음을 몰라주는 '나'를 원망하였다.
④ 자신보다 낮은 신분인 '나'에게 거만하게 굴었다.
⑤ '나'에 대한 자신의 마음을 적극적으로 드러내었다.

18 다음 설명에 해당하는 표현을 (바)에서 찾아 쓰시오.

- 아가씨의 순수한 모습을 비유적으로 드러냄.
- 아가씨가 '나'의 보호를 받아야 하는 연약한 존재로 묘사됨.

19 ㉠~㉤에 대한 설명으로 적절하지 않은 것은?

① ㉠: 아가씨를 위로하기 위해 한 말이다.
② ㉡: 아가씨를 걱정하는 '나'의 심정이 드러난다.
③ ㉢: 새로운 사건이 펼쳐지는 시간적 배경이다.
④ ㉣: 아가씨를 위한 '나'의 마음이 표현된 행동이다.
⑤ ㉤: 아가씨의 선하고 순수한 모습을 드러낸다.

서술형 | 날개 확인 문제

20 '나'가 ⓐ와 같이 느낀 까닭은 무엇인지 서술하시오.

조건
- '나'의 정서와 관련지어 쓸 것.
- '~(기) 때문이다'의 문장 형태로 쓸 것.

그걸 본 나는 어깨에 두르고 있던 암사슴 가죽을 아가씨에게 주고 불길을 더 돋우었고, 우리는 아무 말 없이 그렇게 나란히 앉아 있었어요. 만약 여러분이 한번이라도 한데서 밤을 새워 보았다면 알 겁니다.
사방, 상하를 덮거나 가리지 아니한 곳. 집채의 바깥을 이름

[A] 우리가 잠든 시간에 고독과 침묵 속에서 신비로운 세상이 깨어난다는 것을 말이죠. 그럴 때 샘물은 낮보다 한결 또랑또랑한 소리로 노래하듯 흐르고, 연못은 작은 불꽃들을 밝히지요. 산의 모든 정령들이 자유로이 왔다 갔다 하고요. 허공중에는 뭔가 삭삭 스치는 듯한 소리, 알아들을 수 없는 소리들이, 마치 나뭇가지가 자라나고 풀들이 쑥쑥 커 오르는 소리처럼 들려온다니까요. 낮 시간은 존재들의 삶이지만, 밤은 사물들의 삶입니다. 이런 걸 익숙하게 접해 보지 않았다면 무섭기 마련이지요……. 그러니 우리 아가씨도 오들오들 떨면서 작은 소리만 들려도 나한테 꼭 달라붙었지요. 한번은 길고 우울한 어떤 울음소리 같은 것이 저 아래 번쩍이는 연못 쪽에서 우리가 있는 쪽까지 일렁이며 들려왔어요. 바로 그 순간 예쁜 별똥별 하나가 우리 머리 위에서 같은 방향으로 휙 스쳐 가는 겁니다. 마치 우리가 방금 들은 그 울음소리가 빛과 함께 움직인 것처럼 말이죠.

사 "저게 뭐지?"

스테파네트 아가씨가 작은 소리로 내게 물었어요.

"천국으로 들어가는 영혼이랍니다, 아가씨."

내가 대답하며 성호를 그었습니다.
거룩한 표라는 뜻으로, 가톨릭 신자가 손으로 가슴에 긋는 십자가를 이르는 말

아가씨도 덩달아 성호를 긋고는 잠시 아주 골똘히, 뭔가 생각에 깊이 빠진 사람처럼 앉아 있었어요. 그러더니 내게 말했지요.

"그럼 너희들 양치기가 마법사라는 게 정말이야?"

"무슨 말씀을요, 아가씨. 하지만 여기서는 아무래도 ⓐ별들과 훨씬 가까이 생활하다 보니 하늘에서 일어나는 일을 평지에 사는 사람들보다 잘 알게 마련이죠."

아가씨는 한 손으로 얼굴을 받친 채, 천상의 작은 목동처럼 암사슴 가죽을 두르고 여전히 하늘을 올려다보고 있었습니다.

핵심

21 이 소설의 배경에 따라 '나'와 아가씨의 관계를 정리해 보려고 할 때, ㉠과 ㉡에 들어갈 내용으로 적절하지 않은 것은?

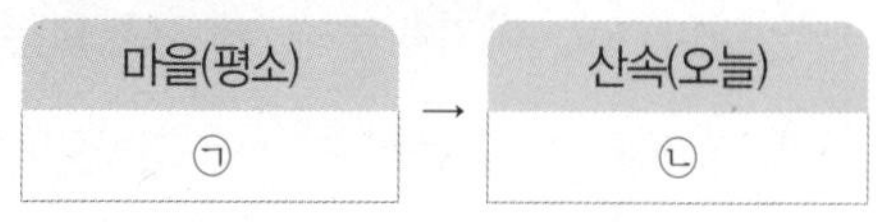

마을(평소)	→	산속(오늘)
㉠		㉡

① ㉠: '나'가 일방적으로 아가씨를 동경함.
② ㉠: 아가씨는 고귀한 신분이고 '나'는 낮은 신분임.
③ ㉡: 아가씨가 '나'와 대화를 나누며 친밀한 관계를 형성함.
④ ㉡: 아가씨는 '나'의 보호를 받는 연약한 존재임.
⑤ ㉡: '나'는 별들과 가까운 곳에서 생활하는 신비로운 존재임.

핵심

22 [A]를 통해 알 수 있는 이 소설의 심미적 가치로 가장 적절한 것은?

① 1인칭 주인공 시점을 사용하여 주인공의 심리 변화를 섬세하고 구체적으로 그려내고 있다.
② 감각적·비유적 표현을 활용하여 밤의 역동적이고 생기 있는 이면을 아름답게 묘사하고 있다.
③ '나'와 아가씨의 순수한 사랑을 통해 인간의 보편적인 정서에 대한 아름다움을 느끼게 하고 있다.
④ 극적이고 흥미로운 한 인물의 과거 이야기를 통해 문학 작품을 읽는 즐거움과 감동을 주고 있다.
⑤ '밤'이라는 시간적 배경과 '산속'이라는 공간적 배경이 잘 어우러져 작품에 사실감을 부여하고 있다.

서술형

23 ⓐ가 의미하는 바를 서술하시오.

조건
• '나'의 처지나 상황과 관련지어 쓸 것.
• '양치기들은 ~(기) 때문에 ~ 있다는 뜻이다'의 문장 형태로 쓸 것.

"어쩜 별이 많기도 하지! 아, 아름다워라! 이렇게 많은 별들을 본 적이 없어……. 양치기는 저 별들 이름을 알아?"

"알다마다요, 아가씨……. 자 보세요! 우리 머리 바로 위에 있는 저게 '성 자크의 길(은하수)'이에요. 프랑스에서 곧장 에스파냐까지 가지요. 갈리시아의 성 자크가 사라센 사람들과 전쟁을 할 때 용감한 샤를마뉴 왕에게 길을 알려 주느라 저걸 표시로 삼은 거랍니다. 좀 더 멀리 보시면, '영혼들의 수레(큰곰자리)'가 있어요. 수레의 굴대 네 개가 반짝반짝 빛나고 있죠. 그 앞에 보이는 별 세 개는 '세 마리 짐승'이고요. 세 번째 별과 마주 보는 아주 작은 별은 '짐수레꾼'이죠. 그 별 주위로 별들이 잔뜩 비 오듯이 쏟아져 내리는 게 보이시나요? 저건 하느님이 하늘나라에 받고 싶지 않았던 영혼들이랍니다……. 좀 아래쪽에는 '갈퀴' 혹은 '세 왕들(오리온자리)'입니다. 우리 양치기들은 저 별자리를 시계처럼 이용하죠. 저 별자리를 보기만 해도 지금이 자정이 지난 시간이라는 것을 저는 알지요. 좀 더 아래쪽엔 '장 드 밀랑'이 '천체의 횃불(시리우스)'처럼 밝게 빛나고 있고요. 이 별을 두고 양치기들은 이렇게 말하죠. 어느 날 '장 드 밀랑'이 '세 왕들'과 '병아리장(황소자리의 여섯 별)'과 함께 친구 별의 결혼식에 초대를 받았대요. '병아리장'이 서둘러 제일 먼저 길을 떠나 위쪽 길로 갔지요. 저기 저 위, 하늘 저 끝을 보세요. '세 왕들'은 아래쪽 지름길로 가서 '병아리장'을 따라잡았어요. 이 게으른 '장 드 밀랑'은 늦잠을 자느라 꼴찌로 뒤처져 화가 나서 먼저 간 별들을 멈추게 하려고 그들에게 지팡이를 던졌어요. 그래서 '세 왕들'이 '장 드 밀랑의 지팡이'라고도 불리는 거랍니다……. 그렇지만 모든 별 중에 가장 아름다운 별은요, 아가씨 그건 우리의 별이죠. '양치기의 별'이라고 하는데요, 새벽에 우리가 양 떼를 몰고 나갈 때 빛나고, 저녁에 다시 들어올 때도 빛나거든요. 우린 아직도 그 별을 '마글론'이라 불러요. '프로방스의 피에르(토성)'를 쫓아 달려가서 7년마다 한 번씩 그 별과 결혼하는 아름다운 별이죠."

성 자크: 기독교의 성자 야고보
갈리시아: 에스파냐 북서부에 있는 지방
샤를마뉴: 프랑크 왕국의 왕. 서로마 제국의 황제
굴대: 수레바퀴의 한가운데에 뚫린 구멍에 끼우는 긴 나무 막대나 쇠막대

"뭐라고! 양치기야, 그럼 별들도 결혼을 한단 말이야?"

"그럼요, 아가씨."

절정 2 | 잠 못 이루는 아가씨가 모닥불 근처에 있는 '나'에게 옴.

24 이 글에 나타난 표현의 심미성을 다음과 같이 정리할 때, ㉠과 ㉡에 들어갈 말을 적절하게 짝지은 것은?

> • 별을 살아 있는 존재처럼 표현하거나 사람처럼 (㉠)하는 비유적 표현을 사용하여 문학성을 높임.
> • (㉡)이고 서정성이 풍부한 이야기를 통해 서정적인 분위기와 정서를 불러일으킴.

	㉠	㉡		㉠	㉡
①	의인화	낭만적	②	객관화	주지적
③	희화화	해학적	④	풍자화	비판적
⑤	허구화	창의적			

25 아가씨와 '나'의 심리에 대한 설명으로 적절한 것은?

① '나'는 아가씨의 갑작스러운 질문에 당황하고 있다.
② '나'는 아가씨의 질문에 수동적으로 대답만 하고 있다.
③ 아가씨는 '나'가 들려주는 별자리 이야기에 관심을 보이고 있다.
④ '나'는 아가씨에게 별에 관한 이야기를 해 주며 자랑스러워하고 있다.
⑤ 아가씨는 높은 산에서 밤에 별을 보며 지내는 '나'를 부러워하고 있다.

핵심

26 이 글을 읽은 독자의 반응으로 적절하지 않은 것은?

① 아가씨는 처음 듣는 별자리 이야기에 무서운 감정을 잊을 수 있었을 거야.
② 아가씨는 자신이 잘 알지 못하는 것을 설명하는 '나'에게 호감을 느꼈을 거야.
③ '밤'이라는 시간적 배경 때문에 서정적인 분위기와 정서가 더 잘 느껴지고 있어.
④ '나'는 친근하고 편안한 말투로 별자리에 관한 다양한 정보와 지식을 전달하고 있어.
⑤ 아가씨가 '나'를 향한 경계를 누그러뜨리고 '나'와 이야기를 나누게 된 것은 '나'의 말과 행동에서 느껴진 배려심 때문이 아닐까?

핵심 확인 배경에 따른 '나'와 아가씨의 관계 변화

마을(평소)		산속(오늘)
• '나'가 일방적으로 아가씨를 동경함. • '나'는 고귀한 신분인 아가씨와 친밀한 관계를 맺을 일이 없음.	→	• '나'와 아가씨가 대화를 나누며 친밀한 관계를 형성함. • '나'는 연약한 아가씨를 보호해 주는 존재임.

'나'를 대하는 아가씨의 태도 변화

낯선 곳에서 낯선 사람과 보내는 것을 두려워하여 '나'를 경계함.	→	모닥불 곁으로 먼저 다가옴. → '나'가 아가씨에게 별에 관한 이야기를 할 수 있는 계기가 됨.

이것이 핵심! ✓ 소재의 상징적 의미

결말 ㈐ 별들의 결혼이라는 게 무엇인지 설명하려는데, ㉠뭔가 상큼하면서도 여릿한 것이 내 어깨에 살포시 기대는 느낌이 들었지요. 잠결에 무거워진 아가씨의 머리가, 예쁜 리본과 레이스와 곱슬곱슬한 머리칼이 부딪혀 사각대는 소리를 내며 기대어 온 것이었어요. ㉡아가씨는 이렇게, 희부옇게 밝아 오는 새벽빛으로 하늘의 별빛이 바래어 마침내 안 보이게 될 때까지 꼼짝 않고 그대로 있었어요. 나는 아가씨가 자는 모습을 지켜보았지요. 내 존재의 깊은 곳에서는 조금 흔들리는 마음으로, 하지만 이제껏 ㉢오직 선한 생각만을 내게 전해 주었던 이 밝은 밤의 성스러운 보호를 받으면서 말입니다. 우리 주위에는 ㉣별들이 커다란 양 떼처럼 유순하게, 소리 없는 운행을 계속하고 있었습니다. 그렇게 앉은 채로 이따금 난 그려 보곤 했어요. 저 별들 중에 가장 여릿여릿하고 가장 반짝이는 ㉤별 하나가 가던 길을 잃고 내게 내려와서는 이 어깨에 기대어 잠든 것이라고요.

결말 함께 이야기를 나누던 아가씨가 '나'의 어깨에 기대어 잠이 듦.

핵심 확인 소재의 상징적 의미

• 산: 목가적이고 서정적인 분위기를 형성함. • 밤: 서정적인 분위기를 형성하고 '나'와 아가씨가 친밀해질 수 있는 배경을 조성함. • 별: 인간의 순수성을 드러냄.	→	아가씨를 향한 양치기의 순수하고 아름다운 사랑이라는 소설의 주제를 효과적으로 드러냄.

27 이 글에 대한 설명으로 적절하지 않은 것은?

① 사랑에 관한 작가의 심미적 인식이 드러나 있다.
② 천상과 지상, 별과 인간의 대비가 나타나 있다.
③ '나'를 대하는 아가씨의 태도 변화가 나타나 있다.
④ 배경에 따른 '나'와 아가씨의 관계 변화가 나타나 있다.
⑤ '나'와 아가씨의 갈등을 통해 주제를 효과적으로 드러내고 있다.

핵심

28 ㉠~㉤에 대한 설명으로 적절하지 않은 것은?

① ㉠: '나'와 아가씨의 신분 차이를 부각한다.
② ㉡: '나'의 배려심 있는 성격이 드러난다.
③ ㉢: 순수한 사랑을 추구하는 '나'의 마음이 드러난다.
④ ㉣: 비유적 표현으로 별의 순수하고 고요한 속성을 부각한다.
⑤ ㉤: '나'가 아가씨를 보호해 줄 수 있는 존재임을 드러낸다.

29 ㈐에서 다음 설명에 해당하는 표현을 찾아 5어절로 쓰시오.

• '나'가 아가씨를 빗대어 표현한 구절임.
• 아가씨를 '나'가 지켜 주어야 하는 존재로 묘사한 표현임.

서술형

30 이 소설을 통해 작가가 말하고자 한 바를 20자 내외로 쓰시오.

학습 활동

• 정답과 해설 p.6

이해 활동

1. 이 소설을 감상하고, 사건의 전개 과정에 따라 주요 내용을 정리해 봅시다. 예시 답

산속에서 홀로 양을 치는 '나'에게 아가씨가 찾아온다.

양식을 전해 준 뒤 아가씨는 떠나고, '나'는 몹시 아쉬워한다.

점심 때 내린 소나기에 강물이 불어 아가씨가 다시 돌아온다.

울안으로 들어갔던 아가씨가 잠들지 못하고 '나'가 있는 불 옆으로 온다.

'나'에게 별 이야기를 듣던 아가씨가 '나'의 어깨에 기대어 잠이 든다.

이해 다지기 문제

1 이 소설의 내용을 이해하기 위해 독자가 할 수 있는 질문으로 적절하지 않은 것은?

① 산속에 있는 '나'에게 아가씨가 찾아온 이유는 무엇일까?
② 아가씨가 떠난 후 '나'는 어떤 기분이 들었을까?
③ 아가씨가 '나'에게 다시 돌아온 이유는 무엇일까?
④ 울안으로 들어갔던 아가씨가 잠들지 못하고 울 밖으로 나온 이유는 무엇일까?
⑤ 잠이 깬 아가씨가 당황한 이유는 무엇일까?

2. 다음은 아가씨를 대하는 '나'의 행동들입니다. 이를 통해 알 수 있는 '나'의 성격을 말해 봅시다.

- 짓궂은 아가씨의 질문에 쩔쩔매며, 당황스러워하는 모습을 보인다.
- 어깨에 기대어 잠든 아가씨를 지켜보며 밤을 꼬박 새운다.

예시 답 수줍음과 배려심이 많으며 순박한 인물로, 순수한 사랑을 추구한다.

이해 다지기 문제

2 이 소설의 '나'에 대한 설명으로 알맞지 않은 것은?

① 평소에 아가씨를 동경하고 있었다.
② 아가씨와의 순수한 사랑을 추구한다.
③ 수줍음과 배려심이 많고 순박한 인물이다.
④ 고귀한 존재인 아가씨에게 거리감을 느끼고 있다.
⑤ 연약한 존재인 아가씨를 보호해 주어야 한다고 생각하고 있다.

목표 활동

1. 이 소설의 주제를 통해 작가가 독자에게 전달하려는 가치가 무엇인지 생각해 봅시다. 예시 답

작가는 '나'의 '순수하고 아름다운 사랑'을 통해 '순수'와 '정신적 사랑의 아름다움'이라는 가치를 전달하고 있어.

목표 다지기 문제

1 이 소설의 작가가 독자에게 전달하려는 가치에 대한 설명으로 적절한 것은?

① '나'와 아가씨가 우연한 사건을 통해 만남으로써 '인연의 아름다움'이라는 가치를 전달하고 있다.
② '나'의 순수하고 아름다운 사랑을 통해 '순수'와 '정신적 사랑의 아름다움'이라는 가치를 전달하고 있다.
③ 아가씨와 '나'가 신분의 차이를 극복하고 사랑을 이루어 나가는 모습을 보여 주고 있다.
④ '나'와 '아가씨'가 별 이야기를 통해 서로를 이해하는 과정을 보여 줌으로써 하늘의 별과 같은 인간의 순수성을 추구하고 있다.
⑤ '산속'이라는 공간적 배경과 '밤'이라는 시간적 배경을 통해 인물 간의 사랑이 이루어진 것을 보여 줌으로써 자연과 인간의 조화라는 가치를 전달하고 있다.

2. 이 소설에서 '나'가 아가씨에게 별자리 이야기를 해 주는 부분과 다음 글을 비교해 보고, 아래 활동을 해 봅시다.

오리온자리는 여러 가지로 특별한 별자리이다. 1등성을 둘이나 거느리고 있고, 나머지 별 중에도 2등성이 여럿 있어서 눈에 잘 보인다. 주황색에서 붉은색 사이 어느 색으로 보이는 베텔게우스와 하얗게 빛나는 리겔, 이 두 1등성이 사각형의 한 꼭짓점을 지키면서 서로 마주 보고 있다. 사각형의 가운데 부분에는 오른쪽 위로부터 왼쪽 아래로 세 개의 별이 차례로 정렬되어 있다. 삼형제별이다. 삼형제별이 떠오를 때의 모습은 거의 수직으로 별 세 개가 서 있는 꼴이 된다. 오리온자리가 하늘의 적도 위에 위치하여 정동(正東)에서 떠서 정서(正西)로 지기 때문이다.

– 이명현, 『이명현의 별 헤는 밤』

1 이 소설에 나타난 '나'의 별자리 이야기와 위에 제시된 별자리에 관한 글 중 어느 것이 더 아름답다고 생각하나요?

예시 답 주어진 글은 독자에게 오리온자리에 관한 정보를 전달하는 것을 목적으로 하는 글이다. 이에 비해 이 소설의 별자리 이야기는 비유 등 문학적 표현과 낭만적이고 서정성이 풍부한 환상적인 이야기를 통해 서정적인 분위기와 정서를 불러일으키고 있어 이 소설이 아름답게 느껴진다.

2 문학의 심미성과 표현의 관계를 말해 봅시다.

예시 답 문학의 심미성은 인간의 삶과 세계에 관한 작가의 심미적 인식을 드러내는 것이다. 따라서 문학의 표현 방법은 작가의 심미적 인식을 효과적으로 드러내 주고, 독자에게 작가의 의도를 전달해 주는 역할을 한다.

목표 **다지기 문제**

2 이 소설의 표현에 담긴 심미적 가치에 대해 가장 잘 말한 것은?

① '나'가 지나간 사건을 회상하는 수법을 통해 독자들에게 신뢰감을 준다.
② 비유와 감각적 표현을 통해 낭만적이고 서정적인 분위기와 정서를 불러일으킨다.
③ 가난하고 외로운 양치기이지만 스무 살 때 아가씨와의 추억을 간직하고 살아가는 모습에서 감동을 준다.
④ '별'을 통해 인간의 순수함을 효과적으로 드러낼 뿐만 아니라 별자리 이야기를 통해 다양한 정보와 지식을 제공한다.
⑤ 집으로 돌아가지 못하게 된 아가씨와 그것을 안타깝게 바라보는 '나'의 갈등을 통해 인간의 정서를 다채롭게 그려낸 작품이다.

3. 이 소설에서 심미성이 드러난 부분을 찾아보고, 그에 어울리는 노래를 친구들에게 소개해 봅시다.

1 이 소설을 감상한 후 가장 아름답다고 생각한 부분을 찾고, 그렇게 생각한 까닭과 함께 써 봅시다.

예시 우리가 잠든 시간에 고독과 침묵 속에서 신비로운 세상이 깨어난다는 것을 말이죠. 그럴 때 샘물은 낮보다 한결 또랑또랑한 소리로 노래하듯 흐르고, 연못은 작은 불꽃들을 밝히지요. 산의 모든 정령들이 자유로이 왔다 갔다 하고요. 허공 중에는 뭔가 삭삭 스치는 듯한 소리, 알아들을 수 없는 소리들이, 마치 나뭇가지가 자라나고 풀들이 쑥쑥 커 오르는 소리처럼 들려온다니까요.

→ 그렇게 생각한 까닭: 다양한 문학적 표현을 통해 깜깜한 밤의 역동적이고 생기 있는 이면을 묘사하고 있다. 이러한 표현이 작품의 배경이 되는 전원의 밤 풍경과 자연의 신비롭고 생명력 넘치는 모습을 심미적으로 나타내고 있다고 느꼈기 때문에 아름답다고 생각하였다.

예시 답 우리 주위에는 별들이 커다란 양 떼처럼 유순하게, 소리 없는 운행을 계속하고 있었습니다. 그렇게 앉은 채로 이따금 난 그려 보곤 했어요. 저 별들 중에 가장 여릿여릿하고 가장 반짝이는 별 하나가 가던 길을 잃고 내게 내려와서는 이 어깨에 기대어 잠든 것이라고요.
→ 그렇게 생각한 까닭: 아가씨를 별에 비유함으로써 아가씨가 고귀하고 아름다운 존재임을 드러내는 동시에 '나'에게 더없이 소중하고 지켜 주어야 하는 대상임을 표현하고 있다. 이러한 표현이 '나'의 아가씨를 향한 순수하고 아름다운 마음을 심미적으로 드러내고 있다고 느꼈기 때문에 아름답다고 생각하였다.

2 **1**의 내용에 어울리는 배경 음악을 찾아 친구들에게 소개해 봅시다.

예시 이 부분에는 화자의 사랑을 별을 통해 표현한 루시드 폴의 「별은 반짝임으로 말하죠」가 잘 어울리는 것 같아.

예시 답 이 부분에는 사랑에 빠진 마음을 따뜻하게 표현한 노래인 아이유, 나윤권의 「첫사랑이죠」가 잘 어울릴 것 같아. 노래 가사가 소설에서 '나'가 아가씨를 봤을 때의 마음을 잘 표현해 주는 것 같아.

목표 **다지기 문제**

3 문학적 표현을 사용함으로써 얻을 수 있는 효과로 적절하지 않은 것은?

① 심미적 감수성을 길러 준다.
② 작품의 분위기를 효과적으로 드러낸다.
③ 독자들에게 삶의 의미를 성찰하게 해 준다.
④ 작가의 심미적 인식을 드러내는 역할을 한다.
⑤ 언어의 묘미를 살려 독자에게 감동과 정서 자극을 준다.

창의·융합 활동

혼자 하기

다음은 '달밤의 메밀밭 모습'을 표현한 작품들입니다. ㉮, ㉯를 비교하여 감상하고, 이어지는 활동을 해 봅시다.

㉮

㉯

조 선달 편을 바라는 보았으나 물론 미안해서가 아니라 달빛에 감동하여서였다. 이지러는 졌으나 보름을 가제(이제 막) 지난 달은 부드러운 빛을 흐붓이 흘리고 있다. 대화까지는 칠십 리의 밤길, 고개를 둘이나 넘고 개울을 하나 건너고 벌판과 산길을 걸어야 된다. 길은 지금 긴 산허리에 걸려 있다. 밤중을 지난 무렵인지 죽은 듯이 고요한 속에서 짐승 같은 달의 숨소리가 손에 잡힐 듯이 들리며 콩 포기와 옥수수 잎새가 한층 달에 푸르게 젖었다. 산허리는 온통 메밀밭이어서 피기 시작한 꽃이 소금을 뿌린 듯이 흐뭇한 달빛에 숨이 막힐 지경이다. 붉은 대궁(식물의 줄기)이 향기같이 애잔하고 나귀들의 걸음도 시원하다. 길이 좁은 까닭에 세 사람은 나귀를 타고 외줄로 늘어섰다. 방울 소리가 시원스럽게 딸랑딸랑 메밀밭께로 흘러간다. 앞장선 허 생원의 이야기 소리는 꽁무니에 선 동이에게는 확적히는(정확하게 맞아 조금도 틀리지 아니하게는) 안 들렸으나, 그는 그대로 개운한 제멋에 적적하지는 않았다.

– 이효석, 『메밀꽃 필 무렵』

1. ㉮, ㉯를 감상한 느낌을 비교해 보고, 전달 매체에 따라 미적 특성이 어떻게 달라지는지 이야기해 봅시다.

예시 답 (가)의 사진은 작가가 포착한 구체적인 상황의 모습과 느낌을 생생하게 전달하는 데 효과적이 다. (나)의 소설은 작가의 심미적 체험과 상상으로 표현된 것으로, 신비스럽고 향토적인 분위기를 아름답게 묘사함으로써 독자의 상상력을 자극한다.

2. '나'의 소중한 경험이 잘 드러나는 사진을 찾아보고, 그 사진에 담긴 이야기를 문학적으로 표현해 봅시다.

예시 답 멀리서 밀려오는 파도 소리. 그 소리와 함께 다가오는 행복감.

하늘을 날아 이곳으로 와서 땅 밑에서 올라오는 아름다움을 느낀다.

가족이라는 큰 바다를.

그 바다에서 잠시 벗어나고 싶은 생각도 있었다. 크게 일렁이며 넘어서는 감정처럼 때로는 저 큰 바다에서 혼자 자유를 맛보며 살아보고 싶은 생각도 했었다. 그러나 바다를 보러 가서 나는 우리 가족이 바다가 되어 나를 지켜 주고 있음을 알게 되었다. 앞으로 나아갔다가 더 나아가지 못하고 뒤로 밀려났을 때, 그곳에는 나를 받쳐 주는 가족의 바다가 있었고, 다시금 나를 앞으로 나아갈 힘을 모아 주는 것도 우리 가족이라는 것을 알게 되었다.

그 바다에서 가족이라는 바다를 만나고 왔다.

수행 평가 대비 활동

| 수행 평가 TIP | 사진과 소설을 통해 드러나는 심미적 표현이 어떻게 다른지를 파악하되, 사진과는 다른 문학적 표현의 특성을 파악하는데 중점을 둡니다. 자신의 체험을 문학적으로 드러내는 활동에서는 자신의 의미 있는 체험을 담은 사진을 제시하고, 문학적 표현을 활용하여 사진에 담긴 이야기를 표현해 봅니다.

1 평가 내용 확인하기

- '달밤의 메밀밭 모습'을 표현한 사진과 소설을 비교하여 감상하고 전달 매체에 따른 미적 특성 발견하기
- 자신에게 의미 있는 체험을 담은 사진을 제시하고 사진에 담긴 이야기를 문학적으로 표현하기

2 평가 기준 확인하기

- 문학적 표현의 특징과 그 효과를 이해하였는가?

사진과 소설은 전달 매체가 다르기 때문에 미적 특성이 다르게 나타나고 감상한 느낌도 달라진다는 것을 파악해야 해요.

- 자신의 삶에서 심미적이고 정서적인 체험을 돌아보고, 이를 문학적으로 표현하였는가?

비유적 표현이나 감각적 표현과 같은 다양한 문학적 표현 방법을 사용하여 자신의 체험을 드러낼 수 있어야 해요.

수행 평가 +

1. 자신이 살고 싶은 방의 모습을 떠올려 보고, 방의 특징이 잘 드러나도록 그림을 그려 봅시다.

도와줄게 자신이 살고 싶은 방의 모습을 자유롭게 떠올려 보되 자신의 진로나 가치관 등이 잘 드러나는 방의 모습을 생각해 봅니다.

2. 1의 그림에 담긴 이야기를 문학적으로 표현해 봅시다.

도와줄게 자신의 미래 직업이나 진로와 관련하여 방의 특징이 잘 드러날 수 있도록 쓰되 자신의 개성을 잘 드러낼 수 있도록 문학적 표현을 활용해 봅니다.

소단원 제재 정리

갈래: 단편 소설, 순수 소설
성격: 서정적, 목가적(전원적)
제재: 별, 양치기의 순수한 사랑
주제: 아가씨를 향한 양치기의 순수하고 아름다운 사랑
특징: ① 천상과 지상, 별과 인간을 대비하여 하늘의 별과 같은 인간의 순수성을 추구함.
② 크고 두드러진 갈등 구조 없이 전체적으로 잔잔하게 이야기가 흘러감.

제재 한눈에 보기

발단	'나'의 소개와 아가씨를 향한 '나'의 사랑
전개	'나'에게 음식을 가져다주러 산에 올라온 아가씨
절정 1	산 아래로 내려갔던 아가씨가 물에 흠뻑 젖어 나타남.
절정 2	잠 못 이루는 아가씨가 모닥불 근처에 있는 '나'에게 옴.
결말	함께 이야기를 나누던 아가씨가 '나'의 어깨에 기대어 잠이 듦.

핵심 원리

문학 작품을 통한 심미적 체험 방법

- 주제에 담긴 가치와 작가가 독자들에게 전달하고자 한 심미적 인식을 파악하며 작품을 감상함.
- 표현에 담긴 미적 가치와 문학적 표현의 효과를 파악하며 작품을 감상함.

↓

작품의 내용뿐만 아니라 형식적 측면과 창의적 표현 방식까지 모두 고려할 때 온전한 심미적 체험이 이루어짐.

문학의 심미성과 표현의 관계

작품 창작과의 관계	• 작가의 심미적 인식을 효과적으로 드러냄. • 독자에게 작가의 (❶)를 전달해 줌.
작품 수용과의 관계	• 문학 작품에 형상화된 세계의 가치와 아름다움을 인식하게 해 줌. • 심미적 (❷)을 기를 수 있음.

핵심 내용

(1) 회상 수법의 효과

지나간 사건을 '나'가 돌이켜 보는 방법으로 묘사하는 '(❸) 수법'이 사용됨.

↓

효과	• 실제로 자신에게 일어났던 과거의 이야기를 들려주는 듯한 느낌을 줌. • 지나간 일에 대한 애틋한 느낌을 줌.

(2) 소설의 시점과 효과

1인칭 (❹) 시점	작품 속 주인공인 '나'가 자신이 겪은 일을 서술함.

↓

- '나'와 독자가 (❺)하듯이 표현함.
- 독자는 서술자에게 친근감과 신뢰감을 느끼게 됨.

(3) '발단'에 나타난 '나'의 상황과 심리

'나'의 상황과 처지	• 스무 살 청년으로 뤼브롱 산에서 양을 치고 있음. • 몇 주 동안 사람을 보지 못할 때가 많아서 보름마다 먹을 것을 날라다 주는 미아로와 노라드 할머니를 기다림.
'나'의 심리	산 아랫마을 소식, 특히 (❻)에 대한 소식을 듣는 것을 좋아함. → 아가씨를 남몰래 좋아하고 있음.

(4) '전개' 부분에 나타난 '나'의 심리 변화

기다림과 걱정		(❼)	
식량을 전하러 오는 사람이 나타나지 않음.	→	평소 동경하던 아가씨가 다른 사람을 대신해서 식량을 가지고 옴.	→

감동과 설렘		(❽)
자신을 위해 아가씨가 산에 온 사실을 알게 됨.	→	아가씨가 떠남.

(5) 배경에 따른 '나'와 아가씨의 관계 변화

마을(평소)	→	산속(오늘)
• '나'가 일방적으로 아가씨를 동경함. • 주인댁 딸과 양치기라는 신분 차이가 있음.	→	• 대화를 나누며 친밀한 관계를 형성함. • '나'는 연약한 아가씨를 보호해 주는 존재임.

(6) 절정 부분에서 '나'를 대하는 아가씨의 태도 변화

	→	
• '나'가 베푸는 친절을 받아들이지 않고 눈물만 글썽임. • 낯선 곳에서 낯선 사람과 보내는 것을 두려워하여 '나'를 경계함.	→	• '나'를 향한 경계를 누그러뜨리고 모닥불 곁으로 먼저 다가옴. • '나'의 별자리 이야기에 흥미를 보이고, '나'의 어깨에 기대 잠이 듦.

(7) 인물의 행동을 통해 본 성격

'나'	
행동	• 짓궂은 아가씨의 질문에 쩔쩔매며 당황스러워하는 모습을 보임. • 산에서 하룻밤을 보내야 한다는 것을 걱정하는 아가씨를 최선을 다해 안심시키고 음식을 준비함. • 잠든 아가씨를 지켜보며 밤을 꼬박 새움.
성격	• 수줍음과 (❾)이 많고 순박함. • 순수한 사랑을 추구함.
아가씨	
행동	• 평소 하인들에게 말을 거는 법이 없고, 언제나 예쁘게 꾸미고 조금은 으스대는 모습임. • '나'에게 스스럼없이 말을 걸고 짓궂은 농담을 함. • 처음 듣는 별자리 이야기에 관심을 가지고 들음.
성격	• 도도하고 우쭐거리는 면이 있음. • 밝고 쾌활한 성격임. • (❿)이 많고 순수한 면이 있음.

(8) 소재의 상징적 의미

• 산: 목가적이고 서정적인 분위기를 형성함.
• (⓫): 서정적인 분위기를 형성하고 '나'와 아가씨가 친밀해질 수 있는 배경을 조성함.
• 별: 인간의 순수성을 드러냄. '나'와 아가씨가 가까워지는 계기가 됨.

↓

아가씨를 향한 양치기의 순수하고 아름다운 사랑이라는 소설의 주제를 효과적으로 드러냄.

(9) 주제를 통해 작가가 독자에게 전달하려는 가치

주제	→	가치
아가씨를 향한 '나'의 순수하고 아름다운 사랑	→	• (⓬) • 정신적 사랑의 아름다움

(10) '나'가 아가씨를 비유한 다양한 표현들

표현	의미
에스테렐 (⓭)	• 아가씨의 아름다움과 신비로움을 나타냄. • 아가씨를 잠시 있다가 사라져 버리는 꿈과 같은 존재로 묘사함.
다른 모든 양보다 훨씬 더 소중하고 더 하얀 양	• 아가씨의 순수한 모습을 드러냄. • 아가씨를 '나'의 보호를 받아야 하는 연약한 존재로 묘사함.
천상의 작은 (⓮)	• 아가씨의 선하고 순수한 모습을 드러냄. • '나'가 아가씨에게 친근감을 느끼고 있음을 나타냄.
가장 여릿여릿하고 가장 반짝이는 별	• 아가씨의 고귀함과 아름다움을 드러냄. • 아가씨를 '나'가 지켜 주어야 하는 존재로 묘사함.

(11) 이 소설에 나타난 심미적 가치

부분	표현	가치
별자리 이야기를 하는 부분	• 비유와 감각적 표현 등의 문학적 표현이 나타남. • 낭만적이고 서정성이 풍부한 환상적인 이야기가 나타남.	서정적인 분위기와 정서를 불러일으킴으로써 소설이 아름답게 느껴짐.
밤의 모습을 묘사한 부분	다양한 문학적 표현을 통해 깜깜한 밤의 역동적이고 생기 있는 이면을 묘사함.	작품의 배경이 되는 전원의 밤 풍경과 (⓯)의 신비롭고 생명력 넘치는 모습을 심미적으로 나타냄.
소설의 결말 부분	아가씨를 (⓰)에 비유함으로써 아가씨가 고귀하고 아름다운 존재임을 드러내는 동시에 '나'에게 더없이 소중하고 지켜 주어야 하는 대상임을 표현함.	아가씨를 향한 '나'의 순수하고 아름다운 마음을 심미적으로 드러냄.

정답 ❶ 의도 ❷ 감수성 ❸ 회상 ❹ 주인공 ❺ 대화 ❻ 아가씨 ❼ 놀라움 ❽ 아쉬움 ❾ 배려심 ❿ 호기심 ⓫ 밤 ⓬ 순수 ⓭ 요정 ⓮ 목동 ⓯ 자연 ⓰ 별

소단원 핵심 문제

• 정답과 해설 p.6

[01~04] 다음 글을 읽고, 물음에 답하시오.

가 내가 뤼브롱산에서 양을 치던 시절 이야깁니다. 나는 몇 주 동안 내내 사람 하나 보지 못하고, 기르던 라브리종 개와 양들과 함께 목초지에서 지냈지요. 어쩌다 약초를 따러 온 뤼르산의 은둔 수도자나 피에몽 지방 숯쟁이의 시커먼 얼굴을 보는 정도였지요.

나 "그러니까 양치기는, 여기 사는 거야? 항상 혼자 지내니 얼마나 심심할까! 무얼 하지? 무슨 생각을 해?"

'아가씨, 당신 생각을 한답니다.'

라고 대답하고 싶었지요. 그렇다 해도 거짓말은 아니었을 겁니다. 하지만 어찌나 떨리던지 단 한 마디도 할 말을 찾을 수가 없었어요. 아가씨도 그걸 눈치챘던 것 같은데, 글쎄 이 장난꾸러기 아가씨는 짓궂게도 나를 한층 더 곤혹스럽게 만드는 일에 재미를 느끼고 있었지요.

"그럼 양치기 여자 친구는? 가끔 만나러 올라오나? …… 그 여자 친구는 분명 황금 염소일 거야. 아니면 산봉우리만 타고 다닌다는 에스테렐 요정이거나."

내게 이런 말을 하면서 고개를 뒤로 젖히고 까르르 예쁘게도 웃으며 얼른 가려고 서두르는 — 그래서 지금 찾아온 것이 마치 환영처럼 느껴지는 — 아가씨가 바로 그 ㉠에스테렐 요정 같기만 했습니다.

다 만약 여러분이 한번이라도 한데서 밤을 새워 보았다면 알 겁니다. 우리가 잠든 시간에 고독과 침묵 속에서 신비로운 세상이 깨어난다는 것을 말이죠. 그럴 때 샘물은 낮보다 한결 또랑또랑한 소리로 노래하듯 흐르고, 연못은 작은 불꽃들을 밝히지요. 산의 모든 정령들이 자유로이 왔다 갔다 하고요. 허공 중에는 뭔가 삭삭 스치는 듯한 소리, 알아들을 수 없는 소리들이, 마치 나뭇가지가 자라나고 풀들이 쑥쑥 커 오르는 소리처럼 들려온다니까요.

라 우리 주위에는 별들이 커다란 양 떼처럼 유순하게, 소리 없는 운행을 계속하고 있었습니다. 그렇게 앉은 채로 이따금 난 그려 보곤 했어요. 저 별들 중에 ㉡가장 여릿여릿하고 가장 반짝이는 별 하나가 가던 길을 잃고 내게 내려와서는 이 어깨에 기대어 잠든 것이라고요.

출제 예감 90%

01 이 글에 대한 설명으로 알맞지 않은 것은?

① 1인칭 주인공 시점의 소설이다.
② 과거 회상의 어투로 서술하고 있다.
③ 부드럽고 섬세한 문체가 나타나고 있다.
④ 주인공의 내적 갈등이 효과적으로 드러나고 있다.
⑤ 감각적이면서 시적인 감수성이 가미된 표현이 나타나고 있다.

출제 예감 95% 학습 활동 응용

02 이 글을 통해 알 수 있는 '나'의 성격으로 적절한 것은?

① 밝고 쾌활하다. ② 여유 있고 느긋하다.
③ 순수하고 호기심이 많다. ④ 수줍음이 많고 순박하다.
⑤ 정이 많고 이해심이 깊다.

출제 예감 95% 학습 활동 응용

03 이 소설의 심미적 가치로 가장 적절한 것은?

① 시간의 흐름에 따라 이야기가 전개된다는 점에서 심미적 가치가 느껴진다.
② '나'와 아가씨의 미묘한 심리 변화를 잘 그려 냈다는 점에서 심미적 가치가 느껴진다.
③ 작품의 배경이 되는 전원의 밤 풍경과 자연의 신비롭고 생명력 넘치는 모습을 심미적으로 나타냈다.
④ 신분의 차이를 극복한 사랑을 누구나 공감할 수 있게 그렸다는 점에서 심미적 가치가 드러나는 작품이다.
⑤ 독자에게 직접 호소하는 듯한 목소리와 경건한 어조를 통해 사랑이라는 보편적 정서를 심미적으로 나타냈다.

출제 예감 85% 서술형 논술 대비

04 ㉠과 ㉡의 표현 효과를 〈조건〉에 맞게 서술하시오.

조건
- ㉠과 ㉡이 공통적으로 가리키고 있는 대상을 쓸 것.
- ㉠과 ㉡이 각각 대상의 어떤 점을 드러내고 있는지 포함할 것.

소단원 핵심 문제

[05~08] 다음 글을 읽고, 물음에 답하시오.

가 그렇지만 뭐니 뭐니 해도 가장 관심 있었던 일은, 우리 주인댁 따님 스테파네트 아가씨, 근방 100리 안에서 가장 예쁜 그 아가씨 소식이었습니다. 그 얘기에 너무 관심 갖는 티는 내지 않으면서도 축제나 밤샘 파티에는 많이 가시는지, 여전히 구애하는 남자들이 새록새록 찾아오는지, 그런 것을 알아보았지요. 산에 사는 초라한 양치기 주제에 그런 게 무슨 상관이냐고 누가 묻는다면, 난 대답하겠어요. 그때 내 나이 갓 스물이었고, 스테파네트 아가씨는 그때까지 내가 본 가장 아름다운 사람이었다고.

나 그러다 오후 3시쯤 되니, 하늘이 환해지면서 산은 물기와 햇빛으로 반질거렸고, 나뭇잎에서 뚝뚝 물 떨어지는 소리와 불어난 시냇물이 콸콸 흐르는 소리 틈새로 노새 방울 소리가 딸랑딸랑, 마치 부활절 날 커다랗게 울려 대는 종소리처럼 명랑하고 또렷하게 들려오더군요. 하지만 노새를 끌고 온 사람은 꼬마 미아로도 아니고, 노라드 할머니도 아니고, 바로바로…… 누구였을까 맞혀 보세요! 바로 우리 아가씨였답니다.

다 비탈진 오솔길로 아가씨가 사라지자, 노새 발굽이 땅을 차면서 이리저리 구르는 자갈돌 하나하나가 내 가슴에 툭툭 떨어지는 것만 같았지요. 그 소리가 귀에 오래오래 들려왔습니다. 날이 저물 때까지 나는 잠에 취한 사람처럼, 행여 내 ㉠꿈이 사라져 버릴까 봐 움직일 엄두도 못 내고 마치 잠에 취한 사람처럼 그렇게 서 있었지요.

라 울안 한구석, 아가씨가 자는 모습을 신기하다는 듯 바라보는 양 떼 바로 곁에서 우리 주인댁 따님이, 다른 모든 양보다 훨씬 더 소중하고 더 하얀 양 한 마리처럼 내가 지켜 주는 가운데 쉬고 있다고 생각하니 정말이지 자랑스러울 따름이었죠. 그때까지 하늘이 그렇게 깊어 보이고 별들이 그렇게 빛나 보인 적은 없었다니까요……. 갑자기, 양 우리의 울타리가 살포시 열리더니 어여쁜 스테파네트 아가씨가 나타났어요. 아가씨는 잠들 수가 없었던 거지요.

출제 예감 95% 학습 활동 응용

05 이 글의 서술상 특징으로 가장 적절한 것은?

① '나'가 독자에게 대화하듯 서술하고 있다.
② '나'가 아가씨의 마음속 생각을 전달하고 있다.
③ 아가씨가 '나'를 관찰한 내용을 표현하고 있다.
④ 아가씨가 사건의 전모를 파악하여 전달하고 있다.
⑤ '나'와 아가씨의 대화를 중심으로 사건이 전개되고 있다.

출제 예감 90%

06 이 글에 나타난 '나'의 심리 변화로 적절한 것은?

① 긴장됨 → 안도감 → 놀라움
② 서운함 → 당혹감 → 불안함
③ 그리움 → 경계심 → 행복함
④ 기쁨 → 아쉬움 → 자랑스러움
⑤ 걱정스러움 → 불안함 → 설렘

출제 예감 80%

07 이 글의 아가씨에 대한 설명으로 적절하지 않은 것은?

① 이제 갓 스물이 되었다.
② 울안에서 잠들지 못하고 있다.
③ 구애하는 남자들이 많이 있다.
④ 노새를 끌고 '나'를 만나러 왔다.
⑤ '나'가 일하는 농장 주인의 딸이다.

출제 예감 85%

08 ㉠의 의미로 가장 적절한 것은?

① 순수하고 아름다운 사랑을 상징한다.
② 아가씨를 만날 것이라는 희망을 뜻한다.
③ 아가씨와 함께하며 느꼈던 행복을 의미한다.
④ 아가씨와의 사랑이 이루어질 것임을 암시한다.
⑤ 아가씨와 오래도록 함께 있고 싶은 마음을 의미한다.

[09~11] 다음 글을 읽고, 물음에 답하시오.

(가) 내가 아가씨를 그렇게 가까이서 본 적은 그때까지 한 번도 없었답니다. 어쩌다 양 떼들이 평지로 내려가 있는 겨울철, 내가 저녁을 먹으러 농장 안집에 들어갈 때면 아가씨는 생기발랄하게 식당을 지나가긴 했어도 하인들에게 말을 건네는 법이라곤 없었고, 언제나 예쁘게 꾸미고 조금은 으스대는 모습이었거든요……. 그런 아가씨가 지금 바로 내 앞에 와 있다니, 그것도 나만을 위해. 그야말로 정신 못 차릴 만한 일 아니었겠어요?

(나) "7월은 밤이 짧답니다, 아가씨……. 불편해도 잠시만 참으시면 돼요." / 그러면서 얼른 아가씨의 발과 소르그 강 강물로 흠뻑 젖은 치마를 말릴 수 있게 큰 불을 피웠지요. 그런 다음 아가씨 앞에 양젖과 크림치즈를 갖다 놓았어요. 하지만 가엾은 아가씨는 불을 쬘 생각도 먹을 생각도 하지 않았고, 그 두 눈에 그렁그렁 눈물이 차오르는 것을 보니 나도 울고 싶은 심정이었어요.

(다) 만약 여러분이 한번이라도 한데서 밤을 새워 보았다면 알 겁니다. 우리가 잠든 시간에 고독과 침묵 속에서 신비로운 세상이 깨어난다는 것을 말이죠. 그럴 때 샘물은 낮보다 한결 또랑또랑한 소리로 노래하듯 흐르고, 연못은 작은 불꽃들을 밝히지요. 산의 모든 정령들이 자유로이 왔다 갔다 하고요. 허공 중에는 뭔가 삭삭 스치는 듯한 소리, 알아들을 수 없는 소리들이, 마치 나뭇가지가 자라나고 풀들이 쑥쑥 커 오르는 소리처럼 들려온다니까요.

(라) "저게 뭐지?"

스테파네트 아가씨가 작은 소리로 내게 물었어요.

"천국으로 들어가는 영혼이랍니다, 아가씨."

내가 대답하며 성호를 그었습니다.

아가씨도 덩달아 성호를 긋고는 잠시 아주 골똘히, 뭔가 생각에 깊이 빠진 사람처럼 앉아 있었어요. 그러더니 내게 말했지요.

"그럼 너희들 양치기가 마법사라는 게 정말이야?"

"무슨 말씀을요, 아가씨. 하지만 여기서는 아무래도 별들과 훨씬 가까이 생활하다 보니 하늘에서 일어나는 일을 평지에 사는 사람들보다 잘 알게 마련이죠."

아가씨는 한 손으로 얼굴을 받친 채, 천상의 작은 목동처럼 암사슴 가죽을 두르고 여전히 하늘을 올려다보고 있었습니다.

출제 예감 85%

09 이 작품에 대한 설명으로 적절한 것은?

① 인물의 감정을 섬세하게 묘사하고 있다.
② 주로 현재형으로 서술하여 현장감을 주고 있다.
③ 작품 밖 서술자가 다른 인물을 관찰하여 서술하고 있다.
④ 인물의 대화를 통해 삶에 대한 가치관을 드러내고 있다.
⑤ 상징적인 소재를 사용하여 현대 사회의 모습을 간접적으로 비판하고 있다.

출제 예감 90% 학습 활동 응용 사고력 확장 문제

10 (다)와 〈보기〉의 공통점으로 가장 적절한 것은?

보기

길은 지금 긴 산허리에 걸려 있다. 밤중을 지난 무렵인지 죽은 듯이 고요한 속에서 짐승 같은 달의 숨소리가 손에 잡힐 듯이 들리며 콩 포기와 옥수수 잎새가 한층 달에 푸르게 젖었다. 산허리는 온통 메밀밭이어서 피기 시작한 꽃이 소금을 뿌린 듯이 흐뭇한 달빛에 숨이 막힐 지경이다. 붉은 대궁이 향기같이 애잔하고 나귀들의 걸음도 시원하다.

– 이효석, 『메밀꽃 필 무렵』

① 인물의 심리가 시간의 흐름에 따라 변화하고 있다.
② 서술자의 개입으로 독자의 상상력이 제한되고 있다.
③ 서정적인 배경 묘사로 작품의 분위기를 조성하고 있다.
④ 구체적인 주변 상황의 모습을 사실적으로 전달하고 있다.
⑤ 상징적인 소재를 통해 주제를 효과적으로 드러내고 있다.

출제 예감 90% 서술형 논술 대비

11 이 글에서 배경에 따라 '나'와 아가씨의 관계가 어떻게 변화하는지 〈조건〉에 맞게 서술하시오.

조건

'마을(평소)에서 산속(오늘)으로 배경이 바뀜에 따라 '나'와 아가씨의 관계가 어떻게 변화하였는지를 쓸 것.

자연이 하는 말을 받아쓰다

• 생각 열기 다음 상황에서 강연을 한다고 할 때, 자신이라면 어떤 점을 고려할지 생각해 봅시다.

가

나

가와 나의 청중이 위 강연에서 기대하는 내용은 각각 무엇일까요?

예시 답 가 친구와의 우정, 부모님의 사랑 등 / 나 행복한 노년을 보내는 방법, 가족과의 시간을 보내는 방법, 건강과 운동 등

청중의 관심과 요구를 고려하지 않고 말을 했을 때, 청중들은 어떤 반응을 보일지 이야기해 봅시다.

예시 답 흥미가 떨어지기 때문에 지루해하고 강연에 집중하지 못할 것이다.

• 학습 목표로 내용 엿보기

“같은 주제의 강연이라 할지라도 청중의 관심사에 따라 구성해야 할 내용이 달라지겠구나. 청중의 관심사나 요구를 분석하는 일은 무척 중요한 것 같아. 청중을 분석하고 이를 고려하여 말하기 전략을 세운다면 효과적인 강연이 될 수 있을 거야.”

핵심 1 강연 주제와 말하기 전략을 파악하며 「자연이 하는 말을 받아쓰다」 강연 듣기

핵심 2 청중의 관심과 요구를 고려하여 효과적으로 말하기

핵심 원리 이해하기 청중 분석의 필요성

말을 하기 전 청중의 수준, 관심과 요구 등을 파악한 후에, 이를 고려한 말하기 전략을 활용하면 말하고자 하는 바를 효과적으로 전달할 수 있음.

→ 청중이 주제에 대해 어느 정도 관심이 있는지, 청중이 원하는 것이 무엇인지, 청중이 주제에 관해 가지고 있는 사전 지식이 어느 정도인지 등을 정확히 분석하는 것은 의사소통의 성공을 결정하는 중요한 열쇠가 된다.

개념 확인 콕콕

• 정답과 해설 p.7

01 말하기 전 청중 분석의 내용으로 적절하지 않은 것은?

① 청중의 요구를 파악한다.
② 청중의 신체적 조건이나 특징을 고려한다.
③ 청중의 주제에 관한 관심과 흥미 정도를 분석한다.
④ 청중이 주제에 관해 가지고 있는 지식의 정도를 분석한다.
⑤ 청중이 주제에 관해 느끼는 개인적 관련성의 정도를 파악한다.

02 다음 빈칸에 알맞은 말을 쓰시오.

> 말을 하기 전에 청중을 분석하여 적절한 말하기 전략을 세우는 것은 효과적인 (　　　) 을/를 위해 꼭 필요한 과정이다.

03 청중을 고려한 말하기 전략으로 적절하지 않은 것은?

① 청중의 이해를 돕기 위해 매체 자료를 활용한다.
② 말하기 도중에도 청중의 반응을 지속해서 점검한다.
③ 청중에게 혼란을 주지 않도록 고정된 자세를 취한다.
④ 청중의 반응에 맞추어 말하기 내용이나 전략을 바꾼다.
⑤ 청중의 수나 말하기의 내용에 맞게 어조나 목소리의 크기 등을 조절한다.

본문 안내

이 소단원은 말하기에 앞서 청중의 관심과 요구를 분석하고, 이를 바탕으로 내용을 구성하고 표현과 전달 전략을 조정하는 능력을 기르기 위한 단원이다. 「자연이 하는 말을 받아쓰다」는 시인 김용택이 청소년들에게 행복한 삶을 위한 공부에 관해 이야기하는 강연으로, 청중을 고려한 말하기를 잘 보여 주고 있다. 특히 청중을 고려한 말하기 전략과 방식이 복합적으로 제시되고 있어 청중의 관심과 요구를 고려한 말하기를 이해하는 데 효과적인 제재가 될 수 있다.

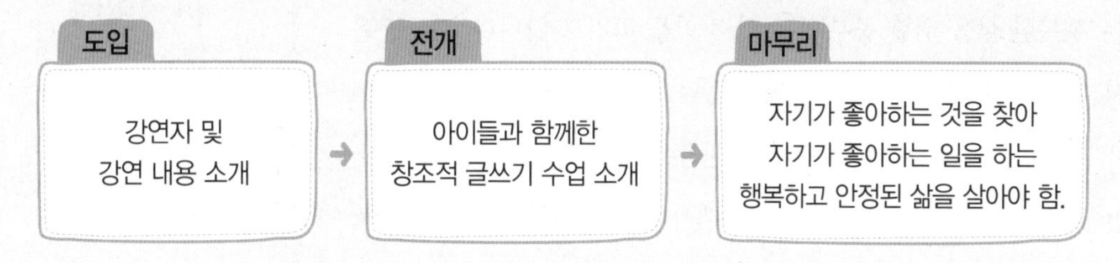

본문 개관

★ **글쓴이 소개** 김용택

시인, 초등학교 교사. 1982년 연작시 「섬진강」을 발표하면서 본격적인 창작 활동을 시작하였다. 이후에도 그의 시 대부분이 섬진강을 배경으로 하고 있어 섬진강 시인으로 불린다. 주요 작품으로 「나무」, 「콩, 너는 죽었다」, 「그 여자네 집」 등이 있다.

★ **갈래** 강연문

이 글은 일정한 주제에 대해 강연자가 청중 앞에서 강연한 내용을 담은 강연 대본이다. 강연의 목적은 말하기 주제에 대한 청중의 이해를 높이는 것으로 강연자의 일방적인 말하기가 주를 이룬다.

★ **성격** 경험적, 설득적

이 강연은 초등학교 교사인 강연자가 자신의 학생들과 글쓰기 수업을 한 일화를 제시하여 청중의 흥미를 유발하고 있다는 점에서 경험적이다. 또한, 청소년들에게 행복한 삶을 위한 공부에 관한 자신의 생각을 전달하고 있다는 점에서 설득적이다.

★ **제재** 아이들과 함께한 창조적 글쓰기 수업

시인이자 초등학교 교사인 강연자는 초등학교에서 2학년 아이들과 함께 글쓰기 수업을 했던 경험을 바탕으로 청소년들에게 행복한 삶을 위한 공부에 대해 강조하고 있다.

★ **주제** 행복한 삶을 위한 공부, 창의적 사고를 키우는 공부

강연자는 아이들과 함께한 창조적 글쓰기 수업을 소개하면서 청소년 시기에는 받아들이는 힘을 키워야 하며 공부를 통해 자신이 좋아하는 것을 찾아야 한다고 말하고 있다. 즉, 행복한 삶을 위한 공부, 창의적 사고를 키우는 공부를 해야 함을 강조하고 있다.

자연이 하는 말을 받아쓰다

김용택

이것이 핵심! ✔ 강연 주제 ✔ 강연자가 사용한 표현 전략과 효과

다음은 한 방송사의 『교육을 말하다』 연작 강연 중 세 번째 순서인 김용택 시인의 「자연이 하는 말을 받아쓰다」라는 강연입니다.

도입 가 청소년 여러분 안녕하세요, 반갑습니다. 시인 김용택입니다. 오늘 저는 '행복한 삶을 위한 공부'에 관한 강연을 하려고 합니다. 여러분은 혹시 이 주제에 관해 생각해 본 적이 있나요? ㉠(청중과 눈을 맞추며 기다린다.) 예, 그렇죠. 아마 누구나 한 번쯤은 생각해 보았을 것입니다. 그만큼 우리에게 밀접하고, 중요한 주제이니까요. 그럼 이제부터 이러한 주제로 강연을 시작하겠습니다.

도입 | 강연자 및 강연 내용 소개

핵심 확인 '도입'에서 강연자가 사용한 표현 전략과 그 효과

표현 전략			효과
말하기 방식	주제와 관련된 질문으로 강연을 시작함.	➡	청중의 흥미를 유발하고 관심을 이끌어 냄.
행동	청중과 눈을 맞추며 질문하고 답을 기다림.	➡	청중의 대답과 호응을 유도함으로써 청중이 강연에 몰입하게 함.

이것이 핵심! ✔ 강연자가 사용한 표현 전략과 효과

전개 나 저는 지금 시골의 작은 초등학교에서 2학년 아이들을 가르치고 있습니다. 그러면서 가르친다는 것이 남을 가르치는 것인 동시에 아이들을 통해 배우는 것이라는 점을 알게 되었습니다. 저는 아이들을 가르치는 매 순간마다 깨닫고, 뉘우치고, 반성하면서 자신을 고쳐가고 바꿔가고 있지요. 이것이 바로 공부입니다. 아이들이 오히려 저에게 많은 것을 가르치고 있었습니다.

다 그 많은 것 중 하나가 진지성입니다. 삶이 진지하기 때문에 아이들은 세상을 바라보는 눈이, 모든 것이 다 새롭습니다. 모든 것이 다 새 것이죠. 그래서 심심한 줄을 모릅니다. 아이들이 사색하고 명상하는 것은 좀 어색하죠? 아이들에게는 사색과 명상보다는 끊임없이 움직이는 것이 행복입니다. 뭘 많이 가져야 행복한 것이 아니고, 뛰어놀 땅만

• 확인 문제 •

• 정답과 해설 p.7

핵심

01 이 강연의 도입 부분에서 강연자가 사용한 표현 전략으로 적절한 것은?

① 시각적 매체 자료를 활용하여 청중의 흥미를 유발한다.
② 전문가의 의견을 인용하여 청중의 신뢰감을 획득한다.
③ 구체적인 예시를 통해 강연 내용을 실감나게 제시한다.
④ 주제와 관련된 질문으로 시작하여 청중의 관심을 이끌어 낸다.
⑤ 참신하고 비유적인 표현을 사용하여 청중이 강연 내용을 오래도록 기억하게 한다.

핵심

02 이 강연을 준비하기 위해 강연자가 떠올린 생각을 추측해 본 것이다. 적절하지 않은 것은?

① 아이들을 가르치면서 느꼈던 점을 바탕으로 주제에 접근해야겠어.
② 청중의 관심과 요구를 고려했을 때, 강연 주제는 시의적절하다고 봐.
③ 청중은 공부에 관심이 많아서 주제에 대한 사전 지식이 충분할 것 같아.
④ 청중은 한창 공부를 할 시기에 놓여 있으므로 주제에 대해 알고 싶어 할 거야.
⑤ 청중은 학교에서 교육을 받는 시기이므로 강연의 주제는 청중과 밀접한 관련이 있어.

03 (가)를 바탕으로 이 강연의 청중과 강연 주제를 정리해 쓰시오.

청중	
강연 주제	

서술형

04 말하기의 표현 전략에서 ㉠과 같은 행동의 효과는 무엇인지 한 문장으로 서술하시오.

있으면 행복합니다. 모든 것들이 새롭고 신비롭기 때문에 그럽니다. 세상 모든 것이 새것이에요. 그래서 감동을 잘하고, 감동을 잘하기 때문에 교육이 이루어지는 것입니다. 이렇게 아이들은 늘 세상을 새로운 눈으로 바라보는 신비함을 저에게 가르쳐 주었습니다.

라 그런 아이들과 제가 같이 했던 것이 글쓰기였습니다. 그런데 초등학교 2학년 아이들은 개념이 없습니다. 개념이 없다는 말은 논리가 없다는 말입니다. 그런 아이들에게 글쓰기를 가르치는 것은 너무 힘들어요. 개념이 없고 논리적이지 않기 때문에 교육이 어렵습니다. 그래서 어떻게 가르쳤냐면, 교육적인 용어, 문학적인 용어를 활용하지 않고, 즉, 글쓰기의 방법과 기술을 가르치지 않고 세상을 바라보는 눈을 갖도록 해줬습니다.

마 먼저 우리 반이 되면 자기 나무를 정합니다. ㉠온종일 가장 많이 바라볼 수 있는 자기 나무를 정해서 그 나무에서 일어나는 일을 쓰게 한 것입니다. 아이들이 자기 나무를 정합니다. 정하면 물어보는 거죠.

"(눈앞에 학생이 있는 듯 손가락으로 앞을 가리킨다.) 나무 봤어?"

하면, 안 봅니다. 아이들이 그렇게 말을 잘 듣나요? 그래도 계속해서 물어보는 겁니다. 물어보다 보면 집에서 놀다가 자기 나무가 눈에 띄겠죠. 눈에 띄면,

'어, 학교에 가면 선생님이 또 나무 봤냐고 물어보시지 않을까?'

하는 생각에 나무를 보게 되는 것입니다.

"나무 봤어?" / "봤어요." / 그러는 거예요. 그럼,

"네 나무가 어떻게 하고 있던?"

이렇게 물어봐요. 그런데 아이들은 어떻게 하고 있는지는 안 봐요. 그냥 보고만 온 거예요. 그러니까 그다음부터는 집에 보낼 때마다 그러는 거죠.

"자, 오늘 집에 가서 나무가 혹시 눈에 뜨이면 네 나무에서 어떤 일이 일어났는가를 보고 와라."

그럼 애들이 집에서 놀다가 나무가 눈에 띌 때가 있겠죠? 그럼 아이들이 나무를 다시 보게 되는 겁니다. 다시 보는 순간 세상은 달라집니다. 그렇죠? 어제하고 다르게 보기 때문에 세상이 달라 보이는 것입니다.

핵심

05 강연자가 아이들과의 일화를 활용하여 강연 내용을 전개한 이유로 적절하지 않은 것은?

① 주제에 대해서 청중이 쉽게 이해하도록 하기 위해서
② 청중과 친밀감을 형성하여 청중을 쉽게 설득하기 위해서
③ 글을 쓰는 과정에 대한 청중의 흥미와 공감을 유도하기 위해서
④ 청중이 쉽게 접할 수 있는 사례를 통해 관심과 흥미를 유발하기 위해서
⑤ 아이들의 순수한 행동을 보여 줌으로써 청중의 웃음을 유발하기 위해서

날개 확인 문제

06 강연자가 ㉠과 같이 한 의도로 가장 적절한 것은?

① 아이들에게 문학 용어를 쉽게 설명하기 위해서
② 아이들에게 글쓰기의 방법과 기술을 가르치기 위해서
③ 아이들에게 자연을 사랑하는 마음을 심어 주기 위해서
④ 아이들에게 세상을 바라보는 눈을 갖도록 하기 위해서
⑤ 아이들에게 주위의 사물에 대한 애정을 키우도록 하기 위해서

07 강연자가 말하는 아이들의 특성으로 적절하지 않은 것은?

① 세상을 새로운 눈으로 바라볼 줄 안다.
② 논리적이지 않기 때문에 교육이 어렵다.
③ 감동을 잘하기 때문에 교육이 이루어진다.
④ 선생님의 말씀에 귀를 기울이고 잘 따른다.
⑤ 문학적인 용어를 활용하여 글쓰기 교육을 하는 것은 어렵다.

바 자, 그러면 제가 또 물어봅니다.

"나무 봤어? 네 나무 어떻게 하고 있었어?"

제가 충영이란 학생한테 물어봤습니다.

"제 나무는요, 우리 집 앞에 있는 소나무인데요. 소나무에서 새가 앉았다가 날아가던데요." / 그러는 거예요. 그래서,

"오, 그래? 그럼 그걸 써 봐."

그러는 겁니다. 그걸 쓰면 뭐가 되겠습니까? 네, 글이 되고 시가 되는 것이지요.

사 그러던 어느 날, 제가 경수란 아이에게 물어봤습니다.

"경수야, 네 나무 봤어? 어떻게 하고 있었어?"

경수가 이렇게 대답하는 것이었습니다.

"제 나무는 마을 앞에 있는 커다란 느티나무인데요. 아침에 학교 오면서 보니까요, 느티나무 아래 할아버지들이 놀고 계셨어요. 그리고 그 앞에는 시냇물이 흐르고 있었고요. 시냇물 건너에는 들판이 있는데 들판에서는 사람들이 모내기를 하고 있었어요."

이렇게 얘기를 하는 거예요. 나무만 보라고 했는데 이 녀석이 그 주위를 자세히 보게 된 겁니다. 그리고 그것을 종합한 겁니다.

"그럼 그걸 써 봐."

그러면 이런 글이 되는 겁니다. 새로운 세계를 창조한 것이지요.

[A]

느티나무

김경수

내 나무는 마을 앞에 있는 / 커다란 느티나무이다.
아침에 학교에 오면서 보니까
느티나무 밑에 / 동네 할아버지들이 놀고 있었다.
할아버지들이 노는 그 앞에는 / 시냇물이 흐르고
시냇물 건너에는 들판이 있는데
들판에서는 사람들이 모내기를 하고 있었다.

아 공부란 하나를 가르쳐 주면 하나를 아는 게 아닙니다. 공부란 하나를 가르쳐 주면 열을 아는 것입니다. 하나를 자세히 보면 이것도 보이고 저것도 보이는 것입니다. 새로운 세계는 그걸로 만드는 거죠. 이게 창조라는 거예요. 창조란 거기서 시작되는 것입니다.

핵심

08 (사)에 사용된 강연자의 표현 전략으로 적절한 것은?

① 문학적 개념을 알기 쉽게 풀어 가며 설명하고 있다.
② 강연자가 직접 쓴 시를 제시하여 청중의 이해를 돕고 있다.
③ 반복되는 질문을 통해 청중의 반응을 적극적으로 유도하고 있다.
④ 비유적 표현을 통해 강연 주제에 대해 알기 쉽게 소개하고 있다.
⑤ 시각적 자료를 활용하여 강연에 대한 청중의 흥미를 높이고 있다.

09 제시된 부분의 핵심 내용을 가장 잘 정리한 것은?

① 나무에 대해 본 것을 글로 쓰면 시가 된다.
② 지속적인 질문은 창조적 사고의 바탕이 된다.
③ 공부는 하나를 가르쳐 주면 열을 아는 것이다.
④ 경수는 나무와 그 주위를 자세히 살펴본 후 글을 썼다.
⑤ 하나를 자세히 보면 새로운 세계를 만들 수 있고 그것은 창조의 계기가 된다.

10 [A]를 읽은 후의 반응으로 적절하지 않은 것은?

① 강연자의 글쓰기 수업에 대한 결과물이라고 할 수 있겠군.
② 어린아이가 자기 나무를 관찰한 결과를 글로 쓴 것이로군.
③ 다양한 감각을 사용하여 진술하면서도 꾸밈없는 글을 썼다는 생각이 드네.
④ 어린아이가 세상을 새로운 눈으로 바라본 모습이 담겨 있다고 할 수 있어.
⑤ 주변의 세상에 대해 애정을 가지고 자세히 보는 것이 글쓰기에서 중요한 것 같아.

자 그럼 창의적 생각, 창조적 사고는 어떻게 키울 수 있을까요? 저는 아이들에게 나무를 보게 했어요. ㉠한 그루의 나무는 언제 보아도 완성이 되어 있고, 언제 보아도 새롭습니다. 봄, 여름, 가을, 겨울 매 순간이 다 다릅니다. 햇볕이 있을 때, 눈이 올 때, 바람이 불 때, 달이 뜨고 해가 뜰 때 다 다릅니다. 그런데 한 나무를 보고 있으면 늘 다른데, 늘 완성되어 있습니다. 산도, 강물도 늘 다른 것 같지만 언제 보아도 완성이 되어 있습니다. 그래서 우리는 자연 안에 들어가면 편안합니다. 왜냐하면 완성이 되어 있어서 그렇습니다. 그런데도 놀랍게도 새로운 것입니다. 새로움을 보여 주는 것입니다.

차 눈이 올 때, 눈이 오기 전 나무와 눈이 온 후의 나무는 전혀 다릅니다. 눈이 온 후의 나무는 눈을 받아들이고, 새로운 모습을 우리에게 창조해서 보여 주는 것이죠. 그래서 아이들에게 나무를 보여 준 것입니다. 이처럼 자연이, 나무가 늘 완성되어 있고 늘 새로운 까닭은 바로 자연이 받아들이는 힘이 있기 때문입니다.

카 나무가 서 있는 데 비가 옵니다. 그러면 나무는,

"나 안 맞을래."

하고 도망가지 않습니다. 비를 받아들이고 새로운 모습이 되는 것이죠.

결국, 창조적 힘이란, 창의적 생각이란 (㉡   ). 그때 자기 자신을 세상에 우뚝 세울 수 있습니다.

전개 | 아이들과 함께한 창조적 글쓰기 수업 소개

핵심 확인 전개 부분에서 강연자가 사용한 표현 전략과 그 효과

	표현 전략		효과
말하기 방식	• 아이들과의 일화를 소개할 때 실제처럼 생생하게 전달함. • 친근한 어조로 아이들의 말투를 따라함.	→	• 청중이 강연자가 소개하는 장면을 눈에 보이듯이 구체적이고 생생하게 떠올릴 수 있음. • 청중이 강연자의 이야기에 몰입할 수 있음.
행동	상황에 맞는 손짓, 몸동작을 사용함.	→	상황에 맞는 동작 등을 활용하여 청중과 원활한 의사소통을 함.
자료 제시	일화에 등장하는 학생이 쓴 글을 큰 화면을 통해 청중에게 직접 제시함.	→	학생이 쓴 글을 청중에게 보여주어서 청중이 강연에 흥미를 가지도록 하고, 실제 사례를 통해 강연의 신뢰도를 높임.

11 '자연'에 대한 강연자의 생각으로 알맞은 것끼리 〈보기〉에서 골라 묶은 것은?

보기
ⓐ 자연은 늘 새로운 동시에 편안하고 안정적이다.
ⓑ 자연은 새로운 모습을 창조해서 우리에게 보여 준다.
ⓒ 자연을 바라보기만 해도 창의적 생각을 키울 수 있다.
ⓓ 자연은 맑고 순수한 눈을 가진 사람에게 늘 새로움을 보여 준다.

① ⓐ, ⓑ
② ⓑ, ⓓ
③ ⓒ, ⓓ
④ ⓐ, ⓑ, ⓒ
⑤ ⓐ, ⓑ, ⓓ

날개 확인 문제

12 강연자가 ㉠과 같이 말하는 이유를 바르게 지적한 것은?

① 현경: 자연은 항상 변화를 추구하기 때문이야.
② 수진: 자연은 받아들이는 힘이 있기 때문이야.
③ 영진: 자연은 언제 보아도 변함이 없기 때문이야.
④ 진수: 자연 안에 들어가면 언제나 편안하기 때문이야.
⑤ 서연: 자연이 인간에게 다양한 혜택을 주기 때문이야.

13 이 강연의 흐름으로 보아, ㉡에 들어갈 내용으로 가장 적절한 것은?

① 우리가 사는 세계를 다 받아들였을 때 옵니다.
② 주변의 사물을 다르게 해석했을 때 생겨납니다.
③ 기존에 있던 것을 새롭게 받아들였을 때 옵니다.
④ 자신만의 생각과 느낌으로 사물을 바라볼 때 생겨납니다.
⑤ 자신과 주변 사물의 입장을 바꾸어 생각할 수 있을 때 옵니다.

이것이 핵심! ✔ 강연자가 사용한 표현 전략과 효과 ✔ 강연자의 당부 내용

마무리 타 청소년 여러분은 지금 받아들이는 힘을 키우고 있는 때입니다. 여러분이 살고 있는 세상, 여러분이 살아갈 세상은 이제 생각이 달라져야 합니다. 바뀌야 합니다. 변화와 혁신이란 여러 가지가 있겠지만, 그중 제가 여러분의 공부와 관련해서 이야기하고 싶은 것은 여러분이 하는 공부가 행복한 삶, 안정된 삶을 살 수 있는 공부로 바뀌어야 한다는 것입니다. 제가 여러분의 삶을 들여다보면 여러분은 겨우 예순 살까지 살아갈 수 있는 공부를 하고 있다는 것입니다. 저는 이것을 바꿔야 한다고 생각합니다. 예순 살까지만 성공하는 삶이 아닌 일흔, 여든 살이 되어서도 성공하는 삶을 준비하라고 말하고 싶습니다.

파 그러기 위해서는 여러분이 좋아하는 것을 찾아야 합니다. 좋아하는 것을 찾는 게 공부이고, 그렇게 하게 만드는 것이 교육입니다. 높은 점수를 받기 위한 것이 공부가 아니고, 좋아하는 것을 찾는 것이 공부라는 것이죠. 좋아하면 열심히 하게 되고, 열심히 하면 잘하게 되고, 자기가 잘하면 사회에 나가서 할 일이 있습니다. 자기가 좋아하는 것을 평생 하면서 살아야 행복한 삶이 되는 거죠. 행복하고 안정이 되어야 창조성이 발현됩니다. 그 속에서 새로운 세계를 창조하면서 살아나가야 합니다. 그것이 여러분이 가야 할 길이고, 더 나아가 우리 인류가 가야 할 길입니다. 돈을 많이 벌고 출세하는 그런 삶이 아니라 행복하고 안정된 삶, 자기가 좋아하는 것을 찾아 자기가 좋아하는 일을 하는 삶을 살아야 합니다. 그런 삶이 여러분에게 창의적이고 창조적인 생각을 더욱더 키워 나가게 할 것입니다. / 감사합니다.

마무리	자기가 좋아하는 것을 찾아 자기가 좋아하는 일을 하는 행복하고 안정된 삶을 살아야 함.

핵심 확인 마무리 부분에서 강연자가 사용한 표현 전략과 그 효과

	표현 전략		효과
말하기 방식	강연 주제를 강조하고 청중에 대한 당부로 강연을 마무리함.	➡	청중이 강연의 핵심 내용을 효과적으로 파악할 수 있도록 함.

핵심

14 이 강연을 통해 강연자가 청중에게 하고자 한 말로 가장 알맞은 것은?

① 돈을 많이 벌고 출세하는 삶을 추구해야 한다.
② 공부를 통해서 변화와 혁신을 꾀하는 삶을 살아야 한다.
③ 창조성과 창의적 생각을 발휘하여 사회에 기여하는 삶을 살아야 한다.
④ 창의적이고 창조적인 생각을 하기 위한 노력을 게을리하지 말아야 한다.
⑤ 공부를 통해 좋아하는 것을 찾아서 자기가 좋아하는 일을 하는 삶을 살아야 한다.

핵심

15 강연자가 강연의 마무리 부분에 대해 계획한 내용을 추측했을 때, 적절하지 않은 것은?

① 청중에게 공손하게 끝인사를 하는 것이 좋겠어.
② 청중들에게 당부의 말을 전하며 마무리해야겠어.
③ 전개 부분에서 제시한 내용을 간략하게 요약해야겠어.
④ 청중에게 '공부'와 '창조성'의 관계에 대해 강조해야겠어.
⑤ 청중이 지금 어떤 시기에 놓여 있는지를 환기시켜야겠어.

서술형

16 이 강연의 내용으로 볼 때, 강연자가 생각하는 '행복한 삶을 위한 공부'란 어떤 것인지 <조건>에 맞게 서술하시오.

조건

강연자가 자기 반 아이들에게 나무를 보고 글을 쓰게 한 과정을 통해 전달하고자 한 내용과 관련지어 쓸 것.

학습 활동

• 정답과 해설 p.8

이해 활동

1. 강연자가 자기 반 아이들에게 나무를 보고 글을 쓰게 한 과정을 통해 전달하고자 한 '행복한 삶을 위한 공부'란 어떤 것인지 파악해 봅시다.

- 아이들에게 자기 나무를 정해 관찰하고 그것을 글로 표현하게 하여 새로운 세계를 창조하는 경험을 하게 한 일화를 이야기함.
- 나무가 눈을 받아들여 새로움을 창조하고, 나무가 늘 완성된 모습을 보여 주는 까닭이 자연을 받아들이는 힘에 있다고 이야기함.

↓

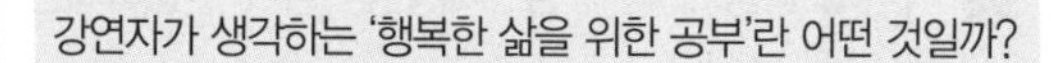

창의적인 사고를 키우는 공부

이해 다지기 문제

1 강연자가 생각하는 '행복한 삶을 위한 공부'로 가장 적절한 것은?

① 행복해지기 위한 공부
② 변화와 혁신을 추구하는 공부
③ 창의적인 사고를 키우는 공부
④ 경쟁에서 살아남기 위한 공부
⑤ 자연을 있는 그대로 받아들이는 공부

목표 활동

1. 이 강연의 내용을 바탕으로 강연의 주제와 청중을 파악해 봅시다.

청소년 여러분 안녕하세요. 반갑습니다. 시인 김용택입니다. 오늘 저는 '행복한 삶을 위한 공부'에 관한 강연을 하려고 합니다. 여러분은 혹시 이 주제에 관해 생각해 본 적이 있나요?

돈을 많이 벌고 출세하는 그런 삶이 아니라 행복하고 안정된 삶, 자기가 좋아하는 것을 찾아 자기가 좋아하는 일을 하는 삶을 살아야 합니다. 그런 삶이 여러분에게 창의적이고 창조적인 생각을 더욱더 키워 나가게 할 것입니다.

강연자	청중
시인, 초등학교 선생님	청소년

강연 주제: 행복한 삶을 위한 공부, 창의적인 사고를 키우는 공부

2. 이 강연의 내용을 바탕으로 강연자가 파악한 청중의 관심과 요구, 강연 전략을 정리해 봅시다. 예시 답

『교육을 말하다』라는 주제의 강연이므로 청소년들에게 '행복한 삶을 위한 공부'에 관한 내 생각을 이야기하면 좋을 것 같군. 먼저 강연을 들을 청중을 분석해 보자.

- 대상 청중: 청소년
- 강연 주제에 관한 청중의 사전 지식: 청소년인 청중은 공부에 관심이 많지만, 행복한 삶을 위한 공부 방법에 관한 사전 지식은 별로 없을 듯해.
- 강연 주제와 청중과의 관련성: 청소년은 학교에서 교육을 받는 시기이므로 강연의 주제는 청중과 밀접한 관련이 있어.
- 청중의 관심과 요구: 공부를 왜 하는지에 관하여 관심이 많고, 어떤 공부가 행복한 삶을 위한 공부인지를 알고 싶어 할 거야.

↓

청중을 분석한 내용을 바탕으로 강연 계획을 세워 보자.

- 도입 부분에서 '행복한 삶을 위한 공부'라는 주제와 관련된 질문으로 시작하면 청중의 __흥미__ 을/를 유발하고 __관심__ 을/를 끌 수 있을 거야.
- 전개 부분에서 아이들에게 글쓰기를 가르친 __경험__ 와/과 자기 나무를 정해 글로 쓰게 한 __사례__ 을/를 들려주면 창조적인 생각을 키우는 방법을 알게 할 수 있을 거야.
- 마무리 부분에서 앞으로 청중들이 어떤 공부를 해야 하는지를 제시하고 __좋아하는 것을 찾아 행복하고 안정된 삶을 살기__ 을/를 당부하며 마무리해야겠어.

↓

자, 이제 강연을 해 볼까. 청중이 지루하지 않도록 중간중간 질문을 하고, 그밖의 다양한 표현 전략을 활용하여 내용을 전달해야겠어.

3. 이 강연에서 강연자가 사용한 표현 전략과 그 효과를 이해해 봅시다. 예시 답

	표현 전략		효과
말하기 방식	• 아이들과의 일화를 소개할 때 실제처럼 생생하게 전달함. • 친근한 어조로 아이들의 말투를 따라 함.	→	• 청중들이 강연자가 소개하는 장면을 눈에 보이듯이 구체적이고 생생하게 떠올릴 수 있음. • 청중들이 강연자의 이야기에 몰입할 수 있음.
행동	• 청중과 눈을 맞추면서 질문하고 답을 기다림. • 상황에 맞는 손짓, 몸동작을 사용함.	→	• 청중의 대답과 호응을 유도함으로써 강연에 몰입하게 함. • 상황에 맞는 동작 등을 활용하여 청중과 의사소통을 원활하게 함.
자료 제시	• 일화에 등장하는 학생이 쓴 글을 큰 화면을 통해 청중에게 직접 제시함.	→	• 학생이 쓴 글을 청중들에게 보여 주어서 청중들이 강연에 흥미를 가지도록 하고, 실제 사례를 통해 강연의 신뢰도를 높임.

목표 다지기 문제

1 이 강연의 내용을 바탕으로 강연자의 강연 계획을 추측해 본 것이다. 적절하지 <u>않은</u> 것은?

① 도입 부분에서는 주제와 관련된 질문으로 시작하여 청중의 흥미를 유발해야겠어.
② 전개 부분에서는 아이들에게 글쓰기를 가르친 경험을 청중에게 들려줌으로써 글쓰기 기술과 전략을 효과적으로 안내해야지.
③ 전개 부분에서 자기 나무를 정해 글로 쓰게 한 사례를 청중에게 들려주면 창조적인 생각을 키우는 방법을 알게 할 수 있을 거야.
④ 마무리 부분에서는 앞으로 청중들이 어떤 공부를 해야 하는지 제시해야겠어.
⑤ 마무리 부분에서는 좋아하는 것을 찾아 행복하고 안정된 삶을 살기를 당부하며 마무리해야겠어.

2 이 강연에서 강연자가 사용한 표현 전략으로 적절하지 <u>않은</u> 것은?

① 친근한 어조로 아이들의 말투를 따라 하였다.
② 청중과 눈을 맞추면서 질문하고 답을 기다렸다.
③ 관용적 표현을 사용하여 인상적으로 전달하였다.
④ 아이들과의 일화를 실제처럼 생생하게 전달하였다.
⑤ 학생이 쓴 글을 큰 화면을 통해 청중에게 직접 제시하였다.

4. 다음 대화를 읽고, 청중의 관점에서 이 강연을 평가해 봅시다.

학생 저는 이 강연이 학생들의 관점에서 이해하기 쉬운 소재를 활용하고 있다는 점이 좋았어요. 그런데 우리가 중학생이니까 중학생에 맞는 예시가 있었으면 더 좋았을 거라는 생각이 들어요. 내용적으로는 자기가 좋아하는 것을 찾는 것이 진정한 공부라는 이야기가 인상 깊었어요. 앞으로 공부할 때 많이 생각날 것 같아요.

선생님 교사로서 학생들에게 한번쯤은 들려주고 싶은 이야기였습니다. 기회가 된다면 교사를 대상으로 한 강연도 듣고 싶습니다.

학부모 저도 아이를 키우는 부모여서 강연 내용에 공감이 되고, 강연을 들은 후 우리 아이의 공부 방향에 관해 많은 생각을 하게 되었습니다. 중간에 아이들의 글쓰기 사례가 다소 길다고 생각했지만, 강연자의 의도를 이해하기에는 좋았어요.

1 각각의 청중에 따라 강연에 관한 평가가 달라지는 까닭을 말해 봅시다.

예시 답 청중의 나이, 사회적 위치 등에 따라 강연에 대한 관심과 요구가 다르기 때문이다.

2 내가 이 강연의 청중이라면 어떻게 평가했을지 이야기해 봅시다. 예시 답

나는 처음에는 '행복한 삶을 위한 공부'라는 주제가 막연하게 느껴졌는데, 막상 강연을 들어 보니 결국 공부는 나 자신이 좋아하는 것을 찾아 평생 할 수 있는 일을 위한 공부를 해야 하고, 이를 통해 창조적인 생각을 키워 나가야 한다는 강연 내용에 크게 공감하게 되었어.

목표 다지기 문제

3 이 강연을 평가한 내용으로 적절하지 <u>않은</u> 것은?

① 우리가 중학생이니까 중학생에 맞는 예시가 있었으면 더 좋았을 것 같아요.
② 저는 이 강연이 학생들의 관점에서 이해하기 쉬운 소재를 활용해서 좋았어요.
③ 아이를 키우는 부모의 입장에서 우리 아이의 공부 방향에 대해 생각해 보는 계기가 되었습니다.
④ '행복한 삶을 위한 공부'라는 주제가 너무 막연해서인지 강연자의 의도가 분명하게 전달되지 않았어요.
⑤ 중간에 아이들의 글쓰기 사례가 다소 길어서 지루한 부분도 있었지만 삶과 공부에 대해서 생각해 볼 수 있는 강연이었어요.

 창의·융합 활동

‖ '우리 반을 바꾸는 3분 말하기' 활동을 하려고 합니다. 모둠별로 발표를 준비하여, 반 친구들 앞에서 발표해 봅시다.

1. 모둠을 구성하여 우리 반을 바꾸는 데 도움이 될 만한 주제를 선정해 봅시다.

1 우리 반을 바꾸기 위해 필요한 것과 관련한 다양한 주제를 떠올려 봅시다.

예시 답 교실 뒤의 정리 문제, 학급 게시판 활용, 짝꿍 정하기 방법 등

2 1에서 떠올린 주제에 관해 반 친구들과 의견을 나누어 보고, 가장 적합한 발표 주제와 내용을 정해 봅시다.

예시 답 친구들과 의견을 나누어 보니, 우리 반 게시판이 텅 비어 있어서 이를 활용하는 문제에 관심이 많았다.

2. 1의 활동을 바탕으로, 모둠별로 발표를 준비해 봅시다.

1 발표 내용을 조직해 보고, 활용할 자료를 정리해 봅시다.

예시 답

순서	발표 내용	활용 자료
도입	학급 게시판 활용 방안에 관해 발표를 하게 된 배경과 목적	현재 우리 반 학급 게시판 사진
전개	• 현재 우리 반 게시판 활용 실태 • 현재의 게시판에 관한 의견들 • 효율적 게시판 활용의 사례들	• 게시판 운용에 관한 의견들(그래프, 인터뷰 동영상) • 게시판 운용을 잘 하고 있는 다른 반의 사례들(사진)
마무리	• 게시판 운용 계획의 수립 방안에 관한 의견 개진을 요구함. • 적극적인 참여를 당부함.	

2 조직한 내용과 선정한 자료를 바탕으로 발표문을 작성해 봅시다. 예시 답

안녕하세요. 저는 ○○○ 모둠의 발표를 맡은 ○○○입니다.

저희 모둠은 우리 반 게시판의 현황과 게시판을 효율적으로 활용하는 방안에 관해 조사하였습니다. 이 주제를 선택한 까닭은 보시는 것처럼 최근 우리 반 게시판이 계속 방치되어 있는데, 조사 결과 우리 반 친구들 대다수가 이를 개선하고 싶어했기 때문입니다.

먼저 화면을 통해 현재 우리 반 게시판의 활용 실태를 살펴보겠습니다. 학기 초에 서로를 잘 알자는 의도로 우리 반 학생들의 이름과 얼굴 사진, 자기소개 내용으로 게시판을 꾸몄는데, 덕분에 친구들의 이름과 얼굴을 모두 익히고 서로를 잘 알게 되었다고 평가받기도 했습니다. 하지만 서로 친해진 지금은 더 이상 아무도 관심을 두지 않고 있는 실정입니다.

이제 게시판 활용 방안 수립을 위해 두 번째 화면을 보시겠습니다. 이 사진들은 다른 학년, 다른 반들에서 현재 활용하고 있는 게시판 운용 방안들입니다. 처음 사진은 '학기별 권장 도서 목록 제시와 진도표'입니다. 좋은 책을 함께 읽어 보자는 의도로 평가가 좋았던 게시판이라고 합니다. 다음 사진은 '우리 반 칼럼'으로, 학생 기자들이 스스로 작성한 기사와 사진으로 꾸미는 우리 반 신문입니다. 우리 학교 곳곳, 선생님, 학생들의 소식을 잘 담아내어 반응이 좋았던 게시판이라고 합니다. 마지막으로 '생일 안내 카드' 게시판입니다. 한 달에 한 번씩, 해당 달이 생일인 친구들에게 축하의 말을 남길 수 있어 반응이 폭발적이었다고 합니다.

지금까지 여러 가지 게시판 활용 방안을 살펴보았습니다. 게시판 운용 방안에 관한 의견을 모아 진행하려 하니, 학생 여러분들의 의견을 개진하여 주시기 바랍니다.

3 발표자를 선정한 후, 반 친구들 앞에서 발표해 봅시다.

예시 답 생략

수행 평가 대비 활동

| 수행 평가 TIP | 청중의 관심과 요구, 사전 지식 등을 고려하여 실제로 발표를 해 보는 활동입니다. 청중이 될 우리 반 친구들의 관심, 요구, 배경지식 등을 고려하여 주제를 선정하고 발표 내용을 조직해 봅니다. 발표를 할 때는 어조, 속도, 목소리의 크기와 같은 준언어적 표현과 몸짓이나 동작과 같은 비언어적 표현에 신경 쓰도록 합니다.

1 평가 내용 확인하기

• 우리 반을 바꾸는 데 도움이 될 만한 주제를 선정하여 발표 내용을 선정하고 조직하여 발표문 작성하기

• 청중의 반응을 점검하고, 청중에게 맞는 비언어 · 준언어적 표현을 사용하여 발표하기

2 평가 기준 확인하기

• 청중의 관심과 요구를 반영한 내용을 선정하였는가?

우리 반을 위한 개선 사항을 떠올려 그에 관한 반 친구들의 입장이나 관심 정도, 배경지식 등을 고려하여 발표 내용을 선정해야 해요.

• 청중의 반응을 살피며 말하기의 속도나 어조를 조절하고, 청중을 배려한 몸짓, 자세 등을 활용하였는가?

실제로 청중 앞에서 발표를 할 때는 청중의 반응에 맞는 비언어 · 준언어적 표현 전략을 사용해야 돼요.

수행 평가 +

1. 학급 회장 선거에 출마하여 연설을 하게 된 상황에서 청중의 관심과 요구를 고려하여 발표 주제와 내용을 선정해 봅시다.

도와줄게 반 친구들의 관심과 요구를 고려하여 자신이 학급 회장이 된다면 어떤 반을 만들지를 분명히 드러냅니다. 이를 바탕으로 연설의 형식에 맞게 발표 내용을 구성해 봅시다.

2. 연설문을 작성하고 청중의 반응을 고려하여 발표해 봅시다.

도와줄게 연설문을 작성할 때는 속담이나 명언 등을 활용하고, 발표할 때는 준언어적 · 비언어적 표현을 활용해 봅니다.

소단원 제재 정리

갈래: 강연문　　**성격**: 설득적, 경험적
제재: 아이들과 함께한 창조적 글쓰기 수업
주제: 행복한 삶을 위한 공부, 창의적 사고를 키우는 공부
특징: ① 강연자의 경험을 일화로 제시하여 청중의 흥미를 유발하고 설득력을 높임.
② 친근한 말하기 방식을 사용하고, 실제 학생의 글을 제시하여 강연에 대한 청중의 이해도를 높임.

제재 한눈에 보기

도입	강연자 및 강연 내용 소개
전개	아이들과 함께한 창조적 글쓰기 수업 소개
마무리	자기가 좋아하는 것을 찾아 자기가 좋아하는 일을 하는 행복하고 안정된 삶을 살아야 함.

핵심 원리

청중 분석의 내용

관심과 요구	청중의 (❶)와/과 요구에 따라 청중에게 필요한 내용, 청중이 원하는 내용을 말해야 함.
수준과 사전 지식	청중의 지적 수준에 따라 표현 방식을 달리해야 하며, 청중이 주제에 관해 가지고 있는 사전 지식 정도를 분석하여 세부 내용을 마련해야 함.
개인적 관련성	주제에 관한 청중의 개인적 관련성 정도를 파악하여 말하기 내용을 구성해야 함.

→ 청중을 파악한 후에 이를 고려한 말하기 전략을 활용함으로써 청중이 말하기에 몰입할 수 있음.

청중을 고려한 표현 전략

- 준언어적 표현: 청중에 맞게 말하는 어조, 속도, 목소리 크기 등을 조절함.
- 비언어적 표현: 청중과의 의사소통을 돕는 적절한 몸짓이나 동작을 활용함.
- 매체 자료: 내용을 청중에게 쉽고 흥미롭게 전달함.

↓

말하는 도중 청중의 반응을 지속해서 점검하고, 말하기 내용이나 전략을 청중의 반응에 맞춰야 함.

핵심 내용

(1) 강연의 내용

강연자	강연 주제	청중
시인, 초등학교 교사	• 행복한 삶을 위한 공부 • (❷) 사고를 키우는 공부	청소년

(2) 청중 분석

강연 주제에 관한 청중의 사전 지식	청중은 공부에는 관심이 많지만, 주제에 대한 사전 지식은 별로 없을 것임.
강연 주제와 청중과의 관련성	청중은 학교에서 교육을 받는 시기이므로 강연의 (❸)은/는 청중과 밀접한 관련이 있음.
청중의 관심과 요구	청중은 공부를 왜 하는지에 관하여 관심이 많고 주제에 대해 알고 싶어 함.

(3) 강연 전략

도입	주제와 관련된 (❹)으로 시작하여 청중의 흥미와 관심을 이끌어 냄.
전개	아이들에게 글쓰기를 가르친 경험과 자기 나무를 정해 글로 쓰게 한 (❺)을/를 들려줌으로써 창조적인 생각을 키우는 방법을 알게 함.
(❻)	앞으로 청중들이 어떤 공부를 해야 하는지를 제시하고 좋아하는 것을 찾아 행복하고 안정된 삶을 살기를 당부하며 마무리함.

(4) 강연자의 당부 내용

청소년은 받아들이는 힘을 키우고 있는 때임. → (❼)을/를 통해 좋아하는 것을 찾아서 행복하고 안정된 삶을 살아야 함. → 앞으로의 세상을 위한 (❽)을/를 키울 수 있음.

정답 ❶ 관심 ❷ 창의적 ❸ 주제 ❹ 질문 ❺ 사례 ❻ 마무리 ❼ 공부 ❽ 창조성(/ 창의성)

소단원 핵심 문제

• 정답과 해설 p.8

[01~04] 다음 글을 읽고, 물음에 답하시오.

(가) 청소년 여러분 안녕하세요, 반갑습니다. 시인 김용택입니다. 오늘 저는 '행복한 삶을 위한 공부'에 관한 강연을 하려고 합니다. 여러분은 혹시 이 주제에 관해 생각해 본 적이 있나요? ㉠(청중과 눈을 맞추며 기다린다.) 예, 그렇죠. 아마 누구나 한 번쯤은 생각해 보았을 것입니다. 그만큼 우리에게 밀접하고, 중요한 주제이니까요. 그럼 이제부터 이러한 주제로 강연을 시작하겠습니다.

(나) 저는 지금 시골의 작은 초등학교에서 2학년 아이들을 가르치고 있습니다. 그러면서 가르친다는 것이 남을 가르치는 것인 동시에 아이들을 통해 배우는 것이라는 점을 알게 되었습니다. 저는 아이들을 가르치는 매 순간마다 깨닫고, 뉘우치고, 반성하면서 자신을 고쳐가고 바꿔가고 있지요. 이것이 바로 공부입니다. 아이들이 오히려 저에게 많은 것을 가르치고 있었습니다.

(다) 그런 아이들과 제가 같이 했던 것이 글쓰기였습니다. 그런데 초등학교 2학년 아이들은 개념이 없습니다. 개념이 없다는 말은 논리가 없다는 말입니다. 그런 아이들에게 글쓰기를 가르치는 것은 너무 힘들어요. 개념이 없고 논리적이지 않기 때문에 교육이 어렵습니다. 그래서 어떻게 가르쳤냐면, 교육적인 용어, 문학적인 용어를 활용하지 않고, 즉, 글쓰기의 방법과 기술을 가르치지 않고 세상을 바라보는 눈을 갖도록 해줬습니다.

(라) 먼저 우리 반이 되면 자기 나무를 정합니다. 온종일 가장 많이 바라볼 수 있는 자기 나무를 정해서 그 나무에서 일어나는 일을 쓰게 한 것입니다. 아이들이 자기 나무를 정합니다. 정하면 물어보는 거죠.

"(눈앞에 학생이 있는 듯 손가락으로 앞을 가리킨다.) 나무 봤어?" / 하면, 안 봅니다. 아이들이 그렇게 말을 잘 듣나요? 그래도 계속해서 물어보는 겁니다. 물어보다 보면 집에서 놀다가 자기 나무가 눈에 띄겠죠. 눈에 띄면,

'어, 학교에 가면 선생님이 또 나무 봤냐고 물어보시지 않을까?' / 하는 생각에 나무를 보게 되는 것입니다.

출제 예감 95% 학습 활동 응용

01 이 강연의 내용을 바탕으로 청중을 분석하였을 때, 적절하지 않은 것은?

① 대상 청중: 청소년
② 강연 주제에 대한 청중의 사전 지식: 별로 없음.
③ 강연 주제와 청중과의 관련성: 밀접한 관련성이 있음.
④ 청중의 관심: 공부를 왜 하는지에 관하여 관심이 많음.
⑤ 청중의 요구: 공부를 잘하는 방법이 무엇인지에 대해 알고 싶어 함.

출제 예감 95% 학습 활동 응용

02 이 강연을 이해한 내용으로 적절하지 않은 것은?

① '행복한 삶을 위한 공부'라는 주제로 강연을 하고 있어.
② 강연자는 자신이 가르치는 아이들을 통해 자신을 성찰하고 있군.
③ 강연자는 아이들에게 자기 나무를 관찰한 결과를 시로 표현하게 했군.
④ 강연자는 상황에 맞는 동작을 활용하여 청중과 의사소통을 원활하게 하고 있어.
⑤ 강연자는 논리가 없는 아이들에게 글쓰기의 방법과 기술부터 가르치는 것은 적절하지 않다고 생각했나 봐.

출제 예감 90% 학습 활동 응용

03 강연자가 ㉠과 같은 행동을 한 이유로 가장 적절한 것은?

① 강연자가 자신의 생각을 정리하기 위해서
② 청중이 강연 내용에 몰입하도록 하기 위해서
③ 이어질 강연의 내용이 중요함을 알리기 위해서
④ 강연 내용의 전문성을 더욱 돋보이게 하기 위해서
⑤ 청중이 강연 내용을 쉽게 이해하도록 하기 위해서

출제 예감 85% 서술형

04 (라)에서 강연자의 말하기 방식에서 드러나는 표현 전략과 그 효과를 서술하시오.

소단원 핵심 문제

[05~08] 다음 글을 읽고, 물음에 답하시오.

가 나무만 보라고 했는데 이 녀석이 그 주위를 자세히 보게 된 겁니다. 그리고 그것을 종합한 겁니다.

"그럼 그걸 써 봐." / 그러면 이런 글이 되는 겁니다. 새로운 세계를 창조한 것이지요.

느티나무

김경수

내 나무는 마을 앞에 있는 / 커다란 느티나무이다.
아침에 학교에 오면서 보니까 / 느티나무 밑에
동네 할아버지들이 놀고 있었다.
할아버지들이 노는 그 앞에는 / 시냇물이 흐르고
시냇물 건너에는 들판이 있는데
들판에서는 사람들이 모내기를 하고 있었다.

나 그럼 창의적 생각, 창조적 사고는 어떻게 키울 수 있을까요? 저는 아이들에게 나무를 보게 했어요. 한 그루의 나무는 언제 보아도 완성이 되어 있고, 언제 보아도 새롭습니다. 봄, 여름, 가을, 겨울 매 순간이 다 다릅니다. 햇볕이 있을 때, 눈이 올 때, 바람이 불 때, 달이 뜨고 해가 뜰 때 다 다릅니다. 그런데 한 나무를 보고 있으면 늘 다른데, 늘 완성되어 있습니다. 산도, 강물도 늘 다른 것 같지만 언제 보아도 완성이 되어 있습니다. 그래서 우리는 자연 안에 들어가면 편안합니다. 왜냐하면 완성이 되어 있어서 그렇습니다. 그런데도 놀랍게도 새로운 것입니다. 새로움을 보여 주는 것입니다.

눈이 올 때, 눈이 오기 전 나무와 눈이 온 후의 나무는 전혀 다릅니다. 눈이 온 후의 나무는 눈을 받아들이고, 새로운 모습을 우리에게 창조해서 보여 주는 것이죠. 그래서 아이들에게 나무를 보여 준 것입니다. 이처럼 자연이, 나무가 늘 완성되어 있고 늘 새로운 까닭은 바로 자연이 받아들이는 힘이 있기 때문입니다.

다 결국, 창조적 힘이란, 창의적 생각이란 우리가 사는 세계를 다 받아들였을 때 옵니다. 그때 자기 자신을 세상에 우뚝 세울 수 있습니다.

출제 예감 80%

05 이와 같은 말하기에 대한 설명으로 적절하지 <u>않은</u> 것은?

① 강연자는 정해진 강연 시간을 준수해야 한다.
② 강연자는 강연 전에 청중에 관해 분석해야 한다.
③ 강연자는 비언어적 표현의 사용을 절제해야 한다.
④ 청중을 대상으로 한 공식적인 상황의 말하기이다.
⑤ 청중은 사실과 의견, 주장과 근거를 구분하며 들어야 한다.

출제 예감 90% 학습 활동 응용

06 이 강연을 들으며 메모한 내용으로 적절하지 <u>않은</u> 것은?

① 자연은 늘 완성되어 있으면서도 새로움을 간직함.
② 우리가 사는 세계를 다 받아들였을 때 창의적 생각을 하게 됨.
③ 자연은 변화하는 환경을 다 받아들이면서 새로운 모습을 창조함.
④ 자연 속에서 편안함을 느끼게 되는 이유는 완성되어 있기 때문임.
⑤ 창조적 사고를 키울 수 있는 가장 좋은 방법은 사계절 나무의 변화를 살펴보는 것임.

출제 예감 80%

07 (가)의 시에 대한 반응으로 알맞지 <u>않은</u> 것은?

① 느티나무 주변을 자세히 본 것을 글로 표현했군.
② 새로운 세계를 창조한다는 것은 이런 것을 말하는 거구나.
③ 어린아이의 눈으로 본 마을의 정경이 잘 묘사되어 있는 시야.
④ 나무만 보라는 선생님의 말을 잘 따라 시를 쓸 수 있었겠구나.
⑤ 경수라는 아이는 주변을 관찰하고 종합하는 능력이 뛰어난 것 같아.

출제 예감 90% 서술형 학습 활동 응용 논술 대비

08 매체 자료의 측면에서 강연자가 사용한 표현 전략과 그 효과를 서술하시오.

[09~11] 다음 글을 읽고, 물음에 답하시오.

(가) 청소년 여러분 안녕하세요, 반갑습니다. 시인 김용택입니다. 오늘 저는 '행복한 삶을 위한 공부'에 관한 강연을 하려고 합니다. 여러분은 혹시 이 주제에 관해 생각해 본 적이 있나요? (청중과 눈을 맞추며 기다린다.)

(나) 그런데 초등학교 2학년 아이들은 개념이 없습니다. 개념이 없다는 말은 논리가 없다는 말입니다. 그런 아이들에게 글쓰기를 가르치는 것은 너무 힘들어요. 개념이 없고 논리적이지 않기 때문에 교육이 어렵습니다. 그래서 어떻게 가르쳤냐면, 교육적인 용어, 문학적인 용어를 활용하지 않고, 즉, 글쓰기의 방법과 기술을 가르치지 않고 세상을 바라보는 눈을 갖도록 해줬습니다.

(다) 먼저 우리 반이 되면 자기 나무를 정합니다. 온종일 가장 많이 바라볼 수 있는 자기 나무를 정해서 그 나무에서 일어나는 일을 쓰게 한 것입니다. 아이들이 자기 나무를 정합니다. 정하면 물어보는 거죠.

"(눈앞에 학생이 있는 듯 손가락으로 앞을 가리킨다.) 나무 봤어?" / 하면, 안 봅니다. 아이들이 그렇게 말을 잘 듣나요? 그래도 계속해서 물어보는 겁니다.

(라) 청소년 여러분은 지금 받아들이는 힘을 키우고 있는 때입니다. 여러분이 살고 있는 세상, 여러분이 살아갈 세상은 이제 생각이 달라져야 합니다. 바뀌야 합니다. 변화와 혁신이란 여러 가지가 있겠지만, 그중 제가 여러분의 공부와 관련해서 이야기하고 싶은 것은 여러분이 하는 공부가 행복한 삶, 안정된 삶을 살 수 있는 공부로 바뀌어야 한다는 것입니다.

(마) 좋아하는 것을 찾는 게 공부이고, 그렇게 하게 만드는 것이 교육입니다. 높은 점수를 받기 위한 것이 공부가 아니고, 좋아하는 것을 찾는 것이 공부라는 것이죠. 좋아하면 열심히 하게 되고, 열심히 하면 잘하게 되고, 자기가 잘하면 사회에 나가서 할 일이 있습니다. 자기가 좋아하는 것을 평생 하면서 살아야 행복한 삶이 되는 거죠. 행복하고 안정이 되어야 창조성이 발현됩니다. 그 속에서 새로운 세계를 창조하면서 살아 나가야 합니다. 그것이 여러분이 가야 할 길이고, 더 나아가 우리 인류가 가야 할 길입니다.

출제 예감 90% 학습 활동 응용

09 (가)~(마)에 대한 설명으로 적절하지 않은 것은?

① (가): 강연자와 강연 주제를 소개하고 있다.
② (나): 아이들에게 글쓰기를 가르친 방법과 목적을 이야기하고 있다.
③ (다): 아이들에게 자기 나무를 정해 글로 쓰게 한 사례를 제시하고 있다.
④ (라): 앞으로 청중들이 어떤 공부를 해야 하는지를 제시하고 있다.
⑤ (마): 청중들에게 사회에 꼭 필요한 창의적인 인재가 될 것을 당부하고 있다.

출제 예감 95% 학습 활동 응용

10 〈보기〉에서 강연자가 사용한 표현 전략을 모두 골라 묶은 것은?

보기
㉠ 청중의 대답과 호응을 유도하고 있다.
㉡ 실제 사례를 통해 청중의 흥미를 유발하고 있다.
㉢ 강한 어조를 통해 주장을 강력하게 내세우고 있다.
㉣ 상황에 맞는 동작을 활용해 청중과 의사소통하고 있다.
㉤ 전문가의 의견을 인용해 강연 내용에 신뢰를 주고 있다.

① ㉠, ㉡, ㉢
② ㉠, ㉡, ㉣
③ ㉠, ㉣, ㉤
④ ㉡, ㉢, ㉣
⑤ ㉠, ㉡, ㉣, ㉤

출제 예감 90% 서술형 학습 활동 응용

11 강연자가 아이들에게 자기 나무를 정하여 나무에게 일어나는 일을 쓰게 한 의도를 서술하시오.

조건
'아이들에게 ~하기 위해서이다.'의 문장 형태로 쓸 것.

활동 순서 드라마 속 인물의 설명 방법의 변화 살펴보기 ➜ 작가가 드라마를 통해 공유하고자 한 심미적 체험 생각해 보기

다음 드라마 대본을 읽고, 이어지는 활동을 해 봅시다.

가 강마에 연필들 있죠? 적으세요.

단원들, 어리둥절해서 보다가 서둘러 악보를 덮고 연필을 찾아 쥔다.

강마에 (잠시 기다려 주다가, 다짜고짜 강의 들어간다.) 「넬라 판타지아」, 1986년 엔니오 모리코네가 작곡한 이 곡은 4분의 4박자로 원제는 「가브리엘 오보에」, 영화 『미션』의 주제가로 사용됐습니다.

단원들, 영문을 모르겠지만 일단 받아쓰기처럼 적기 시작한다.

강마에 (계속 설명하는) 악보에는 작곡가의 자세한 설명이 나와 있진 않지만, 시디(CD)를 찾아서 들어 보면 감이 오실 겁니다. 즉, 아주 많이 레가토로 연주해야 하고, 중간중간에 나오는 트리플렛을 정확하게 연주하는 게 포인트입니다.

단원들, 악보 넘겨 보고, 적고 정신없다. 몇 명은 포기하고 강마에를 멍하게 보는…….

강마에 싱커페이션도 최대한 잘 지켜 주셔야 하고, 특히 4분의 4박자이지만 알라 브레베(2분의 2박자)의 느낌으로 연주해야 더 확실한 레가토를 느낄 수 있습니다. 그리고 악보에 나와 있는 세뇨와 코다, 확실히 지켜 주시고요…….

말하다 고개를 드는 강마에. 단원들, 이제는 거의 모두가 고개 들어 멍한 표정으로 자기를 보고 있다.

나 강마에 박자 맞추고, 음 안 놓치고, 그게 중요한 게 아닙니다. 그건 혼자 계속 연습하면 언젠가는 다 됩니다. 중요한 건 내가 관객에게 무엇을 전달하려고 하느냐, 그 마음, 그 느낌입니다. 눈을 감아 보세요. 그리고 상상해 보세요.

단원들, 모두 조용히 눈 감고 집중한다.

강마에 자, 어디선가 새소리가 들립니다……. 졸졸 시냇물 소리도 들립니다……. 나뭇가지 사이를 파고드는 따스한 햇볕도 느껴집니다…….

눈 감고 가만히 느껴 보는 단원들. 어디선가 새 지저귀는 소리, 시냇물 소리가 들리기 시작하는 듯하다.

강마에 다람쥐가 지나가는 바스락 소리도 들립니다……. 바람도 살랑살랑 불어옵니다……. 그 바람에 섞여서 상쾌한 나뭇잎, 풀잎 향기도 느껴집니다…….

조용히 눈 감고 있는 단원들. 어디선가 불어오는 바람에 단원들의 머리카락, 살짝씩 날린다.

강마에 ……네, 그렇습니다. 깊은 산속, 싱그럽고 상쾌한 숲속입니다. [중략] (옅은 미소로) ……넬라 판타지아의 세계에 오신 걸 환영합니다.

강마에, 지휘 시작할 듯 손 든다. 각자 악기 챙겨 드는 단원들. 연주가 시작되고, 예전과는 놀랍게 달라져 있다. 따로 놀지 않고 하나로 모이는 듯한 느낌에 모두 놀란다.

– 홍진아, 홍자람, 『베토벤 바이러스』

활동 길잡이
말하기의 과정에서 청중을 고려해야 함과 청중의 반응을 지속적으로 살피는 것의 중요성을 이해하도록 한다.

1 이 드라마에 나타난 강마에의 설명 방법의 변화를 살펴보고, 아래의 활동을 해 봅시다.

1 가와 나에 나타난 강마에의 말하기 방법의 차이에 따른 결과를 비교해 봅시다.

예시 답 (가)에서 강마에는 청중들, 즉 오케스트라 단원들의 관심과 요구, 수준을 고려하지 않고 전문적인 용어로 설명하고 있어 단원들은 연주에 필요한 정보를 전혀 이해하지 못하는 모습을 보인다. 그러나 (나)에서 강마에는 오케스트라 단원들의 관심과 요구, 수준에 맞게 설명함으로써 연주에 필요한 정서를 불러일으킬 수 있도록 유도하고 있어 단원들은 조화로운 하모니를 이루어 낼 수 있었다.

2 강마에가 설명 방법을 바꾼 까닭을 청중과 관련하여 생각해 봅시다.

예시 답 단원들이 자신의 설명 방법을 이해하지 못하고 있다는 것을 알고 단원들의 관심과 요구, 수준에 맞게 설명해야 한다는 것을 깨달았기 때문이다.

활동 길잡이
제시된 대본에서 작가가 말하고자 하는 바는 무엇일지 생각해 보고, 자신의 느낌을 말해 본다.

2 이 드라마의 작가가 공유하고 싶었던 심미적 체험을 생각해 보고, 이 내용이 드러나도록 드라마의 감상 평을 써 봅시다.

예시 답 이 드라마의 작가는 사람과 사람 간의 소통과 합일에 의한 감동의 순간을 심미적으로 느끼고, 이를 문학적으로 형상화함으로써 그러한 체험을 공유하고자 한 것이다. 이러한 측면에서 볼 때, 이 드라마는 인물 간의 갈등과 소통에 의한 성장을 통해 감동을 불러일으키고 성찰하게 한다는 점에서 의미가 있다.

• 정답과 해설 p.9

대단원 확인 문제

[01~05] 다음 시를 읽고, 물음에 답하시오.

보도블록 틈에 핀 씀바귀꽃 한 포기가 나를 멈추게 한다

어쩌다 서울 하늘을 선회하는 제비 한두 마리가 나를 멈추게 한다

육교 아래 봄볕에 탄 까만 얼굴로 도라지를 다듬는 할머니의 옆모습이 나를 멈추게 한다

굽은 허리로 실업자 아들을 배웅하다 돌아서는 어머니의 뒷모습은 나를 멈추게 한다

나는 언제나 나를 멈추게 한 힘으로 다시 걷는다

01 이 시에 대한 반응으로 가장 적절한 것은?

① 일상적인 언어를 사용하여 시적 대상의 순수함을 강조하고 있는 시야.
② 일상의 평범하고 사소한 대상에서 발견한 가치가 잘 드러나고 있는 시야.
③ 자연물에 화자의 감정을 이입하여 주제를 효과적으로 드러내고 있는 시야.
④ 자연과 인간의 대비를 통해 인간이 추구해야 할 가치를 생각하게 하는 시야.
⑤ 주변에서 흔히 볼 수 있는 사람들의 삶을 반영하여 현실감이 잘 드러나는 시야.

02 이 시의 특징을 〈보기〉에서 모두 골라 바르게 묶은 것은?

보기
ㄱ 다양한 감각적 표현을 사용하여 생동감을 주고 있다.
ㄴ 문장 구조의 반복을 통해 주제 의식을 강조하고 있다.
ㄷ 자연물을 활용하여 우리 사회의 모습을 드러내고 있다.
ㄹ 대상의 역동적 이미지를 통해 시적 분위기를 형성하고 있다.
ㅁ 중심 소재를 열거하여 화자의 일상적 체험을 효과적으로 드러내고 있다.

① ㄱ, ㄴ ② ㄴ, ㅁ ③ ㄷ, ㄹ
④ ㄱ, ㄴ, ㄷ ⑤ ㄴ, ㄹ, ㅁ

03 화자의 태도 면에서 이 시와 가장 유사한 것은?

① 푸른 바다에 고래가 없으면 / 푸른 바다가 아니지 / 마음속에 푸른 바다의 / 고래 한 마리 키우지 않으면 / 청년이 아니지 – 정호승, 「고래를 위하여」
② 내가 그의 이름을 불러 주기 전에는 / 그는 다만 / 하나의 몸짓에 지나지 않았다. // 내가 그의 이름을 불러 주었을 때 / 그는 나에게로 와서 / 꽃이 되었다. – 김춘수, 「꽃」
③ 가야할 때가 언제인가를 / 분명히 알고 가는 이의 / 뒷모습은 얼마나 아름다운가. // 봄 한철 / 격정을 인내한 / 나의 사랑은 지고 있다. – 이형기, 「낙화」
④ 별들의 바탕은 어둠이 마땅하다 / 대낮에는 보이지 않는다 / 지금 대낮인 사람들은 / 별들이 보이지 않는다 / 지금 어둠인 사람들에게만 / 별들이 보인다 – 정진규, 「별」
⑤ 죽는 날까지 하늘을 우러러 / 한 점 부끄럼이 없기를 / 잎새에 이는 바람에도 / 나는 괴로워했다. / 별을 노래하는 마음으로 / 모든 죽어가는 것을 사랑해야지. / 그리고 나한테 주어진 길을 / 걸어가야겠다. – 윤동주, 「서시」

04 이 시를 감상한 후, 우리가 사는 세계와 삶의 의미에 관해 얻은 깨달음을 말해 본 것이다. 가장 적절한 것은?

① 재용: 삶에서 가장 중요한 것을 잃지 않고 살아야겠다는 생각이 들었어.
② 다혜: 내 주변의 사소한 것들에 대해서 쉽게 넘기지 않고 관찰하게 되었어.
③ 소정: 힘들고 어려운 삶에서도 희망을 잃지 않고 살아야겠다는 생각이 들었어.
④ 선우: 현대 문명 속에서 점차 사라져 가는 우리의 전통문화에 대해서 생각하는 계기가 되었어.
⑤ 영도: 사람과 사람의 만남에 대한 의미를 소중히 여기고, 사람을 대하는 바람직한 자세에 대해 생각하게 되었어.

서술형
05 이 시의 마지막 연이 뜻하는 바를 〈조건〉에 맞게 쓰시오.

조건
• 화자가 걸음을 멈춘 까닭과 관련지어 쓸 것.
• 시의 주제를 고려하여 50자 내외의 한 문장으로 쓸 것.

대단원 확인 문제

[06~08] 다음 글을 읽고, 물음에 답하시오.

(가) 비탈진 오솔길로 아가씨가 사라지자, 노새 발굽이 땅을 차면서 이리저리 구르는 자갈돌 하나하나가 내 가슴에 툭툭 떨어지는 것만 같았지요. 그 소리가 귀에 오래오래 들려왔습니다. 날이 저물 때까지 나는 잠에 취한 사람처럼, 행여 내 꿈이 사라져 버릴까 봐 움직일 엄두도 못 내고 마치 잠에 취한 사람처럼 그렇게 서 있었지요. 저녁이 다 되어 골짜기 저 아래쪽까지 검푸른 빛깔로 변하기 시작하고 양들이 우리에 들어가려고 매매 울어 대며 서로 몸을 부딪치면서 모여들 무렵, 내리막길에서 누가 나를 부르는 소리가 들리더니, 우리 아가씨가 나타나는 게 아니겠어요.

(나) 아가씨도 그걸 눈치챘던 것 같은데, 글쎄 이 장난꾸러기 아가씨는 짓궂게도 나를 한층 더 곤혹스럽게 만드는 일에 재미를 느끼고 있었지요.

"그럼 양치기 여자 친구는? 가끔 만나러 올라오나? …… 그 여자 친구는 분명 황금 염소일 거야. 아니면 산봉우리만 타고 다닌다는 에스테렐 요정이거나."

내게 이런 말을 하면서 고개를 뒤로 젖히고 까르르 예쁘게도 웃으며 얼른 가려고 서두르는 — 그래서 지금 찾아온 것이 마치 환영처럼 느껴지는 — 아가씨가 바로 그 에스테렐 요정 같기만 했습니다.

(다) "그럼 너희들 양치기가 마법사라는 게 정말이야?"

"무슨 말씀을요, 아가씨. 하지만 여기서는 아무래도 별들과 훨씬 가까이 생활하다 보니 하늘에서 일어나는 일을 평지에 사는 사람들보다 잘 알게 마련이죠."

아가씨는 한 손으로 얼굴을 받친 채, 천상의 작은 목동처럼 암사슴 가죽을 두르고 여전히 하늘을 올려다보고 있었습니다.

(라) 울안 한구석, 아가씨가 자는 모습을 신기하다는 듯 바라보는 양 떼 바로 곁에서 우리 주인댁 따님이, 다른 모든 양보다 훨씬 더 소중하고 더 하얀 양 한 마리처럼 내가 지켜 주는 가운데 쉬고 있다고 생각하니 정말이지 자랑스러울 따름이었죠. 그때까지 하늘이 그렇게 깊어 보이고 별들이 그렇게 빛나 보인 적은 없었다니까요……. 갑자기, 양 우리의 울타리가 살포시 열리더니 어여쁜 스테파네트 아가씨가 나타났어요.

(마) 우리 주위에는 별들이 커다란 양 떼처럼 유순하게, 소리 없는 운행을 계속하고 있었습니다. 그렇게 앉은 채로 이따금 난 그려 보곤 했어요. 저 별들 중에 가장 여릿여릿하고 가장 반짝이는 별 하나가 가던 길을 잃고 내게 내려와서는 이 어깨에 기대어 잠든 것이라고요.

06 (가)~(마)를 사건의 전개 과정에 따라 순서대로 배열한 것은?

① (가) – (나) – (다) – (라) – (마)
② (가) – (다) – (나) – (라) – (마)
③ (나) – (가) – (다) – (라) – (마)
④ (나) – (가) – (라) – (다) – (마)
⑤ (나) – (다) – (가) – (라) – (마)

07 (가)~(마)에 대한 반응으로 적절하지 않은 것은?

① (가): '나'는 아가씨가 떠나자 아쉽고 서운한 마음에 멍하니 아무 생각도 하지 못하고 있구나.
② (나): '나'에게 짓궂은 농담을 하는 것으로 보아, 아가씨는 밝고 쾌활한 성격이로군.
③ (다): '나'는 별에 관한 많은 지식을 갖고 있다는 것을 자랑스러워하고 있어.
④ (라): '나'는 아가씨를 지켜 주고 있다는 생각으로 뿌듯함을 느끼고 있어.
⑤ (마): '나'는 아가씨를 지켜 주어야 하는 존재로 묘사하고 있어.

08 (나)~(마)에서 '나'가 아가씨를 비유한 표현을 모두 찾아서 쓰시오.

[09~11] 다음 글을 읽고, 물음에 답하시오.

가 "7월은 밤이 짧답니다, 아가씨……. 불편해도 잠시만 참으시면 돼요."

그러면서 얼른 아가씨의 발과 소르그강 강물로 흠뻑 젖은 치마를 말릴 수 있게 큰 불을 피웠지요. 그런 다음 아가씨 앞에 양젖과 크림치즈를 갖다 놓았어요. 하지만 가엾은 아가씨는 불을 쬘 생각도 먹을 생각도 하지 않았고, 그 두 눈에 그렁그렁 눈물이 차오르는 것을 보니 나도 울고 싶은 심정이었어요.

나 갑자기, 양 우리의 울타리가 살포시 열리더니 어여쁜 스테파네트 아가씨가 나타났어요. 아가씨는 잠들 수가 없었던 거지요. 양들이 몸을 뒤척이면서 건초가 부스럭댔거나, 아니면 양들이 잠결에 매매 소리를 냈던 것일 테죠. 아가씨는 불 옆으로 오는 편이 낫다고 생각했던 겁니다.

다 우리가 잠든 시간에 고독과 침묵 속에서 신비로운 세상이 깨어난다는 것을 말이죠. 그럴 때 샘물은 낮보다 한결 또랑또랑한 소리로 노래하듯 흐르고, 연못은 작은 불꽃들을 밝히지요. 산의 모든 정령들이 자유로이 왔다 갔다 하고요. 허공중에는 뭔가 삭삭 스치는 듯한 소리, 알아들을 수 없는 소리들이, 마치 나뭇가지가 자라나고 풀들이 쑥쑥 커 오르는 소리처럼 들려온다니까요.

라 "어쩜 별이 많기도 하지! 아, 아름다워라! 이렇게 많은 별들을 본 적이 없어……. 양치기는 저 별들 이름을 알아?"

"알다마다요, 아가씨……. 자 보세요! 우리 머리 바로 위에 있는 저게 '성 자크의 길(은하수)'이에요. 프랑스에서 곧장 에스파냐까지 가지요. 갈리시아의 성 자크가 사라센 사람들과 전쟁을 할 때 용감한 샤를마뉴 왕에게 길을 알려 주느라 저걸 표시로 삼은 거랍니다. 좀 더 멀리 보시면, '영혼들의 수레(큰곰자리)'가 있어요. 수레의 굴대 네 개가 반짝반짝 빛나고 있죠. 그 앞에 보이는 별 세 개는 '세 마리 짐승'이고요."

마 잠결에 무거워진 아가씨의 머리가, 예쁜 리본과 레이스와 곱슬곱슬한 머리칼이 부딪혀 사각대는 소리를 내며 기대어 온 것이었어요. 아가씨는 이렇게, 희부옇게 밝아오는 새벽빛으로 하늘의 별빛이 바래어 마침내 안 보이게 될 때까지 꼼짝 않고 그대로 있었어요. 나는 아가씨가 자는 모습을 지켜보았지요.

09 이 글에 담긴 심미적 가치로 적절한 것은?

① 서정성이 풍부한 글과 잔잔한 묘사가 돋보이는 표현이 아름다움을 느끼게 하는군.
② 사소한 대상에서 삶의 의미를 발견하는 작가의 통찰력이 아름다움을 주는 글이야.
③ 일상적 언어와는 달리 세련되게 다듬어진 언어를 통해 사랑의 가치를 아름답게 표현하고 있어.
④ 암시와 추리의 기법을 사용하여 치밀한 구성을 취함으로써 표현의 아름다움이 느껴지는 글이야.
⑤ 일상에서 흔히 일어날 수 있는 상황을 설정하여 독자의 공감을 유도함으로써 아름다움이 느껴지는 글이야.

10 이 글을 이해한 내용으로 적절한 것은?

① 등장인물들의 모습과 행동을 통해 당시의 사회·문화적 갈등이 잘 드러나고 있어.
② 가난하지만 순수한 양치기의 시선을 통해 무거운 주제를 친근하게 전달하고 있어.
③ 사건에 대한 서술자의 직접적인 설명을 최소화함으로써 독자의 상상력을 유도하고 있어.
④ 천상과 지상, 별과 인간을 대비함으로써 하늘의 별과 같은 인간의 순수성을 추구하고 있어.
⑤ 작품 속의 서술자가 상황과 공간의 이동에 따른 자신의 심리 변화를 섬세하고 묘사하고 있어.

서술형

11 이 글을 통해 알 수 있는 '나'의 성격을 〈조건〉에 맞게 쓰시오.

조건
• 아가씨를 대하는 '나'의 행동과 관련지어 쓸 것.
• '~(는) 행동으로 보아, '나'는 ~(한) 인물이다.'의 문장 형태로 쓸 것.

대단원 확인 문제

[12~14] 다음 글을 읽고, 물음에 답하시오.

가 청소년 여러분 안녕하세요, 반갑습니다. 시인 김용택입니다. 오늘 저는 '행복한 삶을 위한 공부'에 관한 강연을 하려고 합니다. 여러분은 혹시 이 주제에 관해 생각해 본 적이 있나요? (청중과 눈을 맞추며 기다린다.) 예, 그렇죠. 아마 누구나 한 번쯤은 생각해 보았을 것입니다. 그만큼 우리에게 밀접하고, 중요한 주제이니까요. 그럼 이제부터 이러한 주제로 강연을 시작하겠습니다.

나 이렇게 아이들은 늘 세상을 새로운 눈으로 바라보는 신비함을 저에게 가르쳐 주었습니다.

그런 아이들과 제가 같이 했던 것이 글쓰기였습니다. 그런데 초등학교 2학년 아이들은 개념이 없습니다. 개념이 없다는 말은 논리가 없다는 말입니다. 그런 아이들에게 글쓰기를 가르치는 것은 너무 힘들어요. 개념이 없고 논리적이지 않기 때문에 교육이 어렵습니다. 그래서 어떻게 가르쳤냐면, 교육적인 용어, 문학적인 용어를 활용하지 않고, 즉, 글쓰기의 방법과 기술을 가르치지 않고 세상을 바라보는 눈을 갖도록 해줬습니다.

다 먼저 우리 반이 되면 자기 나무를 정합니다. 온종일 가장 많이 바라볼 수 있는 자기 나무를 정해서 그 나무에서 일어나는 일을 쓰게 한 것입니다. 아이들이 자기 나무를 정합니다. 정하면 물어보는 거죠.

"(눈앞에 학생이 있는 듯 손가락으로 앞을 가리킨다.) 나무 봤어?"

하면, 안 봅니다. 아이들이 그렇게 말을 잘 듣나요? 그래도 계속해서 물어보는 겁니다. 물어보다 보면 집에서 놀다가 자기 나무가 눈에 띄겠죠. 눈에 띄면,

'어, 학교에 가면 선생님이 또 나무 봤냐고 물어보시지 않을까?' / 하는 생각에 나무를 보게 되는 것입니다.

라 자, 그러면 제가 또 물어봅니다.

"나무 봤어? 네 나무 어떻게 하고 있었어?"

제가 충영이란 학생한테 물어봤습니다.

"제 나무는요, 우리 집 앞에 있는 소나무인데요. 소나무에서 새가 앉았다가 날아가던데요."

그러는 거예요. 그래서, / "오, 그래? 그럼 그걸 써 봐."

그러는 겁니다. 그걸 쓰면 뭐가 되겠습니까? 네, 글이 되고 시가 되는 것이지요.

12 이와 같은 강연을 들을 때의 태도로 알맞지 않은 것은?

① 강연의 내용을 정확히 이해하기 위해 집중하며 듣는다.
② 강연의 중심 내용과 이를 뒷받침하는 내용을 파악하며 듣는다.
③ 새롭게 알게 된 사실, 기억해 둘 만한 내용을 메모하며 듣는다.
④ 강연의 내용이 청중의 주장을 반영하고 있는지 파악하며 듣는다.
⑤ 강연 내용 중 궁금한 점이 생기면 메모해 두었다가 강연이 끝난 뒤 질문한다.

13 이 강연에 대한 설명으로 알맞지 않은 것은?

① 상황에 맞는 동작 등을 사용하고 있다.
② 강연자의 경험을 일화로 제시하고 있다.
③ 주제와 관련된 질문으로 강연을 시작하고 있다.
④ 친근한 어조를 통해 청중들이 강연자의 이야기에 몰입하도록 하고 있다.
⑤ 강연자의 주관적인 의견보다는 객관적인 사실을 통해 강연에 대한 신뢰성을 높이고 있다.

14 이 강연을 평가한 내용으로 알맞지 않은 것은?

① 창조적인 생각을 키우는 방법에 대해서 생각해 보는 계기가 되었어요.
② 학생들의 관점에서 이해하기 쉬운 소재를 활용하고 있다는 점이 좋았어요.
③ 초등학생이 아니라 중학생에게 맞는 예시가 있었으면 더 좋았을 거라는 생각이 들어요.
④ 세상을 바라보는 눈을 갖는 것이 결국은 글을 쓰는 힘이라는 강연자의 생각에 공감해요.
⑤ 자기 나무를 정해 글로 쓰게 한 강연자의 의도를 분명하게 제시했으면 하는 아쉬움이 느껴졌어요.

[15~17] 다음 글을 읽고, 물음에 답하시오.

(가) 나무만 보라고 했는데 이 녀석이 그 주위를 자세히 보게 된 겁니다. 그리고 그것을 종합한 겁니다.

"그럼 그걸 써 봐."

그러면 이런 글이 되는 겁니다. 새로운 세계를 창조한 것이지요.

> 느티나무
>
> 김경수
>
> 내 나무는 마을 앞에 있는
> 커다란 느티나무이다.
> 아침에 학교에 오면서 보니까
> 느티나무 밑에
> 동네 할아버지들이 놀고 있었다.
> 할아버지들이 노는 그 앞에는
> 시냇물이 흐르고
> 시냇물 건너에는 들판이 있는데
> 들판에서는 사람들이 모내기를 하고 있었다.

(나) 나무가 서 있는 데 비가 옵니다. 그러면 나무는,

"나 안 맞을래."

하고 도망가지 않습니다. 비를 받아들이고 새로운 모습이 되는 것이죠.

결국, 창조적 힘이란, 창의적 생각이란 우리가 사는 세계를 다 받아들였을 때 옵니다. 그때 자기 자신을 세상에 우뚝 세울 수 있습니다.

(다) 청소년 여러분은 지금 받아들이는 힘을 키우고 있는 때입니다. 여러분이 살고 있는 세상, 여러분이 살아갈 세상은 이제 생각이 달라져야 합니다. 바뀌야 합니다. 변화와 혁신이란 여러 가지가 있겠지만, 그중 제가 여러분의 공부와 관련해서 이야기하고 싶은 것은 여러분이 하는 공부가 행복한 삶, 안정된 삶을 살 수 있는 공부로 바뀌어야 한다는 것입니다.

(라) 자기가 좋아하는 것을 평생 하면서 살아야 행복한 삶이 되는 거죠. 행복하고 안정이 되어야 창조성이 발현됩니다. 그 속에서 새로운 세계를 창조하면서 살아 나가야 합니다. 그것이 여러분이 가야 할 길이고, 더 나아가 우리 인류가 가야 할 길입니다. 돈을 많이 벌고 출세하는 그런 삶이 아니라 행복하고 안정된 삶, 자기가 좋아하는 것을 찾아 자기가 좋아하는 일을 하는 삶을 살아야 합니다. 그런 삶이 여러분에게 창의적이고 창조적인 생각을 더욱더 키워 나가게 할 것입니다.

감사합니다.

15 이 강연을 들으며 메모한 내용으로 적절하지 않은 것은?

① 자연은 변화를 받아들이는 힘이 있군.
② 창의적 생각 → 우리가 사는 세계를 다 받아들였을 때 생겨 남.
③ 자연은 새로운 세계를 창조해서 우리에게 보여 주는 능력이 있구나!
④ 청소년은 변화를 받아들이는 힘을 키우고 있는 시기라고 할 수 있어.
⑤ 시 「느티나무」 → 느티나무에 대한 어린 화자의 주관적인 생각을 잘 보여 주는 시

서술형
16 (가)에서 강연자가 제시한 자료의 효과가 무엇인지 쓰시오.

조건
- 일화에 등장하는 학생이 쓴 글과 관련지어 쓸 것.
- 50자 내외로 쓸 것.

서술형
17 강연자가 청중들에게 당부하는 내용은 무엇인지 〈조건〉에 맞게 쓰시오.

조건
- '강연자는 청중들이 ~ (기)를 당부하고 있다.'의 문장 형태로 쓸 것.
- 글의 내용을 바탕으로 40자 내외로 쓸 것.

대단원 확인 문제

[18~21] 다음 글을 읽고, 물음에 답하시오.

가 보도블록 틈에 핀 씀바귀꽃 한 포기가 나를 멈추게 한다

어쩌다 서울 하늘을 선회하는 제비 한두 마리가 나를 멈추게 한다

육교 아래 봄볕에 탄 까만 얼굴로 도라지를 다듬는 할머니의 옆모습이 나를 멈추게 한다

굽은 허리로 실업자 아들을 배웅하다 돌아서는 어머니의 뒷모습은 나를 멈추게 한다

나는 언제나 나를 멈추게 한 힘으로 다시 걷는다

나 "어쩜 별이 많기도 하지! 아, 아름다워라! 이렇게 많은 별들을 본 적이 없어……. 양치기는 저 별들 이름을 알아?"

"알다마다요, 아가씨……. 자 보세요! 우리 머리 바로 위에 있는 저게 '성 자크의 길(은하수)'이에요. 프랑스에서 곧장 에스파냐까지 가지요. 갈리시아의 성 자크가 사라센 사람들과 전쟁을 할 때 용감한 샤를마뉴 왕에게 길을 알려 주느라 저걸 표시로 삼은 거랍니다. 좀 더 멀리 보시면, '영혼들의 수레(큰곰자리)'가 있어요. 수레의 굴대 네 개가 반짝반짝 빛나고 있죠. 그 앞에 보이는 별 세 개는 '세 마리 짐승'이고요. 세 번째 별과 마주 보는 아주 작은 별은 '짐수레꾼'이죠. 그 별 주위로 별들이 잔뜩 비 오듯이 쏟아져 내리는 게 보이시나요? 저건 하느님이 하늘나라에 받고 싶지 않았던 영혼들이랍니다……. 좀 아래쪽에는 '갈퀴' 혹은 '세 왕들(오리온자리)'입니다. 우리 양치기들은 저 별자리를 시계처럼 이용하죠. 저 별자리를 보기만 해도 지금이 자정이 지난 시간이라는 것을 저는 알지요."

다 청소년 여러분 안녕하세요, 반갑습니다. 시인 김용택입니다. 오늘 저는 '행복한 삶을 위한 공부'에 관한 강연을 하려고 합니다. 여러분은 혹시 이 주제에 관해 생각해 본 적이 있나요? (청중과 눈을 맞추며 기다린다.) 예, 그렇죠. 아마 누구나 한 번쯤은 생각해 보았을 것입니다. 그만큼 우리에게 밀접하고, 중요한 주제이니까요. 그럼 이제부터 이러한 주제로 강연을 시작하겠습니다.

18 (가)~(다)에 대한 반응으로 알맞은 것은?

① (가)의 화자는 긍정적인 삶의 자세를 강조하고 있어.
② (가)는 대비되는 대상을 통해 삶의 의미를 전달하고 있는 시야.
③ (나)에서 '나'의 별자리 이야기를 통해 독자들은 별에 관한 다양한 지식을 얻을 수 있어.
④ (나)에서 '밤'이라는 시간적 배경과 '별'이라는 소재는 주제를 효과적으로 드러내는 역할을 하고 있어.
⑤ (다)는 시사적인 소재를 바탕으로 청중의 이해를 높이기 위한 말하기라고 할 수 있어.

19 (가)의 주제로 가장 적절한 것은?

① 소외된 이웃에 대한 사랑과 애정
② 일상의 사소한 대상들이 주는 삶의 위안
③ 비인간화되어 가는 현대 문명에 대한 비판
④ 현실의 어려움을 이겨 내고자 하는 삶의 의지
⑤ 힘겨운 삶 속에서 찾을 수 있는 희망과 꿈의 가치

서술형

20 (나)를 통해 알 수 있는 문학의 심미적 가치를 〈조건〉에 맞게 서술하시오.

조건
• 소설의 표현을 통해 드러나는 아름다움에 대해 쓸 것.
• 소설의 분위기 및 정서와 관련지어 쓸 것.

21 (다)를 분석한 내용으로 알맞지 않은 것은?

① 대상 청중: 청소년
② 강연의 성격: 친교적
③ 강연 주제: 행복한 삶을 위한 공부
④ 강연자의 말하기 방식: 주제와 관련된 질문으로 시작하여 청중의 관심을 이끌어 냄.
⑤ 강연자의 행동 전략: 청중의 대답과 호응을 유도함으로써 청중이 강연에 몰입하게 함.

[22~24] 다음 글을 읽고, 물음에 답하시오.

(가) 보도블록 틈에 핀 씀바귀꽃 한 포기가 나를 멈추게 한다

어쩌다 서울 하늘을 선회하는 제비 한두 마리가 나를 멈추게 한다

육교 아래 봄볕에 탄 까만 얼굴로 도라지를 다듬는 할머니의 옆모습이 나를 멈추게 한다

굽은 허리로 실업자 아들을 배웅하다 돌아서는 어머니의 뒷모습은 나를 멈추게 한다

나는 언제나 나를 멈추게 한 힘으로 다시 걷는다

(나) 나는 아가씨가 자는 모습을 지켜보았지요. 내 존재의 깊은 곳에서는 조금 흔들리는 마음으로, 하지만 이제껏 오직 선한 생각만을 내게 전해 주었던 이 밝은 밤의 성스러운 보호를 받으면서 말입니다. 우리 주위에는 별들이 커다란 양 떼처럼 유순하게, 소리 없는 운행을 계속하고 있었습니다. 그렇게 앉은 채로 이따금 난 그려 보곤 했어요. 저 별들 중에 가장 여릿여릿하고 가장 반짝이는 별 하나가 가던 길을 잃고 내게 내려와서는 이 어깨에 기대어 잠든 것이라고요.

(다) 좋아하면 열심히 하게 되고, 열심히 하면 잘하게 되고, 자기가 잘하면 사회에 나가서 할 일이 있습니다. 자기가 좋아하는 것을 평생 하면서 살아야 행복한 삶이 되는 거죠. 행복하고 안정이 되어야 창조성이 발현됩니다. 그 속에서 새로운 세계를 창조하면서 살아 나가야 합니다. 그것이 여러분이 가야 할 길이고, 더 나아가 우리 인류가 가야 할 길입니다. 돈을 많이 벌고 출세하는 그런 삶이 아니라 행복하고 안정된 삶, 자기가 좋아하는 것을 찾아 자기가 좋아하는 일을 하는 삶을 살아야 합니다. 그런 삶이 여러분에게 창의적이고 창조적인 생각을 더욱더 키워 나가게 할 것입니다.

22 (가)~(다)를 이해한 내용으로 알맞지 않은 것은?

① (가): 주로 시각적 심상을 통해 화자의 심미적 체험을 드러내고 있어.
② (가): 화자의 심미적 인식이 시의 마지막 연에 함축적으로 표현되고 있어.
③ (나): 아가씨를 향한 '나'의 순수하고 아름다운 마음을 드러내고 있는 소설이야.
④ (나): 아가씨를 별에 비유해 아가씨가 고귀한 존재임을 드러내고 '나'가 지켜 주어야 하는 대상임을 표현하고 있어.
⑤ (다): 도전적인 삶보다는 안정을 추구하는 삶이 행복한 삶이 되고 그런 삶을 통해서 창조적인 생각을 발현할 수 있음을 강조하고 있어.

23 (가)와 다음 시의 공통점으로 알맞지 않은 것은?

> 나 서른다섯 될 때까지 / 애기똥풀 모르고 살았지요
> 해마다 어김없이 봄날 돌아올 때마다
> 그들은 내 얼굴 쳐다보았을 텐데요 //
> 코딱지 같은 어여쁜 꽃 / 다닥다닥 달고 있는 애기똥풀
> 얼마나 서운했을까요 //
> 애기똥풀도 모르는 것이 저기 걸어간다고
> 저런 것들이 인간의 마을에서 시를 쓴다고
>
> – 안도현, 「애기똥풀」

① 화자의 성찰적 태도가 담겨 있다.
② 화자의 순수한 마음을 엿볼 수 있다.
③ 시각적 심상을 통해 정서를 전달한다.
④ 비유적 표현을 통해 문학적 아름다움을 드러내고 있다.
⑤ 일상의 사소한 존재들을 통해 얻은 깨달음을 담고 있다.

서술형

24 (나)의 주제를 통해 작가가 독자에게 전달하려는 가치는 무엇인지 〈조건〉에 맞게 쓰시오.

> 조건
> • 소설의 주제와 관련지어 쓸 것.
> • '작가는 ~을/를 통해 ~(이)라는 가치를 전달하고 있다.'의 문장 형태로 쓸 것.

좋은 글, 바른 문장

(1) 문제 해결 과정으로서의 쓰기

(2) 문장의 짜임과 양상

대단원 학습 목표

쓰기 쓰기가 주제, 목적, 독자, 매체 등을 고려한 문제 해결 과정임을 이해하고 글을 쓸 수 있다.
문법 문장의 짜임과 양상을 탐구하고 활용할 수 있다.

• 정답과 해설 p.12

(1) 문제 해결 과정으로서의 쓰기

쓰기가 주제, 목적, 독자, 매체 등을 고려한 문제 해결 과정임을 이해하고 글을 쓸 수 있다.

- 주제, 목적, 독자, 매체 등을 고려하여 글 쓰기
- 쓰기 과정의 문제 해결하기

문제 해결 과정으로서의 쓰기

쓰기는 주제, 목적, 독자, 매체 등을 고려하여 문제를 해결해 나가는 과정임.	→	쓰기를 성공적으로 수행하기 위해서 글쓴이는 쓰기 과정에서 부딪히는 여러 가지 문제들을 해결해야 함.

가상의 글쓰기 상황을 바탕으로 쓰기가 주제, 목적, 독자, 매체 등을 고려한 문제 해결 과정임을 이해하고, 나아가 이러한 문제들을 해결해 가며 실제로 쓰기 활동을 해 보도록 한다. 이를 통해 글을 쓰며 생기는 어려움을 해결하는 문제 해결 능력을 기를 수 있도록 한다.

쓰기가 **문제 해결 과정**이라는 것은 글쓰기가 글을 쓰는 과정에서 부딪히는 여러 문제를 해결해 가는 과정이라는 의미이다.

확인 문제

01 다음 설명이 옳으면 ○, 틀리면 ×표 하시오.

(1) 글쓰기는 일종의 문제 해결 과정이라고 할 수 있다. (　　)
(2) 글쓰기를 할 때 능숙한 글쓴이는 직면하는 여러 가지 문제를 해결하는 데 하나의 해결 방법을 사용한다. (　　)
(3) 글쓰기를 할 때는 우선 글을 쓰는 목적과 주제, 독자, 매체 등 글을 쓰는 상황을 파악해야 한다. (　　)
(4) 내용이 같아도 담아내는 매체가 달라지면 글쓰기의 표현 방식이 달라진다. (　　)

(2) 문장의 짜임과 양상

문장의 짜임과 양상을 탐구하고 활용할 수 있다.

- 문장의 짜임과 양상 이해하기
- 다양한 짜임의 문장을 효과적으로 사용하기

문장의 짜임과 양상

문장은 주성분과 부속 성분으로 이루어지며 크게 홑문장과 겹문장으로, 겹문장은 이어진문장과 안은문장으로 나뉨.	→	같은 내용을 담고 있는 문장이라도 어떠한 짜임의 문장으로 쓰느냐에 따라 표현 효과가 달라짐.

다양한 예문을 바탕으로 문장이 어떠한 짜임으로 되어 있는지를 이해하고, 나아가 자신의 의도를 나타낼 수 있는 문장을 직접 만들어 보도록 한다. 이를 통해 문장의 다양한 짜임을 익히고 의도에 맞게 효과적으로 사용하는 능력을 기를 수 있도록 한다.

문장은 어떤 생각이나 감정을 완결된 내용으로 표현하는 최소의 언어 형식으로, 그 **짜임**에 따라 **양상**이 달라지고 의미와 효과에 차이가 생긴다.

확인 문제

02 다음 빈칸에 들어갈 알맞은 말을 쓰시오.

(1) 문장에서 일정한 문법적 기능을 하는 각 부분들을 □□ □□이라고 한다.
(2) 문장의 골격을 이루는 필수적인 성분을 주성분이라고 하고, 주성분의 내용을 꾸며 뜻을 더하는 문장 성분을 □□ □□이라고 한다.
(3) 문장은 주어와 서술어의 관계가 한 번만 이루어지는 □□□과 두 번 이상 이루어지는 겹문장으로 구분한다.
(4) 겹문장은 하나의 홑문장이 다른 문장의 성분으로 사용되어 있는 □□□□과 두 개의 홑문장이 나란히 연결되어 있는 이어진문장으로 나뉜다.

이 단원에서는 글을 쓰면서 부딪히는 어려움을 해결하면서 바르고 적절한 문장으로 써 볼 거야. 그러면 내 생각을 더 정확하게 표현하고 전달할 수 있어.

문제 해결 과정으로서의 쓰기

• 생각 열기 다음 그림을 보고, 글쓰기와 관련한 자신의 경험을 떠올려 봅시다.

이 그림의 학생이 글을 쓰는 과정에서 부딪힌 문제는 무엇인가요?

예시 답 글의 주제와 예상 독자를 정하지 못해 고민하고 있다.

여러분은 글을 쓰는 과정에서 부딪힌 문제를 해결하기 위해 어떤 노력을 했는지 짝꿍과 함께 이야기해 봅시다.

예시 답 초등학교에 다니는 동생의 학교 숙제를 도와주어야 했는데, 초등학생의 눈높이에 맞는 단어를 활용하여 글 쓰는 것을 도와주려니 단어의 난이도를 맞추기가 어려웠어. 그래서 초등학생용 사전을 활용해 쉬운 말로 풀어서 알려 줬어.

• 학습 목표로 내용 엿보기

"글을 쓰는 건 생각보다 쉽지 않은 일이야. 글쓰기 과정에서 많은 문제들을 해결해야 하기 때문일 거야. 글을 쓰는 과정에서 만나게 되는 문제들을 주제, 목적, 독자, 매체를 고려하며 차근차근 해결하다 보면 글쓰기가 즐거워지지 않을까?"

핵심 1 쓰기가 문제 해결 과정임을 이해하기

핵심 2 주제, 목적, 독자, 매체를 고려하여 쓰기 과정의 문제 해결하기

핵심 원리 이해하기 문제 해결 과정으로서의 쓰기

1. 문제 해결 과정으로서의 쓰기

쓰기는 글쓴이가 주제, 목적, 독자, 매체 등의 구체적 상황 안에서 여러 가지 문제들을 해결해 나가며 한 편의 글을 완성하는 문제 해결 과정이다.

2. 쓰기의 일반적인 과정

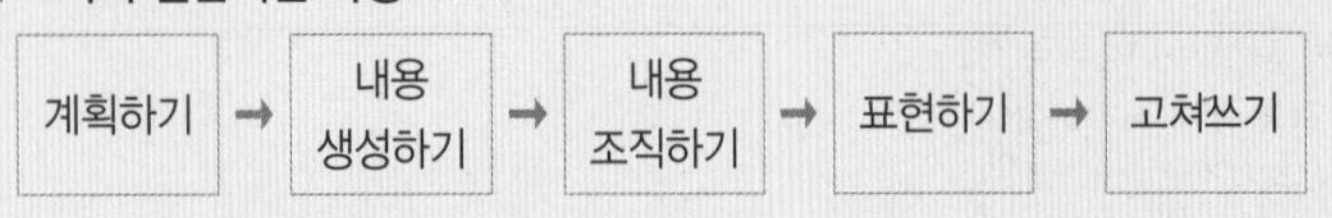

개념 확인 콕콕 • 정답과 해설 p.12

01 다음 빈칸에 들어갈 알맞은 말을 쓰시오.

> 글쓰기는 주제, 목적, 독자, 매체 등의 구체적 상황 안에서 여러 문제를 해결해 나가는 (   )의 과정이다.

02 글을 쓰는 과정에서 반드시 고려해야 할 점으로 적절하지 않은 것은?

① 어떤 목적으로 쓸 것인가?
② 어떤 매체로 전달할 것인가?
③ 누구를 대상으로 쓸 것인가?
④ 어떤 장소에서 글을 쓸 것인가?
⑤ 글의 주제는 무엇으로 할 것인가?

03 글쓰기 과정과 관련된 설명으로 적절하지 않은 것은?

① 글쓰기는 문제를 인식하고 해결하는 과정이다.
② 글쓰기의 모든 과정은 서로 긴밀하게 연결되어 있다.
③ 글을 잘 쓰기 위해서는 계획을 세우는 것이 중요하다.
④ 배경지식이 풍부한 글쓴이는 글쓰기 과정이 수월할 수 있다.
⑤ 글쓰기 과정은 순서대로 진행되므로 앞의 단계로 되돌아갈 수 없다.

04 쓰기의 일반적인 과정으로 적절하지 않은 것은?

① 계획하기 ② 분석하기
③ 표현하기 ④ 고쳐쓰기
⑤ 내용 생성하기

활동 안내

이 소단원은 쓰기가 주제, 목적, 독자, 매체 등을 고려하여 문제를 해결해 나가는 과정임을 이해하고 글을 쓰는 태도를 기르기 위한 단원이다. 글을 쓸 때 글쓴이는 화제와 관련된 배경지식의 부족 문제, 떠올린 내용을 옮길 적절한 단어나 표현의 생성 문제, 독자의 이해를 돕기 위한 문단 배열 문제 등에 부딪힐 수 있으며, 이를 효과적으로 해결할 때 성공적으로 한 편의 글을 완성할 수 있다. 이 단원에서는 이러한 쓰기의 과정을 이해하여 글을 쓰는 과정의 예를 살펴보고, 실제로 쓰기 활동을 하면서 글을 쓰며 생기는 어려움을 해결하는 문제 해결 능력을 기를 수 있다.

활동 1 주제, 목적, 독자, 매체를 고려한 쓰기 → **활동 2** 문제를 해결하며 글 쓰기

활동 개관

★ **활동 1** 주제, 목적, 독자, 매체를 고려한 쓰기

한 편의 글을 쓰는 과정을 바탕으로 쓰기가 주제, 목적, 독자, 매체 등을 고려한 문제 해결의 과정임을 이해하는 활동이다. 자신의 고장을 또래 친구들에게 소개하기 위한 가상의 쓰기 상황을 바탕으로 글을 쓰는 과정에서 부딪히는 여러 문제를 어떻게 해결할 수 있는지 파악한다. 또한, 글쓰기 과정은 회귀적인 것으로, 앞의 단계로 되돌아가 문제를 해결하는 것이 가능하다는 점을 인지한다.

★ **활동 2** 문제를 해결하며 글 쓰기

앞선 활동을 바탕으로 주제, 목적, 독자, 매체 등을 고려하여 문제를 해결해 가며 직접 한 편의 글을 써 보는 활동이다. 쓰기의 일반적인 과정, 즉 '계획하기 – 내용 생성하기 – 내용 조직하기 – 표현하기 – 고쳐쓰기'에서 만나게 되는 다양한 문제를 어떻게 해결하면 좋을지 스스로 생각하며 친구들에게 여행지를 추천하는 글을 써 보도록 한다. 그리고 이러한 글쓰기 경험을 통해 쓰기가 글을 쓰는 과정에서 부딪히는 인지적인 문제를 해결하는 과정임을 이해한다.

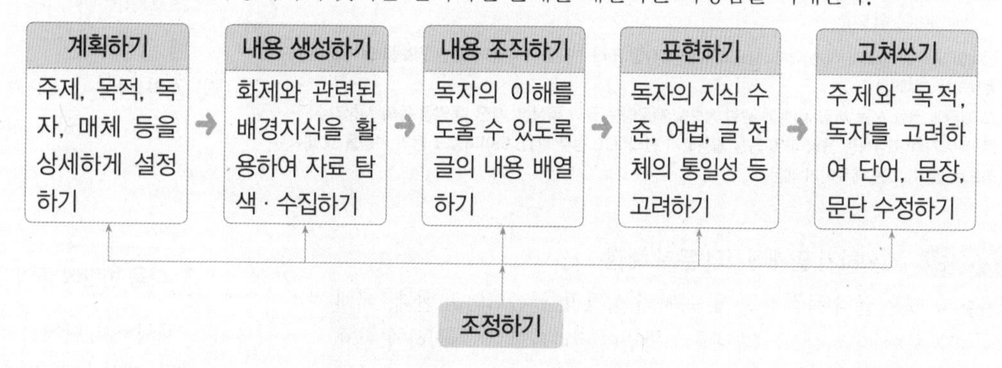

문제 해결 과정으로서의 쓰기

활동 1 주제, 목적, 독자, 매체를 고려한 쓰기

다음은 여수를 소개하기 위한 진욱이의 글쓰기 과정입니다. 이어지는 활동을 해 봅시다.

1. 진욱이가 글을 쓰기 위해 계획한 내용을 바탕으로 물음에 답해 봅시다.

1 진욱이가 쓰려는 글의 목적과 주제가 무엇인지 써 봅시다.

목적	또래 친구들에게 여수를 소개하기 위함.
주제	우리 고장 여수에 대한 소개

2 진욱이가 생각한 예상 독자가 누구인지 쓰고, 예상 독자를 고려하여 계획한 내용을 찾아봅시다.

- 예상 독자: 다른 지역에 살고 있는 또래 친구들
- 예상 독자를 고려하여 계획한 내용
  - 여수와 관련된 글을 처음 접하는 독자들을 고려하여 다양한 자료를 활용해 이해하기 쉽도록 구성하고자 함. (독자 고려)
  - 글의 주제와 목적을 고려하여 여수의 역사 · 지리 정보, 관광 정보, 먹거리, 체험 활동 등에 관해 소개하고자 함. (주제, 목적 고려)
  - 예상 독자가 또래 친구들임을 고려하여 독자들이 쉽게 접근할 수 있도록 블로그에 글을 올리고자 함. (독자, 매체 고려)

3 진욱이가 글을 쓰고자 하는 매체와 그 매체에 글을 쓰는 까닭을 말해 봅시다.

- 진욱이가 글을 쓰고자 하는 매체: 블로그(예상 독자인 또래 친구들이 여행에 관한 정보를 검색할 때 활용하는 매체임.)
- 그 매체에 글을 쓰는 까닭: 여행에 관한 정보를 제공하는 글의 특성상, 사진, 동영상 등의 시청각 자료, 분위기를 조성하는 음향 파일 등을 활용하기 편리하고, 첨부 파일, 하이퍼링크 등의 기능을 효과적으로 쓸 수 있는 매체이기 때문

핵심 정리 계획하기 단계에서의 문제 해결

글을 쓸 때는 글의 목적과 주제, 독자의 성격 및 글쓴이와의 관계, 매체의 성격 등에 따라 글쓰기의 내용과 방법이 달라지므로, 계획하기 단계에서 이를 명료하게 분석하고 설정해야 한다.

확인 문제

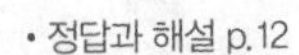
• 정답과 해설 p.12

[01~02] 다음은 진욱이가 글을 쓰기 위해 계획한 내용이다. 물음에 답하시오.

> • 우리 고장 여수를 알리는 글을 써야겠어.
> • 다양한 자료를 활용하여 구성해야 처음 접하는 사람들도 이해하기가 쉬울 거야.
> • 블로그에 글을 올리면 여행에 관한 정보를 검색하는 친구들이 찾아볼 수 있을 거야.

01 진욱이의 글쓰기 계획에 대한 설명으로 적절하지 않은 것은?

① 자신의 고장인 여수에 대한 소개를 글의 주제로 삼고 있다.
② 학교 친구들에게 고장을 알리려는 목적으로 하는 글쓰기이다.
③ 자신과 나이가 비슷한 또래 친구들을 예상 독자로 설정하고 있다.
④ 여수에 대한 독자의 이해를 돕기 위해 다양한 자료를 활용하고자 한다.
⑤ 예상 독자가 쉽게 글을 찾아볼 수 있도록 인터넷상에 글을 올리고자 한다.

02 진욱이가 글을 쓰려는 매체에 대한 설명으로 가장 적절한 것은?

① 사진, 동영상 등의 시청각 자료를 활용할 수 있다.
② 접근할 수 있는 권한과 주제나 목적이 제한적이다.
③ 댓글을 통해 여러 사람이 함께 글을 수정할 수 있다.
④ 주로 친밀한 사람들끼리 자유롭게 대화할 때 이용한다.
⑤ 글의 내용이 같으면 다른 매체에서도 표현 방법은 동일하게 적용된다.

03 다음 빈칸에 들어갈 알맞은 말을 쓰시오.

> 계획하기 단계에서는 글의 (　　　)와 목적, 예상 독자, 매체 등을 설정해야 한다.

2. 진욱이가 글을 쓰기 위해 내용을 생성하는 과정을 살펴봅시다.

1 다음을 바탕으로 이 자료를 찾기 전 진욱이가 부딪히게 된 문제가 무엇인지 알아보고, 이를 어떻게 해결했는지 말해 봅시다.

우리 고장을 소개하는 글을 쓰려고 결정하고 보니 정작 내가 사는 고장에 관해 아는 게 별로 없네. 어쩌지?

역사

이순신

조선 성종 10년, 여수에 전라 좌수영이 설치되고, 선조 24년 충무공 이순신이 이곳에 절도사로 부임하면서 조선 수군의 중요한 거점이 되었다.

– 출처: 한국민족문화대백과(http://encykorea.aks.ac.kr)

↳ 여수의 역사를 소개하는 데 좋은 자료네. 전라 수군 절도사였던 이순신의 사진을 자료로 사용하면 적절하겠어.

지리 정보

여수 지도

여수시는 남해안의 중심에 있는 해운 도시이다. 도서 수는 365개로 유인도 49개, 연륙도 4개, 무인도 316개이며, 해안선의 총 길이는 879.03킬로미터(km)로 만의 입구가 길고 해안선의 드나듦이 복잡하다.

– 출처: 여수시 누리집(http://www.yeosu.go.kr)

↳ 여수시의 기본적인 지리 정보를 전달하기에 좋은 자료야. 지도와 함께 제시해 주면 여수의 지리적 특징을 잘 보여 줄 수 있겠어.

관광 정보

오동도 동백꽃

여수의 관광지로는 오동도, 여자만 갯벌, 거문도와 백도 등이 유명하다. 이 중 오동도는 방파제로 육지와 연결되어 있는 작은 섬으로, 3천 그루의 동백나무가 있어 겨울부터 봄까지 붉은 동백꽃이 피는 아름다운 섬이다.

– 출처: 여수관광문화 누리집(http://www.yeosu.go.kr/tour)

↳ 여수의 대표적인 관광지를 소개하기에 좋은 자료야. 관련 자료로는 오동도의 동백꽃 사진을 활용하면 좋겠어.

예시 답 자신의 고장인 여수를 소개하는 글을 쓰기로 했는데, 여수에 관한 배경지식이 부족하여 인터넷 검색을 통해 관련 누리집에서 여수의 역사, 지리, 관광에 관한 정보를 찾으며 문제를 해결하고 있다.

보충 자료

자료 수집의 방법

① 직접적인 자료 수집
- 필요한 정보가 있는 현장에 직접 찾아가 자료를 수집함.
- 그 분야의 전문가에게 물어서 자료를 얻음.

② 간접적인 자료 수집
- 책, 신문, 잡지, 사전 등의 인쇄 매체를 통해 자료를 얻음.
- 인터넷 등과 같은 통신 매체를 통해 자료를 얻음.
- 텔레비전, 라디오 등의 방송 매체에서 자료를 얻음.

[04~05] 다음을 읽고, 물음에 답하시오.

진욱: 우리 고장 여수를 소개하는 글을 쓰려고 결정하고 보니 정작 내가 사는 고장에 관해 아는 게 별로 없네. 어쩌지?

핵심

04 진욱이가 부딪히게 된 문제로 가장 적절한 것은?

① 화제와 관련된 배경지식의 부족 문제
② 매체의 성격에 따른 언어 표현 방식 문제
③ 독자의 이해를 돕기 위한 문단 배열 문제
④ 독자가 흥미를 느끼기에 적절한 자료 선별 문제
⑤ 떠올린 내용을 옮길 적절한 단어나 표현의 생성 문제

05 진욱이에게 조언할 만한 내용으로 적절하지 않은 것은?

① 도서관에 가서 여수 여행 관련 서적을 찾아보면 좋을 것 같아.
② 텔레비전이나 라디오와 같은 방송 매체에서도 정보를 얻을 수 있을 거야.
③ 인터넷 검색창에 여수와 관련된 주제어를 입력해 자료를 찾아보면 어떨까?
④ 여수의 관광 홍보 기관을 활용하여 자료를 얻거나 배우는 게 좋을 것 같아.
⑤ 여수를 소개하는 글이니까, 직접 체험을 통한 객관적인 자료만을 수집해야 해.

06 다음은 여수를 소개하는 글을 쓰기 위해 수집한 자료이다. 이 자료와 함께 제시하면 좋을 만한 시각 자료를 하나 쓰시오.

여수시는 남해안의 중심에 있는 해운 도시이다. 도서 수는 365개로 유인도 49개, 연륙도 4개, 무인도 316개이며, 해안선의 총 길이는 879.03킬로미터(km)로 만의 입구가 길고 해안선의 드나듦이 복잡하다.

2 다음을 바탕으로 진욱이가 찾은 자료를 보완하면서 부딪힌 문제와 그 해결 과정을 살펴 봅시다.

내 또래의 친구들이 좋아할 만한 요소가 부족한 것 같아. 어떤 내용을 더 넣으면 좋을까?

먹거리

• 돌게장: 여수를 대표하는 가장 유명한 음식 중 하나이다.
• 갓김치: 돌산도의 갓은 식감이 좋고 맛이 있기로 유명하다.

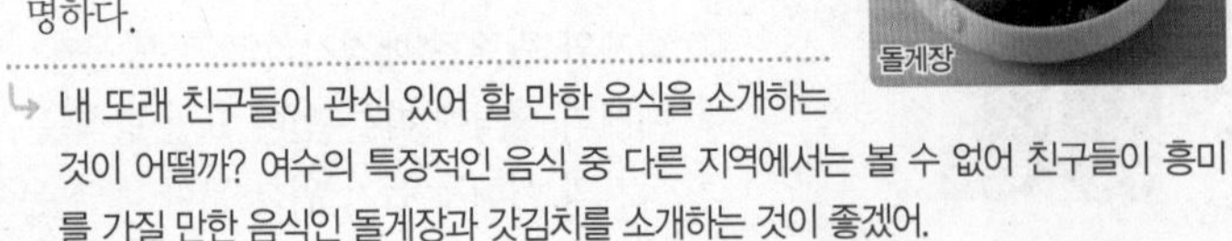

돌게장

↳ 내 또래 친구들이 관심 있어 할 만한 음식을 소개하는 것이 어떨까? 여수의 특징적인 음식 중 다른 지역에서는 볼 수 없어 친구들이 흥미를 가질 만한 음식인 돌게장과 갓김치를 소개하는 것이 좋겠어.

체험 활동

• 거북선 축제: 여수의 대표적인 지역 축제로, 다양한 체험 활동이 있다.
• 어촌 체험: 바닷가 마을에서 조개 잡기 체험 등을 할 수 있다.

거북선 축제

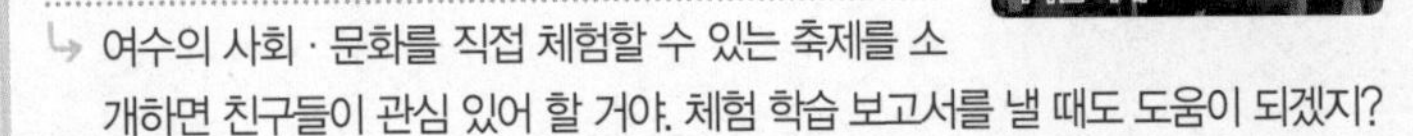

↳ 여수의 사회 · 문화를 직접 체험할 수 있는 축제를 소개하면 친구들이 관심 있어 할 거야. 체험 학습 보고서를 낼 때도 도움이 되겠지?

관광 정보

• 향일암: 일출로 유명한 곳이다.
• 진남 체육 공원: 다양한 운동 시설이 있어 여가를 보내기에 좋은 곳이다.

향일암

↳ 오동도만으로는 관광지 소개가 부족해 보여. 내가 아는 관광지를 더 소개하자.

예시 답 예상 독자의 흥미를 끌 만한 요소가 부족하다는 문제에 부딪혔다. 그 해결 방법으로 여수를 소개한다는 목적과 주제에 맞으면서 예상 독자인 또래 친구들이 좋아할 만한 내용의 자료를 찾고 있다.

3 **1**, **2**에서 진욱이가 마련한 글의 내용 중에서 불필요하다고 생각하는 자료를 찾아보고, 그 까닭을 정리해 봅시다.

예시 답 • 불필요하다고 생각하는 자료: 진남 체육 공원
• 그 까닭: 진남 체육 공원에 관한 내용은 관광 정보에 해당하지 않고, 여수를 소개한다는 글의 목적과 주제에도 맞지 않기 때문이다.

핵심 정리 내용 생성하기 단계에서의 문제 해결

내용 생성하기 단계에서는 화제와 관련된 배경지식을 활용하면서 내용을 뒷받침할 수 있는 자료를 여러 가지 방법으로 탐색하고 수집한다.

• 진욱이가 글의 내용을 생성하는 과정

부딪힌 문제		해결 방법
화제인 여수와 관련된 배경지식의 부족 문제	→	인터넷 검색을 통해 관련 자료를 찾음.
예상 독자의 흥미를 끌 만한 요소의 부족 문제		예상 독자인 또래 친구들이 좋아할 만한 내용을 찾음.

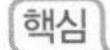

핵심

07 내용을 생성하는 과정에서 〈보기〉와 같은 어려움에 부딪힌 이유로 가장 적절한 것은?

보기
진욱: 내 또래의 친구들이 좋아할 만한 요소가 부족한 것 같아. 어떤 내용을 더 넣으면 좋을까?

① 예상 독자의 수준이 너무 높아서
② 글의 갈래를 제대로 정하지 못해서
③ 글의 성격을 제대로 파악하지 못해서
④ 글을 쓰기 전 목적을 설정하지 못해서
⑤ 예상 독자의 흥미를 끌 요소가 부족해서

08 예상 독자를 중학생으로 가정할 때, 글의 내용을 생성하는 과정에서 고려할 점으로 거리가 먼 것은?

① 글의 주제를 뒷받침할 수 있는 자료인지 판단한다.
② 자료의 출처가 명확하고, 신뢰할 수 있는지 점검한다.
③ 자료를 찾기에 앞서 설정한 글의 목적과 방향을 숙지한다.
④ 전문어와 학술 용어를 많이 사용하여 객관적인 자료를 찾는다.
⑤ 주제와 목적, 예상 독자를 고려하여 필요한 자료와 불필요한 자료를 구분한다.

서술형

09 다음 중 여수를 소개하는 글에 들어가는 것이 불필요한 자료의 기호를 고르고, 그 이유를 한 문장으로 쓰시오.

먹거리	㉠ 돌게장: 여수를 대표하는 음식임. ㉡ 갓김치: 여수 돌산도의 갓은 식감이 좋고 맛이 있기로 유명함.
체험 활동	㉢ 거북선 축제: 여수의 대표적인 지역 축제로, 다양한 체험 활동이 있음. ㉣ 어촌 체험: 바닷가 마을에서 조개 잡기 체험 등을 할 수 있음.
관광 정보	㉤ 향일암: 일출로 유명한 곳임. ㉥ 진남 체육 공원: 다양한 운동 시설이 있어 여가를 보내기 좋음.

3. **다음은 2의 활동을 바탕으로 조직한 개요표입니다. 〈보기〉에서 빈칸에 들어갈 알맞은 말을 찾아 넣으며 진욱이가 개요를 점검하는 과정을 살펴봅시다.**

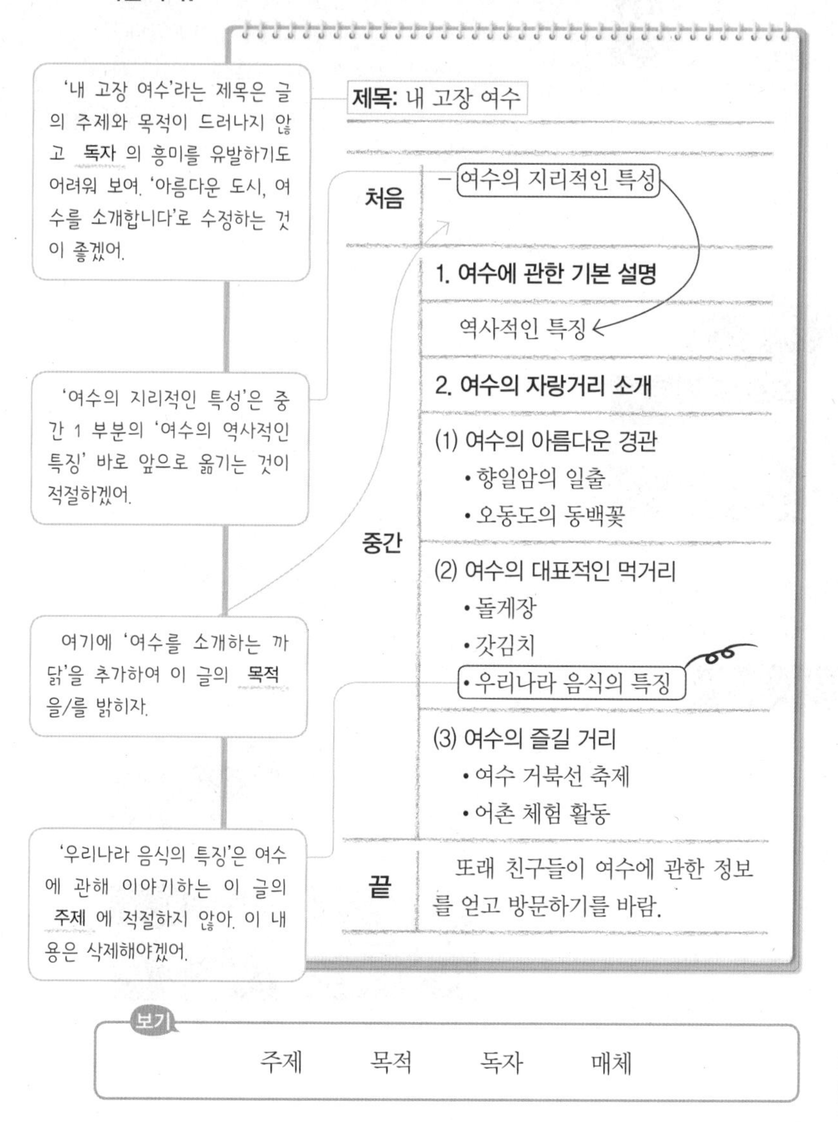

보기

주제　　목적　　독자　　매체

핵심 정리 내용 조직하기 단계에서의 문제 해결 ①

내용 조직하기 단계에서는 글을 쓰기 전에 주제, 목적, 독자, 매체 등을 고려하여 개요를 작성하고 점검하는 과정을 거친다.

• 진욱이가 개요를 점검하는 과정

부딪힌 문제	해결 방법
제목이 주제와 목적, 독자의 흥미를 반영하지 못함.	제목을 '아름다운 도시, 여수를 소개합니다'로 수정함.
글의 각 부분에 맞지 않거나 주제에서 벗어난 내용이 있음.	• 처음 부분에 '여수를 소개하는 까닭'을 추가하고 '여수의 지리적인 특성'을 중간 부분으로 옮김. • '우리나라 음식의 특징'을 삭제함.

10 **이 개요표에 관한 설명으로 가장 적절한 것은?**

① 주제는 '여수의 지리적, 역사적 특성'이다.
② 앞으로 쓸 글의 전체적인 흐름과 구조를 볼 수 있다.
③ 여수에 사는 친구들에게 글을 쓰기 위해 조직한 것이다.
④ 글을 쓰는 목적은 우리 고장의 가치를 알고 자랑스러워하도록 하기 위해서이다.
⑤ 한번 조직한 개요표는 다시 수정할 수 없으므로 구체적이고 정확하게 작성하였다.

11 **진욱이가 개요표를 점검하는 과정에서 살펴본 사항이 아닌 것은?**

① 글의 전개가 매끄러운지 점검하였다.
② 글의 내용은 주제가 명확하게 드러나는지 점검하였다.
③ 글의 전체적인 전개 구조가 일관성이 있는지 살펴보았다.
④ 독자의 수준에 적절한 어휘나 표현을 사용하였는지 점검하였다.
⑤ 제목은 주제와 목적을 잘 드러내며, 독자의 흥미를 끄는 것인지 확인하였다.

12 **다음 ㉠, ㉡에 들어갈 알맞은 말을 쓰시오.**

글을 쓰기 전 (㉠)을/를 작성하는 것은 글 전체에 관한 구체적이고 치밀한 계획을 세우는 일이다. 그러나 글을 쓰는 과정에서 문제가 생기면 앞의 단계로 회귀하여 (㉡)할 수 있다.

4. 다음은 수정한 개요를 바탕으로 한 진욱이의 자료 활용 계획입니다. 진욱이가 고려한 사항이 무엇인지 알아봅시다.

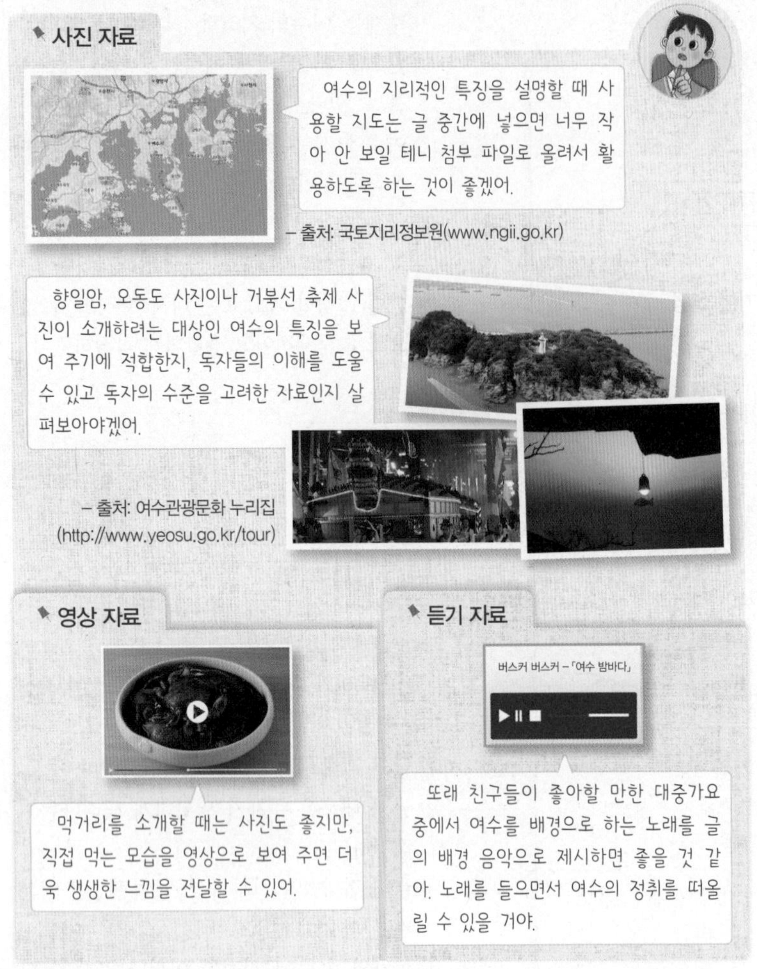

예시 답 • 설명할 대상의 특성을 나타내기에 적합한 자료인지, 독자의 이해를 도울 수 있는 자료인지 판단하고 있다.
• 설명할 대상의 특성에 적합한 매체 자료를 활용하고 있는지, 독자의 이해를 고려한 수준의 자료인지를 고려하고 있다.

핵심 정리 내용 조직하기 단계에서의 문제 해결 ②

수정한 개요를 바탕으로 글을 쓰기 위해 찾는 자료를 매체를 고려하여 정리해야 한다. 매체의 특성을 고려하여 제시된 자료가 적절한지 판단하며, 제시된 자료보다 더 좋은 자료가 있을지 생각해 보는 것도 좋다.

블로그 매체	• 공개 여부에 따라 관심이 있는 사람은 누구나 볼 수 있음. • 시각 자료, 청각 자료, 동영상 자료 등을 함께 보여 줄 수 있음.
자료 활용 계획 고려 사항	• 설명 대상의 특성을 나타내기에 적합한 자료인지 판단하기 • 독자의 이해를 도울 수 있는 자료인지 판단하기 • 설명 대상의 특성에 적합한 매체 자료를 활용하는지 고려하기 • 독자의 이해를 고려한 수준의 자료인지 고려하기

13 다양한 매체 자료를 활용하여 글을 쓸 때 유의할 점으로 적절하지 않은 것은?

① 글의 내용에 부합해야 한다.
② 시각적인 효과를 고려하여 사용한다.
③ 예상 독자의 연령과 수준에 맞아야 한다.
④ 누구나 알 법한 자료는 출처를 밝히지 않아도 된다.
⑤ 지나치게 많거나 크게 넣어 글 읽기에 혼란을 주면 안 된다.

핵심

14 〈보기〉에 대한 자료 활용 계획을 설명한 것으로 가장 적절한 것은?

① (가)의 ㉠은 여수의 지리적인 특징을 설명할 때 글 중간에 작게 넣는다.
② (가)의 ㉡, ㉢은 여수의 아름다운 야경을 설명하는 부분에 제시한다.
③ (가)의 ㉣은 여수를 특징을 보여 주기에 적합하지 않으므로 제외한다.
④ (나)는 예상 독자의 흥미에 맞지 않으므로 듣기 자료로 대체한다.
⑤ (다)는 글을 쓰는 매체의 특성에 맞고 독자에게 효과적인 자료이므로 활용한다.

5. 작성한 개요에 따라 블로그에 쓴 진욱이의 초고입니다. 글을 쓰는 과정에서 생긴 문제를 어떻게 해결하고 있는지 살펴봅시다.

첨부 파일 여수 관광 지도.jpg

아름다운 도시, 여수를 소개합니다

처음 부분에서 독자들의 흥미를 끌 수는 없을까? 여수와 관련 있는 대중가요 이야기로 글을 시작하면 좋겠어.

고요한 밤바다, 맛있는 먹거리, 다양한 즐길 거리가 있는 곳을 찾고 있나요? 여기 그런 분들에게 꼭 맞는 곳이 있습니다. 아름다운 해양 도시 여수를 여러분에게 소개합니다.

》지리적 · 역사적 정보

여수에 관한 기본적인 정보부터 알아볼까요? 여수는 남해안의 중심에 있는 해운 도시입니다. 섬의 수는 365개로 유인도 49개, 연륙도 4개, 무인도 316개가 있으며, 해안선은 복잡한 편입니다. 역사적으로는 조선 성종 10년에 전라 좌수영이 설치된 곳이고, 선조 24년에 충무공 이순신이 전라 수군 절도사로 부임한 곳으로 조선 수군의 군사적 요충지였던 곳입니다.

독자들이 이해하기 쉽지 않은 역사나 지리와 관련된 어휘들은 쉬운 말로 고치거나 설명을 추가하는 것이 좋겠어.

– 한국민족문화대백과(http://encykorea.aks.ac.kr)

》여수의 아름다운 경관

여수는 아름다운 자연을 가지고 있는 바닷가 도시입니다. 여수의 작은 암자인 향일암은 바다에서 떠오르는 붉은 해를 보며 소원을 빌기 위해 매년 새해 첫날 수많은 사람들이 찾는 곳입니다.

– 여수관광문화 누리집(http://www.yeosu.go.kr/tour)

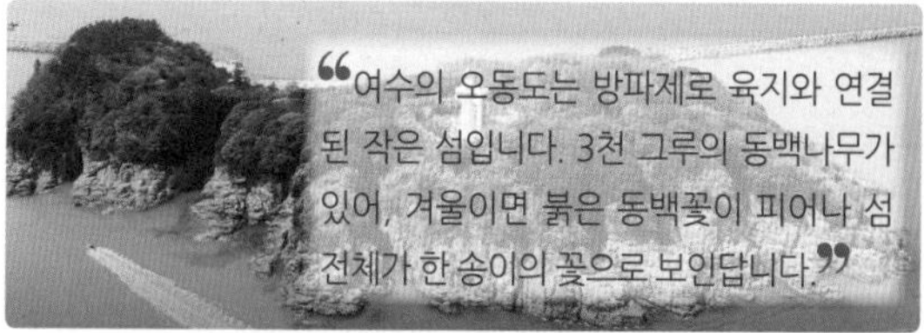

– 여수관광문화 누리집(http://www.yeosu.go.kr/tour)

핵심 정리 표현하기 단계에서의 문제 해결

표현하기 단계에서는 글의 주제와 목적, 예상 독자 등을 고려하여 정확한 어휘, 문장, 어법을 사용해야 한다.

15 작성한 개요에 따라 글을 쓰면서 고민할 법한 문제로 적절하지 않은 것은?

① 독자의 흥미를 끌 수 있는 표현은 없을까?
② 글과 매체 자료를 효과적으로 배치하였을까?
③ 예상 독자에게 어떤 주제와 목적이 적합할까?
④ 독자의 수준에 적합한 어휘로 고치거나 설명을 추가할까?
⑤ 내용 설명이 부족한 부분을 보완할 수 있는 정보를 찾아볼까?

16 진욱이의 초고를 읽고 친구들이 평가한 내용으로 적절하지 않은 것은?

① 강민: '아름다운 도시, 여수를 소개합니다'라는 제목은 글의 주제와 목적을 잘 드러내는 것 같아.
② 서영: '지리적·역사적 정보'에 제시된 사진 자료는 블로그 매체의 특성을 살려 첨부 파일로 올리는 게 더 나을 것 같아.
③ 동욱: '지리적·역사적 정보'에는 독자들이 이해하기 어려운 어휘들이 눈에 띄어.
④ 윤진: 맞아, '유인도, 연륙도'나 '전라 좌수영, 전라 수군 절도사'와 같은 어휘들은 어렵게 느껴졌어.
⑤ 광현: 이런 어휘들은 쉬운 말로 고치거나 설명을 추가하는 것이 좋겠어.

서술형

17 초고를 점검하며 〈보기〉와 같은 생각을 하게 되었다면, 그 이유가 무엇인지 '독자'와 관련지어 쓰시오.

보기

글의 처음 부분에서 여수와 관련 있는 대중가요 이야기로 글을 시작하면 좋겠어.

» 여수의 대표적인 먹거리

여수는 맛있는 남도 음식을 맛볼 수 있는 곳입니다. 영상에서 제가 먹고 있는 돌게장이 맛있어 보이지 않나요? 돌게장은 여수를 대표하는 음식 중 하나입니다. 또 여수의 먹거리로는 돌산 갓김치도 무척 유명합니다. 여수 돌산도의 갓은 좋은 식감과 맛을 자랑한답니다.

㉠ '돌게'나 '갓'은 독자들에게는 낯선 재료일 수도 있으니 글에 관련 설명을 넣어 주자.

» 여수의 즐길 거리

[A]

– 여수관광문화 누리집(http://www.yeosu.go.kr/tour)

여수의 대표적 지역 축제로는 5월에 열리는 여수 거북선 축제가 있습니다. 이순신 장군을 기리기 위한 이 축제는 시작된 지 벌써 50년 가까이 되어 갑니다. 여수의 역사와 문화를 동시에 경험해 볼 수 있고, 학생들이 직접 참여할 수 있는 각종 체험 활동이 많아 더욱 재미있습니다. 그밖에 여수의 즐길 거리로 남해 어촌 마을의 조개 잡기 체험이 있어요.

여수의 즐길 거리를 설명하기에는 내용이 충분하지 않은 것 같아.
(㉮)

㉡ 여수에 관한 소개를 보고 방문하기를 원하는 사람들을 위해 교통편에 관한 설명을 추가해야겠어.

어떤가요? 멋진 여수, 직접 느껴 보고 싶지 않으세요?

아름답고, 맛있고, 즐겁고, 신나는 곳 – 우리 지역 여수에 놀러 오세요!

[자료 출처]
– 여수시 누리집(http://www.yeosu.go.kr)
– 여수관광문화 누리집(http://www.yeosu.go.kr/tour)

◀ 이전 다음 ▶

댓글 31개 | 엮인 글 | 공감하기

꽃별 여수는 정말 멋진 곳이네요! 이번 여름 방학 때 부모님과 꼭 가 봐야겠어요!

1 진욱이는 초고를 쓴 후 발견한 문제를 어떻게 해결할 계획인지 이야기해 봅시다. 예시 답

문제	해결 방안
처음 부분에서 독자들의 흥미를 끌 수는 없을까?	여수와 관련된 대중가요의 이야기로 글을 시작한다.
독자들이 이해하기 쉽지 않은 역사나 지리와 관련된 어휘들이 있다.	쉬운 말로 고치거나 설명을 추가한다.
독자들에게 낯선 '돌게'나 '갓'과 같은 소재(음식 재료)가 있다.	글에 관련 설명을 추가한다.
여수의 즐길 거리를 설명하기에 내용이 충분하지 않다.	독자들이 좋아할 만한 여수세계박람회 해양 공원과 수족관에 관한 정보를 추가한다.
독자를 고려한 관련 정보를 충분히 제공하지 않았다.	여수를 방문하기를 원하는 독자들을 위해 교통편에 관한 설명을 추가한다.

핵심

18 초고 단계에서 글쓰기의 내용을 조정하는 상황으로 적절하지 않은 것은?

① 빠진 내용이 떠오른 경우
② 참신한 내용이 떠오른 경우
③ 글이 독자로부터 외면받은 경우
④ 더 깊이 있는 내용을 발견한 경우
⑤ 더 적합한 세부 내용이 생성된 경우

19 글쓰기의 맥락을 고려할 때, ㉠과 ㉡에서 진욱이가 가장 고려하고 있는 것으로 적절한 것은?

> 초고를 수정할 때는 글쓰기의 맥락을 고려해야 한다. 글쓰기가 이루어지는 상황이나 조건, 글쓰기의 목적이나 필요성, 예상 독자의 유형이나 수준 등에 따라 초고를 잘 썼는지가 결정되기 때문이다.

① 글쓰기의 목적
② 글쓰기의 필요성
③ 글쓰기가 이루어지는 상황
④ 글쓰기가 이루어지는 조건
⑤ 예상 독자의 유형이나 수준

20 [A]를 살펴보고 부딪힌 문제를 해결하려고 할 때, ㉮에 들어갈 내용으로 가장 적절한 것은?

① 여수의 역사적인 사건에 관한 정보를 추가해야겠어.
② 여수 인접 지역에서 즐길 수 있는 지역 축제 정보를 제공해야겠어.
③ 독자들이 활용하도록 여수 거북선 축제에 갈 수 있는 교통편 정보를 추가해야겠어.
④ 독자들이 좋아할 만한 여수세계박람회 해양 공원과 수족관에 관한 정보를 추가해야겠어.
⑤ 독자들이 이해하기 쉽지 않은 낯선 어휘나 지리 정보를 쉬운 말로 고치거나 설명을 추가해야겠어.

2 문제를 해결한 후에 진욱이의 글이 어떻게 바뀌었을지 이야기해 봅시다.

예시 답 주제, 목적, 독자, 매체 등을 고려하여 글을 쓰는 과정에서 부딪힌 여러 문제를 해결함으로써 블로그 글을 읽는 독자들의 요구와 관심사를 잘 반영한 유익한 글이 될 것이다.

3 **1**, **2**를 참고하여 이 밖에 더 고칠 부분은 없는지 살펴봅시다.

예시 답 생략

문제 해결 과정으로서의 쓰기

쓰기는 글쓴이가 주제, 목적, 독자, 매체 등의 구체적 상황 안에서 여러 가지 문제들을 해결해 나가며 한 편의 글을 완성하는 문제 해결 과정입니다.

글쓴이는 글을 쓰는 과정에서 화제와 관련된 배경지식의 부족 문제, 떠올린 내용을 옮길 적절한 단어나 표현의 생성 문제, 독자의 이해를 돕기 위한 문단 배열 문제 등을 효과적으로 해결해야 한 편의 글을 완성할 수 있습니다.

핵심 정리 **고쳐쓰기 단계에서의 문제 해결**

고쳐쓰기 단계에서는 글의 주제와 목적, 예상 독자, 매체 등을 고려하여 초고를 단어, 문장, 문단 수준에서 점검하고 수정한다.

• 진욱이가 초고를 점검하는 과정

부딪힌 문제	해결 방법
처음 부분의 내용이 독자의 흥미를 끌기에 부족함.	여수와 관련 있는 대중가요 이야기로 글을 시작하고자 함.
독자의 수준에 맞지 않는 어휘들이 있음.	독자가 이해하기 어려운 역사나 지리와 관련한 어휘들은 쉬운 말로 고치거나 설명을 추가하고자 함.
독자에게 낯선 소재가 있음.	'돌게'나 '갓'과 같은 낯선 음식 재료는 글에 관련 설명을 넣어 주기로 함.
문단의 중심 내용을 뒷받침할 세부 내용이 충분하지 않음.	'여수의 즐길 거리' 부분에 여수세계박람회 해양 공원과 수족관에 관한 정보를 추가하기로 함.
끝 부분에 독자를 고려한 관련 정보가 충분하지 않음.	여수를 방문하기를 원하는 독자를 위해 교통편에 관한 설명을 추가하기로 함.

21 **다음 중 고쳐쓰기의 목적으로 가장 알맞은 것은?**

① 독자의 가치관을 파악하기 위해
② 아름다운 표현을 보여 주기 위해
③ 자신의 개성을 충분히 드러내기 위해
④ 맞춤법에 맞지 않는 표현을 없애기 위해
⑤ 주제, 목적, 독자, 매체에 맞게 계획한 대로 썼는지 점검하기 위해

핵심

22 **고쳐쓰기 단계에서 고려해야 할 내용으로 적절하지 않은 것은?**

① 글의 주제가 명확하게 드러나는지 확인한다.
② 독자들에게 감동을 줄 만한 내용인지 확인한다.
③ 제목이 주제와 목적을 잘 드러내고 있는지 본다.
④ 글의 흐름에 적합하게 문단을 배열하고 있는지 점검한다.
⑤ 예상 독자의 수준에 적절한 어휘를 사용했는지 점검한다.

서술형

23 **초고를 점검하는 과정에서 다음과 같은 문제가 발생하였을 때, 적절한 해결 방안을 쓰시오.**

예상 독자가 이해하기 어려운 전문어들이 많이 쓰였다.

활동 ② 문제를 해결하며 글 쓰기

‖ 글을 쓰는 과정에서 만나게 되는 많은 문제들을 적극적으로 해결하며, 친구들에게 여행지를 추천하는 글을 써 봅시다.

1. 친구들에게 여행지를 추천하는 글을 쓰기 위해 계획을 세워 봅시다.

예시 답

주제	천년의 수도, 경주
목적	여름 방학 여행지로 경주를 추천하고자 함.
독자	학급 친구들
매체	학급 신문

2. 1의 활동을 바탕으로 글에 들어갈 내용을 떠올리며 생각 그물을 만들어 봅시다. 예시 답

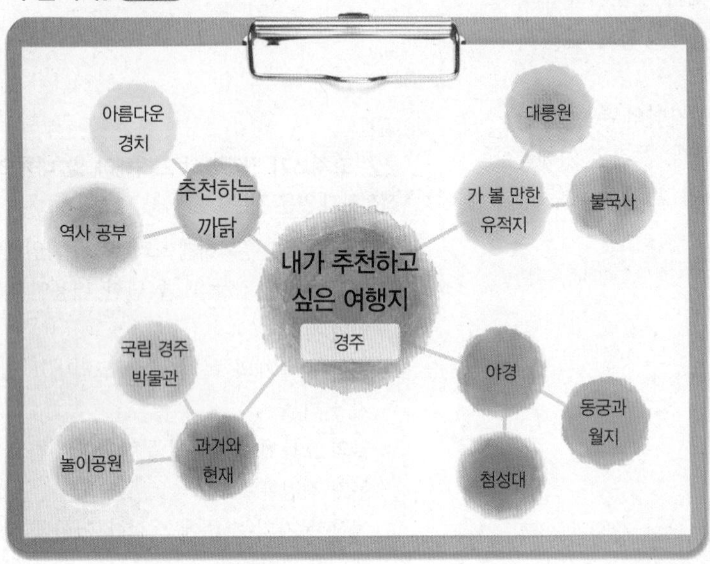

핵심 정리 계획하기와 내용 떠올리기

- 계획하기
  - 글을 쓰는 과정에서 가장 기본이 되는 단계이다.
  - 주제, 목적, 예상 독자, 글을 실을 매체 등을 상세하게 설정한다.
  - 계획하기의 각 요인을 세밀하게 설정해야 이후 글쓰기 과정에서 이 단계로 돌아오는 일이 없게 할 수 있다.
- 내용 생성하기 ① – 내용 떠올리기
  - 글의 뼈대를 준비하기 위한 단계이다.
  - 내용을 마련할 때는 자신의 경험이나 배경지식을 활용하여 생각 그물(마인드맵), 브레인스토밍, 연상하기, 메모하기 등의 방법을 활용할 수 있다.
  - 주제를 중심으로 뻗어 나가는 발산적 사고를 해야 한다.

24 글을 쓰기 위해 계획을 세우는 단계에서 해결해야 할 문제로 적절하지 않은 것은?

① 예상 독자는 누구인가?
② 무엇에 대해 쓸 것인가?
③ 글을 쓰는 목적은 무엇인가?
④ 자료를 어떻게 활용할 것인가?
⑤ 어떤 매체에 글을 실을 것인가?

핵심

25 〈보기〉의 계획에 따라 글을 쓰기 위해 모둠원들이 협의한 내용으로 적절하지 않은 것은?

보기
- 주제: 천년의 수도, 경주
- 목적: 여름 방학 여행지로 경주를 추천하고자 함.
- 독자: 학급 친구들
- 매체: 학급 신문

① 가영: 경주가 오랜 세월 신라의 수도였음을 들어 역사 공부에 좋은 곳임을 강조하자.
② 동규: 그럼 역사 공부에 관심 많은 친구들을 위해 국립 경주 박물관을 소개하면 어떨까?
③ 지혜: 매체의 특성을 고려하여 자세한 정보를 얻을 수 있도록 자료의 분량을 많이 주면 좋겠어.
④ 태훈: 여름 방학 여행지로 추천하는 거니까, 녹음이 우거진 불국사의 풍경이나 첨성대의 야경을 사진 자료로 함께 제시해 주자.
⑤ 해인: 독자의 흥미를 고려하여 경주에는 박물관이나 유적지 외에 놀이공원도 있다는 걸 소개하면 좋을 것 같아.

26 〈보기〉의 ㉠에 들어갈 알맞은 말을 쓰고, ㉡을 위한 효과적인 방법을 두 가지 이상 쓰시오.

보기
내용 생성하기 단계에서는 주제와 관련된 자신의 경험이나 (㉠)을/를 활용하여 ㉡ 글에서 다룰 내용을 마련해야 한다.

3. 떠올린 내용과 관련하여 글을 쓸 때 필요한 자료를 찾아 정리해 봅시다.

예시 답

찾은 자료	출처	활용 방안
경주에 관한 기본 정보	백과사전	경주에 관한 기본 정보를 통해 경주가 역사적으로 뜻깊은 장소임을 소개함.
국립 경주 박물관 정보	국립 경주 박물관 누리집	경주에는 역사적으로 뜻깊은 유물이 많이 있어, 역사 공부에 도움이 되는 곳임을 강조함.
동궁과 월지, 첨성대의 야경 사진 및 야간 입장 정보 / 불국사의 풍경 소개	경주시 누리집	경주 유적지의 야경과 풍경의 아름다움을 소개하고 여행 일정을 짜는 데 참고할 수 있도록 함.
놀이공원 정보	○○월드 누리집	경주는 역사적인 도시일 뿐만 아니라 놀 거리도 많은 도시임을 소개함.
경주 도장 여행 정보	여행 안내 책자	경주의 관광 명소를 다니면 자동으로 방문지의 도장이 찍히는 서비스를 소개함.

4. 수집한 자료를 활용하여 글의 개요를 작성해 봅시다. 예시 답

제목: 아름다운 천년의 수도, 경주를 소개합니다

구성	내용	활용 자료
처음	여름 방학 여행지로 경주를 추천하는 까닭	
중간	1. 역사 공부를 하기 좋은 경주 (1) 경주의 역사적 의미 (2) 국립 경주 박물관 2. 유물과 어우러지는 아름다운 경치가 있는 경주 (1) 불국사의 풍경 소개 (2) 동궁, 월지와 첨성대 야경 소개 3. 다양한 놀거리가 있는 경주 (1) ○○월드 소개 (2) 경주 '도장 여행' 소개	• 경주에 관한 역사적 정보 (출처: 백과사전) • 국립 경주 박물관 관람 정보 (출처: 국립 경주 박물관 누리집) • 동궁과 월지, 첨성대, 불국사 정보(출처: 경주시 누리집) • ○○월드 정보 (출처: ○○월드 누리집) • 경주 '도장 여행' 정보 (출처: 경주 여행 안내 책자)
끝	경주 여행을 다시 한번 권유함.	

핵심 정리 **내용 생성하기 ② – 자료 찾기 · 선정하기**

- 자료를 수집할 때는 다양한 매체를 활용한다.
- 자료의 정확한 출처를 확인해야 한다.
- 주제와 목적에 맞는 내용을 수집해야 한다.
- 수집된 내용을 바탕으로 앞의 단계로 회귀할 수 있다.

내용 조직하기 – 개요 작성하기

- 수집한 자료를 바탕으로 글의 구도를 생각해 글쓰기를 체계적으로 할 수 있도록 한다.
- 앞에서 생성한 글의 내용을 어떤 순서로 쓸지 정리한다.
- 문단의 배열은 독자의 이해를 도울 수 있도록 한다.

[27~28] 다음은 경주를 여행지로 추천하는 글을 쓸 때 필요한 자료를 정리한 표이다. 물음에 답하시오.

찾은 자료와 활용 방안	출처
경주에 관한 기본 정보: 역사적으로 뜻깊은 곳임을 소개함.	백과사전
국립 경주 박물관 정보: 경주에는 유물이 많아 역사 공부에 도움이 되는 곳임을 강조함.	국립 경주 박물관 누리집
동궁과 월지, 첨성대, 불국사 정보: 경주 유적지의 야경과 풍경의 아름다움을 소개함.	경주시 누리집
놀이공원 정보: 경주는 놀 거리도 많은 도시임을 소개함.	○○월드 누리집
경주 도장 여행 정보: 경주의 관광 명소를 다니면 자동으로 도장이 찍히는 서비스를 소개함.	여행 안내 책자

27 이 자료 수집 활동에 대한 설명으로 적절하지 않은 것은?

① 자료의 출처를 정확하게 제시하였다.
② 전문가를 찾아가 정보를 수집하였다.
③ 인터넷 매체에서도 자료를 수집하였다.
④ 글의 목적에 적합한 자료를 수집하였다.
⑤ 서적에서도 일정 부분 정보를 수집하였다.

28 이 자료들을 바탕으로 〈보기〉의 ㉠, ㉡에 들어갈 알맞은 내용을 쓰시오.

보기

제목: 천년의 수도, 경주를 소개합니다
Ⅰ. **처음:** 여름 방학 여행지로 경주를 추천하는 까닭
Ⅱ. **중간**
1. 역사 공부를 하기 좋은 경주
(1) 경주의 역사적 의미
(2) (㉠)
2. 유물과 아름다운 경치가 있는 경주
(1) 불국사의 풍경 소개
(2) 동궁, 월지와 첨성대 야경 소개
3. (㉡)
(1) ○○월드 소개
(2) 경주 '도장 여행' 소개
Ⅲ. **끝:** 경주 여행을 다시 한번 권유함.

5. 작성한 개요를 바탕으로 친구들에게 여행지를 추천하는 글을 써 봅시다.

예시 답

제목: 아름다운 천년의 수도, 경주를 소개합니다

김예지

중학교 생활의 마지막 여름 방학이 다가오고 있습니다. 가족들과 여름 방학 여행 계획은 세웠나요? 아직 여행지를 정하지 못했다면 경주 방문을 추천합니다.

경주는 천년의 수도로, 신라의 문화를 대표하는 역사적인 공간입니다. 특히 역사 공부를 하면서 신라의 아름다운 문화재들과 역사적으로 뜻깊은 유적지를 눈앞에서 경험하고 싶다는 생각이 들었다면 꼭 한 번 가 볼 만한 곳입니다.

이렇듯 경주는 역사 공부를 하기 좋은 곳입니다. 국립 경주 박물관에 들러 보세요. 교과서에서만 보았던 유물들과 문화재를 직접 볼 수 있고, '에밀레종'으로 알려진 '성덕 대왕 신종'의 실물을 보고 그 종소리를 들어 볼 수 있습니다.

또, 보통 경주의 풍경이라고 하면 봄, 가을을 떠올리지만 경주는 여름에도 매우 아름답습니다. 녹음이 우거진 불국사의 풍경은 물론, 무더운 열대야도 잊게 할 동궁, 월지, 그리고 첨성대의 아름다운 야경을 볼 수 있습니다.

경주는 역사적으로도 의미가 깊지만 그밖에 놀 거리도 많습니다. ○○월드는 국내에서도 손꼽히는 재미있는 놀이 기구들이 많은 놀이공원입니다. 아찔한 고속 열차를 타며 즐겁게 놀 수 있답니다.

경주 여행의 또 하나의 재미는 '도장 여행'입니다. 이는 한 달 평균 이용자가 7만여 명에 이를 정도로 인기가 높답니다. 관광객이 휴대 전화에 앱을 설치하고 해당 명소를 방문하면 도장이 저절로 찍히고, 이 도장을 다 찍으면 경주의 대표적인 유적지를 한 바퀴 돌 수 있답니다.

볼거리와 놀 거리가 많은 경주, 이번 여름 방학 여행지로 추천합니다.

6. 자신이 쓴 글을 다음 기준에 따라 평가하고 고쳐 써 봅시다.

점검 사항	점검 결과
주제가 분명히 드러나는가?	
글의 목적에 알맞은 내용인가?	
독자의 수준에 적절한 어휘나 표현을 사용하였는가?	
매체의 특성을 고려해 글 내용을 구성하였는가?	

예시 답 생략

핵심 정리 표현하기, 고쳐쓰기

- 독자의 수준을 고려한 적절한 어휘를 사용해야 한다.
- 어법에 맞는 올바른 문장을 사용해야 한다.
- 문단이나 글 전체의 내용에서 통일성을 해치는 것은 없는지 확인해야 한다.
- 자료의 정확한 출처를 확인해야 한다.
- 필요한 경우 앞 단계로의 회귀도 가능하다.

문제 해결 과정으로서의 글쓰기의 절차

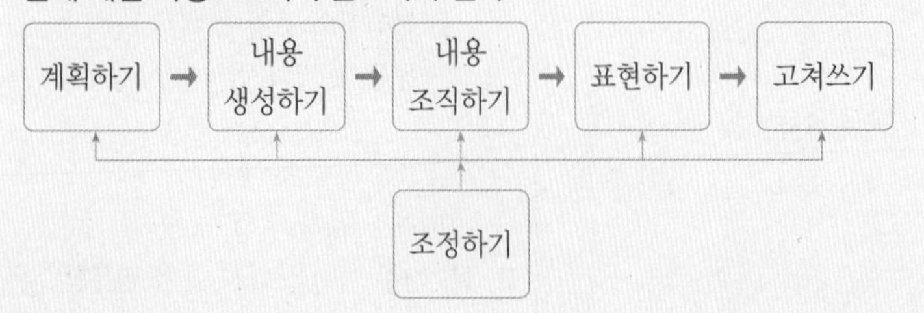

[29~30] 다음은 학급 신문에 경주를 여행지로 추천하기 위해 쓴 초고의 일부이다. 물음에 답하시오.

> 천년의 수도, 경주를 소개합니다
>
> 중학교 생활의 마지막 여름 방학이 다가오고 있습니다. 가족들과 여름 방학 여행 계획은 세웠나요? ㉠ 이미 여행지를 정하지 못했다면 경주 방문을 추천합니다.
>
> ㉡ 오랜동안 신라의 수도였던 경주는 신라의 문화를 대표하는 역사적인 공간으로, 역사 공부를 하기 좋은 곳입니다. ㉢ 경주는 역사적으로도 의미가 깊지만 그밖에 놀 거리도 많습니다. 국립 경주 박물관에 들러 보세요. ㉣ 그러면 교과서에서만 보았던 유물들과 문화재를 직접 볼 수 있고, '에밀레종'으로 알려진 '성덕 대왕 신종'의 실물을 보고 그 종소리를 ㉤ 들어 봅니다.

29 ㉠~㉤을 고쳐 쓰기 위한 방안으로 적절하지 않은 것은?

① ㉠은 단어의 사용이 적절하지 않으므로 '아직'으로 바꾼다.
② ㉡은 맞춤법에 맞게 '오랫동안'으로 고쳐 쓴다.
③ ㉢은 통일성을 깨뜨리므로 삭제한다.
④ ㉣은 앞뒤 내용을 자연스럽게 이어 주지 못하므로 '또한'으로 바꾼다.
⑤ ㉤은 문맥을 고려하여 '들어 볼 수 있습니다'로 바꾼다.

서술형

30 매체의 특성을 고려하여 위의 초고에서 독자의 이해와 흥미를 높이기 위한 방안을 서술하시오.

31 글쓰기 과정 중 내용에 대한 평가 및 조정이 이루어지는 단계는?

① 계획하기 ② 표현하기
③ 고쳐쓰기 ④ 내용 조직하기
⑤ 글쓰기의 모든 단계

창의·융합 활동

혼자 하기

Ⅱ 다음은 베토벤의 교향곡 제9번 「합창 교향곡」에 관한 설명입니다. 두 글을 비교하여 읽고, 아래의 활동을 해 봅시다.

예시

㉮ 베토벤의 교향곡 제9번 「합창 교향곡」 제4악장

「환희의 송가」로 더 잘 알려진 베토벤의 교향곡 제9번 「합창」의 제4악장은 형식적으로는 제1악장과 대칭을 이루며, 제3악장과 같은 변주곡 형식이면서, 론도 형식의 논리를 더했다. 또한, 성악을 집어넣은 교성곡 양식과 결합한 곡이다. 이 곡은 대문호 실러의 시에 곡을 붙여 인간의 자유와 이상, 인류애를 노래한 음악사의 기념비적 작품이다.

㉯ 베토벤의 교향곡 제9번 「합창 교향곡」 제4악장

1824년에 완성한 「합창 교향곡」은 베토벤의 아홉 번째 교향곡이에요. 베토벤의 교향곡 가운데 가장 길고 훌륭하다고 평가받지요. 베토벤이 무려 30년 동안 작곡한 곡이라고 해요. 그전까지 교향곡은 악기로만 연주했는데, 베토벤의 아홉 번째 교향곡은 악기의 연주에 사람들의 합창이 어우러져서 완성되는 곡이에요. 그래서 더 유명해졌답니다.

1. ㉮와 ㉯처럼 같은 제목의 두 글이 다르게 쓰인 까닭을 주제, 목적, 독자, 매체를 고려한 글 쓰기 과정의 측면에서 생각해 봅시다.

예시 답 두 글 모두 베토벤의 「합창 교향곡」을 소재로 한 글이나, (가)는 음악적 배경지식이 있는 사람을 예상 독자로 한 설명문이며, (나)는 음악적 배경지식은 없지만 음악가에는 관심이 있는 사람을 예상 독자로 한 설명문이다. 두 글의 목적은 같으나 독자는 다르다. 이는 글쓰기 계획부터 글을 읽는 독자의 설정이 다르기 때문이다.

2. 1의 활동을 바탕으로, 주제, 목적, 독자, 매체를 고려하여 글을 쓰는 과정에서 생기는 문제를 해결하며 안내 책자를 만드는 활동을 해 봅시다.

1 안내 책자를 만들 공연이나 전시회를 정해 봅시다.

예시 답 백 년의 신화: 한국 근대 미술 거장전 이중섭(1916~1956)

2 기존의 안내 책자에 담긴 정보를 정리하고, 새 안내 책자에 넣을 내용을 선별해 봅시다.

예시 답

기존의 안내 책자 내용	수록 여부
이중섭 생애	✓
전시회 기획 의도	✓
이중섭 작품 연보 및 해당 작품, 화법 소개	✓
관람 안내	✓

3 책자의 내용 중 바꾸거나 추가할 내용을 그 까닭과 함께 써 봅시다.

예시 답

원래 내용	바꾸거나 추가할 내용	까닭
• 이중섭 생애 • 전시회 기획 의도 • 이중섭 작품 연보 및 해당 작품, 화법 소개 • 관람 안내	이중섭이 제주도로 가게 된 까닭을 그의 작품과 더불어 설명한 「이중섭과 서귀포」(오광수)를 추가함.	이중섭에 관한 배경지식이 부족한 학생들이 많으므로 이중섭에 관한 정보를 추가로 제공하기 위함.

보충 자료

베토벤의 「합창 교향곡」

「합창 교향곡」을 쓸 당시 이미 베토벤의 귀는 거의 들리지 않았다. 외부의 소리를 들을 수 없는 상태에서 그는 내면의 외침에 귀를 기울이면서 작곡을 이어 갔다. 하지만 문제는 작곡이 아니라 지휘였다. 소리를 들을 수 없는 베토벤을 대신해서 케른트너토어 극장의 카펠마이스터(지휘자)인 미하일 움라우프가 지휘봉을 잡았고 악장인 이그나츠 슈판치히가 단원들과 눈빛을 교환하면서 호흡을 맞춰 갔다. 가만히 있을 수는 없었던 베토벤은 지휘자 옆에 자리를 잡고 앉아서 악보를 넘겨 가면서 연주자와 교감하고 초연 무대를 함께 만들어 갔는데, 그가 악보를 넘기는 순간은 실제 연주의 진행과는 전혀 맞지 않았다. 이처럼 완전히 귀가 멀었던 베토벤은 모든 연주가 끝나고 청중의 박수갈채가 쏟아져 나왔을 때도 이를 알아채지 못했고, 결국 알토 독창자가 알려 줘 간신히 청중의 모습을 볼 수 있었다는 에피소드도 전해진다.

– 이보경 외, 『클래식 백과』

4 **3** 에서 정리한 내용을 바탕으로 새로운 안내 책자를 만들어 봅시다.

예시 답 이중섭과 서귀포

1·4 후퇴 때 원산을 떠난 이중섭과 그 가족은 잠시 부산에 머문 후 제주 서귀포에 도착한다. 제주 서귀포는 이중섭에게 대단히 주요한 시공간으로서의 의미를 지닌다.

「길 떠나는 가족」이라는 작품 속에 따뜻한 남쪽 나라로 떠나는 이중섭 가족의 모습이 기록되어 있다. 소달구지 위에 여인과 두 아이가 꽃을 뿌리고 비둘기를 날리며 앞에서 소를 모는 남정네는 감격에 겨워 고개를 젖히고 하늘을 향하고 있다. 하늘에는 한 가닥 구름이 서기처럼 그려져 있다. 소를 모는 남정네는 작가 자신이고 소달구지 위에 있는 여인과 두 아이는 부인과 두 아들임은 말할 나위도 없다. 가족이라는 모티브는 이중섭의 작품 속에 자주 등장한다. 그렇긴 하지만 이처럼 가족의 흥겨운 한순간을 포착한 작품은 「길 떠나는 가족」 외에 따로 없다. 길을 떠난다는 것은 잠깐 어디를 향해 가는 경우도 있지만 이중섭의 「길 떠나는 가족」은 거처를 옮기는 이주를 나타낸다. 정든 고향을 버리고 가는 슬픈 이주가 태반이지만 이중섭의 「길 떠나는 가족」은 즐거운 소풍 놀이라도 가듯 흥에 겨운 이주로 묘사되어 있다. 그것은 자신들이 향해 가고 있는 곳이 다름 아닌 지상의 낙원으로서의 따뜻한 남쪽 나라이기 때문이다.

이처럼 제주 서귀포는 이중섭에게 있어 지상의 유토피아로서의 공간의 의미를 지니고 있다.

▲ 이중섭, 「길 떠나는 가족」

– 오광수, 「이중섭과 서귀포」

보충 자료

팸플릿(소책자)

팸플릿은 홍보물의 일종으로, 사진, 그림, 도표 등의 시각적인 자료를 제시하여 정보를 한눈에 파악할 수 있게 한다.

팸플릿의 내용을 점검할 때에는 홍보 내용을 효과적으로 전달하기 위해 내용의 선정이 적절하였는가를 판단하고, 문자 언어를 통해 핵심 정보가 잘 전달되도록 내용 구성이 되었는지 파악해 보아야 한다. 또한 글을 읽으며 내용을 정리해 보거나, 사진을 보면서 적합한지 판단할 수도 있다.

홍보물의 특징

1. 홍보물에는 대상에 대한 정보가 담겨 있어야 한다.
2. 홍보 대상의 특징을 잘 드러내기 위해 그와 관련된 부연 설명을 할 수도 있다.
3. 독자가 알아야 할 객관적 정보를 요약 · 정리할 수도 있다.
4. 독자의 관심을 끌기 위해 호기심을 유발하는 표현을 사용한다.

수행 평가 대비 활동

| 수행 평가 TIP | 기존의 안내 책자를 주제, 목적, 독자, 매체라는 쓰기의 주요 변인들을 새롭게 생각하여 재구성해 보는 활동입니다. 공연장, 전시회장, 박물관 등을 실제로 방문하거나 인터넷 검색 등을 통해 자료를 수집하여 청소년을 대상으로 하는 안내 책자로 바꾸어 보고, 예상 독자가 바뀌면 글의 표현, 내용이 어떻게 달라지는지 탐구해 보도록 합니다.

1 평가 내용 확인하기

- 제목이 같은 두 글을 주제, 목적, 독자, 매체를 고려한 글쓰기 과정의 측면에서 비교해 보기
- 주제, 목적, 독자, 매체를 고려하여 문제를 해결하며 안내 책자 만들기

2 평가 기준 확인하기

- 주제, 목적, 독자, 매체를 고려한 안내 책자를 만들었는가?
  기존 안내 책자에서 주제, 목적, 독자, 매체 중 하나의 요인만을 변화시켜도 그 내용은 전체적으로 바꾸어야 해요. 이 중 독자 요인에만 변화를 주어 기존 책자의 내용을 새롭게 써 보도록 합니다.
- 안내 책자를 만드는 과정에서 생기는 문제에 관한 적절한 해결책을 찾았는가?
  기존 안내 책자에서 필요한 자료를 선별하되, 독자 요인에 영향을 받는 것과 그렇지 않은 것을 구분하고, 주제, 목적을 전달할 때 꼭 필요한 것을 고르도록 합니다. 예상 독자의 흥미나 수준을 고려하여 필요한 내용을 추가하거나 고치되, 기존의 핵심 내용에는 변화가 없어야 함을 주의해야 해요.

수행 평가 ⊕

1. 학교 축제나 학예회 등 학교에서 실제로 경험할 수 있는 행사의 안내문을 만들어 봅시다.

도와줄게 기존 안내문의 내용을 재구성해 보아도 좋고, 새롭게 작성해 보아도 좋습니다. 주제, 목적, 독자, 매체를 고려하여 문제를 해결해 가며 행사 안내문을 작성해 봅니다.

2. 우리 학교에 입학할 신입생들에게 학교를 홍보하는 글을 써 봅시다.

도와줄게 신입생들을 대상으로 학교를 홍보하는 글을 써 봅니다. 글을 쓸 때에는 우선 홍보를 접할 대상인 독자, 즉 신입생들이 알고 싶어 하는 것을 떠올린 후, 이에 관해 자신의 배경지식과 경험을 연상하고 부족한 자료는 조사해 봅니다. 선배의 입장이 아니라 신입생이 되었을 때 자신의 경험을 떠올려 보는 것도 좋은 방법입니다.

핵심 원리

문제 해결 과정으로서의 쓰기

쓰기는 글쓴이가 주제, 목적, (❶), 매체 등의 구체적 상황 안에서 여러 가지 문제들을 해결해 나가며 한 편의 글을 완성하는 문제 해결 과정임.

글쓴이가 글을 쓰는 과정에서 부딪히게 되는 문제

화제와 관련된 (❷)의 부족 문제, 떠올린 내용을 옮길 적절한 단어나 표현의 생성 문제, 독자의 이해를 돕기 위한 문단 배열 문제 등

↓

쓰기 과정에 발생한 문제들을 효과적으로 해결해야 한 편의 글을 완성할 수 있음.

핵심 내용

(1) 주제, 목적, 독자, 매체 등을 고려한 쓰기

❶ 진욱이의 글쓰기 계획

목적	또래 친구들에게 우리 고장 여수를 알리고자 함.
주제	우리 고장 여수에 대한 소개
독자	다른 지역에 살고 있는 또래 친구들
(❸)	블로그

❷ 진욱이가 글의 내용을 생성하는 과정

부딪힌 문제		해결 방법
배경지식 부족으로 내용 생성이 어려움.	→	인터넷으로 여수에 관한 정보를 찾음.
예상 독자의 흥미를 끌 만한 내용이 부족함.	→	또래 친구들이 좋아할 만한 여수에 관한 정보를 찾음.

❸ 진욱이가 개요를 점검하는 과정

부딪힌 문제		해결 방법
제목이 주제, 목적, 독자의 흥미를 반영하지 못함.	→	'아름다운 도시, 여수를 소개합니다'로 수정함.
각 구성 단계에 맞지 않거나 (❹)에서 벗어난 내용이 있음.	→	구성에 맞게 내용을 추가하거나 이동하고, 주제에서 벗어난 내용은 삭제함.

❹ 진욱이가 초고를 점검하는 과정

부딪힌 문제		해결 방법
처음 부분의 내용이 독자의 흥미를 끌기에 부족함.	→	여수와 관련된 대중가요 이야기로 글을 시작함.
독자의 수준에 맞지 않는 어려운 어휘들이 있음.	→	쉬운 말로 고치거나 설명을 추가함.
독자에게 낯선 소재가 있음.	→	글에 관련 설명을 넣어 줌.
문단의 중심 내용을 뒷받침할 세부 내용이 충분하지 않음.	→	독자들이 좋아할 만한 여행지 정보를 추가함.
끝 부분에 독자를 고려한 관련 정보를 충분히 제공하지 않음.	→	여수를 방문하기를 원하는 독자를 위해 교통편에 관한 정보를 추가함.

(2) 문제를 해결하며 글 쓰기

계획하기	글을 쓰는 (❺)이/가 무엇인지, 무엇을 써야 하는지, 누가 글을 읽을지, 어디에 글을 실을지 등을 설정함.
↓	
내용 생성하기	자신의 경험이나 배경지식을 바탕으로 글의 주제를 드러내는 중심 내용과 그것을 뒷받침하는 세부 내용을 떠올린 후 글을 쓰는 데 필요한 자료를 수집하고 내용을 선정함.
↓	
내용 조직하기	생성한 내용의 전개 순서, 분량, 내용 사이의 관계 등을 짜임새 있게 조직하여 개요 작성하기.
↓	
표현하기	개요를 바탕으로 초고를 작성함. 글의 주제, 목적, 예상 독자의 수준 등을 고려하여 적절한 어휘와 문장을 선택해야 함. 또한 표기가 정확하고 표현이 적절해야 하며 문장 성분의 호응도 잘 이루어져야 함.
↓	
고쳐쓰기	어휘가 적절한지, 문장이 어법에 맞는지, 문단 구성이 체계적인지, 주제와 관련하여 글 전체의 내용이 (❻)와/과 응집성을 이루었는지 등을 검토하고 고쳐 써야 함.

소단원 핵심 문제

• 정답과 해설 p.14

[01~02] 다음은 진욱이가 글을 쓰기 위해 계획한 내용이다. 이를 읽고, 물음에 답하시오.

출제 예감 90%

01 〈보기〉의 ㉠~㉤에 따라 진욱이의 글쓰기 계획을 이해한 내용으로 적절하지 않은 것은?

> 보기
> 글을 쓸 때는 ㉠ 글의 목적과 ㉡ 목적에 따른 글의 주제, ㉢ 독자의 성격 및 글쓴이와 독자의 관계, ㉣ 매체의 성격에 따라 ㉤ 글쓰기의 내용과 방법이 달라지기 때문에 글을 쓸 때 글쓰기의 상황을 분석해야 한다.

① ㉠: 자신의 고장인 여수를 알리려는 목적으로 글을 쓰려 하는군.
② ㉡: 글의 목적에 따르면 주제는 '여수에 대한 소개'로 볼 수 있겠군.
③ ㉢: 여수에 대해 잘 아는 자신의 또래 친구들을 예상 독자로 삼고 있군.
④ ㉣: 예상 독자인 또래 친구들이 쉽게 접할 수 있도록 블로그에 글을 올리려 하는군.
⑤ ㉤: 글의 주제와 목적을 고려하여 여수와 관련된 다양한 정보를 제시하고자 하는군.

출제 예감 85%

02 계획을 세운 후 글쓰기 과정에서 진욱이가 부딪히게 될 문제로 거리가 먼 것은?

① 제목은 무엇으로 정할 것인가?
② 어떤 자료를 수집, 선정할 것인가?
③ 어떤 장치로 독자를 감동하게 할 것인가?
④ 어떤 어휘와 문장, 문단으로 구성할 것인가?
⑤ 어떤 내용으로 독자의 흥미와 관심을 끌 것인가?

[03~05] 다음은 진욱이가 글을 쓰기 위해 내용을 생성하는 과정이다. 이를 읽고, 물음에 답하시오.

[자료를 찾기 전 떠올린 생각]

'우리 고장 여수를 소개하는 글을 쓰려고 결정하고 보니 정작 내가 사는 고장에 관해 아는 게 별로 없네. 어쩌지?'

[수집한 자료]

㉮ 조선 성종 10년, 여수에 전라 좌수영이 설치되고, 선조 24년 충무공 이순신이 이곳에 절도사로 부임하면서 조선 수군의 중요한 거점이 되었다.

– 출처: 한국민족문화대백과(http://encykorea.aks.ac.kr)

㉯ 여수시는 남해안의 중심에 있는 해운 도시이다. 도서 수는 365개로 유인도 49개, 연륙도 4개, 무인도 316개이며, 해안선의 총 길이는 879.03킬로미터(km)로 만의 입구가 길고 해안선의 드나듦이 복잡하다.

– 출처: 여수시 누리집(http://www.yeosu.go.kr/tour)

㉰ 여수의 관광지로는 오동도, 여자만 갯벌, 거문도와 백도 등이 유명하다. 이 중 오동도는 방파제로 육지와 연결되어 있는 작은 섬으로, 3천 그루의 동백나무가 있어 겨울부터 봄까지 붉은 동백꽃이 피는 아름다운 섬이다.

– 출처: 여수관광문화 누리집(http://www.tour.yeosu.go.kr/tour)

출제 예감 90% 서술형

03 〈보기〉를 참고하여 진욱이가 위의 내용 생성 과정에서 부딪힌 문제와 그 해결 방법을 서술하시오.

> 보기
> 글을 쓰기 위해 내용을 생성하는 방법은 크게 두 가지이다. 하나는 화제와 관련된 자신의 경험이나 이미 알고 있는 배경지식을 활용하는 것이고, 다른 하나는 신문이나 잡지, 전문 서적, 인터넷, 텔레비전 등과 같은 다양한 매체를 통해 자료를 수집하는 것이다.

출제 예감 90%

04 〈보기〉와 같이 진욱이가 부딪힌 문제를 해결하기 위해 찾은 자료로 적절하지 않은 것은?

보기

내 또래의 친구들이 좋아할 만한 요소가 부족한 것 같아. 어떤 내용을 더 넣으면 좋을까?

① 여수의 대표적 지역 축제인 거북선 축제
② 일출로 유명한 여수의 작은 암자인 향일암
③ 여수의 바닷가 마을에서 즐길 수 있는 조개 잡기 체험
④ 다양한 운동 시설이 있어 여가를 보내기에 좋은 진남 체육 공원
⑤ 다른 지역에서는 볼 수 없는 여수의 대표적 음식인 돌게장과 갓김치

출제 예감 85%

05 〈보기〉에서 진욱이의 자료 활용 계획으로 적절한 것을 골라 적절하게 묶은 것은?

보기

ㄱ. ㉮와 ㉯는 여수의 기본적인 역사적·지리적 정보를 설명할 때 활용해야겠어.
ㄴ. ㉮를 활용할 때에는 독자의 흥미를 고려하여 조선 시대 성종과 선조의 업적을 상세하게 설명해야겠어.
ㄷ. ㉯의 지도는 여수에 대한 소개를 보고 방문하기를 원하는 독자들을 위한 교통편을 설명할 때 사용해야겠어.
ㄹ. ㉰를 활용하여 여수의 대표적인 관광지를 소개하고, 오동도의 동백꽃 사진을 함께 제시해 여수의 아름다운 경관을 보여 주어야겠어.

① ㄱ, ㄴ　② ㄱ, ㄷ　③ ㄱ, ㄹ
④ ㄴ, ㄷ　⑤ ㄷ, ㄹ

출제 예감 70%

06 다음 내용 조직 과정에 대한 설명에서 ㉠, ㉡에 들어갈 알맞은 말을 쓰시오.

글을 쓸 때 (㉠)을/를 작성하게 되면 전체 글의 흐름을 점검할 수 있다. 주제에 어긋나거나 불필요한 부분은 (㉡)하고, 보완이 필요한 부분은 내용을 추가할 수 있다.

출제 예감 90%

07 여수를 소개하는 글을 쓰기 위해 다음과 같이 개요를 작성한 후 점검하였을 때, 수정 방안으로 가장 적절한 것은?

제목: 내 고장 여수 ··· ㉠

Ⅰ. 처음
- 여수의 지리적인 특성 ··· ㉡
- (㉢)

Ⅱ. 중간
1. 여수에 관한 기본 설명
 - 역사적인 특징
2. 여수의 자랑거리 소개
 (1) 여수의 아름다운 경관
  • 향일함의 일출
  • 오동도의 동백꽃
 (2) 여수의 대표적인 먹거리 ··· ㉣
  • 돌게장
  • 갓김치
 (3) 여수의 즐길 거리
  • 여수의 거북선 축제
  • 어촌 체험 활동 ··· ㉤

Ⅲ. 끝
또래 친구들이 여수에 관한 정보를 얻고 방문하기를 바람.

↓

	자기 점검	수정 방안
①	제목이 주제를 잘 드러내고 독자의 흥미를 유발하는가?	㉠을 '자랑스러운 도시, 여수'로 바꿔야겠어.
②	논리적 일관성이 있는가?	㉡을 Ⅱ-2의 하위 항목으로 이동해야겠어.
③	글의 목적이 잘 드러나 있는가?	㉢에 '여수를 소개하는 까닭'을 넣어야겠어.
④	불충분한 내용은 없는가?	㉣에 '우리나라 음식의 특징'을 추가해야겠어.
⑤	주제에서 벗어난 내용은 없는가?	㉤을 삭제해야겠어.

소단원 핵심 문제

[08~11] 다음은 블로그에 여수를 소개하려는 목적으로 쓴 글의 초고이다. 이를 읽고, 물음에 답하시오.

아름다운 도시, 여수를 소개합니다

(가) 고요한 밤바다, 맛있는 먹거리, 다양한 즐길 거리가 있는 곳을 찾고 있나요? 여기 그런 분들에게 꼭 맞는 곳이 있습니다. 아름다운 해양 도시 여수를 여러분에게 소개합니다.

(나) 지리적 · 역사적 정보

여수에 관한 기본적인 정보부터 알아볼까요? 여수는 남해안의 중심에 있는 해운 도시입니다. 섬의 수는 365개로 유인도 49개, 연륙도 4개, 무인도 316개가 있으며, 해안선은 복잡한 편입니다. 역사적으로는 조선 성종 10년에 전라 좌수영이 설치된 곳이고, 선조 24년에 충무공 이순신이 전라 수군 절도사로 부임한 곳으로 조선 수군의 군사적 요충지였던 곳입니다.

(다) 여수의 아름다운 경관

여수는 아름다운 자연을 가지고 있는 바닷가 도시입니다. 여수의 작은 암자인 향일암은 바다에서 떠오르는 붉은 해를 보며 소원을 빌기 위해 매년 새해 첫날 수많은 사람들이 찾는 곳입니다.

(라) 여수의 대표적인 먹거리

여수는 맛있는 남도 음식을 맛볼 수 있는 곳입니다. 영상에서 제가 먹고 있는 돌게장이 맛있어 보이지 않나요? 돌게장은 여수를 대표하는 음식 중 하나입니다. 또 여수의 먹거리로는 돌산 갓김치도 무척 유명합니다. 여수 돌산도의 갓은 좋은 식감과 맛을 자랑한답니다.

(마) 여수의 즐길 거리

여수의 대표적 지역 축제로는 5월에 열리는 여수 거북선 축제가 있습니다. 이순신 장군을 기리기 위한 이 축제는 시작된 지 벌써 50년 가까이 되어 갑니다. 여수의 역사와 문화를 동시에 경험해 볼 수 있고, 학생들이 직접 참여할 수 있는 각종 체험 활동이 많아 더욱 재미있습니다. 그 밖에 여수의 즐길 거리로 남해 어촌 마을의 조개 잡기 체험이 있어요.

(바) 어떤가요? 멋진 여수, 직접 느껴 보고 싶지 않으세요?

아름답고, 맛있고, 즐겁고, 신나는 곳 — 우리 지역 여수에 놀러 오세요!

출제 예감 90%

08 이 글을 쓰기까지의 과정을 추측한 것으로 가장 적절한 것은?

① 계획하기 단계에서 예상 독자는 여수에 사는 지역민으로 설정하였겠군.
② 매체를 블로그로 정한 것은 여행 전문가들만 글을 읽게 하기 위해서겠군.
③ 내용을 생성할 때 여수에 대한 정보는 글쓴이의 경험과 배경지식만으로도 충분했을 거야.
④ 내용 조직 단계에서 글의 주제와 목적을 효과적으로 전달할 수 있을지를 고려하며 개요표를 짰겠어.
⑤ 표현하기 단계에서는 더는 글을 고쳐 쓸 필요가 없도록 주제와 목적을 잘 드러내고 독자의 수준에 맞는 완벽한 글을 쓰도록 했을 거야.

출제 예감 90%

09 이 글에 매체 자료를 추가하려 할 때, 적절하지 않은 것은?

① (가)에 여수와 관련된 대중가요를 뮤직비디오로 제시하여 노래를 부른 가수를 부각하도록 한다.
② (나) 부분에 여수의 지리적 특징을 설명하기 위해 여수의 해안 구조와 섬이 드러나는 항공 사진을 추가한다.
③ (다)에서 향일암의 일출을 소개할 때에는 일출 모습이 나오는 사진과 동영상 자료를 추가한다.
④ (라)에서 소개하는 먹거리들을 직접 먹는 동영상을 찍어 보여 준다.
⑤ (마) 부분에는 거북선 축제의 모습이 실감 나게 담긴 사진을 제시한다.

출제 예감 80%

10 〈보기〉의 자료가 들어가기에 적절한 곳을 찾아 문단 기호를 쓰시오.

보기

여수의 오동도는 방파제로 육지와 연결된 작은 섬입니다. 3천 그루의 동백나무가 있어, 겨울이면 붉은 동백꽃이 피어나 섬 전체가 한 송이의 꽃으로 보인답니다.

출제 예감 90%

11 이 초고를 고쳐 쓰기 위한 계획으로 적절하지 않은 것은?

글 전체 수준	글쓰기의 의도에 맞게 내용을 생성하고 있는가?	처음 부분에서 독자의 흥미를 끌기 위해 여수와 관련 있는 대중가요 이야기로 글을 시작해야겠어. ················ ①
		여수에 관한 소개를 보고 방문하기를 원하는 사람들을 위해 끝 부분에 교통편에 관한 설명을 추가해야겠어. ·········· ②

↓

문단과 문장 수준	문단의 구성과 문장의 흐름은 자연스러운가?	(마)의 세부 내용은 중심 내용을 뒷받침하기에 충분하지 않으므로 여수세계박람회 해양 공원과 수족관에 관한 정보를 추가해야겠어. ················ ③

↓

단어 수준	단어는 적절하고 맞춤법 규정은 제대로 지키고 있는가?	(나)에서 역사와 지리에 관련된 단어들은 독자의 수준에 맞지 않으므로 쉬운 말로 고치거나 설명을 추가해야겠어. ········ ④
		(라)의 '돌게'와 '갓'은 맞춤법 규정에 맞지 않으므로 바르게 수정해야겠어. ················ ⑤

출제 예감 75%

12 〈보기 1〉을 〈보기 2〉와 같이 고쳐 썼다고 할 때, 고치는 과정에서 나눈 대화로 적절하지 않은 것은?

보기 1

베토벤의 교향곡 제9번 「합창 교향곡」 제4악장

「환희의 송가」로 더 잘 알려진 베토벤의 교향곡 제9번 「합창」의 제4악장은 형식적으로는 제1악장과 대칭을 이루며, 제3악장과 같은 변주곡 형식이면서, 론도 형식의 논리를 더했다. 또한, 성악을 집어넣은 교성곡 양식과 결합한 곡이다. 이 곡은 대문호 실러의 시에 곡을 붙여 인간의 자유와 이상, 인류애를 노래한 음악사의 기념비적 작품이다.

보기 2

베토벤의 교향곡 제9번 「합창 교향곡」 제4악장

1824년에 완성한 「합창 교향곡」은 베토벤의 아홉 번째 교향곡이에요. 베토벤의 교향곡 가운데 가장 길고 훌륭하다고 평가받지요. 베토벤이 무려 30년 동안 작곡한 곡이라고 해요. 그전까지 교향곡은 악기로만 연주했는데, 베토벤의 아홉 번째 교향곡은 악기의 연주에 사람들의 합창이 어우러져서 완성되는 곡이에요. 그래서 더 유명해졌답니다.

① 은지: 기존의 글은 전문어가 많고 내용이 어려워서 이해하기 힘들어.

② 수찬: 맞아. 음악을 잘 몰라도 교향곡이란 무엇인지 이해하려면 어떻게 하면 좋을까?

③ 은지: 우선, 「합창 교향곡」의 다른 악장의 형식을 통한 설명이나 실러에 대한 이야기는 배경지식이 없는 독자라면 이해하기 힘드니 빼는 것이 좋겠어.

④ 수찬: 그래. 대신 「합창 교향곡」에 대한 평가와 의의, 특징을 설명해 주면 좋을 것 같아.

⑤ 은지: 그리고 독자들을 고려해서 말투를 고치는 것이 좋겠어.

문장의 짜임과 양상

• 생각 열기 다음 단어들을 사용하여 문장을 완성해 보고, 아래의 활동을 해 봅시다.

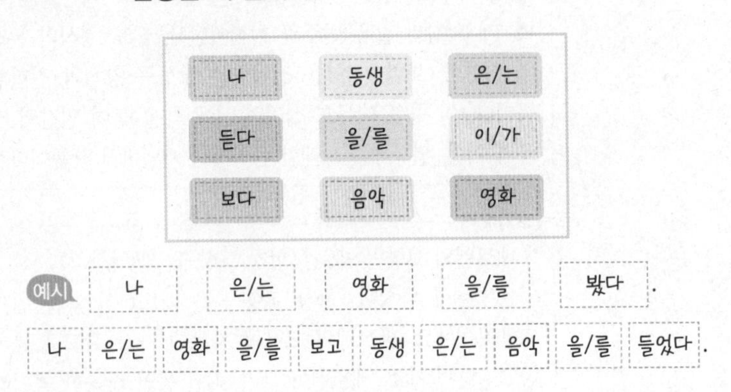

자신이 완성한 문장이 무엇인지 말해 봅시다.

예시 답 나는 영화를 보고 동생은 음악을 듣는다.

내가 만든 문장과 친구가 만든 문장을 비교해 보고, 문장의 짜임이 어떻게 다른지 생각해 봅시다.

예시 답 친구는 주어와 서술어가 한 번만 나타나는 짧은 문장을 만들었는데, 나는 주어와 서술어가 두 번씩 나타나는 긴 문장을 만들었다.

• 학습 목표로 내용 엿보기

"같은 단어들로 구성된 문장이라도 그 짜임이 다르면 뜻과 표현 효과도 다른 것 같아. 문장의 짜임과 양상을 탐구하고, 표현 의도에 따라 다양한 짜임의 문장을 국어 생활에서 효과적으로 사용하는 방법을 공부해 봐야겠어."

핵심 1 문장의 짜임과 양상 탐구하기
핵심 2 의도에 맞게 효과적으로 문장 활용하기

핵심 원리 이해하기 문장의 짜임과 양상

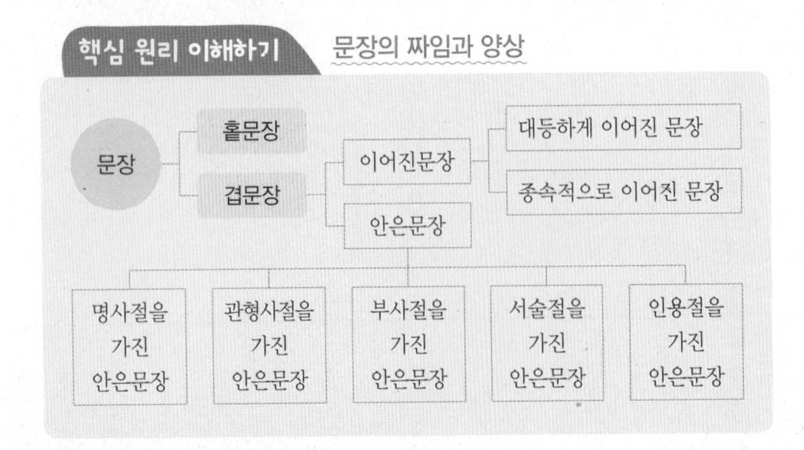

개념 확인 콕콕

• 정답과 해설 p.15

01 다음 설명이 옳으면 ○, 틀리면 ×표 하시오.

(1) 같은 단어로 여러 문장을 만들 수 있다. (　　)

(2) 문장의 짜임이 달라도 그것을 이루는 단어가 같으면 같은 뜻을 나타낸다. (　　)

(3) 문장은 크게 홑문장과 겹문장으로 나눌 수 있다. (　　)

02 괄호 안에 알맞은 말을 쓰시오.

(1) 홑문장은 주어와 서술어가 (　　)씩 나타나는 문장이다.

(2) 겹문장에는 안은문장과 (　　)이/가 있다.

(3) 안은문장에는 명사절을 가진 안은문장, 관형사절을 가진 안은문장, (　　)절을 가진 안은문장, 서술절을 가진 안은문장, 인용절을 가진 안은문장이 있다.

03 다음 중 의미가 온전한 문장으로 적절한 것은?

① 석호가 먹었다.
② 바다가 푸르다.
③ 원태를 좋아한다.
④ 나현이가 주었다.
⑤ 할아버지께서 드셨다.

04 주어와 서술어가 한 번만 나타나는 문장으로 적절한 것은?

① 비가 와서 길이 질다.
② 나는 어제 새 신발을 샀다.
③ 너는 커서 무엇이 되고 싶니?
④ 어제 내가 보낸 편지 읽었니?
⑤ 소포를 부치러 우체국에 갔다.

활동 안내

이 소단원은 문장의 짜임과 양상을 이해하고, 의도에 맞게 다양한 짜임의 문장을 효과적으로 사용하는 능력을 기르기 위한 단원이다. 문장의 짜임에 관해 정확히 알게 되면 자신의 생각과 의도를 상대방에게 분명하게 전달할 수 있으며, 효율적인 국어 생활을 할 수 있다. 따라서 이 단원에서는 일상생활에서 사용하는 문장으로 된 다양한 예문을 통해 우리가 실생활에서 사용하는 문장이 어떠한 짜임으로 되어 있는지를 이해하는 활동을 해 보도록 한다. 그리고 나아가 문장의 짜임과 양상에 관한 이해를 바탕으로 자신의 의도를 나타낼 수 있는 문장을 직접 만들어 봄으로써, 문장의 짜임을 지식으로만 이해하는 데 그치지 않고 문장을 생성하는 능력 또한 갖출 수 있도록 한다.

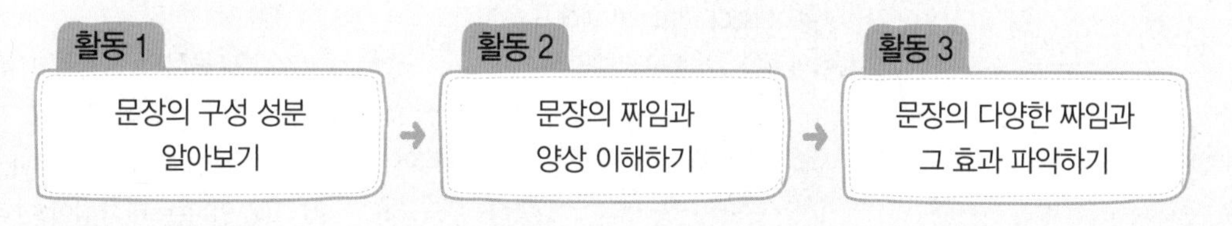

활동 개관

★ **활동 1** 문장의 구성 성분

문장을 구성하는 성분을 이해하는 활동이다. 문장 성분은 초등학교 국어에서 이미 학습한 바 있으나, 필수적 성분 몇 가지만 학습했으므로 이 활동에서 모든 문장 성분을 확인하여 이후 이어질 활동 2 학습의 바탕이 될 수 있도록 한다. 주어, 서술어, 목적어, 보어와 같은 주성분과 관형어, 부사어와 같은 부속 성분, 독립어와 같은 독립 성분이 각각 문장에서 어떤 역할을 하는지 정확히 이해하도록 한다.

★ **활동 2** 문장의 짜임과 양상

문장의 짜임과 양상을 이해하는 활동이다. 주어와 서술어의 관계를 바탕으로 홑문장과 겹문장을 구분할 수 있도록 하고, 다양한 방식으로 겹문장을 만들어 봄으로써 이어진문장과 안은문장의 차이를 알 수 있도록 한다. 특히 품사와 문장 성분을 혼동하지 않도록 주의하고, 우리의 일상생활에서 쉽게 접할 수 있는 문장을 통해 문장의 짜임과 양상을 효과적으로 알아보도록 한다.

★ **활동 3** 문장의 다양한 짜임과 그 효과

의도에 따른 문장 표현의 효과를 파악하는 활동이다. 같은 내용을 담고 있는 문장이라도 홑문장으로 쓰느냐 겹문장으로 쓰느냐, 이어진문장으로 쓰느냐 안은문장으로 쓰느냐에 따라 그 의미와 효과가 달라진다는 것을 파악하도록 한다. 나아가 이러한 표현 의도에 따라 다양한 짜임의 문장을 국어 생활에서 효과적으로 사용하는 방법을 익힐 수 있도록 한다.

문장의 짜임과 양상

활동 1 문장의 구성 성분

1. 다음 활동을 바탕으로 문장을 구성하는 성분을 알아봅시다.

1 〈보기〉를 참고하여 밑줄 친 부분이 문장에서 어떤 역할을 하는지 찾아 연결해 봅시다.

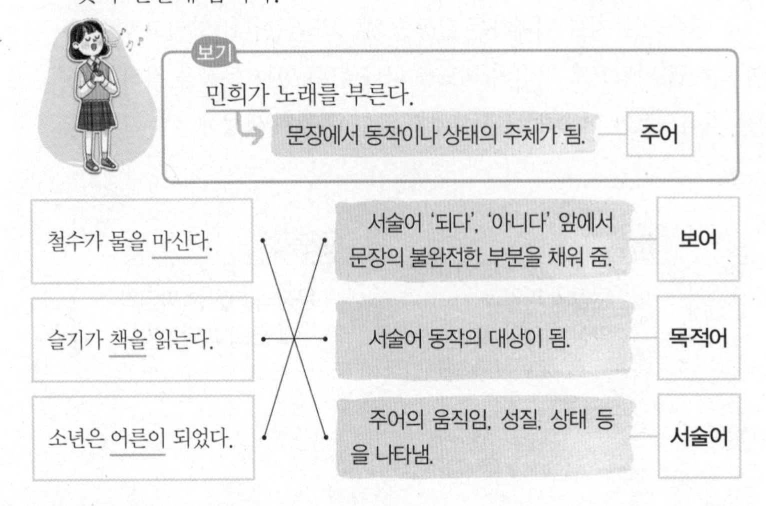

2 밑줄 친 말이 문장에서 어떤 역할을 하는지 생각해 보고, 역할에 맞게 분류해 봅시다.

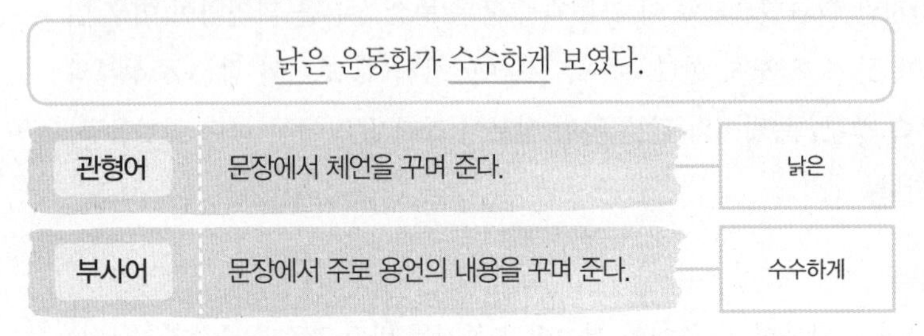

핵심 정리 문장의 구성 성분 – 주성분, 부속 성분

주성분	문장의 골격을 이루는 필수적인 성분	
	주어	문장에서 동작이나 상태의 주체가 되는 말
	목적어	서술어 동작의 대상이 되는 말
	보어	서술어 '되다', '아니다' 앞에서 문장의 불완전한 부분을 채워 주는 말
	서술어	주어의 움직임, 성질, 상태 등을 나타내는 말
부속 성분	주성분의 내용을 꾸며 뜻을 더하는 문장 성분	
	관형어	문장에서 체언을 꾸며 주는 말
	부사어	문장에서 주로 용언의 내용을 꾸며 주는 말

확인 문제

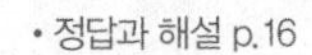
• 정답과 해설 p.16

01 문장 성분에 대한 설명으로 적절하지 않은 것은?

① 목적어는 서술어 동작의 대상이 된다.
② 관형어와 부사어는 부속 성분에 해당한다.
③ 문장의 주성분은 주어와 서술어로 구성된다.
④ 관형어는 체언을, 부사어는 주로 용언의 내용을 꾸며 준다.
⑤ 문장 성분은 문장 안에서 일정한 문법적 기능을 수행한다.

02 문장의 필수적인 성분만으로 이루어진 문장으로 적절한 것은?

① 하늘이 정말 파랗다.
② 언니는 대학생이 아니다.
③ 채원이와 관우는 매우 친하다.
④ 나는 친구에게 예쁜 모자를 받았다.
⑤ 그는 불고기의 맛에 완전히 반했다.

03 밑줄 친 말의 문장 성분이 나머지와 다른 것은?

① 강민이는 눈이 참 예쁘다.
② 정말 신기한 일이 일어났다.
③ 나는 돈을 모아 그 구두를 샀다.
④ 민기는 마침내 자신의 꿈을 이루었다.
⑤ 그는 큰 가방을 끌고 공항으로 갔다.

04 〈보기〉의 문장을 구성하는 문장 성분을 바르게 분석한 것은?

보기
• 지연이는 멋진 무용수가 되었다.
• 어머니께서 우리에게 용돈을 주셨다.

① 주어: 무용수가, 어머니께서
② 목적어: 용돈을
③ 서술어: 멋진, 주셨다
④ 관형어: 지연이는
⑤ 부사어: 되었다, 우리에게

3 다음 만화에서 밑줄 친 문장 성분의 역할이 무엇인지 생각해 봅시다.

독립어는 감탄, 부름, 대답 등의 의미를 나타내며, 다른 문장 성분과 관계없이 독립 적으로 쓰이는 말이다.

2. 빈칸에 알맞은 문장 성분을 쓰고, 그에 알맞은 설명을 찾아 연결해 봅시다.

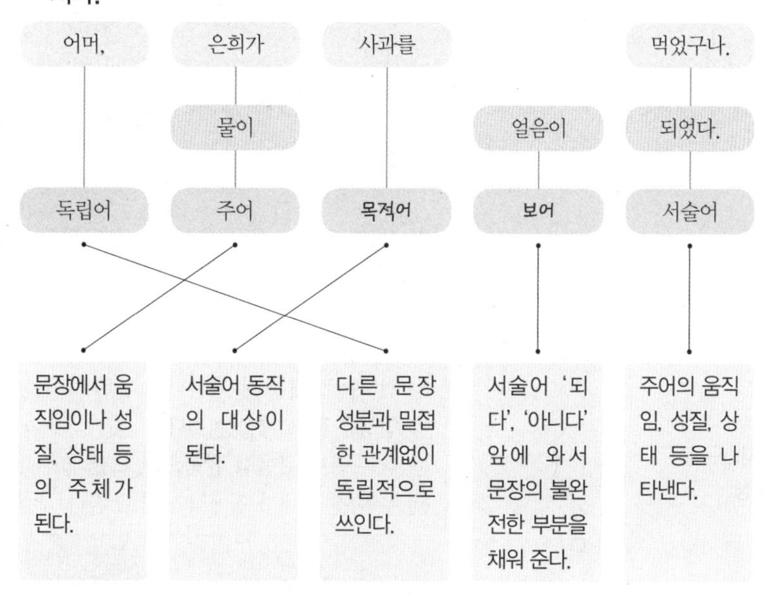

핵심 정리 문장의 구성 성분 – 독립 성분

독립 성분	문장 어느 성분과도 직접적인 연관이 없는 독립된 성분	
	독립어	감탄, 부름, 대답 등의 의미를 나타내며, 다른 문장 성분과 관계없이 독립적으로 쓰이는 말

보충 자료

서술어의 자릿수

서술어는 그 성격에 따라 필요로 하는 문장 성분의 개수가 다른데, 이를 서술어의 자릿수라고 한다. 주어 하나만 필요로 하면 한 자리 서술어, 주어 이외에 목적어나 부사어, 또는 보어를 하나 더 필요로 하면 두 자리 서술어, 주어와 목적어 외에 부사어를 필요로 하면 세 자리 서술어라고 한다.

05 **〈보기〉의 밑줄 친 문장 성분에 대한 설명으로 적절한 것은?**

보기
수현아, 오늘 시간 낼 수 있니?

① 문장에서 체언을 꾸며 준다.
② 문장을 이루는 데 필수적 성분이다.
③ 다른 문장 성분과 관계없이 단독으로 쓰인다.
④ 주성분의 상태나 모습, 움직임을 보다 정확하게 표현한다.
⑤ 서술어 '되다', '아니다' 앞에서 문장의 부족한 부분을 채워 준다.

06 **밑줄 친 말이 부속 성분이 아닌 것은?**

① 새가 훨훨 날아간다.
② 그래, 네 말대로 하자.
③ 다현이는 착한 학생이다.
④ 산은 눈부시게 아름다웠다.
⑤ 나는 칼로 사과를 예쁘게 깎았다.

07 **〈보기〉의 ㉠~㉤에 대한 사례로 밑줄 친 말이 적절하지 않은 것은?**

보기
㉠ 서술어 동작의 대상이 됨.
㉡ 문장에서 체언을 꾸며 줌.
㉢ 문장에서 독립적으로 쓰임.
㉣ 문장에서 동작이나 상태의 주체가 됨.
㉤ 주어의 움직임, 성질, 상태 등을 나타냄.

① ㉠: 동생이 밥을 먹는다.
② ㉡: 이 책은 연희가 주었다.
③ ㉢: 앗, 불을 안 끄고 나왔다.
④ ㉣: 그의 말은 사실이 아니다.
⑤ ㉤: 노란 기차가 빨리 달리는구나.

08 **다음 문장이 온전한 의미를 갖기 위해 필요한 문장 성분은 무엇인지 쓰시오.**

석준이는 사진을 붙였다.

활동 ② 문장의 짜임과 양상

홑문장과 겹문장

1. 홑문장과 겹문장에 관해 알아봅시다.

1 〈보기〉를 바탕으로 주어진 문장에서 주어와 서술어의 짝을 찾아 연결해 봅시다.

보기

• 하늘이 정말 예뻐.

• 하늘은 파랗고 구름은 하얗다.

㉮ 나는 매우 기뻤다.

㉯ 강아지가 재채기를 했다.

㉰ 영환이는 책을 읽고, 다빈이는 노래를 듣는다.

㉱ 은재는 형이 준 축구공을 좋아했다.

2 1의 문장을 다음 기준에 따라 분류해 봅시다.

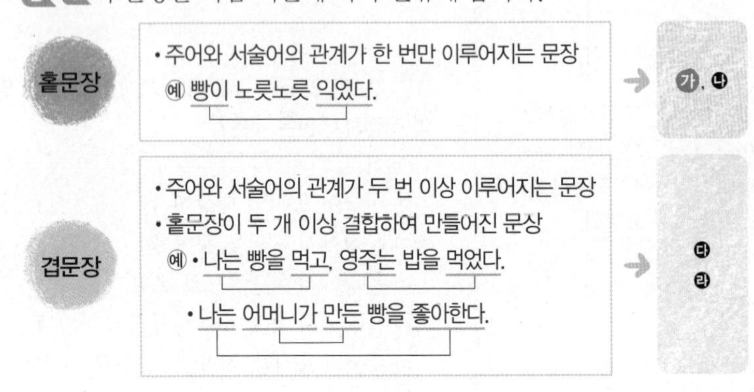

핵심 정리 홑문장과 겹문장

홑문장	주어와 서술어의 관계가 한 번만 이루어지는 문장 예 꽃이(주어) 핀다(서술어).
겹문장	홑문장이 두 개 이상 결합하여 만들어진 문장, 즉 주어와 서술어의 관계가 두 번 이상 이루어지는 문장 예 꽃이(주어1) 피고(서술어1) 새가(주어2) 운다(서술어2).

09 다음 ㉠, ㉡에 들어갈 알맞은 말을 쓰시오.

문장은 주어와 서술어의 관계가 몇 번 이루어지느냐에 따라 (㉠)와/과 (㉡)(으)로 나뉜다. 한 번만 이루어지면 (㉠), 두 번 이상 이루어지면 (㉡)이다.

10 주어와 서술어의 관계가 한 번만 이루어지는 문장으로 적절한 것은?

① 비가 와서 땅이 질다.
② 이 책은 내가 읽던 책이다.
③ 나는 그가 돌아온 사실을 몰랐다.
④ 엄마는 부드럽게 내 머리를 쓰다듬었다.
⑤ 여름에는 비가 내리고 겨울에는 눈이 내린다.

11 〈보기〉의 ㉠~㉤을 홑문장과 겹문장으로 분류하였을 때, 적절한 것은?

보기
㉠ 찬바람이 세게 불었다.
㉡ 언니는 노래를 잘 부른다.
㉢ 인생은 짧고 예술은 길다.
㉣ 나는 봄이 왔음을 온몸으로 느꼈다.
㉤ 우리 집 막내가 집에서 낮잠을 잔다.

	홑문장	겹문장
①	㉠, ㉡	㉢, ㉣, ㉤
②	㉡, ㉢	㉠, ㉣, ㉤
③	㉣, ㉤	㉠, ㉡, ㉢
④	㉠, ㉡, ㉣	㉢, ㉤
⑤	㉡, ㉤	㉠, ㉢, ㉣

서술형

12 다음 두 단어를 사용하여 겹문장을 만드시오.

성실하다, 생각하다

겹문장: 이어진문장과 안은문장

1. 겹문장이 만들어지는 다양한 방식을 알아봅시다.

1 다음의 두 홑문장을 나란히 이어 겹문장으로 만들어 봅시다.

바람이 분다. + 나뭇잎이 떨어졌다.

→ 바람이 불어서 나뭇잎이 떨어졌다. / 바람이 불고 나뭇잎이 떨어졌다. 등

2 한 홑문장이 다른 홑문장에 포함되도록 하여 겹문장으로 만들어 봅시다.

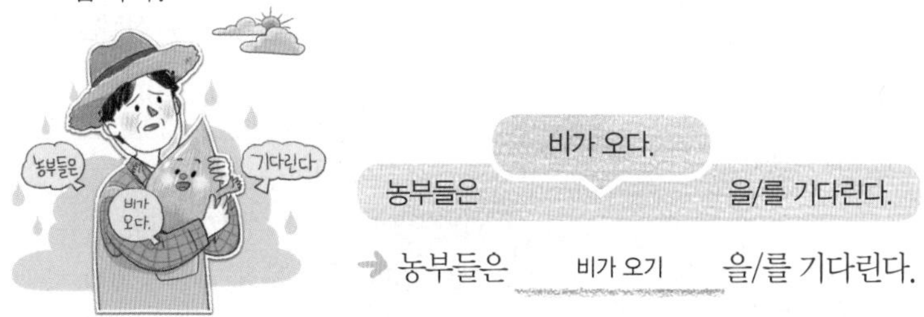

→ 농부들은 __비가 오기__ 을/를 기다린다.

3 **1**, **2**에서 만든 두 문장의 차이가 무엇인지 말해 봅시다.

예시 답 **1**에서 만든 문장은 두 홑문장이 나란히 연결되어 있고, **2**에서 만든 문장은 한 홑문장이 다른 홑문장 안에 포함되어 있다.

이어진문장과 안은문장

겹문장	이어진문장	두 개의 홑문장이 나란히 연결되어 있는 문장 예 함박눈이 내렸고 날씨가 꽤 추웠다.
	안은문장	하나의 홑문장이 다른 문장의 성분으로 사용되어 있는 문장 예 지우는 재주가 있게 생겼다.

보충 자료

겹문장과 절

- 겹문장은 서술어가 둘 이상 나타나서 주어와 서술어의 관계가 두 번 이상 맺어져 있는 문장으로, 하나의 홑문장이 다른 문장의 한 성분으로 안겨 있는 경우인 안은문장과, 홑문장이 서로 이어져 여러 겹으로 된 이어진문장이 있다.
- 절은 주어와 서술어를 갖추었으나 독립하여 쓰이지 못하고 다른 문장의 성분으로 쓰이는 단위를 일컫는다. 절은 의미상으로 완결된 내용을 갖추고 형식상으로 마침표를 갖는 문장과 구분된다. 겹문장은 둘 이상의 절로 구성된 문장을 말한다.

13 〈보기〉의 ㉠, ㉡에 대한 설명으로 적절하지 않은 것은?

> 보기
> ㉠ 봄이 와서 꽃이 피었다.
> ㉡ 나는 꽃이 피었음을 깨달았다.

① ㉠은 두 개의 홑문장이 나란히 연결되어 있다.
② ㉠은 '봄이 오다.'와 '꽃이 피었다.'가 결합한 문장이다.
③ ㉡은 한 홑문장이 다른 문장의 성분으로 사용되고 있다.
④ ㉡은 '나는 깨달았다.'와 '꽃이 피었다.'가 결합한 문장이다.
⑤ ㉠은 안은문장, ㉡은 이어진문장으로, 만들어진 방식은 다르지만 모두 겹문장이다.

14 겹문장이 만들어진 방식이 나머지와 다른 것은?

① 산으로 가든지 바다로 가라.
② 오늘은 하늘도 맑고 바람도 잠잠하다.
③ 주형이가 노래에 소질이 있음이 밝혀졌다.
④ 눈이 많이 내려서 도로가 굉장히 미끄럽다.
⑤ 나는 야구를 좋아하지만 그녀는 축구를 좋아한다.

15 다음 중 이어진문장에 해당되는 것은?

① 나현이는 눈이 충혈되도록 울었다.
② 부모님은 내가 의사가 되기를 바라신다.
③ 위험은 예고도 없이 조용히 찾아온다.
④ 태훈이는 춤을 잘 춰서 친구들에게 인기가 많다.
⑤ 지훈이가 "너희 지금 어디에 가니?"라고 물었다.

서술형

16 다음 두 문장을 사용하여 안은문장을 만드시오.

- 승현이는 기다렸다.
- 지원이가 돌아왔다.

2. 이어진문장에 관해 탐구해 봅시다.

1 다음과 같이 두 문장을 결합하여 겹문장으로 만들어 봅시다.

가 형은 중학생이다. + 동생은 초등학생이다.

↳ 형은 중학생이- -고 동생은 초등학생이다.

나 어머니가 함께 가신다. + 아버지가 함께 가신다.

↳ 어머니가 함께 가시- -거나 아버지가 함께 가신다.

다 상처가 났다. + 나는 약을 발랐다.

↳ 상처가 나- -서 나는 약을 발랐다.

라 네가 웃는다. + 나는 기분이 좋다.

↳ 네가 웃- -(으)면 나는 기분이 좋다.

2 **1**에서 만든 문장들을 다음 기준에 따라 분류해 봅시다.

앞뒤 문장이 대등하게 연결된 문장	앞뒤 문장이 종속적으로 연결된 문장
가, 나	다, 라

이어진문장

대등하게 이어진 문장	앞 문장과 뒤 문장의 뜻이 대등한 관계에 있는 문장 예 나는 강아지를 키우지만 지호는 고양이를 키운다.
종속적으로 이어진 문장	앞 문장과 뒤 문장의 의미가 독립적이지 못하고 종속적인 관계에 있는 문장. 보통 뒤의 문장이 전체 문장의 중심이 됨. 예 봄이 와서 꽃이 폈다.

[참고 자료] 이어진문장의 연결 어미

대등하게 이어진 문장	대등적 연결 어미 '-고', '-지만', '-거나' 등에 의해 연결됨.
종속적으로 이어진 문장	종속적 연결 어미 '-아서 / 어서', '-(으)면', '-ㄹ지라도' 등에 의해 연결됨.

17 다음 ㉠, ㉡에 들어갈 알맞은 말을 쓰시오.

> (㉠)(이)란 두 개의 홑문장이 나란히 연결되어 있는 겹문장을 말한다. (㉠)은/는 다시 대등하게 이어진 문장과 (㉡)(으)로 이어진 문장으로 나눌 수 있는데, 대등하게 이어진 문장은 나열, 대조, 선택 등의 관계를, (㉡)(으)로 이어진 문장은 이유, 조건, 의도, 결과 등의 관계를 나타낸다.

18 다음 문장에 대한 설명으로 적절한 것은?

> 해가 지고 달이 뜬다.

① 종속적으로 이어진 문장이다.
② 연결 어미 '-고'로 이어져 있다.
③ '해가 지다.'라는 문장이 안겨 있다.
④ 주어는 한 번, 서술어는 두 번 나타난다.
⑤ 앞 문장과 뒤 문장의 의미가 독립적이지 못하다.

19 문장의 이어진 방식이 나머지와 다른 것은?

① 여름이 갔지만 날씨가 덥다.
② 겨울이 되면 곰은 겨울잠을 잔다.
③ 세형이가 전학을 가서 나는 슬펐다.
④ 헌준이는 부지런하므로 성공할 것이다.
⑤ 그와의 약속을 지키려고 열심히 운동했다.

서술형

20 다음 두 문장을 〈조건〉에 맞는 이어진문장으로 만들어 쓰시오.

> • 비가 내린다.
> • 강물이 불어난다.

조건

> 앞 문장이 뒤 문장의 원인이 되도록 할 것.

3. 안은문장에 관해 탐구해 봅시다.

1 〈보기〉를 참고하여 안은문장에서 안긴문장이 어떠한 문장 성분의 역할을 하는지 살펴봅시다.

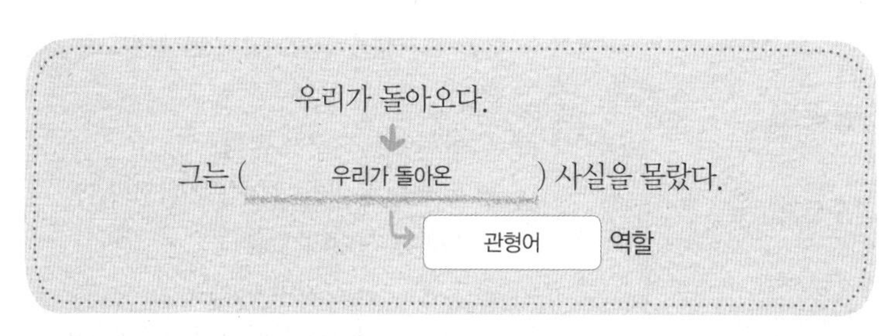

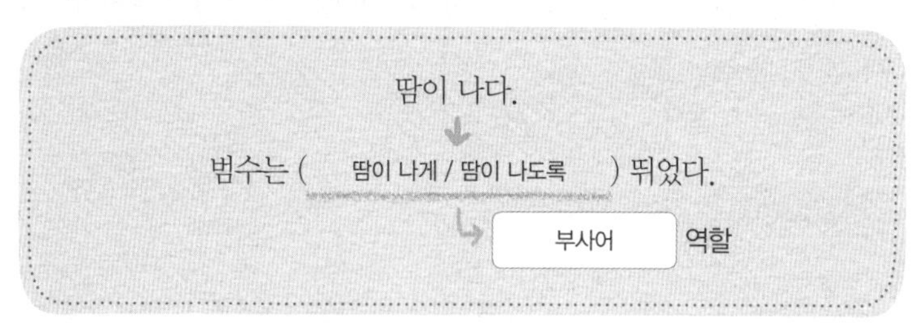

핵심 정리 안긴문장과 안은문장

안긴문장	안은문장 속에 절의 형태가 되어 문장 성분으로 포함된 문장 예 나는 철수가 돌아오기를 고대하였다. (안긴문장: 철수가 돌아오기를)
안은문장	안긴문장을 포함하고 있는 문장 예 나는 철수가 돌아오기를 고대하였다.

21 다음 ㉠, ㉡에 들어갈 알맞은 말을 쓰시오.

> 다른 문장에 들어가 하나의 문장 성분처럼 포함된 문장을 (㉠)이라고 하고, 이 문장을 포함하고 있는 문장을 (㉡)이라고 한다.

22 〈보기〉의 ㉠~㉢이 문장에서 하는 역할을 바르게 짝지은 것은?

> 보기
> - 이 책은 ㉠내가 읽은 책이다.
> - 그곳은 ㉡꽃이 아름답게 피었다.
> - 우리는 ㉢그가 정당했음을 깨달았다.

	㉠	㉡	㉢
①	목적어	관형어	부사어
②	부사어	목적어	관형어
③	부사어	관형어	목적어
④	관형어	목적어	부사어
⑤	관형어	부사어	목적어

23 안긴문장의 역할이 〈보기〉와 같은 문장으로 적절한 것은?

> 보기
> 나는 그가 진실하지 않다는 인상을 받았다.

① 동욱이는 키가 크기를 바랐다.
② 나는 그녀를 만난 기억이 없다.
③ 혜림이는 아무도 모르게 울었다.
④ 나는 어제 야구장에서 건우를 만났다.
⑤ 현서는 점심을 먹고 친구와 도서관에 갔다.

서술형

24 다음 두 문장을 〈조건〉에 맞게 한 문장으로 쓰시오.

> - 석호는 수영을 잘한다.
> - 석호는 동규와 다르다.

> 조건
> 한 문장이 다른 문장의 부사어 역할을 하게 할 것.

2 주어진 문장에서 안긴문장을 찾고, 문장의 종류를 바르게 연결해 봅시다.

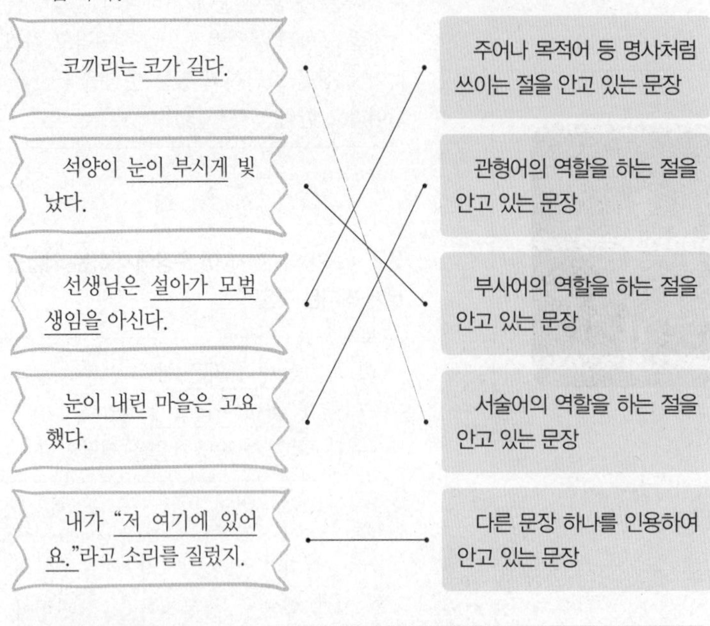

안은문장의 종류

명사절을 가진 안은문장	문장에서 주어, 목적어, 부사어 따위의 역할을 하며 명사처럼 기능을 하는 절을 안은 문장 예 나는 그가 옳았음을 깨달았다.
관형사절을 가진 안은문장	문장에서 관형어로 기능하는 절을 안은 문장 예 나는 진호가 이기는 장면을 보았다.
부사절을 가진 안은문장	문장에서 부사어로 기능하는 절을 안은 문장 예 그곳은 빛이 나게 아름다웠다.
서술절을 가진 안은문장	문장에서 서술어로 기능하는 절을 안은 문장 예 슬기는 마음이 곱다.
인용절을 가진 안은문장	화자의 생각, 판단 또는 남의 말을 인용한 문장을 절의 형태로 안고 있는 문장 예 선호는 "다음에 또 보자."라고 말했다.

보충 자료

안긴문장의 성분 생략

한 문장이 절의 형태로 큰 문장 속에 안길 때, 안긴문장의 성분이 안은문장의 한 성분과 동일하면 그 성분은 생략될 수 있다.

㉮ 민수가 숙제를 한다.
㉯ 형이 민수를 불렀다.
㉰ 형이 숙제를 하는 민수를 불렀다.

㉮가 ㉯에 관형사절로 안겨 ㉰가 만들어질 때, ㉮의 '민수'와 ㉯의 '민수'가 중복이 된다. 이 경우, ㉮의 주어 '민수가'가 ㉰의 밑줄 친 관형사절에서는 나타나지 않는다.

25 다음 ㉠, ㉡에 들어갈 알맞은 말을 쓰시오.

• 토끼는 앞발이 짧다.
→ (㉠)절을 가진 안은문장
• 그는 자기가 범인이라고 주장했다.
→ (㉡)절을 가진 안은문장

26 밑줄 친 부분이 문장에서 하는 역할이 나머지와 다른 것은?

① 비가 소리도 없이 내린다.
② 그녀는 재주가 있게 생겼다.
③ 나는 준호가 간 사실을 몰랐다.
④ 사랑은 아무도 모르게 시작되었다.
⑤ 대훈이는 발에 땀이 나도록 뛰었다.

27 명사절을 포함하고 있는 문장으로 적절한 것은?

① 광현이는 친구가 많다.
② 농부들은 비가 오기를 기다렸다.
③ 우리는 사람이 없는 곳으로 갔다.
④ 그는 눈치도 없이 나섰다.
⑤ 나는 그녀에게 어떤 노래를 좋아하냐고 물었다.

28 밑줄 친 부분이 문장에서 하는 역할을 〈보기〉에서 찾아 기호로 쓰시오.

보기
㉠ 주어 ㉡ 목적어 ㉢ 서술어
㉣ 관형어 ㉤ 부사어

(1) 뱀은 다리가 없다. ( )
(2) 비가 소리도 없이 내린다. ( )
(3) 그가 준 책은 재미가 없었다. ( )
(4) 나는 사태가 심상치 않음을 느꼈다. ( )

활동 3 문장의 다양한 짜임과 그 효과

1. 우리 주변의 다양한 문장을 살펴보고, 각각의 표현 효과에 관해 알아봅시다.

1 짧고 간결하게 중요한 내용을 전달하는 문장을 찾아봅시다. ㉯, ㉰

2 대조적인 뜻의 문장을 연결하여 표현의 의도를 극대화하고 있는 문장을 찾아봅시다. ㉮

가

나

다

라
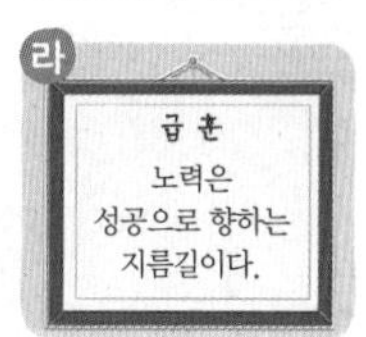

3 안긴문장을 통해 이야기하려는 대상의 뜻을 한정하고 있는 문장을 찾아봅시다. ㉱

2. 속담의 짜임과 표현 의도를 살펴봅시다.

1 주어진 두 문장을 연결하여 하나의 겹문장으로 된 속담으로 만들어 봅시다.

가	하늘이 무너졌다.	+ 솟아날 구멍이 있다.	→	하늘이 무너져도 솟아날 구멍이 있다.
나	사공이 많다.	+ 배가 산으로 간다.	→	사공이 많으면 배가 산으로 간다.
다	구슬이 서 말이다.	+ 구슬은 꿰어야 보배다.	→	구슬이 서 말이라도 꿰어야 보배다.

2 1에 제시된 속담들을 문장의 결합 방식을 고려하여 살펴보고, 각각의 속담에 담긴 표현 의도를 파악해 봅시다.

예시 답 ㉮ 하늘이 무너진다는 과장된 상황에 가정의 뜻을 더하여 뒤의 문장과 이어지면서 아무리 어려운 경우에 처하더라도 해결책이 있음을 나타내고 있다.
㉯ 사공이 많은 상황을 가정하고 이것이 배가 산으로 간다는 불가능한 상황으로 이어지면서 여러 사람이 자기주장만 내세우면 일이 제대로 되기 어렵다는 뜻을 나타내고 있다.
㉰ 구슬이 서 말인 상황에 '설사 그렇더라도'라는 뜻을 더하여 뒤의 문장과 이어지면서 아무리 훌륭하고 좋은 것이라도 다듬고 정리하지 않으면 의미가 없음을 나타내고 있다.

3. 사진을 보고, 주어진 문장을 활용하여 자신의 의도와 정서가 잘 드러나도록 짧은 글을 써 봅시다.

- 하늘은 파랗다.
- 바다는 푸르다.
- 햇빛은 금빛으로 빛난다.
- 조각배 하나가 외롭게 떠 있다.
- 배는 섬으로 향한다.
- 구름 한 점 없다.

예 조각배 하나가 외롭게 떠 있고, 하늘은 구름 한 점 없이 파랗다.

예시 답 하늘은 파랗고 바다는 푸르다. 구름 한 점 없는 하늘처럼 드넓은 바다가 펼쳐져 있다. 아무것도 없던 바다 위로 조각배 하나가 외롭게 떠온다. 금빛으로 빛나는 햇빛을 받으며 배는 섬으로 향한다.

29 ㉠~㉣에 대한 설명으로 적절한 것은?

> ㉠ 인생은 짧고 예술은 길다.
> ㉡ 화장실을 깨끗이 사용합시다.
> ㉢ 여기는 대한민국 독도입니다.
> ㉣ 노력은 성공으로 향하는 지름길이다.

① ㉠은 뒤 문장이 전체 문장의 중심이 된다.
② ㉠은 이어진문장이고, ㉡은 안은문장이다.
③ ㉡은 부사절을, ㉣은 관형사절을 안고 있다.
④ ㉣은 두 개 이상의 절로 구성된 문장이다.
⑤ ㉠, ㉡, ㉣은 겹문장이고, ㉢은 홑문장이다.

30 ㉠~㉣의 속담을 홑문장, 이어진문장, 안은문장으로 분류하시오.

> ㉠ 핑계 없는 무덤이 없다.
> ㉡ 발 없는 말이 천 리 간다.
> ㉢ 바늘 도둑이 소도둑 된다.
> ㉣ 윗물이 맑아야 아랫물이 맑다.

31 〈보기〉의 ㉠과 ㉡을 비교한 내용으로 적절하지 않은 것은?

> 보기
> ㉠ 하늘은 파랗다. 구름 한 점 없다. 바다는 푸르다.
> ㉡ 하늘은 구름 한 점 없이 파랗고 바다는 푸르다.

① ㉠은 ㉡보다 단순하고 간결하여 명쾌하게 느껴져.
② ㉠은 ㉡보다 논리적인 관계가 명확하여 설득력 있게 느껴져.
③ ㉠은 ㉡보다 내용의 연결성이 떨어져 산만하고 미숙하게 느껴져.
④ ㉡은 ㉠보다 내용이 긴밀하게 연결되어 응집성이 더 강하게 느껴져.
⑤ ㉡은 ㉠보다 전달하려는 내용을 집약적으로 표현하여 탄력적이고 집중력 있게 느껴져.

 창의·융합 활동

혼자 하기

1. 다음 노래를 듣고, 빈칸에 들어갈 알맞은 말을 넣어 봅시다.

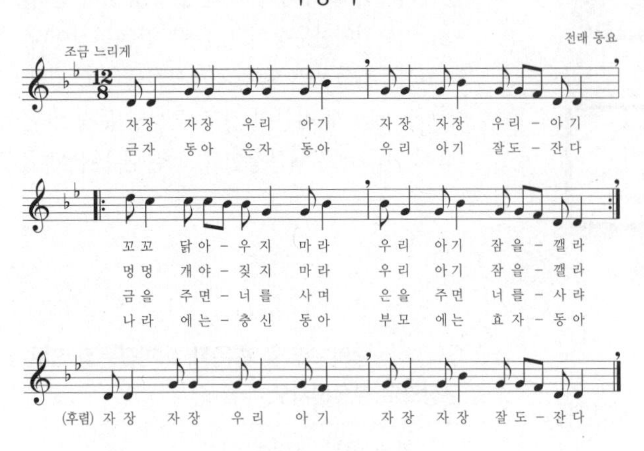

노래 가사가 네 글자씩 반복되고 있어서 리듬감이 잘 느껴져. 특히 1연은 '꼬꼬닭아 우지 마라. 우리 아기 잠을 깰라. 멍멍개야 짖지 마라. 우리 아기 잠을 깰라.'와 같은 호흡이 짧은 홑문장을 반복해서 사용하여 ________

예시 답 의미를 명확하게 전달하고 리듬감을 살리고 있어.

나는 2연이 이 노래의 맛을 살려준다고 생각해. 2연은 '금을 주면 너를 사며 은을 주면 너를 사랴.'라는 부분에서 이어진문장을 사용하여

예시 답 전달하려는 내용의 의미를 강조하면서 리듬감을 살리고 있어.

함께하기 

2. '자장가'가 필요한 사람들에게 들려줄 '자장가'를 어떠한 내용과 형태로 만들지 다음 중에서 골라 만들어 봅시다.

- 주로 홑문장을 사용하여
- 주로 이어진문장을 사용하여

예시 답 생략

수행 평가 대비 활동

| 수행 평가 TIP | 「자장가」 노래 가사에 쓰인 문장의 짜임에 따른 표현 효과를 탐구해 보고, 문장의 짜임을 고려하여 가사를 새롭게 만들어 보는 활동입니다. 제시된 「자장가」는 홑문장과 겹문장을 모두 사용하고 있어 문장의 짜인과 그 효과를 학습하기에 적절한 노래입니다. 익숙한 노래의 가사를 통해 문장의 짜임을 탐구하고, 이를 바탕으로 자신의 의도를 적절히 드러낼 수 있는 문장을 생성하는 능력을 기르도록 합니다.
이 활동을 수행할 때에는 개념 그 자체를 이해하려 하기보다는 이러한 문장들을 사용한 까닭을 탐구하는 데 주안점을 두어야 합니다. 먼저 노래 가사의 문장들을 홑문장과 겹문장으로 나누어 보고, 그러한 문장을 사용한 표현 효과를 파악해 보도록 합니다. 특히 홑문장을 구분하는 데 어려움을 느낀다면, 서술어로 기능할 수 있는 품사인 동사나 형용사에 대한 개념을 다시 한번 확인해 보도록 합니다.

1 평가 내용 확인하기

- 노래 가사에 쓰인 문장들의 짜임에 따른 표현 효과 알기
- 홑문장 또는 이어진문장을 사용하여 노래 가사 만들기

2 평가 기준 확인하기

- 문장의 짜임에 따른 효과를 잘 이해하고 있는가?

이 단원에서 지금까지 배운 내용을 바탕으로 노래에 쓰인 홑문장과 겹문장의 표현 효과를 탐구할 수 있어야 해요.

- 선택한 문장의 형태로 이루어진 적절한 노래 가사를 만들었는가?

홑문장과 이어진문장 각각의 표현 효과를 고려하여 자신만의 자장가를 만들어 보아요.

수행 평가 +

1. 신문에서 기사 하나를 골라 기사에 쓰인 문장들의 짜임을 분석해 봅시다.

도와줄게 기사의 문장들을 먼저 홑문장과 겹문장으로 분류한 후, 겹문장은 다시 이어진문장과 안은문장으로 나누어 봅니다.

2. 1에서 분석한 기사의 문장들을 모두 홑문장으로 바꾸어 보고, 표현 효과가 어떻게 달라졌는지 이야기해 봅시다.

도와줄게 대체로 홑문장은 단순하고 간결하여 내용을 명확하게 전달할 수 있는 반면, 내용의 연결성이 떨어져 산만하고 미숙한 느낌을 주기도 합니다. 그리고 겹문장은 내용을 집약적으로 표현하여 탄력적이고 집중력 있게 전달할 수 있는 반면, 말이나 글이 복잡해져서 정확한 의미 전달이 어려워지기도 합니다. 이런 표현 효과를 고려하여 기사가 겹문장으로 쓰였을 때와 홑문장으로 쓰였을 때의 효과를 비교해 보도록 합니다.

핵심 원리

문장의 구성 성분

문장에서 일정한 문법적 기능을 하는 각 부분들을 '문장 성분'이라고 한다.

문장의 짜임과 양상

- 문장
  - 홑문장
  - 겹문장
    - (❶)
      - 대등하게 이어진 문장
      - 종속적으로 이어진 문장
    - 안은문장
      - 명사절을 가진 안은문장
      - 관형사절을 가진 안은문장
      - 부사절을 가진 안은문장
      - 서술절을 가진 안은문장
      - 인용절을 가진 안은문장

핵심 내용

(1) 문장의 구성 성분

❶ 주성분: 문장의 골격을 이루는 필수적인 성분

주어	문장에서 동작이나 상태의 주체가 되는 말 예 개구리가 운다.
목적어	서술어 동작의 대상이 되는 말 예 개구리가 알을 낳았다.
(❷)	서술어 '되다', '아니다' 앞에서 문장의 불완전한 부분을 채워 주는 말 예 올챙이가 개구리가 되었다.
서술어	주어의 움직임, 성질, 상태 등을 나타내는 말 예 개구리가 운다.

❷ 부속 성분: 주성분의 내용을 꾸며 뜻을 더하는 문장 성분

관형어	문장에서 (❸)을 꾸며 주는 말 예 미수가 새 가방을 샀다.
부사어	문장에서 주로 용언의 내용을 꾸며 주는 말 예 사람들이 많이 모였다.

❸ 독립 성분: 문장의 다른 성분과 직접적인 관계를 맺지 않고 독립적으로 쓰이는 성분

독립어	감탄, 부름, 대답 등의 의미를 나타내며, 다른 문장 성분과 관계없이 독립적으로 쓰이는 말 예 어머나, 깜박 잊었네.

정답 ❶ 이어진문장 ❷ 보어 ❸ 체언 ❹ 홑문장 ❺ 종속적 ❻ 명사절

(2) 문장의 짜임과 양상

❶ 홑문장과 겹문장

홑문장	주어와 서술어의 관계가 한 번만 이루어지는 문장 예 찬바람이 분다.
겹문장	(❹)이 두 개 이상 결합하여 만들어진 문장, 즉 주어와 서술어의 관계가 두 번 이상 이루어지는 문장 예 찬바람이 불면 낙엽이 떨어진다.

❷ 이어진문장: 두 개의 홑문장이 나란히 연결되어 있는 문장

대등하게 이어진 문장	앞 문장과 뒤 문장의 뜻이 대등한 관계에 있는 문장 예 여름은 덥고 겨울은 춥다.
종속적으로 이어진 문장	앞 문장과 뒤 문장의 의미가 독립적이지 못하고 (❺)인 관계에 있는 문장 예 겨울이 되어서 날씨가 춥다.

❸ 안은문장: 하나의 홑문장이 다른 문장의 성분으로 사용되어 있는 문장

(❻)을 가진 안은문장	문장에서 주어, 목적어, 부사어 따위의 역할을 하며 명사처럼 기능을 하는 절을 안은 문장 예 나는 눈이 내리기를 기다렸다.
관형사절을 가진 안은문장	문장에서 관형어로 기능하는 절을 안은 문장 예 나는 눈이 내린 사실을 몰랐다.
부사절을 가진 안은문장	문장에서 부사어로 기능하는 절을 안은 문장 예 눈은 소리도 없이 내린다.
서술절을 가진 안은문장	문장에서 서술어로 기능하는 절을 안은 문장 예 눈은 소리가 없다.
인용절을 가진 안은문장	화자의 생각, 판단 또는 남의 말을 인용한 문장을 절의 형태로 안고 있는 문장 예 눈이 내린다고 내가 말했다.

(3) 문장의 다양한 짜임과 그 효과

홑문장의 표현 효과	• 간결하고 명쾌하여 말하고자 하는 바를 강렬하게 표현할 수 있음. • 내용의 연결성이 떨어져 산만하고 미숙한 느낌을 줄 수 있음.
겹문장의 표현 효과	• 전달하려는 내용을 집약적으로 표현하여 탄력적이고 집중력 있는 문장이 됨. • 말이나 글이 복잡해져서 정확한 의미 전달이 어려워지기도 함.

소단원 핵심 문제

• 정답과 해설 p.17

출제 예감 95%

01 〈보기〉에서 문장 성분에 대한 설명으로 적절한 것을 모두 고른 것은?

보기
㉠ 주성분은 주어와 서술어로 구성된다.
㉡ 목적어는 서술어 동작의 대상이 된다.
㉢ 독립어는 문장의 불완전한 부분을 채워 준다.
㉣ 관형어, 부사어는 문장의 주성분을 꾸며 준다.

① ㉠, ㉡ ② ㉡, ㉣ ③ ㉠, ㉢, ㉣
④ ㉡, ㉢, ㉣ ⑤ ㉠, ㉡, ㉢, ㉣

출제 예감 90%

02 〈보기〉의 밑줄 친 성분만으로 이루어진 문장으로 적절한 것은?

보기
문장을 이루는 성분 중에는 문장의 골격을 이루는 필수적인 성분도 있고, 이러한 성분의 내용을 꾸며 뜻을 더하는 문장 성분도 있다.

① 둥근 달이 높이 떴다.
② 동생이 우유를 마신다.
③ 엄마가 아기의 손을 잡았다.
④ 준호는 결국 선생님이 되었다.
⑤ 그 산은 눈부시게 아름다웠다.

출제 예감 80%

03 〈보기〉의 밑줄 친 말들의 공통점으로 적절한 것은?

보기
예쁜 꽃이 활짝 피었다.

① 문장을 이루는 데 반드시 필요한 성분이다.
② 주로 용언의 내용을 꾸며 그 뜻을 더해 준다.
③ 주로 주성분을 꾸며 그 의미를 풍부하게 한다.
④ 다른 문장 성분과 관계없이 독립적으로 쓰인다.
⑤ 체언 앞에서 체언의 뜻을 꾸며 주는 역할을 한다.

출제 예감 90%

04 밑줄 친 부분의 문장 성분을 파악할 때 적절한 것은?

① 해인아, 빨리 학교에 가자. – 주어
② 우산 셋이 나란히 걸어갑니다. – 보어
③ 그녀는 정말 노래를 잘하는구나. – 부사어
④ 아침 해가 눈부시게 떠오르고 있다. – 관형어
⑤ 민수는 아침 일찍 도서관으로 갔다. – 목적어

출제 예감 85%

05 밑줄 친 부분의 문장 성분이 나머지와 다른 것은?

① 과연 너는 똑똑하구나.
② 지혜는 새 신발을 신었다.
③ 강민이는 고개를 푹 숙였다.
④ 그는 아주 새사람이 되었다.
⑤ 나는 책을 동욱이에게 주었다.

출제 예감 75%

06 〈보기〉의 ㉠~㉤에 대한 설명으로 적절하지 않은 것은?

보기
㉠ 함박눈이 내린다.
㉡ 그는 선생님이 아니다.
㉢ 우아, 우리가 또 이겼다.
㉣ 누나가 새 휴대폰을 샀다.
㉤ 나는 그 일을 재빨리 해결했다.

① ㉠과 ㉡은 주성분만으로 이루어져 있다.
② ㉢은 독립 성분을 포함하고 있다.
③ ㉣과 ㉤은 주성분인 목적어를 포함하고 있다.
④ ㉢과 ㉣은 주성분에 해당하는 문장 성분의 개수가 동일하다.
⑤ ㉤은 ㉢, ㉣에서 부속 성분으로 사용된 문장 성분을 모두 포함하고 있다.

출제 예감 80%

07 다음 문장들의 의미가 온전하게 전달되기 위해 공통적으로 필요한 문장 성분을 쓰시오.

• 혜림이는 읽었다.
• 할머니께서 주셨다.

출제 예감 95%

08 주어와 서술어의 관계가 한 번만 이루어진 문장으로 적절한 것은?

① 비가 와서 길이 미끄럽다.
② 누나가 얼굴에 미소를 띠었다.
③ 나는 동규가 집에 들어간 것을 봤다.
④ 그는 낮에는 일하고 밤에는 공부를 한다.
⑤ 어머니께서 아기에게 줄 선물을 마련했다.

출제 예감 90%

09 〈보기〉에서 홑문장을 모두 골라 묶은 것은?

보기

㉠ 오늘은 기분이 매우 좋구나.
㉡ 그는 나와 달리 말을 잘한다.
㉢ 영수는 밥을 먹으러 식당에 갔다.
㉣ 나는 그에게 돈을 빌려준 기억이 없다.
㉤ 윤진이가 드디어 얼굴에 미소를 띠었다.

① ㉠, ㉡　② ㉠, ㉤　③ ㉠, ㉢, ㉣
④ ㉡, ㉢, ㉣　⑤ ㉠, ㉡, ㉢, ㉤

출제 예감 90%

10 문장을 홑문장과 겹문장으로 구분한 것으로 적절하지 않은 것은?

① 현서는 키가 크다. – 홑문장
② 그 일을 하기가 쉽지 않다. – 겹문장
③ 철수는 발에 땀이 나도록 뛰었다. – 겹문장
④ 그 사람은 언제나 그렇게 말했다. – 홑문장
⑤ 우리는 그가 돌아왔다는 것을 알았다. – 겹문장

출제 예감 75% 서술형

11 〈보기〉에 제시된 문장 성분을 모두 사용하여 홑문장 하나를 만들어 쓰시오.

보기

주어, 관형어, 목적어, 서술어

출제 예감 90%

12 이어진문장의 성격이 나머지와 다른 것은?

① 바람이 불다가 지금은 잠잠해졌다.
② 광현이는 배가 아파서 병원에 갔다.
③ 밤이 깊도록 나는 잠을 이루지 못했다.
④ 여름에는 비가 오고 겨울에는 눈이 온다.
⑤ 누나가 드라마를 보려고 텔레비전을 켰다.

출제 예감 80%

13 〈보기〉의 문장에 대한 설명으로 적절한 것은?

보기

대권이는 국어는 좋아하지만, 수학은 싫어한다.

① 공통된 서술어는 생략되었다.
② 앞 문장과 뒤 문장의 의미가 독립적이다.
③ 주어와 서술어의 관계가 한 번만 나타난다.
④ 앞뒤 문장의 순서를 바꾸면 의미에 변화가 생긴다.
⑤ 이유를 나타내는 종속적 연결 어미로 이어진 문장이다.

출제 예감 75%

14 앞 문장과 뒤 문장의 의미 관계가 〈보기〉와 유사한 문장으로 가장 적절한 것은?

보기

오는 말이 고와야 가는 말이 곱다.

① 봄이 오면 꽃이 핀다.
② 비가 오고 바람이 분다.
③ 너무 많이 먹어서 누울 수가 없다.
④ 눈이 내리지만 날씨가 춥지는 않다.
⑤ 그는 산에 가려고 아침 일찍 일어났다.

출제 예감 85% 서술형

15 다음 두 문장을 연결해 주어진 의미 관계가 드러나는 이어진문장을 만들어 쓰시오.

• 날씨가 춥다.　• 감기에 걸렸다.
→ 이유, 원인 관계

소단원 핵심 문제

출제 예감 85%

16 <보기>의 ㉠~㉢에 대한 설명으로 적절하지 않은 것은?

> 보기
> ㉠ 준호는 마음이 넓다.
> ㉡ 그 집은 가구가 많다.
> ㉢ 사랑이 세상의 빛이 된다.

① ㉠~㉢은 모두 주어와 서술어를 갖추고 있다.
② ㉠의 '준호는'은 전체 문장의 주어에 해당한다.
③ ㉡의 '가구가 많다'는 전체 문장에서 서술어 역할을 한다.
④ ㉠과 ㉡은 서술절이 전체 문장 속에 포함되어 있는 형식이다.
⑤ ㉡의 '가구가'와 ㉢의 '빛이'는 서술절에서 주어의 역할을 한다.

출제 예감 90%

17 다음 밑줄 친 부분에 해당하는 예로 적절하지 않은 것은?

> 홑문장이 결합하여 겹문장이 되는 방법은 크게 두 가지로 나뉜다. 하나는 홑문장과 홑문장이 대등하거나 종속적으로 이어지는 것이고, 또 하나는 <u>홑문장이 다른 문장 속의 한 문장 성분이 되는 것</u>이다.

① 선생님은 따님이 있습니다.
② 이 과자는 내가 먹던 과자이다.
③ 그녀가 웃으면 나도 좋다.
④ 나는 혜민이가 옳았음을 깨달았다.
⑤ 다음 시간에 가져오겠다고 하던데요.

출제 예감 90%

18 <보기>와 종류가 같은 안긴문장으로 적절한 것은?

> 보기
> 우리는 도움 없이 그 일을 해냈다.

① 선생님께서는 인정이 많으시다.
② 올해에는 일이 잘되기를 바란다.
③ 그는 성형 수술을 했다고 말했다.
④ 민성이는 형과 다르게 운동을 잘한다.
⑤ 나는 그녀가 좋은 사람이라는 생각이 들었다.

출제 예감 95%

19 문장에 안긴 절을 파악했을 때 적절한 것은?

① 네가 놀랄 일이 생겼다. – 서술절
② 그 일은 하기가 쉽지 않다. – 명사절
③ 나는 그가 음악가임을 알게 되었다. – 관형사절
④ 선생님은 바람이 잘 통하도록 창문을 활짝 열었다. – 인용절
⑤ 그는 나에게 대훈이가 그 학원에 다닌다고 말하였다. – 부사절

출제 예감 75%

20 <보기>의 ㉠, ㉡에 들어갈 말을 바르게 짝지은 것은?

> 보기
> 두 개의 홑문장이 하나의 겹문장으로 결합할 경우, 두 홑문장 중 특정 성분이 생략되기도 한다. 다음의 예를 살펴보자.
>
> ㉮ 동생이 곤히 낮잠을 잔다.
> ㉯ 나는 동생을 깨워 주었다.
> ㉰ 나는 곤히 낮잠을 자는 동생을 깨워 주었다.
>
> 위의 예를 보면, ㉮가 ㉯에 (㉠)로 안기는 과정에서 ㉮의 (㉡)가 생략되었음을 알 수 있다.

	㉠	㉡
①	명사절	주어
②	명사절	목적어
③	관형사절	주어
④	관형사절	목적어
⑤	부사절	주어

출제 예감 90% 서술형

21 다음 두 홑문장을 <조건>에 맞게 결합하여 한 문장으로 쓰시오.

> • 공자가 제자들에게 말하였다.
> • 앞날을 결정짓고자 하면 옛것을 공부하라.

> 조건
> • 한 문장이 다른 문장의 문장 성분이 되게 할 것.
> • '~가 ~(라)고 말하였다.'의 형태로 쓸 것.

출제 예감 95%

22 겹문장의 종류가 나머지와 다른 것은?

① 그는 날씨가 좋다고 말했다.
② 나는 비가 오는 소리를 들었다.
③ 시간이 다 되어서 나는 일어났다.
④ 나는 그의 일이 잘되기를 기원했다.
⑤ 우리는 그를 눈이 빠지게 기다렸다.

출제 예감 90%

23 〈보기〉의 ㉠~㉤을 홑문장, 이어진문장, 안은문장으로 바르게 분류한 것은?

보기
㉠ 시간이 자정이 넘었구나.
㉡ 내 소원은 대한 독립이오.
㉢ 시험에 합격하기가 쉽지 않다.
㉣ 가로등이 밝아서 길이 잘 보인다.
㉤ 책을 빌리려고 원태는 도서관에 갔다.

	홑문장	이어진문장	안은문장
①	㉠	㉢, ㉣	㉡, ㉤
②	㉠	㉣, ㉤	㉡, ㉢
③	㉡	㉢, ㉣	㉠, ㉤
④	㉡	㉣, ㉤	㉠, ㉢
⑤	㉠, ㉡	㉣, ㉤	㉢

출제 예감 75%

24 〈보기〉의 ㉠~㉣에 대한 설명으로 적절하지 않은 것은?

보기
㉠ 동규의 동생은 장난감이 꽤 많다.
㉡ 삼촌은 아주 훌륭한 사업가가 되었다.
㉢ 우리는 강민이가 사회를 맡기를 바란다.
㉣ 사람은 책을 만들고 책은 사람을 만든다.

① ㉠~㉣은 모두 겹문장이다.
② ㉡에만 보어와 관형어가 모두 있다.
③ ㉢은 안은문장이고, ㉣은 이어진문장이다.
④ ㉠과 ㉡에는 부사어가 있고, ㉢과 ㉣에는 부사어가 없다.
⑤ ㉢의 안긴문장과 같은 역할을 하는 문장 성분이 ㉣에는 없다.

[25~26] 다음을 읽고, 물음에 답하시오.

㉠ 집에 왔으면 손을 씻어라.
㉡ 상혁이가 말도 없이 찾아왔다.
㉢ 할머니의 약손은 효과가 있었다.
㉣ 지금은 집에 가기에 너무 이르다.
㉤ 나는 고개를 숙인 채 교문을 나섰다.
㉥ 선생님은 시은이가 모범생이라고 칭찬하셨다.
㉦ 통화 중 갑자기 잡음이 들리고 소리가 작아졌다.

출제 예감 95%

25 ㉠~㉦을 이어진문장과 안은문장으로 알맞게 나눈 것은?

	이어진문장	안은문장
①	㉠, ㉣	㉡, ㉢, ㉤, ㉥, ㉦
②	㉠, ㉦	㉡, ㉢, ㉣, ㉤, ㉥
③	㉠, ㉡, ㉦	㉢, ㉣, ㉤, ㉥
④	㉡, ㉣, ㉦	㉠, ㉢, ㉤, ㉥
⑤	㉠, ㉡, ㉣, ㉦	㉢, ㉤, ㉥

출제 예감 90%

26 문장의 짜임이 같은 것을 ㉠~㉦에서 찾아 그 기호를 쓰시오.

(1) 까마귀 날자 배 떨어진다. (　　)
(2) 지연이는 재주가 있게 생겼다. (　　)
(3) 네가 생각을 바꾸기를 바란다. (　　)
(4) 내가 태어난 해에 올림픽이 열렸다. (　　)
(5) 석호는 자기가 먼저 가겠다고 약속했다. (　　)

출제 예감 80% 서술형

27 다음 문장들을 결합하여 하나의 이어진문장으로 만들고, 표현 효과가 어떻게 달라졌는지 쓰시오.

나는 배가 아팠다. 학교에 가지 않았다. 병원에 갔다. 주사를 맞았다.

활동 순서 주어진 자료의 주제, 목적, 독자를 파악하여 글에 잘 반영되었는지 살펴보기 ➔ 글의 의도를 고려하여 글의 제목 만들기 ➔ 모둠을 만들어 주제, 목적, 독자, 매체를 고려하여 글을 쓰고 발표하기

활동 길잡이
주제, 목적, 독자를 파악하여 글에 잘 반영되었는지 살펴보고, 문장의 짜임에 유의하며 자신의 의도가 드러나는 글의 제목을 만들도록 한다.

1 다음은 나만의 생활 비법을 반 친구들에게 소개하는 글입니다. 이를 보고, 이어지는 활동을 해 봅시다.

- 제목: ㉠
- 비법 소개: 순식간에 더러워지는 실내화, 어떻게 하면 깨끗하게 빨 수 있을까? 이 '마법의 가루' 한 숟가락이면 회색의 실내화도 눈부신 흰색을 되찾을 수 있어! 순서는 다음과 같아.
  ① 실내화를 따뜻한 물로 충분히 씻어 준다.
  ② 대야에 따뜻한 물을 실내화가 푹 잠기도록 붓는다.
  ③ ②에 베이킹소다를 한 숟가락 넣어 골고루 섞고, 한 시간 후 꺼낸다.
  ④ 솔이나 버리는 칫솔로 실내화를 살살 문질러 닦는다.

1 이 글의 주제, 목적, 독자를 정리한 후, 글에 잘 반영되었는지 살펴봅시다.

예시 답 • 주제: 실내화를 깨끗이 빠는 비법
• 목적: 베이킹소다를 이용하여 실내화를 빠는 방법을 소개함.
• 독자: 우리 반 친구들

2 다음 과정에 따라 ㉠에 들어갈 이 글의 제목을 만들어 봅시다.

홑문장과 겹문장으로 된 제목을 각각 만들 것 → 만든 문장을 살펴보고, 자신의 의도가 잘 드러나는 문장을 고를 것 → 고른 문장을 ㉠에 적어 넣을 것

예시 답 반짝반짝 빛나는 실내화 만들기

활동 길잡이
모둠별로 주제, 목적, 독자, 매체를 고려하여 글을 쓰고 발표하는 활동이다. 인쇄 매체 외에 다양한 매체를 활용할 수 있으므로 각 매체별 특성을 고려하여 글을 완성하고, 학급 내에서 공유하도록 한다.

2 1의 글을 참고하여 우리 모둠의 생활 비법서를 만들어 봅시다.

1 글의 주제, 목적, 독자를 설정하고, 어떠한 매체에 글을 쓸지 결정해 봅시다. 예시 답

주제	채소 보관 비법
목적	채소를 보관하는 여러 가지 비법을 소개함.
독자	우리 반 친구들
매체	우리 반 누리집 게시판

2 **1**의 활동을 바탕으로 우리 모둠의 생활 비법서를 작성해 봅시다. 예시 답

- 제목: 냉장고 속 채소를 항상 싱싱하게!
- 비법 소개: 금방 시들시들해져 버리는 냉장고 속 채소를 싱싱하게 보관하는 방법이 알고 싶지 않니? 우리 집 냉장고 속 채소를 갓 딴 채소처럼 싱싱하게 먹는 방법에는 이런 것들이 있어.
  – 대파: 대파는 껍질을 벗기고 뿌리를 자른 후, 밀폐 용기 바닥에 종이 행주를 깔아 흰 부분이 아래로 가도록 세워 보관한다.
  – 양파: 껍질을 까지 않은 양파는 신문지로 싸서 보관하거나 종이 상자에 넣어 신문지를 덮는다. 껍질을 깐 양파는 한 개씩 비닐봉지나 랩에 싸서 보관한다.
  – 감자: 감자는 사과를 한 개 같이 넣어 두면 사과의 에틸렌 성분 때문에 싹이 나는 것이 억제된다.
  – 오이: 오이는 신문지에 싸서 보관한다.

2 다음 〈조건〉을 참고하여, 모둠별로 작성한 생활 비법서를 발표해 봅시다.

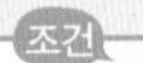

- 모둠에서 글을 쓰면서 생겼던 문제와 이를 해결했던 일화를 함께 소개해 주세요.
- 모둠의 생활 비법을 실제 활용한 사례가 있다면 이를 소개해 주세요.

예시 답 생략

대단원 확인 문제

01 **글쓰기에 대한 설명으로 적절하지 않은 것은?**

① 글쓰기의 내용이 같아도 담아내는 매체가 달라지면 표현 방식이 달라진다.
② 글쓰기는 주제, 목적, 독자, 매체 등을 고려하여 문제를 해결해 나가는 과정이다.
③ 글쓰기를 성공적으로 수행하려면 글쓴이는 쓰기 과정에서 부딪히는 여러 가지 문제를 해결해야 한다.
④ 글쓰기를 할 때 능숙한 글쓴이는 직면하는 여러 가지 문제를 해결하는 데 다양한 해결 방법을 사용한다.
⑤ 글쓰기 과정에서 글쓴이가 수행하게 되는 문제 해결 과정은 일상생활에서 수행하는 문제 해결 과정과는 다르다.

[02~04] 다음은 중학생이 쓴 초고이다. 물음에 답하시오.

아름다운 도시, 여수를 소개합니다

고요한 밤바다, 맛있는 먹거리, 다양한 즐길 거리가 있는 곳을 찾고 있나요? 여기 그런 분들에게 꼭 맞는 곳이 있습니다. 아름다운 해양 도시 여수를 여러분에게 소개합니다.

≫ 지리적 · 역사적 정보

여수에 관한 기본적인 정보부터 알아볼까요? 여수는 남해안의 중심에 있는 해운 도시입니다. 섬의 수는 365개로 유인도 49개, 연륙도 4개, 무인도 316개가 있으며, 해안선은 복잡한 편입니다. 역사적으로는 조선 성종 10년에 전라 좌수영이 설치된 곳이고, 선조 24년에 충무공 이순신이 전라 수군 절도사로 부임한 곳으로 조선 수군의 군사적 요충지였던 곳입니다.

≫ 여수의 아름다운 경관

여수는 아름다운 자연을 가지고 있는 바닷가 도시입니다. 여수의 작은 암자인 향일암은 바다에서 떠오르는 붉은 해를 보며 소원을 빌기 위해 매년 새해 첫날 수많은 사람들이 찾는 곳입니다.

≫ 여수의 대표적인 먹거리

여수는 맛있는 남도 음식을 맛볼 수 있는 곳입니다. 영상에서 제가 먹고 있는 돌게장이 맛있어 보이지 않나요? 돌게장은 여수를 대표하는 음식 중 하나입니다. 또 여수의 먹거리로는 돌산 갓김치도 무척 유명합니다. 여수 돌산도의 갓은 좋은 식감과 맛을 자랑한답니다.

≫ 여수의 즐길 거리

여수의 대표적 지역 축제로는 5월에 열리는 여수 거북선 축제가 있습니다. 이순신 장군을 기리기 위한 이 축제는 시작된 지 벌써 50년 가까이 되어 갑니다. 여수의 역사와 문화를 동시에 경험해 볼 수 있고, 학생들이 직접 참여할 수 있는 각종 체험 활동이 많아 더욱 재미있습니다. 그 밖에 여수의 즐길 거리로 남해 어촌 마을의 조개 잡기 체험이 있어요.

어떤가요? 멋진 여수, 직접 느껴 보고 싶지 않으세요?

아름답고, 맛있고, 즐겁고, 신나는 곳 — 우리 지역 여수에 놀러 오세요!

02 **이 글을 쓰기 전에 반드시 고려했을 요소로 적절하지 않은 것은?**

① 독자의 성격
② 시대적 현실
③ 글을 쓰는 목적
④ 글을 올릴 매체
⑤ 목적에 따른 글의 주제

03 **다음은 이 글을 쓰기 전에 작성한 개요이다. 이 글의 내용과 비교했을 때 적절하지 않은 것은?**

처음	여수를 소개하는 까닭
중간	1. 여수의 지리적·역사적 정보 2. 여수의 자랑거리 소개 (1) 여수의 아름다운 경관 • 향일암의 일출 ················· ① • 오동도의 동백꽃 ················· ② (2) 여수의 대표적인 먹거리 • 돌게장 ················· ③ • 갓김치 ················· ④ (3) 여수의 즐길 거리 • 여수의 거북선 축제 • 어촌 체험 활동 ················· ⑤
끝	또래 친구들이 여수에 관한 정보를 얻고 방문하기를 바람.

대단원 확인 문제

04 〈보기〉는 목적, 주제, 독자, 매체를 고려하여 이 글을 수정·보완하기 위한 계획이다. 적절한 것끼리 묶인 것은?

> 보기
> • 글의 목적과 주제: 내 고장 여수에 대한 소개
> ㄱ. 처음 부분에서 글의 목적과 주제를 드러낼 수는 없을까? 여수 세계박람회 해양 공원에 대한 정보로 글을 시작하면 좋겠어.
> • 예상 독자: 또래 친구들
> ㄴ. 독자들이 이해하기 어려운 어휘는 눈에 띄지 않는 것 같아. 다만 '돌게'나 '갓'은 낯선 소재일 수 있으니 글에 관련 설명을 넣어 줘야겠어.
> ㄷ. 여수에 관한 소개를 보고 방문하기를 원하는 독자들을 위해 글의 끝 부분에 교통편에 관한 설명을 추가해야겠어.
> • 글이 실릴 매체: 블로그
> ㄹ. 또래 친구들이 좋아할 만한 대중가요 중에서 여수를 배경으로 하는 노래를 배경 음악으로 제시해야겠어.
> ㅁ. 여수의 지리적 특징을 설명할 때 지도를 활용하면 효과적이겠지? 글 중간에 넣으면 너무 작아 안 보일 테니 첨부 파일로 올려야겠어.

① ㄱ, ㄴ, ㄷ　② ㄱ, ㄷ, ㄹ
③ ㄴ, ㄷ, ㄹ　④ ㄴ, ㄹ, ㅁ
⑤ ㄷ, ㄹ, ㅁ

05 문장 성분에 대한 설명으로 적절하지 않은 것은?

① 문장에서 일정한 문법적 기능을 하는 각 부분을 말한다.
② 행위의 대상이 되는 말을 가리키는 문장 성분은 목적어이다.
③ 서술어는 주어의 움직임, 성질, 상태 등을 나타내는 말이다.
④ 문장에서 동작이나 상태의 주체가 되는 문장 성분은 주어이다.
⑤ 부름, 감탄, 대답 등을 나타내는 문장 성분을 부속 성분이라고 한다.

06 밑줄 친 말 중 문장을 이루는 데 꼭 필요한 성분으로 적절한 것은?

① 두 사람이 걸어오고 있다.
② 노란 들국화가 아름답게 피었다.
③ 채연이는 드디어 중학생이 되었다.
④ 재승이는 놀이터에서 농구를 한다.
⑤ 내 동생은 달콤한 사탕을 좋아한다.

07 목적어가 있어야만 의미가 온전해지는 문장으로 적절한 것은?

① 산이 높다.
② 떡을 먹었다.
③ 이것은 아니다.
④ 시은이는 되었다.
⑤ 동욱이는 사랑한다.

08 〈보기〉의 밑줄 친 문장 성분의 공통적인 역할로 가장 적절한 것은?

> 보기
> • 멋진 현준이가 라면을 먹는다.
> • 현준이가 라면을 맛있게 먹는다.

① 문장의 골격을 이룬다.
② 문장에서 체언을 꾸며 준다.
③ 문장에서 주로 용언의 내용을 꾸며 준다.
④ 주성분의 상태나 모습을 보다 정확하게 표현한다.
⑤ 다른 문장 성분과 관계없이 단독으로 문장을 이룬다.

09 밑줄 친 말 중 문장 성분이 나머지와 다른 것은?

① 아무렴, 네 말이 옳다.
② 아차, 우산을 놓고 왔다.
③ 한결아, 빨리 학교에 가자.
④ 과연 그는 훌륭한 예술가로구나.
⑤ 그렇지, 오늘이 바로 네 생일이구나.

10 다음 밑줄 친 말 중 필수적인 문장 성분에 해당하지 않는 것은?

① 약국이 어디에 있어?
② 나는 약국의 전화를 받았다.
③ 드디어 나는 약국을 찾았다.
④ 이곳은 내가 찾던 약국이 아니다.
⑤ 이곳은 마음까지 치유해 주는 약국이다.

11 〈보기〉의 문장 성분에 대한 설명으로 적절하지 않은 것은?

보기

서영아, 넌 정말 훌륭한 의사가 되었구나.

① 주성분, 부속 성분, 독립 성분이 모두 사용된 문장이다.
② 주어와 서술어만으로는 의미가 온전하지 않은 문장이다.
③ '의사가'는 문장을 이루는 데 반드시 필요한 성분이 아니다.
④ '서영아'는 다른 문장 성분과 직접적인 관련이 없는 성분이다.
⑤ '정말'과 '훌륭한'은 다른 문장 성분을 꾸며 주는 역할을 한다.

12 주어와 서술어의 관계가 한 번만 나타나는 문장으로 적절한 것은?

① 동생이 배고프다고 말하였다.
② 연희가 얼굴에 미소를 띠었다.
③ 이제야 그녀를 사랑한 사실을 알았다.
④ 나는 손해는 보았지만 마음만은 상쾌하였다.
⑤ 민성이가 그 회사 연습생이 되었다는 소문을 들었다.

13 문장의 짜임이 나머지와 다른 것은?

① 비가 주룩주룩 내린다.
② 언니는 승무원이 되었다.
③ 그곳에서 결혼식이 있다.
④ 영선이가 그의 손을 잡았다.
⑤ 나는 혜민이가 만든 장갑을 받았다.

14 다음 ㉠~㉢에 대한 설명으로 적절한 것은?

㉠ 나는 영화를 봤다.
㉡ 동생은 음악을 들었다.
㉢ 나는 영화를 봤고 동생은 음악을 들었다.

① ㉠은 두 개의 문장이 결합되어 있다.
② ㉡은 목적어 역할을 하는 문장을 안고 있다.
③ ㉢은 두 개의 문장이 대등하게 이어져 있다.
④ ㉠과 ㉡은 주어와 서술어가 각각 두 개씩 나타난다.
⑤ ㉢은 ㉠과 ㉡이 종속적 연결 어미 '-고'로 연결된 것이다.

15 두 홑문장을 이어진문장으로 바꾸었을 때 적절하지 않은 것은?

① 비가 온다. 경기가 취소되었다.
→ 비가 와서 경기가 취소되었다.
② 월요일 출근 시간이다. 길이 막힌다.
→ 월요일 출근 시간이면 길이 막힌다.
③ 나는 노래를 들었다. 나는 그림을 그렸다.
→ 나는 노래를 들으며 그림을 그렸다.
④ 우리나라 축구팀이 우승을 했다. 기분이 좋다.
→ 우리나라 축구팀이 우승을 했지만 기분이 좋다.
⑤ 건이는 연극을 좋아한다. 보라는 영화를 좋아한다.
→ 건이는 연극을 좋아하고 보라는 영화를 좋아한다.

16 〈보기〉의 밑줄 친 부분에 해당하는 속담으로 적절하지 않은 것은?

보기

이어진문장에는 홑문장들의 의미 관계가 대등하게 이어진 문장과 종속적으로 이어진 문장이 있다.

① 개똥밭에 굴러도 이승이 낫다.
② 사공이 많으면 배가 산으로 간다.
③ 오는 말이 고와야 가는 말이 곱다.
④ 하늘이 무너져도 솟아날 구멍이 있다.
⑤ 콩 심은 데 콩 나고 팥 심은 데 팥 난다.

대단원 확인 문제

17 〈보기〉의 ㉠~㉤을 이어진문장과 안은문장으로 구분하였을 때, 적절한 것은?

보기
㉠ 서리가 내리면 배추가 언다.
㉡ 대구는 여름철에 온도가 높다.
㉢ 밤이 깊어지니 기온이 내려간다.
㉣ 동생이 자기도 같이 가겠다고 말하였다.
㉤ 우리 반에는 채소를 싫어하는 친구들이 많다.

	이어진문장	안은문장
①	㉠, ㉡	㉢, ㉣, ㉤
②	㉠, ㉢	㉡, ㉣, ㉤
③	㉠, ㉢, ㉣	㉡, ㉤
④	㉡, ㉢, ㉣	㉠, ㉤
⑤	㉢, ㉣, ㉤	㉠, ㉡

18 다음 ㉠~㉤의 짜임에 대한 설명으로 적절하지 않은 것은?

㉠ 우리는 그가 완쾌함에 기뻤다.
㉡ 나는 그가 멋있다는 생각이 들었다.
㉢ 누구나 인간은 존귀하다고 생각한다.
㉣ 손에 땀이 나서 나는 더욱 긴장하였다.
㉤ 나는 밥을 먹고 동생은 텔레비전을 본다.

① ㉠은 한 홑문장이 다른 한 홑문장에 명사절로 안겨 있다.
② ㉡은 한 홑문장이 다른 한 홑문장에 관형사절로 안겨 있다.
③ ㉢은 한 홑문장이 다른 한 홑문장에 부사절로 안겨 있다.
④ ㉣은 두 홑문장이 종속적으로 이어져 있다.
⑤ ㉤은 두 홑문장이 대등하게 이어져 있다.

서술형
19 다음 문장에서 안긴문장에 해당하는 부분을 찾아 쓰고, 그 절의 종류와 문장에서의 역할을 쓰시오.

그 일은 하기가 쉽지 않다.

20 〈보기〉의 ㉠, ㉡에 대한 설명으로 적절한 것은?

보기
㉠ 나는 관우가 학생임을 알았다.
㉡ 나는 관우가 학생이라는 사실을 알았다.

① ㉠과 ㉡은 모두 홑문장이다.
② ㉠과 ㉡은 모두 명사절을 안고 있다.
③ ㉠은 안은문장, ㉡은 이어진문장이다.
④ ㉠은 부사절을, ㉡은 관형사절을 안고 있다.
⑤ ㉠은 명사절을, ㉡은 관형사절을 안고 있다.

21 안긴문장의 역할이 나머지와 다른 것은?

① 민수는 용기가 부족하다.
② 이 책은 글씨가 너무 작다.
③ 할아버지께서는 정이 많으시다.
④ 그는 아는 것도 없이 잘난 척을 해.
⑤ 선생님은 본인이 직접 차를 운전합니다.

22 〈보기〉의 밑줄 친 부분과 같은 역할의 절을 안고 있는 문장으로 적절한 것은?

보기
재승이는 내일 할 일을 생각해 보았다.

① 이 강은 물고기가 많다.
② 나는 그가 오기를 기다린다.
③ 채원이는 재주가 있게 생겼다.
④ 나는 비가 오는 소리를 들었다.
⑤ 서영이는 도서관에 간다고 말했다.

23 다음 문장의 짜임에 대한 설명으로 적절한 것은?

선미가 그 어려운 일을 해냈음이 분명하다.

① 홑문장이다.
② 대등하게 이어진 문장이다.
③ 종속적으로 이어진 문장이다.
④ 명사절을 가진 안은문장이다.
⑤ 부사절을 가진 안은문장이다.

24 이어진문장으로 적절하지 않은 것은?

① 너에게 주려고 나는 선물을 샀다.
② 자장면을 먹든지 짬뽕을 먹든지 해라.
③ 나는 시간이 없어서 회의에 참석하지 못했다.
④ 우리는 아무 일도 없었다는 듯이 다시 수업을 했다.
⑤ 그들은 계속해서 만나지만 서로 친한 사이는 아니다.

25 문장의 짜임이 나머지와 다른 것은?

① 이것은 내 동생이 좋아하는 인형이다.
② 강아지와 뛰어놀던 고향에 가고 싶다.
③ 서영이는 가진 것도 없이 집을 나섰다.
④ 나는 아빠가 다니시는 회사에 다녀왔다.
⑤ 그가 결국 기자가 되었다는 소식을 들었다.

26 두 홑문장을 안은문장으로 바꾼 것으로 적절하지 않은 것은?

① 영승이는 나에게 속삭였다. "밖으로 나가자."
→ 영승이는 나에게 밖으로 나가자라고 속삭였다.
② 미수가 나에게 소리쳤다. "우리 반이 이겼어!"
→ 미수가 나에게 "우리 반이 이겼어!"라고 소리쳤다.
③ 나는 할아버지께 약속했다. "다음 주에 꼭 가겠습니다."
→ 나는 할아버지께 다음 주에 꼭 가겠다고 약속했다.
④ 괴테는 말했다. "즐기는 사람은 행복한 사람이다."
→ 괴테는 "즐기는 사람은 행복한 사람이다."라고 말했다.
⑤ 선생님께서 우리에게 물으셨다. "노래 연습은 많이 했니?"
→ 선생님께서 우리에게 노래 연습은 많이 했냐고 물으셨다.

서술형
27 다음 문장을 두 개의 홑문장으로 나누어 쓰시오.

대훈이는 발에 땀이 나도록 달리기를 하였다.

28 〈보기〉의 ㉠~㉤에 대한 설명으로 적절하지 않은 것은?

보기
㉠ 이것이 내가 잃어버린 시계이다.
㉡ 비가 와서 그 공연은 취소되었다.
㉢ 내가 어제 만난 그 친구는 키가 크다.
㉣ 낮말은 새가 듣고 밤말은 쥐가 듣는다.
㉤ 진달래가 빛깔이 곱게 활짝 피어있다.

① ㉠: 관형사절을 가진 안은문장으로, 안긴문장이 '시계'를 꾸미고 있다.
② ㉡: 종속적으로 이어진 문장으로, 앞 문장이 뒤 문장의 원인이 된다.
③ ㉢: 관형사절과 서술절을 가진 안은문장이다.
④ ㉣: 대등하게 이어진 문장으로, 나열의 의미 관계를 갖는다.
⑤ ㉤: 부사절을 가진 안은문장으로, 안긴문장이 '활짝'에 뜻을 더하고 있다.

29 〈보기〉를 통해 문장의 짜임과 표현 효과를 탐구한 내용으로 적절하지 않은 것은?

보기
(가) ㉠ 삼촌은 첫차를 탔다. 삼촌은 아침 일찍 나왔다.
㉡ 삼촌은 첫차를 탔다. 첫차는 5시 30분에 출발한다.
(나) ㉠ 삼촌은 첫차를 타려고 아침 일찍 나왔다.
㉡ 삼촌은 5시 30분에 출발하는 첫차를 탔다.

① (가)의 ㉠과 ㉡은 모두 주어와 서술어의 관계가 한 번만 이루어지는 홑문장들이군.
② (나)의 ㉠은 홑문장과 홑문장이 종속적으로 이어진 문장이군.
③ (나)의 ㉡은 부사어 역할을 하는 홑문장을 가진 안은문장이군.
④ (나)의 ㉠은 (가)의 ㉠보다 내용의 논리적 관계가 훨씬 명확하게 드러나는 문장이군.
⑤ (나)의 ㉡은 (가)의 ㉡보다 전달하려는 내용을 집약적으로 표현한 문장이군.

전략적으로 읽고 논리적으로 쓰기

(1) 모두를 위한 디자인

• 한 학기 한 권 읽기

(2) 주장하는 글 쓰기

대단원 학습 목표

읽기 읽기가 글에 나타난 정보와 독자의 배경지식을 활용하여 문제를 해결하는 과정임을 이해하고 글을 읽을 수 있다.

쓰기 주장하는 내용에 맞게 타당한 근거를 들어 글을 쓸 수 있다.

• 정답과 해설 p.22

(1) 모두를 위한 디자인

읽기가 글에 나타난 정보와 독자의 배경지식을 활용하여 문제를 해결하는 과정임을 이해하고 글을 읽을 수 있다.

- 문제 해결 과정으로서의 읽기 이해하기
- 글에 나타난 정보와 독자의 배경지식을 활용하여 읽기

「모두를 위한 디자인」은 '모두를 위한 디자인'의 정의와 함께 이러한 디자인이 적용된 사례를 소개하고, 그것의 성격과 가치에 대해 설명하는 글이다. 글에 나타난 정보와 자신의 배경지식을 바탕으로 읽기 과정에서 생기는 문제를 해결하며 읽어 보고, 능동적으로 글을 읽는 능력을 기를 수 있도록 한다.

한 학기 한 권 읽기

- 읽기 과정의 문제를 해결하며 한 권의 책 읽기

[책 앞에서] 읽기 과정에서 생긴 문제와 이를 해결한 경험 되돌아보기 → [책 두드리기] 배경지식을 바탕으로 이번 학기에 읽을 책 선정하기 → [책 누리기] 문제를 해결하며 읽기 → [책 나누기] 안내 소책자를 만들어 친구들과 공유하기

읽기는 글에 나타난 정보와 자신의 배경지식을 활용하여 **읽기 과정에서 발생하는 문제를 해결해 가는 과정**이다.

확인 문제

01 글을 읽는 과정에서 해결해야 할 문제 상황으로 적절하지 않은 것은?

① 글의 내용이 이해하기 어려움.
② 글의 전개 과정을 이해하지 못함.
③ 주제나 중심 생각을 파악하지 못함.
④ 단어와 문장의 의미가 이해가 안 됨.
⑤ 설명에 맞는 적절한 예시를 마련하지 못함.

02 다음 빈칸에 들어갈 알맞은 말을 쓰시오.

능동적으로 글을 읽기 위해서는 글을 읽으면서 스스로 질문하고 글에 나타난 정보와 자신의 (　　　)을/를 바탕으로 그 질문에 관한 답을 찾아보아야 한다.

(2) 주장하는 글 쓰기

주장하는 내용에 맞게 타당한 근거를 들어 글을 쓸 수 있다.

- 주장하는 내용에 맞게 타당한 근거를 들어 글 쓰기
- 관점을 선택하고 근거를 마련하여 주장하는 글 쓰기

주장하는 글의 형식과 특성을 이해하고, 문제가 되는 쟁점과 관련된 다양한 의견을 분석해 자신의 관점을 정리해 보도록 한다. 자신의 주장이 사회·문화적 맥락 안에서 수용될 수 있도록 논리적이고 타당한 근거를 들어 글을 쓸 수 있도록 한다.

주장하는 글이 설득력을 얻기 위해서는 근거가 주장을 적절하게 뒷받침해야 하고, 객관적인 성격을 지녀야 하며, 정확하고 분명하게 표현되어야 한다.

확인 문제

03 다음 빈칸에 들어갈 알맞은 말을 쓰시오.

주장하는 글을 쓸 때는 논리적이고 타당한 (　　　)을/를 들어야 다른 사람을 설득할 수 있다.

이 단원에서는 글을 읽을 때 부딪히는 어려움을 해결하는 방법을 알고 한 권 읽기를 해 볼 거야. 그런 뒤 주장과 근거를 제시하며 글을 쓰면 생각이 더 넓고 깊어질 수 있어.

모두를 위한 디자인

• 생각 열기 다음에 제시된 그림을 감상해 보고, 그림에 제시된 단서와 자신의 배경지식을 바탕으로 아래의 활동을 해 봅시다.

캔버스 앞에 앉은 화가는 자신이 어떻게 보이길 바라고 있을까요? 그림 속 단서들을 통해 짐작해 봅시다.

예시 답 캔버스 앞에 앉은 화가가 한쪽에 유명 화가들의 자화상을 붙여 놓고, 자신도 실제보다 잘 생기게 그렸다는 점으로 보아 자신의 자화상을 근사하게 그리려 하고, 자신을 더 멋있게 그리고 싶어 한다고 생각할 수 있다. 그러나 화가의 뒷주머니에 꽂힌 수건이나 이젤 주변까지 담은 자화상으로 그린 것을 보면 그가 멋있는 모습보다는 열심히 일하는 화가의 이미지를 얻고자 한 것임을 짐작할 수 있다.

▲ 노먼 록웰, 「삼중의 자화상」

캔버스 앞에 앉은 화가가 그림을 통해 전달하려는 것은 무엇일까요? 자신의 배경지식을 통해 짐작해 봅시다.

예시 답 거울에 비친 자기 얼굴을 캔버스에 그리는 화가의 모습을 보여 줌으로써 화가와 그림 사이에 거울에 비친 화가의 모습이 끼어든 '화가 – 거울상 – 그림'이라는 삼중의 자화상을 제시하고 있다. 화가의 현실 속 얼굴보다 그림 속 얼굴이 근사하다는 것은 이를 통해 화가가 실제의 대상을 있는 그대로 보여 주려 한 것이 아니라 그림을 그리는 의도나 목적에 따라 대상을 재구성할 수 있음을 표현한 것이다.

• 학습 목표로 내용 엿보기

"제시된 단서와 배경지식을 바탕으로 그림의 의미를 이해할 수 있었어. 글의 의미를 이해하는 과정도 이와 같아. 글을 읽는 과정에서 만난 어려움들도 글에 나타난 정보나 나의 배경지식을 활용하여 읽으면 이해할 수 있어."

핵심 1 글에 나타난 정보와 독자의 배경지식을 활용하여 읽기

핵심 2 읽기가 문제를 해결하는 과정임을 이해하기

핵심 원리 이해하기 문제 해결 과정으로서의 읽기

읽기는 글을 읽으며 발생하는 여러 가지 문제를 해결해 가는 과정이다.

문제 상황 예시		해결 방법
• 단어나 문장의 의미를 이해하지 못하는 경우 • 주제나 중심 생각이 드러나지 않아서 그것을 추론해 내야 하는 경우	➜	• 글에 나타난 정보와 자신의 배경지식을 활용 • 사전과 참고 자료를 활용

개념 확인 콕콕 • 정답과 해설 p.22

01 다음 설명에 가장 가까운 읽기의 특성을 말한 것은?

> 독자는 글을 읽는 과정에서 부딪치는 여러 가지 문제를 다양한 전략을 활용해 해결하면서 글을 이해하게 된다.

① 읽기는 의사소통 행위이다.
② 읽기는 의미 구성 행위이다.
③ 읽기는 문제 해결 과정이다.
④ 읽기는 상호 협력 과정이다.
⑤ 읽기는 창의적 사고 과정이다.

02 다음은 글을 읽는 과정에서 부딪힌 문제로, 이를 해결하는 데 가장 적절한 방법은?

> 어려운 단어들이 중간중간 있어서 문장의 의미를 이해하기 힘들었어.

① 사전을 찾아 단어의 의미를 이해한다.
② 글의 내용과 관련된 배경지식을 넓힌다.
③ 스스로 질문을 던지고 답을 찾아가며 읽는다.
④ 글에 제시된 정보를 적극적으로 활용하며 읽는다.
⑤ 글쓴이가 말하고자 하는 바가 무엇인지 파악하며 읽는다.

03 다음 빈칸에 알맞은 말을 쓰시오.

> 글을 읽으면서 생기는 문제를 해결하기 위해서는 끊임없이 (　　　)하고 그에 관한 답을 능동적으로 찾아 정리하며 읽는 것이 좋다.

본문 안내

이 소단원은 읽기가 글에 나타난 정보와 독자의 배경지식을 활용하여 읽기 과정에서 발생하는 인지적 문제를 해결하는 과정임을 이해하기 위한 단원이다. 「모두를 위한 디자인」은 '모두를 위한 디자인'의 개념과 성격, 가치를 설명하는 글이다. 글을 읽는 과정에서 발생하는 문제 상황들 즉, 모르는 단어나 모호한 문장의 이해, 주제나 중심 생각의 파악, 주장의 타당성 파악 등 독서 과정에서 발생하는 여러 가지 문제를 해결하는 활동을 통해 글에 나타난 정보나 자신의 배경지식을 바탕으로 글의 의미를 구성하며 읽는 능력을 키우도록 한다.

처음		중간		끝
일상화되고 핵심어가 된 디자인	→	• 특정한 집단을 목표 대상으로 하는 디자인의 특성 • 가리키는 범주가 넓어진 '모두를 위한 디자인' • '모두를 위한 디자인'의 예 • '모두를 위한 디자인'의 원칙	→	'모두를 위한 디자인'의 성격과 가치

본문 개관

★ **글쓴이 소개** 김신

디자인 저널리스트. 여러 신문과 잡지, 온라인 매체에 디자인 관련 글을 기고하고 있다. 저서로 『고마워, 디자인』, 디자인 산문집 『디자인의 힘』 등이 있다.

★ **갈래** 설명하는 글(설명문)

이 글은 '모두를 위한 디자인'에 대한 정보를 이해하기 쉽게 체계적으로 풀어 설명하는 글이다.

★ **성격** 정보 전달적, 객관적, 논리적

이 글은 '모두를 위한 디자인'에 대한 객관적인 정보를 독자가 알기 쉽게 정의와 예시 등의 방법을 통해 전달하고 있다. 또한, '모두를 위한 디자인'의 가치를 그것이 가진 원칙과 성격 등을 바탕으로 논리적으로 제시하고 있다.

★ **제재** 모두를 위한 디자인

이 글에서 주로 설명하고 있는 대상은 '모두를 위한 디자인'이다. '모두를 위한 디자인'의 정의와 함께 이러한 디자인이 적용된 사례를 소개하고, 그것의 성격과 가치에 대해 설명하고 있다.

★ **주제** '모두를 위한 디자인'의 성격과 가치

글쓴이는 '모두를 위한 디자인'이 타인을 보살피려는 마음에서 비롯되는 것이며 사업적 가치가 큰 미래 산업 중의 하나라고 말하고 있다. 또한, '모두를 위한 디자인'이 작게는 사회적 약자에서부터 크게는 내가 속한 집단까지 모든 사람을 위한 보편적 디자인임을 강조하고 있다.

모두를 위한 디자인

김신

(이것이 핵심!) ✔ 도입 방식에 담긴 글쓴이의 의도

처음 **1** 우리는 살아가면서 '디자인'이라는 말을 쉽게 듣고 또 말한다. 그만큼 디자인이 일상화된 것이다. 우리나라는 세계 유수의 좋은 디자인 선정에서 다수의 수상을 기록할 정도로 디자인 산업이 발전하였다. 이제 디자인은 특정한 분야나 제품에만 국한되지 않고, 기업 혁신과 국가 경쟁력에서 매우 중요한 핵심어가 되었다.

처음 ⁝ 일상화되고 핵심어가 된 디자인

핵심 확인 도입 방식에 담긴 글쓴이의 의도

언급한 내용		의도
디자인이 일상화되고, 디자인 산업이 발전함. 디자인이 매우 중요한 요소가 되었음.	→	디자인 산업이 나아가야 할 방향을 안내할 것임을 드러냄.

(이것이 핵심!) ✔ '모두를 위한 디자인'의 개념과 사례, 원칙

중간 **2** 디자인은 보통 대량 생산을 전제로 하지만, 그렇다고 하여 모든 사람이 만족하는 디자인을 추구하는 것은 아니다. ㉠대부분의 디자인은 특정한 집단을 목표 대상으로 한다. 하나의 상품을 대량 생산하려면 많은 비용이 들어가므로, 기업은 실패하지 않기 위해 목표 대상을 명확히 하여 그들에게 적합한 디자인을 하는 것이다. 이를 위해 그 집단이 요구하는 기능과 좋아할 만한 양식에 관해 방대한 조사가 이루어진다. 이러한 과정을 통해 생산된 물건은 특정 집단에는 큰 즐거움을 주지만, 그 밖의 다른 사람에게는 필요 없는 것이 될 수도 있다. 특히 장애인, 관절염 같은 만성적인 병을 앓고 있는 사람, 노약자, 보통 사람보다 키가 아주 작거나 덩치가 아주 큰 사람 등을 고려하면서 디자인한 물건은 좀처럼 찾아보기 힘들다.

3 ㉡'모두를 위한 디자인'은 노인이나 장애를 가진 사람도 사용하는 데 불편하지 않은 디자인을 말한다. 이 디자인은 처음에 장애인과 노약자 같은 사회적 약자를 위한 복지 차원에서 시작되었다. 그러나 지금은 좀 더 보편적인 의미인 '모든 사람을 위한 디자인'이라는 의미로

확인 문제

• 정답과 해설 p.22

01 이 글의 내용과 일치하지 않은 것은?

① 우리나라는 디자인 산업이 발전하였다.
② 디자인은 매우 중요한 핵심어가 되었다.
③ 디자인은 보통 대량 생산을 전제로 한다.
④ 사회적 약자를 위한 디자인은 찾기 힘들다.
⑤ 디자인은 모든 사람을 만족시키는 것을 목표로 한다.

(핵심)

02 이 글에서 **1**의 기능으로 가장 적절한 것은?

① 문제 상황을 말한 후, 그 해결 방향을 제시하고 있다.
② 화제의 개념을 풀어 설명하고, 글의 전개 과정을 안내하고 있다.
③ 화제의 중요성을 강조함으로써 글의 전개 방향을 암시하고 있다.
④ 독자에게 친근한 사례를 제시하고, 화제와 사례의 관련성을 제시하고 있다.
⑤ 화제에 대한 독자의 흥미를 자극하고, 그에 대한 글쓴이의 입장을 드러내고 있다.

03 ㉠의 이유로 적절한 것은?

① 디자인은 대량 생산이 어렵기 때문에
② 사회적 약자 등 특정한 집단을 배려하기 때문에
③ 모든 사람이 만족하는 디자인은 존재하지 않기 때문에
④ 목표 대상을 명확하게 설정하지 않으면 실패를 할 수 있기 때문에
⑤ 목표 대상을 여러 집단으로 설정하면 어떤 집단도 만족할 만한 디자인을 얻을 수 없기 때문에

(서술형)

04 ㉡의 의미 변화를 한 문장으로 쓰시오.

통용되고 있으며, 개인이 사용하는 도구나 물건은 물론 공공시설 같은 환경으로까지 확대되고 있다. 특히 공공시설이나 대중교통에서 이 디자인은 장애가 있거나 없거나, 노인이거나 어린아이이거나, 남자거나 여자거나, 내국인이거나 외국인이거나 사용하는 데 불편함이 없도록 하는 데 노력을 기울인다.

4 '모두를 위한 디자인'은 단지 사회적 약자만을 위한 디자인이 아니라 보통 사람에게도 보편적으로 유용한 물건과 시설, 환경을 추구한다. 이 디자인이 시작된 미국에서는 신체, 인종, 종교, 문화 차이에 따라 차별을 받지 않도록 규정하는 '동등한 기회' 정신이 보편화되어 있는데, 이러한 ⓐ가치관이 디자인에도 적용되었다. 옆으로 긴 막대 모양의 문손잡이(옛날에 주로 쓰이던 동그란 문손잡이는 손이 불편하거나 ⓑ악력이 약한 사람이 사용하기에는 힘들다.), 휠체어를 자유롭게 이용할 수 있는 지하철의 엘리베이터(지하철 계단에 설치된 휠체어 리프트보다 훨씬 유용하다.), 횡단보도에서 파란불이 켜질 때 나오는 소리, 공공장소나 대중교통에서 나오는 다국어 음성 안내 등을 '모두를 위한 디자인'이라 부를 수 있다. 이런 디자인은 사회적 약자뿐만이 아니라 비사회적 약자에게도 유용하다. 특히 대도시의 공공과 환경 부문에서는 장애인이나 노약자, 외국인을 배려한 디자인이 필수 요소가 되고 있다.

5 ㉠'모두를 위한 디자인'의 원칙을 보면, 이와 같은 특징을 잘 이해할 수 있다.

- 누가 쓰더라도 차별감이나 불안감, 열등감을 느끼지 않고 공평하게 사용할 수 있는가?
- 다양한 생활 환경과 조건에서도 다양한 개인이 각자가 선호하는 방식으로 사용할 수 있는가?
- 사용자의 언어 능력이나 지식의 정도, 경험 지식과 관계없이 간단하고 ⓒ직관적으로 사용할 수 있는가?
- 정보 구조가 간단하고, 여러 전달 수단을 통해 쉽게 정보를 얻을 수 있는가?
- 잘못 다루었더라도 원래 상태로 쉽게 돌이킬 수 있는가?
- 무리한 힘을 들이지 않고 자연스러운 자세로 사용이 가능한가?
- 이동과 ⓓ수납이 ⓔ용이하고, 누구나 쉽게 접근하여 사용할 수 있는가?

05 4의 서술상 특징으로 가장 적절한 것은?

① 구체적 사례를 들어 독자들의 이해를 돕고 있다.
② 정의의 방식을 사용하여 어려운 개념의 의미를 설명하고 있다.
③ 화제 사이의 인과성을 밝힘으로써 문제의 원인을 드러내고 있다.
④ 다른 사람의 말을 빌려 글 속에 끌어 쓰는 방법으로 설명하고 있다.
⑤ 유추의 방식을 통해 화제에 담긴 의미를 쉽게 이해하도록 하고 있다.

06 ⓐ~ⓔ의 사전적 의미로 적절하지 않은 것은?

① ⓐ: 인간이 자기를 포함한 세계나 그 속의 사상에 대하여 가지는 평가의 근본적 태도.
② ⓑ: 나쁜 세력이 지배하는 힘.
③ ⓒ: 판단이나 추리 따위의 사유 작용을 거치지 아니하고 대상을 직접적으로 파악하는 것.
④ ⓓ: 받아서 넣어둠.
⑤ ⓔ: 어렵지 아니하고 매우 쉬움.

07 다음 중 ㉠에 해당하지 않는 것은?

① 원래 상태로 쉽게 돌이킬 수 있는가?
② 누가 쓰더라도 공평하게 사용할 수 있는가?
③ 정보 구조가 간단하고 정보를 쉽게 얻을 수 있는가?
④ 사용자의 능력에 따라 사용 수준이 달라질 수 있는가?
⑤ 다양한 생활 환경과 조건에서도 개인이 각자 선호하는 방식으로 사용할 수 있는가?

서술형

08 '모두를 위한 디자인'의 바탕이 된 가치관을 찾아 한 문장으로 쓰시오.

턱 제거

안전하고 쾌적한 보행 환경의 조성

턱이 있어 넘지 못할 공간은 ㉠모따기 시공을 통해 해소할 수 있다. 모따기 시공(면과 면이 만나는 모서리를 비스듬히 가공하는 것)은 유모차를 밀고 가는 부부나, 짐가방을 끌고 가는 외국인에게도 도움이 된다. 이런 시공은 가정의 현관에도 적용할 수 있다.

버스 정류소

보행 환경을 침해하지 않고 버스를 기다리는 부담이 적은 정류소

버스 정류소는 교통 약자를 포함한 누구나가 아무 제약 없이 대기할 수 있도록 충분한 대기 공간을 확보해야 한다. 일반 통행자들의 동선을 방해하지 않음은 물론이다.

이 외에도 비싸지 않아야 하고 내구성이 있어야 한다. 또한 품질이 좋고 심미적이어야 하며 인체와 환경을 배려해야 함은 말할 것도 없다.

중간 | '모두를 위한 디자인'의 개념과 사례, 원칙

보충 자료

설명의 요소

- 설명 대상: 개념, 인물이나 사물, 사건, 방법 등
- 설명 내용: 대상의 본질 ,속성, 구성 요소, 진행 과정 등
- 설명 방법: 지정, 정의, 예시, 분류, 비교, 대조, 분석, 인과, 유추 등

09 ㉠에 대한 설명으로 적절하지 않은 것은?

① 턱을 제거하는 시공 방법을 지칭한다.
② 공공 시설물에만 적용되는 시공 방법이다.
③ 바퀴가 있는 사물이 이동하는 데 도움이 된다.
④ 안전하고 쾌적한 보행 환경의 조성을 목적으로 한다.
⑤ 보행 약자의 통행을 원활하게 하는 데 도움이 된다.

핵심

10 이 글을 참고하여 버스 정류소를 설치할 때, 고려할 내용으로 적절하지 않은 것은?

① 궂은 날씨를 피할 수 있어야 한다.
② 일반 통행자의 동선을 방해하지 않아야 한다.
③ 버스를 이용하는 사람들의 편의를 최우선시해야 한다.
④ 교통 약자나 일반인 모두가 버스를 기다리기에 부담이 없어야 한다.
⑤ 버스를 기다리는 사람이 대기할 수 있는 충분한 공간을 확보해야 한다.

11 이와 같은 글을 읽을 때 필요한 자세로 적절하지 않은 것은?

① 자신의 배경지식을 적극적으로 활용한다.
② 글에 나타난 정보를 바탕으로 내용을 이해한다.
③ 모르는 내용은 넘어가고 아는 내용 위주로만 읽는다.
④ 글의 내용과 관련된 자료를 참고하여 배경지식을 넓힌다.
⑤ 끊임없이 질문하고 그에 관한 답을 능동적으로 찾아 정리한다.

핵심 확인 '모두를 위한 디자인'의 개념과 사례

개념	모든 사람이 손쉽게 쓸 수 있는 제품 및 사용 환경을 만드는 디자인
사례	• 옆으로 긴 막대 모양의 문손잡이 • 휠체어를 자유롭게 이용할 수 있는 지하철의 엘리베이터 • 횡단보도에서 파란불이 켜질 때 나오는 소리 • 공공장소나 대중교통에서 나오는 다국어 음성 안내 • 턱을 제거하거나 모따기 시공을 한 문턱 • 보행 환경을 침해하지 않고 버스를 기다리는 부담이 적은 버스 정류소

→ 사례 제시의 효과: 구체적 사례를 통해 독자의 이해를 도움.

이것이 핵심! ✓ 글쓴이의 중심 생각

끝 6 '모두를 위한 디자인'은 디자이너가 애정을 갖고 사람들의 지극히 평범한 일상생활을 관찰하고, 사람들이 인식하지 못하는 불편한 점을 찾아내어 그 개선 사항을 반영할 수 있어야 가능하다. 개성이나 상상력을 발휘하고 튀어 보려는 마음보다는 타인을 보살피려는 마음 자세에서 비롯한다고 할 수 있다. 그렇다고 이런 디자인이 이윤을 완전히 배제하고 남을 돕는 일만 하려 한다고 착각해서도 안 된다. '모두를 위한 디자인' 역시 사업적 가치가 큰 미래 산업 중의 하나이다. 크게 보면 불편한 사람과 건강한 사람 모두를 위한 디자인이며, 작게 보면 나와 나의 가족, 내가 속한 집단을 위한 보편적 디자인이 바로 '모두를 위한 디자인'이다.

끝 | '모두를 위한 디자인'의 성격과 가치

핵심 확인 글쓴이의 중심 생각 찾기

중요한 부분에 밑줄 긋기 → 밑줄 친 내용을 중심으로 글의 주제, 글쓴이의 의도 파악

글쓴이의 중심 생각

'모두를 위한 디자인'의 성격과 가치
'모두를 위한 디자인'은 모든 사람을 위한 보편적인 디자인임.

핵심

12 이 글의 글쓴이가 전달하고자 한 중심 생각으로 가장 적절한 것은?

① '모두를 위한 디자인'은 사회적 약자를 돕기 위한 디자인이다.
② '모두를 위한 디자인'은 모든 사람을 위한 보편적인 디자인이다.
③ '모두를 위한 디자인'은 사업적 가치가 큰 미래 산업 중 하나이다.
④ '모두를 위한 디자인'은 디자이너의 개성이나 상상력이 배제된 디자인이다.
⑤ '모두를 위한 디자인'은 모든 사람의 욕구를 반드시 충족시켜 줄 수 있어야 한다.

13 '모두를 위한 디자인'을 위한 디자이너의 태도로 적절하지 않은 것은?

① 사람들의 평범한 일상생활을 면밀하게 관찰해야 한다.
② 개성을 발휘하여 튀어 보려는 마음 자세를 지양해야 한다.
③ 사람들이 불편해하는 점을 찾아내어 개선하고자 해야 한다.
④ 이윤을 완전히 배제하고 남을 위해 헌신하는 태도를 가져야 한다.
⑤ 타인의 삶에 애정을 가지고, 그들을 보살피려는 마음을 가져야 한다.

보충 자료

모두를 위한 디자인

유니버설 디자인이라고도 한다. 연령, 성별, 국적(언어), 장애의 유무 등과 같은 개인의 능력이나 개성의 차이와 관계없이 처음부터 누구에게나 공평하고 사용하기 편리한 제품, 건축·환경, 서비스 등의 구현(디자인)을 의미한다. 인간이 중심이 된 디자인을 통한 삶의 질 향상 실현을 목표로 하고 있다.

학습 활동

• 정답과 해설 p.23

이해 활동

1. 다음 활동을 하며 이 글의 내용을 이해해 봅시다.

1 이 글에서 설명하고 있는 대상이 무엇인지 말해 봅시다.

모두를 위한 디자인

2 이 글의 내용을 떠올리며 글의 전개 과정을 파악해 봅시다.

단계	주요 내용
처음	1 이제 디자인은 일상화되었으며, 기업 혁신과 국가 경쟁력에서도 매우 중요한 핵심어가 되었음.
중간	2 대부분의 디자인은 특정한 집단을 대상으로 함. 3 '모두를 위한 디자인'은 사회적 약자를 위한 복지 차원에서 시작되었으나 지금은 '모든 사람을 위한 디자인'이라는 의미로 통용되고 있음. 4 '모두를 위한 디자인'은 보통 사람에게도 보편적으로 유용한 물건과 시설, 환경을 추구함. 5 '모두를 위한 디자인'의 원칙과 부가적인 규칙 제시
끝	6 '모두를 위한 디자인'의 성격과 가치

2. 다음에 제시된 그림에서 '모두를 위한 디자인'이 적용된 부분을 찾아 어떤 점에서 그러한지 설명해 봅시다.

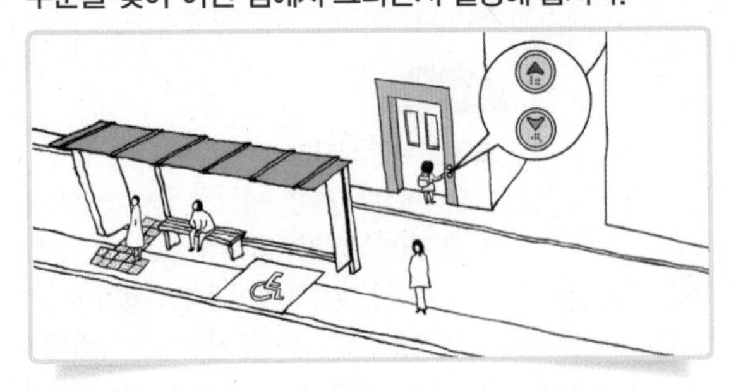

• 버스 정류장은 남녀노소 누구나 이용하는 공간이다. 버스 정류 공간 상부에 지붕을 덮어 누구나 궂은 날씨를 피할 수 있도록 고려한 디자인이기 때문에 '모두를 위한 디자인'이라고 할 수 있다.
• 엘리베이터의 버튼 또한 나이나 시력의 여부에 관계없이 누구나 이용하기 편하도록 고려한 디자인이기 때문에 '모두를 위한 디자인'이라고 할 수 있다.

이해 다지기 문제

1 이 글에서 설명한 내용에 해당하지 않는 것은?

① '모두를 위한 디자인'의 개념
② '모두를 위한 디자인'의 단점
③ '모두를 위한 디자인'의 사례
④ '모두를 위한 디자인'의 원칙
⑤ '모두를 위한 디자인'의 가치

목표 활동

1. 문제 해결 과정으로서의 읽기의 특성과 그 해결 방안에 주목하여 친구들과 함께 다음 활동을 해 봅시다.

1 다음 학생들이 이 글을 읽으면서 부딪힌 문제는 무엇인지 알아봅시다.

은주: '만성적', '직관적' 등과 같은 단어의 의미를 잘 몰라서 중간중간 읽기가 힘들었어.

영호: '모두를 위한 디자인'이라는 용어에 관한 배경지식이 없어서 이해가 잘 안 되었어.

수연: 글쓴이가 '모두를 위한 디자인'에 관해 어떤 생각을 가지고 있는지 파악하는 데 어려움이 있었어.

문제 상황	이에 해당하는 사람
주제나 중심 생각을 파악하지 못함.	수연
배경지식의 부족으로 글의 내용이 이해가 안 됨.	영호
단어나 문장의 의미를 이해하지 못해 읽기가 어려움.	은주

2 **1**의 학생들 중, 자신과 비슷한 고민을 가진 사람을 말해 보고, 글을 읽을 때 부딪히는 이와 같은 문제들을 어떻게 해결할 수 있을지 이야기해 봅시다.

예시 답 • 은주: 앞, 뒤 문장의 맥락을 파악하며 의미를 짐작해 본 후, 사전을 찾아 단어의 의미를 이해한다.
• 영호: 인터넷 검색이나 책을 참고하여 글의 내용과 관련된 배경지식을 넓힌다.
• 수연: 문단의 중심 내용을 찾아 밑줄을 그으며 읽는다. 밑줄 친 내용을 중심으로 글쓴이의 생각을 파악한다.

문제 해결적 사고 과정으로서의 읽기

'읽기'는 글의 의미를 이해하기까지 수많은 문제를 해결해야 하는 수준 높은 사고 활동이에요. 우리는 글을 읽고 의미를 구성하는 과정에서 여러 가지 문제를 만나게 됩니다. 모르는 단어가 나오기도 하고, 무슨 뜻인지 그 의미가 이해되지 않는 문장도 있습니다. 또한, 주제나 중심 생각이 직접 드러나 있지 않아서 그것을 추론해 내야 하는 경우도 있습니다. 따라서 우리는 글을 읽으면서 글에 나타난 정보와 자신의 배경지식을 활용하고, 때로는 참고 자료를 활용하여 읽기 과정에서 나타나는 문제에 관한 답을 찾으면서 읽어 나가야 합니다.

목표 다지기 문제

1 읽기의 문제 해결 과정에서 필요한 태도로 적절하지 않은 것은?

① 모르는 단어가 나오면 사전을 찾아가며 읽는다.
② 문단의 중심 내용을 찾아 밑줄을 그으며 읽는다.
③ 글에 제시된 정보를 적극적으로 활용하며 읽는다.
④ 이해가 되는 내용만으로 글쓴이의 의도를 추측한다.
⑤ 책을 참고하여 글의 내용과 관련된 배경지식을 넓힌다.

2. 글에 나타난 정보와 배경지식을 활용한 문제 해결 과정에 주목하여 이 글을 이해해 봅시다.

1 이 글을 읽으며 이해하기 어려웠던 어휘나 구절들을 적어 보고, 사전이나 인터넷을 활용하여 그 뜻을 알아봅시다.

㉮ 모두를 위한 디자인: 성별, 연령, 국적, 문화적 배경, 장애의 유무에 상관없이 누구나 손쉽게 쓸 수 있는 제품 및 사용 환경을 만드는 디자인.
예시 답 유수: 손꼽을 만큼 두드러지거나 훌륭함.

2 다음은 이 글을 읽은 친구가 글을 읽으며 부딪힌 문제들을 메모한 것입니다. 이에 관한 답을 찾으며 함께 문제를 해결해 봅시다. 예시 답

문제	답
우리나라의 디자인 산업이 일상화되고 발전된 상황임을 언급하며 글을 시작한 까닭은 무엇일까?	디자인이 매우 중요한 요소가 되었음을 강조함으로써 디자인 산업이 나아가야 할 방향을 안내하기 위한 것임을 알 수 있어.
'모두를 위한 디자인'의 개념은 처음과 어떻게 달라진 것일까?	'노인이나 장애를 가진 사람도 사용하는데 불편하지 않은 디자인'이라는 의미에서 좀 더 보편적인 의미인 '모든 사람을 위한 디자인'이란 의미로 확대되었음을 알 수 있었어.
이 글에서 예로 든 '턱을 제거한 시공', '버스 정류소의 대기 공간'과 같은 사례는 독자에게 어떤 역할을 할까?	일반적으로 사례를 통해 설명하면 이해하기가 쉬워. 이 글에서도 '모두를 위한 디자인'의 구체적인 사례를 통해 독자의 이해를 돕고 있음을 알 수 있었어.
'모두를 위한 디자인'의 성격과 디자이너가 가져야 할 자세를 언급한 까닭은 무엇일까?	사회적 약자만을 위한 것이 아니라 모두를 위한 보편적인 디자인이라는 '모두를 위한 디자인'의 성격과 가치를 전달하기 위한 거야.
글쓴이가 궁극적으로 말하려는 내용은 무엇일까?	'모두를 위한 디자인'의 성격과 가치

목표 다지기 문제

2 '모두를 위한 디자인'과 관련하여 글쓴이가 궁극적으로 말하고자 하는 내용은?

① 디자인 산업의 중요성
② 미래 산업 육성의 필요성
③ 사회적 약자에 대한 배려 촉구
④ 오늘날 디자이너가 가져야 할 자세
⑤ '모두를 위한 디자인'의 성격과 가치

보충 자료

설명 방법의 종류
• 정의: 대상의 뜻을 명확하게 규정하여 설명하는 방법
• 예시: 구체적인 예를 들어 설명하는 방법
• 비유: 설명 대상을 다른 대상에 빗대어 설명하는 방법
• 분류: 대상을 일정한 기준에 따라 나누어 설명하는 방법
• 인과: 어떤 대상의 원인과 결과를 밝혀 설명하는 방법

한 학기 한 권 읽기

문제 해결하며 책 읽기

1 책 앞에서

‖ 다음 글을 읽고, 자신의 읽기 활동을 점검해 봅시다.

한번은『왕자와 거지』를 읽다가 '옥새(玉璽)'라는 낱말이 나왔다. 물론 모르는 말이었다. 내 경험 속에는 아예 존재하지 않았던 말이다. 어른들이 설명을 해 주었으나 내게는 쉬이 익숙해지지 않았다. 나는『왕자와 거지』에서 이 말이 쓰이는 장면이 나올 때마다, 생각할 수 있는 한 온갖 생각의 날개를 폈다. 마침내 옥새란 말과 관련하여, 왕의 권위, 왕권의 정체성, 왕의 업무 결재 등을 구체적으로 알 수 있게 되었다. 하지만 낱말 뜻을 모두 잘 안다고 해서 독해에 어려움이 없는 것은 아니다. 딱히 모르는 낱말이 있는 것도 아닌데 문장의 뜻이 산뜻하고 명쾌하게 정리되지 않을 때도 있었다. 이럴 때는 앞뒤에 나오는 문장의 의미와 연결해서 생각을 다듬어 보아야 했다. 그 글의 내용과 관련된 나의 경험을 열심히 떠올려 보기도 하고, 이전에 읽었던 비슷한 이야기를 동원하여 현재의 독해를 도와 보려고 안간힘을 쓴다. 이처럼 무언가 읽고 있는 동안에는 동시에 왕성한 사고가 있고, 그 사고를 통하여 인간의 앎과 의식이 깊어지는 것이다. 이렇게 보면 독서는 사고 그 자체라는 말을 실감할 수 있다.

– 박인기,「나의 독서 첫사랑」

1. 나의 평소 독서 활동을 글쓴이의 독서 활동과 비교해 봅시다.

예시 답 나도 책을 읽을 때 단어가 어려워 이해가 되지 않을 때가 있었다. 사전을 찾아봐도 이해되지 않을 때는 앞뒤 문장을 읽으면서 문맥상으로 단어의 뜻을 짐작해 보며 읽었더니, 맥락상 단어의 의미가 이해가 되었다.

2. 책 읽기가 어려웠던 경험을 떠올려 보고, 그 까닭을 생각해 봅시다.

내가 읽기 어려웠던 책의 제목은 ________________ 이다. 내가 그 책을 읽기 어려웠던 까닭은 ________________________ ________________________ 때문이다.

예시 답 내가 읽기 어려웠던 책의 제목은「이타적 인간의 출현」이다. 내가 그 책을 읽기가 어려웠던 까닭은 '게임 이론으로 푸는 인간 본성 진화의 수수께끼'라는 책의 소개말 때문에 읽게 되었으나, 내가 좋아하는 게임에 관한 내용이 아니라 게임 이론에 적용된 여러 가지 경우의 수를 숫자와 도표로 제시하고 있어 그 내용을 파악하기가 어려웠기 때문이다.

사전 활동 1 자신의 읽기 활동 점검하기

➜ 제시된 글은 문제 해결적 사고 과정으로서의 독서의 면모를 보여 주는 글이다. 이 글의 글쓴이는 읽기 과정에서 생긴 문제와 이를 해결한 경험을 이야기하고 있다. 이와 유사한 자신의 읽기 활동을 비교하고 되돌아봄으로써 다시 그 책을 읽는다면 어떻게 그 문제를 해결할 수 있을지 생각해 본다.

읽기의 원리

정보와 배경지식의 활용 → 의미 구성 → 대화 나누기

① 정보와 배경지식의 활용: 글에 제시된 정보와 자신의 배경지식을 활용하여 글을 풍부하게 읽는다.

② 의미 구성: 글의 표면적 의미와 숨어 있는 의미를 발견하면서 읽는다.

③ 대화 나누기: 글의 내용에 대해 스스로 질문을 던지고 답하며 읽거나, 글쓴이와 대화를 나누듯 읽는다.

② 책 두드리기

친구들과 모둠을 이루어 이번 학기에 읽을 책을 고르는 활동을 해 봅시다.

1. 이번 학기에 모둠원들과 함께 읽고 싶은 책을 2권 이상 소개해 봅시다.

예시 답

작가, 도서명	•『스프링 벅』(배유안) •『14살에 시작하는 처음 심리학』(정재윤) •『1인분의 사랑』(박하령)	•『열두 발자국』(정재승) •『로봇 중독』(김소연, 임어진, 정명섭) •『생명이 있는 것은 다 아름답다』(최재천)
소개한 까닭	스스로도 알 수 없었던 청소년의 심리를 이해하고, 친구들의 마음에 공감하기 위해	우리 생활 속에서 접할 수 있는 과학적 문제에 관해 생각해 볼 수 있는 계기가 되기 때문에

2. 다음에 제시된 〈선정 기준〉을 참고하여 각자가 가진 배경지식을 바탕으로 모둠원들이 소개한 책을 살펴봅시다.

선정 기준

- 제목의 의미가 이해되지 않는 책은 무엇인가요?
- 이해에 어려움을 느낄 것 같은 책은 무엇인가요?
- 어렵지만 읽고 싶은 책은 무엇인가요?

예시 답 • 제목의 의미가 이해되지 않는 책: 『스프링 벅』
• 이해에 어려움을 느낄 것 같은 책: 『생명이 있는 것은 다 아름답다』
• 어렵지만 읽고 싶은 책: 『열두 발자국』

3. 다음 점검표를 바탕으로, 2에서 살펴본 책 중에서 이번 학기에 읽을 책을 한 권 골라 책 읽기에 도전해 봅시다. 예시 답 생략

점검 사항	평가
책의 분량이 읽기에 적절한가?	☆☆☆☆☆
책의 어휘 수준은 나에게 적합한가?	☆☆☆☆☆
책을 읽을 때 글의 의미가 잘 이해되는가?	☆☆☆☆☆
이 책의 주제에 관하여 흥미가 있는가?	☆☆☆☆☆

사전 활동 2 모둠을 이루어 각자가 가진 배경지식을 바탕으로 읽을 책 선정하기

➜ 모둠을 구성한 뒤 각자 모둠원들에게 함께 읽고 싶은 책을 추천한다. 각자가 가진 배경지식을 바탕으로 책의 분량, 수준, 주제, 흥미 등을 고려하여 읽을 책을 선정한다.

글의 의미 구성을 위한 배경지식 활용

사려 깊은 독자는 글의 의미를 구성하기 위하여 배경지식을 적극적으로 활용한다. 독서의 과정에서 사려 깊은 독자는 자신이 이해한 내용을 다른 사람에게 설명할 때에도, 독서의 과정에서 추론을 생성할 때에도 배경지식을 활용한다. 독서 현상에 관한 연구 결과에 의하면, 독서의 과정에서 새로운 정보는 그 정보와 연관되는 배경지식과 통합될 때 더욱 잘 학습되고 기억된다.

3 책 누리기

책을 읽고, 매시간 독서 일지를 작성해 봅시다.

1. 책을 읽으면서 이해가 가지 않는 부분이나 질문이 생기는 부분에 밑줄을 치거나 메모를 해 가며 읽어 봅시다.

예시

'나'를 외친 화가들

이주헌

자화상을 그린다는 것은 곧 내 안의 우주를 그리는 것이다. 내 안의 우주, 내가 바라보는 세상. 비록 화포 안에는 나의 모습이 들어 있지만, 그 '나'는 늘 그림 밖의 세상을 바라본다. 그러므로 나의 자화상에는 내 시선에 실린 세계의 모습이 담겨 있다. 내 시선이 삐딱하면 삐딱한 대로, 자부심에 차 있다면 차 있는 대로, 나는 내 안의 우주를 다른 사람에게 솔직히 드러내 보이는 것이다.

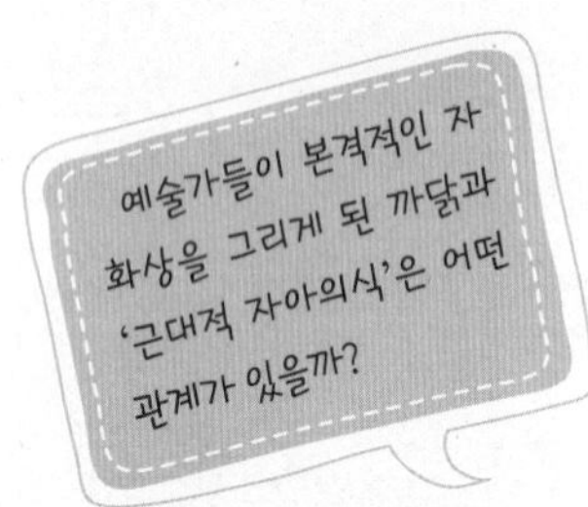

예술가들이 본격적인 자화상을 그리기 시작한 것은 얼마 되지 않았다. 왜 그럴까? 자화상은 근대적 자아의식의 표현이기 때문이다. 화가들이 근대적 자아의식을 갖게 된 것은 그리 오래되지 않았다.

예로부터 서양에서나 동양에서나 화가라는 직업은 그다지 좋은 대접을 받지 못했다. 스스로를 독립된 주체로 느끼기까지 화가들은 그저 손으로 노동하는 자로서의 '분수'를 늘 인식하며 살아야 했다. 그러나 자본주의가 싹트고 예술이 직인(職人)의 기술과 분리되기 시작한 중세 말에서 르네상스에 이르는 시기에 예술가의

▲ 빈센트 반 고흐, 「화가로서의 자화상」(1888, 캔버스에 유채)

독서 활동 1 글에 나타난 정보와 자신의 배경지식을 활용하여 문제를 해결하며 글 읽기

➜ 선정한 책을 직접 읽는 과정 중에 이해가 가지 않는 부분이나 질문이 생기는 부분에 자유롭게 밑줄을 치거나 메모를 하며, 자신의 읽기 과정을 돌아볼 수 있도록 한다. 자신의 메모나 밑줄을 보며 읽기 과정에서 부딪힌 문제들을 어떻게 해결할 수 있는지 생각해 본다.

활동 제재 핵심 정리

- 갈래: 비평문
- 제재: 근대 화가들의 자화상
- 주제: 근대적 자아의식이 반영된 화가들의 자화상
- 특징
  ① 묻고 답하는 형식으로 내용을 전개함.
  ② 비평가들의 견해를 인용하여 자신의 주장을 뒷받침함.
  ③ 구체적인 사례를 들어 주제를 전개함.
- 해제: 이 글은 서양 명화에 얽힌 다양한 이야기들을 독자들이 이해하기 쉽게 풀어서 소개하고 있는 책에 수록된 글이다. 「'나'를 외친 화가들」은 고흐, 렘브란트 등 유명 화가의 여러 자화상을 바탕으로 근대 화가들의 자화상이 근대적 자아의식이 반영된 것임을 설명하고 있다.

사회적 지위도 달라졌다. 예술가가 남다른 영감으로 충만한 존재라는 것을 세상이 인정하기 시작했을 때, 그리고 그 같은 인정을 받기 위해 예술가 스스로 투쟁에 나섰을 때 마침내 그들의 작품 가운데서 자화상이 주요 장르의 하나로 꽃피기 시작한 것이다.

자화상. "나는 나다."를 외치기 시작한 화가들. 마치 산고를 치르는 임산부와 같이 그는 자신의 모습을 화포에 싣기 위해 그 어떤 고통도 마다하지 않았다.

고흐가 자화상을 그리기 시작한 것은 모델을 구하기 어려워서였다. 인물화 연습은 해야겠는데 모델에게 줄 돈이 없으니, 자연히 스스로를 모델로 삼게 된 것이다. 그런데 자신의 모습을 그리는 것과 다른 모델을 그리는 것에는 예술가의 심리적 반응과 관련해 상당한 차이가 존재한다. 자신의 모습을 보는 순간, 무엇보다 그는 다른 모델을 그릴 때와는 달리 부지불식간에 스스로에게 질문을 던지게 된다.

"너는 누구냐?"

어떤 화가도 일반 모델을 향해 이런 질문을 던지지 않는다. 화가에게 모델은 모델일 뿐이다. 하지만 자신의 모습을 대면한 화가는 불현듯 "너는 누구냐?"라고 묻게 된다. 그는 단순한 모델이 아니라 하나의 실존이기 때문이다. 누구보다 예민한 감수성을 가진 고흐

▲ 빈센트 반 고흐, 「귀에 붕대를 감은 자화상」(1889, 캔버스에 유채)

- 화포(畵布) 유화를 그릴 때 쓰는 천.
- 부지불식간(不知不識間) 생각하지도 못하고 알지도 못하는 사이.
- 실존(實存) 실존 철학에서, 개별자로서 자기의 존재를 자각적으로 물으면서 존재하는 인간의 주체적인 상태.

질문하며 읽기

글을 읽는 과정에서 글의 내용, 글쓴이, 독자, 글의 전체 맥락 등 관련된 여러 가지 질문을 떠올리고 자신의 생각과 비교하는 능동적 읽기 방법이다.

① 질문하며 읽기의 효과

- 글을 더 깊이 이해할 수 있다.
- 글을 읽을 때 주의를 집중하고 내용을 기억하는 데 도움이 된다.
- 질문하고 답을 해결하는 과정에서 사고력과 문제 해결력이 길러져 능숙한 독자가 될 수 있다.

② 질문하며 읽기의 유형

- 내용에 따른 질문 유형
  - 글쓴이: 글쓴이가 이 글을 쓴 의도는 무엇인가?
  - 글의 내용: 글의 중심 내용은 무엇인가?
  - 독자: 이 글을 읽고 깨달은 점은 무엇인가?
  - 글의 맥락: 이 글에는 어떤 사회적 배경이 반영되어 있는가?
- 질문의 성격에 따른 유형
  - 글 내용에서 답을 찾을 수 있는 질문
  - 글 내용을 바탕으로 하여 추론해서 답을 찾을 수 있는 질문
  - 자신의 배경지식이나 경험을 통해 답을 찾을 수 있는 질문

는 스스로의 모습을 보는 순간 이 영원히 헤어 나올 수 없는 질문에 어느 예술가보다 깊이 빠져들고 말았다. 아를에 살 때 자신의 귀를 잘랐던 고흐. 그 엽기적인 행각의 밑바닥에는 바로 "나도 나를 잘 모르는데, 너희가 나를 어떻게 아느냐?"라는 세상에 대한 항의가 담겨 있지 않았을까?

자화상을 감상하다 보면 어느새 예술가들의 지극한 순수함과 순결함에 가슴이 저며 온다. '순수의 붓길'로 따지자면 렘브란트를 빼놓을 수 없다. 렘브란트는 평생 80여 점의 자화상을 남긴 자화상의 대가이다. 렘브란트는 젊어서 일찍 성공을 했다. 그래서 그가 27세 때 그린 「황금 고리 줄을 두른 자화상」을 보면 패기와 자신감, 여유가 물씬 묻어 나온다. 그러나 그 부와 행복은 평생 가지 못했다. 일찍 세 자녀를 내리 잃고 그 뒤에 또 아들 하나를 먼저 보냈는가 하면, 부인과도 사별했다. 또 송사와 파산을 겪으면서 마침내 화구와 몇 벌의 옷만을 전 재산으로 남긴 채 쓸쓸히 생을 마감하는 신세가 됐다.

▲ 렘브란트, 「황금 고리 줄을 두른 자화상」(1633, 캔버스에 유채)

바로 이 말년에 그려진 렘브란트의 자화상이 진정으로 위대한 그의 걸작이다. 「이젤 앞에서의 자화상」에서 우리는 그 어떤 영예나 부의 흔적도 찾아볼 수 없다. 매우 남루하고 비천해 보이는 한 노인이 서 있을 뿐이다. 아무런 기운도 없고 희망도 없어 보이는 늙은이. 어쩌면 저렇게 불행해질 수 있을까 싶게 모든 것을 다 상실한 노인의 모습이다. 그 비참함을 렘브란트는 하나도 놓치지 않고 있는 그대로 묘사했다. 그래도 자신의 모습인데, 위대한 대가로서 자신을 기억할 후세

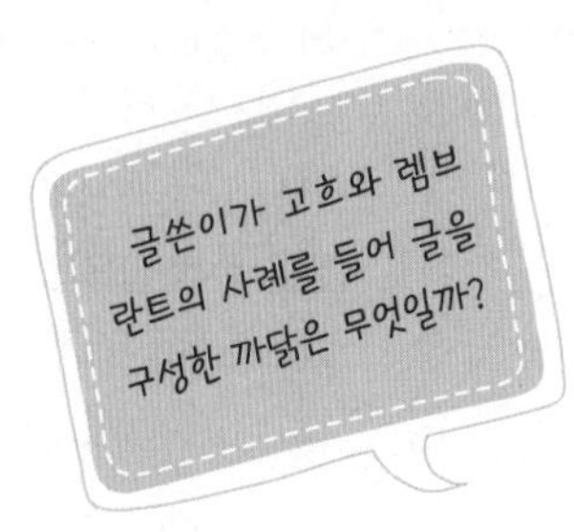

보충 자료

고흐(1853~1890)

네덜란드 출신의 프랑스 화가. 인상파의 영향을 받아 강렬한 색채와 격정적인 필치로 독특한 화풍을 확립하여 20세기 야수파에 큰 영향을 주었다. 대표 작품으로 「감자 먹는 사람들」, 「해바라기」, 「자화상」 등이 있다.

메모하며 책 읽기

① 책 읽기를 시작하기 전, 정한 시간에 읽어야 할 분량을 정한다.

② 메모하며 읽기 방법을 활용하여 다섯 군데 이상 밑줄을 긋고 메모하며 책을 읽도록 한다.

※ 책을 읽는 시간은 30~35분 정도가 적당하다. 밑줄을 긋고 메모까지 하며 꼼꼼하게 책을 읽는 방식에 익숙하지 않은 사람은 35분 이상 활동이 이어지면 쉽게 집중력을 잃을 수 있다.

보충 자료

렘브란트(1606~1669)

네덜란드의 화가. 화려한 붓놀림과 풍부한 색채의 구사, 절묘한 명함의 배합, 인물의 내면 묘사에 뛰어났으며 초상화, 종교화, 풍경화 등에 많은 걸작을 남겼다. 대표 작품으로 「야경」, 「자화상」, 「탕자의 귀환」 등이 있다.

사람들을 위해 조금 더 품위 있게 그릴 수는 없었을까? 가난함을 *청빈함으로, 무기력함을 *달관으로, 비천함을 겸손함으로 바꿔 그릴 수는 없었을까? 렘브란트는 그러지 않았다. 있는 그대로의 모습에서 한 치의 어긋남도 없게끔 그렸다. 그래서 렘브란트의 자화상에 관해 일단의 비평가들은 "너무나 무정하고 무자비한 기록."이라고 말한다. 이처럼 지독한 정직성 때문에 아마도 렘브란트는 인간의 영혼을 진솔하게 그린 대가로 평가받게 되었을 것이다.

▲ 렘브란트, 「이젤 앞에서의 자화상」(1660, 캔버스에 유채)

이처럼 화가들의 자화상에는 근대적 자아의식이 반영되어 있다. 그런데 많은 경우 화가들의 자화상에서 우리가 편하고 푸근한 인상을 받기가 쉽지 않은 것은 왜일까? 그것은 근세 이후 우리의 삶이 평탄하지 않았음을 보여 주는 증거가 아닐까. 결국 이들 그림은 단순히 화가 개개인의 모습을 표현한 것이 아니라 바로 그들과 같은 시대를 살아온, 그리고 살아가고 있는 우리 모두의 자화상이 된다. 곧 화가의 자화상은 그들의 얼굴에 담긴 세상, 그들의 시선에 담긴 우주의 모습인 것이다.

이 글을 통해 글쓴이가 전달하려고 한 중심 생각은 무엇일까?

– 이주헌, 『명화는 이렇게 속삭인다』

- 아를　프랑스 동남부에 위치한 도시.
- 화구(畵具)　그림을 그리는 데 쓰는 여러 도구.
- 이젤　그림을 그릴 때 그림판을 놓는 틀.
- 청빈(淸貧)　성품이 깨끗하고 재물에 대한 욕심이 없어 가난함.
- 달관(達觀)　사소한 사물이나 일에 얽매이지 않고 세속을 벗어난 활달한 식견이나 인생관에 이름.

이주헌(1961~)

미술 평론가. 주요 저서로 『내 마음속의 그림』, 『미술로 보는 20세기』, 『명화는 이렇게 속삭인다』, 『느낌 있는 그림 이야기』 등이 있습니다.

2. 책을 읽으며 겪은 문제와 그 해결 방안에 관해 메모하며 읽어 봅시다.

예시

독서 일지

읽은 날짜	책 제목	글쓴이	읽은 쪽수
20○○. ○. ○.	명화는 이렇게 속삭인다	이주헌	85~96쪽

읽은 내용 정리하기

이번 시간에 읽은 부분은 화가들의 자화상에 관한 미술 비평문이었다. 글쓴이는 자화상의 의미와 근대에 들어 자화상이 본격적으로 그려지게 된 까닭을 밝힌 후, 고흐, 렘브란트의 자화상을 예시로 하여 자화상의 의미가 화가들의 얼굴에 담긴 세상, 그들의 시선에 담긴 우주의 모습이라는 견해를 밝히고 있다.

책을 읽으면서 겪은 문제점과 해결 방안

- 문제: '자화상을 그린다는 것은 곧 내 안의 우주를 그리는 것이다.'라는 문장은 무슨 뜻일까?
- 해결: '내 안의 우주'는 화가 자신의 본질적인 자아의 모습을 의미하는 것이다. 그러므로 자화상을 그린다는 것은 화가 자신의 본질적인 모습, 화가의 가치관, 세계관을 그린다는 뜻이다.

- 문제: 렘브란트가 자화상을 많이 그리게 된 까닭과 렘브란트가 활동했던 시기의 특성은 어떤 관련이 있을까?
- 해결: 17세기에 활동했던 네덜란드 출신 화가 렘브란트는 이십 대 청년기에서부터 삼사십 대 중·장년기를 거쳐 인생의 황혼기인 노년에 이르기까지 100여 점이 넘는 자화상을 남겼다. 렘브란트는 왜 이렇게도 많은 자화상을 그린 것일까? 이 물음에 관한 답을 찾기 위해서는 렘브란트가 활동했던 당시의 네덜란드 상황을 살펴볼 필요가 있다. 17세기의 네덜란드에는 상공업으로 큰돈을 번 신흥 부자들이 득세하고 있었다. 이들은 귀족 계급과 같은 품위를 얻기 위해 많은 돈을 소비했는데, 그중 하나가 자신의 초상화를 주문·제작해 그들의 호화스러운 거실에 걸어 놓는 것이었다. 렘브란트는 당시 네덜란드 최고의 초상화 전문 화가였다. 렘브란트가 그린 초상화 한 점 정도는 있어야 부자 행세를 할 수 있을 정도였다.
  그러나 부자들의 주문에 따라 그리는 그림을 통해 화가가 예술적 희열을 느낄 수는 없었다. 렘브란트는 초상화를 그려 준 대가로 세속적인 부를 얻었지만 반대로 예술가로서의 정체성에 혼란을 느끼며 괴로워했다. 이런 그를 위로했던 것은 자화상이었다. 그는 누구에게 보여 주기 위해서가 아니라 오로지 자기 자신을 위해서 자화상을 그렸다.

  – 천빈 지음, 정유희 역, 『자화상전』

선생님의 의견

글에 나타난 정보와 배경지식을 활용해도 이해가 안 될 경우에는 참고 자료를 조사하여 의미를 구성하면 된단다.

독서 활동 2 독서 일지 쓰기

➜ 독서 일지는 책을 읽으면서 책에서 받은 인상이나 느낌, 자신이 메모하며 질문했던 내용 등을 기록해 두는 장치이다. 이 활동은 문제 해결적 과정으로서의 독서를 해 보는 것이므로, 책을 읽어가면서 겪은 문제점과 그 해결 방안을 중심으로 기록하도록 한다. 글 안의 정보나 배경지식으로 해결되지 않은 정보는 참고 자료를 찾아보고, 그 내용을 함께 기록한다.

보충 자료

독서 일지를 작성할 때의 유의점

시간 분배	45분의 시간 중 30분은 책을 읽고, 15분 동안은 읽은 책과 관련된 내용을 기록함.
내용 구성	책에 담긴 의미를 자신의 관점에서 재구성하고, 자신의 읽기 방법을 점검·조정하면서 독서 과정을 돌아보는 계기가 되게 함.

예시 답

독서 일지

읽은 날짜	책 제목	글쓴이	읽은 쪽수
20○○. ○. ○.	열두 발자국	정재승	63~94쪽

읽은 내용 정리하기

이번 시간에 읽은 부분은 「결정 장애는 어떻게 극복할 수 있는가」였다. 요즘 사람들은 결정을 내리는 데 많은 어려움을 겪는다. 그것은 선택할 수 있는 경우의 수가 많기 때문이며, 또한 잘못된 결정을 내렸을 때 재기할 수 있는 사회적 안전망이 없어졌기 때문이다. 결정을 잘 못하는 사람들의 가장 중요한 특징 중 하나는 '실패에 대한 두려움이 크다'는 것이다. 이들에게 필요한 것은 성장하는 과정을 중시하는 '성장 마인드셋'이다. 실패하더라도 주변에서 격려해 주고, 조금 나아졌을 때 같이 기쁨을 공유해 주는 경험이 필요하다.

책을 읽으면서 겪은 문제점과 해결 방안

- 문제: '햄릿 증후군'은 무엇을 가리키는 말일까?
- 해결: "죽느냐 사느냐, 그것이 문제로다."는 셰익스피어 작품 속 햄릿의 대사이고 그는 우유부단한 성격이었으므로, 햄릿 증후군은 햄릿처럼 결정을 내리지 못하고 오랫동안 고민하는 결정 장애를 가리키는 말이구나.

- 문제: '큐레이션', '타인의 선택을 서비스로 제공한다.'가 무슨 뜻이지?
- 해결: 다른 사람이 대신 하는 서비스를 제공한다는 것으로 보아, 결정을 하지 못하는 사람들을 위한 정보 추천 서비스구나. 주인이 메뉴를 골라 주는 '아무것이나' 메뉴 같은 것이 최근의 마케팅 유형인가 보네.

- 문제: '고정 마인드셋'과 '성장 마인드셋' 중, 나는 어느 쪽에 가까울까?
- 해결: 난 실패에 대한 두려움도 크고, 친구들이랑 뭔가를 결정할 때도 조용히 있다가 동조하는 편이니까 고정 마인드셋에 가깝겠군.

- 문제: 이 글을 통해 글쓴이가 말하고자 한 것은 무엇일까?
- 해결: 실패를 통해 조금씩 나아지는 기쁨을 아는 사람은 성장할 수 있지만, 실패가 두려워 시도조차 하지 않는 사람은 성장할 수 없다는 것, 성장 마인드셋을 가져야 한다는 것을 전달하려 한 것이구나.

선생님의 의견

책을 읽으면서 부딪혔던 문제 상황을 잘 해결하였구나. 책을 읽고 느낀 점을 일상생활에서도 잘 적용해 보도록 하자.

문제 해결 과정으로서의 「'나'를 외친 화가들」의 읽기 전략

- **배경지식 활성화**

㉠ 미술 시간에 자화상에 대해 배운 경험을 떠올려 보자.

- **밑줄 그으며 읽기**

어려운 단어나 문장에 밑줄을 쳐 보고 의미를 파악해 본다.

- **이해가 가지 않는 부분 질문 떠올리기**

글에 나타난 정보를 바탕으로 문제를 해결하고, 해결되지 않은 문제는 참고 자료를 찾아본다.

㉠ 예술가들이 본격적으로 자화상을 그리게 된 까닭과 '근대적 자아의식'은 어떤 관계가 있을까?

- **글쓴이의 의도 파악하기**

㉠ 글쓴이가 고흐와 렘브란트의 사례를 통해 글을 구성하여 이해를 도우려 했구나.

- **글의 주제 파악하기**

㉠ 글쓴이는 고흐와 렘브란트의 자화상을 통해 화가의 자화상은 화가의 얼굴에 담긴 세상이며, 그들의 시선에 담긴 우주의 모습이라는 것을 말하고자 하였구나.

④ 책 나누기

‖ 작성한 독서 일지를 바탕으로, 이 책을 읽는 학생들의 읽기 문제를 해결하기 위한 안내 소책자를 만들어 봅시다.

1. 책을 읽고 작성한 독서 일지를 바탕으로, 아래 〈예시〉를 참고하여 책을 읽으면서 겪은 문제와 그 해결 과정을 정리해 봅시다.

예시

문제	예술가들이 본격적으로 자화상을 그리게 된 까닭과 '근대적 자아의식'은 어떤 관계가 있을까?	글 옆에 화가들의 자화상을 제시한 까닭은 무엇일까?	이 글을 통해 글쓴이가 전달하려고 한 중심 생각은 무엇일까?
해결	예술가가 영감으로 가득한 존재임을 세상이 인정하기 시작하고, 예술가가 인정을 받기 위해 투쟁하기 시작한 근세 이후에 화가들의 근대적 자아의식이 싹트기 시작했어. 그러니까 '근대적 자아의식'이 생겨서 '나'를 인식하게 된 후부터 화가들은 자화상을 본격적으로 그리기 시작한 것으로 볼 수 있어.	화가들이 그린 자화상이 화가들의 자아를 드러내 보이는 것이라는 글쓴이의 의견을 그림을 통해 확인하게 하려는 의도이구나.	글쓴이는 화가들의 자화상에 근대 의식이 반영되어 있다는 점을 통해 이들 그림이 단순히 화가 개인의 모습을 표현한 것이 아니라 '그들과 같은 시대를 살아온, 그리고 살아가고 있는 우리 모두의 자화상임'을 말하려고 한 것이구나.

예시 답

문제	'선택의 패러독스'가 뭘까?	결정 장애는 실패에 대한 두려움이 크다.	데이터 스모그
해결	선택지가 많아지면 오히려 합리적인 의사 결정을 방해한다는 게 재밌네. 그러고 보니 31가지 맛의 아이스크림을 먹을 때 나도 매번 먹었던 것만 먹었지.	맞아, 나도 반장 선거에 나가고 싶은 마음이 있었지만, 표가 적게 나오면 창피할 것 같아 반장 선거에 나갈까 말까 엄청 고민하다가 포기했었던 경험이 있어.	스모그는 안개처럼 뿌연 것을 의미하잖아. 데이터가 너무 많아서 오히려 많은 정보가 올바른 선택을 가린다는 이야기가 아닐까? 인터넷을 검색해 보자.

독서 후 활동 1 안내 소책자 만들기 ①

➜ 작성한 독서 일지를 바탕으로 안내 소책자를 만들기 전 책을 읽으면서 겪은 문제와 그 해결 과정을 정리해 본다. 이 활동에서 정리한 내용이 안내 소책자의 내용이 된다는 점을 생각하며, 책자의 면보다 넘치거나 너무 부족하지 않고, 잘못된 내용이 없는지 꼼꼼히 살펴보도록 한다.

보충 자료

소책자 만들기

책의 내용에 따라 그림도 그리고 글도 쓰면서 만들기의 재미를 볼 수 있는 복합적인 독후 활동이다. 다양한 크기와 색깔의 종이로 제시된 방법 외에도 여러 가지 방법으로 책 만들기를 하면서, 다른 친구들의 독서를 돕는 한편, 나의 독서를 완성해 보도록 한다.

2. 1에서 정리한 내용을 바탕으로, 이 책을 읽는 학생들에게 도움이 될 수 있는 내용이 담긴 소책자를 만들어 봅시다.

안내 소책자 만드는 방법

■ 준비물

- 교사: 8절지(색지), 꾸미기 도구(칼, 가위, 색연필, 풀)
- 학생: 책을 읽으며 적은 메모, 사진(자신이 읽은 책 표지, 책 본문 중 인용할 부분의 사진), 독서 일지

■ 책 만드는 법

1 8절지 색지를 그림과 같이 8등분이 되도록 접어 주세요.
2 가운데 ❷, ❸번 윗부분을 칼로 잘라 주세요.
3 ❷, ❸번 위가 벌어지도록 종이를 접어 주세요.
4 ❽번이 앞표지, ❼번이 뒷면이 되도록 접고, 벌어진 부분은 풀칠하여 완성해 주세요.

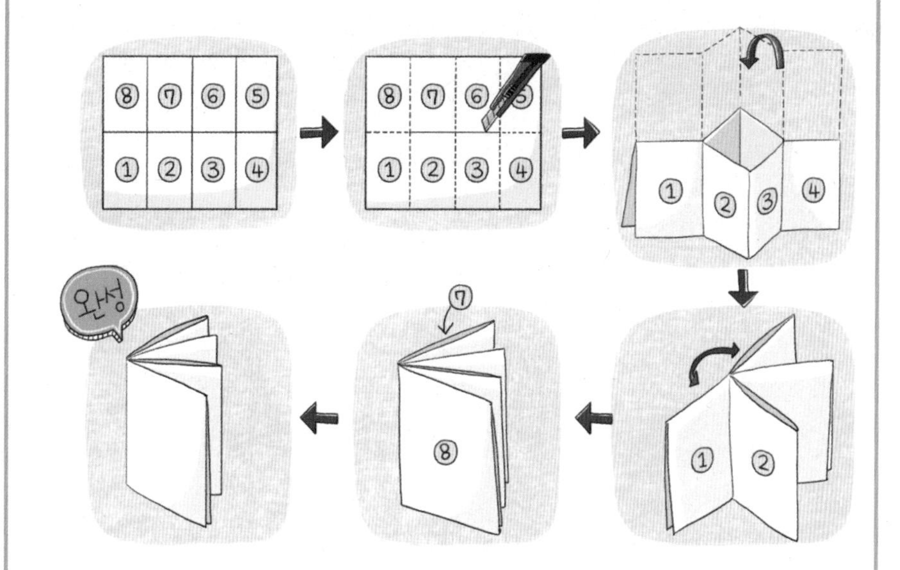

■ 소책자 구성 요소

1 앞표지: 앞표지 ❽은 책의 제목을 적어 주세요. (예 『홍길동전』 문제 해결 책)
2 ❶~❻은 1에서 정리한 '문제'와 '해결'을 적어 주세요.
3 ❼에 풀칠을 하여 읽은 책에 부착하여 주세요.

독서 후 활동 1 안내 소책자 만들기 ②

➜ 앞서 정리한 내용을 바탕으로 안내 소책자를 만든다. 안내 소책자가 일반적인 접지 형태가 아니라 책을 만드는 접지 형태로 구성되므로, 제시된 방법에 따라 만들지 않으면 책의 내용이 원하는 순서대로 나오지 않을 수도 있음에 유의한다.

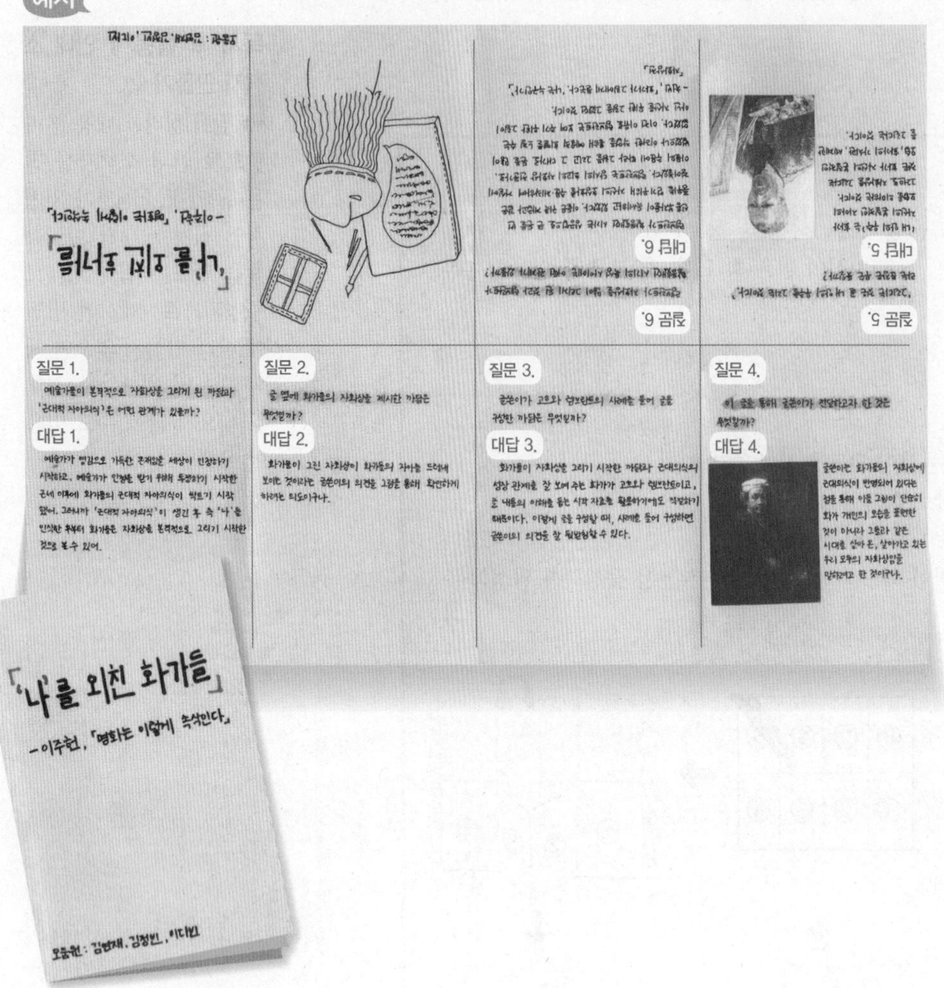

3. 안내 소책자를 부착한 책을 친구들과 돌려 읽어 보고, 어떤 안내 소책자가 가장 유용했는지 평가해 봅시다.

예시 답 생략

보충 자료

나만의 책 만들기 프로젝트
스스로 책의 주제를 정하고 내용을 생성하여 직접 표지를 만들고 책을 제본하여 세상에 하나뿐인 '나만의 책'을 만들어 내는 프로젝트 활동이다.

- 효과
  ① 자신이 배움의 주체가 될 수 있도록 한다.
  ② 자신을 더 깊이 알아갈 수 있도록 한다.
  ③ 독서 능력 및 정보 활용 능력을 향상시켜 준다.
  ④ 창작의 즐거움과 높은 성취감을 맛보게 한다.

소단원 제재 정리

갈래: 설명하는 글
성격: 정보 전달적, 객관적, 논리적
제재: 모두를 위한 디자인
주제: '모두를 위한 디자인'의 성격과 (❶)
특징: ① 다양한 시각 자료를 활용하여 글의 내용을 효과적으로 설명함.
② '모두를 위한 디자인'의 사례를 제시하여 독자들의 이해를 도움.

제재 한눈에 보기

처음	일상화되고 핵심어가 된 디자인
중간	• 특정한 집단을 목표 대상으로 하는 디자인의 특성 • 가리키는 범주가 넓어진 '모두를 위한 디자인' • '모두를 위한 디자인'의 예 • '모두를 위한 디자인'의 원칙
끝	'모두를 위한 디자인'의 성격과 가치

핵심 원리

문제 해결 과정으로서의 읽기

• 읽기의 본질
읽기는 글을 읽고 의미를 구성하는 과정에서 발생하는 여러 가지 문제를 해결해 가는 과정이다.

• 글에 나타난 정보와 배경지식의 활용
글을 읽을 때는 글에 나타난 정보와 독자의 배경지식을 활용하여 읽기 과정의 문제를 해결해 나가야 한다.

핵심 내용

(1) 글의 전개와 글쓴이의 중심 생각

처음	1 이제 '(❷)'이라는 말은 일상화되었으며, 기업 혁신과 국가 경쟁력에서도 매우 중요한 핵심어가 되었음.
중간	2 대부분의 디자인은 특정한 집단이 목표 대상임. 3 '모두를 위한 디자인'은 사회적 약자를 위한 복지 차원에서 시작되었으나 지금은 '모든 사람을 위한 디자인'이라는 의미로 통용되고 있음. 4 '모두를 위한 디자인'은 보통 사람에게도 (❸)으로 유용한 물건과 시설, 환경을 추구함. 5 '모두를 위한 디자인'의 원칙과 부가적인 규칙 제시
끝	6 '모두를 위한 디자인'의 성격과 가치

↓

글쓴이의 중심 생각
모든 사람을 위한 보편적 디자인이 바로 '모두를 위한 디자인'임.

(2) '모두를 위한 디자인'의 개념과 사례

개념	사례
성별, 연령, 국적, 문화적 배경, 장애의 유무에 상관없이 누구나 손쉽게 쓸 수 있는 제품 및 사용 환경을 만드는 디자인	• 옆으로 긴 막대 모양의 문손잡이 • 휠체어를 자유롭게 이용할 수 있는 지하철의 엘리베이터 • 횡단보도에서 파란불이 켜질 때 나오는 소리 • 공공장소나 대중교통에서 나오는 다국어 음성 안내

(3) 문제 해결 과정으로서의 읽기의 특성과 해결 방안

문제 상황
① 단어나 문장의 의미를 이해하지 못함. ② 배경지식의 부족으로 글의 내용을 이해하지 못함. ③ 주제나 중심 생각을 파악하지 못함.

↓

문제 상황의 해결
① 앞, 뒤 문장의 맥락을 파악하며 의미를 짐작해 본 후, 사전을 찾아 (❹)의 의미를 이해함. ② 인터넷 검색이나 책을 참고하여 글의 내용과 관련된 (❺)을 넓힘. ③ 문단의 중심 내용을 찾아 밑줄을 그으며 읽음. 밑줄 친 내용을 중심으로 글쓴이의 생각을 파악함.

정답 ❶ 가치 ❷ 디자인 ❸ 보편적 ❹ 단어 ❺ 배경지식

소단원 핵심 문제

• 정답과 해설 p.23

[01~03] 다음 글을 읽고, 물음에 답하시오.

(가) 우리는 살아가면서 '디자인'이라는 말을 쉽게 듣고 또 말한다. 그만큼 디자인이 일상화된 것이다. 우리나라는 세계 유수의 좋은 디자인 선정에서 다수의 수상을 기록할 정도로 디자인 산업이 발전하였다. 이제 디자인은 특정한 분야나 제품에만 국한되지 않고, 기업 혁신과 국가 경쟁력에서 매우 중요한 핵심어가 되었다.

(나) 디자인은 보통 대량 생산을 전제로 하지만, 그렇다고 하여 모든 사람이 만족하는 디자인을 추구하는 것은 아니다. [대부분의 디자인]은 특정한 집단을 목표 대상으로 한다. 하나의 상품을 대량 생산하려면 많은 비용이 들어가므로, 기업은 실패하지 않기 위해 목표 대상을 명확히 하여 그들에게 적합한 디자인을 하는 것이다. 이를 위해 그 집단이 요구하는 기능과 좋아할 만한 양식에 관해 방대한 조사가 이루어진다. 이러한 과정을 통해 생산된 물건은 특정 집단에는 큰 즐거움을 주지만, 그 밖의 다른 사람에게는 필요 없는 것이 될 수도 있다. 특히 장애인, 관절염 같은 만성적인 병을 앓고 있는 사람, 노약자, 보통 사람보다 키가 아주 작거나 덩치가 아주 큰 사람 등을 고려하면서 디자인한 물건은 좀처럼 찾아보기 힘들다.

(다) '[모두를 위한 디자인]'은 노인이나 장애를 가진 사람도 사용하는 데 불편하지 않은 디자인을 말한다. 이 디자인은 처음에 장애인과 노약자 같은 사회적 약자를 위한 복지 차원에서 시작되었다. 그러나 지금은 좀 더 보편적인 의미인 '모든 사람을 위한 디자인'이라는 의미로 통용되고 있으며, 개인이 사용하는 도구나 물건은 물론 공공시설 같은 환경으로까지 확대되고 있다. 특히 공공시설이나 대중교통에서 이 디자인은 장애가 있거나 없거나, 노인이거나 어린아이거나, 남자거나 여자거나, 내국인이거나 외국인이거나 사용하는 데 불편함이 없도록 하는 데 노력을 기울인다.

출제 예감 85%

01 이 글에서 추론한 사실로 적절하지 않은 것은?

① 기업이 성공하려면 목표 대상에 대한 조사가 필요하다.
② 디자인은 국가 경쟁력에 있어 매우 중요한 역할을 한다.
③ 어떤 디자인은 특정 사람들에게는 불필요한 것일 수 있다.
④ '모두를 위한 디자인'의 의미와 범위는 처음보다 확대되었다.
⑤ 우리나라는 디자인 산업에 있어 세계 최고의 경쟁력을 지니고 있다.

출제 예감 85% 학습 활동 응용

02 다음 중 은주가 읽기 과정에서 겪고 있는 문제 상황으로 가장 적절한 것은?

> 은주: '유수', '만성적', '통용' 등의 의미를 잘 몰라서 중간중간 읽기가 힘들었어.

① 단어나 문장의 의미를 이해하지 못해 읽기에 어려움을 겪고 있다.
② 화제에 대한 배경지식이 부족하여 글의 내용을 이해하지 못하고 있다.
③ 글쓴이와 화제에 대한 의견이 달라 글의 주제에 공감하지 못하고 있다.
④ 글이 전개되는 방식을 이해하지 못해 글의 중심 생각을 파악하지 못하고 있다.
⑤ 글쓴이가 화제에 대해 어떤 생각을 가지고 있는지 알지 못해 어려움을 겪고 있다.

출제 예감 90% 서술형

03 [대부분의 디자인]과 [모두를 위한 디자인]의 차이점은 무엇인지 (나)와 (다)를 참고하여 서술하시오.

[04~06] 다음 글을 읽고, 물음에 답하시오.

가 '모두를 위한 디자인'은 단지 사회적 약자만을 위한 디자인이 아니라 보통 사람에게도 보편적으로 유용한 물건과 시설, 환경을 추구한다. 이 디자인이 시작된 미국에서는 신체, 인종, 종교, 문화 차이에 따라 차별을 받지 않도록 규정하는 '동등한 기회' 정신이 보편화되어 있는데, 이러한 가치관이 디자인에도 적용되었다. ㉠옆으로 긴 막대 모양의 문손잡이(옛날에 주로 쓰이던 동그란 문손잡이는 손이 불편하거나 악력이 약한 사람이 사용하기에는 힘들다.), ㉡휠체어를 자유롭게 이용할 수 있는 지하철의 엘리베이터(지하철 계단에 설치된 휠체어 리프트보다 훨씬 유용하다.), ㉢횡단보도에서 파란불이 켜질 때 나오는 소리, ㉣공공장소나 대중교통에서 나오는 다국어 음성 안내 등을 '모두를 위한 디자인'이라 부를 수 있다. 이런 디자인은 사회적 약자뿐만이 아니라 비사회적 약자에게도 유용하다. 특히 대도시의 공공과 환경 부문에서는 장애인이나 노약자, 외국인을 배려한 디자인이 필수 요소가 되고 있다.

나 '모두를 위한 디자인'의 원칙을 보면, 이와 같은 특징을 잘 이해할 수 있다.

- 누가 쓰더라도 차별감이나 불안감, 열등감을 느끼지 않고 공평하게 사용할 수 있는가?
- 다양한 생활 환경과 조건에서도 다양한 개인이 각자가 선호하는 방식으로 사용할 수 있는가?
- 사용자의 언어 능력이나 지식의 정도, 경험 지식과 관계없이 간단하고 직관적으로 사용할 수 있는가?
- 정보 구조가 간단하고, 여러 전달 수단을 통해 쉽게 정보를 얻을 수 있는가?
- 잘못 다루었더라도 원래 상태로 쉽게 돌이킬 수 있는가?
- 무리한 힘을 들이지 않고 자연스러운 자세로 사용이 가능한가?
- 이동과 수납이 용이하고, 누구나 쉽게 접근하여 사용할 수 있는가?

이 외에도 비싸지 않아야 하고 내구성이 있어야 한다. 또한 품질이 좋고 심미적이어야 하며 인체와 환경을 배려해야 함은 말할 것도 없다.

출제 예감 90%

04 이와 같은 글을 읽는 방법으로 적절하지 않은 것은?

① 글의 짜임을 파악하며 읽는다.
② 주어진 정보를 정확히 파악하며 읽는다.
③ 중심 내용과 세부 내용을 구분하며 읽는다.
④ 설명하려는 바가 무엇인지 파악하며 읽는다.
⑤ 주장을 뒷받침할 만한 설득력 있는 근거가 있는지 판단한다.

출제 예감 85% 학습 활동 응용

05 이 글을 통해 알 수 있는 내용으로 적절하지 않은 것은?

① '모두를 위한 디자인'의 대상 범위
② '모두를 위한 디자인'의 구체적 사례
③ '모두를 위한 디자인'의 디자인 방법
④ '모두를 위한 디자인'의 원칙과 부칙
⑤ '모두를 위한 디자인'의 기반이 되는 가치관

출제 예감 90% 서술형 논술 대비 사고력 확장 문제

06 이 글의 내용을 바탕으로, 〈보기〉의 사례가 '모두를 위한 디자인'으로 적절한 까닭을 〈조건〉에 맞게 서술하시오.

보기

픽토그램(pictogram)
문자를 대신하는 시각 전달의 한 수단으로서 언어를 초월하여 직관적으로 이해할 수 있도록 디자인한 그래픽 심벌

조건

- '모두를 위한 디자인'이 지향하는 가치관을 중심으로 서술할 것.
- 제시된 디자인의 목표 대상을 근거로 서술할 것.

소단원 핵심 문제

[07~09] 다음 글을 읽고, 물음에 답하시오.

(가)

턱 제거
안전하고 쾌적한 보행 환경의 조성

턱이 있어 넘지 못할 공간은 모따기 시공을 통해 해소할 수 있다. 모따기 시공은 유모차를 밀고 가는 부부나, 짐가방을 끌고 가는 외국인에게도 도움이 된다. 이런 시공은 가정의 현관에도 적용할 수 있다.

(나)

버스 정류소
보행 환경을 침해하지 않고 버스를 기다리는 부담이 적은 정류소

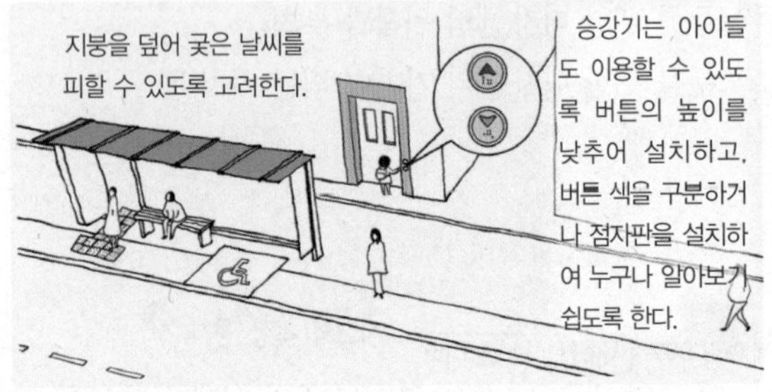

버스 정류소는 교통 약자를 포함한 누구나가 아무 제약 없이 대기할 수 있도록 충분한 대기 공간을 확보해야 한다. 일반 통행자들의 동선을 방해하지 않음은 물론이다.

(다) '모두를 위한 디자인'은 디자이너가 애정을 갖고 사람들의 지극히 평범한 일상생활을 관찰하고, 사람들이 인식하지 못하는 불편한 점을 찾아내어 그 개선 사항을 반영할 수 있어야 가능하다. 개성이나 상상력을 발휘하고 튀어 보려는 마음보다는 (　　㉠　　)에서 비롯한다고 할 수 있다. 그렇다고 이런 디자인이 이윤을 완전히 배제하고 남을 돕는 일만 하려 한다고 착각해서도 안 된다. '모두를 위한 디자인' 역시 사업적 가치가 큰 미래 산업 중의 하나이다. 크게 보면 불편한 사람과 건강한 사람 모두를 위한 디자인이며, 작게 보면 나와 나의 가족, 내가 속한 집단을 위한 보편적 디자인이 바로 '모두를 위한 디자인'이다.

출제 예감 95%

07 이 글에서 글쓴이가 말하고자 하는 중심 생각으로 적절한 것은?

① 디자인이 중요한 까닭
② 상업적 디자인의 위험성
③ '모두를 위한 디자인'의 성격과 가치
④ '모두를 위한 디자인'의 종류와 특징
⑤ 디자인 산업에 대한 국가적 지원의 필요성

출제 예감 80% 학습 활동 응용

08 이 글에서 (가), (나)의 역할에 대한 설명으로 적절한 것은?

① 설명 대상의 기본적인 개념을 설명한다.
② 대조되는 사례를 제시하여 의미 차이를 부각한다.
③ 새로운 시각으로 인해 발생된 문제 상황을 분석한다.
④ 구체적인 사례를 들어 내용에 대한 독자의 이해를 돕는다.
⑤ 일정한 기준에 따라 개념을 분류하고 그 특징을 설명한다.

출제 예감 90%

09 ㉠에 들어갈 내용으로 적절한 것은?

① 모든 사람들이 좋아하는 마음
② 타인을 보살피려는 마음 자세
③ 평범한 디자인을 제작하려는 생각
④ 타인에게 무료로 제공되는 봉사 정신
⑤ 디자인을 일상생활과 접목시키려는 자세

주장하는 글 쓰기

• 생각 열기 다음 두 그림을 비교해 보고, 설득력 있게 주장하는 방법에 관해 생각해 봅시다.

가, 나 중 더 설득력이 있다고 생각하는 것은 무엇인가요? 그렇게 생각하는 까닭과 함께 말해 봅시다.

예시 답 (가)에는 주장만 나타나 있지만, (나)에는 왜 도토리를 가져가면 안 되는지에 관한 까닭이 나타나 있기 때문에 (나)가 더 설득력 있다고 생각한다.

주장을 펼칠 때, 주장하는 내용에 맞는 타당한 근거를 들어야 하는 까닭은 무엇일까요?

예시 답 설득력을 높일 수 있기 때문

• 학습 목표로 내용 엿보기

"동일한 상황에서의 동일한 주장인 경우, 주장에 관한 근거가 타당한 쪽이 그렇지 않은 쪽 보다 설득력이 있어. 그러므로 주장하는 글을 쓸 때는 자신의 입장이나 관점을 정한 다음 논리적이고 타당한 근거를 들어 글을 써야 돼."

핵심 1 주장하는 글의 특성 알기

핵심 2 자신의 관점을 선택하고 타당한 근거 마련하여 글 쓰기

핵심 원리 이해하기 주장하는 글의 특성과 주장하는 글을 쓰는 과정

1. 주장하는 글의 개념과 구조

다른 사람을 설득하기 위하여 자신의 생각이나 의견을 조리 있고 짜임새 있게 밝혀 쓴 글이다.

서론 — 본론 — 결론

2. 주장하는 글을 쓰는 과정

문제 분석 및 관점 정하기 → 주장에 관한 근거 마련하기 → 주장하는 글 쓰기

개념 확인 콕콕 • 정답과 해설 p.24

[01~02] 다음 빈칸에 알맞은 말을 쓰시오.

01 주장하는 글은 다른 사람을 (   )하기 위하여 자신의 생각이나 의견을 조리 있고 짜임새 있게 밝혀 쓴 글이다.

02 주장을 펼칠 때, 설득력을 높이기 위해서는 주장하는 내용에 맞는 타당한 (   )을/를 들어야 한다.

03 <보기>의 ㉠보다 ㉡이 더 설득력 있는 이유로 가장 적절한 것은?

보기
㉠ 도토리를 가져가지 마세요.
㉡ 도토리는 야생 동물의 겨울 양식입니다. 가져가지 마세요.

① 구체적 사례를 들었기 때문이다.
② 주장을 재차 강조했기 때문이다.
③ 문학적 표현을 사용했기 때문이다.
④ 의견을 명확히 드러냈기 때문이다.
⑤ 주장에 관한 근거를 제시했기 때문이다.

04 주장하는 글을 쓸 때의 유의점으로 적절하지 않은 것은?

① 서론-본론-결론의 형식으로 글을 쓴다.
② 글을 쓴 목적과 의도가 드러나지 않게 한다.
③ 주장을 뒷받침하는 타당한 근거를 마련한다.
④ 자신의 주장을 조리 있고 짜임새 있게 밝힌다.
⑤ 문제가 되는 쟁점에 대한 자신의 관점을 정한다.

활동 안내

이 소단원은 주장하는 글의 특성을 이해하고, 구체적이고 타당한 근거를 들어 설득력 있게 자신의 주장을 글로 써 보는 것을 학습하는 단원이다. 이를 위해 주장하는 글을 읽은 후 그 형식과 특성을 이해하고, 이를 바탕으로 문제가 되는 쟁점과 관련된 다양한 의견을 분석해 자신의 관점을 정리하고, 자신의 주장을 뒷받침할 수 있는 논리적이고 타당한 근거를 들어 글을 쓰는 활동을 하게 된다. 이러한 활동을 통해 자신의 주장을 설득력 있게 표현하는 능력을 기르도록 한다.

활동 1 주장하는 글의 특성 알아보기 → **활동 2** 타당한 근거를 들어 주장하는 글 쓰기

활동 개관

★ **활동 1** 주장하는 글의 특성 알아보기

주장하는 글을 쓰는 활동을 하기 전에 주장하는 글의 특성을 알아보는 활동이다. 주장하는 글에서 글쓴이는 자신의 주장에 맞는 타당한 근거를 들어 독자를 설득한다. 이 활동을 통해 근거가 타당하려면 주장을 적절하게 뒷받침해야 하고, 객관적인 성격을 가져야 하며, 정확하고 분명하게 표현되어야 한다는 점을 이해할 수 있다. 또한, 글에 나타난 주장과 근거들이 타당하고 적절한지 판단하면서 읽을 수 있도록 한다.

• 주장하는 글의 구조

서론	• 글을 쓴 목적과 의도를 밝힘. • 글에서 다룰 문제를 명확하게 제기함.
본론	• 제기된 상황에 관해 자신의 주장을 밝힘. • 주장을 뒷받침할 수 있는 타당한 근거를 제시함.
결론	• 자신의 주장을 다시 한번 강조함. • 앞으로의 전망을 제시하며 마무리함.

• 활동 제재 물 소비 행태에 관해 경각심을 가지고 물을 경제적으로 써야 한다는 글쓴이의 주장을 논리적이고 타당한 근거를 들어 설득력 있게 표현하고 있는 글이다.

★ **활동 2** 타당한 근거를 들어 주장하는 글 쓰기

타당한 근거를 들어 실제 주장하는 글을 쓰는 활동이다. '청소년들의 팬덤 문화'라는 주제로, 주장하는 글 쓰기의 전반적인 과정을 익히며 수행하도록 한다. 이를 위해 자신의 관점을 정하고 주장할 내용을 써 보는 활동, 주장을 뒷받침할 근거를 마련하는 활동, 수집한 자료들의 타당성을 평가해 보는 활동, 글쓰기 개요를 작성하는 활동, 주장하는 글을 쓰는 활동을 하도록 한다.

주장하는 글 쓰기

활동 1 주장하는 글의 특성 알아보기

다음은 '물이 부족한 현상'에 관한 글쓴이의 관점과 주장이 담긴 글입니다. 글을 읽고, 아래의 활동을 해 봅시다.

"21세기의 전쟁은 물을 차지하기 위한 전쟁이 될 것이다."

전 세계은행 부총재 이스마일 세라겔딘의 경고이다. 이 말처럼 인류는 물 부족으로 인한 위기에 직면할 것이며, 세계가 물을 차지하기 위해 전쟁을 벌일 것이라는 경고의 목소리가 높아지고 있다. 세계기상기구는 지금처럼 물을 소비할 경우, 2050년에는 3명 중 2명이 물 부족 상태로 생활할 것이라고 전망한다. 우리나라도 예외는 아니어서 경제협력개발기구는 2050년이 되면 한국이 회원국 가운데 물 부족으로 가장 큰 고통을 겪게 될 것이라고 경고하고 있다.

물이 부족한 상태는 인류에게 큰 위기로 다가올 것이다. 앞으로도 인구는 증가할 것이며, 늘어나는 인구만큼 식량이 더 필요해진다. 따라서 곡식의 재배를 위한 담수(민물) 필요량이 늘어나게 될 것이다. 설상가상으로 기후 변화로 인해 가뭄이 심화되어 지금처럼 물을 쓰다가는 2050년이 되기도 전에 인류는 물 부족 현상으로 인해 커다란 위기에 봉착하게(어떤 처지나 상태에 부닥침.) 될 것이다. 이러한 위기는 전쟁과 같은 국가 간의 갈등을 초래할 가능성이 높다. 물은 인간의 생존을 위해 필수 불가결한 대상이지만 물의 양은 한정적이어서 물을 차지하기 위한 갈등이 벌어질 것이다. 국가 간의 갈등은 전쟁으로 이어질 것이며, 이는 인류에게 커다란 시련을 안겨 줄 것이다.

일부에서는 바닷물로부터 염분을 포함한 용해 물질을 제거하여 음용수 및 생활용수로 사용하는 담수화를 통해 물 부족 문제를 해결할 수 있다고 주장하기도 한다. 그러나 이는 물 부족 문제의 근본적인 해결책이 될 수 없다. 바닷물을 담수화하는 것은 비용이 높고, 기술이나 전문 인력을 활용한 시설의 구축이 선진국 중심이라는 점에서 전 인류가 사용하기에 어렵다. 또한, 해수 담수화 기술은 에너지 소비가 많은 증기를 이용한 증발법을 사용하므로 결국 해수 담수화 기술은 다른 환경 문제로 이어질 수밖에 없는 것이다.

이제 우리는 다음 세대에게 물 부족으로 인한 고통을 안겨줄 것인지, 아니면 삶을 영위할 수 있는 환경을 물려줄 것인지를 고민해야 한다. 위기를 과소평가한다면 영화에서나 펼쳐진 비극적 미래는 현실이 될 것이다. 아직 늦지 않았다. 지금부터라도 물 소비 행태에 관한 경각심을 가지고 물을 경제적으로 쓰도록 노력하자.

– 유레카 편집부, 『토론 · 논술 · 면접이 강해지는 반찬』

확인 문제

• 정답과 해설 p.24

01 이 글에 대한 설명으로 알맞은 것은?

① 정보 전달을 목적으로 하고 있다.
② 개인의 삶을 고양하는 기능이 있다.
③ 친교를 도모하는 것을 목적으로 하고 있다.
④ 화제에 관해 실시간으로 의견을 나누고 있다.
⑤ 글쓴이의 주장을 설득력 있게 표현하고 있다.

02 글쓴이의 주장으로 가장 적절한 것은?

① 물 부족의 심각성을 알고 물을 경제적으로 써야 한다.
② 물 부족 현상을 해결할 수 있는 과학적 방법을 찾아야 한다.
③ 물 부족이 다음 세대에 미치는 영향이 무엇인지 알아보아야 한다.
④ 물 부족을 해결하기 위한 노력에는 어떤 것들이 있었는지 살펴보아야 한다.
⑤ 물 부족 현상에 대한 다양한 전문가의 서로 다른 견해들을 찾아보아야 한다.

핵심

03 다음을 바탕으로 글쓴이가 '신뢰성'을 확보하기 위해 쓴 전략으로 적절한 것은?

> '신뢰성'은 주장하는 내용의 근거가 얼마나 믿을 만한지에 대한 것이다. 일반적으로 신뢰성은 해당 분야에 대한 권위자의 말이나 공신력 있는 통계 자료 등을 통해 확보된다.

① 글의 구조가 체계적이고 자연스럽다.
② 예상 독자를 고려하여 주장을 전개하였다.
③ 내용을 자연스럽게 전달할 수 있는 단어를 선택하였다.
④ 담수화에 대한 과거 사례를 찾아 자료로 제시하였다.
⑤ 이스마일 세라겔딘의 말을 인용하고, 국제기구의 자료를 제시하였다.

1. 이 글에 나타난 글쓴이의 주장과 이를 뒷받침하기 위해 활용한 근거를 확인해 봅시다. 예시 답

주장	물 소비 행태에 관한 경각심을 가지고 물을 경제적으로 쓰도록 노력하자.	
근거	• 근거 1: 물이 부족한 상태는 인류에게 큰 위기로 다가올 것이다. – 앞으로도 인구는 증가할 것이다. – 늘어나는 인구만큼 식량이 필요해질 것이다. – 곡식 재배를 위한 담수 필요량도 늘어날 것이다. – 기후 변화로 가뭄이 심화될 경우 예상보다 일찍 위기를 맞게 될 것이다. – 물을 차지하기 위한 국가 간의 갈등을 초래할 것이다.	• 근거 2: 해수 담수화는 물 부족 문제의 근본적인 해결책이 될 수 없다. – 바닷물 담수화는 비용이 높다. – 기술이나 전문 인력을 활용한 시설의 구축이 선진국 중심이라는 점에서 전 인류가 사용하기 어렵다. – 해수 담수화 기술은 에너지 소비가 많은 증기를 이용한 증발법을 사용하므로 이는 다른 환경 문제로 이어질 수밖에 없다.

2. 이 글에 나타난 글쓴이의 주장에 관한 근거가 타당한지 판단해 봅시다.

1 글쓴이가 제시한 근거가 주장을 적절하게 뒷받침하는지 판단해 봅시다.

예시 답 글쓴이가 제시한 근거들(물이 부족할 것이라는 점, 해수 담수화는 물 부족 문제의 해결책이 아니라는 점)은 물 소비 행태에 관한 경각심을 가지고 물을 경제적으로 쓰도록 노력하자는 글쓴이의 주장을 잘 뒷받침하고 있다.

2 글쓴이의 주장에 관한 자신의 의견과 그 의견을 갖게 된 까닭을 써 봅시다. 예시 답

• 나는 글쓴이의 주장에 (동의한다 / 동의하지 않는다).
• 그 의견을 갖게 된 까닭: 앞으로 인구는 더욱 늘어날 것이며, 그만큼 물이 부족할 것임은 당연하다. 또한, 물 부족 문제의 근본적인 해결책이 없는 상황이므로 있는 물을 아껴 써야 한다고 생각한다.

핵심 정리 주장하는 글의 특성

• 개념: 다른 사람을 설득하기 위하여 자신의 생각이나 의견을 조리 있고 짜임새 있게 밝혀 쓴 글이다.
• 글쓴이의 관점과 주장

문제가 되는 쟁점과 관련된 다양한 의견을 분석해 자신의 관점을 정리함. → 자신의 주장이 설득력을 갖도록 하기 위해 사회 · 문화적 맥락 안에서 수용 가능한 논리적이고 타당한 근거를 들어 설득력 있게 써야 함.

04 이와 같은 글에 대한 설명으로 적절하지 않은 것은?

① 다른 사람을 설득한다는 목적을 갖는다.
② 생각이나 의견을 조리 있고 짜임새 있게 밝혀야 한다.
③ 논거를 마련할 때에는 사회·문화적 맥락을 고려해야 한다.
④ 글을 쓰기 전 문제에 대한 다양한 의견 분석을 해야 한다.
⑤ 쟁점을 다룰 때에는 주관을 배제하고 양측 입장을 객관적으로 서술해야 한다.

05 〈보기〉를 뒷받침할 수 있는 구체적인 근거로 적절하지 않은 것은?

보기
물이 부족한 상태는 인류에게 큰 위기로 다가올 것이다.

① 식량 소비량이 증가할 것이다.
② 인구가 지속적으로 늘어날 것이다.
③ 곡식을 재배할 물이 더 필요할 것이다.
④ 물을 차지하기 위한 갈등이 벌어질 것이다.
⑤ 바닷물을 담수화할 수 있는 기술 개발이 실패할 것이다.

핵심

06 '해수 담수화는 물 부족 문제의 근본적인 해결책이 될 수 없다.'라는 근거에 활용한 세부 근거를 〈보기〉에서 모두 골라 바르게 묶은 것은?

보기
㉠ 해수의 고갈이 우려된다.
㉡ 해수 담수화는 비용이 높다.
㉢ 다른 환경 문제로 이어질 수 있다.
㉣ 시설의 혜택이 전 인류가 사용하기 어렵다.

① ㉠, ㉡, ㉢ ② ㉠, ㉡, ㉣
③ ㉠, ㉢, ㉣ ④ ㉡, ㉢, ㉣
⑤ ㉠, ㉡, ㉢, ㉣

활동 ② 타당한 근거를 들어 주장하는 글 쓰기

모든 사회에는 개인이나 집단에 따라 의견이나 관점이 다른 '쟁점'이 존재합니다. 다음 신문 기사에 나타난 쟁점에 관해 타당한 근거를 들어 주장하는 글을 써 봅시다.

1. ㉮와 ㉯는 '팬덤 문화'라는 사회 현상을 다룬 신문 기사입니다. 각각에 나타난 관점을 파악하고, 아래의 활동을 해 봅시다.

세계일보 2011년 6월 6일

㉮ 연예인과 팬클럽이 함께하는 선행

청소년들의 팬덤 문화가 변화하고 있다. 과거에는 좋아하는 연예인과 관련한 상품을 구매하거나, 연예인들의 활동 모습을 공유하는 양상을 보였다면, 요즘은 ㉠ 연예인들의 선행이 팬클럽 회원들의 선행으로 이어지고 있어 우리 사회에 긍정적인 영향력을 끼치고 있다. 최근 유명 그룹인 ○○○이 주변에 알리지 않고 기부를 해 온 것이 화제가 되자, ○○○의 팬클럽 회원들은 이에 동참한다는 의미로 기부와 봉사 활동을 하여 훈훈함을 안겼다. 전문가들은 이와 같은 팬덤 문화가 청소년들에게 소중한 추억을 만들어 주고, 청소년 시기의 넘치는 에너지를 건전하게 표출하는 계기가 된다고 말하고 있다.

(팬덤: 특정한 인물이나 분야를 열성적으로 좋아하는 사람들. 또는 그러한 문화 현상)

주간동아 2018년 7월 27일

㉯ 비뚤어진 팬덤 문화, 음원 시장 왜곡

최근 일부 팬클럽 회원들의 ㉡ 음원 사재기가 화제가 되고 있다. 왜 이렇게 음원을 사재기 하는 것일까?

어느 음원 사이트든지 첫 화면의 눈에 잘 띄는 위치에는 실시간 순위가 있다. 이 실시간 순위에는 1위부터 5위, 10위까지의 음원들이 노출된다. 만약 일반 사용자가 이 사이트에 접근한다면 실시간 순위에 가장 먼저 관심을 보이면서 한 번쯤은 이 순위의 곡들을 들어 볼 것이다. 그래서 일부 팬클럽 회원들이 자신이 좋아하는 가수의 새로운 노래가 나오면 음원을 사재기하여 그 노래가 실시간 순위에 오르도록 하는 것이다. 그러나 이는 정당한 방법이 아니다. 땀 흘려 노력한 다른 가수들에게 피해를 끼치는 것뿐만 아니라 맹목적인 팬덤 문화를 형성하여 다른 사람들과의 갈등으로 이어질 수도 있기 때문이다. 잘못된 팬덤 문화, 이제 우리가 바로잡아야 한다.

핵심

07 (가)와 (나)의 쟁점을 정리한 것으로 가장 적절한 것은?

① 팬덤 문화의 기원과 발전
② 팬덤 문화의 과거와 현재
③ 팬덤 문화에 대한 세대 간 관점 차이
④ 팬덤 문화의 긍정적 측면과 부정적 측면
⑤ 팬덤 문화를 통해 본 연예인과 팬의 관계

08 ㉠과 같은 사례로 가장 적절한 것은?

① 인기 연예인의 캐릭터를 팬클럽에서 상품화하여 판매함으로써 큰 수익을 얻었다.
② 인기 드라마에 나왔던 제품이 완판되면서 해당 회사의 판매 실적이 좋아졌다.
③ 아이돌 그룹의 한 명이 사회적 물의를 일으키자 팬클럽에서 해당 인물의 퇴출을 요구하였다.
④ 인기 사회자가 방송에서 환경 오염 문제에 대해 비판하자 팬클럽에서 그와 관련한 환경 보호 캠페인을 벌였다.
⑤ 한 배우의 팬클럽 회원들이 정기적으로 봉사 활동을 하자, 그 배우도 팬들과 함께 봉사 활동에 참여하기 시작하였다.

09 (나)에서 지적한 ㉡으로 인해 생긴 문제를 〈보기〉에서 찾아 바르게 묶은 것은?

보기
ⓐ 다른 가수들에게 피해를 끼치게 된다.
ⓑ 해당 가수의 음원 판매에 방해가 될 수 있다.
ⓒ 음원을 듣고 싶은 사람들이 못 들을 수 있다.
ⓓ 맹목적인 팬덤 문화를 형성하여 다른 사람들과의 갈등으로 이어질 수 있다.

① ⓐ, ⓑ ② ⓐ, ⓓ
③ ⓑ, ⓒ ④ ⓑ, ⓓ
⑤ ⓒ, ⓓ

1 '팬덤 문화'에 관해 **가**, **나**에 나타난 관점을 각각 정리해 봅시다.

예시 답

가에 나타난 관점	나에 나타난 관점
팬덤 문화는 청소년들에게 소중한 추억을 만들고, 청소년 시기의 넘치는 에너지를 건전하게 표출하는 계기가 된다.	음원 사재기 등의 정당하지 않은 방법에 의한 맹목적인 팬덤 문화 현상은 다른 사람들과의 갈등으로 이어질 수 있으므로 바로잡아야 한다.

2 '팬덤 문화'에 관한 자신의 관점을 정해 보고, 이를 바탕으로 자신이 주장할 내용을 써 봅시다. 예시 답

나의 관점

팬덤 문화에 관해 긍정적인 관점

나의 주장

올바른 팬덤 문화는 청소년들의 건전한 문화 향유 방법이다.

핵심 정리 문제 분석 및 관점 정하기

모든 사회에는 개인이나 집단에 따라 의견이나 관점이 다른 '쟁점'이 존재한다.

문제 분석	쟁점에 관한 다양한 의견을 분석함.
관점 정하기	책, 신문, 인터넷 등을 통해 쟁점이 존재하는 사회 현상을 다룬 글을 읽고 관점을 비교하며 자신의 관점을 정함.

↓

주장할 내용 쓰기: 자신이 정한 관점이 분명하게 잘 드러나도록 한 문장으로 씀.

10 팬덤 문화에 대한 (가), (나)의 관점을 정리한 것으로 적절하지 않은 것은?

① (가)는 팬덤 문화가 청소년들에게 소중한 추억을 만들어 준다고 보고 있다.
② (가)는 팬덤 문화가 청소년 시기의 넘치는 에너지를 건전하게 표출하는 계기가 된다고 보고 있다.
③ (나)는 팬덤 문화가 청소년들의 범죄를 유발한다고 보고 있다.
④ (나)는 팬덤 문화가 사회적 갈등을 일으킬 수 있다고 보고 있다.
⑤ (나)는 음원 사재기가 맹목적인 팬덤 문화를 형성한다고 보고 있다.

핵심

11 〈보기〉의 주장에 나타난 관점과 같은 관점을 가진 내용으로 적절한 것은?

보기

올바른 팬덤 문화는 청소년들의 건전한 문화 향유 방법이다.

① 팬덤 문화는 타 팬덤과의 갈등을 초래한다.
② 팬덤 문화에 치중하다가 학업을 소홀히 한다.
③ 팬덤 문화는 학업으로 쌓인 스트레스를 해소한다.
④ 연예인에 대한 집착으로 인해 사생활 침해가 우려된다.
⑤ 팬덤 문화를 누리기 위해 지나친 경제적 지출이 일어난다.

서술형

12 〈보기〉에 나타난 관점을 〈조건〉에 맞게 쓰시오.

보기

팬덤 문화가 활성화되면서 '좋아하는 연예인의 사사로운 일상생활까지 추적하는 극성팬'을 의미하는 '사생팬'이라는 말도 생겨났다.

조건

(가)와 (나) 중 가까운 관점을 밝히고, '긍정' 또는 '부정'의 단어를 사용할 것.

2. 1의 활동을 바탕으로 주장하는 글을 쓰려고 합니다. 다양한 방법으로 자료를 조사하여 자신의 주장을 뒷받침할 근거를 마련해 봅시다.

1 아래에 제시된 자료 이외에 청소년 팬덤 문화와 관련된 다양한 자료를 더 조사해 봅시다.

자료 수집

가 〈인터넷에서〉

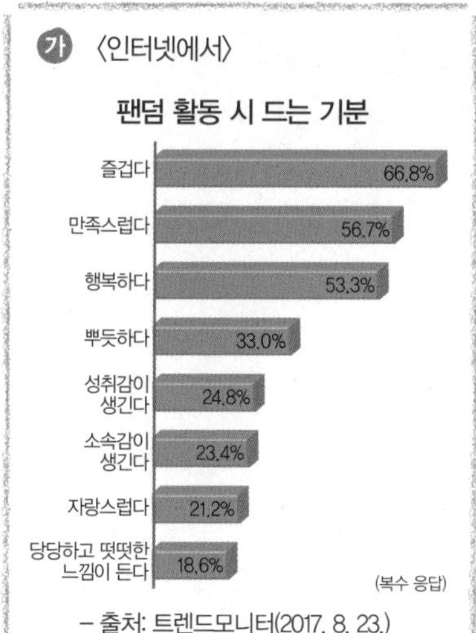

– 출처: 트렌드모니터(2017. 8. 23.)
(http://www.trendmonitor.co.kr)

나 〈방송에서〉

○○○ 팬덤은 이제 ○○○의 공연장을 찾고, 음반을 사서 듣는 형태의 팬덤 문화를 넘어 사회적인 문제에도 관심을 가지는 등 발전적인 형태의 팬덤 문화를 보여 주고 있다. 이들은 브라질 과피아수 지역에 숲을 조성했고, 그의 이름으로 일본군 위안부 피해자 할머니를 돕는 자선 단체에 기부를 하기도 했다. 이러한 팬덤의 활동은 보다 발전적이고 긍정적인 형태의 팬덤 문화를 보여 주는 것이라 할 수 있다.

– 에스비에스(SBS)(2017. 8. 30. 방송)

다 〈책에서〉

예시 답 팬덤 문화에는 부정적인 인식이 더 많았다. 자신들의 '우상'에 관한 과도한 옹호는 눈살을 찌푸리게 했고, 서로에 관한 과열된 경쟁의식은 많은 사고를 낳았다. 자신이 좋아하는 '오빠'와 사귄다는 소문이 도는 여성 가수에게 협박을 하는 일이 일어나기도 했고, 비판적인 의견을 제시하는 평론가나 언론에 관해서 지나치게 적대적인 자세를 취하며 집단행동을 하기도 했다. 하지만 아이돌 문화가 자리를 잡아가면서 팬덤 문화도 성숙되어 갔다. 자신들이 좋아하는 가수에 관한 비판적인 의견이 있을 때는 정중하게 반론을 제시하는 등 과거와 같은 무분별한 집단행동은 자제했다. 이는 그런 행동들이 자신들의 우상에게 결과적으로 부정적인 이미지를 심어줄 수 있다는 직접적인 체험의 결과이기도 했다. 또한, 팬덤 문화가 성숙되면서 긍정적인 방향으로 이어지는 경우도 늘고 있다. 과거 자신들의 우상에게만 선물 공세를 하던 것에서 벗어나 이를 기부 문화나 봉사 활동으로 발전시키는 것이 대표적인 예다.

– 김학선, 『케이팝(K · POP) 세계를 홀리다』
(을유문화사, 2012, 31~32쪽)

라 〈전문가의 의견에서〉

예시 답 어느 시대나 연예인을 좋아하는 청소년들은 늘 있었다. 하지만 좋아하는 방식은 시대마다 다르다. 스타를 좋아하는 방식이 하나의 문화 현상으로 나타나는 경우를 두고 팬덤이라고 한다. 팬덤 문화가 긍정적으로 나타나기도 하지만 일부는 기획사의 홍보 전략과 관련되어 있고, 인터넷과 휴대 전화를 통해 엄청난 결속력과 충성도(음반, 관련 상품 구매)를 과시하기도 한다. 최근의 팬덤은 자신이 좋아하는 연예인을 사사화(私事化)하는 새로운 양상을 보여 준다. 좋아하는 연예인을 주인공으로 한 소설을 쓰는 것이 대표적이다.

– 김동식, 「주간한국」(2002. 08. 16)

* 연예인의 사사화 양상: 좋아하는 연예인을 나만의 스타로 사유화하는 양상을 말한다.

핵심 정리 주장의 근거 마련하기 ① – 주장을 뒷받침할 자료 조사

제시된 사회 상황과 관련된 자료를 찾을 때는 다양한 매체에 나타난 구체적 사례, 사회 상황과 관련된 전문가의 의견 등을 참고함. → 자신의 주장에 관한 근거를 마련할 수 있음.

핵심

13 (가)~(라)와 같이 자신의 주장을 뒷받침할 근거를 마련할 때, 고려한 내용으로 적절하지 않은 것은?

① 다양한 매체에서 자료를 조사한다.
② 쟁점과 관련된 내용의 자료를 수집한다.
③ 사회 상황과 관련된 전문가의 의견을 조사한다.
④ 쟁점에 관한 구체적인 사례를 담은 자료를 찾는다.
⑤ 자신의 관점과 관련된 자료는 최대한 많이 수집한다.

14 (가)~(라)에서 '팬덤 문화'의 부정적 측면을 정리한 내용으로 적절하지 않은 것은?

① 비판적 의견에 대해 무분별한 집단행동을 보인다.
② 서로에 관한 경쟁의식이 과열되어 많은 사고를 낳았다.
③ 엄청난 결속력과 충성도를 음반과 상품 구매로 과시한다.
④ 좋아하는 연예인 팬덤의 이름으로 자선 단체에 기부한다.
⑤ 팬덤 문화의 일부는 기획사의 홍보 전략과 관련되어 있다.

15 (나)와 (다)에 공통으로 제시된 정보로 알맞은 것은?

① 연예인을 우상화하고 과도하게 옹호하는 팬덤이 있다.
② 좋아하는 연예인의 음반을 사고 공연을 보는 팬덤이 있다.
③ 기부나 봉사 활동 등 발전적이고 긍정적인 형태의 팬덤 문화가 있다.
④ 자신들이 좋아하는 연예인에게 선물 공세를 하는 팬 문화가 있다.
⑤ 팬덤 내부에서 과열된 경쟁의식으로 인해 사고가 발생하는 경우가 있다.

2 **1**의 자료들을 분석해 보고, 자신의 주장에 관한 근거로 적절한지 판단해 봅시다. 예시 답

가의 자료는 어떤 것 같아?

가는 팬덤 문화에 참여하는 사람들의 긍정적인 심리 상태를 보여 준다(라)는 점에서 나의 주장에 관한 근거로 (적절해 / 적절하지 않아).

나의 자료는 어떤 것 같아?

나는 팬덤의 선행에 관한 기사 (라)는 점에서 나의 주장에 관한 근거로 (적절해 / 적절하지 않아).

다의 자료는 어떤 것 같아?

다는 팬덤 문화가 성숙했다는 전문가의 의견이(라)는 점에서 나의 주장에 관한 근거로 (적절해 / 적절하지 않아).

라의 자료는 어떤 것 같아?

라는 팬덤 문화에 부정적이고, 팬픽 문화를 소개한다(라)는 점에서 나의 주장에 관한 근거로 (적절해 / 적절하지 않아).

보충 자료

근거로 적절한 자료의 선정 기준
- 주장을 적절하게 뒷받침해 줄 수 있는가?
- 다양한 매체의 자료 중 주장에 가장 효과적인 것을 선정했는가?
- 내용의 신뢰성을 위해 출처가 분명하고 공신력 있는 자료를 선정했는가?

3 **1**, **2**의 활동을 바탕으로 자신의 주장에 관한 근거를 마련해 봅시다. 예시 답

주장에 관한 근거
- 팬덤 활동 시 정서적인 안정감, 스트레스 해소, 삶의 활력을 얻을 수 있다.
- 팬덤은 사회적인 문제에 관심을 가지는 방향으로 발전되었다.
- 팬덤은 문화 세력으로서 사회에 참여하고 있다.

핵심 정리 **주장의 근거 마련하기 ②**

- 조사한 자료 분석

수집한 자료 중 자신의 주장을 뒷받침하기에 적절한 것과 그렇지 못한 것을 취사선택하여 근거로 삼아야 한다.

수집한 자료들을 분석	자신의 주장에 관한 근거로 적절한지 판단하며 주장에 대한 근거를 마련함.

- 주장에 관한 근거

근거는 주장을 적절하게 뒷받침해야 하고, 객관적인 것이어야 한다.

16 주장하는 글을 쓰기 위해 (가)~(라)와 같은 자료를 찾고 정리할 때, 고려할 점으로 알맞지 않은 것은?

① 출처가 분명한 자료를 조사한다.
② 다양한 매체에서 자료를 조사한다.
③ 자료를 찾은 순서대로 내용을 조직한다.
④ 주장을 뒷받침할 수 있는 자료인지 판단한다.
⑤ 독자의 수준과 흥미를 고려한 자료인지 살핀다.

핵심

17 (가)~(라)의 자료를 분석한 내용으로 가장 적절한 것은?

① (가)와 (다)는 팬덤 문화에 대한 대중의 인식을 담고 있는 자료이다.
② (가)와 (나)는 팬덤 문화를 긍정적으로 바라보는 관점의 근거가 된다.
③ (나)와 (다)는 팬덤 문화를 부정적으로 바라보는 관점의 근거가 된다.
④ (나)와 (라)는 팬덤 문화의 역사적 변화 양상을 분석하고 있는 자료이다.
⑤ (다)와 (라)는 팬덤 문화의 긍정과 부정적인 측면을 모두 다루고 있는 자료이다.

18 (가)~(라) 중 〈보기〉의 근거로 활용하기에 적절한 것을 모두 골라 묶은 것은?

보기
올바른 팬덤 문화는 청소년들의 건전한 문화 향유 방법이다.

① (가), (나)
② (가), (다)
③ (나), (라)
④ (가), (나), (다)
⑤ (가), (다), (라)

서술형

19 (가)~(라)의 자료들을 분석하여 주장에 맞는 근거를 선택할 때, 가장 중요한 기준이 무엇인지 한 문장으로 쓰시오.

3. 2의 활동을 바탕으로 주장하는 글을 쓰기 위한 개요를 마련해 봅시다.

예시 답

• 제목: 청소년들의 팬덤 문화, 청소년의 활력소

• 주제문: [㉠]

Ⅰ. 서론

• 상황 제시: 청소년들의 팬덤 참여 실태를 제시함.

• 용어 정의: 팬덤은 특정한 인물이나 분야를 열성적으로 좋아하는 사람들 또는 그러한 문화 현상을 가리킴.

• 문제 제기: 팬덤에 대한 기존의 부정적인 시각에 관해 문제 제기함.

Ⅱ. 본론

• 주장: 팬덤 활동은 청소년들의 성장에 긍정적 영향을 미친다.

– 근거 1: 팬덤 활동은 청소년들에게 정서적 안정감과 삶의 활력을 준다.
  • 아이돌을 통해 대리 만족하며 스트레스를 해소할 수 있음.
  • 공감대를 형성하고, 또래 문화를 공유함으로써 소속감과 안정감을 느낄 수 있음.

– 근거 2: 청소년들은 팬덤 활동을 통해 사회에 참여한다.
  • 봉사와 기부 문화가 확산되고 있음.
  • 불공정한 전속 계약의 전환점이 마련되고 있음.
  • 건전한 응원 문화가 형성되고 있음.

Ⅲ. 결론

• 마무리: 본론의 내용을 요약하고 재강조함. 앞으로 나아갈 방향을 제시함.

• 서론에서는 글을 쓴 목적과 의도를 밝히고, 글에서 다룰 문제를 명확하게 제기해야 해요.
• 본론에서는 제기된 상황에 관해 자신의 주장을 밝히고, 이를 뒷받침할 수 있는 타당한 근거를 제시해야 해요.
• 결론에서는 자신의 주장을 다시 한번 강조하고, 앞으로의 전망을 제시하며 마무리합니다.

핵심 정리 주장하는 글의 개요 작성하기

앞 단계에서 마련한 근거들을 활용하여 주장하는 글의 전개 방식에 맞도록 개요를 작성한다.

서론	글을 쓴 목적과 의도 밝히기, 문제 제기하기
본론	제기된 상황에 관해 자신의 주장 밝히기, 주장을 뒷받침하는 타당한 근거 제시하기
결론	자신의 주장을 재강조하기, 앞으로의 전망 제시하기

20 이 개요표를 참고할 때 주장하는 글의 서론에 들어가는 내용으로 가장 적절한 것은?

① 글을 쓴 목적과 의도
② 글의 전체 내용에 대한 요약
③ 앞으로의 전망이나 나아갈 방향
④ 제기된 문제에 대한 자신의 주장
⑤ 주장을 뒷받침할 수 있는 타당한 근거

핵심

21 〈보기〉의 내용을 참고할 때, 이 개요표의 '근거 1'과 '근거 2'를 제시하며 고려했을 내용으로 적절하지 않은 것은?

보기
주장이 설득력을 가지려면 근거가 객관적이고 논리적이어야 한다.

① 현상을 분석한 통계 자료를 제시한다.
② 해당 분야에 권위를 갖는 전문가의 말을 인용한다.
③ 반론의 근거가 되는 자료도 있는 그대로 제시한다.
④ 현상에 대해서 분석하고 해석한 책을 찾아 인용한다.
⑤ 현상의 구체적 사례를 보도한 방송을 찾아 인용한다.

22 이 개요표의 근거로 추가할 수 있는 내용을 모두 골라 묶은 것은?

ㄱ. 팬덤 활동으로 사회적인 문제에 관심을 가질 수 있다.
ㄴ. 비판에 대한 반론을 제시하며 성숙한 태도를 기를 수 있다.
ㄷ. 팬덤에 참여하지 않으면 또래 친구들과 공통 화제를 찾기 힘들다.
ㄹ. 좋아하는 대상이 같은 친구들과 사귀며 교우 관계를 넓힐 수 있다.

① ㄱ, ㄴ ② ㄴ, ㄷ
③ ㄷ, ㄹ ④ ㄱ, ㄴ, ㄷ
⑤ ㄱ, ㄴ, ㄹ

서술형

23 이 개요표에서 글의 제목과 개요 전체의 내용을 고려하여 ㉠에 들어갈 주제문을 쓰시오.

4. 작성한 개요를 바탕으로 '청소년들의 팬덤 문화'에 관해 주장하는 글을 써 봅시다.

예시 답 수많은 청소년들이 아이돌을 필두로 한 연예인에 열광하고 있다. 이렇게 특정한 인물이나 분야를 열성적으로 좋아하는 사람들 또는 그러한 문화 현상을 팬덤이라 한다. 팬덤 문화는 청소년들의 문화에서 중요한 비중을 차지한다.

과거에는 아이돌에 열광하는 청소년들에 대해 시선이 많았다. 하지만 청소년들의 팬덤은 아이돌과 함께 성장해 왔으며, 오히려 청소년들의 성장에 긍정적인 면이 더 많다. 그 내용은 다음과 같다.

첫째, 팬덤 활동은 청소년들에게 정서적 안정감과 삶의 활력을 준다. 청소년들은 아이돌 스타를 통해 자신을 힘들게 하는 현실을 잊고 이들의 삶으로부터 대리 만족을 얻는다. 또한, 자신이 좋아하는 아이돌을 보며 스트레스를 풀며 삶의 활력을 찾기도 한다. 실제 팬덤 활동 시 드는 기분을 조사한 결과, '즐겁다, 만족스럽다, 행복하다, 뿌듯하다'와 같은 항목에 매우 높은 비율의 응답이 나왔다. 또한, 소속감, 유대감을 중시하는 청소년들에게 아이돌의 팬이 된다는 것은 같은 취향과 의도를 가진 또래들과 함께한다는 정서적 안정감을 주기 때문에 그 의미는 매우 각별하다.

둘째, 청소년들은 팬덤 활동을 통해 사회에 참여한다. 연예 기획사의 불공정한 전속 계약에 적극적으로 반기를 든 팬덤 활동은 합리적인 표준 계약서가 도입되는 계기가 되었다. 또한, 연예인 팬덤의 기부와 봉사 활동 같은 훈훈한 미담이 사회 곳곳에 퍼지고 있다. 그 영역도 점차 넓어지고 있다. 이러한 자발적인 사회 참여는 청소년들에게 소중한 추억이 되는 동시에 더욱 사회적 문제에 관심을 가져 사회 참여인으로 한 단계 성장하는 계기가 된다.

이렇듯 청소년의 팬덤 문화는 긍정적인 면이 많다. 팬덤 문화는 청소년 시기의 넘치는 에너지를 건전하게 표출하는 통로가 된다. 또한, 청소년의 팬덤 활동은 건강하고 성숙한 시민으로 성장하는 발판이 된다. 이들의 올바른 활동을 따뜻한 시선으로 응원해 준다면 청소년은 더 성숙한 팬덤 문화를 이끌어 갈 것이다.

5. 다음의 사항에 유의하여 자신이 쓴 글을 평가해 봅시다. 예시 답 생략

평가 기준	평가 결과
❶ 주장이 명확하게 드러나는가?	☆☆☆☆☆
❷ 주장에 대한 근거는 타당하며, 신뢰할 만한 것인가?	☆☆☆☆☆
❸ 글의 짜임에 맞게 문단이 구성되어 있는가?	☆☆☆☆☆
❹ 정확하고 분명한 어휘를 사용하였는가?	☆☆☆☆☆
❺ 문장 표현이 간결하고 명료한가?	☆☆☆☆☆
❻ 글의 흐름과 관련 없는 문장은 없는가?	☆☆☆☆☆

6. 5의 활동을 바탕으로 4에서 쓴 글을 고쳐 써 봅시다. 예시 답 생략

핵심 정리 주장하는 글을 쓰고 고쳐 쓰기

주장하는 글 쓰기

- 표현이 정확하고 분명해야 함.
- 자신의 주장이 수용될 수 있도록 사회 · 문화적 맥락 안에서 타당한 근거를 들어 글을 써야 함.
- 각각의 근거는 주장하는 바에 어긋나지 않아야 하며, 타당하고 신뢰할 만한 것이어야 함.
- 주장하는 글의 구조에 맞는 문단 구성, 정확한 어휘, 문장 표현의 간결성 등을 고려하여 씀.

평가 및 고쳐쓰기

- 객관적인 시선으로 자신이 쓴 글을 살펴보아야 함.
- 평가 기준을 바탕으로 점검하여 고쳐 쓰도록 함.

핵심

24 주장하는 글의 평가 기준으로 적절하지 않은 것은?

① 글의 흐름과 관련 없는 문장은 없는가?
② 정확하고 분명한 어휘를 사용하고 있는가?
③ 글의 짜임에 맞게 문단이 구성되어 있는가?
④ 주장에 대한 근거는 타당하고, 신뢰할 만한 것인가?
⑤ 독자들에게 유용한 정보를 객관적으로 정확하게 전달하고 있는가?

25 <보기>는 '청소년의 팬덤 문화'에 대한 초고이다. ⓐ~ⓔ에 대한 고쳐쓰기 계획으로 적절하지 않은 것은?

보기

최근 청소년들의 팬덤 문화가 주목받고 있다. 팬덤이란 특정한 인물이나 분야를 열성적으로 좋아하는 사람들, 또는 그러한 문화 현상을 가리키는데, 그동안 청소년들의 팬덤 활동은 맹목적인 '우상' 추종과 팬덤 사이의 ⓐ 전쟁 등으로 인해 부정적인 시각이 많았다.

ⓑ 이렇게 볼 때, 팬덤 활동은 청소년들에게 정서적 안정감을 주고 건전한 사회 참여를 유도하는 등 장점이 많은 문화임을 알 수 있다.

하지만 팬덤 문화는 청소년들의 또래 문화를 형성하고 정서적 안정감을 주는데 ⓒ 중요하게 역할을 한다. ⓓ 또한, 요즘 팬덤은 봉사나 기부와 같은 사회 참여에도 적극적이라는 점에서 긍정적인 측면이 많다. ⓔ 게다가 청소년뿐만 아니라 성인들도 팬덤 문화를 가지고 있다.

① ⓐ: '갈등'으로 바꾼다.
② ⓑ: 글의 마지막으로 문단을 이동한다.
③ ⓒ: '중요한'으로 바꾼다.
④ ⓓ: '반면'으로 바꾼다.
⑤ ⓔ: 삭제한다.

창의·융합 활동

다음은 응급 환자 수술에 관한 두 의사의 상반된 관점이 드러난 드라마 대본의 일부입니다. 글을 읽고, 아래의 활동을 해 봅시다.

응급실에 3분 간격으로 두 환자가 실려 온다. 먼저 온 환자는 차량으로 도주하다 교통사고를 내고 다친 범죄자이고, 나중에 온 환자는 범죄자가 낸 교통사고로 다친 어린아이이다. 두 명 모두 급히 수혈을 해야 하는데, 공교롭게도 혈액형이 똑같이 에이비(AB)형이다. 병원에 피가 모자란 상황에서 범죄자의 담당 의사인 중근이 먼저 수술 장소를 잡고 피를 확보했다. 이때 어린아이의 담당 의사인 건욱이 중근을 잡는다.

#29 환자용 엘리베이터 앞

건욱　잠깐! / 중근　무슨 짓이야?

건욱　부탁 좀 하자. 10세 남자아이인데 간 열상에 비장 파열로 엄청난 내출혈이다. 당장 수술하지 않으면 애가 죽는데 피가 없다.

중근　그래서? / 건욱　그 환자랑 같은 에이비형이야. 한 시간이면 피가 공수돼. 애부터 수술하게 피 좀 양보해 줘.

중근　안 돼. 내 환자도 대동맥 박리야.

건욱　아이라니까. 10세 남아. 라세레이션 그레이드 5. 초응급도야. / 중근　내 환자 역시 초응급도야. 대동맥 박리는 터지면 즉사인 거 몰라?

건욱　애야. 애들은 더 못 버티는 거 알잖아?

중근　그래서 어쩌라고? 손 떼. / 건욱　그 범죄자 때문에 아이가 다쳤어. 아이를 치고 도주했다고.

중근　그래서, 무슨 뜻이야? 이 환자는 범죄자니까 안 살려도 된다고? 죽게 내버려 두자고? 생명엔 우선순위가 없어. 같은 응급도면 도착 순서에 따라 치료할 수밖에 없고, 이 환자가 먼저 도착했으니 어쩔 수 없어. 이 환자부터 치료해야 해. 의사는 그저 치료할 뿐이야. 판단할 자격 없어. 손 떼!

– 이정선 외, 『외과의사 봉달희』

혼자 하기

1. 이 드라마의 문제 상황에 관한 두 의사의 주장과 근거를 정리해 봅시다.

- 문제 상황: 응급실에 실려 온 두 환자 모두 수혈이 시급한 상황이나 피가 모자란 상황

	건욱	중근
주장	아이 먼저 치료해야 한다.	먼저 도착한 사람을 먼저 치료해야 한다.
근거	• 아이는 어른보다 더 못 버티므로 먼저 치료해야 한다. • 먼저 실려온 사람은 범죄자이고 아이는 그로 인한 피해자이다.	생명엔 우선순위가 없다. 같은 응급도면 도착 순서에 따라 치료해야 한다. 의사는 가치를 판단하는 사람이 아니라 치료하는 사람이다.

혼자 하기 

2. 이 문제 상황에 관한 자신의 주장을 밝히고, 타당한 근거를 마련해 봅시다. 예시 답

- 주장: 먼저 실려온 사람부터 수술해야 한다.
- 근거: '같은 응급도라면 먼저 온 사람을 먼저 치료해야 한다'는 응급 치료의 원칙을 깨뜨린다면 나중에 우선순위의 기준이 없어 혼란이 가중될 것이다. 생명을 다루는 응급실이니만큼 공공성을 띤 원칙은 반드시 지켜야 한다.

함께하기 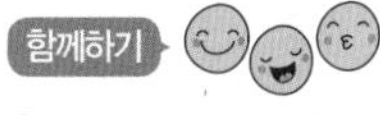

3. 자신의 주장과 상반되는 주장을 가진 친구와 짝을 이뤄 이 드라마의 대본을 다시 써 봅시다. 예시 답 생략

수행 평가 대비 활동

| 수행 평가 TIP | 이 활동은 드라마 속 문제 상황에 관해 자신의 관점을 정하여 주장하는 글을 직접 써 보는 활동입니다. 글에 나타난 문제 상황을 파악하고, 주장을 뒷받침할 타당한 근거를 마련하여 자신의 주장이 잘 드러나도록 드라마의 대본을 재구성해 봅니다. 가치 판단의 차이를 경험할 수 있는 활동을 통해 상대방을 설득하는 데 필요한 것은 타당한 근거라는 점을 알 수 있습니다.

1 평가 내용 확인하기

- 드라마 속 문제 상황에 관한 두 인물의 상반된 관점의 주장과 근거 정리하기
- 문제 상황에 대한 자신의 주장을 정한 후, 타당한 근거 마련하기
- 상반된 관점의 친구와 짝을 이뤄 드라마 대본 다시 쓰기

2 평가 기준 확인하기

- 드라마에 나타난 인물들의 주장과 근거를 잘 파악하였는가?

먼저 인물이 왜 대립하고 있는지를 살펴 문제 상황을 파악하면, 그에 따른 각각의 주장을 이해할 수 있어요.

- 자신의 관점을 정하고, 주장을 뒷받침할 타당한 근거를 마련하였는가?

'만일, 나라면 어떻게 했을까?'를 가정하면 나의 관점을 정할 수 있어요. 그런 후 주장을 뒷받침하는 타당한 근거를 제시하도록 해요.

- 자신의 주장이 잘 드러나도록 드라마의 대본을 재구성하였는가?

친구와 함께 자신만의 주장과 근거를 바탕으로 새로 드라마를 써 보도록 해요. 주장이 분명하고 근거가 타당하며, 논리적으로 글을 전개해야 해요.

핵심 원리

주장하는 글의 개념

다른 사람을 설득하기 위하여 자신의 생각이나 의견을 조리 있고 짜임새 있게 밝혀 쓴 글이다.

서론 → 본론 → 결론

주장하는 글을 쓰는 과정

문제 분석 및 관점 정하기 → 주장에 관한 근거 마련하기 → 주장하는 글 쓰기

핵심 내용

(1) 주장하는 글의 특성

개념	다른 사람을 설득하기 위하여 자신의 생각이나 의견을 조리 있고 짜임새 있게 밝혀 쓴 글
글쓴이의 관점과 주장	• 문제가 되는 쟁점과 관련된 다양한 의견을 분석해 자신의 관점을 정리함. • 자신의 주장이 설득력을 갖도록 하기 위해 사회 · 문화적 맥락 안에서 수용 가능한 논리적이고 (❶)한 근거를 들어 설득력 있게 써야 함.

(2) 타당한 근거를 들어 주장하는 글 쓰기

❶ 문제 분석 및 관점 정하기

문제 분석	(❷)에 관한 다양한 의견을 분석함.
관점 정하기	책, 신문, 인터넷 등을 통해 쟁점이 존재하는 사회 현상을 다룬 글을 읽고 관점을 비교하며 자신의(❸)을 정함.

↓

주장할 내용 쓰기: 자신이 정한 관점이 분명하게 잘 드러나도록 한 문장으로 씀.

❷ 주장의 근거 마련하기

• 주장을 뒷받침할 자료 조사

제시된 사회 상황과 관련된 자료를 찾을 때는 다양한 매체에 나타난 구체적 사례, 사회 상황과 관련된 전문가의 의견 등을 참고함. → 자신의 주장에 관한 근거를 마련할 수 있음.

• 조사한 자료 분석

수집한 자료들을 분석 – 자신의 (❹)에 관한 근거로 적절한지 판단하며 주장에 대한 근거를 마련함.

• 주장에 관한 근거: 근거는 주장을 적절하게 뒷받침해야 하고, 객관적인 것이어야 한다.

❸ 주장하는 글의 개요 작성하기

앞 단계에서 마련한 근거들을 활용하여 주장하는 글의 전개 방식에 맞도록 개요를 작성한다.

서론	글을 쓴 목적과 의도 밝히기, 문제 제기하기
본론	제기된 상황에 관해 자신의 주장 밝히기, 주장을 뒷받침하는 타당한 근거 제시하기
결론	자신의 주장을 재강조하기, 앞으로의 (❺) 제시하기

❹ 주장하는 글을 쓰고 고쳐 쓰기

주장하는 글 쓰기	• 표현이 정확하고 분명해야 함. • 자신의 주장이 수용될 수 있도록 사회 · 문화적 맥락 안에서 타당한 근거를 들어 글을 써야 함. • 각각의 (❻)는 주장하는 바에 어긋나지 않아야 하며, 타당하고 신뢰할 만한 것이어야 함. • 주장하는 글의 구조에 맞는 문단 구성, 정확한 어휘, 문장 표현의 간결성 등을 고려하여 씀.
평가 및 (❼)	• 객관적인 시선으로 자신이 쓴 글을 살펴보아야 함. • 평가 기준을 바탕으로 점검하여 고쳐 쓰도록 함.

정답 ❶ 타당 ❷ 쟁점 ❸ 관점 ❹ 주장 ❺ 전망 ❻ 근거 ❼ 고쳐쓰기

소단원 핵심 문제

• 정답과 해설 p.26

[01~04] 다음 글을 읽고, 물음에 답하시오.

(가) "21세기의 전쟁은 물을 차지하기 위한 전쟁이 될 것이다." / 전 세계은행 부총재 이스마일 세라겔딘의 경고이다. 이 말처럼 인류는 물 부족으로 인한 위기에 직면할 것이며, 세계가 물을 차지하기 위해 전쟁을 벌일 것이라는 경고의 목소리가 높아지고 있다. 세계기상기구는 지금처럼 물을 소비할 경우, 2050년에는 3명 중 2명이 물 부족 상태로 생활할 것이라고 전망한다.

(나) 물이 부족한 상태는 인류에게 ㉠큰 위기로 다가올 것이다. 앞으로도 인구는 증가할 것이며, 늘어나는 인구만큼 식량이 더 필요해진다. 따라서 곡식의 재배를 위한 담수 필요량이 늘어나게 될 것이다. 설상가상으로 기후 변화로 인해 가뭄이 심화되어 지금처럼 물을 쓰다가는 2050년이 되기도 전에 인류는 물 부족 현상으로 인해 커다란 위기에 봉착하게 될 것이다. 이러한 위기는 전쟁과 같은 국가 간의 갈등을 초래할 가능성이 높다. 물은 인간의 생존을 위해 필수 불가결한 대상이지만 물의 양은 한정적이어서 물을 차지하기 위한 갈등이 벌어질 것이다. 국가 간의 갈등은 전쟁으로 이어질 것이며, 이는 인류에게 커다란 시련을 안겨 줄 것이다.

(다) 일부에서는 바닷물로부터 염분을 포함한 용해 물질을 제거하여 음용수 및 생활용수로 사용하는 담수화를 통해 물 부족 문제를 해결할 수 있다고 주장하기도 한다. 그러나 이는 물 부족 문제의 근본적인 해결책이 될 수 없다. 바닷물을 담수화하는 것은 비용이 높고, 기술이나 전문 인력을 활용한 시설의 구축이 선진국 중심이라는 점에서 전 인류가 사용하기에 어렵다.

(라) 이제 우리는 다음 세대에게 물 부족으로 인한 고통을 안겨줄 것인지, 아니면 삶을 영위할 수 있는 환경을 물려줄 것인지를 고민해야 한다. 위기를 과소평가한다면 영화에서나 펼쳐진 비극적 미래는 현실이 될 것이다. 아직 늦지 않았다. 지금부터라도 물 소비 행태에 관한 경각심을 가지고 물을 경제적으로 쓰도록 노력하자.

출제 예감 90%

01 이 글의 서술상 특징으로 적절하지 않은 것은?

① 가정된 상황을 통해 문제의 심각성을 제시하고 있다.
② 권위자의 말을 인용해 현상의 문제점을 부각하고 있다.
③ 양자택일의 상황을 제시하여 독자들의 행동을 촉구하고 있다.
④ 구체적인 실천 과제를 나열하여 행동의 방향성을 제시하고 있다.
⑤ 예상되는 반론에 대한 반박을 통해 주장의 타당성을 제시하고 있다.

출제 예감 90%

02 ㉠이 궁극적으로 의미하는 바로 가장 적절한 것은?

① 인구 증가로 인한 식량 부족
② 물 부족으로 인한 식물의 고사
③ 기후 변화로 인한 가뭄의 심화
④ 국가 간의 갈등으로 이어진 전쟁
⑤ 곡식 재배를 위한 담수 필요량 증가

출제 예감 90% 학습 활동 응용

03 〈보기〉는 글쓴이의 주장에 반론을 제기한 것이다. 이 글을 바탕으로 빈칸에 들어갈 의견으로 타당한 것은?

> 보기
> 나는 글쓴이의 주장에 동의하지 않는다.
> 왜냐하면, ________________ 때문이다.

① 물이 부족한 문제는 인류에게 늘 있었던 문제이기
② 우리나라는 물이 부족하지 않은 기후 지역에 위치하기
③ 인간의 삶에 있어 물은 그 중요성이나 비중이 크지 않기
④ 물 부족 문제는 우리 세대가 아닌 다음 세대의 문제이기
⑤ 현대 과학 기술의 발전을 보면 방법을 찾아 지금의 문제를 극복할 수 있기

출제 예감 95%

04 이 글에서 글쓴이의 주장이 드러난 문장을 찾아 쓰시오.

소단원 핵심 문제

[05~11] 다음 글을 읽고, 물음에 답하시오.

가 연예인과 팬클럽이 함께하는 선행

청소년들의 팬덤 문화가 변화하고 있다. 과거에는 좋아하는 연예인과 관련한 상품을 구매하거나, 연예인들의 활동 모습을 공유하는 양상을 보였다면, 요즘은 연예인들의 선행이 팬클럽 회원들의 선행으로 이어지고 있어 우리 사회에 긍정적인 영향력을 끼치고 있다. 최근 유명 그룹인 ○○○이 주변에 알리지 않고 기부를 해 온 것이 화제가 되자, ○○○의 팬클럽 회원들은 이에 동참한다는 의미로 기부와 봉사 활동을 하여 훈훈함을 안겼다. 전문가들은 이와 같은 팬덤 문화가 청소년들에게 소중한 추억을 만들어 주고, 청소년 시기의 넘치는 에너지를 건전하게 표출하는 계기가 된다고 말하고 있다.

– 『세계일보』(2011. 6. 6.)

나 팬덤 활동 시 드는 기분

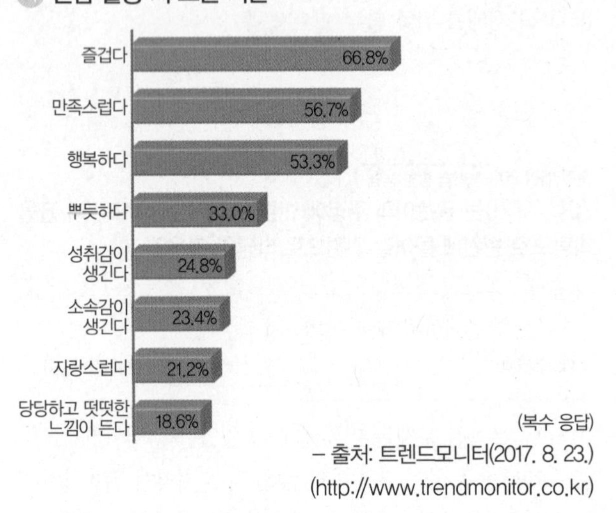

(복수 응답)

– 출처: 트렌드모니터(2017. 8. 23.)
(http://www.trendmonitor.co.kr)

다 비뚤어진 팬덤 문화, 음원 시장 왜곡

최근 일부 팬클럽 회원들의 음원 사재기가 화제가 되고 있다. 왜 이렇게 음원을 사재기하는 것일까?

어느 음원 사이트든지 첫 화면의 눈에 잘 띄는 위치에는 실시간 순위가 있다. 이 실시간 순위에는 1위부터 5위, 10위까지의 음원들이 노출된다. 만약 일반 사용자가 이 사이트에 접근한다면 실시간 순위에 가장 먼저 관심을 보이면서 한 번쯤은 이 순위의 곡들을 들어 볼 것이다. 그래서 일부 팬클럽 회원들이 자신이 좋아하는 가수의 새로운 노래가 나오면 음원을 사재기하여 그 노래가 실시간 순위에 오르도록 하는 것이다. 그러나 이는 정당한 방법이 아니다. 땀 흘려 노력한 다른 가수들에게 피해를 끼치는 것뿐만 아니라 맹목적인 팬덤 문화를 형성하여 다른 사람들과의 갈등으로 이어질 수도 있기 때문이다. 잘못된 팬덤 문화, 이제 우리가 바로잡아야 한다.

– 『주간동아』(2018. 7. 27.)

라 ○○○ 팬덤은 이제 ○○○의 공연장을 찾고, 음반을 사서 듣는 형태의 팬덤 문화를 넘어 사회적인 문제에도 관심을 가지는 등 발전적인 형태의 팬덤 문화를 보여 주고 있다. 이들은 브라질 과피아수 지역에 숲을 조성했고, 그의 이름으로 일본군 위안부 피해자 할머니를 돕는 자선 단체에 기부를 하기도 했다. 이러한 팬덤의 활동은 보다 발전적이고 긍정적인 형태의 팬덤 문화를 보여 주는 것이라 할 수 있다.

– 에스비에스(SBS)(2017. 8. 30. 방송)

출제 예감 90%

05 이 글의 내용과 일치하지 <u>않는</u> 것은?

① 일부 팬클럽 회원들은 음원 사재기를 하고 있다.
② 연예인들의 선행이 팬클럽 회원들의 선행으로 이어지기도 한다.
③ 맹목적인 팬덤 문화를 형성하여 다른 사람들과 갈등을 유발하기도 한다.
④ 소속감이 생기는 기분이 들어 팬덤 활동에 참여한다는 청소년이 가장 많다.
⑤ 전문가들은 팬덤 문화가 청소년들에게 소중한 추억을 만들어 준다고 보고 있다.

출제 예감 85%

06 이와 같은 자료의 쟁점에 관해 주장하는 글을 쓰기 위해 가장 먼저 해야 할 단계는?

① 글을 평가하고 고쳐쓰기
② 문제를 분석하고 관점 정하기
③ 주장을 정하고 근거 마련하기
④ 개요를 작성하여 내용 조직하기
⑤ 타당한 근거를 들어 주장하는 글 쓰기

출제 예감 90%

07 (가)~(라)를 〈보기〉의 관점에 따라 분류한 것으로 적절한 것은?

보기
팬덤 문화는 청소년들에게 긍정적인가, 부정적인가.

	긍정적인 관점	부정적인 관점
①	(가), (나)	(다), (라)
②	(나), (다)	(가), (라)
③	(가), (나), (다)	(라)
④	(가), (나), (라)	(다)
⑤	(나), (다), (라)	(가)

출제 예감 85% 서술형 논술 대비

08 '팬덤 문화'에 관해 (다)에 나타난 관점과 이유를 〈조건〉에 맞게 정리하여 쓰시오.

조건
• 긍정적인 관점 또는 부정적인 관점 중 선택할 것.
• (다)의 구체적인 현상을 인용하여 이유를 쓸 것.

출제 예감 90%

09 〈보기〉는 팬덤 활동에 관해 학생들이 나눈 대화이다. (가)~(라)에서 확인할 수 없는 것은?

보기
영희: 팬덤 활동이 우리 사회에 긍정적인 영향력을 끼친다는 것에 공감이 되었어. ······································ ⓐ
철수: 팬덤 활동을 할 때 즐겁고 만족스러운 기분이 든다는 것을 보니, 팬덤 활동은 청소년 시기에 넘치는 에너지를 건전하게 표출하게 하는 것 같아. ························· ⓑ
영수: 맞아. 그런데 일부 팬클럽 회원들을 보니 자신이 좋아하는 가수의 새 노래가 나오면 음원을 사재기해서 음원 시장을 왜곡시키는 현상을 일으키기도 해. ·········· ⓒ
철희: 그럼 다른 가수들에게 너무 피해가 가잖아. 좋아하는 연예인의 사생활에도 지나치게 간섭하던데, 팬덤이 청소년에게 좋은 활동은 아닌 것 같아. ······················ ⓓ
희수: 팬덤 활동에 모두 좋은 면만 있는 것은 아니겠지만, 최근 사례들을 보면 사회적인 문제에 관심을 가지고 기부 활동을 하며 이전보다 발전적이고 긍정적인 모습을 보여 주고 있기도 해. ··· ⓔ

① ⓐ ② ⓑ ③ ⓒ
④ ⓓ ⑤ ⓔ

출제 예감 90%

10 〈보기〉의 주장에 따라 글을 쓰려고 할 때, (가)~(라)를 분석한 내용으로 적절하지 않은 것은?

보기
올바른 팬덤 문화는 청소년들의 건전한 문화 향유 방법이다.

① (가)는 팬덤 문화가 청소년들에게 긍정적인 영향을 끼친다는 내용을 담고 있어 〈보기〉의 근거로 적절하다.
② (나)는 팬덤 문화에 참여하는 사람들의 긍정적인 심리 상태를 보여 주므로 〈보기〉의 근거로 적절하다.
③ (다)는 팬덤 문화 현상이 다른 사람들과의 갈등으로 이어질 수 있는 측면을 말하기 때문에 〈보기〉의 근거로 적절하지 않다.
④ (가)와 (라)에서 다룬 사회 현상의 공통점을 묶어 〈보기〉의 근거로 활용할 수 있다.
⑤ (나)의 수치 중 (다)에 해당되는 항목을 뽑아 〈보기〉의 근거로 활용할 수 있다.

소단원 핵심 문제

출제 예감 95%

11 (가)~(라)를 분석한 후 주장의 근거를 마련하면서 고려하는 기본적인 기준으로 적절한 것은?

① 독자의 흥미를 끌 수 있는지 고려한다.
② 글을 화려하게 꾸며 줄 수 있는지 판단한다.
③ 최근에 대중의 관심을 받은 자료인지 조사한다.
④ 자신의 주장을 뒷받침하기에 적절한지 판단한다.
⑤ 사회 현상에 관련된 전문 기관에서 제공된 자료인지 확인한다.

[12~13] 다음을 읽고, 물음에 답하시오.

- 제목: 청소년들의 팬덤 문화, 청소년의 활력소
- 주제문: 청소년들의 팬덤 문화는 건전한 성장에 도움을 준다.

Ⅰ. 서론
- 상황 제시: 청소년들의 팬덤 참여 실태를 제시함.
- 용어 정의: 팬덤은 특정한 인물이나 분야를 열성적으로 좋아하는 사람들 또는 그러한 문화 현상을 가리킴.
- 문제 제기: 팬덤에 대한 기존의 부정적인 시각에 관해 문제 제기함.

Ⅱ. 본론
- 주장: (㉠)
  - 근거 1: 팬덤 활동은 청소년들에게 정서적 안정감과 삶의 활력을 준다.
    - 아이돌을 통해 대리 만족하며 스트레스를 해소할 수 있음.
    - 공감대를 형성하고, 또래 문화를 공유함으로써 소속감과 안정감을 느낄 수 있음.
  - 근거 2: 청소년들은 팬덤 활동을 통해 사회에 참여한다.
    - 봉사와 기부 문화가 확산되고 있음.
    - 불공정한 전속 계약의 전환점이 마련되고 있음.
    - 건전한 응원 문화가 형성되고 있음.

Ⅲ. 결론
- 마무리: (㉡)

출제 예감 90%

12 본론의 근거 1과 근거 2의 내용을 고려했을 때, ㉠에 들어갈 내용으로 가장 적절한 것은?

① 팬덤 활동은 청소년들의 성장에 긍정적 영향을 미친다.
② 팬덤 활동은 청소년들이 사회를 경험하고 미래를 준비하게 돕는다.
③ 팬덤 활동은 연예인과 팬이 함께 만들어 가는 건전한 문화 활동이다.
④ 팬덤 활동은 청소년들에게 긍정적인 영향과 부정적인 영향을 동시에 미친다.
⑤ 팬덤 활동은 장점이 많으므로 팬덤 활동에 대한 부정적 시선을 거두어야 한다.

출제 예감 95% 서술형

13 개요표를 바탕으로 주장하는 글을 쓴다고 가정할 때, ㉡에 들어갈 내용을 〈조건〉에 맞게 쓰시오.

조건
- 본론의 내용을 요약하고 재강조할 것.
- 앞으로 나아갈 방향을 제시할 것.

출제 예감 90% 학습 활동 응용

14 개요표를 바탕으로 주장하는 글을 썼다고 가정할 때, 글을 평가하는 내용적인 측면의 기준에 해당하는 것은?

① 문장 표현이 간결하고 명료한가?
② 글의 흐름과 관련 없는 문장은 없는가?
③ 정확하고 분명한 어휘를 사용하였는가?
④ 글의 짜임에 맞게 문단이 구성되어 있는가?
⑤ 주장에 대한 근거는 타당하며, 신뢰할 만한 것인가?

활동 순서 '휴대 전화 사용의 바른 습관'에 관한 다양한 자료 살펴보기 ➜ 자신의 주장과 근거를 정리한 후, 주장하는 글 쓰기 ➜ 반 친구들이 올린 글 중, 하나를 뽑아 평가하기

휴대 전화의 바른 사용 습관을 위한 우리 반 공모전에 참가하는 활동을 해 봅시다.

현명한 휴대 전화 사용 습관을 위한
우리 반 공모전

20○○년 ○○월 ○○일까지

이 공모전은 미래의 주역이 될 우리 반 학생들에게 현명한 휴대 전화 사용 습관을 길러 주기 위해 개최되었습니다. 3학년 ○○반 학생들의 많은 관심과 참여 부탁드립니다.

1. 공모전 개요

- 주제: 휴대 전화를 현명하게 사용하자.
- 유의 사항
  - 자신의 주장과 주장에 관한 타당한 근거가 드러나야 함.
  - 최대 500자를 넘을 수 없음. 정해진 기간을 엄수해야 함.

2. 공모전 출품작에서 다루어야 하는 내용

- 휴대 전화의 사용 실태
- 휴대 전화 과다 사용의 문제점
- 휴대 전화 사용 방법의 개선 방안

3. 공모전 참여 방법

- 주장과 근거를 담아 우리 반 블로그에 댓글로 달기
- 친구들이 올린 글을 읽고, 가장 설득력이 있다고 생각하는 글에 (공감하기) 누르기

활동 길잡이
'현명한 휴대 전화 사용 습관'에 관한 다양한 자료를 모아 살펴본 후, 이를 바탕으로 자신의 관점을 정한다. 관점을 정한 후에는 주장에 맞는 타당한 근거를 내세워 주장하는 글을 쓴다.

1 공모전의 주제에 관한 다양한 자료를 살펴보고, 자신의 주장과 근거를 정리한 후, 주장하는 글을 써서 공모전에 출품하여 봅시다.

(공감하기) (댓글 달기) (퍼가기)

나의 주장 휴대 전화 사용 시간을 정해서 이용해야 한다.

근거
- 휴대 전화 과다 사용으로 인간관계가 단절될 수 있다.
- 학교 성적이나 업무 능력이 떨어질 수 있다.
- 시력 저하, 손목굴 증후군 같은 신체적 증상이 나타날 수 있다.

주장하는 글

편리한 통신 생활의 도구인 휴대 전화가 우리의 삶을 공격하고 있다. 민경복 서울대 의과대학 교수와 서울대 보건환경연구소 연구팀의 공동 조사 결과에 따르면 스마트폰 중독자는 전체 응답자의 36.5%에 달한다.

휴대 전화를 과다하게 사용하면 다음과 같은 문제가 있다. 첫째, 가상 세계를 지향하여 사람 간의 관계가 단절될 수 있다. 둘째, 학교 성적이 나빠지고 업무 능력이 떨어질 수 있다. 셋째, 시력 저하, 손목굴 증후군 등의 신체적인 증세가 나타날 수 있다.

과다 사용에 관한 개선 방안으로 휴대 전화 사용 시간을 정해서 사용하거나, 이유 없는 습관적 사용을 자제하고, 중독을 막는 앱을 사용하는 방법 등이 있다.

휴대 전화는 분명 편리하고 유용한 기계이다. 따라서 휴대 전화 사용자들의 현명한 대처가 필요한 시점이다. 그리고 너무 과도하게 사용하고 있다면 자신의 휴대 전화 사용 시간을 정해서 이용하는 현명한 사용자가 되도록 하자.

활동 길잡이
글에 나타난 정보와 자신의 배경지식을 활용하여 공모전에 출품된 글을 읽어 보도록 한다. 고른 글을 평가할 때에는 평가 기준을 중심으로 평가하도록 한다.

2 반 친구들이 올린 글 중, 하나를 뽑아 이를 평가해 봅시다.

1 주장과 근거가 잘 드러난 글을 골라 봅시다. 예시 답 생략

2 **1**에서 고른 글을 글에 나타난 정보와 자신의 배경지식을 활용하여 읽고, 다음 사항에 유의하여 평가해 봅시다.
예시 답 생략

평가 기준	평가 결과
① 공모전의 주제를 잘 담고 있으며, 주장이 명확하게 드러나는가?	☆☆☆☆☆
② 주장에 관한 근거는 타당하며, 신뢰할 만한 것인가?	☆☆☆☆☆
③ 공모전의 유의 사항에 맞는 분량인가?	☆☆☆☆☆
④ 글은 어법에 맞고, 표현은 간결하고 명료한가?	☆☆☆☆☆

• 정답과 해설 p.28

대단원 확인 문제

[01~03] 다음 글을 읽고, 물음에 답하시오.

(가) 우리는 살아가면서 '디자인'이라는 말을 쉽게 듣고 또 말한다. 그만큼 디자인이 일상화된 것이다. 우리나라는 세계 ㉠유수의 좋은 디자인 선정에서 다수의 수상을 기록할 정도로 디자인 산업이 발전하였다. 이제 디자인은 특정한 분야나 제품에만 국한되지 않고, 기업 혁신과 국가 경쟁력에서 매우 중요한 핵심어가 되었다.

(나) 디자인은 보통 ㉡대량 생산을 전제로 하지만, 그렇다고 하여 모든 사람이 만족하는 디자인을 추구하는 것은 아니다. 대부분의 디자인은 특정한 집단을 목표 대상으로 한다. 하나의 상품을 대량 생산하려면 많은 비용이 들어가므로, 기업은 실패하지 않기 위해 목표 대상을 명확히 하여 그들에게 적합한 디자인을 하는 것이다. 이를 위해 그 집단이 요구하는 기능과 좋아할 만한 ㉢양식에 관해 방대한 조사가 이루어진다. 이러한 과정을 통해 생산된 물건은 특정 집단에는 큰 즐거움을 주지만, 그 밖의 다른 사람에게는 필요 없는 것이 될 수도 있다. 특히 장애인, 관절염 같은 만성적인 병을 앓고 있는 사람, 노약자, 보통 사람보다 키가 아주 작거나 덩치가 아주 큰 사람 등을 고려하면서 디자인한 물건은 좀처럼 찾아보기 힘들다.

(다) '모두를 위한 디자인'은 노인이나 장애를 가진 사람도 사용하는 데 불편하지 않은 디자인을 말한다. 이 디자인은 처음에 장애인과 노약자 같은 ㉣사회적 약자를 위한 복지 차원에서 시작되었다. 그러나 지금은 좀 더 보편적인 의미인 '모든 사람을 위한 디자인'이라는 의미로 통용되고 있으며, 개인이 사용하는 도구나 물건은 물론 공공시설 같은 환경으로까지 확대되고 있다. 특히 공공시설이나 대중교통에서 이 디자인은 장애가 있거나 없거나, 노인이거나 어린아이거나, 남자거나 여자거나, 내국인이거나 외국인이거나 사용하는 데 불편함이 없도록 하는 데 노력을 기울인다.

(라) '모두를 위한 디자인'은 단지 사회적 약자만을 위한 디자인이 아니라 보통 사람에게도 보편적으로 유용한 물건과 시설, 환경을 추구한다. 이 디자인이 시작된 미국에서는 신체, 인종, 종교, 문화 차이에 따라 차별을 받지 않도록 규정하는 '동등한 기회' 정신이 ㉤보편화되어 있는데, 이러한 가치관이 디자인에도 적용되었다.

01 이 글의 내용으로 적절하지 않은 것은?

① 오늘날 디자인은 국가 경쟁력에서 중요한 요소이다.
② 디자인과 '모두를 위한 디자인'은 목표 대상이 같다.
③ '모두를 위한 디자인'은 처음보다 좀 더 보편적인 의미로 확대되었다
④ '모두를 위한 디자인'은 사회적 약자를 위한 복지 차원에서 시작되었다.
⑤ 공공시설을 설치할 때에는 사회적 약자를 배려한 디자인을 적용하려 노력한다.

02 문맥상 ㉠~㉤의 의미가 적절하지 않은 것은?

① ㉠: 손꼽을 만큼 두드러지거나 훌륭함.
② ㉡: 기계를 이용하여 동일한 제품을 대량으로 만들어 내는 일.
③ ㉢: 생존을 위하여 필요한 사람의 먹을거리.
④ ㉣: 사회적으로 힘이나 세력이 약한 사람이나 생물. 또는 그런 집단.
⑤ ㉤: 널리 일반인에게 퍼짐. 또는 그렇게 되게 함.

서술형

03 이 글을 읽으며 〈보기〉와 같은 문제 상황에 처했을 때, 해결 방법을 한 문장으로 서술하시오.

보기

나는 '모두를 위한 디자인'이라는 용어를 처음 들어봐. 그것과 관련된 경험도 지식도 없어. 그래서 글의 내용이 잘 이해되지 않았어.

[04~06] 다음 글을 읽고, 물음에 답하시오.

(가) '모두를 위한 디자인'의 원칙을 보면, 이와 같은 특징을 잘 이해할 수 있다.

- 누가 쓰더라도 차별감이나 불안감, 열등감을 느끼지 않고 공평하게 사용할 수 있는가?
- 다양한 생활 환경과 조건에서도 다양한 개인이 각자가 선호하는 방식으로 사용할 수 있는가?
- 사용자의 언어 능력이나 지식의 정도, 경험 지식과 관계없이 간단하고 직관적으로 사용할 수 있는가?
- 정보 구조가 간단하고, 여러 전달 수단을 통해 쉽게 정보를 얻을 수 있는가?
- 잘못 다루었더라도 원래 상태로 쉽게 돌이킬 수 있는가?
- 무리한 힘을 들이지 않고 자연스러운 자세로 사용이 가능한가?
- 이동과 수납이 용이하고, 누구나 쉽게 접근하여 사용할 수 있는가?

(나)

버스 정류소

보행 환경을 침해하지 않고 버스를 기다리는 부담이 적은 정류소

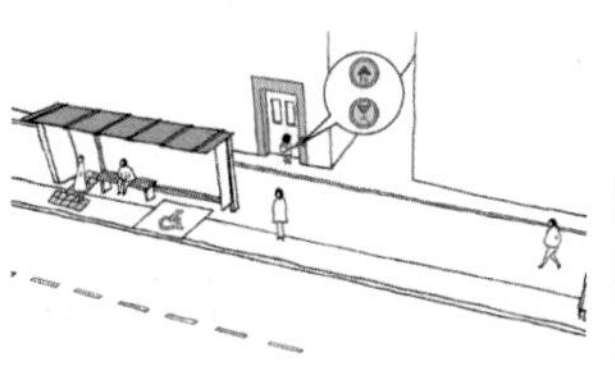

버스 정류소는 교통 약자를 포함한 누구나가 아무 제약 없이 대기할 수 있도록 충분한 대기 공간을 확보해야 한다. 일반 통행자들의 동선을 방해하지 않음은 물론이다.

이 외에도 비싸지 않아야 하고 내구성이 있어야 한다. 또한 품질이 좋고 심미적이어야 하며 인체와 환경을 배려해야 함은 말할 것도 없다.

(다) '모두를 위한 디자인'은 디자이너가 애정을 갖고 사람들의 지극히 평범한 일상생활을 관찰하고, 사람들이 인식하지 못하는 불편한 점을 찾아내어 그 개선 사항을 반영할 수 있어야 가능하다. 개성이나 상상력을 발휘하고 튀어 보려는 마음보다는 타인을 보살피려는 마음 자세에서 비롯한다고 할 수 있다. 그렇다고 이런 디자인이 이윤을 완전히 배제하고 남을 돕는 일만 하려 한다고 착각해서도 안 된다. '모두를 위한 디자인' 역시 사업적 가치가 큰 미래 산업 중의 하나이다. 크게 보면 불편한 사람과 건강한 사람 모두를 위한 디자인이며, 작게 보면 나와 나의 가족, 내가 속한 집단을 위한 보편적 디자인이 바로 '모두를 위한 디자인'이다.

04 이 글의 글쓴이가 전달하고자 한 중심 생각으로 가장 적절한 것은?

① '모두를 위한 디자인'은 저렴하면서도 내구성이 뛰어나야 한다.
② '모두를 위한 디자인'은 모든 사람을 위한 보편적인 디자인이다.
③ 좋은 디자이너가 되려면 뛰어난 상상력과 독특한 개성이 필요하다.
④ 누가 쓰더라도 차별감을 느끼지 않게 하는 것이 '모두를 위한 디자인'이다.
⑤ '모두를 위한 디자인'은 이윤을 배제하고 남을 도우려는 태도가 필수적이다.

05 (가)를 참고할 때, '모두를 위한 디자인'이 적용된 사례로 적절하지 않은 것은?

① 출입문에 턱이 있는 복지관 입구
② 대중교통에서 나오는 다국어 음성 안내
③ 횡단보도에서 파란불이 켜질 때 나오는 소리
④ 작은 키도 이용할 수 있도록 높이를 낮춘 승강기 버튼
⑤ 휠체어를 자유롭게 이용할 수 있는 지하철의 엘리베이터

06 이 글에서 (나)의 역할로 가장 적절한 것은?

① 대조의 방식을 사용하여 주제를 강조하고 있다.
② 논리적 근거를 제시하여 설득력을 높이고 있다.
③ 다양한 사례를 분류하여 내용을 정리하고 있다.
④ 구체적 사례를 제시하여 독자의 이해를 돕고 있다.
⑤ 핵심 대상의 사용 방법을 시각적으로 안내하고 있다.

대단원 확인 문제

[07~09] 다음 글을 읽고, 물음에 답하시오.

(가) 인류는 물 부족으로 인한 위기에 직면할 것이며, 세계가 물을 차지하기 위해 전쟁을 벌일 것이라는 경고의 목소리가 높아지고 있다. 세계기상기구는 지금처럼 물을 소비할 경우, 2050년에는 3명 중 2명이 물 부족 상태로 생활할 것이라고 전망한다.

(나) 물이 부족한 상태는 인류에게 큰 위기로 다가올 것이다. 앞으로도 인구는 증가할 것이며, 늘어나는 인구만큼 식량이 더 필요해진다. 따라서 곡식의 재배를 위한 담수 필요량이 늘어나게 될 것이다. 설상가상으로 기후 변화로 인해 가뭄이 심화되어 지금처럼 물을 쓰다가는 2050년이 되기도 전에 인류는 물 부족 현상으로 인해 커다란 위기에 봉착하게 될 것이다. 이러한 위기는 전쟁과 같은 국가 간의 갈등을 초래할 가능성이 높다. 물은 인간의 생존을 위해 필수 불가결한 대상이지만 물의 양은 한정적이어서 물을 차지하기 위한 갈등이 벌어질 것이다. 국가 간의 갈등은 전쟁으로 이어질 것이며, 이는 인류에게 커다란 시련을 안겨 줄 것이다.

(다) 일부에서는 바닷물로부터 염분을 포함한 용해 물질을 제거하여 음용수 및 생활용수로 사용하는 담수화를 통해 물 부족 문제를 해결할 수 있다고 주장하기도 한다. ㉠그러나 이는 물 부족 문제의 근본적인 해결책이 될 수 없다. 바닷물을 담수화하는 것은 비용이 높고, 기술이나 전문 인력을 활용한 시설의 구축이 선진국 중심이라는 점에서 전 인류가 사용하기에 어렵다. 또한, 해수 담수화 기술은 에너지 소비가 많은 증기를 이용한 증발법을 사용하므로 결국 해수 담수화 기술은 다른 환경 문제로 이어질 수밖에 없는 것이다.

(라) 이제 우리는 다음 세대에게 물 부족으로 인한 고통을 안겨줄 것인지, 아니면 삶을 영위할 수 있는 환경을 물려줄 것인지를 고민해야 한다. 위기를 과소평가한다면 영화에서나 펼쳐진 비극적 미래는 현실이 될 것이다. 아직 늦지 않았다. 지금부터라도 물 소비 행태에 관한 경각심을 가지고 물을 경제적으로 쓰도록 노력하자.

07 이 글의 표현 전략으로 적절하지 않은 것은?

① 예상되는 반론의 문제점을 지적하여 주장의 근거로 삼고 있다.
② 원인에 따른 결과를 예측하여 문제의 심각성을 느끼게 하고 있다.
③ 신뢰할 만한 기관의 자료를 인용하여 주장의 신뢰성을 높이고 있다.
④ 실제 일어난 사례를 들어 제기된 문제 상황의 심각성을 드러내고 있다.
⑤ 선택에 따라 대조되는 두 가지 상황을 주고 주장에 따른 행동을 촉구하고 있다.

08 이 글의 글쓴이의 주장에 공감하는 사람의 반응으로 가장 적절한 것은?

① 실용적인 담수화 기술을 개발하여 물 부족 문제를 해결해야겠어.
② 물 소비에 경각심을 가지고 물을 경제적으로 쓰려고 노력해야겠어.
③ 물로 인한 국가 간 갈등에 피해를 보지 않도록 대비할 필요가 있겠어.
④ 물 부족 문제를 예상하고 물을 대신할 수 있는 대용물을 찾아야겠어.
⑤ 물을 전 인류가 골고루 사용할 수 있도록 물의 담수량 편중 문제를 개선해야겠어.

09 ㉠의 이유를 모두 골라 묶은 것은?

ⓐ 바닷물은 음용수나 생활용수로 사용할 수 없기 때문이다.
ⓑ 바닷물을 담수화하면 바다의 생태계가 파괴되기 때문이다.
ⓒ 바닷물 담수화 기술은 환경 문제를 일으킬 수 있기 때문이다.
ⓓ 바닷물 담수화 기술은 비용이 높아 혜택을 볼 수 있는 사람이 제한적이기 때문이다.

① ⓐ, ⓑ ② ⓐ, ⓒ ③ ⓑ, ⓒ
④ ⓑ, ⓓ ⑤ ⓒ, ⓓ

[10~12] 다음 글을 읽고, 물음에 답하시오.

가 청소년들의 팬덤 문화가 변화하고 있다. 과거에는 좋아하는 연예인과 관련한 상품을 구매하거나, 연예인들의 활동 모습을 공유하는 양상을 보였다면, 요즘은 연예인들의 선행이 팬클럽 회원들의 선행으로 이어지고 있어 우리 사회에 긍정적인 영향력을 끼치고 있다. 최근 유명 그룹인 ○○○이 주변에 알리지 않고 기부를 해 온 것이 화제가 되자, ○○○의 팬클럽 회원들은 이에 동참한다는 의미로 기부와 봉사 활동을 하여 훈훈함을 안겼다. 전문가들은 이와 같은 팬덤 문화가 청소년들에게 소중한 추억을 만들어 주고, 청소년 시기의 넘치는 에너지를 건전하게 표출하는 계기가 된다고 말하고 있다. -『세계일보』(2011. 6. 6.)

나 어느 음원 사이트든지 첫 화면의 눈에 잘 띄는 위치에는 실시간 순위가 있다. 이 실시간 순위에는 1위부터 5위, 10위까지의 음원들이 노출된다. 만약 일반 사용자가 이 사이트에 접근한다면 실시간 순위에 가장 먼저 관심을 보이면서 한 번쯤은 이 순위의 곡들을 들어 볼 것이다. 그래서 일부 팬클럽 회원들이 자신이 좋아하는 가수의 새로운 노래가 나오면 음원을 사재기하여 그 노래가 실시간 순위에 오르도록 하는 것이다. 그러나 이는 정당한 방법이 아니다. 땀 흘려 노력한 다른 가수들에게 피해를 끼치는 것뿐만 아니라 맹목적인 팬덤 문화를 형성하여 다른 사람들과의 갈등으로 이어질 수도 있기 때문이다. 잘못된 팬덤 문화, 이제 우리가 바로잡아야 한다. -『주간동아』(2018. 7. 27.)

다 **팬덤 활동 시 드는 기분**

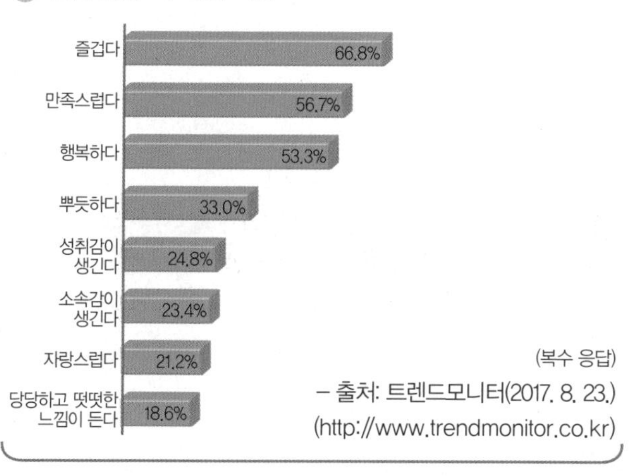

(복수 응답)
- 출처: 트렌드모니터(2017. 8. 23.)
(http://www.trendmonitor.co.kr)

10 (가)와 (나)의 공통 화제로 가장 적절한 것은?

① 팬덤 문화의 다양한 양상
② 청소년 문화의 빛과 그림자
③ 청소년들의 다양한 취미 생활
④ 팬덤 문화가 사회에 기여하는 방식
⑤ 청소년들이 팬덤 문화를 즐기는 방법

11 (가), (나)의 자료에 〈보기〉를 추가하여 다음의 관점으로 글을 쓰려고 할 때, 계획 단계에서 설정한 자료 활용 방안으로 적절하지 않은 것은?

> 팬덤 문화를 소개하고 그 장단점을 고려하여 바람직한 팬덤 문화를 향유하자.

보기

> 어느 시대나 연예인을 좋아하는 청소년들은 늘 있었다. 하지만 좋아하는 방식은 시대마다 다르다. 스타를 좋아하는 방식이 하나의 문화 현상으로 나타나는 경우를 두고 팬덤이라고 한다. 팬덤 문화가 긍정적으로 나타나기도 하지만 일부는 기획사의 홍보 전략과 관련되어 있고, 인터넷과 휴대 전화를 통해 엄청난 결속력과 충성도(음반, 관련 상품 구매)를 과시하기도 한다. 최근의 팬덤은 자신이 좋아하는 연예인을 사사화(私事化)하는 새로운 양상을 보여 준다. 좋아하는 연예인을 주인공으로 한 소설을 쓰는 것이 대표적이다.
> - 김동식, 『주간한국』(2001. 8. 16.)

① (가)를 활용하여 팬덤 문화의 긍정적 변화 양상을 설명해야겠어.
② (나)를 활용하여 잘못된 팬덤 문화의 사례를 들어야겠어.
③ 〈보기〉를 활용하여 팬덤의 개념에 대해 설명해야겠어.
④ (가)와 〈보기〉를 활용하여 팬덤 문화의 올바른 방향을 제시해야겠어.
⑤ (가)와 〈보기〉를 활용하여 팬덤이 갖는 부정적 측면을 소개해야겠어.

서술형

12 (다)를 근거로 '팬덤 문화가 청소년의 삶에 미치는 영향'에 대해 서술하시오.

대단원 확인 문제

[13~15] 다음 글을 읽고, 물음에 답하시오.

(가) 디자인은 보통 대량 생산을 전제로 하지만, 그렇다고 하여 모든 사람이 만족하는 디자인을 추구하는 것은 아니다. 대부분의 디자인은 특정한 집단을 목표 대상으로 한다. 하나의 상품을 대량 생산하려면 많은 비용이 들어가므로, 기업은 실패하지 않기 위해 목표 대상을 명확히 하여 그들에게 적합한 디자인을 하는 것이다. 이를 위해 그 집단이 요구하는 기능과 좋아할 만한 양식에 관해 방대한 조사가 이루어진다. 이러한 과정을 통해 생산된 물건은 특정 집단에는 큰 즐거움을 주지만, 그 밖의 다른 사람에게는 필요 없는 것이 될 수도 있다. 특히 장애인, 관절염 같은 만성적인 병을 앓고 있는 사람, 노약자, 보통 사람보다 키가 아주 작거나 덩치가 아주 큰 사람 등을 고려하면서 디자인한 물건은 좀처럼 찾아보기 힘들다.

'모두를 위한 디자인'은 노인이나 장애를 가진 사람도 사용하는 데 불편하지 않은 디자인을 말한다. 이 디자인은 처음에 장애인과 노약자 같은 사회적 약자를 위한 복지 차원에서 시작되었다. 그러나 지금은 좀 더 보편적인 의미인 '모든 사람을 위한 디자인'이라는 의미로 통용되고 있으며, 개인이 사용하는 도구나 물건은 물론 공공시설 같은 환경으로까지 확대되고 있다. 특히 공공시설이나 대중교통에서 이 디자인은 장애가 있거나 없거나, 노인이거나 어린아이거나, 남자거나 여자거나, 내국인이거나 외국인이거나 사용하는 데 불편함이 없도록 하는 데 노력을 기울인다.

(나) [A: 일부에서는 바닷물로부터 염분을 포함한 용해 물질을 제거하여 음용수 및 생활용수로 사용하는 담수화를 통해 물 부족 문제를 해결할 수 있다고 주장하기도 한다. 그러나 이는 물 부족 문제의 근본적인 해결책이 될 수 없다. 바닷물을 담수화하는 것은 비용이 높고, 기술이나 전문 인력을 활용한 시설의 구축이 선진국 중심이라는 점에서 전 인류가 사용하기에 어렵다. 또한, 해수 담수화 기술은 에너지 소비가 많은 증기를 이용한 증발법을 사용하므로 결국 해수 담수화 기술은 다른 환경 문제로 이어질 수밖에 없는 것이다.]

이제 우리는 다음 세대에게 물 부족으로 인한 고통을 안겨줄 것인지, 아니면 삶을 영위할 수 있는 환경을 물려줄 것인지를 고민해야 한다. 위기를 과소평가한다면 영화에서나 펼쳐진 비극적 미래는 현실이 될 것이다. 아직 늦지 않았다. 지금부터라도 물 소비 행태에 관한 경각심을 가지고 물을 경제적으로 쓰도록 노력하자.

13 (가), (나)에 대한 설명으로 가장 적절한 것은?

① (가)는 정보를 전달하는 글이고, (나)는 친교를 목적으로 하는 글이다.
② (가)는 자신의 주장을 드러내는 글이고, (나)는 의견을 건의하는 글이다.
③ (가)는 정보를 전달하는 글이고, (나)는 자신의 주장을 드러내는 글이다.
④ (가)는 친교를 목적으로 하는 글이고, (나)는 심미적 체험을 목적으로 하는 글이다.
⑤ (가)는 심미적 체험을 목적으로 하는 글이고, (나)는 자신의 주장을 드러내는 글이다.

14 (가)를 읽고 답을 찾을 수 있는 질문으로 적절하지 <u>않은</u> 것은?

① 모두를 위한 디자인이란 무엇인가?
② 일반적인 디자인이 갖는 한계는 무엇인가?
③ 모두를 위한 디자인은 어떻게 시작되었나?
④ 모두를 위한 디자인의 구체적인 사례는 어떤 것이 있나?
⑤ 일반적인 디자인이 특정 대상을 목표로 하는 이유는 무엇인가?

서술형

15 [A]의 구조를 〈보기〉와 같이 정리할 때, ㉠~㉢의 구체적 내용을 [A]에서 찾아 각각 요약해 쓰시오.

보기
㉠ 예상되는 반론 제시
㉡ 반론에 대한 반박
㉢ 반박의 근거 제시

[16~18] 다음 글을 읽고, 물음에 답하시오.

(가) ㉠'모두를 위한 디자인'은 단지 사회적 약자만을 위한 디자인이 아니라 보통 사람에게도 보편적으로 유용한 물건과 시설, 환경을 추구한다. 이 디자인이 시작된 미국에서는 신체, 인종, 종교, 문화 차이에 따라 차별을 받지 않도록 규정하는 '동등한 기회' 정신이 보편화되어 있는데, 이러한 가치관이 디자인에도 적용되었다. 옆으로 긴 막대 모양의 문손잡이(옛날에 주로 쓰이던 동그란 문손잡이는 손이 불편하거나 악력이 약한 사람이 사용하기에는 힘들다.), 휠체어를 자유롭게 이용할 수 있는 지하철의 엘리베이터(지하철 계단에 설치된 휠체어 리프트보다 훨씬 유용하다.), 횡단보도에서 파란불이 켜질 때 나오는 소리, 공공장소나 대중교통에서 나오는 다국어 음성 안내 등을 '모두를 위한 디자인'이라 부를 수 있다.

(나) 화가들의 자화상에는 근대적 자아의식이 반영되어 있다. 그런데 많은 경우 화가들의 자화상에서 우리가 편하고 푸근한 인상을 받기가 쉽지 않은 것은 왜일까? 그것은 근세 이후 우리의 삶이 평탄하지 않았음을 보여 주는 증거가 아닐까. 결국 이들 그림은 단순히 화가 개개인의 모습을 표현한 것이 아니라 바로 그들과 같은 시대를 살아온, 그리고 살아가고 있는 우리 모두의 자화상이 된다. 곧 화가의 자화상은 그들의 얼굴에 담긴 세상, 그들의 시선에 담긴 우주의 모습인 것이다.

(다) 물이 부족한 상태는 인류에게 큰 위기로 다가올 것이다. 앞으로도 인구는 증가할 것이며, 늘어나는 인구만큼 식량이 더 필요해진다. 따라서 곡식의 재배를 위한 담수 필요량이 늘어나게 될 것이다. 설상가상으로 기후 변화로 인해 가뭄이 심화되어 지금처럼 물을 쓰다가는 2050년이 되기도 전에 인류는 물 부족 현상으로 인해 커다란 위기에 봉착하게 될 것이다. 이러한 위기는 전쟁과 같은 국가 간의 갈등을 초래할 가능성이 높다. 물은 인간의 생존을 위해 필수 불가결한 대상이지만 물의 양은 한정적이어서 물을 차지하기 위한 갈등이 벌어질 것이다. 국가 간의 갈등은 전쟁으로 이어질 것이며, 이는 인류에게 커다란 시련을 안겨 줄 것이다.

16 (가)~(다)를 읽을 때의 자세로 적절하지 않은 것은?

① (가)에서 제시한 사례가 어떠한 점에서 '모두를 위한 디자인에 해당되는지 이해하기 위하여 앞의 문장을 다시 한번 살펴본다.
② (나)의 중심 내용을 파악하며 읽기 위해 중요한 문장에 밑줄을 치며 읽는다.
③ (다)의 어휘 중 '담수', '설상가상'의 뜻을 몰라 국어사전을 찾아보았다.
④ (가), (나)에서 글쓴이의 주장이 논리적인지 근거의 타당성을 파악하며 읽는다.
⑤ (가), (나), (다)의 중심 제재에 대한 자신의 배경지식을 떠올리며 글을 읽는다.

17 (가)~(다)에 대한 설명으로 적절하지 않은 것은?

① (가)는 구체적인 사례를 들어 독자의 이해를 돕고 있다.
② (나)는 질문과 답변의 형식을 통해 독자의 생각을 유도하고 글쓴이의 설명을 강조하고 있다.
③ (다)는 예상되는 문제를 지적하여 문제의 심각성을 드러내고 있다.
④ (가)와 (나)는 대상이나 현상에 대한 정보를 제공하고 있다.
⑤ (나)와 (다)는 대조의 기법을 통해 문제 상황을 부각하고 있다.

18 (다)의 논리 전개 과정을 〈보기〉와 같이 정리할 때, ⓐ~ⓒ에 들어갈 내용으로 적절한 것은?

보기
인구 (ⓐ) → 식량 (ⓑ) → 담수 필요량 (ⓒ) → 물 부족으로 인한 갈등

	ⓐ	ⓑ	ⓒ
①	증가	증가	증가
②	증가	부족	증가
③	증가	부족	부족
④	부족	증가	부족
⑤	부족	부족	증가

문학 속의 세상

(1) 천만리 머나먼 길에
(2) 수난이대
(3) 성북동 비둘기

대단원 학습 목표

문학 작품의 사회 · 문화적 배경을 파악할 수 있다.
문학 작품이 창작된 사회 · 문화적 배경을 바탕으로 작품을 이해할 수 있다.

(1) 천만리 머나먼 길에

작품의 사회 · 문화적 배경을 바탕으로 문학 작품을 감상할 수 있다.

- 시조에 나타난 사회 · 문화적 배경 파악하기
- 작품이 창작된 사회 · 문화적 배경을 바탕으로 작품 감상하기

「천만리 머나먼 길에」를 감상하며 화자의 정서와 태도, 시어의 의미, 소재의 기능을 파악해 보도록 한다. 이어 창작 배경을 중심으로 작품의 사회 · 문화적 배경을 파악하고 그것을 바탕으로 작품을 감상함으로써 작품의 의미와 가치를 제대로 이해하도록 한다.

(2) 수난이대

작품의 사회 · 문화적 배경을 바탕으로 문학 작품을 감상할 수 있다.

- 소설에 나타난 사회 · 문화적 배경 파악하기
- 작품이 창작된 사회 · 문화적 배경을 바탕으로 작품 감상하기

「수난이대」를 감상하며 주요 사건 양상과 등장인물의 심리와 성격을 파악해 보도록 한다. 사건과 인물을 중심으로 작품에 반영된 사회 · 문화적 배경을 파악하고 그것을 바탕으로 작품을 감상하며 작가의 의도와 작품이 현대 사회에서 가지는 의미를 알아보도록 한다.

(3) 성북동 비둘기

작품의 사회 · 문화적 배경에 관한 이해를 바탕으로 우리 사회를 성찰할 수 있다.

- 현대시에 나타난 사회 · 문화적 배경을 바탕으로 작품 감상하기
- 현재 우리 사회의 사회 · 문화 성찰하기

시어의 의미에 주목하여 「성북동 비둘기」를 감상하고, 작품의 내용 및 표현에 드러난 이미지를 바탕으로 작품의 사회 · 문화적 배경을 파악해 보도록 한다. 나아가 작품의 사회 · 문화적 배경에 관한 이해를 바탕으로 현재의 사회 · 문화에 비추어 자신과 우리 사회를 성찰해 보도록 한다.

작품이 창작된 사회·문화적 배경을 생각하며 문학 작품을 감상해 볼 거야. 그러면 작품의 의미와 가치를 더 깊이 이해할 수 있어.

• 정답과 해설 p.30

사회·문화적 배경이란 문학 작품의 배경이 되는 시대의 문물, 제도, 생활 방식 등을 말한다. 문학 작품의 사회·문화적 배경은 작품에 직접 드러나기도 하며, 작품 창작의 배경으로 작용하기도 한다.

확인 문제

01 문학 작품의 사회 · 문화적 배경에 관한 설명으로 옳은 것은 ○, 틀린 것은 ×표 하시오.

(1) 문학 작품을 깊이 있게 이해하기 위해서는 문학 작품에 반영된 사회 · 문화적 배경을 파악해야 한다. (　　)

(2) 문학 작품은 우리를 둘러싸고 있는 모습을 반영한 것이므로 사회 · 문화적 배경은 문학 작품에 직접 드러난다. (　　)

(3) 문학 작품의 사회 · 문화적 배경을 파악하려면 작품의 무대가 되는 공간, 작품에 제시된 소재, 작품에 등장하는 인물의 말과 행동 등을 주의 깊게 살펴보아야 한다. (　　)

성찰이란 자기의 마음을 반성하고 살피는 것을 말한다. 문학 작품에 반영된 사회·문화적 배경을 바탕으로 의미 있는 경험을 떠올리고 현재의 사회·문화를 되돌아봄으로써 자신과 우리 사회를 성찰하는 기회를 가질 수 있다.

확인 문제

02 다음 빈칸에 알맞은 말을 쓰시오.

> 우리는 문학 작품을 통해 감동이나 슬픔을 느끼기도 하고, 자신이나 사회의 모습을 돌아보기도 한다. 이 과정에서 특히 작품과 관련지어 자신의 일을 반성하며 깊이 살피는 □□을/를 함으로써 세계 및 자신에 대한 이해의 범위를 더욱 확대할 수도 있다.

천만리 머나먼 길에

• 생각 열기 다음에 제시된 학생들의 대화를 보고, 아래의 활동을 해 봅시다.

 이 사진의 배경을 몰랐을 때와 알고 났을 때 대상에 관한 생각과 느낌이 어떻게 달라졌나요?

예시 답 사진의 배경을 알기 전에는 '청령포'의 경치와 풍광이 아름답게만 보였는데, 임금의 유배지였다는 것을 알고 난 후에는 그 장소가 고립된 곳으로 보이고 적막하게 느껴졌다.

 문학 작품의 사회 · 문화적 배경을 이해하는 일이 작품을 깊이 있게 이해하는 것과 어떤 관련이 있을지 짐작해 봅시다.

예시 답 문학 작품의 사회 · 문화적 배경은 작가의 창작 의도와도 밀접한 관련을 맺는다. 따라서 작품의 전체적 의미를 깊이 있게 이해하기 위해서는 문학 작품의 사회 · 문화적 배경을 이해하는 것이 필요하다.

• 학습 목표로 내용 엿보기

"어떤 사물이나 대상에 관한 배경을 알게 되면, 그에 관한 이해와 감상이 더우 풍부해진다는 것을 알 수 있었어. 이처럼 문학 작품도 창작될 당시의 사회 · 문화적 배경을 고려하며 읽으면 작품 전체의 의미를 더 깊이 있고 정확하게 이해할 수 있을 거야."

핵심 1 창작 배경을 중심으로 「천만리 머니먼 길에」의 사회 · 문화적 배경 파악하기

핵심 2 사회 · 문화적 배경을 바탕으로 작품 감상하기

핵심 원리 이해하기 문학 작품의 사회 · 문화적 배경

1. 문학 작품의 사회 · 문화적 배경

문학 작품에는 작가가 사회의 구성원으로서 경험하는 사회 · 문화적 배경이 반영되어 있다.

2. 문학 작품의 창작 배경으로 작용하는 사회 · 문화적 배경

- 문학 작품은 작가의 상상력을 바탕으로 창작되는데, 그 상상력은 작가의 경험이나 작가가 처해 있는 사회 · 문화적 배경의 영향을 받는다.
- 작품의 창작 배경이 된 사회 · 문화적 배경을 파악하고 작품을 감상하면 작가가 작품을 통해 전달하려는 의미를 더욱 정확하게 이해할 수 있다.

개념 확인 콕콕 • 정답과 해설 p.30

01 다음 설명 중 옳은 것은 ○, 틀린 것은 ×표 하시오.

(1) 문학 작품에는 배경이 되는 시대의 사회 · 문화적 상황이 반영된다. (   )

(2) 문학 작품의 창작 배경과 사회 · 문화적 배경은 작품에 직접 드러나지 않는다. (   )

(3) 문학 작품에 등장하는 인물들의 삶은 창작 배경이 된 사회 · 문화적 배경과 밀접한 관련을 가진다. (   )

02 다음 빈칸에 공통으로 들어갈 알맞은 말을 쓰시오.

> 문학 작품에 담긴 (   )적 배경을 살펴보며 작품을 읽으면 작품의 의미를 좀 더 깊이 있게 이해할 수 있고, 작품을 감상하는 과정에서 우리가 미처 몰랐던 여러 시대와 지역의 (   )적 상황과 역사적 상황을 알 수 있다.

03 문학 작품의 창작 배경이 된 사회 · 문화적 배경을 파악하는 방법으로 적절하지 않은 것은?

① 「홍길동전」을 읽으며 조선 시대의 신분 제도에 관해 알아본다.
② 「성북동 비둘기」를 읽으며 시어의 문맥적 의미와 운율을 확인한다.
③ 「천만리 머나먼 길에」가 언제 창작된 것인지 알아보고, 당시의 사회 상황을 파악한다.
④ 「칼의 노래」를 읽으며 이 소설을 쓰게 된 상황에 관해 설명한 작가의 인터뷰를 찾아본다.
⑤ 「수난이대」를 읽으며 일제 강점기에 징용으로 끌려간 한국인 수를 정리한 통계 자료를 찾아본다.

본문 안내

이 소단원은 작품의 창작 배경을 중심으로 작품의 사회 · 문화적 배경을 파악하고, 이를 바탕으로 문학 작품을 감상할 수 있는 능력과 태도를 기르는 데 초점을 두고 있다. 문학 작품은 특정한 사회 · 문화적 배경을 반영하는데, 작품의 창작 배경, 작품에 등장하는 인물과 이를 둘러싼 상황 등을 통해 이를 파악할 수 있다. 사회 · 문화적 배경을 바탕으로 작품을 감상하면 작가의 창작 의도를 정확하게 파악하여 작품의 의미와 가치를 제대로 이해할 수 있다. 따라서 작품을 깊이 있게 감상하기 위해서는 사회 · 문화적 배경을 파악하는 것이 반드시 필요하다. 「천만리 머나먼 길에」는 모시던 임금과 이별한 슬픈 심사를 드러낸 시조로, 작품의 창작 배경을 통해 사회 · 문화적 배경을 파악하는 데 효과적인 제재가 될 수 있다.

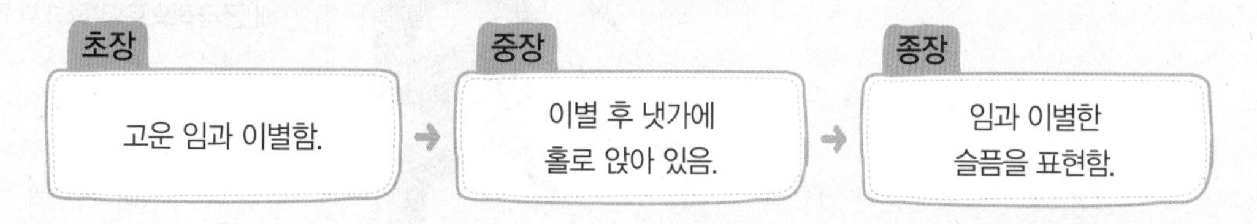

본문 개관

★ **글쓴이 소개** 왕방연(?~?)

조선 전기의 문신. 폐위된 단종이 강원도 영월로 유배될 때 금부도사로서 호송하였는데 그때의 심정을 읊은 시조 「천만리 머나먼 길에」가 전한다.

★ **갈래** 평시조

초장, 중장, 종장에서 규칙적인 4음보의 율격을 보이고, 대체로 3 · 4조의 음수율을 지니는 평시조이다.

★ **성격** 애상적, 감상적

이 시는 화자가 자신의 임금이었던 단종이 유배되는 상황을 지켜보며 겪은 슬픔을 노래하고 있다는 점에서 애상적이며, 화자가 비통하고 애절한 심정을 표현하고 있다는 점에서 감상적이다.

★ **제재** 단종의 유배

귀양 가는 단종의 압송 책임을 맡게 된 작가가, 어린 임금을 유배지에 두고 돌아오면서 자신의 괴로운 심정을 읊었으므로 이 시조의 제재는 '단종의 유배'이다.

★ **주제** 임금(유배된 단종)과 이별한 슬픔

화자는 임과 이별하고 오면서 느낀 슬픔을 냇물에 비유하여 표현하고 있다. 작가는 유배지에 단종을 호송하고 돌아오는 길에 냇가에 앉아 자신의 심정을 시조에 담아 읊었다고 한다.

천만리 머나먼 길에

왕방연

이것이 핵심! ✔ 화자의 정서 ✔ 작품의 사회 · 문화적 배경

㉠천만리 머나먼 길에 ㉡고운 님 ㉢여의옵고
내 마음 둘 데 없어 냇가에 앉았으니
저 물도 ㉣내 안 같아서 울어 밤길 ㉤예놋다

핵심 확인 시적 상황과 화자의 정서

시의 내용 자체로만 감상할 경우

시적 상황	사랑하는 임과 이별한 상태
화자의 정서	안타까움, 애달픔, 서러움, 슬픔, 그리움

사회 · 문화적 배경을 고려하여 감상할 경우

사회 · 문화적 배경	• 조선의 7대 임금인 세조(수양 대군)는 자신의 조카인 단종을 보위했던 충신들을 제거한 후 왕위를 찬탈함. • 세조가 단종을 영월로 귀양 보냄. • 이 시조를 쓴 왕방연은 단종이 유배를 갈 때 호송을 맡음.

↓

시적 상황	유배지인 영월에서 어린 임금(단종)과 이별하고 돌아오고 있음.
화자의 정서	안타까움, 자책감, 그리움, 슬픔, 충정심

→ 창작 배경, 사회 · 문화적 배경 등을 바탕으로 작품을 감상하면 '고운 님'의 의미를 정확하게 알게 되어 작품을 더 깊이 있게 이해할 수 있다.

• 확인 문제 •

• 정답과 해설 p.30

01 이 시조에 대한 설명으로 적절한 것은?

① 이별의 시적 상황이 나타난다.
② 계절의 흐름에 따라 시상이 전개된다.
③ 자연에 대한 친밀감과 애정이 드러난다.
④ 화자 자신의 정서를 직접 드러내고 있다.
⑤ 시적 화자와 대조적인 처지에 있는 대상이 드러난다.

핵심

02 〈보기〉를 참고할 때, 작가가 이 시조를 통해 궁극적으로 말하고자 하는 바로 적절한 것은?

보기

단종은 수양 대군(세조)에게 왕위를 빼앗기고 상왕으로 2년여를 지내던 중, 단종 복위 사건이 터지자 영월로 귀양을 가게 된다. 귀양 가는 단종의 압송 책임을 맡게 된 왕방연이, 자신이 모셨던 어린 임금을 유배지에 두고 돌아오면서 느낀 심정을 읊은 노래가 바로 이 시조이다.

① 임금과 이별한 비통한 심정
② 떠난 임에 대한 원망과 한탄
③ 현실에 대한 비판과 저항 의지
④ 이별의 슬픔과 재회에 대한 소망
⑤ 자연을 통한 깨달음과 시련의 극복

03 ㉠~㉤의 뜻으로 적절하지 않은 것은?

① ㉠: 아주 먼 거리
② ㉡: 어여쁜 임
③ ㉢: 만나지 못해
④ ㉣: 내 마음
⑤ ㉤: (흘러)가는구나

서술형

04 종장에 사용된 표현 방법상의 특징을 서술하시오.

학습 활동

• 정답과 해설 p.30

이해 활동

1. 다음은 이 시조를 감상한 친구들의 질문을 적어 놓은 것입니다. 질문에 답하며 이 시조의 내용을 파악해 봅시다.

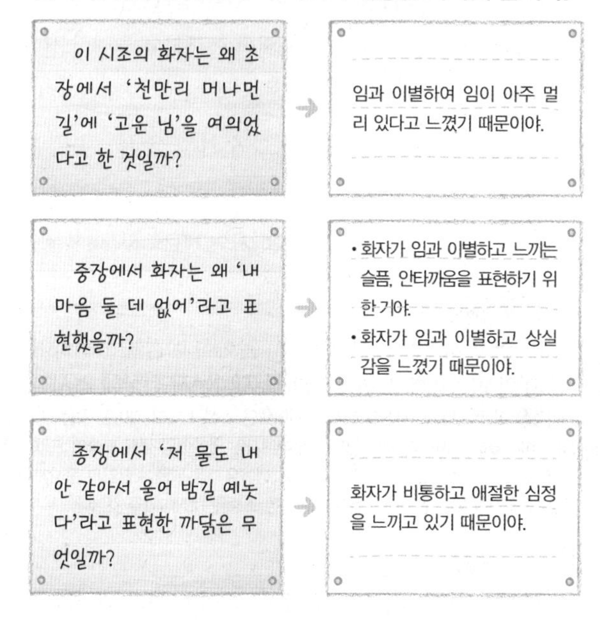

질문	답
이 시조의 화자는 왜 초장에서 '천만리 머나먼 길'에 '고운 님'을 여의었다고 한 것일까?	임과 이별하여 임이 아주 멀리 있다고 느꼈기 때문이야.
중장에서 화자는 왜 '내 마음 둘 데 없어'라고 표현했을까?	• 화자가 임과 이별하고 느끼는 슬픔, 안타까움을 표현하기 위한 거야. • 화자가 임과 이별하고 상실감을 느꼈기 때문이야.
종장에서 '저 물도 내 안 같아서 울어 밤길 예놋다'라고 표현한 까닭은 무엇일까?	화자가 비통하고 애절한 심정을 느끼고 있기 때문이야.

2. 이 시조의 화자가 자신의 주된 정서를 드러내기 위해 사용한 소재를 찾고, 그 표현 방법을 적어 봅시다.

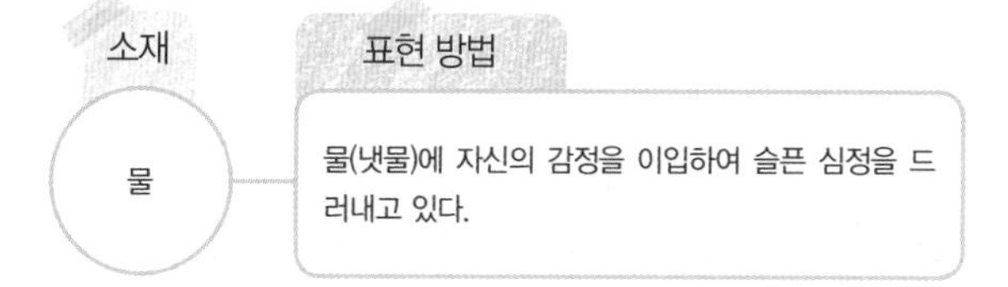

소재	표현 방법
물	물(냇물)에 자신의 감정을 이입하여 슬픈 심정을 드러내고 있다.

이해 다지기 문제

1 이 시조에서 화자가 자신의 주된 정서를 드러내기 위해 사용한 표현 방법으로 적절한 것은?

① 자연과 인간의 삶을 대조하고 있다.
② 자연물에 자신의 감정을 이입하고 있다.
③ 자신과 유사한 상황에 처한 다른 인물을 등장시키고 있다.
④ 감정을 전혀 드러내지 않고 자신이 처한 상황만을 묘사하고 있다.
⑤ 자신의 감정을 다른 사람이 느끼는 감정인 것처럼 표현하고 있다.

목표 활동

1. 다음은 이 시조가 창작될 당시의 사회 · 문화적 배경에 관한 설명입니다. 이를 바탕으로 아래의 활동을 해 봅시다.

조선 초기, 임금인 문종이 죽은 후, 그 아들인 단종이 어린 나이로 왕위에 오른다. 이후 단종의 숙부로, 왕위 계승권이 없던 수양 대군은 힘으로 단종을 몰아내고 왕위에 오른다. 왕이 된 수양 대군(세조)은 단종을 복위시키려는 움직임이 일자 단종을 영월로 유배 보내는데, 이때 단종을 유배지로 호송하는 임무를 맡았던 왕방연의 안타까운 마음을 담은 시조 「천만리 머나먼 길에」가 전해지고 있다.

1 위에 제시된 이 시조의 창작 배경을 고려하여 작품에 나타난 '님'이 누구인지 짐작해 봅시다.

단종

2 다음 항목을 중심으로 이 시조가 창작될 당시의 사회·문화적 배경을 파악해 봅시다.

• 창작 배경 • 화자의 정서 • '고운 님'이라는 표현

예시 답 이 시조의 화자는 신하로서의 '충'의 마음 즉 임금과 이별하고 돌아오며 느낀 슬프고 애절한 심사를 드러내고 있다. '임금'을 '임'으로 표현하던 우리 문학의 전통을 통해 임금에 대한 '충'과 임금을 그리워하는 마음을 드러낸 것이다. 이를 통해 이 시조에 반영된 사회 · 문화적 배경은 유교적 사회 · 문화라고 볼 수 있다.

3 이 시조를 사회·문화적 배경을 고려하지 않고 감상했을 때와 비교해 보고, 작품에 관한 이해가 어떻게 달라졌는지 이야기해 봅시다.

예시 답 처음에는 작품에 등장하는 임을 사랑하는 연인으로 생각해서 이별의 슬픔을 노래한 작품으로만 감상했는데, 작품이 창작된 사회 · 문화적 배경을 알고 나니 왕과 신하 사이의 충을 바탕으로 유배된 단종을 향한 애절한 마음을 드러내고 있음을 새롭게 이해할 수 있었다.

목표 다지기 문제

1 이 시조의 창작 배경에 대한 설명으로 적절하지 않은 것은?

① 이 시조가 창작된 것은 조선 초기이다.
② 왕방연은 단종을 유배지까지 호위하였다.
③ 단종은 숙부인 수양 대군에게 왕위를 빼앗겼다.
④ 단종은 수양 대군에 의해 유배지로 떠나게 되었다.
⑤ 단종이 유배지에 홀로 남은 슬픔을 담아 시조를 지었다.

창의·융합 활동

다음은 조선 시대의 사회 · 문화적 배경이 담긴 글입니다. 글을 읽고, 아래의 활동을 해 봅시다.

조침문

유씨 부인

이 바늘은 한낱 작은 물건이나, 이렇듯이 슬퍼함은 나의 정회가 남과 다름이라. 아, 비통하구나, 아깝고 불쌍하다. 너를 얻어 손 가운데 지닌 지 벌써 27년이라. 어이 인정이 그렇지 아니하겠는가? 슬프다. 눈물을 잠깐 거두고 심신을 겨우 진정하여 너의 행적과 나의 품은 마음을 총총히 적어 작별 인사를 하노라.

여러 해 전에 우리 시삼촌께서 동지상사 명을 받아 북경에 다녀오신 후, 바늘 여러 쌈을 주시기에 친정과 가까운 친척에게뿐만 아니라 먼 친척에게도 보내고, 비복들에게도 쌈쌈이 낱낱이 나눠 주었다. 그중에 너를 택하여 손에 익히고 익히어 지금까지 같이 지내 왔었는데……. 슬프다. 연분이 특별하여, 너희를 무수히 잃고 부러뜨렸으되 오직 너 하나를 꽤 오래 간직하여 왔으니, 비록 무심한 물건이나 어찌 사랑스럽고 마음에 끌리지 아니하겠는가? 아깝고 불쌍하며 또한 섭섭하도다.

나의 신세 박명하여 슬하에 자식이 없고 목숨이 모질어 일찍 죽지도 못했구나. 살림이 너무도 가난하여 바느질에 마음을 붙이고 네 덕분에 시름을 잊고 생계에 도움이 적지 아니했는데, 오늘 너를 이별하는구나. 아, 슬프다. 이는 귀신이 시기하고 하늘이 미워하심이로다. [중략]

이승에서 백 년 동거하려 하였더니, 아 슬프다, 바늘이여. 금년 시월 초열흘날 술시에, 희미한 등잔 아래서 관대 깃을 달다가 무심결에 자끈동 부러지니 깜짝 놀랐어라. 아야 아야 바늘이여, 두 동강이 났구나. 정신이 아득하고 혼백이 산란하여 마음을 베어 내는 듯하며 두골을 깨뜨리는 듯하더구나. 이슥하도록 기가 막혀 정신을 잃었다가 겨우 정신을 차려, 만져 보고 이어 본들 속절없고 하릴없다.

– 전국국어교사모임, 『문학 시간에 옛글 읽기』

혼자 하기

1. 이 글이 지어질 당시의 사회 · 문화적 배경을 고려하여 '바늘'이 글쓴이에게 어떤 의미를 지니는지 짐작해 봅시다.

예시 답 이 글은 유교 사상과 문화가 지배했던 조선 시대에 지어진 작품이다. 「조침문」에는 슬하에 자녀가 없는 양반가의 부녀자인 글쓴이의 생활 모습이 드러나 있다. 외롭고 가난했던 유씨 부인에게 바늘은 생계유지를 위한 수단임과 동시에 외로운 삶에 의지가 되는 친구이자 동료와도 같은 소중한 대상이었을 것이다.

혼자 하기

2. 자신의 주변에서 '바늘'과 같은 의미를 지닌 대상을 찾고, 〈조건〉에 유의하여 짧은 글을 써 봅시다.

예시 답 생략

수행 평가 대비 활동

| 수행 평가 TIP | 먼저 사회 · 문화적 배경에 근거하여 「조침문」의 '바늘'이 글쓴이에게 갖는 의미를 파악하도록 합니다. 그런 후 자신의 주변에서 「조침문」의 '바늘'과 유사한 의미를 지닌 대상을 찾아 글로 써 보도록 합시다.

1 평가 내용 확인하기

- 사회 · 문화적 배경을 고려하여 '바늘'의 의미 파악하기
- 자신의 주변에서 '바늘'과 같은 의미를 지닌 대상 찾기
- 대상을 의인화하여 추모하는 내용의 글 쓰기

2 평가 기준 확인하기

- 제시된 글에 반영된 사회 · 문화적 배경을 고려하여 소재의 의미를 파악하였는가?
  글쓴이에게 '바늘'이 소중한 대상이었던 이유를 당시의 사회 · 문화적 배경과 관련지어 파악해 보아요.
- 〈조건〉에 제시된 내용과 표현 방법이 잘 드러나 있는가?
  우리의 일상생활에서 「조침문」의 '바늘'과 같은 의미를 가진 대상을 찾고, 그 대상을 의인화하여 추모하는 내용의 글을 작성해야 해요.

수행 평가 ＋

1. 「조침문」에서 글쓴이가 추모하는 '바늘'과 같은 대상을 자신의 주변에서 찾아봅시다.

도와줄게 평소 자신에게 매우 소중하였으나 어떤 이유로 그것을 잃어버렸거나 더 이상 쓸 수 없게 된 소재를 생각해 봅니다.

2. 「조침문」의 형식에 따라 1에서 찾은 대상을 추모하는 내용의 글을 써 봅시다.

도와줄게 자신이 선택한 대상을 의인화하여 그 대상을 추모하는 내용과 대상에 얽힌 사연, 대상에 관한 감정을 진솔하게 써 봅니다.

소단원 제재 정리

갈래: 평시조
성격: 애상적, 감상적
제재: 단종의 유배
주제: 임금(유배된 단종)과 이별한 슬픔
특징: ① 3장 6구 4음보의 형식으로 되어 있음.
② 우리말을 사용하여 임금과 이별한 비통함, 슬픔을 애절하게 표현하고 있음.
③ 화자의 슬픔을 '천만리'라는 수량화된 표현을 통해 극대화하여 드러내고 있음.

제재 한눈에 보기

초장	고운 임과 이별함.
중장	이별 후 냇가에 홀로 앉아 있음.
종장	임과 이별한 슬픔을 표현함.

핵심 원리

작품과 사회 · 문화적 배경과의 관계
• 작품이 창작될 당시에 작가가 처한 사회 · 문화적 상황이 작품에 반영됨.
• 작가가 작품 속에 특정한 사회 · 문화적 배경을 설정하기도 함.

작품의 사회 · 문화적 배경을 고려해야 하는 이유
작품의 창작 배경이 된 사회 · 문화적 배경을 파악해야 작가가 작품을 통해 전달하려는 의미를 더욱 깊이 있게 이해할 수 있음.

핵심 내용

(1) 시상의 전개

초장	고운 (❶)과 이별함.
중장	이별 후 냇가에 홀로 앉아 있음.
종장	임과 이별한 슬픔을 표현함.

↓

이 시조는 냇물에 화자의 감정을 이입시켜 신하로서 임금이었던 단종과 이별한 슬픔을 표현하고 있다. 창작 배경이 뚜렷한 만큼 화자의 정서와 태도, 작품에 담긴 의미 등을 (❷)적 배경과 관련지어 감상해 볼 수 있다.

(2) 창작 배경

이 시조는 작가인 (❸)이 금부도사의 신분으로 단종(아버지 문종이 승하하자 12세의 나이로 왕위에 올랐으나, 숙부인 수양 대군(세조)에게 왕위를 빼앗기고 유배되었다가 죽임을 당함.)을 강원도 영월의 유배지로 호송하고 돌아오는 길에, 안타까움과 슬픔을 이기지 못하고 냇가에 주저앉아 부른 것으로 전해진다.

(3) 시적 상황과 화자의 정서

시의 내용 자체로만 감상할 경우	사회 · 문화적 상황을 고려할 경우
사랑하는 임과 이별한 상태로, 임을 잃은 슬픔과 애달픔의 정서가 드러남.	충성을 바치고자 하는 임금과 이별한 상태로 안타까움과 비통함의 정서가 드러남.

(4) '고운 님'의 의미

시조에 드러난 내용만 고려할 때의 의미	사랑하는 사람
사회 · 문화적 배경을 고려할 때의 의미	임금 (❹)

(5) '천만리'와 '물(시냇물)'의 의미

(❺)	• 고운 임과의 거리를 수량화함. • 임과 이별한 슬픔에 따른 심리적 거리감을 극대화함.
물(시냇물)	• 화자의 감정이 이입된 자연물 • 임과의 이별로 울고 싶은 화자의 슬픈 마음을 나타냄.

정답 ❶ 임 ❷ 사회 · 문화 ❸ 왕방연 ❹ '단종' ❺ 천만리

소단원 핵심 문제

• 정답과 해설 p.30

[01~06] 다음 글을 읽고, 물음에 답하시오.

(가) 천만리 머나먼 **길**에 ㉠ 고운 **님** 여의옵고
내 마음 둘 데 없어 **냇가**에 앉았으니
저 **물**도 ㉡ 내 안 같아서 울어 **밤길** 예놋다

(나) 조선 초기, 임금인 문종이 죽은 후, 그 아들인 단종이 어린 나이로 왕위에 오른다. 이후 단종의 숙부로, 왕위 계승권이 없던 수양 대군은 힘으로 단종을 몰아내고 왕위에 오른다. 왕이 된 수양 대군(세조)은 단종을 복위시키려는 움직임이 일자 단종을 영월로 유배 보내는데, 이때 단종을 유배지로 호송하는 임무를 맡았던 왕방연의 안타까운 마음을 담은 시조 「천만리 머나먼 길에」가 전해지고 있다.

출제 예감 90%

01 (가)에 대한 설명으로 적절한 것은?

① 대화의 형식으로 시상을 전개하고 있다.
② 유사한 어구를 반복해서 사용하고 있다.
③ 일정한 글자 수의 반복으로 리듬감을 조성하고 있다.
④ 정해진 형식에서 벗어나 종장이 제한 없이 길어져 있다.
⑤ 한자어를 사용하여 화자의 감정을 애절하게 표현하고 있다.

출제 예감 95%

02 (가)의 화자에 대한 설명으로 적절한 것은?

① 화자는 의지적 태도를 지니고 있다.
② 화자는 안타까운 시대 현실에 처해 있다.
③ 화자는 현실의 문제점을 해결하기 위해 노력하고 있다.
④ 화자는 시적 대상에 대한 원망과 한탄을 드러내고 있다.
⑤ 화자는 시적 상황에 대해 겸허하게 받아들이는 태도를 보이고 있다.

출제 예감 90% 학습 활동 응용

03 (가)의 화자가 자신의 정서를 이입한 대상으로 적절한 것은?

① 길　② 님　③ 냇가
④ 물　⑤ 밤길

출제 예감 90% 학습 활동 응용

04 (나)를 참고하여 (가)가 창작될 당시의 사회·문화적 배경을 이해한 내용으로 적절하지 않은 것은?

① 왕방연은 세조를 따르지 않고 단종의 곁에 남았다.
② 왕방연은 단종을 유배지로 호송하는 임무를 맡았다.
③ 조선 초기, 문종이 죽고 단종이 왕위에 오르게 되었다.
④ 단종의 숙부인 수양 대군은 힘으로 어린 단종을 몰아냈다.
⑤ 세조는 단종의 복위를 차단하기 위해 단종을 영월로 유배 보냈다.

출제 예감 95% 서술형

05 (나)를 참고하여 ㉠과 ㉡의 구체적인 의미를 서술하시오.

조건
• (나)에 드러난 표현을 활용할 것.
• 한 문장으로 쓸 것.

출제 예감 95% 학습 활동 응용

06 (가)와 (나)의 관계에 대한 설명으로 적절한 것은?

① (나)를 모르면 (가)를 감상할 수 없다.
② (가)는 (나)의 내용을 압축해 놓은 것이다.
③ (가)는 (나)와 같은 상황이 되기 이전에 창작되었다.
④ (나)를 통해 (가)에 대한 감상이 좀 더 풍부하고 깊어질 수 있다.
⑤ (가)에 나오는 자연물은 (나)에 등장하는 인물들을 상징적으로 표현한 것이다.

[07~10] 다음 글을 읽고, 물음에 답하시오.

이 바늘은 한낱 작은 물건이나, 이렇듯이 슬퍼함은 나의 정회가 남과 다름이라. 아, 비통하구나, 아깝고 불쌍하다. 너를 얻어 손 가운데 지닌 지 벌써 27년이라. 어이 인정이 그렇지 아니하겠는가? 슬프다. 눈물을 잠깐 거두고 심신을 겨우 진정하여 너의 행적과 나의 품은 마음을 총총히 적어 작별 인사를 하노라.

여러 해 전에 우리 시삼촌께서 동지상사 명을 받아 북경에 다녀오신 후, 바늘 여러 쌈을 주시기에 친정과 가까운 친척에게뿐만 아니라 먼 친척에게도 보내고, 비복들에게도 쌈쌈이 낱낱이 나눠 주었다. 그중에 너를 택하여 손에 익히고 익히어 지금까지 같이 지내 왔었는데……. 슬프다. 연분이 특별하여, 너희를 무수히 잃고 부러뜨렸으되 오직 너 하나를 꽤 오래 간직하여 왔으니, 비록 무심한 물건이나 어찌 사랑스럽고 마음에 끌리지 아니하겠는가? 아깝고 불쌍하며 또한 섭섭하도다.

나의 신세 박명하여 슬하에 자식이 없고 목숨이 모질어 일찍 죽지도 못했구나. 살림이 너무도 가난하여 바느질에 마음을 붙이고 네 덕분에 시름을 잊고 생계에 도움이 적지 아니했는데, 오늘 너를 이별하는구나. 아, 슬프다. 이는 귀신이 시기하고 하늘이 미워하심이로다. [중략]

이승에서 백 년 동거하려 하였더니, 아 슬프다, 바늘이여. 금년 시월 초열흘날 술시에, 희미한 등잔 아래서 관대 깃을 달다가 무심결에 자끈동 부러지니 깜짝 놀랐어라. 아야 아야 바늘이여, 두 동강이 났구나. 정신이 아득하고 혼백이 산란하여 마음을 베어 내는 듯하며 두골을 깨뜨리는 듯하더구나. 이슥하도록 기가 막혀 정신을 잃었다가 겨우 정신을 차려, 만져 보고 이어 본들 속절없고 하릴없다.

출제 예감 85%

07 이 글에 대한 설명으로 적절하지 않은 것은?

① 대상을 의인화하여 표현하고 있다.
② 글쓴이가 자신의 경험을 담아 쓴 수필이다.
③ 사용된 어휘에서 당시 사회·문화적 상황을 엿볼 수 있다.
④ 대상을 잃어 슬픈 마음을 편지 형식으로 표현하고 있다.
⑤ 대상에 대한 글쓴이의 마음을 섬세하고 진솔하게 표현하고 있다.

출제 예감 95% 학습 활동 응용

08 이 글에 드러난 글쓴이의 심리로 적절하지 않은 것은?

① 슬픔 ② 섭섭함 ③ 당황스러움
④ 안타까움 ⑤ 의심스러움

출제 예감 80% 학습 활동 응용

09 글쓴이에게 '바늘'이 갖는 의미와 유사한 의미를 갖는 예로 적절한 것은?

① 친구들과 함께 해결해야 하는 국어 수행 평가
② 스트레스를 푸는 데 매우 유용한 피시방 게임
③ 자주 사용해서 흥미가 떨어져 버린 최신형 스마트폰
④ 부모님께서 간직하셨다가 주신 사진 중에서 실수로 잃어버린 사진
⑤ 어린 시절부터 갖고 놀면서 위안을 얻은, 이제는 낡아서 다 찢어진 인형

출제 예감 95% 서술형 논술 대비

10 〈보기〉의 사회·문화적 배경을 참고하여, 글쓴이가 이 글을 쓰게 된 이유를 서술하시오.

보기

이 글이 지어진 시기는 유교 사상과 문화가 지배했던 조선 시대로, 당시 여성들은 주로 집안에서만 생활하였고 여성으로서 감수해야 하는 제약이 많았다.

조건

- 글쓴이가 이 글을 쓴 이유를 본문에서 찾아 활용할 것.
- 〈보기〉의 내용과 관련지어 두 문장 이내로 쓸 것.

2 수난이대

• 생각 열기 다음 우리나라의 근현대 모습이 담긴 사진을 보고, 아래의 활동을 해 봅시다.

이 사진은 우리 민족의 어떠한 삶의 모습을 반영하고 있나요?

예시 답 전쟁으로 피란 중이지만, 배움의 의지를 잃지 않았던 우리 민족의 모습을 반영하고 있다.

▲ 1950년대 대구 달성군 내 피란민들을 위한 천막 학교의 모습

우리가 저 시대의 학생이었다면 어떻게 했을지 친구들과 이야기해 봅시다.

예시 답 • 우리도 이처럼 행동했을 것이다.
• 전쟁 중이므로 혼란스러워서 배움의 의지를 이어 나가지 못했을 것 같다.

• 학습 목표로 내용 엿보기

"근대에 접어들면서 우리 민족은 많은 고통과 시련을 겪었지만 이를 극복하는 모습을 보여 주었어. 이와 같은 모습은 당시의 여러 문학 작품에 생생히 담겨 있어. 그러므로 작품을 감상할 때 사회 · 문화적 배경을 파악하면서 읽으면 작품뿐만 아니라 우리의 삶과 사회에 관한 이해도 훨씬 깊고 넓어질 거야."

핵심 1 소설 「수난이대」의 주요 사건과 인물의 심리 및 성격 파악하기

핵심 2 소설에 반영된 사회 · 문화적 배경을 파악하고, 이를 고려하여 작품 이해하기

핵심 원리 이해하기 작품의 사회 · 문화적 배경 파악

사회 · 문화적 배경은 작품에 직접 드러나는 경우도 있고, 작품 안의 여러 장치와 소재에 스며 있는 경우도 있다. 이를 파악하려면 다음과 같은 방법을 활용할 수 있다.

- 작품에 등장하는 인물들의 말과 행동, 인물들의 관계를 파악함.
- 인물들 사이에 벌어지는 다양한 사건에 담긴 의미를 파악함.
- 작품에 드러나는 소재가 지닌 상징적 의미를 파악함.

개념 확인 콕콕

• 정답과 해설 p.31

01 다음 빈칸에 알맞은 말을 쓰시오.

「수난이대」는 일제 강점기와 6.25 전쟁이라는 (   )적 상황을 배경으로 다루고 있다.

02 〈보기〉에서 빈칸에 들어갈 알맞은 말을 찾아 쓰시오.

보기
주제, 소재, 등장인물

(1) (   )의 말과 행동, 다양한 사건을 통해 사회 · 문화적 상황을 파악할 수 있다.
(2) 사회 · 문화적 배경은 문학 작품 안의 (   )을/를 통해서도 파악할 수 있다.
(3) 사회 · 문화적 배경과 관련지어 소설을 감상하면 작품의 (   )을/를 더 잘 파악할 수 있다.

03 ㉠~㉤ 중 작품의 사회 · 문화적 배경을 짐작할 수 있게 해 주는 단어가 아닌 것은?

이날이야말로 ㉠ 동소문 안에서 ㉡ 인력거꾼 노릇을 하는 김 첨지에게는 오래간만에도 닥친 운수 좋은 날이었다. 문안에(거기도 문밖은 아니지만) 들어간답시는 앞집 마나님을 ㉢ 전찻길까지 모셔다드린 것을 비롯하여 행여나 손님이 있을까 하고 ㉣ 정류장에서 어정어정하며, 내리는 사람 하나하나에 거의 비는 듯한 눈길을 보내고 있다가, 마침내 교원인 듯한 양복쟁이를 ㉤ 동광 학교(東光學校)까지 태워다 주기로 되었다.

– 현진건, 「운수 좋은 날」

① ㉠ ② ㉡ ③ ㉢ ④ ㉣ ⑤ ㉤

본문 안내

이 소단원은 사건과 인물을 중심으로 사회 · 문화적 배경을 파악하고 작품 감상 능력과 태도를 기를 수 있다. 작가는 창작 의도를 가장 효과적으로 보여 줄 수 있는 사회 · 문화적 배경을 작품 배경으로 선택하므로, 작가의 의도를 정확하게 이해하기 위해서는 사회 · 문화적 배경을 파악하는 것이 필요하다. 「수난이대」는 일제 강점기와 6.25 전쟁으로 인한 부자의 수난과 그 극복을 그린 작품으로, 사건과 인물을 통해 사회 · 문화적 배경을 파악하는 데 효과적인 제재가 될 수 있다.

발단
6.25 전쟁 직후 아들이 살아 돌아온다는 소식을 들은 만도가 아들을 마중 나감.

→ **전개**
정거장 대합실에서 아들을 기다리던 만도는 일제 징용에 끌려가 한쪽 팔을 잃은 자신의 과거를 회상함.

→ **위기**
6.25 전쟁에 나가 불구가 되어 돌아온 아들을 본 만도는 분노를 느낌.

→ **절정**
만도가 아들을 업고 외나무다리를 건너감.

→ **결말**
용머리재가 외나무다리를 건너는 부자(父子)를 내려다봄.

본문 개관

★ **글쓴이 소개** 하근찬(1931~2007)

소설가. 전쟁과 가난한 농촌을 배경으로 민족의 수난과 아픔, 사회적 모순과 인간적 진실을 그린 작품을 주로 썼다. 주요 작품으로는 「수난이대」, 「흰 종이수염」, 「왕릉과 주둔군」 등이 있다.

★ **갈래** 단편 소설, 전후(戰後) 소설

이 작품은 하나의 짧은 이야기가 소설이라는 완결된 형식을 갖춘 단편 소설이며, 전쟁의 아픔을 안고 살아가는 사람들의 삶의 모습을 그린 전후 소설이다.

★ **시점** 전지적 작가 시점과 작가 관찰자 시점의 혼재

서술자는 작품에 등장하는 모든 인물의 생각을 알고 이를 자세하게 서술하는 전지적 작가 시점과 관찰자의 입장에서 이야기를 서술하는 작가 관찰자 시점이 혼재되어 나타나고 있다.

★ **제재** 어느 부자(父子)의 수난사

이 소설은 일제 강점기 때 징용에 끌려가 한쪽 팔을 잃은 아버지와 6.25 전쟁에 참전하여 한쪽 다리를 잃은 아들의 상처를 다루고 있다.

★ **주제** 수난의 현실과 그 극복 의지

이 소설은 과거와 현재를 교차하여 만도가 겪은 수난과 아들 진수가 겪은 수난을 효과적으로 드러내고 있다. 이를 통해 삶이 주는 운명적 비극과 그것을 극복하려는 인물의 의지를 감동적으로 보여 주고 있다.

수난이대

하근찬

이것이 핵심! ✔ 인물이 처한 상황 ✔ 인물의 성격과 심리

발단 ㉮ 진수가 돌아온다. 진수가 살아서 돌아온다. 아무개는 전사했다는 통지가 왔고, 아무개는 죽었는지 살았는지 통 소식이 없는데, 우리 진수는 살아서 오늘 돌아오는 것이다. 생각할수록 어깻바람이 날 일이다. 그래 그런지 몰라도 박만도는 여느 때 같으면 아무래도 한두 군데 앉아 쉬어야 넘어설 수 있는 용머리재를 단숨에 올라채고 만 것이다. 가슴이 펄럭거리고 허벅지가 뻐근했다.

전사: 전쟁터에서 적과 싸우다 죽음.
어깻바람: 신이 나서 어깨를 으쓱거리며 활발히 움직이는 기운

그러나 그는 고갯마루에서도 쉴 생각을 하지 않았다. 들 건너 멀리 바라보이는 정거장에서 연기가 몰씬몰씬 피어오르며 삐익 기적 소리가 들려왔기 때문이다. 아들이 타고 내려올 기차는 점심때가 가까워야 도착한다는 것을 모르는 바 아니다. 해가 이제 겨우 산등성이 위로 한 뼘가량 떠올랐으니, 오정이 되려면 아직 차례 먼 것이다. 그러나 그는 공연히 마음이 바빴다.

오정: 정오. 낮 12시

'까짓것, 잠시 앉아 쉬면 뭐할 끼고.'

손가락으로 한쪽 콧구멍을 찍 누르면서 팽! 마른 코를 풀어 던졌다. 그리고 휘청휘청 고갯길을 내려가는 것이다.

내리막은 오르막에 비하면 아무것도 아니었다. 대고 팔을 흔들라치면 절로 굴러 내려가는 것이다. 만도는 오른쪽 팔만을 앞뒤로 흔들고 있었다. ㉠ <u>왼쪽 팔은 조끼 주머니에 아무렇게나 쑤셔 넣고 있는 것이다.</u>

대고: 무리하게 자꾸. 또는 계속하여 자꾸

확인 문제

• 정답과 해설 p.32

01 이 글의 사회·문화적 배경에 대한 설명으로 가장 적절한 것은?

① 전쟁으로 인해 많은 사람이 죽거나 실종되었다.
② 산업화로 인해 농촌 공동체가 해체되고 있었다.
③ 근대화 과정에서 전통적 효의 의미가 퇴색되었다.
④ 서구 문화의 유입으로 물질 만능주의가 만연하였다.
⑤ 분단의 비극이 동족 간의 전쟁을 거쳐 고착화되었다.

02 이 글에서 가장 먼저 일어난 사건으로 적절한 것은?

① 해가 산등성이 위로 떠오름.
② 만도의 아들이 살아서 돌아옴.
③ 만도는 정거장으로 아들을 마중 나감.
④ 만도는 아들이 돌아온다는 소식을 받음.
⑤ 만도는 정거장에서 들려오는 기적 소리를 들음.

핵심
03 (가)에서 드러나는 '만도'의 심리로 적절하지 <u>않은</u> 것은?

① 기쁨 ② 설렘 ③ 반가움
④ 실망감 ⑤ 기대감

서술형 | 날개 확인 문제
04 ㉠을 통해 추측할 수 있는 '만도'의 처지를 한 문장으로 쓰시오.

나 [A] '삼대독자가 죽다니 말이 되나. 살아서 돌아와야 일이 옳고말고. 그런데 병원에서 나온다 하니 어디를 좀 다치기는 다친 모양이지만, 설마 나같이 이렇게사 되지 않았겠지.'

삼대독자: 삼대에 걸쳐 형제가 없는 외아들

만도는 왼쪽 조끼 주머니에 꽂힌 소맷자락을 내려다보았다. 그 소맷자락 속에는 아무것도 든 것이 없었다. 그저 소맷자락만이 어깨 밑으로 덜렁 처져 있는 것이다. 그래서 노상 그쪽은 조끼 주머니 속에 꽂혀 있는 것이다.

노상: 언제나 변함없이 한 모양으로 줄곧

'볼기짝이나 장딴지 같은 데를 총알이 약간 스쳐 갔을 따름이겠지. 나처럼 팔뚝 하나가 몽땅 달아날 지경이었다면, 그 엄살스러운 놈이 견뎌 냈을 턱이 없고말고.'

슬며시 걱정이 되기도 하는 듯, 그는 속으로 이런 소리를 주워섬겼다.

주워섬겼다: 되는 대로 죽 늘어놓았다

다 ㉠ 내리막길은 빨랐다. 벌써 고갯마루가 저만큼 높이 쳐다보이는 것이다. 산모퉁이를 돌아서면 이제 들판이다. 내리막길을 쏘아 내려온 기운 그대로, 만도는 들길을 잔걸음쳐 나가다가 개천 둑에 이르러서야 걸음을 멈추었다. 외나무다리가 놓여 있는 조그마한 시냇물이었다. 한여름 장마철에는 들어설라치면 배꼽이 묻히는 수도 있었지마는, 요즈막엔 무릎이 잠길 듯 말 듯한 물인 것이다. 가을이 깊어지면서부터 물은 밑바닥이 환히 들여다보일 만큼 맑아져 갔다. 소리도 없이 미끄러져 내려가는 물을 가만히 내려다보고 있으면, 절로 이뿌리가 시려 온다.

잔걸음: 발걸음을 작게 자주 떼면서 걷는 걸음

만도는 물기슭에 내려가서 쭈그리고 앉아 한 손으로 고의춤을 풀어 헤쳤다. 오줌을 찌익 깔기는 것이다. 거울 면처럼 맑은 물 위에 오줌이 가서 부글부글 끓어오르며 뿌연 거품을 이루니, 여기저기서 물고기 떼가 모여든다. 제법 엄지손가락만씩 한 피리도 여러 마리다.

고의춤: 고의나 바지의 허리를 접어서 여민 사이

피리: 피라미. '송사리'의 방언

'한 바가지 잡아서 회 쳐 놓고 한잔 쭉 들이켰으면…….'

군침이 목구멍에서 꿀꺽했다. 고기 떼를 향해서 마른 코를 팽팽 풀어 던지고, 그는 외나무다리를 조심히 디뎠다.

길이가 얼마 되지 않는 다리였으나, 아래로 물을 내려다보면 제법 어찔했다. 그는 이 외나무다리를 퍽 조심한다.

라 언젠가 한번, 읍에서 술이 꽤 되어 가지고 흥청거리며 돌아오다가, 물에 굴러떨어진 일이 있었던 것이다. 지나치는 사람이 없었기에 망정이지, 누가 보았더라면 큰 웃음거리가 될 뻔했었다. 발목 하나를 약간

핵심

05 [A]에 담긴 '만도'의 심리로 가장 적절한 것은?

① 다쳐서 돌아오는 아들이 안쓰럽다.
② 아들의 부상 소식에 절망하고 있다.
③ 오랜만에 아들을 만나게 되어 서먹하다.
④ 아들과 다시 헤어지게 될까 봐 불안하다.
⑤ 아들이 불구의 몸이 되어 오는 것은 아닌지 불안하다.

06 ㉠에 대한 설명으로 적절하지 않은 것은?

① 짧은 문장으로 이루어져 있다.
② 사건이 빠르게 흘러가는 느낌을 준다.
③ 만도의 내적 갈등을 효과적으로 보여 준다.
④ 만도의 들뜬 기분을 간접적으로 드러내고 있다.
⑤ 아들을 만나러 가는 만도의 긴장감을 알 수 있게 한다.

07 (라)의 구성상의 특징으로 적절한 것은?

① 액자식 구성으로 이야기를 진행하고 있다.
② 시간의 흐름에 따라 사건을 전개하고 있다.
③ 회상을 통해 현재와 과거를 교차시키고 있다.
④ 서로 다른 이야기들을 같은 주제로 묶어 서술하고 있다.
⑤ 각 이야기 속에서 두 주인공이 이야기를 진행하고 있다.

서술형

08 '만도'가 '외나무다리'를 조심히 건너는 이유를 찾아 한 문장으로 서술하시오.

접쳤을 뿐, 크게 다친 데는 없었다. 이른 가을철이었기 때문에 옷을 벗어 둑에 늘어놓고 말릴 수는 있었으나, 여간 창피스러운 것이 아니었다. 옷이 말짱 젖었다거나, 옷이 마를 때까지 발가벗고 기다려야 한다거나 해서가 아니었다. 팔뚝 하나가 몽땅 잘라져 나간 흉측한 몸뚱어리를 하늘 앞에 드러내 놓고 있어야 했기 때문이었다. 지나치는 사람이 있을라치면, 하는 수 없이 물속으로 뛰어 들어가서 얼굴만 내놓고 앉아 있었다. 물이 선뜩해서 아래턱이 덜덜거렸으나, 오그라든 사타구니께를 한 손으로 꽉 움켜쥐고 버티는 수밖에 없었다. / "흐흐흐……."

선뜩해서: 갑자기 서늘한 느낌이 들어서

㉠그때 일을 생각하면 지금도 곧 웃음이 터져 나오는 것이다. 하늘로 쳐들린 콧구멍이 벌름거렸다.

마 개천을 건너서 논두렁길을 한참 부지런히 걸어가노라면 읍으로 들어가는 한길이 나선다. 도로변에 먼지를 부옇게 덮어쓰고 도사리고 앉아 있는 초가집은 주막이었다. 만도가 읍에 나올 때마다 꼭 한 번씩 들르곤 하는 단골집인 것이다. 이 집 눈썹이 짙은 여편네와는 예사로 농을 주고받는 사이다.

한길: 사람이나 차가 많이 다니는 넓은 길
주막: 시골 길가에서 밥과 술을 팔고, 돈을 받고 나그네를 묵게 하는 집
농: 실없이 놀리거나 장난으로 하는 일. 농담

술방 문턱을 넘어서며 만도가, / "서방님 들어가신다."

하면 여편네는, / "아이 문둥아, 어서 오느라."

하는 것이 인사처럼 되어 있었다. 만도는 여간 언짢은 일이 있어도 이 여편네의 궁둥이 곁에 가서 앉으면 속이 절로 쑥 내려가는 것이었다.

주막 앞을 지나치면서 만도는 술방 문을 열어 볼까 했으나, 방문 앞에 신이 여러 켤레 널려 있고, 방 안에서 웃음소리가 요란하기 때문에 돌아오는 길에 들르기로 했다.

바 신작로에 나서면 금시 읍이었다. ⓐ만도는 읍 들머리에서 잠시 망설이다가, 정거장 쪽과는 반대되는 방향으로 길을 놓았다. 장거리를 찾아가는 것이었다. 진수가 돌아오는데 고등어나 한 손 사 가지고 가야 될 거 아닌가 싶어서였다. 장날은 아니었으나, 고깃전에는 없는 고기가 없었다. 이것을 살까 하면 저것이 좋아 보이고, 그것을 사러 가면 또 그 옆의 것이 먹음직해 보였다. 한참 이리저리 서성거리다가 결국은 고등어 한 손이었다. 그것을 달랑달랑 들고 정거장을 향해 가는데, 겨드랑 밑이 간질간질해 왔다. 그러나 한쪽밖에 없는 손에 고등어를 들었으니 참 딱했다. ㉡어깻죽지를 연방 위아래로 움직거리는 수밖에 없었다.

들머리: 들어가는 맨 첫머리
손: 한 손에 잡을 만한 분량을 세는 단위

핵심

09 이 글에서 드러나는 '만도'의 심리로 적절한 것은?

① 번거롭고 귀찮다.
② 애틋하면서도 아쉽다.
③ 들뜨고 기대감에 차 있다.
④ 서운하지만 고마움도 갖고 있다.
⑤ 좋으면서도 한편으로는 두려워하고 있다.

10 ㉠을 통해 알 수 있는 '만도'의 성격으로 적절한 것은?

① 교활하고 몰상식하다.
② 겁이 많고 소극적이다.
③ 낙천적이고 긍정적이다.
④ 세심하고 다정다감하다.
⑤ 모험심이 강하고 적극적이다.

11 ㉡에 대한 학생들의 반응으로 적절한 것은?

① 은하: 만도의 절망감을 직접 드러내고 있어.
② 태주: 싱싱한 고등어를 산 것을 기뻐하고 있군.
③ 우성: 만도의 비극성을 드러내기 위한 의도적인 장치야.
④ 용만: 만도가 심리적 불안함을 극복하기 위해 노력하고 있군.
⑤ 정아: 과장된 표현으로 만도의 평소 성격을 두드러지게 표현하고 있어.

12 이 글에서 아들에 대한 '만도'의 애정을 보여 주는 소재를 찾아 쓰시오.

서술형 날개 확인 문제

13 '만도'가 ⓐ와 같이 행동한 이유를 한 문장으로 서술하시오.

(사) 정거장 대합실에 들어선 만도는 먼저 벽에 걸린 시계부터 바라보았다. 두 시 이십 분이었다.

'벌써 두 시 이십 분이라니 내가 잘못 보나?'

아무리 두 눈을 씻고 보아도, 시계는 틀림없는 두 시 이십 분이었다. 한쪽 걸상에 가서 궁둥이를 붙이면서도 곧장 미심쩍어했다.

분명하지 못하여 마음이 놓이지 않는 데가 있다.

'두 시 이십 분이라니, 그럼 벌써 점심때가 겨웠단 말인가?'

㉠말도 아닌 것이다. 자세히 보니 시계는 유리가 깨어졌고 먼지가 꺼멓게 앉아 있었다. / ㉡'그러면 그렇지.'

엉터리였다. 벌써 그렇게 되었을 리가 없는 것이다.

"여보이소, 지금 몇 싱교?"

맞은편에 앉은 양복쟁이한테 물어보았다.

"열 시 사십 분이오." / "예, 그렁교."

만도는 고개를 굽실하고는 두 눈을 연방 껌벅거렸다.

'열 시 사십 분이라. 보자, 그럼 아직도 한 시간이나 넘어 남았구나.'

발단	6.25 전쟁에 참전했던 아들이 살아 돌아온다는 소식을 들은 만도가 아들을 마중 나감.

핵심 확인 '만도'가 처한 상황과 심리

상황	심리
아들이 전쟁터에서 온다는 소식을 듣고 기차역에 마중을 나감.	아들이 살아 돌아온다는 사실에 기쁘고 반가움.
아들이 병원에서 나온다고 함.	한쪽 팔이 없는 자신처럼 불구의 몸이 되어 돌아오는 것은 아닐지 걱정됨.
장거리를 찾아가 고등어 한 손을 샀음.	살아 돌아오는 아들에게 좋은 것을 먹이고 싶음.

이것이 핵심! ✔ 작품의 사회 · 문화적 배경

전개 (아) 그는 안심이 되는 듯 후유 숨을 내쉬었다. 궐련을 한 개 빼물고 불을 댕겼다. ㉢정거장 대합실에 와서 이렇게 도사리고 앉아 있노라면, 만도는 곧잘 생각나는 일이 한 가지 있었다. ㉣그 일이 머리에 떠오르면, 등골을 찬 기운이 좍 스쳐 내려가는 것이었다. 손가락이 시퍼렇게 굳어져서 이끼 낀 나무토막 같은 팔뚝이 ㉤지금도 저만큼 눈앞에 보이는 듯했다.

얇은 종이로 가늘고 길게 말아 놓은 담배. 궐련초

등 한가운데로 길게 고랑이 진 곳

14 이 글에서 사투리를 사용하여 얻은 효과로 적절하지 않은 것은?

① 이야기에 사실감을 높인다.
② 인물의 순박함을 드러낸다.
③ 토속적인 분위기를 자아낸다.
④ 인물 간의 갈등을 고조시킨다.
⑤ 작품에 사실감과 현장감을 부여한다.

15 (사)의 상황에 대한 설명으로 적절한 것은?

① 만도는 양복쟁이의 시계를 부러워하였다.
② 만도는 너무 일찍 도착한 것을 후회하였다.
③ 만도의 아들은 약 열두 시쯤 도착할 예정이다.
④ 만도는 자신이 예정했던 시간보다 늦게 도착했다.
⑤ 만도는 대합실 시계가 고장났다는 사실을 알아채지 못했다.

16 (사)에서 드러나는 '만도'의 심리 변화로 적절한 것은?

① 놀람 → 괴로움
② 당황함 → 안도함
③ 후회함 → 기뻐함
④ 안심함 → 분노함
⑤ 즐거워함 → 실망함

핵심

17 ㉠~㉤에 대한 이해로 적절하지 않은 것은?

① ㉠: 시계가 가리키는 시각이 이치에 맞지 않는다는 뜻이다.
② ㉡: 만도의 자책감이 드러나 있다.
③ ㉢: 과거의 불행과 관계가 깊은 장소이다.
④ ㉣: 만도가 떠올린 과거가 그에게 두려움을 주고 있음을 드러낸다.
⑤ ㉤: 기억이 아직도 생생하게 남아 있다는 의미이다.

바로 이 정거장 마당에 백 명 남짓한 사람들이 모여 웅성거리고 있었다. 그중에는 만도도 섞여 있었다. 기차를 기다리고 있는 것이었으나, 그들은 모두 자기네들이 어디로 가는 것인지 알지를 못했다. 그저 차를 타라면 탈 사람들이었다. 징용에 끌려 나가는 사람들이었다. 그러니까, 지금으로부터 십이삼 년 옛날의 이야기인 것이다.

징용: 일제 강점기에, 일본 제국주의자들이 조선 사람들을 강제적으로 데려가 일을 시키던 것

(자) 북해도 탄광으로 갈 것이라는 사람도 있었고, 틀림없이 남양 군도로 간다는 사람도 있었다. 더러는 만주로 가면 좋겠다고 하기도 했다. ㉠만도는 북해도가 아니면 남양 군도일 것이고, 거기도 아니면 만주겠지, 설마 저희들이 하늘 밖으로야 끌고 갈까 보냐고 아무렇지도 않은 듯이 그 들창코로 담배 연기를 푹푹 내뿜고 있었다. 그러나 마음이 좀 덜 좋은 것은, 마누라가 저쪽 변소 모퉁이 벚나무 밑에 우두커니 서서 한눈도 안 팔고 이쪽만을 바라보고 있는 때문이었다. 그래서 ㉡그는 주머니 속에 성냥을 두고도 옆 사람에게 불을 빌리자고 하며 슬며시 돌아서 버리곤 했다.

북해도: 일본 북쪽 끝에 있는 홋카이도 본도와 부속 도서로 된 지방

남양 군도: 제1차 세계 대전 후에 일본 제국주의의 통치를 받던 미크로네시아의 섬들을 부르는 말

플랫폼으로 나가면서 뒤를 돌아보니, 마누라는 울 밖에 서서 수건으로 코를 눌러 대고 있는 것이었다. 만도는 코허리가 찡했다. 기차가 꽥 꽥 소리를 지르면서 덜커덩! 하고 움직이기 시작했을 때는 정말 속이 덜 좋았다. 눈앞이 뿌옇게 흐려지는 것을 어쩌지 못했다. 그러나 정거장이 까맣게 멀어져 가고 차창 밖으로 새로운 풍경이 휙휙 날아들자, 그만 아무렇지도 않아지는 것이었다. 오히려 기분이 유쾌해지는 것 같기도 했다.

플랫폼: 역에서 기차를 타고 내리는 곳

코허리: 콧등의 잘록한 부분

핵심

18 이 글에서 알 수 있는 사회·문화적 배경에 대한 내용으로 가장 적절한 것은?

① 사람들이 강제로 징용되어 가족들과 떨어져야 했다.
② 돈을 벌기 위해 먼 타지로 떠나는 사람들이 있었다.
③ 나라를 위해 군대에 자원하는 사람들이 많이 있었다.
④ 아내는 남편 없이 홀로 가족들의 생계를 책임져야 했다.
⑤ 남자와 여자는 공공장소에서 마주 보고 서 있을 수 없었다.

19 (자)에서 드러나는 '만도'의 심리로 적절한 것은?

① 자신의 처지가 불쌍하다.
② 아내가 우는 걸 보니 슬프다.
③ 아내를 떠나게 되어 후련하다.
④ 새로운 곳에 가는 것이 두렵다.
⑤ 아내와 함께 가지 못해 섭섭하다.

핵심

20 ㉠을 통해 알 수 있는 '만도'의 성격으로 적절한 것은?

① 차분하고 지성적이다.
② 단순하고 낙천적이다.
③ 소심하고 소극적이다.
④ 차갑고 신경질적이다.
⑤ 욕심이 많고 매몰차다.

서술형

21 '만도'가 ㉡과 같은 행동을 한 이유를 서술하시오.

(차) 바다를 본 것도 처음이었고, 그처럼 큰 배에 몸을 실어 본 것은 더구나 처음이었다. 배 밑창에 엎드려서 꽥꽥 게워 내는 사람들이 많았으나, 만도는 그저 골이 좀 띵했을 뿐 아무렇지도 않았다. 더러는 하루에 두 개씩 주는 뭉칫밥을 남기기도 했으나, 그는 한꺼번에 하루 것을 뚝딱해도 시원찮았다. 모두들 내릴 준비를 하라는 명령이 떨어진 것은 사흘째 되는 날 황혼 때였다. 제가끔 봇짐을 챙기기에 바빴다. 만도도 호박 덩이만 한 보따리를 옆구리에 덜렁 찼다. 갑판 위에 올라가 보니, 하늘은 활활 타오르고 있고, 바닷물은 불에 녹은 쇠처럼 벌겋게 출렁거리고 있었다. 지금 막 태양이 물 위로 뚝딱 떨어져 가는 것이었다. 햇덩어리가 어쩌면 그렇게 크고 붉은지 정말 처음이었다. 그리고 바다 위에 주황빛으로 번쩍거리는 커다란 산이 둥둥 떠 있는 것이었다. 무시무시하도록 황홀한 광경에 모두들 딱 벌어진 입을 다물 줄 몰랐다. 만도는 어깨마루를 버쩍 들어 올리면서, 히야아, 고함을 질러 댔다. 그러나 섬에서 그들을 기다리고 있는 것은 숨 막히는 더위와 강제 노동과 그리고 잠자리만씩이나 한 모기떼……. 그런 것뿐이었다.

황혼: 해가 지고 어스름해질 때

(카) 섬에다가 비행장을 닦는 것이었다. 모기에게 물려 혹이 된 자리를 벅벅 긁으며, 비 오듯 쏟아지는 땀을 무릅쓰고, 아침부터 해가 떨어질 때까지 산을 허물어 내고, 흙을 나르고 하기란, 고향에서 농사일에 뼈가 굳어진 몸에도 이만저만한 고역이 아니었다. ㉠물도 입에 맞지 않았고, 음식도 이내 변하곤 해서 도저히 견디어 낼 것 같지가 않았다. 게다가 병까지 돌았다. 일을 하다가도 벌떡 자빠지기가 예사였다. 그러나 만도는 아침저녁으로 약간씩 설사를 했을 뿐 넘어지지는 않았다. 물도 차츰 입에 맞아 갔고, 고된 일도 날이 감에 따라 몸에 배어드는 것이었다. 밤에 날개를 치며 몰려드는 모기떼만 아니면 그냥저냥 배겨 내겠는데, 정말 그놈의 모기들만은 질색이었다.

고역: 몹시 힘들고 고되어 견디기 어려운 일

(타) 사람의 힘이란 무서운 것이었다. 그처럼 험난하던 산과 산 틈바구니에 비행장을 다듬어 내고야 말았던 것이다. 하나 일은 그것으로는 끝나는 것이 아니고, 오히려 더 벅찬 일이 닥치는 것이었다. 연합군의 비행기가 날아들면서부터 일은 밤중까지 계속되었다. 산허리에 굴을 파 들어가는 것이었다. 비행기를 집어넣을 굴이었다. 그리고 모든 시설을 다 굴속으로 옮겨야 하는 것이었다.

22 이 글의 내용에 대한 이해로 적절하지 않은 것은?

① 만도를 비롯한 사람들이 끌려간 징용지는 섬이었다.
② 비행장을 닦는 일을 하다가 쓰러지는 사람이 많았다.
③ 비행장이 완성되고 나서야 일제의 강제 징용이 끝이 났다.
④ 연합군의 비행기를 피하기 위해 산허리에 굴을 파는 일을 하였다.
⑤ 징용지에서 열악한 환경과 가혹한 강제 노동으로 사람들이 고통을 겪었다.

핵심

23 이 글의 '만도'에 대한 설명으로 적절하지 않은 것은?

① 큰 배를 처음 타 보았다.
② 사흘 동안 배를 타고 징용지로 갔다.
③ 고된 노동 환경에 잘 적응하여 쓰러지지 않고 견뎌 냈다.
④ 농사일에 단련이 되어서 강도 높은 노동이 아무렇지도 않았다.
⑤ 강제 징용되는 상황임에도 낙천적인 성격으로 슬퍼하지 않았다.

24 ㉠의 상황을 나타내는 한자 성어로 가장 적절한 것은?

① 가담항설(街談巷說)
② 금의환향(錦衣還鄕)
③ 설상가상(雪上加霜)
④ 타산지석(他山之石)
⑤ 흥진비래(興盡悲來)

서술형

25 (차)에서 작가가 일몰의 장관을 묘사한 의도는 무엇일지 한 문장으로 서술하시오.

여기저기서 다이너마이트 튀는 소리가 산을 흔들어 댔다. 앵앵앵 하고 **공습경보**가 나면 일을 하던 손을 놓고 모두가 굴 바닥에 납작납작 엎드려 있어야 했다. **비행기**가 돌아갈 때까지 그러고 있는 것이었다. 어떤 때는 근 한 시간 가까이나 엎드려 있어야 하는 때도 있었는데 차라리 그것이 얼마나 편한지 몰랐다. 그래서 더러는 ⓐ공습이 있기를 은근히 기다리기도 했다. 때로는 공습경보의 사이렌을 듣지 못하고 그냥 일을 계속하는 수도 있었다.

공습경보: 적의 항공기가 공습하여 왔을 때 위험을 알리는 경보

그럴 때는 모두 큰 손해를 보았다고 야단들이었다. 어떻게 된 셈인지 사이렌이 미처 불기 전에 비행기가 산등성이를 넘어 달려드는 수도 있었다. 그럴 때는 정말 질겁을 하는 것이었다. 가장 많은 손해를 입는 것도 그런 경우였다. 만도가 한쪽 팔뚝을 잃어버린 것도 바로 ㉠그런 때의 일이었다.

(파) 여느 날과 다름없이 굴속에서 **바위**를 허물어 내고 있었다. 바위 틈서리에 구멍을 뚫어서 다이너마이트 장치를 하는 것이었다. 장치가 다 되면 모두 바깥으로 나가고, 한 사람만 남아서 불을 댕기는 것이다. 그리고 그것이 터지기 전에 얼른 밖으로 뛰어나와야 한다.

만도가 불을 댕기는 차례였다. 모두 바깥으로 나가 버린 다음 그는 **성냥**을 꺼내었다. 그런데 웬 영문인지 기분이 꺼림칙했다. **모기**에게 물린 자리가 자꾸 쑥쑥 쑤시는 것이었다. 긁적긁적 긁어 댔으나 도무지 시원한 맛이 없었다. 그는 이맛살을 찌푸리면서 성냥을 득! 그었다. 그래 그런지 몰라도 ㉡불은 이내 픽 하고 꺼져 버렸다. 성냥 알맹이 네 개째에서 겨우 심지에 불이 댕겨졌다. 심지에 불이 붙는 것을 보자, 그는 얼른 몸을 굴 밖으로 날렸다. 바깥으로 막 나서려는 때였다. 산이 무너지는 소리와 함께 사나운 바람이 귓전을 후려갈기는 것이었다. 만도는 정신이 아찔했다. 공습이었던 것이다. 산등성이를 넘어 달려든 비행기가 머리 위로 아슬아슬하게 지나가는 것이다. 미처 정신을 차리기도 전에 또 한 대가 뒤따라 날아드는 것이 아닌가? 만도는 그만 넋을 잃고 굴 안으로 도로 달려 들어갔다. 달려 들어가서 굴 바닥에 아무렇게나 팍 엎드려 버리고 말았다. 그 순간이었다. 쾅! 굴 안이 미어지는 듯하면서 다이너마이트가 터졌다. 만도의 두 눈에서 불이 번쩍했다.

귓전: 귓바퀴의 가장자리

26 이 글의 사회·문화적 배경을 드러내는 소재로 적절한 것은?

① 공습경보 ② 비행기
③ 바위 ④ 성냥
⑤ 모기

핵심

27 (파)에 대한 설명으로 적절하지 않은 것은?

① 공습 당시의 긴박함이 드러나고 있다.
② 시간의 흐름에 따라 사건이 서술되고 있다.
③ 만도가 사고를 당하게 된 경위가 제시되어 있다.
④ 인물의 내적 갈등을 중심으로 사건이 전개되고 있다.
⑤ 서술자는 감정을 배제하고 사건을 객관적으로 서술하고 있다.

28 ㉠이 가리키는 내용으로 적절한 것은?

① 비행장을 완성시키는 때
② 다이너마이트를 터트리는 때
③ 모든 시설을 굴속으로 옮겨야 하는 때
④ 공습경보가 나면 일을 멈추고 굴 바닥에 납작 엎드려야 하는 때
⑤ 사이렌이 미처 불기 전에 비행기가 산등성이를 넘어 달려드는 때

29 이 글에서 ㉡이 하는 역할을 설명하고 있는 내용으로 가장 적절한 것은?

① 굴속이 매우 습한 곳임을 드러낸다.
② 불길한 일이 일어날 것을 암시한다.
③ 일제 강점기의 암담한 현실을 상징한다.
④ 만도의 상태가 평소와 다름을 나타낸다.
⑤ 가족에 대한 만도의 그리움을 드러낸다.

서술형

30 ⓐ와 같이 생각하게 된 이유를 한 문장으로 서술하시오.

만도가 어렴풋이 눈을 떠 보니, 바로 거기 눈앞에 누구의 것인지 모를 팔뚝이 하나 아무렇게나 던져져 있었다. 손가락이 시퍼렇게 굳어져서, 마치 이끼 낀 나무토막처럼 보이는 팔뚝이었다. 만도는 그것이 자기의 어깨에 붙어 있던 것인 줄을 알자 그만 으악! 하고 정신을 잃어버렸다. 재차 눈을 떴을 때는 그는 푹신한 담요 속에 누워 있었고, 한쪽 어깻죽지가 못 견디게 쿡쿡 쑤셔 댔다. 절단 수술은 이미 끝난 뒤였다.

어깻죽지: 어깨에 팔이 붙는 부분

전개 | 정거장 대합실에서 아들을 기다리던 만도는 일제 징용에 끌려가 한쪽 팔을 잃은 자신의 과거를 회상함.

핵심 확인 '만도'의 과거에서 드러나는 사회 · 문화적 배경

- 십이삼 년 전, 일본에 의해 강제로 징용되어 섬으로 끌려감.
- 힘들게 강제 노동을 하다가 사고로 팔 하나를 잃음.

→

- '연합군, 공습경보' 등을 통해 당시가 태평양 전쟁 중이었음을 알 수 있음.
- 조선 사람들은 인간으로서의 기본적인 인권조차 존중받지 못한 채 노동력을 착취당함.

이것이 핵심! ✔ 작품의 사회 · 문화적 배경

위기 (하) 꽤애액 ㉠기차 소리였다. 멀리 산모퉁이를 돌아오는가 보다. 만도는 자리를 털고 벌떡 일어서며, 옆에 놓아 둔 고등어를 집어 들었다. 기적 소리가 가까워질수록 그의 가슴이 울렁거렸다. 대합실 밖으로 뛰어나가, 플랫폼이 잘 보이는 울타리 쪽으로 가서 발돋움을 했다.

땡땡땡…… 종이 울자, 한참 만에 차는 소리를 지르면서 달려들었다. 기관차의 옆구리에서는 김이 픽픽 풍겨 나왔다. 만도의 얼굴은 바짝 긴장되었다. 시꺼먼 열차 속에서 꾸역꾸역 사람들이 나왔다. 꽤 많은 손님이 쏟아져 내리는 것이었다. 만도의 두 눈은 곧장 이리저리 굴렀다. 그러나 아들의 모습은 쉽사리 눈에 띄지 않았다. 저쪽 출찰구로 밀려가는 사람의 물결 속에 두 개의 지팡이를 짚고 절룩거리면서 걸어나가는 상이군인이 있었으나, ㉡만도는 그 사람에게 주의가 가지는 않았다. 기차에서 내릴 사람은 모두 내렸는가 보다. 이제 미처 차에 오르지 못한 사람들이 플랫폼을 이리저리 서성거리고 있을 뿐인 것이다.

출찰구: 차나 배에서 내린 손님이 표를 내고 나가거나 나오는 곳

상이군인: 전투나 군사상 공무 중에 몸을 다친 군인

'그놈이 거짓으로 편지를 띄웠을 리는 없을 건데…….'

31 이 글에서 인물들의 삶에 영향을 미친 것으로 적절한 것은?

① 당시의 자연환경
② 인물의 가정 환경
③ 인물의 성장 과정
④ 인물의 타고난 운명
⑤ 당시의 사회 · 문화적 상황

32 (하)에 대한 설명으로 적절한 것은?

① 만도의 심리적 갈등이 드러나 있다.
② 만도가 과거의 일을 회상하고 있다.
③ 아들을 만난다는 만도의 기대감이 나타나 있다.
④ 만도에서 아들로 시점이 바뀌며 사건이 전환되고 있다.
⑤ 아들이 전쟁터에서 겪은 일이 구체적으로 묘사되어 있다.

핵심

33 ㉠의 역할로 적절한 것은?

① 만도가 과거를 회상하도록 한다.
② 만도가 처한 상황의 비극성을 강화한다.
③ 아들에게 비극적인 일이 발생했음을 암시한다.
④ 만도를 과거의 기억에서 현실로 돌아오게 한다.
⑤ 힘든 일에도 잘 적응하는 만도의 강인함을 드러낸다.

서술형

34 ㉡의 이유는 무엇인지 한 문장으로 서술하시오.

가 만도는 자꾸 가슴이 떨렸다.

'이상한 일이다.' / 하고 있을 때였다. 분명히 뒤에서,

"아부지!"

부르는 소리가 들렸다. 만도는 깜짝 놀라며, 얼른 뒤를 돌아보았다. 그 순간 ㉠만도의 두 눈은 무섭도록 크게 떠지고, 입은 딱 벌어졌다. 틀림없는 아들이었으나, 옛날과 같은 진수는 아니었다. ⓐ양쪽 겨드랑이에 지팡이를 끼고 서 있는데, 스쳐 가는 바람결에 한쪽 바짓가랑이가 펄럭거리는 것이 아닌가. 만도는 눈앞이 노래지는 것을 어쩌지 못했다. 한참 동안 그저 멍멍하기만 하다가 코허리가 찡해지면서 두 눈에 뜨거운 것이 핑 도는 것이었다.

㉡"에라이, 이놈아!"

만도의 입술에서 모지게 튀어나온 첫마디였다. 떨리는 목소리였다.

마음씨가 몹시 매섭고 독하다. 기세가 몹시 매섭고 사납다.

고등어를 든 손이 불끈 주먹을 쥐고 있었다.

"이기 무슨 꼴이고, 이기." / "아부지!"

"이놈아, 이놈아……."

만도의 들창코가 크게 벌름거리다가 훌쩍 물코를 들이마셨다. 진수의 두 눈에서는 어느 결에 눈물이 꾀죄죄하게 흘러내리고 있었다. 만도는 진수의 잘못이기나 한 듯 험한 얼굴로,

"가자, 어서!"

무뚝뚝한 한마디를 내던지고는 성큼성큼 앞장을 서 가는 것이었다. 진수는 입술에 내려와 묻는 짭짤한 것을 혀끝으로 날름 핥아버리면서 절름절름 아버지의 뒤를 따랐다.

너 ㉢ 앞장서 가는 만도는 뒤따라오는 진수를 한 번도 돌아보지 않았다. 한눈을 파는 법도 없었다. 무겁디무거운 짐을 진 사람처럼 땅바닥만을 내려다보며, 이따금 끙끙거리면서 부지런히 걸어만 가는 것이다. 지팡이에 몸을 의지하고 걷는 진수가 성한 사람의, 게다가 부지런히 걷는 걸음을 당해 낼 수는 도저히 없었다. 한 걸음 두 걸음씩 뒤지기 시작한 것이 그만 작은 소리로 불러서는 들리지 않을 만큼 떨어져 버리고 말았다. 진수는 목구멍을 왈칵 넘어오려는 뜨거운 기운을 참느라고, 어금니를 야물게 깨물어 보기도 했다. 그리고 두 개의 지팡이와 한 개의 다리를 열심히 움직여 대는 것이었다.

35 ㉠의 이유로 적절한 것은?

① 아들이 갑자기 자신을 불렀기 때문에
② 아들이 상이군인들 틈에 있었기 때문에
③ 아들의 모습을 너무 오랜만에 보았기 때문에
④ 아들이 한쪽 다리를 잃은 채 나타났기 때문에
⑤ 아들이 돌아온다는 편지가 거짓이었기 때문에

핵심 | 날개 확인 문제

36 ㉡에서 드러나는 '만도'의 심정으로 가장 적절한 것은?

① 현실에 대한 분노와 좌절
② 미래에 대한 불안과 두려움
③ 과거에 대한 후회와 아쉬움
④ 자신에 대한 원망과 부끄러움
⑤ 아들에 대한 사랑과 자랑스러움

날개 확인 문제

37 '만도'가 ㉢과 같이 행동하는 이유로 적절하지 않은 것은?

① 빨리 집에 가서 쉬고 싶기 때문에
② 아들의 상황을 받아들이고 싶지 않기 때문에
③ 자신과 아들이 처한 상황이 착잡했기 때문에
④ 한쪽 다리로 걷는 아들의 모습을 보고 싶지 않기 때문에
⑤ 멀쩡하던 아들이 다리를 잃고 돌아온 상황에 화가 났기 때문에

서술형

38 ⓐ가 나타내는 내용이 무엇인지 서술하시오.

[A]
앞서 간 만도는 주막집 앞에 이르자, 비로소 한 번 뒤를 돌아보았다. 진수는 오다가 나무 밑에 서서 오줌을 누고 있었다. 지팡이는 땅바닥에 던져 놓고, 한쪽 손으로는 볼일을 보고, 한쪽 손으로는 나무둥치를 안고 있는 꼬락서니가 을씨년스럽기 이를 데 없다. 만도는 눈살을 찌푸리며, 으음! 하고 신음 소리 비슷한 무거운 소리를 토했다. 그리고 술방 앞으로 가서 방문을 왈칵 잡아당겼다.

을씨년스럽기: 보기에 날씨나 분위기 따위가 몹시 스산하고 쓸쓸한 데가 있다.

(더) 기역 자 판 안에 도사리고 앉아서 속옷을 뒤집어 이를 잡고 있던 여편네가 킥! 하고 웃으며 후닥닥 옷섶을 여몄다. 그러나 만도는 웃지를 않았다. 방문턱을 넘어서면서도 서방님 들어가신다는 소리를 지르지 않았다. 아마 이처럼 뚝뚝한 얼굴을 하고 이 술방에 들어서기란 아마 처음일 것이다. 여편네가 멋도 모르고,

옷섶: 저고리나 두루마기 따위의 깃 아래쪽에 달린 길쭉한 헝겊

뚝뚝한: 말이나 행동, 표정 따위가 부드럽고 상냥스러운 면이 없어 정답지가 않은

"오늘은 서방님 아닌가 배."

하고 킬킬 웃었으나, 만도는 "으음!" 또 무거운 신음 소리를 했을 뿐이었다. 기역 자 판 앞에 가서 쭈그리고 앉기가 바쁘게,

"빨리빨리." / 재촉이었다.

"핫다나, 어지간히도 바쁜가 배."

"빨리 곱빼기로 한 사발 달라니까구마." / "오늘은 와 이카노?"

㉠여편네가 주는 술 사발을 받아 들며, 만도는 후유 한숨을 크게 내쉬었다. 그리고 입을 얼른 사발로 가져갔다. 꿀꿀꿀 잘도 넘어간다. 그 큰 사발을 단숨에 비워 버리고는 도로 여편네 앞으로 불쑥 내민다. 그렇게 거들빼기로 석 잔을 해치우고서 으으윽! 게트림을 했다. 여편네가 눈을 휘둥그레져 가지고 혀를 내둘렀다. 빈속에 술을 그처럼 때려 마시고 보니 금세 눈두덩이 확확 달아오르고, 귀뿌리가 발갛게 익어 갔다.

게트림: 거만스럽게 거드름을 피우며 하는 트림

귀뿌리: 귓바퀴가 뺨에 붙은 부분

(러) 술기가 얼근하게 돌자, 이제 좀 속이 풀리는 것 같아 방문을 열고 바깥을 내다보았다. 진수는 이마에 땀을 척척 흘리면서 다 와 가고 있었다.

[B]
"진수야!"
버럭 소리를 질렀다.
"이리 들어와 보래."

"……."

39 (더)의 상황에 대한 설명으로 적절하지 않은 것은?

① 주막집 주인은 만도를 반가워한다.
② 만도는 주막집 주인의 눈치를 보고 있다.
③ 만도는 술을 마시기 위해 주막에 들렀다.
④ 주막집 주인은 만도의 행동에 놀라고 있다.
⑤ 주막집 주인 여자와 만도는 친분이 두터운 사이이다.

40 [A]에 대한 설명으로 적절하지 않은 것은?

① 인물들의 비극적인 상황이 강조된다.
② 아들의 상황에 대한 만도의 분노가 드러난다.
③ 아들에 대한 만도의 미움이 극적으로 드러난다.
④ 진수의 현실적인 어려움이 구체적으로 드러난다.
⑤ 아들에 대한 만도의 아픔에 좀 더 공감하게 된다.

41 [B]에 나타난 '만도'의 표현 방식에 대한 설명으로 적절한 것은?

① 다정하고 부드럽다.
② 자세하게 설명한다.
③ 무뚝뚝하고 거칠다.
④ 상대의 감정에 공감해 준다.
⑤ 속마음을 있는 그대로 드러낸다.

핵심

42 ㉠에서 드러나는 '만도'의 심리로 적절한 것은?

① 술기운을 빌려 진수에게 사과를 하고 싶다.
② 자신이 화가 났음을 진수가 알아주면 좋겠다.
③ 답답하고 분노가 이는 마음을 술로 풀고 싶다.
④ 술기운을 빌려 주막집 주인에게 거들먹거리고 싶다.
⑤ 화가 난 척하며 주막집 주인에게 술을 얻어먹고 싶다.

㉤ 진수는 아무런 대꾸도 없이 어기적어기적 다가왔다. 다가와서 방문턱에 걸터앉으니까, 여편네가 보고,

팔다리를 부자연스럽고 크게 움직이며 천천히 걷는 모양

"방으로 좀 들어오이소."

한다.

"여기 좋심더."

그는 수세미 같은 손수건으로 이마와 코언저리를 아무렇게나 훔친다.

"마, 아무 데서나 묵어라. 저…… 국수 한 그릇 말아 주소."

"야."

㉠"곱빼기로 잘 좀…… 참지름도 치소 잉?"

"야아."

여편네는 코로 히죽 웃으면서 만도의 옆구리를 살짝 꼬집고는 소쿠리에서 삶은 국수 두 뭉텅이를 집어 든다.

진수가 국수를 훌훌 그러넣고 있을 때, 여편네는 만도의 귓전으로 얼굴을 갖다 댄다.

"아들이가?"

만도는 고개를 약간 앞뒤로 끄덕거렸을 뿐, 좋은 기색을 하지 않았다. 진수가 국물을 훌쩍 들이마시고 나자, 만도는

마음의 작용으로 얼굴에 드러나는 빛

"한 그릇 더 묵을래?"

한다.

"아니예."

㉡"한 그릇 더 묵지 와?"

"고만 묵을랍니더."

진수는 입술을 싹 닦으며 부스스 자리에서 일어났다.

43 (머)의 서술 방식에 대한 설명으로 적절한 것은?

① 비현실적인 세계를 배경으로 하고 있다.
② 대화와 행동을 통해 사건을 진행하고 있다.
③ 공간의 이동에 따라 인물의 성격이 변화하고 있다.
④ 서술자가 자신이 직접 경험한 일을 서술하고 있다.
⑤ 인물의 행동을 통해 문제의 바람직한 해결 방법을 제시하고 있다.

44 이 글에서 드러나는 '진수'의 성격으로 적절한 것은?

① 다정하고 따뜻하다.
② 순박하고 내성적이다.
③ 능청스럽고 여유롭다.
④ 냉정하고 무뚝뚝하다.
⑤ 활발하고 사교성이 있다.

핵심 날개 확인 문제

45 이 글에 대한 감상으로 적절한 것은?

① 국수를 거절하는 진수 때문에 만도의 분노가 심화되고 있어.
② 진수의 등장으로 만도와 주막집 주인의 갈등이 증폭되고 있군.
③ 진수는 국수를 먹으면서 만도에게 가졌던 실망감을 누그러뜨리고 있어.
④ 만도와 주막집 주인과의 관계로 인해 진수의 내적 갈등이 시작되고 있군.
⑤ 만도가 진수에게 국수를 사 주면서 둘 사이의 어색함이 해소되고 있네.

서술형

46 ㉠과 ㉡에서 공통적으로 느낄 수 있는 '만도'의 마음을 한 문장으로 서술하시오.

㉥ 주막을 나선 그들 부자는 논두렁길로 접어들었다. 아까와 같이 만도가 앞장을 서는 것이 아니라, ㉠이번에는 진수를 앞세웠다. ㉡지팡이를 짚고 기우뚱기우뚱 앞서 가는 아들의 뒷모습을 바라보며, 팔뚝이 하나밖에 없는 아버지가 느릿느릿 따라가는 것이다. 손에 매달린 고등어가 대고 달랑달랑 춤을 춘다. 너무 급하게 들이부어서 그런지, ㉢만도의 배 속에서는 우글우글 술이 끓고 다리가 휘청거린다. 콧구멍으로 더운 숨을 훅훅 내뿜어 본다. ㉣정신이 아른하다. 좋다.

"진수야!" / "예."

"니 우짜다가 그래 됐노?"

ⓐ"전쟁하다가 이래 안 됐심니꾜, 수류탄 쪼가리에 맞았심더."

"수류탄 쪼가리에?"

"예."

"음……."

㉤"얼른 낫지 않고 막 썩어 들어가기 땜에 군의관이 짤라 버립띠더. 병원에서예."

군의관: 군대에서 의사의 임무를 맡고 있는 장교

"……."

"아부지!" / "와?"

"이래 가지고 우째 살까 싶습니더."

"우째 살긴 뭘 우째 살아. 목숨만 붙어 있으면 다 사능 기다. 그런 소리 하지 마라."

"……."

핵심

47 (바)에서 짐작할 수 있는 사회·문화적 배경으로 가장 적절한 것은?

① 남한과 북한의 분단이 고착화되었다.
② 일본이 연합군과 전쟁을 하고 있었다.
③ 수많은 사람이 전쟁을 피해 고향을 떠났다.
④ 젊은이들이 전쟁에 나가 부상을 당하기도 했다.
⑤ 첨단 의료 기술 덕에 목숨을 건진 사람들이 많았다.

48 '진수'와 '만도'의 생각 차이를 비교한 내용으로 적절한 것은?

① 진수는 적극적이지만 만도는 소극적이다.
② 진수는 객관적이지만 만도는 주관적이다.
③ 진수는 이상적이지만 만도는 현실적이다.
④ 진수는 부정적이지만 만도는 긍정적이다.
⑤ 진수는 현실을 받아들이려 하지만 만도는 현실을 부정하려 한다.

49 ㉠~㉤에 대한 이해로 적절하지 않은 것은?

① ㉠: 만도는 이제 아들이 처한 현실을 받아들이고 있구나.
② ㉡: 아버지와 아들의 수난을 하나의 장면으로 압축하여 서술하고 있어.
③ ㉢: 만도가 급히 마신 술 때문에 일어나는 현상이군.
④ ㉣: 술에 취해 만도의 마음이 누그러졌음을 직접 드러내고 있네.
⑤ ㉤: 진수는 다리를 절단한 군의관을 원망하고 있구나.

서술형

50 ⓐ와 같은 어조를 통해 드러나고 있는 '진수'의 심리 상태를 서술하시오.

(서) "나 봐라. 팔뚝이 하나 없어도 잘만 안 사나. 남 봄에 좀 덜 좋아서 그렇지. 살기사 왜 못 살아."

"차라리 아부지같이 팔이 하나 없는 편이 낫겠어예. 다리가 없어 노니, 첫째 걸어 댕기기에 불편해서 똑 죽겠심더."

"야야, 안 그렇다. 걸어 댕기기만 하면 뭐 하노. 손을 지대로 놀려야 일이 뜻대로 되지."

"그럴까예?"

"그렇다니. ㉠그러니까 집에 앉아서 할 일은 니가 하고, 나댕기메 할 일은 내가 하고, 그라면 안 대겠나, 그제?"

"예."

진수는 가벼운 한숨을 내쉬며 아버지를 돌아보았다. 만도는 돌아보는 아들의 얼굴을 향해 지그시 웃어 주었다.

(어) 술을 마시고 나면 이내 오줌이 마려워진다. 만도는 길가에 아무렇게나 쭈그리고 앉아서 고기 묶음을 입에 물려고 한다. 그것을 본 진수는,

"아부지, 그 ㉡고등어 이리 주이소."

한다. 팔이 하나밖에 없는 몸으로 물건을 손에 든 채 소변을 볼 수는 없는 것이다. ㉢아버지가 볼일을 마칠 때까지, 진수는 저만큼 떨어져 서서 지팡이를 한쪽 손에 모아 쥐고, 다른 손으로 고등어를 들고 있었다. 볼일을 다 본 만도는 얼른 가서 아들의 손에서 고등어를 다시 받아 든다.

위기 | 6.25 전쟁에 나갔다가 불구가 되어 돌아온 아들을 본 만도는 분노를 느낌.

핵심 확인 **인물들의 비극적 상황**

아버지 – 만도	아들 – 진수
일제 강점기 때 강제 징용에 동원되어 한쪽 팔을 잃음.	6.25 전쟁에 참전하였다가 한쪽 다리를 잃은 채로 돌아옴.

↓

험난한 시대 상황 속에서 아버지와 아들이 모두 비극적인 상황에 처함.

핵심

51 ㉠을 통해 드러나는 '만도'의 태도로 적절한 것은?

① 자신만 편안하려고 하는 이기적인 태도
② 자신의 처지가 최상이라고 믿는 긍정적인 태도
③ 자신보다 상대방을 더 생각하는 희생적인 태도
④ 힘든 상황에 좌절하지 않고 어떻게든 이겨 내려는 의지적 태도
⑤ 각자 좋아하는 일을 하는 것이 가장 효과적이라는 합리적 태도

52 (어)에서 ㉡의 역할에 대한 설명으로 적절한 것은?

① 만도의 경제력을 드러낸다.
② 부자의 희망찬 미래를 암시한다.
③ 진수가 불구의 몸임을 부각한다.
④ 진수에 대한 아버지의 사랑을 드러낸다.
⑤ 부자가 서로 협력하는 계기를 마련해 준다.

53 ㉢에 대한 감상으로 가장 적절한 것은?

① 미영: 지팡이는 현실 극복의 의지를 상징하고 있어.
② 유미: 아버지와 아들이 서로에 대한 오해를 풀고 있어.
③ 완표: 고등어는 아버지에 대한 아들의 사랑을 뜻하는 거야.
④ 이슬: 아버지와 아들이 협동을 통해 어려움을 이겨 내고 있어.
⑤ 호경: 서로의 처지를 불쌍하게 여기는 마음이 잘 드러나 있어.

서술형

54 고등어를 드는 '진수'의 행동에 담긴 의미를 서술하시오.

이것이 핵심! ✔ 비극적 운명을 대하는 인물들의 태도

절정 ㉱ 개천 둑에 이르렀다. ㉠ 외나무다리가 놓여 있는 그 시냇물이다. 진수는 슬그머니 걱정이 되었다. 물은 그렇게 깊은 것 같지 않지만, 밑바닥이 모래흙이어서 지팡이를 짚고 건너가기가 만만할 것 같지 않기 때문이다. 외나무다리 위로는 도저히 건너갈 재주가 없고……. ⓐ 진수는 하는 수 없이 둑에 퍼지고 앉아서 바짓가랑이를 걷어 올리기 시작했다. 만도는 잠시 멀뚱히 서서 아들의 하는 양을 내려다보고 있다가

"진수야, 그만두고 자아, 업자."

하는 것이었다.

"업고 건느면 일이 다 되는 거 아니가. 자아, 이거 받아라."

고등어 묶음을 진수 앞으로 민다.

"……."

진수는 퍽 난처해 하면서 못 이기는 듯이 그것을 받아 들었다. 만도는 등어리를 아들 앞에 갖다 대고 하나밖에 없는 팔을 뒤로 버쩍 내밀며

"자아, 어서!"

진수는 지팡이와 고등어를 각각 한 손에 쥐고, 아버지의 등어리로 가서 슬그머니 업혔다. 만도는 팔뚝을 뒤로 돌려서 아들의 하나뿐인 다리를 꼭 안았다. 그리고

"팔로 내 목을 감아야 될 끼다."

했다. 진수는 무척 황송한 듯 한쪽 눈을 찍 감으면서 고등어와 지팡이를 든 두 팔로 아버지의 굵은 목줄기를 부둥켜안았다. 만도는 아랫배에 힘을 주며 끙! 하고 일어났다. 아랫도리가 약간 후들거렸으나 걸어갈 만은 했다. 외나무다리 위로 조심조심 발을 내디디며 만도는 속으로,

핵심

55 이 글에 대한 감상으로 적절한 것은?

① 채연: 개인이 행복해야 건강한 사회가 될 수 있다.
② 형욱: 인간은 자연 앞에서는 초라한 존재인 것 같아.
③ 해인: 인간과 자연은 서로 조화를 이루며 살아가야 해.
④ 기정: 자신의 운명에 순응하며 살아가는 태도가 필요해.
⑤ 민준: 화합과 협동을 통해서 시대의 아픔을 극복해 낼 수 있어.

56 이 글에서 알 수 있는 '진수'의 심리로 적절하지 않은 것은?

① 죄송함 ② 난처함
③ 황송함 ④ 부끄러움
⑤ 걱정스러움

핵심 | 날개 확인 문제

57 '만도'와 '진수'가 함께 건너게 되는 ㉠의 역할로 적절한 것은?

① 부자에게 닥친 고난이 지속될 것임을 암시한다.
② 고된 현실을 함께 헤쳐 나갈 수 있다는 희망을 보여 준다.
③ 사람은 저마다 다른 생각을 갖고 있다는 사실을 알려 준다.
④ 잠깐만 방심해도 곤란한 상황에 처할 수 있다는 것을 보여 준다.
⑤ 힘든 삶이라도 혼자서 꿋꿋하게 헤쳐 나가야 함을 깨닫게 한다.

서술형

58 ⓐ와 같은 행동에 담긴 '진수'의 의도를 서술하시오.

[A]
'이제 새파랗게 젊은 놈이 벌써 이게 무슨 꼴이고. 세상을 잘못 타고나서 진수 니 신세도 참 똥이다, 똥.'

이런 소리를 주워섬겼고, 아버지의 등에 업힌 진수는 곧장 미안스러운 얼굴을 하며

'나꺼정 이렇게 되다니, 아부지도 참 복도 더럽게 없지. 차라리 내가 죽어 버렸더라면 나았을 낀데…….' / 하고 중얼거렸다.

절정 | 만도가 진수를 업고 외나무다리를 건너감.

핵심 확인 비극적 상황에 대처하는 인물들의 태도

만도	진수
자신에게 닥친 불행이 아들에게까지 미친 현실에 분노함. → 아들에게 닥친 현실을 인정하고 받아들임.	한쪽 다리를 잃은 자신의 처지를 비관하고 걱정함. → 아버지의 위로 덕분에 삶에 대한 새로운 의욕을 갖게 됨.

↓

만도와 진수의 협동을 통해 외나무다리를 건넘.
→ 자신들이 처한 상황에 좌절하지 않고 긍정적인 태도로 대처함.

이것이 핵심! ✔ 작품의 주제 ✔ 결말의 상징적 의미

결말 ▶ 처 만도는 아직 술기가 약간 있었으나, 용케 몸을 가누며 아들을 업고 외나무다리를 조심조심 건너가는 것이었다. 눈앞에 우뚝 솟은 용머리재가 이 광경을 가만히 내려다보고 있었다.

결말 | 만도와 진수가 서로를 의지하며 외나무다리를 건너는 모습을 용머리재가 가만히 내려다봄.

핵심 확인 소재의 상징적 의미

외나무다리	• 어려운 문제 상황이자 극복해야 할 시련 • 시련을 극복하기 위해서는 만도와 진수가 협동하고 화합해야 한다는 주제를 드러냄.
용머리재	• 만도와 진수가 넘어야 할 고개 → 그들이 앞으로 함께 넘어야 할 시련과 고난 • 만도와 진수가 힘을 합쳐 외나무다리를 건너는 모습을 바라보고 있음. → 화합과 협동을 통해 전진할 우리 앞에 솟은 희망

59 [A]를 통해 알 수 있는 인물들의 공통된 심리로 가장 적절한 것은?

① 세상을 원망하고 불신함.
② 서로의 처지를 안쓰러워함.
③ 자신의 불운을 원망스러워함.
④ 자신이 처한 운명을 두려워함.
⑤ 앞날을 낙관하며 희망에 부풂.

60 이 글의 결말 처리 방식으로 적절한 것은?

① 서술의 주체를 바꿈으로써 감동의 여운을 남기고 있다.
② 서술 태도에 변화를 주어 사건을 명확하게 끝맺고 있다.
③ 인물의 성격 변화를 통하여 감동의 여운을 남기고 있다.
④ 새로운 사건을 암시하여 독자들의 흥미를 유발하고 있다.
⑤ 내적 갈등을 심화시킴으로써 극적 반전을 보여 주고 있다.

핵심

61 작가가 이 소설을 통해 말하고자 한 바로 적절한 것은?

① 세대 간의 갈등 극복
② 민족 분단의 해결 방안 제시
③ 소외 계층에 대한 관심 촉구
④ 민족의 수난사와 그 극복 의지
⑤ 전쟁의 비극성으로 인한 인간성의 상실

서술형

62 이 글에서 고난 극복을 보여 주는 인물의 행동을 찾아 서술하시오.

학습 활동

• 정답과 해설 p.36

이해 활동

1. 이 소설의 주요 사건을 다음과 같이 정리하려고 합니다. 빈칸에 들어갈 알맞은 말을 적어 봅시다.

만도가 전쟁터에서 돌아오는 아들 진수를 마중하러 나감.

만도가 정거장 대합실에서 진수를 기다리며 징용 에 끌려가 한쪽 팔을 잃게 된 과거를 회상함.

진수가 전쟁터에서 다리를 잃고 상이군인 이/가 되어 돌아옴.

만도가 주막 에 들러 술을 마시며 진수에게 국수를 사 줌.

만도가 진수를 업고 외나무다리 을/를 건넘.

이해 다지기 문제

1 공간적 배경에 따른 사건 전개로 적절하지 <u>않은</u> 것은?

① 용머리재 – 만도는 전쟁터에서 돌아오는 아들을 마중하러 용머리재를 단숨에 오름.
② 정거장 대합실 – 만도는 아들을 기다리며 징용에 끌려가 한쪽 팔을 잃은 자신의 과거를 회상함.
③ 정거장 플랫폼 – 전쟁에서 한쪽 다리를 잃고 돌아온 진수를 보고 충격을 받음.
④ 주막 – 만도는 진수에게 술을 사 줌.
⑤ 외나무다리 – 만도가 진수를 업고 외나무다리를 건너감.

2. 다음 활동을 통해 등장인물의 심리와 성격을 파악해 봅시다.

1 사건의 전개에 따라 만도의 심리가 어떻게 변하는지 파악해 봅시다. 예시 답

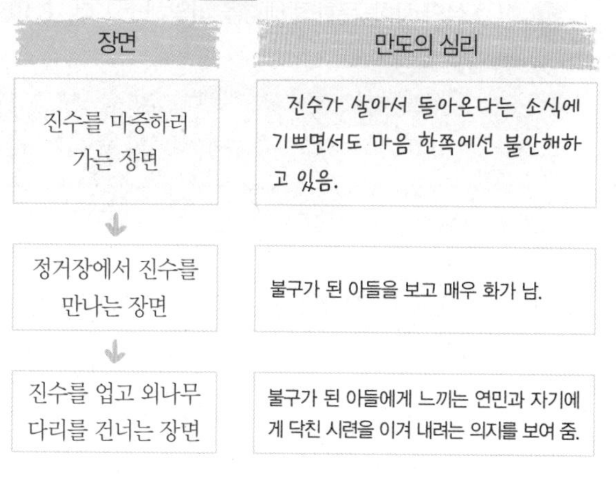

장면	만도의 심리
진수를 마중하러 가는 장면	진수가 살아서 돌아온다는 소식에 기쁘면서도 마음 한쪽에선 불안해하고 있음.
↓ 정거장에서 진수를 만나는 장면	불구가 된 아들을 보고 매우 화가 남.
↓ 진수를 업고 외나무다리를 건너는 장면	불구가 된 아들에게 느끼는 연민과 자기에게 닥친 시련을 이겨 내려는 의지를 보여 줌.

2 다음 대화를 통해 알 수 있는 만도와 진수의 성격을 말해 봅시다. 예시 답

> "아부지!" / "와?"
> "이래 가지고 우째 살까 싶습니더."
> "우째 살긴 뭘 우째 살아, 목숨만 붙어 있으면 다 사능 기다. 그런 소리 하지 마라." / "……."
> "나 봐라. 팔뚝이 하나 없어도 잘만 안 사나. 남 봄에 좀 덜 좋아서 그렇지. 살기사 왜 못 살아."

- 만도: 불행 속에서도 희망을 잃지 않는 굳건한 성격, 긍정적인 성격
- 진수: 아버지에게 죄송함을 느끼며, 앞으로의 삶을 걱정하는 소심한 성격

이해 다지기 문제

2 사건 전개에 따른 만도의 심리 변화를 정리한 표이다. ㉠~㉢에 들어갈 만도의 심리로 적절하지 <u>않은</u> 것은?

사건	심리
전쟁터에 나간 아들이 살아 돌아온다는 소식을 듣고 마중을 나감.	㉠
↓ 한쪽 다리를 잃고 돌아온 아들을 만남.	㉡
↓ 아들의 처지를 받아들인 만도가 아들을 업고 외나무다리를 건넘.	㉢

① ㉠: 기쁨　② ㉡: 분노　③ ㉡: 충격
④ ㉢: 연민　⑤ ㉢: 절망

목표 활동

1. 이 소설이 창작될 당시의 사회 · 문화적 배경을 바탕으로 이 작품을 이해해 봅시다.

1 이 소설의 사회·문화적 배경을 파악해 봅시다. 예시 답

만도(아버지 세대)	진수(아들 세대)
징용에 끌려 나가는 사람들이었다. 그러니까, 지금으로부터 십이 삼 년 옛날의 이야기인 것이다. 북해도 탄광으로 갈 것이라는 사람도 있었고, 틀림없이 남양 군도로 간다는 사람도 있었다. 더러는 만주로 가면 좋겠다고 하기도 했다.	아무개는 전사했다는 통지가 왔고, 아무개는 죽었는지 살았는지 통 소식이 없는데, 우리 진수는 살아서 오늘 돌아오는 것이다.
섬에서 그들을 기다리고 있는 것은 숨 막히는 더위와 강제 노동과 그리고 잠자리만씩이나 한 모기떼……. 그런 것뿐이었다. 연합군의 비행기가 날아들면서부터 일은 밤중까지 계속되었다. 산허리에 굴을 파 들어가는 것이었다. 비행기를 집어넣을 굴이었다.	"전쟁하다가 이래 안 댔심니꾜. 수류탄 쪼가리에 맞았심더."
• 일제 강점기에 많은 사람이 어디인지도 모른 채 강제로 징용에 끌려갔었다. • 징용을 갔던 사람들은 힘든 노동과 열악한 환경 속에서 고통을 겪어야만 했다. • 태평양 전쟁 때 일제의 노동력 수탈로 인해서 징용 갔던 사람들이 고단한 일을 겪어야만 했다.	• 6.25 전쟁에 참전했던 많은 사람이 죽거나 실종되었다. • 6.25 전쟁에 참전하였다가 상이군인이 되어 돌아온 이들이 많았다.

목표 다지기 문제

1 이 글에 드러나는 사회·문화적 배경으로 적절하지 <u>않은</u> 것은?

① 일제의 강제 노역은 매우 가혹했다.
② 강제 징용지의 환경은 매우 열악했다.
③ 6.25 전쟁으로 인해 많은 사람이 죽거나 다쳤다.
④ 일제 강점기 때 많은 사람이 강제로 징용에 끌려갔다.
⑤ 6.25 전쟁 때는 몸이 불편한 사람들도 전쟁에 동원되었다.

2 다음 그림을 보고, 이 소설의 작가가 궁극적으로 전달하려고 한 바를 파악해 봅시다. 예시 답

이 소설은 민족의 수난을 극복하는 두 부자의 이야기를 통해 일제 강점기와 6.25 전쟁이 우리 민족에게 큰 상처를 남겼지만, 서로 힘을 합쳐 노력하면 극복할 수 있다는 희망과 용기을/를 전달하려고 하였다.

목표 다지기 문제

2 작가가 이 소설을 통해 궁극적으로 말하고자 하는 바로 적절한 것은?

① 우리의 비극적인 역사는 우리의 몸과 마음에 큰 상처를 입혔다.
② 비극적인 역사가 반복되지 않도록 하기 위해서는 힘을 길러야 한다.
③ 비극적인 역사의 반복은 한 개인의 잘못이 아니라 사회 전체에 책임이 있다.
④ 장애를 가진 사람들의 삶도 보통 사람들과 다를 바가 없다는 사실을 이해해야 한다.
⑤ 우리의 비극적인 역사가 준 상처는 화합과 긍정적 삶의 태도를 통해 극복할 수 있다.

2. 이 소설이 현대 사회에서 가지는 의미를 생각해 봅시다.

예시 답

오늘날, 이 소설은 역사적 상황으로 인한 갈등, 세대 간 갈등과 같은 고난은 서로 힘을 합쳐 노력하면 해소하고 극복할 수 있을 것이라는 희망과 용기를 전하고 있다(라)는 측면에서 의미가 있다고 생각해.

 창의·융합 활동

혼자 하기 

‖ 우리나라의 사회 · 문화적 배경이 잘 드러나 있는 영화를 찾아서 소개하는 '우리 반 영화제'를 개최해 봅시다.

예시

• 영화 소개: 「내 마음의 풍금」 – 어느 산골 마을, 17살 늦깎이 초등학생인 홍연이 새로 부임한 선생님을 짝사랑하는, 아름답지만 조금은 가슴 아픈 사랑 이야기

• 영화를 보고 깨달은 점: 지금은 모두 다 초등학교를 다니지만 과거에는 학교에 입학할 시기를 놓쳐 늦은 나이에 초등학교에 들어가기도 했던 것 같다. 늦깎이 학생과 젊은 선생님의 동화 같은 사랑 이야기를 통해서 순수하고 아름다운 동심을 만날 수 있었다.

• 영화를 소개할 때 사용할 배경 음악: 볼 빨간 사춘기, 「첫사랑」

• 선택한 까닭: 순수하고 서툴렀던 시절, 좋아하는 사람에게 자기 마음을 들킬까 봐 엉뚱하고 짓궂게 그 사람을 놀렸던 마음과 감정이 드러난 노래이다. 이 영화의 홍연이 선생님을 대하는 모습과 닮아 있기도 하고, 발랄한 곡조가 영화의 느낌과 닮았다고 생각했다.

예시 답

• 영화 소개: 「국제 시장」 – 힘겹고 가난했지만 가족을 지키고자 했던 1960~70년대의 사회 · 문화적 배경이 잘 나타난 영화

• 영화를 보고 깨달은 점: 힘든 삶 속에서도 가족을 지키고자 하는 주인공의 모습이 인상적이었다. 가족을 소중하게 여기는 것은 지금이나 이전 세대가 다 비슷한 것 같다.

• 영화를 소개할 때 사용할 배경 음악: 현인, 「굳세어라, 금순아」

• 선택한 까닭: 영화의 배경 음악으로 사용되기도 했고, 어렵고 힘든 일이 닥쳐도 쉽게 좌절하거나 원망하지 않고 언제나 최선을 다해 살아가는 인물에 관한 가사가 영화와도 잘 어울리기 때문이다.

수행 평가 대비 활동

| 수행 평가 TIP | 우리나라의 사회 · 문화적 배경이 잘 드러나 있는 영화를 소개하는 활동이므로, 영화의 어떤 부분에 어떤 사회 · 문화적 배경이 담겨 있는지 파악해야 합니다. 그리고 그러한 사회 · 문화적 배경이 영화에 등장하는 인물들의 삶에 어떤 영향을 주었는지, 그러한 사회 · 문화적 배경을 바탕으로 영화를 창작한 의도는 무엇인지를 생각해 보아야 합니다.

1 평가 내용 확인하기

• 우리나라의 사회 · 문화적 배경이 드러나는 영화 선택하기
• 영화의 특성이 잘 드러나도록 효과적으로 소개하기

2 평가 기준 확인하기

• 사회 · 문화적 배경이 드러나는 영화를 소개하였는가?
우리나라의 특정한 시대나 역사적 사건을 사회 · 문화적 배경으로 한 영화인지, 그 배경이 작품 전체의 줄거리와 관련하여 비중 있고 의미 있게 작용하고 있는지를 판단해 보세요. 영화 속에서 다루고 있는 사회 · 문화적 배경을 정확하게 이해하고, 영화를 소개할 때 이 부분이 효과적으로 드러날 수 있도록 내용을 구성해야 해요.

• 영화에 담긴 사회의 삶을 잘 이해하고 있는가?
영화 속 사건과 인물을 중심으로 영화에 반영된 당시 사회의 삶의 모습을 파악해 보세요. 그러면 작가의 의도와 작품의 의미를 효과적으로 이해할 수 있을 거예요. 아울러 특정 시대의 사회 · 문화적 배경을 바탕으로 창작된 영화가 현대 사회에서 가지는 의미에 대해서도 생각해 봄으로써 오늘날 우리의 삶을 성찰해 볼 수 있답니다.

수행 평가 ⊕

1. 우리나라의 시대 상황이나 역사적 사건이 잘 드러나 있는 영화를 선택하여 감상해 봅시다.

도와줄게 영화를 선택하기 전에 영화에 대한 기본적인 정보를 검색하여 어떤 사회 · 문화적 배경을 담고 있는지 찾아봅니다. 그리고 영화를 보면서 그러한 사회 · 문화적 배경이 영화 전체의 주제와 어떤 관련을 맺고 있는지 판단하도록 합니다.

2. 1에서 감상한 영화의 시나리오 일부를 재구성하여 직접 영상을 찍어 봅시다.

도와줄게 모둠을 구성하여 영화의 시나리오를 어떻게 각색할 것인지 정하고, 각자의 특기나 흥미를 살려 역할을 맡아 영화를 찍습니다. 영화의 사회 · 문화적 배경을 바꾸어 쓰거나 같은 사회 · 문화적 배경 속에서 인물의 상황과 처지, 삶을 대하는 방식, 갈등의 성격 등을 바꿀 수도 있습니다.

소단원 제재 정리

갈래: 단편 소설, 전후(戰後) 소설
성격: 사실적, 향토적, 의지적, 상징적
배경: 시대 – 일제 강점기부터 6.25 전쟁 직후
공간 – 어느 농촌 마을
시점: 전지적 작가 시점과 작가 관찰자 시점 혼재
주제: 수난의 현실과 그 극복 의지
특징: ① 상징적 소재를 통해 주제 의식을 드러냄.
② 과거와 현재를 교차하여 서술함.
③ 압축적인 서술과 대화를 통해 인물의 성격을 제시함.

제재 한눈에 보기

발단	6.25 전쟁 직후 아들이 살아 돌아온다는 소식을 들은 만도가 아들을 마중 나감.
전개	정거장 대합실에서 아들을 기다리던 만도는 일제 징용에 끌려가 한쪽 팔을 잃은 자신의 과거를 회상함.
위기	6.25 전쟁에 나가 불구가 되어 돌아온 아들을 본 만도는 분노를 느낌.
절정	만도가 아들을 업고 외나무다리를 건너감.
결말	용머리재가 외나무다리를 건너는 부자(父子)를 내려다봄.

핵심 원리

문학 작품과 사회 · 문화적 배경
- 문학 작품에는 작가가 경험하는 사회 · 문화적 배경이 반영된다.
- 작가는 자신의 창작 의도를 가장 효과적으로 보여 줄 수 있는 사회 · 문화적 상황을 작품의 배경으로 선택하므로, 문학 작품의 내용이 되거나 작품의 배경으로 제시된 사회 · 문화적 상황은 작가의 창작 의도와 밀접하게 관련되어 있다.

작품에 담긴 사회 · 문화적 배경을 파악해야 하는 이유
- 문학 작품은 작가의 상상력을 바탕으로 창작되는데 그 상상력은 작가의 경험이나 작가가 처해 있는 사회 · 문화적 상황의 영향을 받는다.
- 작품의 창작 배경이 된 사회 · 문화적 상황을 파악하고 작품을 감상하면 작가가 작품을 통해 전달하려는 의미를 더욱 정확하게 이해할 수 있다.

작품에 담긴 사회 · 문화적 배경을 파악하는 방법
- 작품에 등장하는 인물들의 말과 행동, 인물들 사이의 관계를 파악한다.
- 인물들 사이에서 벌어지는 다양한 사건들에 담긴 의미를 파악한다.
- 작품에 드러나는 소재가 지닌 상징적 의미를 파악한다.

핵심 내용

(1) 주요 등장인물

만도	• 진수의 아버지 • 일제 강점기 때 강제로 징용에 끌려갔다가 사고로 한쪽 (❶)을/를 잃고 돌아옴. • 전쟁에 나간 아들이 한쪽 (❷)을/를 잃은 채 돌아오자 분노하지만, 이내 긍정적인 태도로 삶을 헤쳐 나가려는 의지를 가짐. • 표현은 무뚝뚝하지만 아들에 대한 애정이 지극함. • 불행 속에서도 희망을 잃지 않는 낙천적인 성격임.
진수	• 만도의 아들 • 전쟁에 나가서 한쪽 다리를 잃은 후 의기소침하여 돌아옴. • 아버지에게 죄송함을 느끼며, 앞으로의 삶을 걱정하는 소심한 성격 • 주어진 현실에 대해 걱정하지만 아버지의 위로와 긍정적 삶의 태도에 용기를 얻음. • 아버지에 대한 효심이 깊음.

(2) 문체상의 특징과 효과

특징	문장이 짧고 간결함.

↓

효과	• 사건의 진행 과정이나 경과를 빠르게 전달함. • 불안함, 설렘, 분노 등 인물의 (❸) 상태가 보다 효과적으로 드러남.

(3) 언어적 특징

특징	(❹)와/과 비속한 언어를 많이 사용함.

↓

효과	• 등장인물의 소박하고 가식 없는 성격을 보여 주고, 작품의 토속적인 분위기를 연출하는 데 기여함. • 등장인물이 사회와 역사에 대해 치열하게 저항하는 모습보다 운명을 수용하고 능동적으로 수난을 극복하는 모습과 조화를 이룸.

(4) 역순행적 구성

현재	만도는 아들이 전쟁터에서 돌아온다는 소식을 듣고 정거장으로 마중을 나감.

↓

(❺)	젊은 시절 만도는 일제에 의해 강제로 징용지에 끌려가 사고로 한쪽 팔을 잃음.

↓

현재	전쟁에서 한쪽 다리를 잃고 돌아온 아들을 보고 분노하지만 함께 힘을 합쳐 외나무다리를 건너감.

(5) 소재의 상징적 의미

정거장 대합실	만도가 과거를 회상하도록 만드는 매개체
주막	만도와 진수가 갈등을 완화할 수 있는 계기를 마련하는 공간
(❻)	• 아들에 대한 만도의 애정을 드러냄. • 팔이 하나밖에 없는 만도의 처지를 부각함. • 부자간의 협동을 이끌어 내는 매개물
외나무다리	• 부자에게 닥친 시련과 고난을 상징함. • 화합과 협동을 통해 (❼)을/를 극복할 수 있음을 보여 주는 장치
용머리재	부자의 수난과 극복 과정을 증명하고, 이를 응원하고 싶은 작가의 감정이 투영된 장치

정답 ❶ 팔 ❷ 다리 ❸ 심리 ❹ 사투리 ❺ 과거 ❻ 고등어 ❼ 수난 ❽ 설렘 ❾ 분노 ❿ 일제 강점기 ⓫ 6.25 전쟁 ⓬ 수난

(6) 만도의 심리 변화 과정

1단계	(❽)와/과 불안	만도는 전쟁에 나간 진수가 살아서 돌아온다는 소식에 기쁜 마음으로 마중을 나가지만, 혹시 자신처럼 불구가 되어 돌아오지 않을까 하는 불안감에 휩싸임.
2단계	절망과 분노	만도가 불안해한 일이 현실이 되어 진수가 나타나자 만도는 절망하고, 진수를 불구로 만든 현실에 (❾)함.
3단계	화해와 화합	만도는 진수에게 닥친 현실을 인정하고, 자신들에게 닥친 고난을 화합과 화해로 극복하기 위해 노력함.

(7) 작품에 반영된 사회 · 문화적 배경

만도		진수
(❿) 때 징용에 끌려가 한쪽 팔을 잃음.	→	(⓫)에 참전하여 한쪽 다리를 잃고 귀향함.
일제 강점기 때 많은 사람이 징용에 끌려가 죽거나 다침.		6.25 전쟁 당시 많은 사람이 전쟁에 나가 죽거나 다침.

(8) '수난이대'라는 제목의 의미

- 아버지와 아들에 걸쳐 이대(二代)가 겪은 수난을 의미함.
- 여기서 (⓬)은/는 아버지는 일제 강점기 때 강제로 징용에 끌려가 한쪽 팔을 잃고, 아들은 6.25 전쟁으로 인해 다리 한쪽을 잃음으로써 신체적 불구가 된 것을 뜻함.
- 아버지와 아들, 두 세대가 겪은 가족사적 수난을 넘어서 우리 민족이 겪은 역사적 비극을 상징함.

소단원 핵심 문제

• 정답과 해설 p.36

[01~04] 다음 글을 읽고, 물음에 답하시오.

(가) '삼대독자가 죽다니 말이 되나. 살아서 돌아와야 일이 옳고말고. 그런데 병원에서 나온다 하니 어디를 좀 다치기는 다친 모양이지만, 설마 나같이 이렇게사 되지 않았겠지.'

만도는 왼쪽 조끼 주머니에 꽂힌 소맷자락을 내려다보았다. 그 소맷자락 속에는 아무것도 든 것이 없었다. 그저 소맷자락만이 어깨 밑으로 덜렁 처져 있는 것이다. 그래서 노상 그쪽은 조끼 주머니 속에 꽂혀 있는 것이다.

'볼기짝이나 장딴지 같은 데를 총알이 약간 스쳐 갔을 따름이겠지. 나처럼 팔뚝 하나가 몽땅 달아날 지경이었다면, 그 엄살스러운 놈이 견뎌 냈을 턱이 없고말고.'

(나) 언젠가 한번, 읍에서 술이 꽤 되어 가지고 흥청거리며 돌아오다가, 물에 굴러떨어진 일이 있었던 것이다. 지나치는 사람이 없었기에 망정이지, 누가 보았더라면 큰 웃음거리가 될 뻔했었다. 발목 하나를 약간 접쳤을 뿐, 크게 다친 데는 없었다. 이른 가을철이었기 때문에 옷을 벗어 둑에 늘어놓고 말릴 수는 있었으나, 여간 창피스러운 것이 아니었다. 옷이 말짱 젖었다거나, 옷이 마를 때까지 발가벗고 기다려야 한다거나 해서가 아니었다. 팔뚝 하나가 몽땅 잘라져 나간 흉측한 몸뚱어리를 하늘 앞에 드러내 놓고 있어야 했기 때문이었다. 지나치는 사람이 있을라치면, 하는 수 없이 물속으로 뛰어 들어가서 얼굴만 내놓고 앉아 있었다. 물이 선뜩해서 아래턱이 덜덜거렸으나, 오그라든 사타구니께를 한 손으로 꽉 움켜쥐고 버티는 수밖에 없었다. / "흐흐흐……."

그때 일을 생각하면 지금도 곧 웃음이 터져 나오는 것이다. 하늘로 쳐들린 콧구멍이 벌름거렸다.

(다) 장날은 아니었으나, 고깃전에는 없는 고기가 없었다. 이것을 살까 하면 저것이 좋아 보이고, 그것을 사러 가면 또 그 옆의 것이 먹음직해 보였다. 한참 이리저리 서성거리다가 결국은 고등어 한 손이었다. 그것을 달랑달랑 들고 정거장을 향해 가는데, 겨드랑 밑이 간질간질해 왔다. 그러나 한쪽밖에 없는 손에 고등어를 들었으니 참 딱했다. 어깻죽지를 연방 위아래로 움직거리는 수밖에 없었다.

출제 예감 95%

01 이 글에 대한 설명으로 적절하지 않은 것은?

① 인물의 심리가 잘 드러나 있다.
② 특정한 시대를 배경으로 하고 있다.
③ 현실에서 있음 직한 일을 다루고 있다.
④ 작품 속 인물과 서술자가 일치하고 있다.
⑤ 인물의 겉모습을 구체적으로 묘사하고 있다.

출제 예감 90% 학습 활동 응용

02 이 글에서 알 수 있는 '만도'의 상황과 일치하는 것은?

① 기차 도착 시각에 늦었다.
② 전쟁에서 아들 하나를 잃었다.
③ 장에 가서 고기와 고등어를 샀다.
④ 만도는 왼쪽 팔이 불편해 잘 쓰지 않는다.
⑤ 전쟁에 나갔던 아들을 마중하러 가는 길이다.

출제 예감 95% 학습 활동 응용

03 이 글에 나타난 '만도'의 심리로 적절하지 않은 것은?

① 한쪽 팔이 없는 자신의 처지를 억울해한다.
② 병원에서 나온다는 아들의 소식에 불안감을 느낀다.
③ 사람들에게 자신의 맨몸을 드러내는 것을 창피해한다.
④ 고생하다 돌아오는 아들에게 맛있는 음식을 주고 싶다.
⑤ 외나무다리에서 떨어져 고생했던 일을 생각하면 웃음이 난다.

출제 예감 90% 서술형 논술 대비

04 (나)와 (다)의 서술상의 차이점을 서술하시오.

[05~08] 다음 글을 읽고, 물음에 답하시오.

가 정거장 대합실에 와서 이렇게 도사리고 앉아 있노라면, 만도는 곧잘 생각나는 일이 한 가지 있었다. 그 일이 머리에 떠오르면, 등골을 찬 기운이 좍 스쳐 내려가는 것이었다. 손가락이 시퍼렇게 굳어져서 이끼 낀 나무토막 같은 팔뚝이 지금도 저만큼 눈앞에 보이는 듯했다.

바로 이 정거장 마당에 백 명 남짓한 사람들이 모여 웅성거리고 있었다. 그중에는 만도도 섞여 있었다. 기차를 기다리고 있는 것이었으나, 그들은 모두 자기네들이 어디로 가는 것인지 알지를 못했다. 그저 차를 타라면 탈 사람들이었다. 징용에 끌려 나가는 사람들이었다. 그러니까, 지금으로부터 십이삼 년 옛날의 이야기인 것이다.

나 플랫폼으로 나가면서 뒤를 돌아보니, 마누라는 울 밖에 서서 수건으로 코를 눌러 대고 있는 것이었다. 만도는 코허리가 찡했다. 기차가 꽥꽥 소리를 지르면서 덜커덩! 하고 움직이기 시작했을 때는 정말 속이 덜 좋았다. 눈앞이 뿌옇게 흐려지는 것을 어쩌지 못했다. 그러나 정거장이 까맣게 멀어져 가고 차창 밖으로 새로운 풍경이 획획 날아들자, 그만 아무렇지도 않아지는 것이었다. 오히려 기분이 유쾌해지는 것 같기도 했다.

다 섬에다가 비행장을 닦는 것이었다. 모기에게 물려 혹이 된 자리를 벅벅 긁으며, 비 오듯 쏟아지는 땀을 무릅쓰고, 아침부터 해가 떨어질 때까지 산을 허물어 내고, 흙을 나르고 하기란, 고향에서 농사일에 뼈가 굳어진 몸에도 이만저만한 고역이 아니었다. 물도 입에 맞지 않았고, 음식도 이내 변하곤 해서 도저히 견디어 낼 것 같지가 않았다. 게다가 병까지 돌았다. 일을 하다가도 벌떡 자빠지기가 예사였다. 그러나 ㉠<u>만도는 아침저녁으로 약간씩 설사를 했을 뿐 넘어지지는 않았다. 물도 차츰 입에 맞아 갔고, 고된 일도 날이 감에 따라 몸에 배어드는 것이었다.</u> 밤에 날개를 치며 몰려드는 모기떼만 아니면 그냥저냥 배겨 내겠는데, 정말 그놈의 모기들만은 질색이었다.

출제 예감 95% 학습 활동 응용

05 이 글에서 추측할 수 있는 당시의 사회·문화적 상황으로 적절하지 <u>않은</u> 것은?

① 강제 징용지의 환경은 매우 열악했다.
② 많은 사람이 강제로 징용에 끌려갔다.
③ 일제의 노동 착취의 강도는 매우 가혹했다.
④ 비행장을 닦는 일을 하다 쓰러지는 일도 허다했다.
⑤ 사람들은 자신이 가고 싶은 징용지를 선택해야 했다.

출제 예감 90% 학습 활동 응용

06 '만도'에 대한 설명으로 적절한 것은?

① 치밀하고 계획적이다.
② 부주의하고 덜렁댄다.
③ 어리숙하고 눈치가 없다.
④ 힘든 상황에도 잘 적응한다.
⑤ 주어진 상황에 쉽게 좌절하고 포기한다.

출제 예감 90% 학습 활동 응용

07 '만도'가 과거를 회상하게 되는 계기로 적절한 것은?

① 징용에 끌려 나가는 사람들을 보았기 때문이다.
② 나무토막 같은 자신의 팔뚝을 보았기 때문이다.
③ 아들이 오기를 기다리는 것이 지루했기 때문이다.
④ 정거장 대합실에 사람들이 많이 모여 있기 때문이다.
⑤ 징용에 끌려가던 날 왔던 정거장과 같은 장소이기 때문이다.

출제 예감 85% 서술형 논술 대비

08 작가가 '만도'의 모습을 ㉠과 같이 그려 낸 의도는 무엇인지 서술하시오.

소단원 핵심 문제

[09~12] 다음 글을 읽고, 물음에 답하시오.

(가) 앵앵앵 하고 **공습경보**가 나면 일을 하던 손을 놓고 모두가 굴 바닥에 납작납작 엎드려 있어야 했다. **비행기**가 돌아갈 때까지 그러고 있는 것이었다. 어떤 때는 근 한 시간 가까이나 엎드려 있어야 하는 때도 있었는데 차라리 그것이 얼마나 편한지 몰랐다. 그래서 ㉠더러는 공습이 있기를 은근히 기다리기도 했다. 때로는 공습경보의 사이렌을 듣지 못하고 그냥 일을 계속하는 수도 있었다.

그럴 때는 모두 큰 손해를 보았다고 야단들이었다.

(나) ⓐ여느 날과 다름없이 굴속에서 바위를 허물어 내고 있었다. 바위 틈서리에 구멍을 뚫어서 다이너마이트 장치를 하는 것이었다. ⓑ장치가 다 되면 모두 바깥으로 나가고, 한 사람만 남아서 불을 댕기는 것이다. 그리고 그것이 터지기 전에 얼른 밖으로 뛰어나와야 한다.

(다) 만도가 불을 댕기는 차례였다. 모두 바깥으로 나가 버린 다음 그는 **성냥**을 꺼내었다. 그런데 웬 영문인지 기분이 꺼림칙했다. **모기**에게 물린 자리가 자꾸 쑥쑥 쑤시는 것이었다. 긁적긁적 긁어 댔으나 도무지 시원한 맛이 없었다. 그는 이맛살을 찌푸리면서 성냥을 득! 그었다. ⓒ그래 그런지 몰라도 불은 이내 픽 하고 꺼져 버렸다. 성냥 알맹이 네 개째에서 겨우 심지에 불이 댕겨졌다. ⓓ심지에 불이 붙는 것을 보자, 그는 얼른 몸을 굴 밖으로 날렸다. 바깥으로 막 나서려는 때였다. ⓔ산이 무너지는 소리와 함께 사나운 바람이 귀전을 후려갈기는 것이었다. 만도는 정신이 아찔했다. 공습이었던 것이다.

(라) 그 순간이었다. 쾅! 굴 안이 미어지는 듯하면서 다이너마이트가 터졌다. 만도의 두 눈에서 불이 번쩍했다.

만도가 어렴풋이 눈을 떠 보니, 바로 거기 눈앞에 누구의 것인지 모를 팔뚝이 하나 아무렇게나 던져져 있었다. 손가락이 시퍼렇게 굳어져서, 마치 **이끼** 낀 나무토막처럼 보이는 팔뚝이었다. 만도는 그것이 자기의 어깨에 붙어 있던 것인 줄을 알자 그만 으악! 하고 정신을 잃어버렸다. 재차 눈을 떴을 때는 그는 푹신한 담요 속에 누워 있었고, 한쪽 어깻죽지가 못 견디게 쿡쿡 쑤셔 댔다. ㉡절단 수술은 이미 끝난 뒤였다.

출제 예감 90%

09 이 글의 사회·문화적 배경을 짐작하게 해 주는 것은?

① 공습경보 ② 비행기 ③ 성냥
④ 모기 ⑤ 이끼

출제 예감 95%

10 ⓐ~ⓔ 중 '만도'에게 좋지 않은 일이 생길 것임을 암시하는 것은?

① ⓐ ② ⓑ ③ ⓒ ④ ⓓ ⑤ ⓔ

출제 예감 90% 학습 활동 응용

11 ㉠을 통해 추측할 수 있는 사실로 적절한 것은?

① 징용에 끌려간 사람들은 대담한 사람들이었다.
② 징용에 끌려간 사람들은 공습을 놀이처럼 여겼다.
③ 징용에 끌려간 사람들은 전쟁에 대해 우호적이었다.
④ 징용에 끌려간 사람들은 공습이 빨리 끝나기를 바랐다.
⑤ 징용에 끌려간 사람들이 하는 일은 매우 고되고 힘들었다.

출제 예감 85% 서술형 논술 대비

12 ㉡과 같이 객관적으로 서술함으로써 얻고 있는 효과는 무엇인지 서술하시오.

[13~16] 다음 글을 읽고, 물음에 답하시오.

시꺼먼 열차 속에서 꾸역꾸역 사람들이 나왔다. 꽤 많은 손님이 쏟아져 내리는 것이었다. 만도의 두 눈은 곧장 이리저리 굴렀다. 그러나 아들의 모습은 쉽사리 눈에 띄지 않았다. ㉠ 저쪽 출찰구로 밀려가는 사람의 물결 속에 두 개의 지팡이를 짚고 절룩거리면서 걸어 나가는 상이군인이 있었으나, 만도는 그 사람에게 주의가 가지는 않았다. 기차에서 내릴 사람은 모두 내렸는가 보다. 이제 미처 차에 오르지 못한 사람들이 플랫폼을 이리저리 서성거리고 있을 뿐인 것이다.

'그놈이 거짓으로 편지를 띄웠을 리는 없을 건데…….'

만도는 자꾸 가슴이 떨렸다. / '이상한 일이다.'

하고 있을 때였다. 분명히 뒤에서, / "아부지!"

부르는 소리가 들렸다. 만도는 깜짝 놀라며, 얼른 뒤를 돌아보았다.

그 순간 만도의 두 눈은 무섭도록 크게 떠지고, 입은 딱 벌어졌다. 틀림없는 아들이었으나, 옛날과 같은 진수는 아니었다. 양쪽 겨드랑이에 지팡이를 끼고 서 있는데, 스쳐 가는 바람결에 한쪽 바짓가랑이가 펄럭거리는 것이 아닌가. 만도는 눈앞이 노래지는 것을 어쩌지 못했다. 한참 동안 그저 멍멍하기만 하다가 코허리가 찡해지면서 두 눈에 뜨거운 것이 핑 도는 것이었다.

"에라이, 이놈아!"

만도의 입술에서 모지게 튀어나온 첫마디였다. 떨리는 목소리였다. 고등어를 든 손이 불끈 주먹을 쥐고 있었다.

"이기 무슨 꼴이고, 이기."

"아부지!" / "이놈아, 이놈아……."

만도의 들창코가 크게 벌름거리다가 훌쩍 물코를 들이마셨다. 진수의 두 눈에서는 어느 결에 눈물이 꾀죄죄하게 흘러내리고 있었다. 만도는 진수의 잘못이기나 한 듯 험한 얼굴로, / "가자, 어서!"

무뚝뚝한 한마디를 내던지고는 성큼성큼 앞장을 서 가는 것이었다. 진수는 입술에 내려와 묻는 짭짤한 것을 혀끝으로 날름 핥아버리면서 절름절름 아버지의 뒤를 따랐다.

출제 예감 95% 학습 활동 응용

13 이 글에 나타난 '만도'의 심리로 적절하지 않은 것은?

① 슬픔 ② 불안함 ③ 초조함
④ 절망감 ⑤ 후회스러움

출제 예감 90%

14 이 글에서 알 수 있는 '진수'에 대한 설명으로 적절한 것은?

① 기차에서 제때 내리지 못했다.
② 전쟁에서 한쪽 팔을 잃고 돌아왔다.
③ 터져 나오는 슬픔을 참으려고 애썼다.
④ 징용에 끌려가서 한쪽 다리를 잃었다.
⑤ 자신을 차갑게 대하는 아버지를 원망했다.

출제 예감 85% 학습 활동 응용

15 ㉠에 대한 설명으로 적절하지 않은 것은?

① 만도는 진수를 외면하고 싶었다.
② 만도는 진수를 한 번에 알아보지 못했다.
③ 만도는 진수가 상이군인이 되어 돌아올 것이라고는 상상도 하지 않았다.
④ 진수 역시 만도와 마찬가지로 현실 상황에 의해 수난을 겪었음을 보여 준다.
⑤ '두 개의 지팡이를 짚고 절룩거리면서 걸어 나가는 상이군인'이 바로 진수이다.

출제 예감 80% 서술형 논술 대비

16 이 글에 나타난 '만도'의 분노에 대해 서술하시오.

조건
- 진수를 대하는 만도의 태도와 관련지어 서술할 것.
- 만도의 분노 대상이 무엇인지 구체적으로 밝힐 것.

소단원 핵심 문제

[17~20] 다음 글을 읽고, 물음에 답하시오.

(가) 앞장서 가는 만도는 뒤따라오는 진수를 한 번도 돌아보지 않았다. 한눈을 파는 법도 없었다. 무겁디무거운 짐을 진 사람처럼 땅바닥만을 내려다보며, 이따금 끙끙거리면서 부지런히 걸어만 가는 것이다. 지팡이에 몸을 의지하고 걷는 진수가 성한 사람의, 게다가 부지런히 걷는 걸음을 당해 낼 수는 도저히 없었다. 한 걸음 두 걸음씩 뒤지기 시작한 것이 그만 작은 소리로 불러서는 들리지 않을 만큼 떨어져 버리고 말았다. 진수는 목구멍을 왈칵 넘어오려는 뜨거운 기운을 참느라고, 어금니를 야물게 깨물어 보기도 했다. 그리고 두 개의 지팡이와 한 개의 다리를 열심히 움직여 대는 것이었다.

앞서 간 만도는 주막집 앞에 이르자, 비로소 한 번 뒤를 돌아보았다. 진수는 오다가 나무 밑에 서서 오줌을 누고 있었다. 지팡이는 땅바닥에 던져 놓고, 한쪽 손으로는 볼일을 보고, 한쪽 손으로는 나무둥치를 안고 있는 꼬락서니가 을씨년스럽기 이를 데 없다. 만도는 눈살을 찌푸리며, 으음! 하고 신음 소리 비슷한 무거운 소리를 토했다.

(나) 술기가 얼근하게 돌자, 이제 좀 속이 풀리는 것 같아 방문을 열고 바깥을 내다보았다. 진수는 이마에 땀을 척척 흘리면서 다 와 가고 있었다.

"진수야!" / 버럭 소리를 질렀다.

"이리 들어와 보래." / "……."

진수는 아무런 대꾸도 없이 어기적어기적 다가왔다. 다가와서 방문턱에 걸터앉으니까, 여편네가 보고,

"방으로 좀 들어오이소." / 한다. / "여기 좋심더."

그는 수세미 같은 손수건으로 이마와 코언저리를 아무렇게나 훔친다.

"마, 아무 데서나 묵어라. 저…… 국수 한 그릇 말아 주소." / "야."

"곱빼기로 잘 좀…… 참지름도 치소 잉?" / "야아."

여편네는 코로 히죽 웃으면서 만도의 옆구리를 살짝 꼬집고는 소쿠리에서 삶은 국수 두 뭉텅이를 집어 든다.

출제 예감 95% 학습 활동 응용

17 이 글을 이해한 것으로 적절하지 <u>않은</u> 것은?

① 진수는 슬픈 감정을 애써 감추려 하고 있다.
② 주막까지 갈 때 만도와 진수의 거리가 점점 멀어지고 있다.
③ 주막에서 만도와 진수의 갈등이 해소될 기미가 보이고 있다.
④ 국수는 만도와 진수의 긴장 관계가 풀어지는 계기로 작용한다.
⑤ 만도는 진수의 잘못 때문에 진수가 불구의 몸이 되었다고 생각한다.

출제 예감 90% 학습 활동 응용

18 이 글에 나타난 '만도'에 대한 설명으로 적절하지 <u>않은</u> 것은?

① 가식이 없다.
② 무뚝뚝하고 거칠다.
③ 정이 많고 따뜻하다.
④ 무관심하고 이기적이다.
⑤ 사랑을 표현하는 것이 서투르다.

출제 예감 85%

19 괴롭고 절망스러운 '만도'의 모습을 비유적으로 표현한 구절을 찾아 4어절로 쓰시오.

출제 예감 85% 서술형 논술 대비

20 (가)와 (나)에서 공통적으로 드러나는 '만도'의 심리에 대해 서술하시오.

조건
• 글의 내용을 바탕으로 하여 만도의 심리를 추측할 것.
• (가)와 (나)에서 추측에 대한 근거를 찾아 제시할 것.

[21~23] 다음 글을 읽고, 물음에 답하시오.

(가) 개천 둑에 이르렀다. ⓐ외나무다리가 놓여 있는 그 시냇물이다. 진수는 슬그머니 걱정이 되었다. 물은 그렇게 깊은 것 같지 않지만, 밑바닥이 모래흙이어서 지팡이를 짚고 건너가기가 만만할 것 같지 않기 때문이다. 외나무다리 위로는 도저히 건너갈 재주가 없고……. 진수는 하는 수 없이 둑에 퍼지고 앉아서 바짓가랑이를 걷어 올리기 시작했다. 만도는 잠시 멀뚱히 서서 아들의 하는 양을 내려다보고 있다가

"진수야, 그만두고 자아, 업자."

하는 것이었다.

"㉠업고 건느면 일이 다 되는 거 아니가. 자아, 이거 받아라."

고등어 묶음을 진수 앞으로 민다.

"……."

㉡진수는 퍽 난처해 하면서 못 이기는 듯이 그것을 받아 들었다. 만도는 등어리를 아들 앞에 갖다 대고 하나밖에 없는 팔을 뒤로 버쩍 내밀며

"자아, 어서!"

진수는 지팡이와 고등어를 각각 한 손에 쥐고, 아버지의 등어리로 가서 슬그머니 업혔다. 만도는 팔뚝을 뒤로 돌려서 아들의 하나뿐인 다리를 꽉 안았다. 그리고

㉢"팔로 내 목을 감아야 될 끼다."

했다. 진수는 무척 황송한 듯 한쪽 눈을 찍 감으면서 고등어와 지팡이를 든 두 팔로 아버지의 굵은 목줄기를 부둥켜안았다.

(나) ㉣만도는 아직 술기가 약간 있었으나, 용케 몸을 가누며 아들을 업고 외나무다리를 조심조심 건너가는 것이었다. ㉤눈앞에 우뚝 솟은 용머리재가 이 광경을 가만히 내려다보고 있었다.

출제 예감 95% 학습 활동 응용

21 이 글에서 ⓐ가 하는 역할로 적절한 것은?

① 만도가 극복해야 할 고난을 자연스럽게 설정한다.
② 진수 스스로 자신의 고난을 극복해야 함을 강조한다.
③ 협동과 화합이라는 글의 주제를 효과적으로 드러낸다.
④ 두 인물이 궁극적으로 바라는 희망을 상징적으로 나타낸다.
⑤ 고난에 맞선 만도와 진수의 대응 방식이 서로 다름을 보여 준다.

출제 예감 80%

22 ㉠~㉤에 대한 설명으로 적절하지 않은 것은?

① ㉠: 서로 의지하면 고난을 극복할 수 있다는 의미가 드러난다.
② ㉡: 아버지에게 업혀야 하는 자신의 처지를 못마땅해하는 진수의 심리가 드러난다.
③ ㉢: 부자간의 화합을 상징한다.
④ ㉣: 불구가 된 자신들의 비극을 극복해 보려는 의지가 드러난다.
⑤ ㉤: 부자의 모습이 주는 감동의 여운을 남기며 마무리하고 있다.

출제 예감 85% 서술형 논술 대비

23 <보기>를 참고하여 이 글의 작가가 독자에게 궁극적으로 말하고자 하는 바를 서술하시오.

보기

'수난이대'라는 제목은 아버지와 아들에 걸쳐 이대(二代)가 겪은 수난을 의미한다. 여기서 수난은 아버지는 일제 강점기 강제 징용으로 한쪽 팔을 잃고, 아들은 6.25 전쟁으로 다리 한쪽을 잃음으로써 신체적 불구가 된 것을 뜻한다. 이것은 아버지와 아들, 두 세대가 겪은 가족사적 수난을 넘어서 우리 민족이 겪은 역사적 비극을 상징한다.

조건

- 이 글의 사회·문화적 배경 두 가지를 언급할 것.
- (가)에서 드러나는 만도와 진수의 행동이 갖는 의미를 중심으로 서술할 것.

성북동 비둘기

• 생각 열기

다음 광고를 보고, 오늘날 우리 사회의 모습을 생각해 봅시다.

광고 속 사슴벌레가 자기 집을 찾지 못하는 까닭은 무엇일까요?

예시 답 인간이 자신들의 편한 삶을 위해 사슴벌레가 사는 숲의 나무를 베어 사슴벌레들이 보금자리를 잃었기 때문이다.

이 광고는 우리 사회의 어떤 문제를 다루고 있는지 이야기해 봅시다.

예시 답 제시된 광고는 인간들의 무분별한 벌목으로 숲이 망가지고 있는 현실과 이로 인해 동식물들의 보금자리가 사라지고 있는 문제를 다루고 있다. 이는 비단 일부 숲, 사슴벌레만의 문제가 아니라 인간 위주의 개발이 지구 전체의 생태계를 위협하고 있는 문제 상황을 보여 주고 있다.

• 학습 목표로 내용 엿보기

"이 광고는 급속한 도시화와 산업화 때문에 오늘날 우리가 사는 환경이 파괴되고 있음을 일깨우고 있어. 문학에도 우리의 사회 · 문화적 상황이 잘 반영되어 있으니 이를 살피면서 작품을 읽으면, 오늘날 우리 사회의 상황을 잘 이해하고 성찰해 볼 수 있겠어."

- **핵심 1** 「성북동 비둘기」에 나타난 사회 · 문화적 배경 파악하기
- **핵심 2** 사회 · 문화적 배경에 대한 이해를 바탕으로 우리 사회 성찰하기

핵심 원리 이해하기 작품의 사회 · 문화적 배경 파악의 의의

특정한 사회 · 문화적 배경을 다루고 있는 작품의 경우 작품과 관련된 사회 · 문화적 배경을 파악해야 작품을 깊이 있게 이해할 수 있음.	+	당시의 사회 · 문화적 배경은 오늘을 사는 우리의 삶과도 무관하지 않으므로 우리가 살아가는 세상을 이해하고 성찰할 수 있음.

개념 확인 콕콕

• 정답과 해설 p.38

01 다음 글의 빈칸에 들어갈 알맞은 말을 〈보기〉에서 찾아 쓰시오.

보기
창작, 의미, 시어

(1) 시에서는 (　　　)의 의미에 주목하여 작품이 창작된 사회 · 문화적 배경을 파악할 수 있다.
(2) 사회 · 문화적 배경과 관련지어 작품을 감상하면 작품의 (　　　)을/를 더 잘 파악할 수 있다.
(3) 작품에 반영된 사회 · 문화적 배경은 작가의 (　　　) 의도와 밀접하게 관련되어 있다.

02 문학 작품과 사회 · 문화적 배경에 대한 설명으로 적절하지 않은 것은?

① 문학 작품은 정확한 사실만을 그려 낸다.
② 사회 · 문화적 상황은 작품의 소재를 통해서도 파악할 수 있다.
③ 문학 작품의 배경에는 당시 사회 · 문화적 상황이 반영되어 있다.
④ 문학 작품에 반영된 사회 · 문화적 배경은 오늘날을 사는 우리의 삶과 연관성이 있다.
⑤ 문학 작품 속 사회 · 문화적 배경은 우리 사회를 반성하고 살피는 계기가 되기도 한다.

03 다음 글의 빈칸에 들어갈 내용으로 가장 적절한 것은?

> 시어의 의미에 주목하여 시가 창작된 사회 · 문화적 배경을 파악할 수 있다. 이러한 이해를 바탕으로 현재의 사회 · 문화에 비추어 자신과 우리 사회를 (　　　)할 수 있다.

① 기대　② 독립　③ 분리
④ 성찰　⑤ 예찬

본문 안내

이 소단원은 시어의 의미에 주목하여 작품이 창작된 사회 · 문화적 배경을 파악하는 방법을 다루고 있다. 이와 함께 작품의 사회 · 문화적 배경에 관한 이해를 바탕으로 현재의 사회 · 문화에 비추어 자신과 우리 사회를 성찰하는 데 주안점을 두었다. 「성북동 비둘기」는 자연 파괴와 비인간화되어 가는 현대 사회를 비판한 작품으로, 시어의 의미를 통해 사회 · 문화적 배경을 파악하고 감상하는 데 효과적인 작품이 될 수 있다.

1연		2연		3연
자연 파괴로 삶의 터전을 잃어버린 비둘기	→	인간 문명에 쫓기며 옛날을 그리워하는 비둘기	→	자연과 사람으로부터 소외되고 평화를 잃어버린 비둘기

본문 개관

★ **글쓴이 소개** 김광섭(1905~1977)

시인. 초기에는 고독, 불안, 허무의 세계를 노래하였고, 이후에는 인생과 자연, 문명에 관한 통찰과 산업 사회의 모순 등 사회성을 띤 시 작품들을 발표하였다. 시집으로 『동경』, 『해바라기』, 『성북동 비둘기』 등이 있다.

★ **갈래** 자유시, 서정시

이 시는 정해진 형식이나 운율에 구애받지 않고 자유로운 형식으로 이루어진 자유시이며, 개인의 감정이나 정서를 주관적으로 표현한 서정시이다.

★ **성격** 비판적, 상징적, 주지적

이 시는 1960년대의 무분별한 자연 파괴를 지적하고 있다는 점에서 비판적이고, '비둘기'라는 대상에 추상적 의미를 담았다는 점에서 상징적이며, 이성적이고 합리적인 사고에 기반하고 있다는 점에서 주지적이다.

★ **제재** 비둘기

이 시는 성북동 산에 살던 비둘기가 인간으로 인해 삶의 터전을 잃어 가는 과정을 비둘기의 입장에서 노래하고 있으므로 제재는 '비둘기'라고 할 수 있다.

★ **주제** 자연 파괴와 비인간화되어 가는 현대 문명에 대한 비판

이 시는 1960년대 산업화 · 도시화로 인해 성북동 산이 파괴되는 과정을 비둘기의 입장에서 노래하고 있다. 비둘기는 자신의 삶의 터전을 잃고 갈 곳을 잃은 채로 점점 소외되어 간다. 이를 통해 시인은 자연이 파괴되면서 점차 비인간화되어 가는 현대 문명을 함께 비판하고 있다.

성북동 비둘기

김광섭

이것이 핵심! ✔ 시어의 상징적 의미 ✔ 작품의 사회 · 문화적 배경

성북동 산에 번지가 새로 생기면서

본래 살던 성북동 비둘기만이 번지가 없어졌다

새벽부터 ㉠돌 깨는 산울림에 떨다가

가슴에 금이 갔다 / 그래도 성북동 비둘기는

하느님의 광장 같은 새파란 아침 하늘에

성북동 주민에게 축복의 메시지나 전하듯

성북동 하늘을 한 바퀴 휘 돈다

성북동 메마른 골짜기에는

조용히 앉아 콩알 하나 찍어 먹을

널찍한 마당은커녕 가는 데마다

채석장 포성이 메아리쳐서 / 피난하듯 지붕에 올라앉아

채석장: 석재(石材)로 쓸 돌을 캐거나 떠 내는 곳

아침 구공탄 굴뚝 연기에서 향수를 느끼다가

구공탄: 구멍이 뚫린 연탄을 통틀어 이르는 말

산 1번지 채석장에 도루 가서

㉡금방 따낸 돌 온기에 입을 닦는다

예전에는 사람을 성자(聖者)처럼 보고

성자: 지혜와 덕이 매우 뛰어나 길이 우러러 본받을 만한 사람

사람 가까이 / 사람과 같이 사랑하고

사람과 같이 평화를 즐기던 / 사랑과 평화의 새 비둘기는

이제 산도 잃고 사람도 잃고 / 사랑과 평화의 사상까지

낳지 못하는 쫓기는 새가 되었다

핵심 확인 사회 · 문화적 배경을 바탕으로 해석한 '비둘기'의 의미

사회 · 문화적 배경		'비둘기'
산업화 · 도시화가 급격하게 이루어지고 있는 상황	➡	• 인간에 의해 파괴된 자연 • 삶의 터전을 잃은 주민, 소외 계층 • 인간성이 파괴된 현실 속에 살아가는 현대인

• 확인 문제 •

• 정답과 해설 p.38

핵심

01 이 시에 대한 설명으로 가장 적절한 것은?

① 직접 대화하는 듯한 어투를 사용하고 있다.
② 대상이 처한 상황을 구체적으로 드러내고 있다.
③ 화자 자신의 체험을 고백하는 형식을 취하고 있다.
④ 시간의 흐름에 따른 화자의 심리를 드러내고 있다.
⑤ 대상이 지닌 다양한 속성을 통해 시상을 전개하고 있다.

02 ㉠과 같은 심상이 사용된 것은?

① 매운 계절의 채찍에 갈겨
② 좁은 들길에 들장미 열매 붉어
③ 머리맡에 찬물을 쏴아 퍼붓고는
④ 물새알은 간간하고 짭조름한 미역 냄새
⑤ 불현듯 아버지의 서느런 옷자락을 느끼는 것은

03 ㉡이 의미하는 바로 가장 적절한 것은?

① 문명에 의해 파괴된 자연
② 정서가 메마른 인간의 모습
③ 자연이 파괴되기 이전의 모습
④ 비둘기와 인간이 공존하는 공간
⑤ 온기가 남아 있는 비둘기의 보금자리

04 이 시를 쓴 시인의 의도에 가장 가까운 것은?

① 현상 비판 ② 사실 확인
③ 태도 모방 ④ 관점 분석
⑤ 주장 동의

학습 활동

• 정답과 해설 p. 39

이해 활동

1. 이 시에서 '비둘기'가 담고 있는 의미를 생각해 봅시다.

1 1연에서 성북동이 변화하면서 비둘기에게 어떤 변화가 생겼는지 말해 봅시다.

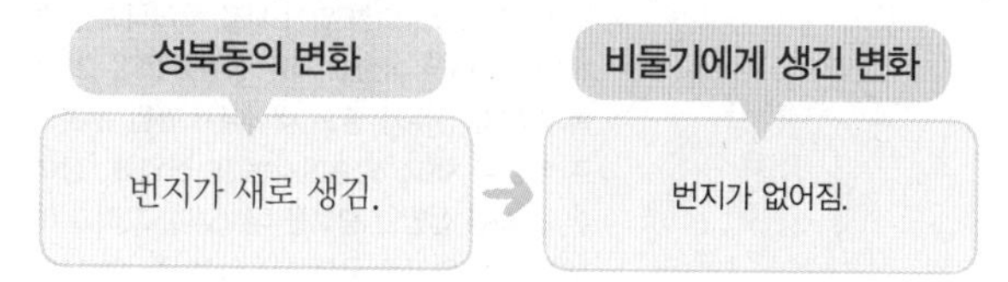

2 3연에서 비둘기가 상징하는 바가 어떻게 바뀌었는지 말해 봅시다.

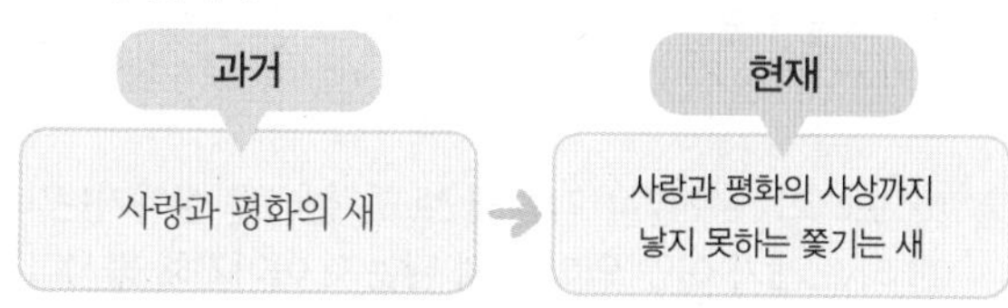

3 **1**, **2**를 바탕으로 이 시에서 비둘기의 의미가 무엇일지 생각해 보자.

인간에 의해 파괴되는 자연

2. 다음 표현에서 공통적으로 드러나는 이미지를 파악해 봅시다.

> 돌 깨는 산울림, 채석장 포성

청각적 이미지

이해 다지기 문제

1 이 시에 등장하는 '비둘기'에 대한 설명으로 적절하지 <u>않은</u> 것은?

① 사랑과 평화를 상징하는 새였다.
② '돌 깨는 산울림, 채석장 포성'을 그리워한다.
③ 성북동에 원래 있던 비둘기의 번지가 없어졌다.
④ 이 시에서는 인간에 의해 파괴되는 자연을 의미한다.
⑤ 이제는 사랑과 평화의 사상을 낳지 못하는 쫓기는 새가 되었다.

목표 활동

1. 이 시가 쓰일 당시의 신문 기사를 바탕으로 당시의 사회 · 문화적 상황을 파악해 봅시다.

동아일보 1967년 4월 11일

잃어버린 '산자수명(山紫水明)'

최근 북한산 주변의 해공 신익희 선생 묘소 근처의 경우 인근 공사 업체에서 주위의 자연 암석을 마구 캐내고 우물을 판다고 계곡을 파헤치는 등 자연 풍치를 훼손하는 사태가 공공연히 벌어져 철저한 대책이 시급히 요망되고 있다. 당국의 사용 허가도 받지 않은 이 공사로 말미암아 계곡의 하류엔 흙탕물과 오물들이 맑은 계곡을 더럽히고 있다.

• 산자수명(山紫水明) 산은 자줏빛이고 물은 맑다는 뜻으로, 경치가 아름다움을 이르는 말.
• 풍치(風致) 훌륭하고 멋진 경치.

예시 답 제시된 신문 기사에는 1960년대에 자연 경관을 해치면서까지 개발을 하며 도시화가 진행되던 당시의 사회 · 문화적 상황이 드러나 있다.

2. 1에서 파악한 사회 · 문화적 상황과 관련하여 시인이 말하고자 하는 바가 무엇인지 알아봅시다.

> 성북동이 개발되면서 비둘기가 쫓겨나게 되고, 사랑과 평화의 새 비둘기가 산도 잃고 사랑도 잃었다고 하는 것으로 보아, 예시 답 산업화 · 도시화 과정에서 인간에 의해 파괴된 자연에 관한 안타까움과 향수 을/를 노래하고 있는 것 같아.

3. 이 시가 비판하고 있는 사회의 모습을 오늘날의 모습과 비교해 보고, 오늘날 우리 사회의 문제를 성찰해 봅시다.

예시 답 이 시에서는 '1960년대 이후의 산업화 · 도시화로 인한 자연 파괴' 현상을 비판하고 있다. 오늘날에도 급격한 도시화로 무분별한 개발이 이루어지고 있으며, 이에 따라 자연이 파괴되고 훼손되는 현상을 주변에서 쉽게 찾아볼 수 있다. 이처럼 무분별하게 이루어지는 개발과 자연 파괴의 문제를 깨닫고, 자연을 보존하며 인간과 자연이 공존할 수 있는 방안을 고민하고 실천해야 한다.

목표 다지기 문제

1 이 시가 쓰일 당시의 신문 기사를 통해 알 수 있는 당시의 사회·문화적 배경으로 적절하지 <u>않은</u> 것은?

① 1960년대를 시간적 배경으로 하고 있다.
② 자연 경관을 해치면서까지 산을 개발했다.
③ 인간보다 자연이나 동식물을 소중히 여겼다.
④ 무분별한 공사로 인해 자연이 급속하게 파괴되었다.
⑤ 공사나 개발이 정당한 허가 없이 이루어지기도 했다.

창의·융합 활동

혼자 하기

다음 노래를 듣고, 사회 · 문화적 배경에 따라 노래의 감상 내용이 어떻게 다른지 생각해 봅시다.

저 들의 푸르른 솔잎을 보라 / 돌보는 사람도 하나 없는데
비바람 맞고 눈보라쳐도 / 온누리 끝까지 맘껏 푸르다

서럽고 쓰리던 지난날들도 / 다시는 다시는 오지 말라고
땀 흘리리라 깨우치리라 / 거칠은 들판에 솔잎되리라

우리들 가진 것 비록 적어도 / 손에 손 맞잡고 눈물 흘리니
우리 나갈 길 멀고 험해도 / 깨치고 나아가 끝내 이기리라

– 김민기 작사 · 작곡, 「상록수」

1. 주변의 사람들을 대상으로 인터뷰를 진행하고, 이 노래에 관한 감상을 조사해 봅시다.

조건
- 다양한 세대를 대상으로 인터뷰를 진행합니다.(2명 이상)
- 이 노래를 들을 때 떠오르는 사건이나 장면이 무엇이며, 그때 이 노래가 어떤 의미로 다가왔는지를 조사합니다.

예시 답

인터뷰 대상	아버지
인터뷰 내용	• 이 노래를 들을 때 떠오르는 사건, 장면: 1990년대 외환 위기 시절 • 노래의 의미: 외환 위기 시절, 우리나라는 경제적으로 매우 어렵고 힘든 상황이었다. 그 무렵 박세리 선수가 골프 대회에서 맨발 투혼으로 우승을 했고, 방송에서는 이 장면에 「상록수」 노래를 삽입한 광고를 내보냈다. 그리고 마침내 외환 위기를 극복하고 이겨 냈기에 나에게 이 노래는 국가적 위기라는 어려움을 함께 이겨 내자는 의미를 전달한 노래로 기억된다.
인터뷰를 통해 얻은 결론	세대별로 사회 · 문화적 상황이 달라 노래의 의미가 다르게 감상된다.

2. 이 노래의 노랫말을 감상해 보고, 현대를 살아가는 나에게 이 노래가 어떤 의미로 와 닿는지 이야기해 봅시다.

예시 답 생략

수행 평가 대비 활동

| 수행 평가 TIP | 다양한 해석이 가능한 「상록수」라는 노래를 듣고, 그것에 대한 감상을 주변 사람들에게 물어 그 차이를 확인해 보는 활동입니다. 먼저 「상록수」를 듣고 노래의 의미를 자신의 입장에서 감상해 보도록 합니다. 그런 후 다양한 세대의 사람들과 인터뷰를 진행하여 그들에게 이 노래가 어떻게 받아들여졌는지 파악해 보도록 합시다.

1 평가 내용 확인하기

- 노래 가사의 의미 생각해 보기
- 현대를 살아가는 자신에게 이 노래가 어떤 의미로 와 닿는지 설명하기
- 다른 세대의 사람들과 인터뷰하여 감상의 차이 파악하기

2 평가 기준 확인하기

- 세대별로 사회 · 문화적 상황이 달라 감상이 다를 수 있음을 이해하였는가?

같은 노래라도 그 노래를 감상하는 사람이 지닌 사회 · 문화적 배경에 따라 노래의 의미가 다양하게 해석될 수 있으므로, 향유자가 지닌 사회 · 문화적 배경을 바탕으로 이 노래의 의미가 어떻게 달라지는지 알아보아야 해요.

- 현대의 사회 · 문화적 배경을 바탕으로 이 노래를 잘 감상하였는가?

노래 가사를 정확하게 이해한 후, 오늘날 사회적으로 화제나 문젯거리가 되고 있는 것들을 찾아 이 노래의 가사와 관련지어 감상해야 해요.

수행 평가 +

1. 이 노래가 만들어지게 된 창작 배경에 관해 조사해 봅시다.

도와줄게 노래가 창작된 시기를 확인하고 신문 기사 등을 통해 당시의 사회 · 문화적 상황을 알아봅니다. 노래 가사를 쓰게 된 배경이나 의도에 관한 작사가의 인터뷰 내용을 조사해 볼 수도 있습니다.

2. 1에서 조사한 내용을 바탕으로 이 노래의 창작 배경을 고려하며 감상하였을 때와 그렇지 않았을 때, 노래를 듣는 사람의 감상 내용이 어떻게 다른지 비교해 봅시다.

도와줄게 먼저 노래 가사에 제시된 단어들의 상징적 의미를 해석해 보도록 합니다. 그다음 이 노래가 1977년, 한 공장에서 함께 근무하며 아침마다 공부를 가르치던 노동자들의 합동결혼식의 축가로 작사 · 작곡되었다는 점을 바탕으로 이 노래 가사의 의미를 파악한 후 그것이 자신에게 어떤 의미로 와 닿는지 생각해 봅니다.

소단원 제재 정리

갈래: 자유시, 서정시
성격: 비판적, 상징적, 주지적
제재: 비둘기
주제: 자연 파괴와 비인간화되어 가는 현대 문명에 대한 비판
특징: ① 선명한 감각적 이미지를 제시함.
② 비둘기를 의인화하여 문명 비판적 내용을 우의적으로 표현함.

제재 한눈에 보기

1연	자연 파괴로 삶의 터전을 잃어버린 비둘기
2연	인간 문명에 쫓기며 옛날을 그리워하는 비둘기
3연	자연과 사람으로부터 소외되고 평화를 잃어버린 비둘기

핵심 원리

실제 현실과 문학 속 현실의 관계
- 문학 속 현실에는 작가가 실제 사회 현실을 바라보는 가치관이 담겨 있다.
- 작품에 반영된 사회 · 문화적 배경은 작가의 창작 의도와 긴밀하게 연관된다.

작품에 담긴 사회 · 문화적 배경을 파악하는 활동의 의의
- 문학 작품에 담긴 사회 · 문화적 배경은 오늘날을 사는 우리의 삶과 무관하지 않다.
- 문학 작품의 사회 · 문화적 배경을 바탕으로 작품을 감상하면 우리가 살아가는 세상을 이해하고 반성하는 데까지 이를 수 있다.

핵심 내용

(1) 시상의 전개

구체적인 상황 제시(1, 2연)	→	주제 제시(3연)
보금자리를 잃고 쫓겨난 (❶)이/가 옛날을 그리워하며 방황함.	→	화자의 우의적 해석을 통해 현대 물질문명 비판이라는 주제를 드러냄.

(2) '비둘기'가 처한 상황 변화

성북동에 번지가 새로 생김.	사랑과 평화를 상징함.
↓	
비둘기의 (❷)이/가 없어짐.	사랑과 평화의 사상까지 낳지 못하는 쫓기는 새가 되었음.

(3) '번지'의 의미

새로 생긴 번지	↔	없어진 번지
(❸)의 삶의 영역(문명)	↔	비둘기의 보금자리(자연)

(4) '비둘기'의 상징적 의미

산업화 · 도시화로 자연이 파괴되고 훼손됨.	→	인간에 의해 파괴된 (❹)
도시 재개발로 산동네가 철거되면서 많은 사람이 삶의 터전을 잃고 내쫓김.	→	재개발로 삶의 터전을 잃은 사람들, 산업화 · 도시화에서 소외된 계층
비둘기가 (❺)의 사상까지 낳지 못하고 쫓기는 새가 되었음.	→	인간성이 파괴된 현실 속에 살아가는 인간

(5) 표현상의 특징

시각적 이미지	인간의 무분별한 개발로 상처받은 비둘기의 모습을 시각화함.
(❻) 이미지	인간의 자연 파괴를 '돌 깨는 산울림', '채석장 포성' 등의 청각적 이미지로 표현함.
의인화	비둘기를 마치 감정을 지닌 사람처럼 표현하여 개발로 인한 자연과 인간의 고통을 말함으로써 현대 물질문명에 대한 비판적 시각을 드러냄.

정답 ❶ 비둘기 ❷ 번지 ❸ 인간 ❹ 자연 ❺ 사랑과 평화 ❻ 청각적

소단원 핵심 문제

• 정답과 해설 p.39

[01~04] 다음 시를 읽고, 물음에 답하시오.

성북동 산에 번지가 새로 생기면서
ⓐ 본래 살던 성북동 비둘기만이 번지가 없어졌다
새벽부터 돌 깨는 산울림에 떨다가
ⓑ 가슴에 금이 갔다
그래도 성북동 비둘기는
하느님의 광장 같은 새파란 아침 하늘에
성북동 주민에게 축복의 메시지나 전하듯
ⓒ 성북동 하늘을 한 바퀴 휘 돈다

성북동 메마른 골짜기에는
조용히 앉아 콩알 하나 찍어 먹을
널찍한 마당은커녕 가는 데마다
채석장 포성이 메아리쳐서
ⓓ 피난하듯 지붕에 올라앉아
아침 구공탄 굴뚝 연기에서 향수를 느끼다가
산 1번지 채석장에 도루 가서
㉠ 금방 따낸 돌 온기에 입을 닦는다

예전에는 사람을 성자(聖者)처럼 보고
사람 가까이
사람과 같이 사랑하고
사람과 같이 평화를 즐기던
사랑과 평화의 새 [비둘기]는
ⓔ 이제 산도 잃고 사람도 잃고
사랑과 평화의 사상까지
낳지 못하는 쫓기는 새가 되었다

출제 예감 90%

01 **이 시에 대한 설명으로 적절한 것은?**

① 사회 현실의 문제를 우의적으로 표현하였다.
② 역설적 표현을 활용해 주제 의식을 드러내었다.
③ 대상에 대한 사랑과 추억을 감각적으로 표현하였다.
④ 제한된 공간을 배경으로 화자의 체험을 형상화하였다.
⑤ 격렬한 시어를 사용해 강한 의지적 어조를 드러내었다.

출제 예감 90% 학습 활동 응용

02 **ⓐ~ⓔ 중에서 의미하는 바가 다른 하나는?**

① ⓐ　② ⓑ　③ ⓒ
④ ⓓ　⑤ ⓔ

출제 예감 95% 학습 활동 응용

03 **㉠에서 드러나는 비둘기의 마음으로 적절한 것은?**

① 물질문명이 낳은 돌을 불쌍히 여기는 마음
② 돌 위에 자신의 보금자리를 만들고 싶은 마음
③ 돌처럼 따뜻함을 가진 존재가 되기를 바라는 마음
④ 파괴된 자연에서라도 따뜻함을 느끼고자 하는 마음
⑤ 물질문명이 가져올 새로운 변화를 간절하게 기다리는 마음

출제 예감 80% 서술형 사고력 확장 문제

04 **이 시와 〈보기〉의 [비둘기]가 의미하는 바를 각각 한 문장으로 서술하시오.**

보기

60년대 초 당신이 살던 마을에서는 비둘기들이 쫓겨
채석장에서 돌부리를 쪼아 먹이를 구했다지요
20여 년이 지난 지금 채석장도 없어진 지금
비둘기를 보려면
도심으로 들어와 시청 광장쯤에서
팝콘을 뿌려야지요
순식간에 몰려드는 [비둘기] 떼
겁 없이 손등까지 올라와
만져도 도망가지 않고
소리쳐도 그냥 얌전히 팝콘을 먹지만
나머지 부스러기 하나마저 먹으면
올 때처럼 어디론지 사라져 버리는
비둘기 떼.

– 김유선, 「김광섭 시인에게」

[05~07] 다음 시를 읽고, 물음에 답하시오.

(가) 성북동 산에 번지가 새로 생기면서
본래 살던 성북동 비둘기만이 번지가 없어졌다
새벽부터 돌 깨는 산울림에 떨다가
가슴에 금이 갔다 / 그래도 성북동 비둘기는
하느님의 광장 같은 새파란 아침 하늘에
성북동 주민에게 축복의 메시지나 전하듯
성북동 하늘을 한 바퀴 휘 돈다

성북동 메마른 골짜기에는
조용히 앉아 콩알 하나 찍어 먹을
널찍한 마당은커녕 가는 데마다
채석장 포성이 메아리쳐서 / 피난하듯 지붕에 올라앉아
아침 구공탄 굴뚝 연기에서 향수를 느끼다가
산1번지 채석장에 도루 가서
금방 따낸 돌 온기에 입을 닦는다

예전에는 사람을 성자(聖者)처럼 보고
사람 가까이 / 사람과 같이 사랑하고
사람과 같이 평화를 즐기던
사랑과 평화의 새 비둘기는
이제 산도 잃고 사람도 잃고 / 사랑과 평화의 사상까지
낳지 못하는 쫓기는 새가 되었다

(나) 저 들의 푸르른 솔잎을 보라
돌보는 사람도 하나 없는데
비바람 맞고 눈보라쳐도
㉠온누리 끝까지 맘껏 푸르다

㉡서럽고 쓰리던 지난날들도
다시는 다시는 오지 말라고
㉢땀 흘리리라 깨우치리라
거칠은 들판에 솔잎되리라

㉣우리들 가진 것 비록 적어도
㉤손에 손 맞잡고 눈물 흘리니
우리 나갈 길 멀고 험해도
깨치고 나아가 끝내 이기리라

출제 예감 90% 학습 활동 응용

05 **(가)를 통해 시인이 말하고자 하는 바로 적절한 것은?**

① 삶의 질을 높이는 개발의 필요성 강조
② 지나치게 자연 중심적인 사고방식에 대한 경고
③ 과거와 현재의 삶의 방식이 갖는 차이에 대한 이해
④ 자연 파괴를 일삼는 비인간적인 현대 문명에 대한 비판
⑤ 성북동 주민들로 대표되는 현대인의 이기적인 모습에 대한 반성

출제 예감 80% 학습 활동 응용

06 **〈보기〉는 (나)의 창작 배경이다. 〈보기〉에서 유추하여 ㉠~㉤의 의미를 해석한 내용으로 적절하지 않은 것은?**

보기

「상록수」는 1970년대 중반 이후 나온 곡으로, 작사·작곡가인 김민기의 현실주의적 미의식을 담고 있다. 그는 당시 한 공장에서 근무하며 아침마다 동료 노동자들에게 공부를 가르쳤는데, 그들의 합동결혼식에서 부를 축가로 이 노래를 만들었다.

① ㉠: 무엇을 하든 자신이 하고 싶은 대로 마음껏 해라.
② ㉡: 노동자로서 힘들고 괴로웠던 순간들
③ ㉢: 열심히 일하고 열심히 배우자.
④ ㉣: 비록 우리가 가난한 노동자라 할지라도
⑤ ㉤: 서로에게 힘이 되고 서로를 위로해 주자.

출제 예감 95% 서술형 논술 대비

07 **(가), (나)를 감상한 독자의 반응으로 미루어 보아, 감상할 때 공통적으로 고려한 것을 서술하시오.**

정희: 1960~1970년대에 우리나라의 상황을 느낄 수 있었어.

활동 순서 오늘날의 사회·문화적 배경을 잘 나타낼 수 있는 소재나 배경 선택 ➔ 그와 관련한 우리 사회의 모습과 그에 관한 자신의 생각을 문학 작품으로 표현 ➔ 자신의 작품 발표

활동 길잡이
우리 사회의 모습을 잘 드러내는 소재나 배경을 다양한 매체를 통해서 조사해 보도록 안내한다.

1

우리가 살고 있는 현대 사회의 사회·문화를 잘 반영할 수 있는 소재나 배경을 찾아봅시다.

예시 답 미세 먼지 문제

활동 길잡이
오늘날의 사회·문화적 배경과 그에 관한 자기 생각을 효과적으로 드러낼 수 있도록 내용을 구성하여 문학 작품으로 표현하고 발표하도록 한다.

2

1의 활동을 바탕으로 우리 사회의 모습과 그에 관한 자신의 생각을 문학 작품으로 표현하고, 친구들 앞에서 발표해 봅시다.

조건
- 현대 사회의 모습이 잘 드러나도록 내용을 구성합니다.
- 자신의 생각을 잘 전달할 수 있는 갈래나 매체를 선택해서 표현합니다.
- 기존 작품을 찾아서 패러디하는 것도 가능합니다.
- 관련되는 사진이나 영상도 함께 준비하여 보여 줍니다.

예시 답
- 내가 고른 우리 사회의 모습: 미세 먼지 문제
- 내 생각을 잘 전달할 수 있는 갈래: 시
- 구성 방법: 패러디

햇살에게

정호승

이른 아침에
먼지를 볼 수 있게 해 주셔서 감사합니다
이제는 내가
먼지에 불과하다는 것을 알게 해 주셔서 감사합니다
그래도 먼지가 된 나를
하루 종일
찬란하게 비춰 주셔서 감사합니다

↓ 패러디

햇살에게

○○○

이른 아침에
먼지를 볼 수 있게 해 주셔서 감사합니다
어제의 내가
고작 먼지 정도가 얼마나 우리에게 해를 끼치겠느냐고
자연환경의 경고를 무시한 나를
하루 종일
찬란하게 비춰 주셔서 감사합니다

대단원 확인 문제

[01~03] 다음 글을 읽고, 물음에 답하시오.

(가) ㉠천만리 머나먼 길에 ㉡고운 님 여의옵고
㉢내 마음 둘 데 없어 냇가에 앉았으니
㉣저 물도 내 안 같아서 울어 ㉤밤길 예놋다

(나) 이 바늘은 한낱 작은 물건이나, 이렇듯이 슬퍼함은 나의 정회가 남과 다름이라. 아, 비통하구나, 아깝고 불쌍하다. 너를 얻어 손 가운데 지닌 지 벌써 27년이라. 어이 인정이 그렇지 아니하겠는가? 슬프다. 눈물을 잠깐 거두고 심신을 겨우 진정하여 너의 행적과 나의 품은 마음을 총총히 적어 작별 인사를 하노라.

여러 해 전에 우리 시삼촌께서 동지상사 명을 받아 북경에 다녀오신 후, 바늘 여러 쌈을 주시기에 친정과 가까운 친척에게뿐만 아니라 먼 친척에게도 보내고, 비복들에게도 쌈쌈이 낱낱이 나눠 주었다. 그중에 너를 택하여 손에 익히고 익히어 지금까지 같이 지내 왔었는데……. 슬프다. 연분이 특별하여, 너희를 무수히 잃고 부러뜨렸으되 오직 너 하나를 꽤 오래 간직하여 왔으니, 비록 무심한 물건이나 어찌 사랑스럽고 마음에 끌리지 아니하겠는가? 아깝고 불쌍하며 또한 섭섭하도다.

나의 신세 박명하여 슬하에 자식이 없고 목숨이 모질어 일찍 죽지도 못했구나. 살림이 너무도 가난하여 바느질에 마음을 붙이고 네 덕분에 시름을 잊고 생계에 도움이 적지 아니했는데, 오늘 너를 이별하는구나. 아, 슬프다. 이는 귀신이 시기하고 하늘이 미워하심이로다. [중략]

이승에서 백 년 동거하려 하였더니, 아 슬프다, 바늘이여. 금년 시월 초열흘날 술시에, 희미한 등잔 아래서 관대 깃을 달다가 무심결에 자끈동 부러지니 깜짝 놀랐어라. 아야 아야 바늘이여, 두 동강이 났구나. 정신이 아득하고 혼백이 산란하여 마음을 베어 내는 듯하며 두골을 깨뜨리는 듯하더구나. 이슥하도록 기가 막혀 정신을 잃었다가 겨우 정신을 차려, 만져 보고 이어 본들 속절없고 하릴없다.

01 (가)와 (나)에 대한 설명으로 가장 적절한 것은?

① (가)와 (나)는 양반가의 부녀자에 의해 창작되었다.
② (가)와 (나)의 화자 모두 비통한 심정을 느끼고 있다.
③ (가)는 풍자, (나)는 의인화의 표현 기법을 사용하였다.
④ (가)는 '물'에 (나)는 '바늘'에 화자의 감정을 이입하고 있다.
⑤ (가)와 (나) 모두 유교적 충효 사상을 상징하는 소재를 활용하였다.

02 〈보기〉를 바탕으로 ㉠~㉤을 해석한 내용으로 적절하지 않은 것은?

보기
조선 초기, 임금인 문종이 죽은 후, 그 아들인 단종이 어린 나이로 왕위에 오른다. 이후 단종의 숙부로, 왕위 계승권이 없던 수양 대군은 힘으로 단종을 몰아내고 왕위에 오른다. 왕이 된 수양 대군(세조)은 단종을 복위시키려는 움직임이 일자 단종을 영월로 유배 보내는데, 이때 단종을 유배지로 호송하는 임무를 맡았던 왕방연의 안타까운 마음을 담은 시조 「천만리 머나먼 길에」가 전해지고 있다.

① ㉠은 단종의 유배지인 영월을 의미한다.
② ㉡은 유배지에 두고 온 단종을 의미한다.
③ ㉢은 왕방연의 심란한 마음을 의미한다.
④ ㉣에서 '내 안'은 단종을 유배지에 두고 온 슬픔으로 가득 차 있는 작가의 마음을 의미한다.
⑤ ㉤은 밤을 새우더라도 단종에게 돌아가고 싶다는 것을 의미한다.

03 (나)의 글쓴이에 대한 설명으로 적절하지 않은 것은?

① 글쓴이는 슬하에 자식이 없다.
② 글쓴이는 동지상사의 벼슬을 지냈다.
③ 글쓴이는 바늘을 삶의 의지가 되는 대상으로 생각했다.
④ 글쓴이가 바늘을 가까이 한 것은 가난한 형편 때문이다.
⑤ 글쓴이는 부러진 바늘을 되살릴 수 없는 현실을 몹시 안타까워하고 있다.

대단원 확인 문제

[04~07] 다음 글을 읽고, 물음에 답하시오.

(가) 북해도 탄광으로 갈 것이라는 사람도 있었고, 틀림없이 남양 군도로 간다는 사람도 있었다. 더러는 만주로 가면 좋겠다고 하기도 했다. 만도는 북해도가 아니면 남양 군도일 것이고, 거기도 아니면 만주겠지, 설마 저희들이 하늘 밖으로야 끌고 갈까 보냐고 아무렇지도 않은 듯이 그 들창코로 담배 연기를 푹푹 내뿜고 있었다. 그러나 마음이 좀 덜 좋은 것은, 마누라가 저쪽 변소 모퉁이 벚나무 밑에 우두커니 서서 한눈도 안 팔고 이쪽만을 바라보고 있는 때문이었다. 그래서 그는 주머니 속에 성냥을 두고도 옆 사람에게 불을 빌리자고 하며 슬며시 돌아서 버리곤 했다.

(나) 섬에다가 비행장을 닦는 것이었다. 모기에게 물려 혹이 된 자리를 벅벅 긁으며, 비 오듯 쏟아지는 땀을 무릅쓰고, 아침부터 해가 떨어질 때까지 산을 허물어 내고, 흙을 나르고 하기란, 고향에서 농사일에 뼈가 굳어진 몸에도 이만저만한 고역이 아니었다. 물도 입에 맞지 않았고, 음식도 이내 변하곤 해서 도저히 견디어 낼 것 같지가 않았다. 게다가 병까지 돌았다. 일을 하다가도 벌떡 자빠지기가 예사였다. 그러나 만도는 아침저녁으로 약간씩 설사를 했을 뿐 넘어지지는 않았다. 물도 차츰 입에 맞아 갔고, 고된 일도 날이 감에 따라 몸에 배어드는 것이었다. 밤에 날개를 치며 몰려드는 모기 떼만 아니면 그냥저냥 배겨 내겠는데, 정말 그놈의 모기들만은 질색이었다.

(다) 사람의 힘이란 무서운 것이었다. 그처럼 험난하던 산과 산 틈바구니에 비행장을 다듬어 내고야 말았던 것이다. 하나 일은 그것으로는 끝나는 것이 아니고, 오히려 더 벅찬 일이 닥치는 것이었다. 연합군의 비행기가 날아들면서부터 일은 밤중까지 계속되었다. 산허리에 굴을 파 들어가는 것이었다. 비행기를 집어넣을 굴이었다. 그리고 모든 시설을 다 굴속으로 옮겨야 하는 것이었다.

여기저기서 다이너마이트 튀는 소리가 산을 흔들어 댔다. 앵앵앵 하고 공습경보가 나면 일을 하던 손을 놓고 모두가 굴 바닥에 납작납작 엎드려 있어야 했다. 비행기가 돌아갈 때까지 그러고 있는 것이었다. 어떤 때는 근 한 시간 가까이나 엎드려 있어야 하는 때도 있었는데 차라리 그것이 얼마나 편한지 몰랐다. 그래서 더러는 공습이 있기를 은근히 기다리기도 했다.

04 이 글을 통해 알 수 있는 사회·문화적 상황으로 적절하지 <u>않은</u> 것은?

① 징용지의 환경은 매우 열악했다.
② 사람들은 여러 장소로 강제 징용되었다.
③ 사람들은 연합군이 구조해 주기를 기다렸다.
④ 징용에 끌려간 사람들은 고된 노동에 시달렸다.
⑤ 징용에 동원된 사람들은 자신이 어디로 가는지 알지 못했다.

05 (가)에서 드러나는 '만도'의 성격으로 가장 적절한 것은?

① 대범하고 솔직하다.
② 소극적이고 예민하다.
③ 이성적이고 냉철하다.
④ 덤벙대고 능청스럽다.
⑤ 단순하고 낙천적이다.

서술형

06 작가가 (나)에서 '만도'의 모습을 통해 보여 주고자 하는 바를 서술하시오.

07 (다)에서 드러나는 서술상의 특징으로 적절한 것은?

① 등장인물의 경험을 요약적으로 제시하고 있다.
② 서술자가 등장인물의 행동에 대해 평가하고 있다.
③ 대사와 행동을 통해 인물의 심리를 드러내고 있다.
④ 외부의 상황을 관찰하여 객관적으로 전달하고 있다.
⑤ 특별한 주제 없이 서술자의 생각을 자유롭게 서술하고 있다.

[08~11] 다음 글을 읽고, 물음에 답하시오.

가 만도가 어렴풋이 눈을 떠 보니, 바로 거기 눈앞에 누구의 것인지 모를 팔뚝이 하나 아무렇게나 던져져 있었다. 손가락이 시퍼렇게 굳어져서, 마치 이끼 낀 나무토막처럼 보이는 팔뚝이었다. 만도는 그것이 자기의 어깨에 붙어 있던 것인 줄을 알자 그만 으악! 하고 정신을 잃어버렸다. 재차 눈을 떴을 때는 그는 푹신한 담요 속에 누워 있었고, 한쪽 어깻죽지가 못 견디게 쿡쿡 쑤셔 댔다. ⓐ절단 수술은 이미 끝난 뒤였다.

나 만도는 깜짝 놀라며, 얼른 뒤를 돌아보았다. 그 순간 만도의 두 눈은 무섭도록 크게 떠지고, 입은 딱 벌어졌다. 틀림없는 아들이었으나, 옛날과 같은 진수는 아니었다. 양쪽 겨드랑이에 지팡이를 끼고 서 있는데, 스쳐 가는 바람결에 한쪽 바짓가랑이가 펄럭거리는 것이 아닌가. 만도는 눈앞이 노래지는 것을 어쩌지 못했다. 한참 동안 그저 멍멍하기만 하다가 코허리가 찡해지면서 ㉠두 눈에 뜨거운 것이 핑 도는 것이었다.

"에라이, 이놈아!" / 만도의 입술에서 모지게 튀어나온 첫마디였다. 떨리는 목소리였다. 고등어를 든 손이 불끈 주먹을 쥐고 있었다. / "이기 무슨 꼴이고, 이기."

"아부지!" / "이놈아, 이놈아……."

만도의 들창코가 크게 벌름거리다가 훌쩍 물코를 들이마셨다. 진수의 두 눈에서는 어느 결에 눈물이 꾀죄죄하게 흘러내리고 있었다. 만도는 진수의 잘못이기나 한 듯 험한 얼굴로, / "가자, 어서!"

무뚝뚝한 한마디를 내던지고는 성큼성큼 앞장을 서 가는 것이었다. 진수는 ㉡입술에 내려와 묻는 짭짤한 것을 혀끝으로 날름 핥아버리면서 절름절름 아버지의 뒤를 따랐다.

다 앞장서 가는 만도는 뒤따라오는 진수를 한 번도 돌아보지 않았다. 한눈을 파는 법도 없었다. 무겁디무거운 짐을 진 사람처럼 땅바닥만을 내려다보며, 이따금 끙끙거리면서 부지런히 걸어만 가는 것이다. 지팡이에 몸을 의지하고 걷는 진수가 성한 사람의, 게다가 부지런히 걷는 걸음을 당해 낼 수는 도저히 없었다. 한 걸음 두 걸음씩 뒤지기 시작한 것이 그만 작은 소리로 불러서는 들리지 않을 만큼 떨어져 버리고 말았다. 진수는 목구멍을 왈칵 넘어오려는 뜨거운 기운을 참느라고, 어금니를 야물게 깨물어 보기도 했다.

08 이 글의 내용과 일치하지 않는 것은?

① 진수는 아버지의 행동에 실망하고 있다.
② 만도는 아들의 모습을 보고 충격을 받았다.
③ 진수는 한쪽 다리를 잃어 지팡이를 짚고 나타났다.
④ 만도는 자신의 팔이 잘려 나간 것을 보고 기절했다.
⑤ 만도는 아들을 앞서가면서 한 번도 뒤돌아보지 않았다.

09 이 글에 대한 감상 내용으로 적절하지 않은 것은?

① 한눈을 팔지 않고 걸어가는 만도의 마음이 무거워 보여.
② 만도는 아들의 처지를 현실로 받아들이는 것을 힘들어하고 있어.
③ 다리를 절름거리며 아버지의 뒤를 따르는 진수의 모습이 안쓰러워.
④ 모든 것을 진수의 탓으로 돌리는 만도의 태도는 잘못되었어.
⑤ 슬픔을 참으려는 진수의 행동이 보는 사람의 마음을 아프게 해.

10 ⓐ와 같은 서술자의 서술 태도에서 알 수 있는 효과로 가장 적절한 것은?

① 글의 주제를 암시한다.
② 새로운 사건의 발생을 암시한다.
③ 시간의 경과를 간략하게 전달한다.
④ 작품의 사회·문화적 배경을 드러낸다.
⑤ 만도의 비극성을 한층 더 강하게 드러낸다.

서술형

11 ㉠과 ㉡의 공통점과 차이점을 서술하시오.

조건
- ㉠과 ㉡이 실제로 가리키는 것을 밝힐 것.
- ㉠과 ㉡이 생기게 된 맥락을 바탕으로 차이점을 설명할 것.

대단원 확인 문제

[12~15] 다음 글을 읽고, 물음에 답하시오.

(가) 앞서 간 만도는 주막집 앞에 이르자, 비로소 한 번 뒤를 돌아보았다. 진수는 오다가 나무 밑에 서서 오줌을 누고 있었다. 지팡이는 땅바닥에 던져 놓고, 한쪽 손으로는 볼일을 보고, 한쪽 손으로는 나무둥치를 안고 있는 꼬락서니가 을씨년스럽기 이를 데 없다. 만도는 눈살을 찌푸리며, 으음! 하고 신음 소리 비슷한 무거운 소리를 토했다. 그리고 술방 앞으로 가서 방문을 왈칵 잡아당겼다.

(나) "마, 아무 데서나 묵어라. 저…… 국수 한 그릇 말아 주소." / "야."

㉠"곱빼기로 잘 좀…… 참지름도 치소 잉?" / "야아."

여편네는 코로 히죽 웃으면서 만도의 옆구리를 살짝 꼬집고는 소쿠리에서 삶은 국수 두 뭉텅이를 집어 든다.

진수가 국수를 훌훌 그러넣고 있을 때, 여편네는 만도의 귓전으로 얼굴을 갖다 댄다.

"아들이가?" / 만도는 고개를 약간 앞뒤로 끄덕거렸을 뿐, 좋은 기색을 하지 않았다. 진수가 국물을 훌쩍 들이마시고 나자, 만도는 / "한 그릇 더 묵을래?" / 한다.

(다) "진수야!" / "예."

"니 우짜다가 그래 됐노?" / "전쟁하다가 이래 안 됐심니꾜, 수류탄 쪼가리에 맞았심더."

"수류탄 쪼가리에?" / "예." / "음……."

"얼른 낫지 않고 막 썩어 들어가기 땜에 군의관이 짤라 버립띠더. 병원에서예."

"……." / "아부지!" / "와?"

"이래 가지고 우째 살까 싶습니더."

"우째 살긴 뭘 우째 살아. 목숨만 붙어 있으면 다 사능기다. 그런 소리 하지 마라." / "……."

"나 봐라. 팔뚝이 하나 없어도 잘만 안 사나. 남 봄에 좀 덜 좋아서 그렇지. 살기사 왜 못 살아."

"차라리 아부지같이 팔이 하나 없는 편이 낫겠어예. 다리가 없어 노니, 첫째 걸어 댕기기에 불편해서 똑 죽겠심더."

"야야, 안 그렇다. 걸어 댕기기만 하면 뭐 하노. 손을 지대로 놀려야 일이 뜻대로 되지." / "그럴까예?"

"그렇다니. 그러니까 집에 앉아서 할 일은 니가 하고, 나댕기메 할 일은 내가 하고, 그라면 안 대겠나, 그제?"

"예." / 진수는 가벼운 한숨을 내쉬며 아버지를 돌아보았다. 만도는 돌아보는 아들의 얼굴을 향해 지그시 웃어 주었다.

12 이 글에서 방언을 사용함으로써 얻고 있는 효과로 적절하지 않은 것은?

① 향토적 분위기를 형성한다.
② 보다 정감 있고 친근하게 느껴지게 한다.
③ 사건을 좀 더 빠르고 긴장감 있게 전개한다.
④ 인물의 특색 있는 성격을 효과적으로 드러낸다.
⑤ 실제 인물들의 대화처럼 내용이 사실감 있게 형상화된다.

13 (가)에서 드러나는 '만도'의 심리로 적절하지 않은 것은?

① 슬픔 ② 불쌍함 ③ 속상함
④ 안타까움 ⑤ 부끄러움

14 다음은 작가가 이 소설의 제목을 '수난이대'라고 한 까닭을 정리한 것이다. (다)와 연관 지어 빈칸에 들어갈 말을 각각 쓰시오.

일제 강점기에 징용으로 (   )을/를 잃은 아버지와 6.25 전쟁으로 (   )을/를 잃은 아들의 수난과 극복을 형상화하고자 했기 때문이다.

서술형

15 '만도'의 심리를 추측하여 ㉠과 같이 말한 이유를 서술하시오.

[16~19] 다음 글을 읽고, 물음에 답하시오.

가 술을 마시고 나면 이내 오줌이 마려워진다. 만도는 길가에 아무렇게나 쭈그리고 앉아서 고기 묶음을 입에 물려고 한다. 그것을 본 진수는,

"아부지, 그 고등어 이리 주이소."

한다. 팔이 하나밖에 없는 몸으로 물건을 손에 든 채 소변을 볼 수는 없는 것이다. 아버지가 볼일을 마칠 때까지, 진수는 저만큼 떨어져 서서 지팡이를 한쪽 손에 모아 쥐고, 다른 손으로 고등어를 들고 있었다.

나 만도는 잠시 멀뚱히 서서 아들의 하는 양을 내려다보고 있다가

"진수야, 그만두고 자아, 업자." / 하는 것이었다.

"업고 건느면 일이 다 되는 거 아니가. 자아, 이거 받아라." / 고등어 묶음을 진수 앞으로 민다.

"……." / 진수는 퍽 난처해 하면서 못 이기는 듯이 그것을 받아 들었다. 만도는 등어리를 아들 앞에 갖다 대고 하나밖에 없는 팔을 뒤로 버쩍 내밀며

"자아, 어서!" / 진수는 지팡이와 고등어를 각각 한 손에 쥐고, 아버지의 등어리로 가서 슬그머니 업혔다. 만도는 팔뚝을 뒤로 돌려서 아들의 하나뿐인 다리를 꼭 안았다. 그리고

"팔로 내 목을 감아야 될 끼다."

했다. 진수는 무척 황송한 듯 한쪽 눈을 찍 감으면서 고등어와 지팡이를 든 두 팔로 아버지의 굵은 목줄기를 부둥켜안았다.

다 '이제 새파랗게 젊은 놈이 벌써 이게 무슨 꼴이고. 세상을 잘못 타고나서 진수 니 신세도 참 똥이다, 똥.'

이런 소리를 주워섬겼고, 아버지의 등에 업힌 진수는 곧장 미안스러운 얼굴을 하며

'나꺼정 이렇게 되다니, 아부지도 참 복도 더럽게 없지. 차라리 내가 죽어 버렸더라면 나았을 낀데…….'

하고 중얼거렸다.

만도는 아직 술기가 약간 있었으나, 용케 몸을 가누며 아들을 업고 외나무다리를 조심조심 건너가는 것이었다. 눈앞에 ㉠우뚝 솟은 용머리재가 이 광경을 가만히 내려다보고 있었다.

16 이 글에 대한 설명으로 적절하지 않은 것은?

① 당시의 사회·문화적 상황이 드러나 있다.
② 인물들의 고난 극복 의지를 보여 주고 있다.
③ 인물들의 수난은 우리 민족의 비극을 의미하고 있다.
④ 실제 인물이 겪은 역사적 사실을 있는 그대로 담고 있다.
⑤ 협동을 통해 시대의 아픔을 극복해 가는 과정이 나타나 있다.

17 (가)의 '진수'와 (나)의 '만도'에게서 공통적으로 드러나는 태도로 적절한 것은?

① 다른 사람의 시선을 의식하는 태도
② 서로의 처지를 배려하지 않는 이기적인 태도
③ 힘든 상황을 조금이라도 편하게 모면하려는 태도
④ 서로의 부족한 부분을 채워 문제를 해결하려는 태도
⑤ 다른 사람의 도움을 받기보다 독립적으로 해결하려는 태도

18 (다)와 같은 글의 결말 처리 방식으로 옳은 것은?

① 서술의 주체를 바꿈으로써 감동의 여운을 남기고 있다.
② 서술 태도에 변화를 주어 사건을 명확하게 끝맺고 있다.
③ 인물의 성격 변화를 통하여 감동의 여운을 남기고 있다.
④ 새로운 사건을 암시하여 독자들의 흥미를 유발하고 있다.
⑤ 내적 갈등을 심화시킴으로써 극적 반전을 보여 주고 있다.

서술형

19 ㉠이 상징하는 바를 서술하시오.

조건
만도와 진수에게 닥친 현실과 그들에게 펼쳐질 미래로 나누어 서술할 것.

[20~23] 다음 시를 읽고, 물음에 답하시오.

성북동 산에 번지가 새로 생기면서
본래 살던 성북동 비둘기만이 번지가 없어졌다
새벽부터 돌 깨는 산울림에 떨다가
가슴에 금이 갔다
그래도 성북동 비둘기는
하느님의 광장 같은 새파란 아침 하늘에
성북동 주민에게 축복의 메시지나 전하듯
성북동 하늘을 한 바퀴 휘 돈다

성북동 메마른 골짜기에는
조용히 앉아 콩알 하나 찍어 먹을
널찍한 마당은커녕 가는 데마다
채석장 포성이 메아리쳐서
피난하듯 지붕에 올라앉아
아침 구공탄 굴뚝 연기에서 향수를 느끼다가
산 1번지 채석장에 도루 가서
금방 따낸 돌 온기에 입을 닦는다

예전에는 사람을 성자(聖者)처럼 보고
사람 가까이
사람과 같이 사랑하고
사람과 같이 평화를 즐기던
사랑과 평화의 새 비둘기는
이제 산도 잃고 사람도 잃고
사랑과 평화의 사상까지
낳지 못하는 ㉠쫓기는 새가 되었다

20 이 시의 시적 상황에 대한 이해로 적절하지 않은 것은?
① 성북동 비둘기는 과거의 생활을 그리워하고 있다.
② 성북동 비둘기는 성북동 산을 떠나지 못하고 있다.
③ 성북동 산에 새로 지은 건물들이 들어서기 시작했다.
④ 성북동 비둘기는 더 이상 알을 낳지 못하는 새가 되었다.
⑤ 성북동 산을 개발하는 과정에서 비둘기의 보금자리가 파괴되었다.

21 ㉠의 의미로 가장 적절한 것은?
① 사랑과 평화의 사상을 낳는 새
② 사람이 싫어서 자연으로 돌아가고자 하는 새
③ 성북동 산에 번지가 새로 생기면서 살 곳을 잃은 새
④ 채석장에서 돌의 온기를 느끼며 살아가기를 희망하는 새
⑤ 성북동 주민에게 축복의 메시지조차 전할 수 없게 된 새

※ [22~23] 이 시와 〈보기〉의 시를 읽고, 물음에 답하시오.

보기

60년대 초 당신이 살던 마을에서는 비둘기들이 쫓겨
채석장에서 돌부리를 쪼아 먹이를 구했다지요
20년이 지난 지금 채석장도 없어진 지금
비둘기를 보려면 / 도심으로 들어와 시청 광장쯤에서
팝콘을 뿌려야지요
순식간에 몰려드는 비둘기 떼
겁 없이 손등까지 올라와 / 만져도 도망가지 않고
소리쳐도 그냥 얌전히 팝콘을 먹지만
나머지 부스러기 하나마저 먹으면
올 때처럼 어디론지 사라져 버리는 / 비둘기 떼.

22 이 시와 〈보기〉에 대한 설명으로 적절하지 않은 것은?
① 이 시의 비둘기와 〈보기〉의 비둘기의 상징적 의미는 동일하다.
② 이 시는 1960년대, 〈보기〉는 1980년대를 배경으로 창작되었다.
③ 이 시에 대한 이해가 선행되어야 〈보기〉를 올바르게 감상할 수 있다.
④ 이 시에서 비둘기를 의인화한 것과 달리 〈보기〉에서는 비둘기를 의인화하지 않았다.
⑤ 이 시와 〈보기〉를 깊이 있게 감상하기 위해서는 시와 관련된 사회·문화적 배경을 파악해야 한다.

서술형

23 각 시가 쓰일 당시의 사회·문화적 배경을 바탕으로 이 시와 〈보기〉에서 비판하고 있는 대상은 무엇인지 각각 서술하시오.

[24~27] 다음 시를 읽고, 물음에 답하시오.

(가) 천만리 머나먼 길에 고운 님 여의옵고
내 마음 둘 데 없어 냇가에 앉았으니
㉠저 물도 내 안 같아서 울어 밤길 예놋다

(나) 성북동 산에 번지가 새로 생기면서
본래 살던 성북동 비둘기만이 번지가 없어졌다
새벽부터 ⓐ돌 깨는 산울림에 떨다가
가슴에 금이 갔다
그래도 성북동 비둘기는
하느님의 광장 같은 **새파란 아침 하늘**에
성북동 주민에게 **축복의 메시지**나 전하듯
성북동 하늘을 한 바퀴 휘 돈다

성북동 메마른 골짜기에는
조용히 앉아 콩알 하나 찍어 먹을
널찍한 마당은커녕 가는 데마다
채석장 포성이 메아리쳐서
피난하듯 지붕에 올라앉아
㉡아침 구공탄 굴뚝 연기에서 향수를 느끼다가
산 1번지 채석장에 도루 가서
금방 따낸 돌 온기에 입을 닦는다

예전에는 사람을 성자(聖者)처럼 보고
사람 가까이
사람과 같이 사랑하고
사람과 같이 평화를 즐기던
사랑과 평화의 새 비둘기는
이제 산도 잃고 사람도 잃고
사랑과 평화의 사상까지
낳지 못하는 쫓기는 새가 되었다

24 (가)와 (나)를 비교한 내용으로 적절하지 않은 것은?

① (가)는 글자 수에 제한이 있고, (나)는 제한이 없다.
② (가)는 반드시 3장으로만 써야 하지만, (나)는 행과 연의 제한이 없다.
③ (가)는 향유하는 계층이 한정되어 있지만, (나)는 누구나 즐길 수 있다.
④ (가)는 사회적인 문제를 다루고 있는 반면, (나)는 개인적인 문제를 다루고 있다.
⑤ (가)는 수량화된 표현을 통해 화자의 슬픔을, (나)는 의인화를 통해 비판적 내용을 드러내고 있다.

25 〈보기〉를 참고할 때 (가)의 시인이 드러내고자 한 정서로 가장 적절한 것은?

보기
이 시조의 작가는 세조 때의 금부도사로, 사육신 사건 후 노산군으로 격하되어 영월로 귀양 가는 단군을 호송하였다.

① 사랑하는 임과 헤어진 슬픔
② 자연물을 보고 느끼는 친근함과 경이로움
③ 먼 길을 왔다가 다시 돌아가야 하는 고단함
④ 유배지에 갇힌 단종에 대한 슬픔과 안타까움
⑤ 옛 임금을 잊고 새로운 임금을 섬겨야 한다는 부담감

26 ⓐ와 시적 의미가 가장 유사한 것은?

① 새파란 아침 하늘
② 축복의 메시지
③ 널찍한 마당
④ 채석장 포성
⑤ 사랑과 평화의 사상

서술형
27 ㉠과 ㉡의 표현상의 공통점을 서술하시오.

조건
• ㉠과 ㉡에서 각각 표현한 대상이 무엇인지 밝힐 것.
• (가)와 (나)에 사용된 시어를 활용하여 표현 방식을 설명할 것.

비판적인 읽기와 듣기

(1) 디지털 치매, 걱정할 일 아니다

(2) 비판적으로 분석하며 듣기

대단원 학습 목표

읽기 글에 사용된 다양한 논증 방법을 파악하며 읽을 수 있다.
쓰기 설득 전략을 비판적으로 분석하며 들을 수 있다.

• 정답과 해설 p.42

(1) 디지털 치매, 걱정할 일 아니다

귀납 논증이 사용된 글을 읽으며 논증 방법을 이해할 수 있다.

- 「디지털 치매, 걱정할 일 아니다」에 드러나는 논증 방법 이해하기
- 논증의 개념과 종류 이해하기

「디지털 치매, 걱정할 일 아니다」는 귀납 논증을 활용하여 논리적인 주장을 펼치고 있는 글이다. 이 글은 요즘 학생들이 관심이 많은 '디지털 기기'와 관련하여 디지털 기술에 대한 의존 현상을 다루고 있다. 글을 읽으면서 이에 대한 글쓴이의 생각을 파악하고, 글쓴이가 어떻게 자신의 생각을 논리적으로 전개하는지 생각해 볼 수 있도록 한다.

(2) 비판적으로 분석하며 듣기

설득 전략의 종류와 효과를 알아보고, 연설을 들은 후 연설에 나타난 설득 전략을 파악할 수 있다.

- 일상생활 속의 다양한 상황에서 설득 전략의 종류와 효과 파악하기
- 설득 전략을 비판적으로 분석하기

설득 전략의 종류와 개념

종류	개념
이성적 설득 전략	화자가 자신의 주장을 적절한 근거를 들어서 말함으로써 설득의 효과를 높이는 전략
감성적 설득 전략	청중의 욕망과 분노, 자긍심, 동정심 등과 같은 감정에 호소하여 청중의 마음을 움직이는 전략
인성적 설득 전략	화자의 사람 됨됨이를 바탕으로 하여 메시지에 신뢰를 갖게 하는 설득 전략

이 단원에서는 일상 생활 속의 다양한 상황 속에 드러나는 이성적 설득, 감성적 설득, 인성적 설득을 이해하고, 설득 전략의 타당성을 판단하며 듣도록 한다. 또, 마틴 루서 킹의 연설 「나에게는 꿈이 있습니다」는 다양한 설득 전략을 효과적으로 사용하고 있다. 연설에 사용된 설득 전략을 이해하고 분석하며 비판적으로 연설을 들을 수 있다.

이 단원에서는 글에 사용된 논증 방법과 말에 사용된 설득 전략을 비판적으로 분석해 볼 거야. 그러면 글과 말의 의미와 가치를 정확하게 판단하고 대응할 수 있어.

논증은 주장과 근거 간의 관계를 뜻하기도 하고, 하나 이상의 명제를 근거로 들어서 주장을 펼치는 방식을 뜻하기도 한다. 논증은 주로 설득을 목적으로 하는 글에서 사용된다.

논증의 요소
- 주장(결론): 글쓴이가 말하고자 하는 바를 드러낸 주제
- 근거(전제): 주장을 드러내기 위해 제시하는 논거
- 추리(추론): 전제(근거)로부터 결론(주장)을 이끌어 내는 사고 과정

확인 문제

01 논증의 의미와 요소에 대한 설명으로 적절하지 않은 것은?

① 논증의 요소로는 '주장 – 근거 – 추리'가 있다.
② 추론은 결론으로부터 전제를 이끌어 내는 것이다.
③ 글쓴이가 말하고자 하는 바를 드러낸 주제가 주장이 된다.
④ 주장을 드러내기 위해 제시하는 것을 근거라고 한다.
⑤ 논증은 하나 이상의 명제를 근거로 들어서 주장하는 방식을 말한다.

설득 전략은 화자가 청자의 신념, 태도, 행동을 변화시키려는 목적으로 말을 할 때에 사용한다. 청자는 화자의 설득 전략을 파악하며 비판적으로 분석하며 들어야 한다.

확인 문제

02 〈보기〉에서 활용한 설득 전략의 종류를 쓰시오.

보기
태풍으로 인한 피해 상황을 언급하고, 태풍의 원인과 앞으로의 대처 방안에 관해 논리적으로 연설함.

디지털 치매, 걱정할 일 아니다

• 생각 열기 다음 탐정의 추리를 보고, 논리적 추론인지 판단해 봅시다.

탐정의 추리가 논리적인지 판단하고, 다른 의견이 있으면 말해 봅시다.

예시 답 주어진 단서만으로는 범인을 알 수 없다. 그러나 '고양잇과 동물들은 점프력이 좋다. – 냥이는 고양잇과 동물이다. – 그러므로 냥이는 선반에 올라갈 수 있다.'라는 논리적인 추론을 통해 냥이가 선반 위의 생선을 먹은 범인임을 알아내었으므로 탐정의 추리가 논리적임을 알 수 있다.

논리적인 주장은 그렇지 않은 주장과 어떤 점이 다른지 말해 봅시다.

예시 답 주장을 내세울 때 주장과 근거 간의 관계를 논리적으로 탄탄하게 연결시키면 그렇지 않은 주장과 달리 설득력을 높일 수 있다.

• 학습 목표로 내용 엿보기

"범인을 추리하기 위해서는 타당한 근거도 필요하지만 논리적인 추론이 필요하구나. 이러한 점은 글에서도 마찬가지겠네. 그렇다면 주장과 근거로 이루어진 글을 읽을 때는 글에 사용된 논증 방법을 중심으로 글의 논지 전개 방식이나 구조 등을 체계적으로 이해하는 것이 중요하겠어."

- **핵심 1** 글에 사용된 논증 방법 파악하기
- **핵심 2** 논증 방법에 주목하여 논지 전개 방식과 글의 구조를 체계적으로 이해하며 읽기

핵심 원리 이해하기 논증 방법

1. **귀납** 개별적이고 특수한 사실이나 현상에서 일반적인 사실이나 진리를 결론으로 이끌어 내는 논증 방법이다. 일반화나 유추도 이에 속한다.
2. **연역** 일반적 원리나 진리를 전제로 하여 특수한 사실을 결론으로 이끌어 내는 방법으로, 참인 대전제를 사용하는 삼단 논법이 대표적인 연역의 논증 방법이다.

개념 확인 콕콕 • 정답과 해설 p.42

01 다음 빈칸에 공통적으로 들어갈 알맞은 말을 쓰시오.

> 탐정이 단서만으로 범인을 찾을 수 없는 경우 주어진 단서를 바탕으로 논리적 (　　　)을/를 하여 범인을 찾아낼 수 있듯이 글을 쓸 때도 논리적 (　　　)을/를 통해 결론을 이끌어 낸다.

02 다음과 같은 논증 방법이 무엇인지 쓰시오.

> 충분한 양의 특수한 사례들을 검토한 뒤 그 결론으로 일반적인 사실이나 진리를 이끌어 내는 방법이다.

03 〈보기〉의 추론 과정을 바탕으로 결론을 서술하시오.

> 보기
> 모든 동물은 죽는다.
> 사람은 동물이다.
> 그러므로 (　　　　　　　　)

04 논증을 사용함으로써 얻을 수 있는 장점으로 적절한 것은?

① 독자의 호기심을 자극한다.
② 경험의 사실성을 높여 준다.
③ 주장에 설득력을 높여 준다.
④ 더욱 많은 정보를 전달한다.
⑤ 대상을 생동감 있게 표현한다.

본문 안내

이 소단원은 글에 사용된 논증 방법을 중심으로 글의 논지 전개 방식이나 구조 등을 체계적으로 이해하며 읽는 능력을 기르기 위한 단원이다.

「디지털 치매, 걱정할 일 아니다」는 '디지털 치매'라는 우리가 쉽게 관심을 가질 수 있고, 자신의 생각을 표현하기에도 알맞은 소재를 다룬 글로, 글의 일부에 귀납 논증을 활용하여 논리적인 주장을 펼치고 있다. 따라서 글을 읽기 전에 자신이 논리적인 주장을 할 때 어떤 구성을 펼칠 것인가를 먼저 생각해 보고 난 후에 이 글을 읽으면서 비교해 보면 더 효과적이다.

서론		본론		결론
디지털 치매의 정의와 현상에 대한 올바른 접근 방식	→	인간은 하나의 기능이 상실되면 새로운 기능을 획득하는데, 환경의 변화에 따라 정보 기억 능력보다 정보 검색 능력이 중요해짐.	→	디지털 치매 현상에 관한 낙관적 전망

본문 개관

★ **글쓴이 소개** 이준기

교수. 주요 저서로 『웹 2.0 비즈니스 전략』, 『서비스 사이언스』 등이 있다.

★ **갈래** 주장하는 글

이 글은 사회적으로 우려의 대상이 되고 있는 디지털 치매 현상을 긍정적인 관점에서 바라보는, 글쓴이의 생각이 논리적으로 드러나고 있는 주장하는 글이다.

★ **성격** 예시적, 설득적

이 글에서는 프랑스의 철학자 미셸 세르의 저서 『호미네상스(Hominescence)』와 2005년 12월 '새로운 기술들은 우리에게 무엇을 가져다 주는가'라는 제목의 강연 내용을 인용하여 설득력을 높이고 있다. 또한, 사회적으로 관심의 대상이 되고 있는 디지털 치매 현상에 대한 긍정적 주장을 통해 디지털 치매 현상을 자연스럽게 받아들일 것을 설득하고 있다.

★ **제재** 디지털 기술 의존 현상

이 글은 디지털 기술에 지나치게 의존하여 기억력과 계산력이 현저하게 떨어지는 현대인의 디지털 치매 현상, 즉 디지털 기술 의존 현상을 소재로 하고 있다.

★ **주제** 디지털 기술 의존 현상은 인간 진화의 자연스러운 양상이니 걱정하지 말고, 미래형 인간을 향한 진보의 결과로 받아들이자.

글쓴이는 디지털 기술 의존 현상을 부정적으로만 보지 말고, 잃는 능력이 있는 만큼 얻는 능력도 있는, 인간 진화의 자연스러운 양상으로 파악하고 긍정적으로 받아들일 것을 주장하고 있다.

디지털 치매, 걱정할 일 아니다

이준기

이것이 핵심! ✔ 디지털 치매의 뜻 ✔ 디지털 치매 현상에 대한 접근 방식

서론 가 모든 전화번호가 휴대 전화에 저장돼 있으나 외우고 있는 전화번호는 손가락으로 꼽을 정도이고, 노래방 기기가 없이는 애창곡 하나 부를 수 없으며, 계산기가 없으면 암산은커녕 간단한 계산조차 하지 못한다. 내비게이션이 없으면 여러 번 갔던 길도 찾을 수 없고, 심지어는 가족의 생일과 같은 단순한 정보도 기억하지 못하는 경우가 있다. 이러한 현상을 '디지털 치매', 또는 '아이티(IT) 건망증'이라 부른다.

나 이처럼 디지털 기술에 지나치게 의존한 나머지 기억력과 계산 능력 등이 현저하게 떨어지는 현상에 관해 많은 사람들이 걱정을 한다. 하지만 이러한 현상은 단지 좋다, 나쁘다고 쉽게 말할 성격의 것은 아니다. 왜냐하면 디지털 치매 현상은 인류의 진화, 우리 사회의 노동 환경의 변화와 연관된 복잡한 현상이기 때문이다. 여기서는 디지털 치매 현상에 관해 우리가 생각하지 못했던 측면들을 살펴보고자 한다.

서론 | 디지털 치매의 정의와 현상에 대한 올바른 접근 방식

핵심 확인 디지털 치매의 정의

디지털 치매(아이티 건망증) → 디지털 기술에 지나치게 의존하여 기억력과 계산 능력 등이 현저하게 떨어지는 현상

디지털 치매에 대한 글쓴이의 관점

디지털 치매 현상은 인류의 진화, 우리 사회의 노동 환경의 변화와 연관된 복잡한 현상임. → 관점: 단지 좋다, 나쁘다고 쉽게 말할 성격의 것은 아님.

디지털 치매에 현상에 대한 접근 방식

문제 제기 상황		글을 쓴 동기
많은 사람이 디지털 치매 현상을 걱정함.	→	디지털 치매 현상에 관해 생각하지 못한 측면들을 살펴보고자 함.

확인 문제

• 정답과 해설 p.42

핵심

01 디지털 치매에 대한 설명으로 적절한 것은?

① 디지털 기기를 제대로 다루지 못하는 현상이다.
② 디지털 기기로 인해 정신적으로 피폐한 상태에 빠지는 현상이다.
③ 디지털 기기에 대한 부정적 인식으로 인해 기기를 멀리하는 현상이다.
④ 디지털 기술에 지나치게 의존해 기억력과 계산 능력이 떨어지는 현상이다.
⑤ 디지털 기술의 발달로 인해 인간의 정신적 능력이 전반적으로 떨어지는 현상이다.

02 디지털 치매의 예로 적절하지 않은 것은?

① 계산기가 없으면 암산이라도 한다.
② 노래방 기기가 없이는 애창곡 하나 부를 수 없다.
③ 가족의 생일과 같은 단순한 정보도 기억하지 못한다.
④ 네비게이션이 없으면 여러 번 갔던 길도 찾을 수 없다.
⑤ 전화번호가 저장되어 있지만 외우고 있는 전화번호는 손가락으로 꼽을 정도이다.

03 (나)의 내용으로 적절하지 않은 것은?

① 디지털 치매는 인류의 진화와 관련이 깊다.
② 디지털 치매는 우리 사회의 노동 환경의 변화와 연관되어 있다.
③ 디지털 치매 현상은 좋다, 나쁘다고 쉽게 말할 성격이 아니다.
④ 디지털 기술에 지나치게 의존하는 것은 일부 사람들의 문제이다.
⑤ 디지털 기술에 지나치게 의존하는 현상에 대한 걱정 어린 시선이 많다.

이것이 핵심! ✔ 이 글의 논증 방법 ✔ 디지털 치매의 긍정적 측면

본론 다 먼저 ㉠프랑스의 철학자 미셸 세르의 저서 『호미네상스(Hominescence)』와 2005년 12월 '새로운 기술들은 우리에게 무엇을 가져다 주는가'라는 제목의 강연 내용을 살펴보면 인류의 진화 과정에 관한 흥미로운 내용을 볼 수 있다. 이를 요약하면 다음과 같다.

[A]
- 직립 원인으로 진화하는 과정에서 인류는 손을 도구로 사용하게 됨으로써 그 이전에 먹이나 물건을 무는 데 쓰였던 입의 기능이 퇴화했지만, 그 대신 입은 말하는 기능을 획득했다.
- 문자와 인쇄술이 발명되면서 인간은 호메로스(Homeros)의 서사시를 암송할 수준의 기억력을 상실했지만, 기억의 압박에서 해방되어 새로운 지식 생산과 같은 일에 능력을 활용하게 되었다.
  - 서사시: 역사적 사실이나 신화, 전설, 영웅의 사적 따위를 서사적 형태로 쓴 시
- 오늘날, 휴먼 인터페이스로 인해 인간은 기억력, 계산력 등이 약화되었지만 단순 기억이나 계산의 부담에서 벗어나 정보를 통제하고 관리하며, 지식을 창조하는 능력이 향상되었다.
  - 휴먼 인터페이스: 자판을 이용하지 않고, 말이나 촉각을 사용하여 컴퓨터에 정보를 입력할 수 있는 기술
- 인류의 진화 과정과 역사를 돌아볼 때, 인간은 상실하는 능력이 있으면 동시에 얻게 되는 능력도 있다.

이러한 관점으로 볼 때, 디지털 기술은 인간의 기억력, 계산력 등의 약화를 가져온 대신 그보다 창조적인 능력을 향상한 것이라 볼 수 있다. 그러므로 디지털 치매 현상은 인간 진화의 양상으로 볼 수 있지 않겠는가?

라 현대의 노동 환경을 생각해 보자. 우리는 과거와 완전히 다른 방식으로 일하고 있다. 세상은 훨씬 더 복잡해졌고 제공되는 정보의 양은 너무나 많다. 상대해야 하는 사람의 수도 훨씬 많아졌고, 무엇보다도 발달된 정보 통신 기술 때문에 이들을 실시간으로 상대해야 하는 환경에 처해 있다. / 어느 여류 작가의 말처럼, 오늘날 우리는 '㉡끊임없는 작은 집중'의 시대에 살고 있다. 이 일에서 저 일로 빨리빨리 주의를 옮겨 가야 할 때, 아무리 집중을 하더라도 우리는 그 각각의 일에 관한 정보를 모두 갖고 있기가 힘들게 마련이다. 수많은 일을 처리해야 하는 이러한 근무 환경에서라면 많은 정보들을 다른 곳에 저장했다가 필요할 때마다 빨리 찾아내어 사용하는 것이 효율적인 방법인 동시에 불가피한 선택이라 하겠다. 이제 정보는 '(ⓐ)' 것이 아니고 '(ⓑ)' 것인 시대가 되고 있는 것이다.

핵심 | 날개 확인 문제

04 (다)에 사용된 논증 방법으로 적절한 것은?

① 귀납 추론
② 연역 추론
③ 유비 추론
④ 삼단 논법
⑤ 변증법적 논증

서술형

05 ㉠을 제시함으로써 얻을 수 있는 효과를 서술하시오.

06 [A]를 바탕으로 디지털 치매 현상을 전망한 것으로 적절한 것은?

① 많은 사람을 혼란에 빠뜨릴 것이다.
② 그 자체를 즐기는 사람들이 늘어날 것이다.
③ 잃는 능력 대신 새로운 능력을 얻을 것이다.
④ 불편함을 전혀 느끼지 않고 살게 될 것이다.
⑤ 잃어버리는 능력 때문에 많은 불편함을 느낄 것이다.

날개 확인 문제

07 ㉡에 대한 설명으로 적절하지 않은 것은?

① 현대의 노동 환경과 관련이 깊다.
② 한 가지에 오래 집중하는 것을 말한다.
③ 정보 처리에 대한 환경 변화를 의미한다.
④ 계속 다른 일을 해야 하는 환경을 말한다.
⑤ 수많은 일을 처리해야 하는 상황을 의미한다.

08 ⓐ와 ⓑ에 들어가기에 적절한 단어를 각각 쓰시오.

마 일하는 환경이 이렇게 바뀜에 따라 우리 뇌의 능력은 점점 기억하는 뇌가 아닌 필요한 정보를 빨리 찾는 뇌로 바뀌어 가고 있다. 자신이 알고 있는 몇몇 정보보다는 다른 사람이 갖고 있는 모든 정보를 모아 놓은 것이 정보로서 훨씬 더 가치가 있으며, 자기 자신만의 정보를 잘 기억하는 능력보다는 여기저기 놓여 있는 정보를 효과적으로 잘 찾는 능력이 훨씬 중요하게 여겨지는 사회로 바뀌고 있는 것이다. ㉠ 어떤 사람들은 지금과 같은 디지털 기술 의존 현상이 결국 기억 능력을 크게 떨어뜨려 인간을 퇴보하게 할 것이라고 주장하지만, 보조 기억을 디지털 기기로 이동하는 것이 기억 능력의 퇴보는 아니라고 본다. 정보를 어디서 찾을 수 있는가에 대한 정보도 기억이 돼야 하며, 앞으로는 정보 자체의 기억보다는 이런 정보를 찾을 수 있는 원천이나 방법에 대한 기억이 더욱 중요해질 것이기 때문이다.

본론 | 인간은 하나의 기능이 상실되면 새로운 기능을 획득하는데, 환경의 변화에 따라 정보 기억 능력보다 정보 검색 능력이 중요해짐.

핵심 확인 이 글의 논증 방법 – 귀납

구체적 사실(근거)		일반적 사실(결론)
• 입의 기능 변화 • 문자, 인쇄술의 발명으로 인한 변화 • 휴먼 인터페이스로 인한 변화	→	상실하는 능력이 있으면 얻게 되는 능력도 있음.

디지털 치매의 긍정적 측면

현대의 노동 환경 변화		
정보: 기억하기 → 찾기	→	디지털 치매 → 인간 진화의 양상

09 (마)의 소제목으로 가장 적절한 것은?

① 일하는 환경의 변화
② 정보의 원천과 방법
③ 정보 수집 방법의 변화
④ 정보화 시대에 필요한 능력
⑤ 디지털 기술 의존 현상의 실체

10 (마)를 바탕으로 할 때, 기업의 인사 담당자가 원하는 인재상으로 가장 적절한 것은?

① 정보를 잘 기억하는 사람
② 정보의 가치를 중요시하는 사람
③ 정보가 어디에 있는지 잘 아는 사람
④ 정보를 긍정적 관점에서 받아들이는 사람
⑤ 정보를 대하는 시간이 상대적으로 많은 사람

11 ㉠에 대한 설명으로 적절한 것은?

① 글쓴이의 주장에 대한 반론이다.
② 예상되는 반론에 대한 재반론이다.
③ 글쓴이의 주장과 유사한 주장이다.
④ 글쓴이의 주장에 대한 요약 정리이다.
⑤ 글쓴이의 주장을 뒷받침하는 근거이다.

이것이 핵심! ✓ 디지털 치매 현상에 관한 전망

결론 바 요컨대 디지털 기술 의존 현상은 인간의 진화와 문명의 진전 과정에서 늘 존재해 왔던 기존의 기술 의존 현상과 다를 바 없는 것이요, 방대한 정보 처리와 효율적 업무 처리를 요하는 현대 사회의 환경에 적응하기 위한 불가피한 선택일 뿐이며, 그로 인해 오히려 더욱 창조적인 새로운 능력을 인간에게 가져다준 것으로 보아야 한다. 그러니 굳이 디지털 치매라는 이상한 종류의 병에 걸렸다고 걱정하지 말고 인간 진화의 자연스러운 양상일 뿐이며 미래형 인간을 향한 진보의 결과로 마음 편하게 받아들이길 권할 따름이다.

결론 | 디지털 치매 현상에 관한 낙관적 전망

핵심 확인 디지털 치매 현상에 대한 전망

- 기존의 기술 의존 현상과 다르지 않음.
- 현대 사회 환경에 적응하기 위한 불가피한 현상
- 새로운 창조 능력을 가져다줌.

→

- 인간 진화의 자연스러운 양상
- 미래형 인간을 향한 진보의 결과

핵심 날개 확인 문제

12 (바)에 드러나는 글쓴이의 생각으로 적절하지 않은 것은?

① 디지털 기술 의존 현상은 불가피한 선택이다.
② 디지털 치매에 대해 관심을 두고 경계해야 한다.
③ 디지털 치매는 기존의 기술 의존 현상과 다를 바 없다.
④ 디지털 치매는 인간에게 창조적 능력을 가져다준 것이다.
⑤ 디지털 치매를 인간 진화의 자연스러운 현상으로 받아들여야 한다.

서술형

13 다음은 (바)에 대해 이 글 전체에서의 역할을 정리한 것이다. 빈칸에 들어갈 알맞은 말을 쓰시오.

(바)는 '중간'의 내용을 요약하고, 대상에 대해 (　　　)적으로 (　　　　　　).

학습 활동

• 정답과 해설 p.43

이해 활동

1. 이 글의 내용을 떠올리며 아래의 활동을 해 봅시다.

1 이 글의 화제인 '디지털 치매' 현상이 무엇인지 정리해 봅시다.

'디지털 치매'는 디지털 기술에 의존한 나머지 인간의 기억력과 계산력 따위가 현저히 떨어지는 현상을 말한다.

2 '디지털 치매' 현상과 관련하여 일반적으로 문제 제기된 사항과 그에 관한 글쓴이의 생각을 파악해 봅시다.

- 문제 제기된 사항: 많은 사람이 디지털 치매 현상을 디지털 세상이 가져온 어두운 면으로 인식하고 있음.
- 글쓴이의 생각: 디지털 치매 현상은 인간 진화의 자연스러운 양상이다.

3 이 글에 나오는 다음 구절의 의미를 설명해 봅시다.

상황		
구절	문자와 인쇄술이 발명되면서 인간은 호메로스의 서사시를 암송할 수준의 기억력을 상실했지만, 기억의 압박에서 해방되어 새로운 지식 생산과 같은 일에 능력을 활용하게 되었다.	이제 정보는 '기억하는' 것이 아니고 '찾는' 것인 시대가 되고 있는 것이다.
의미	문자와 인쇄술이 발명되면서 정보를 모두 기억해야 하는 필요성이 없어져 서사시를 모두 외워 부르던 수준의 기억력을 잃게 되었지만, 기억을 해야만 한다는 수고로움에서 벗어나 그 능력을 새로운 지식을 만들어 내는 일에 활용하게 되었다는 뜻이다.	노동 환경이 바뀜에 따라 현대 사회는 수많은 정보를 처리해야 하는 상황이 되었다. 따라서 정보를 기억했다가 처리하는 것이 아니라 저장했다가 빨리 찾는 것인 시대가 되었다는 뜻이다.

이해 다지기 문제

1 이 글에서 제기하고 있는 문제에 대한 글쓴이의 주장으로 적절한 것은?

① 디지털 치매 현상은 심각한 사회적 문제를 야기한다.
② 디지털 치매 현상은 인간 진화의 자연스러운 양상이다.
③ 디지털 치매 현상은 더욱 강화해야 할 바람직한 변화이다.
④ 디지털 치매 현상은 일부에서만 일어나는 사소한 현상이다.
⑤ 디지털 치매 현상은 실체가 없는 현상이므로 우려할 필요가 없다.

2 <보기>의 구절이 가진 의미로 적절하지 않은 것은?

보기
- 문자와 인쇄술이 발명되면서 인간은 호메로스의 서사시를 암송할 수준의 기억력을 상실했지만, 기억의 압박에서 해방되어 새로운 지식 생산과 같은 일에 능력을 활용하게 되었다.
- 이제 정보는 '기억하는' 것이 아니고 '찾는' 것인 시대가 되고 있는 것이다.

① 상실하는 능력이 있으면 얻는 능력도 있다.
② 정보는 기억하는 것이 아니라 찾는 시대가 되었다.
③ 문자와 인쇄술의 발명은 정보에 대한 인식을 바꾸어 놓았다.
④ 정보를 처리하고 다루는 기술의 발달로 인해 삶이 단순해졌다.
⑤ 인간은 창조적이고 생산적인 방향으로 능력을 활용하게 되었다.

3 이 글에서 '디지털 치매'에 대한 글쓴이의 관점이 어떠한지 한 문장으로 쓰시오.

목표 활동

1. 이 글에서 글쓴이가 자신의 주장을 펼치기 위해 사용한 논증 방법을 파악해 봅시다.

1 논지 전개 과정에 따라 이 글의 중심 내용을 정리해 봅시다.

단락	중심 내용
가	디지털 치매의 정의와 다양한 예
나	디지털 치매 현상에 관한 접근 방식의 제시
다	진화 과정에서 창조적인 능력을 향상시켜 온 인류
라	정보가 '기억하는' 것이 아닌 '찾는' 것인 시대가 된 현대 사회
마	일하는 환경에 따른 뇌의 변화 방향
바	디지털 치매 현상에 관한 낙관적 전망

2 다에 나타난 논증 방법을 파악해 봅시다.

근거 1 — 직립 원인으로 진화하는 과정에서 인류는 손을 도구로 사용하게 됨으로써 그 이전에 먹이나 물건을 무는 데 쓰였던 입의 기능이 퇴화했지만, 그 대신 입은 말하는 기능을 획득했다.

근거 2 — 문자와 인쇄술이 발명되면서 인간은 호메로스(Homeros)의 서사시를 암송할 수준의 기억력을 상실했지만, 기억의 압박에서 해방되어 새로운 지식 생산과 같은 일에 능력을 활용하게 되었다.

근거 3 — 오늘날, 휴먼 인터페이스로 인해 인간은 단순 기억이나 계산의 부담에서 벗어나 정보를 통제하고 관리하며, 지식을 창조하는 능력이 향상되었다.

결론 — 인류의 진화 과정과 역사를 돌아볼 때, 인간은 상실하는 능력이 있으면 동시에 얻게 되는 능력도 있다.

3 **2**에서 정리한 논증 방법이 다음 설명 중 어떤 것에 해당하는지 생각해 봅시다. 귀납

귀납 개별적이고 특수한 사실이나 현상에서 일반적인 사실이나 진리를 결론으로 이끌어 내는 논증 방법이다. 일반화나 유추도 이에 속한다.

예 나비는 알을 낳는다.
잠자리는 알을 낳는다.
개미는 알을 낳는다.
그러므로 곤충은 모두 알을 낳는다.

연역 일반적 원리나 진리를 전제로 하여 특수한 사실을 결론으로 이끌어 내는 방법으로, 참인 대전제를 사용하는 삼단 논법이 대표적인 연역의 논증 방법이다.

예 모든 사람은 죽는다.
소크라테스는 사람이다.
그러므로 소크라테스는 죽는다.

목표 다지기 문제

1 이 글을 통해 알 수 있는 내용으로 적절하지 않은 것은?

① 디지털 치매의 정의
② 디지털 치매 현상에 대한 전망
③ 일하는 환경에 따른 뇌의 변화
④ 디지털 치매 현상에 대한 접근 방식
⑤ 세대에 따라 달리 드러나는 디지털 치매 현상

2 〈보기〉의 중심 내용으로 적절한 것은?

보기

어느 여류 작가의 말처럼, 오늘날 우리는 '끊임없는 작은 집중'의 시대에 살고 있다. 이 일에서 저 일로 빨리빨리 주의를 옮겨 가야 할 때, 아무리 집중을 하더라도 우리는 그 각각의 일에 관한 정보를 모두 갖고 있기가 힘들게 마련이다. 수많은 일을 처리해야 하는 이러한 근무 환경에서라면 많은 정보들을 다른 곳에 저장했다가 필요할 때마다 빨리 찾아내어 사용하는 것이 효율적인 방법인 동시에 불가피한 선택이라 하겠다.

① 정보를 보관하는 어려움
② 정보를 다루는 방식의 변화
③ '끊임없는 작은 집중'의 중요성
④ 정보의 중요성에 대한 새로운 인식
⑤ 디지털 기기를 활용하는 바람직한 방법

3 〈보기〉의 사례를 바탕으로 내릴 수 있는 결론으로 가장 적절한 것은?

보기

- 인류는 손을 도구로 사용하게 됨으로써 그 이전에 먹이나 물건을 무는 데 쓰였던 입의 기능이 퇴화했지만, 그 대신 입은 말하는 기능을 획득했다.
- 문자와 인쇄술이 발명되면서 인간은 호메로스(Homeros)의 서사시를 암송할 수준의 기억력을 상실했지만, 기억의 압박에서 해방되어 새로운 지식 생산과 같은 일에 능력을 활용하게 되었다.

① 문자와 인쇄술의 발명은 기억의 압박을 불러왔다.
② 문자와 인쇄술의 발명은 인류 문화 발전의 근거가 되었다.
③ 인간은 상실하는 능력이 있으면 동시에 얻는 능력도 있다.
④ 인류의 문화가 발전한 것은 손을 도구로 사용했기 때문이다.
⑤ 손을 도구로 사용하게 되어 입은 말하기 기능을 그만두게 되었다.

목표 다지기 문제

4 다음과 같은 전개의 논증 방법의 종류와 그 특징을 쓰시오.

> 나비는 알을 낳는다.
> 잠자리는 알을 낳는다.
> ⋮
> 그러므로 곤충은 모두 알을 낳는다.

2. 다음 글에 나타난 논증 방법을 파악해 봅시다.

> 사람은 사회적 동물이다. 누구나 사회적 집단을 이루어 살면서 가정, 마을, 나아가 국가라는 공동체와 더불어 산다. 사람은 날마다 먹는 음식, 입는 옷, 사는 집 등의 삶의 기본 요소를 혼자 힘으로는 마련하기 힘든 데다가, 사람 간의 관계를 추구하며 함께 어울려 살기를 원하기 때문이다. 우리는 모두 이러한 사람이다. 그러므로 우리는 사회적 동물이다.

• 위 글에 사용된 논증 방법에 따라 다음 빈칸에 내용을 정리해 봅시다.

대전제	사람은 사회적 동물이다.
소전제	우리는 사람이다.
결론	그러므로 우리는 사회적 동물이다.

목표 다지기 문제

5 연역적 추론의 과정을 고려하여 빈칸에 들어갈 알맞은 문장을 쓰시오.

- 대전제: 거짓말을 하면 나쁜 아이이다.
- 소전제: 수영이는 거짓말을 하였다.
- 결론: 그러므로 수영이는 ______________.

3. 〈보기〉를 참고하여 다음 글에 사용된 논증 방법을 이해해 봅시다.

> 산을 오르는 과정은 누구나 힘듭니다. 비탈길도 올라가야 하고, 고개도 넘어야 합니다. 한참을 올랐는데도 끝이 나지 않을 것 같은 기분이 들기도 합니다. 그러나 그 고난을 뒤로 참고 견디어 정상에 오르면 우리는 세상 무엇과도 바꿀 수 없는 성취감에 큰 기쁨을 맛보게 됩니다. 독서도 이와 같습니다. 글을 읽는 동안에는 인내와 노력이 필요하기도 합니다. 때로는 졸립기도 하고, 때로는 독서 밖의 세상이 더 재미있어 보이기도 합니다. 하지만 한 권의 책을 다 읽고 나면 책이 주는 즐거움과 감동을 맛볼 수 있게 됩니다.

보기

유추

둘 이상의 대상이나 현상이 몇 가지 점에서 비슷하다는 점을 근거로 하나의 대상에서 나타나는 현상이 다른 대상이나 현상에서도 그럴 것이라고 추론하는 논증 방법이다.

예 지구에는 공기, 햇빛, 물이 있고 생물이 살고 있다.
화성에도 공기, 햇빛이 있고, 물의 흔적이 발견되었다.
따라서 화성에도 생물이 살 수 있을 것이다.

1 위 글을 아래와 같이 구조화해 봅시다.

> 산을 오르는 과정은 힘들어도 정상에 오르면 큰 기쁨을 얻을 수 있다.
> 독서도 이와 비슷하여 글을 읽는 동안에는 인내와 노력이 필요하지만 다 읽고 나면 즐거움과 감동을 맛볼 수 있다.

2 위 글에 사용된 논증 방법의 효과를 글쓴이가 전달하고자 하는 내용과 연관 지어 설명해 봅시다.

예시 답 보편적인 원칙보다 생생하고 구체적인 예시를 진술하여 독자가 이해하기 쉽다.

목표 다지기 문제

6 〈보기〉에 사용된 논증 방법을 쓰시오.

보기

> 모든 성장 소설은 등장인물의 정신적 성숙을 다루고 있다. 박완서의 「자전거 도둑」은 대표적인 성장 소설이다. 여러분은 「자전거 도둑」을 읽으면서 주인공인 수남의 정신적 성장을 발견하게 될 것이다.

창의·융합 활동

다음은 어느 논증의 오류를 설명하기 위한 만화입니다. 만화를 보고, 이어지는 활동을 해 봅시다.

한 농부가 칠면조 한 마리를 사서 키우기 시작했습니다.

농부는 하루도 거르지 않고, 매일 아침 6시와 저녁 6시에 모이를 주었습니다.

처음에 칠면조는 조심스레 다가가 눈치를 보며 모이를 먹었습니다.

한 달, 두 달이 지나자 칠면조는 과거의 경험을 통해 '매일 6시는 식사 시간'이라는 나름대로의 법칙을 세웁니다.

그 후 이 법칙의 정당성은 아침, 저녁으로 확인되었습니다.

아홉 달, 열 달이 지나자 칠면조는 매일 6시가 되면 아무런 의심 없이 먼저 달려가 기다렸다 모이를 먹었습니다.

열한 달째 되던 날, 추수 감사절이 되자 칠면조는 아침에 모이를 먹었으나 저녁에는 먹지 못했습니다.

농부가 저녁에 모이를 주는 대신 칠면조를 만찬 식탁에 올렸기 때문입니다.

혼자 하기 

1. 이 만화의 논지 전개 방식을 파악해 봅시다.

칠면조의 경험(사례)	칠면조의 예측	실제 결과
농부는 하루도 거르지 않고 매일 아침 6시와 저녁 6시에 모이를 준다.	농부는 앞으로도 매일 아침 6시와 저녁 6시에 모이를 줄 것이다.	열한 달째가 되던 날, 농부는 칠면조를 추수 감사절 만찬에 올린다.

혼자 하기 

2. 이 만화는 어떤 논증 방법의 단점을 드러내는 것인지 파악하고, 이를 통해 말하려고 한 바를 이해해 봅시다.

예시 답 이 만화는 성급한 일반화의 단점을 드러내기 위한 것으로, 일반적인 원리를 도출할 때는 충분한 사례를 통해야 한다는 점, 대표성을 가진 사례들을 활용해야 한다는 점을 이야기하고 있다.

함께하기 

3. 일상생활에서 이 만화에 나타난 것과 같은 종류의 논증 방법의 단점을 떠올려 보고, 이를 친구들에게 소개해 봅시다.

예 나는 2학년 2학기 달리기 대회에서 1등을 했다. 3학년에 올라와서 1학기 달리기 대회에서 1등을 했다. 그러므로 2학기 달리기 대회에서도 내가 1등을 할 것이다.

- 친구들의 소개를 듣고, 적합한 사례인지 평가해 봅시다.

예시 답 1학년 소풍날 날씨가 맑았고, 2학년 소풍날도 날씨가 맑았다. 그러므로 3학년 소풍날도 날씨가 맑을 것이다. → 평가: 소풍날은 일기예보를 고려하여 날짜를 정하므로 맑을 가능성이 높기는 하겠지만, 날씨는 작은 변수로도 바뀔 수 있으므로 만화와 비슷한 일반화의 단점의 예이다.

수행 평가 대비 활동

| 수행 평가 TIP | 성급한 일반화의 단점을 드러내는 사례를 일상생활에서 찾아 일반화의 개념과 특징, 단점을 이해하는 활동입니다. 자신의 일상을 돌아보면서 적절한 사례를 찾아 친구들에게 소개해 보도록 합니다.

1 평가 내용 확인하기

- 만화의 논지 전개 방식을 파악한 후, 성급한 일반화에 빠지지 않도록 유의해야 함을 이해하기
- 일상생활에서 일반화의 오류의 예를 찾아보고, 적합한 사례인지 친구들과 서로 평가하기

2 평가 기준 확인하기

- 만화에 나타난 논증 방법의 단점을 잘 파악하였는가?

만화의 논지 전개 방식이 '일반화'의 논증 방법임을 파악한 후, 어떤 점에서 논리적 오류가 있는지 살펴보세요.

- 친구가 소개한 사례가 제시된 논증 방법의 단점에 부합하는 경험인가?

선택한 사례가 일반화의 논지 전개 방식인지, 논리적 오류가 없는지 살펴보세요.

- 친구가 소개한 경험이 제시된 논증 방법의 단점을 잘 지적하고 있는가?

성급한 일반화의 오류가 가진 문제점을 일상생활에 적용해 보세요.

수행 평가 +

- '성급한 일반화의 오류' 외에 우리가 빠지기 쉬운 논리적 오류에는 무엇이 있는지 일상 생활의 경험을 활용하여 발표해 봅시다.

도와줄게 인터넷이나 관련 서적을 활용하여 오류의 종류를 먼저 찾아보고 이를 적용할 수 있는 일상 생활의 경험을 찾아봅시다.

예 대중에 호소하는 오류: 많은 사람이 그렇게 한다는 것을 내세워 주장하거나 대중을 선동하는 경우

소단원 제재 정리

갈래: 주장하는 글
성격: 예시적, 설득적
제재: 디지털 기술 의존 현상
주제: 디지털 기술 의존 현상은 인간 진화의 자연스러운 양상이니 걱정하지 말고, 미래형 인간을 향한 진보의 결과로 받아들이자.
특징: ① 디지털 치매의 사례를 제시하여 독자의 주의를 환기함.
② 귀납적 방법으로 디지털 기술 의존 현상이 인간 진화의 양상이라는 주장을 펼침.

제재 한눈에 보기

가	디지털 치매의 정의와 예
나	디지털 치매 현상에 관한 접근 방식의 제시
다	진화 과정에서 창조적인 능력을 향상시켜 온 인류
라	정보가 '기억하는' 것이 아닌 '찾는' 것인 시대가 된 현대 사회
마	일하는 환경에 따른 뇌의 변화 방향
바	디지털 치매 현상에 관한 낙관적 전망

핵심 원리

논증 방법

귀납	개별적이고 특수한 사실이나 현상에서 일반적인 사실이나 진리를 결론으로 이끌어 내는 논증 방법
연역	일반적인 원리나 진리를 전제로 하여 특수한 사실을 결론으로 이끌어 내는 방법
(❶)	둘 이상의 대상이나 현상이 몇 가지 점에서 비슷하다는 점을 근거로 하나의 대상에서 나타나는 현상이 다른 대상이나 현상에서도 그럴 것이라고 추론하는 방법

핵심 내용

(1) (❷)의 뜻과 이에 대한 인식

뜻	디지털 기술에 지나치게 의존하여 기억력과 계산 능력 등이 현저하게 떨어지는 현상

↓

부정적 관점 (기존의 일반적 인식)	대조	낙관적(긍정적) 관점 (글쓴이의 인식)
치매처럼 뇌 기능이 떨어지므로 걱정할 일임.	↔	인간 진화의 자연스러운 양상이니 걱정할 일이 아님.

(2) 글쓴이의 주장과 근거

주장	디지털 치매는 인간 진화의 양상이며 미래형 인간을 향한 진보의 결과임.

↑ 뒷받침

근거	• 권위 있는 철학자 미셸 세르의 견해 인용(인간은 진화하면서 한 가지 능력을 상실하면 새로운 능력을 획득함.) • 복잡한 현대 사회에서는 정보 기억 능력보다 정보 (❸) 원천이나 방법이 더 중요해짐.

(3) 이 글에 나타난 논증 방법 – 귀납

- 손을 도구로 사용: 입은 무는 기능이 퇴화하고, 말하는 기능을 획득
- 문자와 인쇄술의 발명: 기억력이 저하되지만 지식 생산에 능력 활용
- 휴먼 인페이스: 기억력, 계산력은 약화되지만 정보 통제, 관리 및 지식 창조 능력 향상

↓

인간은 (❹)하는 능력이 있으면 얻게 되는 능력도 있음.

(4) 디지털 치매 현상에 대한 전망

- 기존의 기술 의존 현상과 다르지 않음.
- 현대 사회 환경에 적응하기 위한 불가피한 현상임.
- 새로운 창조 능력을 가져다줌.

↓

- 인간 진화의 자연스러운 양상
- 미래형 인간을 향한 진보의 결과

→ 낙관적(긍정적) 전망

정답 ❶ 유추 ❷ 디지털 치매 ❸ 검색 ❹ 상실

소단원 핵심 문제

• 정답과 해설 p.44

[01~04] 다음 글을 읽고, 물음에 답하시오.

가 모든 전화번호가 휴대 전화에 저장돼 있으나 외우고 있는 전화번호는 손가락으로 꼽을 정도이고, 노래방 기기가 없이는 애창곡 하나 부를 수 없으며, 계산기가 없으면 암산은커녕 간단한 계산조차 하지 못한다. 내비게이션이 없으면 여러 번 갔던 길도 찾을 수 없고, 심지어는 가족의 생일과 같은 단순한 정보도 기억하지 못하는 경우가 있다. 이러한 현상을 '디지털 치매', 또는 '아이티(IT) 건망증'이라 부른다.

나 이처럼 디지털 기술에 지나치게 의존한 나머지 기억력과 계산 능력 등이 현저하게 떨어지는 현상에 관해 많은 사람들이 걱정을 한다. 하지만 이러한 현상은 단지 좋다, 나쁘다고 쉽게 말할 성격의 것은 아니다. 왜냐하면 디지털 치매 현상은 인류의 진화, 우리 사회의 노동 환경의 변화와 연관된 복잡한 현상이기 때문이다. 여기서는 디지털 치매 현상에 관해 우리가 생각하지 못했던 측면들을 살펴보고자 한다.

다 – 직립 원인으로 진화하는 과정에서 인류는 손을 도구로 사용하게 됨으로써 그 이전에 먹이나 물건을 무는 데 쓰였던 입의 기능이 퇴화했지만, 그 대신 입은 말하는 기능을 획득했다.
– 문자와 인쇄술이 발명되면서 인간은 호메로스(Homeros)의 서사시를 암송할 수준의 기억력을 상실했지만, 기억의 압박에서 해방되어 새로운 지식 생산과 같은 일에 능력을 활용하게 되었다.
– 오늘날, 휴먼 인터페이스로 인해 인간은 기억력, 계산력 등이 약화되었지만 단순 기억이나 계산의 부담에서 벗어나 정보를 통제하고 관리하며, 지식을 창조하는 능력이 향상되었다.
– 인류의 진화 과정과 역사를 돌아볼 때, 인간은 상실하는 능력이 있으면 동시에 얻게 되는 능력도 있다.

출제 예감 85%

01 이 글에 대한 설명으로 적절한 것은?

① 대상에 대한 글쓴이의 관점이 잘 드러나고 있다.
② 글쓴이의 직접적인 경험이 분명하게 드러나고 있다.
③ 대상과 관련된 정보를 전달하려는 목적을 가지고 있다.
④ 글쓴이가 일상생활 속에서 얻은 깨달음을 우회적으로 드러내고 있다.
⑤ 다양한 주장들을 비교하고 그중에서 하나의 주장을 선택하고 있다.

출제 예감 95% 학습 활동 응용

02 (가)를 바탕으로 〈보기〉의 질문에 대한 대답으로 가장 적절한 것은?

보기
디지털 치매 현상은 어떤 현상인가요?

① 이유 없이 기억력이 떨어지는 현상이다.
② 노화로 인해 기억력이나 계산력 등이 떨어지는 현상이다.
③ 디지털 기기 때문에 인간적인 관계가 어려워지는 현상이다.
④ 디지털 기기 때문에 기억력이나 계산력이 떨어지는 현상이다.
⑤ 디지털 기기에 몰입하여 기계에 대한 중독이 심해지는 현상이다.

출제 예감 85%

03 (나)에 드러나는 '디지털 치매'에 대한 글쓴이의 생각으로 적절한 것은?

① 가치 판단이 어려운 복잡한 현상이다.
② 많은 사람이 걱정을 하는 심각한 현상이다.
③ 인류에게 큰 도움이 되는 바람직한 현상이다.
④ 인류를 불행에 빠뜨릴 수 있는 위험한 현상이다.
⑤ 우리 사회의 노동 환경의 변화와 무관한 현상이다.

출제 예감 90% 서술형

04 (다)에 사용된 논증 방법의 특징을 조건에 맞게 서술하시오.

조건
논증 방법의 종류를 언급하지 말고 특징만 쓸 것.

소단원 핵심 문제

[05~07] 다음 글을 읽고, 물음에 답하시오.

(가) ㉠현대의 노동 환경을 생각해 보자. 우리는 과거와 완전히 다른 방식으로 일하고 있다. 세상은 훨씬 더 복잡해졌고 제공되는 정보의 양은 너무나 많다. 상대해야 하는 사람의 수도 훨씬 많아졌고, 무엇보다도 발달된 정보 통신 기술 때문에 이들을 실시간으로 상대해야 하는 환경에 처해 있다.

어느 여류 작가의 말처럼, 오늘날 우리는 '끊임없는 작은 집중'의 시대에 살고 있다. 이 일에서 저 일로 빨리빨리 주의를 옮겨 가야 할 때, 아무리 집중을 하더라도 우리는 그 각각의 일에 관한 정보를 모두 갖고 있기가 힘들게 마련이다. 수많은 일을 처리해야 하는 이러한 근무 환경에서라면 많은 정보들을 다른 곳에 저장했다가 필요할 때마다 빨리 찾아내어 사용하는 것이 효율적인 방법인 동시에 불가피한 선택이라 하겠다. 이제 정보는 '기억하는' 것이 아니고 '찾는' 것인 시대가 되고 있는 것이다.

(나) 일하는 환경이 이렇게 바뀜에 따라 우리 뇌의 능력은 점점 기억하는 뇌가 아닌 필요한 정보를 빨리 찾는 뇌로 바뀌어 가고 있다. 자신이 알고 있는 몇몇 정보보다는 다른 사람이 갖고 있는 모든 정보를 모아 놓은 것이 정보로서 훨씬 더 가치가 있으며, 자기 자신만의 정보를 잘 기억하는 능력보다는 여기저기 놓여 있는 정보를 효과적으로 잘 찾는 능력이 훨씬 중요하게 여겨지는 사회로 바뀌고 있는 것이다. 어떤 사람들은 지금과 같은 디지털 기술 의존 현상이 결국 기억 능력을 크게 떨어뜨려 인간을 퇴보하게 할 것이라고 주장하지만, 보조 기억을 디지털 기기로 이동하는 것이 기억 능력의 퇴보는 아니라고 본다. 정보를 어디서 찾을 수 있는가에 대한 정보도 기억이 돼야 하며, 앞으로는 정보 자체의 기억보다는 이런 정보를 찾을 수 있는 원천이나 방법에 대한 기억이 더욱 중요해질 것이기 때문이다.

(다) 요컨대 디지털 기술 의존 현상은 인간의 진화와 문명의 진전 과정에서 늘 존재해 왔던 기존의 기술 의존 현상과 다를 바 없는 것이요, 방대한 정보 처리와 효율적 업무 처리를 요하는 현대 사회의 환경에 적응하기 위한 불가피한 선택일 뿐이며, 그로 인해 오히려 더욱 창조적인 새로운 능력을 인간에게 가져다준 것으로 보아야 한다. 그러니 굳이 디지털 치매라는 이상한 종류의 병에 걸렸다고 걱정하지 말고 인간 진화의 자연스러운 양상일 뿐이며 미래형 인간을 향한 진보의 결과로 마음 편하게 받아들이길 권할 따름이다.

출제 예감 80% 학습 활동 응용

05 (나)의 내용과 일치하지 않는 것은?

① 일하는 환경의 변화는 뇌의 능력 변화로 이어진다.
② 보조 기억을 디지털 기기로 이동하는 것은 기억력의 퇴보가 아니다.
③ 정보를 잘 찾을 수 있는 원천이나 방법을 기억하는 능력이 요구되고 있다.
④ 정보와 관련된 현상은 인류 발전 과정에서 계속적으로 제기된 문제이다.
⑤ 자신이 알고 있는 몇몇 정보보다 다른 사람이 갖고 있는 모든 정보를 모아놓은 것이 훨씬 더 가치가 있다.

출제 예감 95% 서술형 논술 대비

06 (다)를 바탕으로 〈보기〉의 글쓴이에게 해 줄 수 있는 조언을 〈조건〉에 맞게 쓰시오.

보기

이성의 핵심 기능인 비판적 사고력까지 잃어 가면서까지 디지털 기기에 의존하는 것은 얻는 것보다 잃는 것이 더 많다.

조건

2~3 문장의 대화체로 서술할 것.

출제 예감 90% 학습 활동 응용

07 ㉠에 대한 설명으로 적절하지 않은 것은?

① 상대해야 할 사람의 수가 많다.
② 끊임없는 작은 집중이 필요하다.
③ 제공되는 정보의 양이 너무 많다.
④ 정보 통신 기술의 발달로 여가 시간이 늘어났다.
⑤ 각각의 일에 대한 정보를 모두 가지고 있기 힘들다.

[08~10] 다음 글을 읽고, 물음에 답하시오.

가 모든 전화번호가 휴대 전화에 저장돼 있으나 외우고 있는 전화번호는 손가락으로 꼽을 정도이고, 노래방 기기가 없이는 애창곡 하나 부를 수 없으며, 계산기가 없으면 암산은커녕 간단한 계산조차 하지 못한다. 내비게이션이 없으면 여러 번 갔던 길도 찾을 수 없고, 심지어는 가족의 생일과 같은 단순한 정보도 기억하지 못하는 경우가 있다. 이러한 현상을 '디지털 치매', 또는 '아이티(IT) 건망증'이라 부른다.

나 – 직립 원인으로 진화하는 과정에서 인류는 손을 도구로 사용하게 됨으로써 그 이전에 먹이나 물건을 무는 데 쓰였던 입의 기능이 퇴화했지만, 그 대신 입은 말하는 기능을 획득했다.
– 문자와 인쇄술이 발명되면서 인간은 호메로스(Homeros)의 서사시를 암송할 수준의 기억력을 상실했지만, 기억의 압박에서 해방되어 새로운 지식 생산과 같은 일에 능력을 활용하게 되었다.
– 오늘날, 휴먼 인터페이스로 인해 인간은 기억력, 계산력 등이 약화되었지만 단순 기억이나 계산의 부담에서 벗어나 정보를 통제하고 관리하며, 지식을 창조하는 능력이 향상되었다.
– 인류의 진화 과정과 역사를 돌아볼 때, 인간은 상실하는 능력이 있으면 동시에 얻게 되는 능력도 있다.

다 일하는 환경이 이렇게 바뀜에 따라 우리 뇌의 능력은 점점 기억하는 뇌가 아닌 필요한 정보를 빨리 찾는 뇌로 바뀌어 가고 있다. 자신이 알고 있는 몇몇 정보보다는 다른 사람이 갖고 있는 모든 정보를 모아 놓은 것이 정보로서 훨씬 더 가치가 있으며, 자기 자신만의 정보를 잘 기억하는 능력보다는 여기저기 놓여 있는 정보를 효과적으로 잘 찾는 능력이 훨씬 중요하게 여겨지는 사회로 바뀌고 있는 것이다.

라 요컨대 디지털 기술 의존 현상은 인간의 진화와 문명의 진전 과정에서 늘 존재해 왔던 기존의 기술 의존 현상과 다를 바 없는 것이요, 방대한 정보 처리와 효율적 업무 처리를 요하는 현대 사회의 환경에 적응하기 위한 불가피한 선택일 뿐이며, 그로 인해 오히려 더욱 창조적인 새로운 능력을 인간에게 가져다준 것으로 보아야 한다. 그러니 굳이 디지털 치매라는 이상한 종류의 병에 걸렸다고 걱정하지 말고 인간 진화의 자연스러운 양상일 뿐이며 미래형 인간을 향한 진보의 결과로 마음 편하게 받아들이길 권할 따름이다.

출제 예감 80% 학습 활동 응용

08 (가)~(다)에 대한 설명으로 적절하지 않은 것은?

① (가)에서는 디지털 치매의 예를 제시하였다.
② (가)를 통해 디지털 치매의 다른 이름을 알 수 있다.
③ (나)에서 결론은 '상실하는 능력이 있으면 얻는 능력도 있다.'라는 것이다.
④ (다)에서는 디지털 치매의 부정적 모습에 대해 반론하고 있다.
⑤ (라)에서는 앞에 전개된 내용을 요약하고 있다.

출제 예감 95%

09 (나)의 논증 방법과 〈보기〉의 논증 방법에 대한 설명으로 적절하지 않은 것은?

보기

사람은 사회적 동물이다. 누구나 사회적 집단을 이루어 살면서 가정, 마을, 나아가 국가라는 공동체와 더불어 산다. 사람은 날마다 먹는 음식, 입는 옷, 사는 집 등의 삶의 기본 요소를 혼자 힘으로는 마련하기 힘든 데다가, 사람 간의 관계를 추구하며 함께 어울려 살기를 원하기 때문이다. 우리는 모두 이러한 사람이다. 그러므로 우리는 사회적 동물이다.

① (나)는 근거와 주장이 필연적인 관련이 없다.
② 〈보기〉는 근거와 주장이 필연적으로 연결된다.
③ (나)는 개별적인 사례로부터 결론을 이끌어 내는 형식이다.
④ (나)는 대상들 사이의 공통점을 바탕으로 결론을 이끌어 내고 있다.
⑤ 〈보기〉는 연역적 논증 방법의 전형적인 형식인 삼단 논법을 보여 준다.

출제 예감 95% 서술형

10 (라)에 드러나는 디지털 기술 의존 현상에 대한 글쓴이의 관점과 평가를 한 문장으로 서술하시오.

비판적으로 분석하며 듣기

• 생각 열기 다음 그림을 보고, 말하는 이의 설득 전략에 주목하여 아래의 활동을 해 봅시다.

나라면, 위의 두 사람 중 어떤 사람이 파는 사료를 선택할까요?

예시 답 수의사

왜 그렇게 생각했는지 그 까닭을 말해 봅시다.

예시 답 수의사는 동물에 관한 전문적인 지식을 가진 사람이므로 강아지의 증상을 완화하는 데 도움을 주는 사료를 권했을 것이라고 생각했기 때문이다.

• 학습 목표로 내용 엿보기

"말하는 사람이 어떤 사람이냐에 따라서도 설득력에 차이가 있구나. 이외에도 설득력에 영향을 주는 요소들이 더 있을 거야. 그러니 설득하는 말을 들을 때는 설득 전략을 파악하면서 들어야겠구나."

핵심 1 설득 전략 파악하기

핵심 2 비판적으로 분석하며 듣기

핵심 원리 이해하기 설득 전략을 비판적으로 분석하며 듣기

1. 설득 전략의 종류

이성적 설득 전략	논리적이고 이성적인 방법으로 화자의 주장을 뒷받침하는 전략
감성적 설득 전략	청중의 욕망과 분노, 자긍심, 동정심 등과 같은 감정에 호소하여 청중의 마음을 움직이게 하는 전략
인성적 설득 전략	화자의 사람 됨됨이를 바탕으로 하여 화자의 주장에 신뢰를 갖게 하는 전략

2. 연설을 비판적으로 분석하며 듣기의 방법

- 연설의 목적과 청중을 파악한다.
- 주장이 무엇인지 파악한다.
- 주장의 근거가 타당한지 파악한다.
- 연설의 설득 전략을 파악한다.

개념 확인 콕콕

• 정답과 해설 p.44

[01~02] 다음 빈칸에 알맞은 말을 쓰시오.

01 수의사가 파는 사료를 선택한 이유는 수의사가 동물에 대한 (　　　) 지식을 가지고 있을 것이라고 판단했기 때문이다.

02 설득을 효과적으로 하기 위해서는 상황에 맞는 적절한 (　　　)을/를 활용해야 한다.

03 〈보기〉에 활용된 설득 전략을 쓰시오.

보기
논리적이고 이성적인 방법으로 화자의 주장을 뒷받침하는 전략

04 연설을 비판적으로 분석하며 듣는 방법으로 적절하지 않은 것은?

① 연설의 목적을 파악한다.
② 연설의 설득 전략을 파악한다.
③ 연설의 중심적 주장을 파악한다.
④ 연설자의 주장에 적극적으로 공감한다.
⑤ 주장을 뒷받침하는 근거의 타당성을 살핀다.

활동 안내

이 소단원은 화자가 어떤 목적을 가지고 말하는지, 목적을 이루기 위해 어떤 전략을 사용하는지에 관해 비판적으로 이해하며 듣는 능력을 기르기 위한 단원이다. 설득 전략은 화자가 청자의 신념, 태도, 행동을 변화시키려는 목적으로 말을 할 때에 사용한다. 이 단원을 공부하면서 설득적 말하기에서 활용되는 설득 전략의 종류와 효과를 이해하고, 이 설득 전략이 적절한지 판단하며 듣는 활동을 한다.

이를 바탕으로 마틴 루서 킹의 연설문를 비판적인 관점에서 분석하면서 들어 본다. 연설문에 활용된 다양한 설득 전략을 파악하고 그 적절성을 판단해 보는 활동을 통해 설득적 말하기에 대한 효과적인 대응 전략을 세울 수 있을 것이다.

활동 1		활동 2
설득 전략의 종류와 효과 이해하기	→	연설을 듣고, 연설에 나타난 설득 전략을 비판적으로 분석하며 듣기

활동 개관

★ **활동 1** 설득 전략 이해하기

일상생활 속에서 접할 수 있는 다양한 설득 상황을 제시하고 이 상황에서 사용된 설득 전략의 종류와 효과를 확인하는 활동이다. 설득 전략에는 이성적 설득, 감성정 설득, 인성적 설득이 있음을 이해하고, 주어진 대화 상황에서 중점적으로 사용하고 있는 설득 전략이 무엇인지 파악해 보도록 한다. 그리고 어떤 설득 전략이 사용되었는지 파악하는 것에서 그치지 말고 설득 전략의 적절성에 대해 근거를 들어 평가해 본다.

★ **활동 2** 비판적으로 분석하며 듣기

실제 연설을 통해 화자가 어떤 목적을 가지고 말하는지, 목적을 이루기 위해 어떠한 전략을 사용하는지에 관해 비판적으로 분석하며 듣는 능력을 기르기 위한 활동이다. 이 연설에는 활동 1에서 학습한 이성적 설득, 감성적 설득, 인성적 설득의 요소가 모두 포함되어 있다. 각각의 전략이 어디에서 어떻게 나타나 있는지를 찾아보고, 이 설득 전략이 적절한지 판단해 본다.

마틴 루서 킹, 「나에게는 꿈이 있습니다」 활동 제재인 「나에게는 꿈이 있습니다」는 마틴 루서 킹이 1963년 미국의 워싱턴 평화 행진에서 한 연설이다. 흑인에 대한 인종 차별 정책에 맞서서 백인과 흑인이 평등하게 지내길 바라며 행한 연설로 세계적으로 큰 영향을 끼쳤다. 이 연설에서 마틴 루서 킹 목사는 인종 차별을 철폐하기 위한 목적을 가지고 이성적, 감성적, 인성적 설득 전략을 사용하여 청중에게 호소하고 있다. 또한, '나에게는 꿈이 있습니다.'를 반복하며 흑인과 백인이 평등하게 조화를 이루어 살아가는 미국 사회의 이상적 모습에 대한 강한 열망을 보여 주어 감동을 자아내기도 한다.

이 연설을 한 마틴 루서 킹은 1955년에는 시내버스 이용의 흑인 차별 대우에 반대해 5만 명의 흑인 시민이 벌인 몽고메리 버스 승차 거부 운동을 지도하여 승리로 이끌었다. 또한, 워싱턴 평화 대행진의 지도자로 활약하는 등 미국 인권 운동의 발전을 앞당기는 데 큰 공헌을 한 인물이다.

비판적으로 분석하며 듣기

활동 1 설득 전략 이해하기

다음의 대화에 나타난 설득 전략을 찾고, 그 효과를 말해 봅시다.

가 상점에서 점원이 휴대 전화를 파는 상황

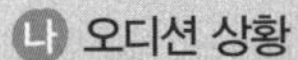

나 오디션 상황

다 주민 대표 선거 상황

확인 문제

• 정답과 해설 p.45

01 (가)~(다)에서 공통적으로 드러나는 말하기의 목적으로 적절한 것은?

① 상대방을 설득하기 위한 말하기
② 자신의 정서를 표현하기 위한 말하기
③ 상대방과의 친교를 다지기 위한 말하기
④ 상대방에게 객관적 정보를 전달하기 위한 말하기
⑤ 상대방에게 교훈적 의미를 전달하기 위한 말하기

02 (가)의 상황에서 점원의 말이 설득력이 있었다면 그 이유로 적절한 것은?

① 상대방의 감정에 호소하고 있기 때문에
② 상대방이 원하는 정보를 적절히 제시했기 때문에
③ 상대방의 의견에 적절한 반론을 제기했기 때문에
④ 상대방의 의견에 적절하게 공감을 표현했기 때문에
⑤ 상내방이 신뢰할 수 있는 전문가의 의견을 활용했기 때문에

핵심

03 (다)의 상황에서 청중들의 선택에 영향을 미치게 될 요소로 적절한 것은?

① 화자의 인성
② 전달되는 정보
③ 청중들의 감정
④ 청중과 화자와의 관계
⑤ 연설이 이루어지는 분위기

1. 가, 나, 다에 나타난 설득 전략과 그 효과를 바르게 연결해 봅시다.

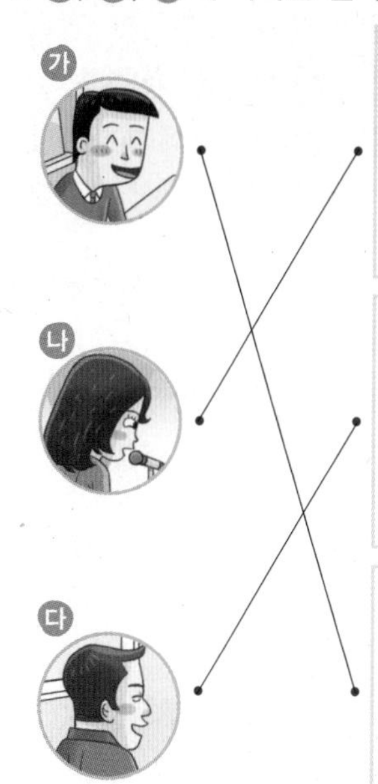

감성적 설득
- 청중의 욕망과 분노, 자긍심, 동정심 등과 같은 감정에 호소하여 청중의 마음을 움직이게 하는 전략
- 상대방의 감성을 자극하여 호소력 있게 설득하는 효과가 있음.

인성적 설득
- 화자의 사람 됨됨이를 바탕으로 하여 화자의 주장에 신뢰를 갖게 하는 전략
- 말하는 사람의 됨됨이, 인성을 통해 설득하는 효과가 있음.

이성적 설득
- 논리적이고 이성적인 방법으로 화자의 주장을 뒷받침하는 전략
- 논리적이고 체계적인 설명을 통해 상대방을 설득하는 효과가 있음.

2. 가~다의 상황을 바탕으로 설득 전략이 적절한지 평가해 보고, 그 까닭을 각각 이야기해 봅시다. 예시 답

가: 적절하다. 휴대 전화의 장점을 항목별로 나누어 설명하면서 개선된 점들을 근거로 제시하는 이성적 설득 전략을 구현하여 설득력을 갖기 때문이다.

나: 적절하다. 오디션 심사 위원에게 어떤 이유로 자신이 이 오디션에 적합한 인물인지 이야기함으로써 오디션 심사 위원의 감정에 호소하는 감성적 설득 전략을 구현하여 설득력을 갖기 때문이다.

다: 적절하다. 청중들의 평판에서 연설자의 평소 인물 됨됨이와 인격적 측면이 드러나고 있고, 이를 통해 인성적 설득 전략이 구현됨으로써 설득력을 갖게 되었기 때문이다.

핵심 정리 설득 전략의 종류와 특징, 효과

설득 전략	이성적 설득	감성적 설득	인성적 설득
특징	논리적이고 이성적인 방법으로 화자의 주장을 뒷받침하는 전략	청중의 욕망과 분노, 자긍심, 동정심 등과 같은 감정에 호소하여 청중의 마음을 움직이게 하는 전략	화자의 사람 됨됨이를 바탕으로 하여 화자의 주장에 신뢰를 갖게 하는 전략
효과	논리적이고 체계적인 설명을 통해 설득하는 효과	상대방의 감성을 자극하여 호소력 있게 설득하는 효과	말하는 사람의 됨됨이, 인성을 통해 설득하는 효과

04 감성적 설득 전략에 대한 설명으로 적절하지 않은 것은?

① 감정에 호소하여 청중의 마음을 움직이게 한다.
② 청중의 욕망, 분노, 자긍심, 동정심을 이용한다.
③ 논리적인 주장과 근거를 강조하는 특성을 가지고 있다.
④ 상대방의 감성을 자극하여 호소력을 높이는 방식이다.
⑤ 과장된 표현이나 동작을 활용하여 효과를 높일 수 있다.

핵심

05 〈보기〉에서 (나)에 나타난 설득 전략이 활용된 예를 골라 쓰시오.

보기
㉠ 홍수로 인한 피해 상황을 보도하면서 30년간 어려운 이웃을 위해 피해 복구에 노력한 전문가를 초빙하여 앞으로의 대책을 논의함.
㉡ 홍수로 인한 피해 상황을 언급하고, 홍수의 원인과 앞으로의 대처 방안에 관해 논리적으로 연설함.
㉢ 홍수로 인한 피해 상황의 사례를 생생하게 소개하여 청중이 지닌 동정심을 자극하면서 청중으로부터 반드시 대책이 필요하겠다는 감성을 이끌어 냄.

서술형

06 (다)에 활용된 설득 전략이 적절한 이유를 한 문장으로 서술하시오.

활동 ② 비판적으로 분석하며 듣기

다음 연설을 듣고, 이어지는 활동을 해 봅시다.

나에게는 꿈이 있습니다

마틴 루서 킹

저는 오늘 우리 역사에서 자유를 위한 가장 위대한 행진으로 기억될 이 자리에 여러분과 함께하게 되어 기쁩니다.

100년 전, 우리 위대한 미국인(링컨 대통령)이 노예 해방령에 서명했습니다. 지금 우리는 그를 상징하는 자리에 서 있습니다. 그 중대한 선언은 부당함이라는 불길에 몸을 데이며 시들어 간 수백만 흑인 노예들에게 희망의 등불이었습니다. 그 선언은 노예 생활의 기나긴 밤을 걷어 내는 환희의 새벽이었습니다.

그러나 그로부터 ㉠100년이 지났지만 흑인은 여전히 자유롭지 못합니다. 100년이 지났지만 흑인은 여전히 인종 분리 정책이라는 족쇄와 인종 차별이라는 쇠사슬에 묶인 채 절뚝거리며 비참하게 살고 있습니다. 100년이 지났지만 흑인은 이 거대한 물질적 풍요의 바다 한가운데에 가난이라는 섬에 고립되어 살고 있습니다. 100년이 지났지만 흑인은 여전히 미국 사회의 후미진 곳으로 내몰려, 자신의 땅에서 추방당한 채 살고 있습니다. 그리하여 우리는 이 치욕스러운 현실을 알리고자 오늘 이 자리에 모였습니다. [중략]

㉡동지 여러분, 저는 오늘 여러분에게 말씀드리고 싶습니다. 절망의 구렁에 빠져 허우적대지 맙시다.

비록 우리는 지금 고난을 마주하고 있지만 나에게는 꿈이 있습니다. 그 꿈은 *아메리칸드림에 깊이 뿌리를 내리고 있습니다.

나에게는 꿈이 있습니다. 언젠가 이 나라가 '모든 인간은 평등하게 태어난다는 사실을 우리는 자명한 진리로 받아들인다.'라는 이 나라 건국 신조의 참뜻을 되새기며 살아가리라는 꿈입니다.

나에게는 꿈이 있습니다. 언젠가 조지아주의 붉은 언덕에서 노예의 후손과 노예 주인의 후손이 형제애라는 식탁 앞에 나란히 앉을 수 있는 날이 오리라는 꿈입니다.

나에게는 꿈이 있습니다. 부당함과 억압의 뜨거운 열기로 신음하는 미시시피주도 언젠가 자유와 정의가 샘솟는 오아시스가 되리라는 꿈입니다.

핵심

07 이 연설에서 연설자가 전달하고자 하는 주제로 적절한 것은?

① 고향을 잃어버린 사람들에 대한 위로
② 차별이 사라진 평등한 사회에 대한 소망
③ 인류의 평화를 위협하는 군사적 긴장에 대한 우려
④ 일자리가 없는 사람들을 위한 사회적 지원에 대한 바람
⑤ 흑인 인권에 대한 옹호와 평등했던 사회에 대한 그리움

08 ㉠을 반복함으로써 얻을 수 있는 효과로 적절한 것은?

① 많은 시간이 지났음을 강조한다.
② 100년 전 사건의 중요성을 알린다.
③ 부당한 현실을 구체적으로 드러낸다.
④ 자신의 주장이 반복되었음을 알린다.
⑤ 청중과 자신이 같은 상황에 놓여 있음을 강조한다.

09 청중을 중심으로 볼 때, ㉡과 같이 표현한 이유로 가장 적절한 것은?

① 동질감을 유발하기 위해서
② 분위기를 전환하기 위해서
③ 주장의 신뢰성을 높이기 위해서
④ 부드럽게 감정을 전달하기 위해서
⑤ 청중이 비판적으로 연설을 듣게 하기 위해서

나에게는 꿈이 있습니다. 언젠가 내 아이들이 자신의 피부색이 아니라 인격으로 평가받는 나라에서 살게 되리라는 꿈입니다.

지금 나에게는 꿈이 있습니다!

나에게는 꿈이 있습니다. 지독한 인종 차별주의자들이 들끓는 앨라배마, 주지사가 '주권 우위'라느니, '연방 법령 실시 거부'라느니 같은 말만 떠벌리는 저기 앨라배마에서도 언젠가 흑인 소년, 소녀들이 백인 소년, 소녀들과 형제자매처럼 손을 마주 잡게 되리라는 꿈입니다.

이것이 우리의 희망입니다. 저는 이러한 믿음을 안고 남부로 돌아갈 것입니다.

이러한 믿음이 있으면 우리는 ㉠절망이라는 산을 깎아 희망이라는 돌을 만들 수 있을 것입니다. 이러한 믿음이 있으면 우리는 이 시끄러운 불협화음을 형제애라는 아름다운 교향곡으로 바꿀 수 있을 것입니다. 이러한 믿음이 있으면 우리는 언젠가 자유로워지리라는 사실을 알면서 함께 일하고 함께 투쟁하며 함께 감옥에 갈 것이요, 함께 자유를 옹호할 것입니다.

– 에드워드 험프리 엮음 · 홍선영 옮김, 『사람의 마음을 움직이는 위대한 명연설』

• 아메리칸드림(American dream) 미국 사람들이 갖고 있는, 미국적인 이상 사회를 이룩하려는 꿈. 다수 미국인의 공통된 소망으로 계급이 없는 사회와 경제적 번영의 재현, 자유로운 정치 체제의 지속 등이다.
• 주권 우위 미국에서 각 주(州)의 권리가 연방 정부의 법령보다 우위에 있다는 주장.
• 연방 법령 실시 거부 미국에서 주(州)가 연방 정부에서 통과된 법령의 실시를 거부하는 것.

10 이 글에 드러나는 연설자에 대한 설명으로 적절하지 않은 것은?

① 흑인과 백인이 평등한 세상이 되기를 희망하고 있다.
② 언젠가 흑인도 자유로워지리라는 사실을 믿으며 투쟁하고 있다.
③ 앨라배마주의 인종 차별 주의적 행보에 대해 비판하고 있다.
④ 어린이들만이라도 차별 받지 않는 세상에서 살게 하려고 한다.
⑤ 사람은 피부색이 아니라 인격으로 평가 받아야 한다고 생각한다.

핵심
11 ㉠에서 '절망'과 '희망'이 각각 의미하는 바로 적절한 것은?

	절망	희망
①	차별	평등
②	전쟁	평화
③	인공	자연
④	경쟁	협력
⑤	가난	부유함

12 〈보기〉에서 설명하고 있는 소재를 찾아 쓰시오.

보기
백인과 흑인이 조화롭고 행복하게 살아가는 사회를 비유적으로 표현한 소재

1. 이 연설의 내용을 다음과 같이 정리해 봅시다.

연설의 목적	인종 차별 철폐의 필요성과 당위성을 주장하고자 한다.
화자	마틴 루서 킹
청중	'워싱턴 평화 행진'의 참가자

2. 이 연설에 나타난 설득 전략을 이해해 봅시다.

1 다음 부분을 참고하여 빈칸을 채워 보고, 이 부분에서 사용한 설득 전략과 그 효과를 파악해 봅시다.

[A]
- 100년 전, 우리 위대한 미국인(링컨 대통령)이 노예 해방령에 서명했습니다. 지금 우리는 그를 상징하는 자리에 서 있습니다. 그 중대한 선언은 부당함이라는 불길에 몸을 데이며 시들어 간 수백만 흑인 노예들에게 희망의 등불이었습니다. 그 선언은 노예 생활의 기나긴 밤을 걷어 내는 환희의 새벽이었습니다.
- 나에게는 꿈이 있습니다. 언젠가 이 나라가 '모든 인간은 평등하게 태어난다는 사실을 우리는 자명한 진리로 받아들인다.'라는 이 나라 건국 신조의 참뜻을 되새기며 살아가리라는 꿈입니다.

마틴 루서 킹은 설득력 있는 주장을 위해 역사적 사실인 링컨 대통령의 노예 해방령 와/과 미국의 건국 신조 을/를 근거로 제시하고 있어. 이러한 논리적 설득 전략은 주장의 타당성을 높이는 데 효과적이야.

이 부분에서는 이성적 설득 전략을 활용하였구나.

2 다음 부분에 사용된 설득 전략과 효과를 말해 봅시다.

- 흑인은 여전히 자유롭지 못합니다. 100년이 지났지만 흑인은 여전히 인종 분리 정책이라는 족쇄와 인종 차별이라는 쇠사슬에 묶인 채 절뚝거리며 비참하게 살고 있습니다. 100년이 지났지만 흑인은 이 거대한 물질적 풍요의 바다 한가운데에 가난이라는 섬에 고립되어 살고 있습니다. 100년이 지났지만 흑인은 여전히 미국

13 이 연설을 분석한 것으로 적절하지 않은 것은?

① 연설의 목적: 설득
② 연설자: 마틴 루서 킹
③ 청중: 워싱턴 평화 행진의 참가자
④ 주제: 인종 차별 철폐의 필요성과 당위성
⑤ 분위기: 조용하고 차분한 분위기

핵심
14 [A]에 대한 설명으로 가장 적절한 것은?

① 전문가의 의견을 인용하고 있다.
② 역사적 사실을 근거로 제시하고 있다.
③ 현재 상황을 있는 그대로 보여 주고 있다.
④ 글쓴이의 경험을 구체적으로 제시하고 있다.
⑤ 통계적인 수치를 통해 객관성을 높이고 있다.

15 [A]에 사용된 설득 전략이 무엇인지 쓰시오.

㉠ 사회의 후미진 곳으로 내몰려, 자신의 땅에서 추방당한 채 살고 있습니다. 그리하여 우리는 이 치욕스러운 현실을 알리고자 오늘 이 자리에 모였습니다.

㉡ • 나에게는 꿈이 있습니다. 지독한 인종 차별주의자들이 들끓는 앨라배마, 주지사가 '주권 우위'라느니, '연방 법령 실시 거부'라느니 같은 말만 떠벌리는 저기 앨라배마에서도 언젠가 흑인 소년, 소녀들이 백인 소년, 소녀들과 형제자매처럼 손을 마주 잡게 되리라는 꿈입니다.

이것이 우리의 희망입니다. 저는 이러한 믿음을 안고 남부로 돌아갈 것입니다.

예시 답 감성적 설득 전략. 흑인들이 처한 인종 차별의 상황을 제시하여 부당한 상황에 관한 청중의 분노에 호소하고 있으며, 흑인과 백인이 평등하게 지내는 모습을 간절한 꿈으로 이야기 함으로써 청중에게 감동을 불러일으키고 희망을 전달하고 있다.

3 다음은 이 연설의 화자인 마틴 루서 킹에 관한 설명입니다. 이를 바탕으로 화자의 어떤 면이 설득력을 지녔는지 말해 봅시다.

㉢ 마틴 루서 킹은 미국의 목사이자 시민권 운동을 이끈 지도자이다. 1955년 앨라배마주의 버스에서 한 흑인 여성이 백인 승객에게 자리를 양보하지 않아 체포되자, 마틴 루서 킹은 비폭력적인 시위를 통해 인종 차별 금지 판결을 받아 냈다. 이후 그는 전국을 돌며 흑인 인권 보호를 위한 강연을 했고, 비폭력 저항 운동을 펼쳤다. 킹은 「나에게는 꿈이 있습니다」라는 연설을 통해 흑인과 백인이 평등한 세상을 주장하였으며, 그해 35세의 나이로 최연소 노벨 평화상 수상자가 되었다.

예시 답 연설자 마틴 루서 킹은 여러 가지 시련에도 불구하고 흑인들의 인권을 위해 앞장 선 흑인 인권 운동의 지도자였다. 그는 부당한 현실을 개혁하기 위해 끊임없이 노력한 사람이므로 이러한 그의 인성적인 측면이 설득력을 갖게 하고 있다.

핵심 정리 연설에 활용된 설득 전략

구분	내용
이성적 설득 전략	링컨 대통령의 노예 해방령과 미국의 건국 신조라는 역사적 사실을 제시하여 주장의 타당성을 높임.
감성적 설득 전략	• 흑인들이 처한 인종 차별의 상황을 제시하여 부당한 상황에 관한 청중의 분노에 호소함. • 흑인과 백인이 평등하게 지내는 모습을 간절한 꿈으로 이야기함으로써 청중에게 감동을 불러일으키고 희망을 전달함.
인성적 설득 전략	여러 가지 시련에도 불구하고 부당한 현실을 개혁하기 위해 끊임없이 노력하고 흑인들의 인권을 위해 앞장선 흑인 인권 운동의 지도자인 연설자 마틴 루서 킹의 인성적인 측면이 설득력을 높임.

16 ㉠, ㉡에 사용된 설득 전략으로 가장 적절한 것은?

① 연설자의 인성을 활용한 설득 전략
② 청중의 감정에 호소하는 설득 전략
③ 객관적인 정보를 제시하는 설득 전략
④ 논리적인 인과 관계를 강조하는 설득 전략
⑤ 연설자과 청중의 관계를 이용한 설득 전략

17 연설자가 ㉠을 통해 전달하고자 하는 중심 내용으로 가장 적절한 것은?

① 미국 사회의 정체성을 알아야 한다.
② 불평등한 미국 사회를 개혁해야 한다.
③ 물질적인 풍요로 인해 현대인들이 병들고 있다.
④ 흑인이 오랜 기간 부당한 차별을 당하고 있다.
⑤ 흑인과 백인이 평등한 사회를 위해 나아가야 한다.

핵심

18 ㉢을 바탕으로 볼 때 이 연설이 설득력을 갖는 이유로 적절한 것은?

① 연설자의 삶이 신뢰감을 준다.
② 연설 내용이 흥미롭고 재미있다.
③ 특정한 문구를 반복하여 강조한다.
④ 역사적인 사실이 주장을 뒷받침한다.
⑤ 청중의 감정을 잘 파악하고 있는 내용이다.

창의·융합 활동

혼자 하기

다음 광고를 보고, 광고의 설득 전략과 그 효과를 파악해 봅시다.

1. 다음 빈칸을 채우며 이 광고의 장면 구성을 정리해 봅시다.

출근길 → 회사 → 퇴근길

장면을 통해 인물의 하루를 이야기로 구성하여 순서대로 보여 주고 있다.

2. 이 광고가 전달하고자 하는 주제를 말해 봅시다.

타인을 배려하고 돕는 마음을 갖자.

3. 이 광고에서 사용한 설득 전략과 그 효과를 말해 봅시다.

예시 답

설득 전략	효과
나는 이 광고에 이성적 설득 전략이 사용된 것 같아. 하루 동안 타인을 돕는 데 사용되는 시간을 수량화하여 보여 줌으로써 우리가 적은 시간으로도 타인을 배려할 수 있음을 논리적으로 설득하고 있어.	타인을 배려하자는 의도로 광고를 만들 때는, 대개의 경우 과도한 감성적 표현을 활용하는 경우가 많아서 잘 와닿지 않는데, 이 광고는 우리가 타인을 배려하는 데 드는 시간을 수량화하여 보여 줌으로써 이성적으로 판단할 수 있도록 하고, 나 자신의 하루를 다시 한번 되돌아보게 하는 효과가 있는 것 같아.

수행 평가 대비 활동

| 수행 평가 TIP | 생활 속에서 자주 접할 수 있는 광고의 설득 전략을 찾아보고, 설득의 상황이 토론이나 논쟁뿐 아니라 우리 삶에서 다양한 매체나 글을 통해 나타날 수 있음을 이해하기 위한 활동입니다. 제시된 광고에 나타난 설득 전략을 파악한 후, 표현 효과에 대해 생각해 봅시다.

1 평가 내용 확인하기

- 광고의 장면 구성 정리하기
- 광고의 주제 파악하기
- 광고에서 사용한 설득 전략과 그 효과 파악하기

2 평가 기준 확인하기

- 광고의 장면 구성을 잘 이해하였는가?

제시된 광고가 인물의 일과에 따른 공간의 이동을 중심으로 전개되고 있다는 사실을 파악한 후, 그 순서를 정리해 보세요.

- 광고가 전달하고자 하는 주제를 파악하였는가?

광고가 기본적으로 설득을 목적으로 하는 매체임을 떠올리고, 이 광고가 보는 이들에게 어떠한 내용을 설득하기 위한 것일지 생각해 보세요.

- 광고에서 사용한 설득 전략과 효과를 이해하였는가?

광고의 주제를 바탕으로 광고가 어떠한 설득 전략을 사용하고 있는지 파악해 보세요. 논리적 근거를 지녔다면 이성적 설득, 감정에 호소하고 있다면 감성적 설득, 화자의 됨됨이를 바탕으로 하고 있다면 인성적 설득임을 주지한 후, 이러한 설득 전략의 효과를 생각해 봅니다.

수행 평가 +

- 모둠을 만들어 우리 주변의 여러 매체에서 설득 전략을 사용하고 있는 예를 찾아보고, 그 효과를 이야기해 봅시다.

도와줄게 화자가 자신의 생각을 설득하는 말하기는 연설, 토론 외에도 광고, 홈 쇼핑, 텔레비전 시사 프로그램, 다큐멘터리 등 다양한 매체에서 이루어집니다. 우리 주변에서 청자를 설득하여 행동이나 생각의 변화를 촉구하는 말하기에는 어떠한 것이 있는지 생각해 보고, 청자의 입장에서 어떠한 점에서 설득력을 얻는지 파악해 봅시다.

핵심 원리

설득 전략의 종류

이성적 설득 전략	화자가 자신의 주장을 적절한 근거를 들어서 말함으로써 설득의 효과를 높이는 전략
(❶) 설득 전략	청중의 욕망과 분노, 자긍심, 동정심 등과 같은 감정에 호소하여 청중의 마음을 움직이는 전략
인성적 설득 전략	화자의 사람 됨됨이를 바탕으로 하여 메시지에 신뢰를 갖게 하는 설득 전략

핵심 내용

(1) **설득 전략의 종류**

❶ 이성적 설득 전략

개념	(❷)이고 이성적인 방법으로 화자의 주장을 뒷받침하는 전략
효과	논리적이고 체계적인 설명을 통해 상대방을 설득하는 효과가 있음.
예시	<상점에서 점원이 휴대 전화를 파는 상황> 이 전화기는 새로운 처리 장치를 장착하여 이전 기종보다 두 배 이상 빨라졌습니다. 카메라의 성능도 향상되어 마치 고성능 카메라로 찍은 것 같은 원근감 표현이 가능합니다. → 휴대 전화의 장점을 항목별로 나누어 설명하면서 개선된 점들을 근거로 제시함.

❷ 감성적 설득 전략

개념	청중의 욕망과 분노, 자긍심, 동정심 등과 같은 감정에 호소하여 청중의 마음을 움직이게 하는 전략
효과	상대방의 감성을 자극하여 호소력 있게 설득하는 효과가 있음.
예시	<오디션 상황> 저는 그동안 평범한 삶을 살았습니다. 영화 속 이름 없는 행인 1이나 손님 2와 같은 삶이었죠. 이제는 나를 위한 삶을 살며 제 삶의 주인공이 되고 싶습니다. → 오디션 심사 위원에게 어떤 이유로 자신이 이 오디션에 적합한 인물인지 이야기함으로써 오디션 심사 위원의 감정에 호소함.

❸ 인성적 설득 전략

개념	화자의 사람 됨됨이를 바탕으로 하여 화자의 주장에 신뢰를 갖게 하는 전략
효과	말하는 사람의 됨됨이, (❸)을/를 통해 설득하는 효과가 있음.
예시	<주민대표 선거 상황> 저 분은 평소에도 이웃을 위해 봉사 활동도 많이 하시고, 항상 솔선수범 하신대. 저런 분이라면 우리 대표로 뽑아드려야지. → 청중들의 평판에서 연설자의 평소 인물 됨됨이와 인격적 측면이 드러나고 있음.

(2) **비판적으로 분석하며 듣기**

❶ 「나에게는 꿈이 있습니다」의 연설 요소 정리

연설 목적	(❹) 철폐의 필요성과 당위성 주장
화자	마틴 루서 킹
청중	'워싱턴 평화 행진'의 참가자

❷ 「나에게는 꿈이 있습니다」에 나타난 설득 전략

이성적 설득 전략	역사적 사실인 링컨 대통령의 노예 해방령과 미국의 건국 신조를 근거로 제시함.
감성적 설득 전략	• 흑인들이 처한 인종 차별의 상황을 제시하여 부당한 상황에 관한 청중의 분노에 호소함. • 흑인과 백인이 평등하게 지내는 모습을 간절한 꿈으로 이야기함으로써 청중에게 감동을 불러일으키고 희망을 전달함.
(❺) 설득 전략	연설자 마틴 루서 킹은 여러 가지 시련에도 불구하고 흑인들의 인권을 위해 앞장선 흑인 인권 운동의 지도자로 부당한 현실을 개혁하기 위해 끊임없이 노력한 사람임.
표현상의 특징	• (❻)을/를 통해 청중의 관심을 집중시키고 내용을 강조함. 예 '100년이 지났지만', '나에게는 꿈이 있습니다.', '이러한 믿음만 있으면', '함께'의 반복 • 청중이 연설자에게 동질감을 느낄 수 있는 표현을 사용함. 예 '동지 여러분', '함께'

정답 ❶ 감성적 ❷ 논리적 ❸ 인성 ❹ 인종 차별 ❺ 인성적 ❻ 반복

소단원 핵심 문제

• 정답과 해설 p.46

[01~04] 다음을 읽고, 물음에 답하시오.

(가) 상점에서 점원이 휴대 전화를 파는 상황

(나) 오디션 상황

왜 이 오디션에서 당신을 뽑아야 하는지, 당신이 이 역할에 적합한 인물인지를 말해 보세요.

저는 그동안 평범한 삶을 살았습니다. 영화 속 이름 없는 행인 1이나 손님 2와 같은 삶이었죠. 이제는 나를 위한 삶을 살며 제 삶의 주인공이 되고 싶습니다.

(다) 주민 대표 선거 상황

출제 예감 90%

01 (가)~(다)의 공통된 상황으로 적절한 것은?

① 사적인 말하기 상황
② 공식적인 말하기 상황
③ 친교를 위한 말하기 상황
④ 설득을 목적으로 하는 말하기 상황
⑤ 정보 전달을 목적으로 하는 말하기 상황

출제 예감 90%

02 (가)에 나타난 설득 전략이 사용된 말하기로 적절한 것은?

① 너 나를 믿지? 내가 언제 너에게 나쁜 말 하는 것 봤어? 그러니까 내가 권하는 대로 책을 좀 읽어 보라고. 네 삶이 변화할 테니.
② 남들은 독서를 하고 있는데 너만 책을 읽지 않으면 어떻게 될까? 너도 모르는 사이에 남들보다 뒤떨어지고 있는 것이란 사실을 잊지 말아야 한다.
③ 책을 읽고 있으면 무언가로 마음이 가득 차는 듯한 기분이 들어. 현실 속의 문제들을 모두 접어 두고 책 속 세계에 빠져들다 보면 마음이 평안해지는 것 같아.
④ '천 리 길도 한 걸음부터'라는 속담이 있듯이 너도 하루에 조금씩이라도 책을 읽는 습관을 가져 보는 것은 어떨까? 책을 읽지 않는 것은 부끄러운 일이야.
⑤ 책을 읽어야 하는 이유로는 여러 가지가 있다. 우선 정보를 얻기 위해서이다. 두 번째는 다른 사람의 삶을 간접 경험할 수 있어서이다. 세 번째는 책을 읽음으로써 독자는 정신이 성숙해지기 때문이다.

출제 예감 80%

03 (나)의 오디션 참가자가 심사 위원들에게 전달하고자 하는 중심 내용으로 적절한 것은?

① 앞으로 평범한 삶을 살아가고 싶다.
② 그동안 여러 번 오디션에 도전하였다.
③ 이 오디션에서 원하는 능력을 갖추고 있다.
④ 오랜 기간을 통해 충분한 실력을 갖추게 되었다.
⑤ 이 오디션을 통해 자신의 삶에서 주인공이 되고 싶다.

출제 예감 90% 서술형 논술 대비

04 (다)의 상황 이후 연설자가 주민 대표로 선출되었다면 그 이유가 무엇일지, 〈조건〉에 맞게 서술하시오.

조건
• 두 개의 문장으로 서술할 것.
• 설득 전략의 종류 중에서 한 가지를 포함하여 서술할 것.

[05~08] 다음 글을 읽고, 물음에 답하시오.

저는 오늘 우리 역사에서 자유를 위한 가장 위대한 행진으로 기억될 이 자리에 여러분과 함께하게 되어 기쁩니다.

㉠ 100년 전, 우리 위대한 미국인(링컨 대통령)이 노예 해방령에 서명했습니다. 지금 우리는 그를 상징하는 자리에 서 있습니다. 그 중대한 선언은 부당함이라는 불길에 몸을 데이며 시들어 간 수백만 흑인 노예들에게 희망의 등불이었습니다. 그 선언은 노예 생활의 기나긴 밤을 걷어 내는 환희의 새벽이었습니다.

그러나 그로부터 100년이 지났지만 흑인은 여전히 자유롭지 못합니다. 100년이 지났지만 흑인은 여전히 인종 분리 정책이라는 족쇄와 인종 차별이라는 쇠사슬에 묶인 채 절뚝거리며 비참하게 살고 있습니다. 100년이 지났지만 흑인은 이 거대한 물질적 풍요의 바다 한가운데에 가난이라는 섬에 고립되어 살고 있습니다. 100년이 지났지만 흑인은 여전히 미국 사회의 후미진 곳으로 내몰려, 자신의 땅에서 추방당한 채 살고 있습니다. 그리하여 우리는 이 치욕스러운 현실을 알리고자 오늘 이 자리에 모였습니다. [중략]

동지 여러분, 저는 오늘 여러분에게 말씀드리고 싶습니다. 절망의 구렁에 빠져 허우적대지 맙시다.

비록 우리는 지금 고난을 마주하고 있지만 나에게는 꿈이 있습니다. 그 꿈은 아메리칸드림에 깊이 뿌리를 내리고 있습니다.

㉡ 나에게는 꿈이 있습니다. 언젠가 이 나라가 '모든 인간은 평등하게 태어난다는 사실을 우리는 자명한 진리로 받아들인다.'라는 이 나라 건국 신조의 참뜻을 되새기며 살아가리라는 꿈입니다.

㉢ 나에게는 꿈이 있습니다. 언젠가 조지아주의 붉은 언덕에서 노예의 후손과 노예 주인의 후손이 형제애라는 식탁 앞에 나란히 앉을 수 있는 날이 오리라는 꿈입니다.

나에게는 꿈이 있습니다. 부당함과 억압의 뜨거운 열기로 신음하는 미시시피주도 언젠가 자유와 정의가 샘솟는 오아시스가 되리라는 꿈입니다.

나에게는 꿈이 있습니다. 언젠가 내 아이들이 자신의 피부색이 아니라 인격으로 평가받는 나라에서 살게 되리라는 꿈입니다.

지금 나에게는 꿈이 있습니다! / 나에게는 꿈이 있습니다. 지독한 인종 차별주의자들이 들끓는 앨라배마, 주지사가 '주권 우위'라느니, '연방 법령 실시 거부'라느니 같은 말만 떠벌리는 저기 앨라배마에서도 언젠가 흑인 소년, 소녀들이 백인 소년, 소녀들과 형제자매처럼 손을 마주 잡게 되리라는 꿈입니다.

출제 예감 95%

05 이와 같은 말하기를 들을 때 유의할 점이 아닌 것은?

① 청중을 고려한 표현을 판단하면서 듣는다.
② 주장하고자 하는 바를 파악하면서 듣는다.
③ 적절한 자료를 활용했는지 고려하며 듣는다.
④ 중립적인 태도를 가지는지 판단하며 듣는다.
⑤ 주장에 관한 근거가 적절한지 살피면서 듣는다.

출제 예감 85%

06 이 연설에 드러나는 당시 흑인의 처지로 적절하지 않은 것은?

① 사회적으로 소외되어 있다.
② 경제적으로 가난한 상태에 있다.
③ 인종 분리 정책에 시달리고 있다.
④ 노예 해방령을 간절히 원하고 있다.
⑤ 인종 차별주의자의 횡포에 시달리고 있다.

출제 예감 90% 서술형 학습 활동 응용

07 ㉠과 ㉡에 활용된 설득 전략이 무엇인지 내용을 중심으로 서술하시오.

출제 예감 85% 학습 활동 응용

08 ㉢에 대한 청중의 반응으로 적절하지 않은 것은?

① 연설자는 자신이 꿈꾸는 이상 사회를 말하고 있어.
② 비유적 표현으로 주제를 효과적으로 전달하고 있어.
③ 인종 차별주의자에 대한 비판 의식을 드러내고 있어.
④ 현재 조지아주의 모습에 대해 긍정적 시선을 보이고 있어.
⑤ '나에게는 꿈이 있습니다.'를 반복하여 청중의 관심을 유도하는군.

소단원 핵심 문제

[09~12] 다음을 읽고, 물음에 답하시오.

(가) 나에게는 ㉠꿈이 있습니다. 부당함과 억압의 뜨거운 열기로 신음하는 미시시피주도 언젠가 자유와 정의가 샘솟는 오아시스가 되리라는 꿈입니다.

나에게는 꿈이 있습니다. 언젠가 내 아이들이 자신의 피부색이 아니라 인격으로 평가받는 나라에서 살게 되리라는 꿈입니다.

지금 나에게는 꿈이 있습니다!

나에게는 꿈이 있습니다. 지독한 인종 차별주의자들이 들끓는 앨라배마, 주지사가 '주권 우위'라느니, '연방 법령 실시 거부'라느니 같은 말만 떠벌리는 저기 앨라배마에서도 언젠가 흑인 소년, 소녀들이 백인 소년, 소녀들과 형제자매처럼 손을 마주 잡게 되리라는 꿈입니다.

이것이 우리의 희망입니다. 저는 이러한 믿음을 안고 남부로 돌아갈 것입니다.

이러한 믿음이 있으면 우리는 절망이라는 산을 깎아 희망이라는 돌을 만들 수 있을 것입니다. 이러한 믿음이 있으면 우리는 이 시끄러운 불협화음을 형제애라는 아름다운 교향곡으로 바꿀 수 있을 것입니다. 이러한 믿음이 있으면 우리는 언젠가 자유로워지리라는 사실을 알면서 함께 일하고 함께 투쟁하며 함께 감옥에 갈 것이요, 함께 자유를 옹호할 것입니다.

(나)

출제 예감 90%

09 (가)와 (나)에 대한 설명으로 적절하지 않은 것은?

① (가)와 (나)는 모두 설득을 목적으로 하고 있다.
② (가)는 당시 사회 현실이 분명하게 드러나 있다.
③ (가)에서는 연설자가 청중의 반응을 요구하고 있다.
④ (나)는 시간 순서에 따라 전개되고 있다.
⑤ (나)는 시각적 표현 요소가 중시되고 있다.

출제 예감 90% 학습 활동 응용

10 (가)에서 청중을 고려하여 활용한 방법으로 적절하지 않은 것은?

① 같은 문장을 반복하였다.
② 같은 단어를 반복하였다.
③ 비유적인 표현을 활용하였다.
④ 연설자의 경험을 제시하였다.
⑤ '우리'라는 표현을 활용하였다.

출제 예감 90%

11 (나)에서 사용한 설득 전략으로 적절한 것은? (답 2개)

① 시간을 수량화하는 이성적 설득 전략
② 시간을 수량화하는 인성적 설득 전략
③ 감동적인 장면을 활용한 인성적 설득 전략
④ 감동적인 장면을 활용한 감성적 설득 전략
⑤ 제작자의 성품을 강조한 감성적 설득 전략

출제 예감 90% 학습 활동 응용 서술형

12 ㉠이 의미하는 바가 무엇인지 〈조건〉에 맞게 서술하시오.

조건
- 하나의 문장으로 서술할 것.
- 당시의 시대 상황을 포함할 것.

활동 순서 연설자의 주장 파악하기 ➜ 연설자의 주장에 관한 자신의 생각 말하기 ➜ 연설문의 내용을 바탕으로 설득 전략을 분석하고 타당성 판단하기

다음에 제시된 연설문을 읽고, 이어지는 활동을 해 봅시다.

하버드 대학교 졸업 축사

빌 게이츠

총장님, 경영진과 이사진, 교수 여러분과 학부모님, 그리고 특히 졸업생 여러분.

저는 이 말을 하기 위해 30년 이상을 기다려 왔습니다.

"아빠, 제가 언젠가 하버드로 다시 돌아가 학위를 받아 올 거라고 늘 말했었죠?"

이러한 영예에 관해 학교 측에 감사를 드립니다. 내년에 저는 직업을 바꿀 생각입니다. 그런데 드디어 제 이력서에도 학사 학위를 보탤 수 있게 되었으니 참으로 기분 좋은 일이로군요.

저는 저처럼 자퇴하지 않고 정상적인 방법으로 졸업을 하게 된 여러분에게 박수를 보냅니다. 저로서는 *크림슨지가 저를 하버드의 중퇴자 중에서 가장 성공한 사람이라고 언급해 주어서 매우 기쁘게 생각합니다. 그러한 칭찬이 오늘 제가 자퇴로 학업을 끝내지 못한 사람들의 대표로 이렇게 졸업 연설을 할 수 있게 해 주었다고 생각합니다.

그러나 과거를 진지하게 돌아보니 한 가지 크게 후회스러운 일이 있습니다. 저는 이 세상의 엄청난 불평등에 관한 진정한 인식이 없이 하버드를 떠났던 것입니다. 즉, 건강과 부와 기회에 관한 끔찍한 격차가 수백만의 사람들을 절망으로 몰아넣고 있다는 인식 말입니다. 저는 이곳 하버드에서 경제학과 정치학의 새로운 사상을 많이 배웠습니다. 그리고 과학이 이룩한 업적들에 관해서도 많이 접했습니다. 그러나 인류의 가장 위대한 진보는 이런 교과목들에 있는 것이 아니라 이들을 어떻게 하면 불공평을 감소시키는 데 적용할 수 있느냐에 달려 있습니다. 민주주의, 강력한 공교육, 양질의 의료 서비스 혹은 폭넓은 경제적 기회의 제공 등을 통해서 불평등을 감소시키는 것이 인간의 가장 고귀한 성취인 것입니다.

여러분은 제가 하버드에 있을 당시와는 다른 시대에 이곳에 왔습니다. 여러분은 선배인 동창생들보다 세상의 불평등을 더욱 잘 알고 있습니다. 이 가속적 기술의 시대에 어떻게 하면 이러한 불공평한 문제들에 맞설 수 있으며 해결할 수 있을지 생각해 볼 기회를 가졌기를 바랍니다.

여러분이 일주일에 단 몇 시간만 혹은 한 달에 몇 달러쯤 어느 단체에 기부할 수 있고, 아울러 그 시간과 돈이 타인들의 생명을 구하고 타인들의 삶을 개선하는 가장 영향력 있는 곳에 쓰이길 바란다고 하면, 여러분은 그것을 어디에 쓰시겠습니까?

멜린다와 저도 같은 난제에 직면했습니다. 즉 어떻게 우리가 가진 자원을 이용해 가장 많은 사람에게 가장 좋은 일을 할 수 있을까, 하는 문제 말입니다. 이러한 문제를 논의하는 동안에 멜린다와 저는 어느 기사를 읽게 되었습니다. 이 나라에서는 이미 오래전에 해를 끼치지 못하게 된 질병들 때문에 가난한 나라들에서는 매년 수백만 명의 어린이들이 죽어간다는 기사였습니다. 홍역, 말라리아, 폐렴, B형 간염, 황열병. 그리고 제가 이름도 들어 보지 못했던 질병인 *로타바이러스 때문에 매년 50만 명의 어린이들이 죽어갔습니다.

변화가 이루어지지 않는 것은 관심이 너무 적기 때문이 아니라 너무 복잡한 문제이기 때문입니다. 우리의 관심을 행동으로 옮기기 위해서는 우리의 문제를 알고, 해결책을 알고, 그 영향력을 알아야 합니다. 하지만 복잡성이 이 세 가지 단계 모두를 가로막고 있습니다.

첫 번째 단계에 해당하는 문제를 제대로 알게 된다면 우리는 두 번째 단계로 접어들어 해결책을 찾기 위해 복잡한 것들을 헤치고 나아가야 합니다. 우리의 관심을 최대한 활용하기를 바란다면 해결책을 찾는 것이 가장 중요합니다. 만약 우리가 단체나 개인들의 "어떻게 도울 수 있나요?"라는 질문에 언제라도 명료하고 입증된 대답을 할 수 있게 된다면 우리는 행동을 취할 수 있고 세상의 관심도 헛되지 않도록 할 수 있을 것입니다. 그러나 복잡성이 우리의 관심이 실행에 옮겨지는 것을 힘들게 만들며 그들의 관심을 사안으로 다루기도 어렵게 만듭니다. 해결책을 발견하기 위해 복잡성을 헤치고 나아가면 예측 가능한 네 가지 단계로 이어집니다. 그 네 가지 단계는 목표를 설정하는 것, 가장 효과적인 접근법을 찾아내는 것, 그 접근법에 가장 알맞은 기술을 내놓는 것, 그리고 그동안에 신약처럼 정교한 것이든, 그물 침대처럼 단순한 것이든 어쨌든 여러분이 이미 준비해 둔 그런 것들에 기술을 잘 적용하여 사용하는 것입니다.

에이즈를 예로 들어 보지요. 넓은 의미의 목표는 물론 그 질병을 퇴치하는 것이고, 가장 효과적인 접근법은 예방입니다. 이상적인 기술은 단 한 알로 평생 면역이 되는 백신이 될 것입니다. 그러므로 정부와 제약 회사들, 그리고 재단들은 백신 연구를 후원합니다. 하지만 그들의 연구는 10년 이상 걸리기 쉽습니다. 그래서 그동안 우리는 우리가 지금 가진 것을 활용해야 하며 우리가 지금 가진 최선의 예방 방법은 사람들이 위험한 행동을 하지 않게 하는 것입니다.

문제를 알고 접근법을 찾고 난 후의 마지막 단계는 그 일의 효과를 평가하고 다른 사람들이 그 노력들로부터 배울 수 있도록 그 성공과 실패를 공유하는 것입니다.

여러분은 경이로운 시대에 성년을 맞이하고 있습니다. 하버드를 떠나는 여러분에게는 저의 학우들이 결코 가지지 못했던 과학 기술이 있습니다. 여러분은 우리 세대와는 달리 세계적 불평등에 관한 인식이 있습니다. 그러한 인식과 더불어, 여러분이 만약 여러분의 조촐한 노력만으로도 삶을 변화시킬 수 있는 사람들을 포기한다면 여러분은 양심의 소리에 고뇌하게 될 것입니다. 여러분은 저희 세대보다 더 많은 것을 가졌습니다. 그러므로 여러분은 더 빨리 시작해야만 하며 또한 더 오래 계속해야만 합니다.

그리고 저는 여러분이 앞으로 30년 후에 이곳 하버드로 되돌아와서 여러분이 재능과 열정을 가지고 행했던 일들에 관해 회고해 보시기를 바랍니다. 저는 여러분이 단지 여러분의 직업적인 성취도만이 아니라 세계의 심각한 불공평 문제를 어떻게 잘 다루어 왔는가 하는 면도 포함해서 스스로를 평가하게 되기를 바랍니다. 인간이라는 점을 제외하면 여러분과 아무런 공통점이 없는, 세계 저 멀리에 있는 사람들을 어떻게 잘 대해 왔는지를 말입니다.

여러분의 행운을 빕니다.

– 쿨라인미디어 편집부, 『빌 게이츠 명연설』

- **크림슨지** 하버드 대학교의 교내 신문.
- **로타바이러스** 방사상으로, 영아의 급성 위장염을 일으키고 쥐, 송아지, 돼지의 설사를 일으키는 바이러스.

활동 길잡이
연설문을 읽고 사회적 책무와 관련하여 연설자가 말하고자 하는 바를 파악해 보도록 한다.

1 이 연설의 연설자가 전달하고자 한 주장을 한 문장으로 정리해 봅시다.

예시 답 사회적 특권층이 가져야 할 사회적 책임과 의무에 대해 당부하고 있다.

활동 길잡이
청중을 설득하는 연설자의 면모, 설득하려는 내용의 타당성 등을 생각해 본다.

2 이 연설을 듣고, 연설자의 주장에 관한 자신의 생각을 말해 봅시다.

예시 답 이 연설을 듣고 사회적 특권층이 가져야 할 사회적 책임과 의무에 대한 연설자의 의견에 공감되었다. 사회 구성원으로서 가져야 할 책임과 의무를 다시 한 번 생각해 보는 계기가 되었다.

활동 길잡이
연설문에 쓰인 설득 전략을 이성적, 감성적, 인성적 측면에서 정리해 보고, 설득 전략의 타당성을 판단해 보도록 한다.

3 2의 생각을 바탕으로 이 연설문을 분석하고 난 후, 아래의 질문에 답해 봅시다.

1 이 연설문에 사용된 설득 전략을 정리해 봅시다. 예시 답

이성적 설득 전략	변화가 이루어지지 않는 것은 ~ 그 성공과 실패를 공유하는 것입니다.: 청중이 문제에 대한 관심이 있더라도 쉽게 동참하지 못하는 이유를 논리적으로 설명하여 설득의 효과를 높임.
감성적 설득 전략	• 총장님, 경영진과 이사진, ~ 참으로 기분 좋은 일이로군요.: 청중에게 화자와의 동질감을 느낄 수 있게 하여 설득의 효과를 높임. • 여러분은 우리 세대와는 달리 ~ 양심의 소리에 고뇌하게 될 것입니다.: 청중이 자부심을 느낄 수 있도록 하여 설득의 효과를 높임.
인성적 설득 전략	연설자는 자선 재단을 설립하고 전 세계적인 불평등 문제를 해결하려는 활동을 하고 있다는 점에서 청자에게 높은 신뢰감을 준다.

2 연설에 사용된 설득 전략이 타당한지 판단해 봅시다.

예시 답 연설자는 하버드 대학교 졸업생들의 자긍심, 동정심에 호소함으로써 감성적 설득 전략을 구사하기도 하고, 현상에 대한 이유를 논리적으로 설명함으로써 이성적 설득 전략을 구사하기도 한다. 또한 자선 재단을 설립하고 불평등 문제를 해결하는 활동을 하는 모습에서 신뢰감을 형성함으로써 이성적 · 감성적 · 인성적 측면의 설득 전략을 모두 적절하게 활용하여 청중에게 감동을 주고 있다.

대단원 확인 문제

[01~04] 다음 글을 읽고, 물음에 답하시오.

(가) 모든 전화번호가 휴대 전화에 저장돼 있으나 외우고 있는 전화번호는 손가락으로 꼽을 정도이고, 노래방 기기가 없이는 애창곡 하나 부를 수 없으며, 계산기가 없으면 암산은커녕 간단한 계산조차 하지 못한다. 내비게이션이 없으면 여러 번 갔던 길도 찾을 수 없고, 심지어는 가족의 생일과 같은 단순한 정보도 기억하지 못하는 경우가 있다. 이러한 현상을 '디지털 치매', 또는 '아이티(IT) 건망증'이라 부른다.

(나) 이처럼 디지털 기술에 지나치게 의존한 나머지 기억력과 계산 능력 등이 현저하게 떨어지는 현상에 관해 많은 사람들이 걱정을 한다. 하지만 이러한 현상은 단지 좋다, 나쁘다고 쉽게 말할 성격의 것은 아니다. 왜냐하면 디지털 치매 현상은 인류의 진화, 우리 사회의 노동 환경의 변화와 연관된 복잡한 현상이기 때문이다. 여기서는 디지털 치매 현상에 관해 우리가 생각하지 못했던 측면들을 살펴보고자 한다.

(다) 먼저 프랑스의 철학자 미셸 세르의 저서 『호미네상스(Hominescence)』와 2005년 12월 '새로운 기술들은 우리에게 무엇을 가져다 주는가'라는 제목의 강연 내용을 살펴보면 인류의 진화 과정에 관한 흥미로운 내용을 볼 수 있다. 이를 요약하면 다음과 같다.

㉠
- 직립 원인으로 진화하는 과정에서 인류는 손을 도구로 사용하게 됨으로써 그 이전에 먹이나 물건을 무는 데 쓰였던 입의 기능이 퇴화했지만, 그 대신 입은 말하는 기능을 획득했다.
- 문자와 인쇄술이 발명되면서 인간은 호메로스(Homeros)의 서사시를 암송할 수준의 기억력을 상실했지만, 기억의 압박에서 해방되어 새로운 지식 생산과 같은 일에 능력을 활용하게 되었다.
- 오늘날, 휴먼 인터페이스로 인해 인간은 기억력, 계산력 등이 약화되었지만 단순 기억이나 계산의 부담에서 벗어나 정보를 통제하고 관리하며, 지식을 창조하는 능력이 향상되었다.
- 인류의 진화 과정과 역사를 돌아볼 때, 인간은 상실하는 능력이 있으면 동시에 얻게 되는 능력도 있다.

01 이와 같은 글에 대한 설명으로 적절하지 <u>않은</u> 것은?

① 간결하고 논리적인 표현을 사용한다.
② 글쓴이의 주장이 분명하게 드러난다.
③ 대상에 대한 글쓴이의 관점이 잘 드러난다.
④ 글쓴이의 경험이 구체적으로 드러나게 된다.
⑤ 일반적으로 서론, 본론, 결론의 3단 구성으로 되어 있다.

02 (가)와 (나)에 드러나는 디지털 치매에 관한 정보로 적절하지 <u>않은</u> 것은?

① 아이티 건망증과 같은 의미이다.
② 가치 판단이 분명하게 이루어지는 현상이다.
③ 기억력과 계산 능력이 떨어지는 현상을 말한다.
④ 디지털 기술에 대한 지나친 의존이 불러온 현상이다.
⑤ 인류의 진화, 사회의 노동 환경 변화와 관련된 현상이다.

03 ㉠에서 활용되고 있는 논증 방법에 대한 독자의 반응으로 적절한 것은?

① 연역 논증의 대표적인 형식인 대전제, 소전제, 결론으로 이루어지는 구성이군.
② 일반적 원리나 진리를 전제로 특수한 사실을 결론으로 이끌어 내는 방식이군.
③ 정·반·합의 3단계를 거쳐 생각을 전개해 가는 변증법적 방식을 활용하고 있어.
④ 구체적인 사실을 바탕으로 하여 일반적인 결론을 이끌어 내는 논증 방법을 활용하고 있군.
⑤ 둘 이상의 대상이나 현상이 비슷하다는 점을 근거로 하나의 대상에서 나타나는 현상이 다른 대상도 그럴 것이라고 추론하였군.

서술형

04 ㉠을 통해 내릴 수 있는 결론을 바탕으로 할 때, 디지털 치매에 대한 글쓴이의 관점을 서술하시오.

대단원 확인 문제

[05~08] 다음 글을 읽고, 물음에 답하시오.

(가) 현대의 노동 환경을 생각해 보자. 우리는 과거와 완전히 다른 방식으로 일하고 있다. 세상은 훨씬 더 복잡해졌고 제공되는 정보의 양은 너무나 많다. 상대해야 하는 사람의 수도 훨씬 많아졌고, 무엇보다도 발달된 정보 통신 기술 때문에 이들을 실시간으로 상대해야 하는 환경에 처해 있다. / 어느 여류 작가의 말처럼, 오늘날 우리는 ㉠'끊임없는 작은 집중'의 시대에 살고 있다. 이 일에서 저 일로 빨리빨리 주의를 옮겨 가야 할 때, 아무리 집중을 하더라도 우리는 그 각각의 일에 관한 정보를 모두 갖고 있기가 힘들게 마련이다. 수많은 일을 처리해야 하는 이러한 근무 환경에서라면 많은 정보들을 다른 곳에 저장했다가 필요할 때마다 빨리 찾아내어 사용하는 것이 효율적인 방법인 동시에 불가피한 선택이라 하겠다. 이제 정보는 '기억하는' 것이 아니고 '찾는' 것인 시대가 되고 있는 것이다.

(나) 일하는 환경이 이렇게 바뀜에 따라 우리 뇌의 능력은 점점 기억하는 뇌가 아닌 필요한 정보를 빨리 찾는 뇌로 바뀌어 가고 있다. 자신이 알고 있는 몇몇 정보보다는 다른 사람이 갖고 있는 모든 정보를 모아 놓은 것이 정보로서 훨씬 더 가치가 있으며, 자기 자신만의 정보를 잘 기억하는 능력보다는 여기저기 놓여 있는 정보를 효과적으로 잘 찾는 능력이 훨씬 중요하게 여겨지는 사회로 바뀌고 있는 것이다. 어떤 사람들은 지금과 같은 디지털 기술 의존 현상이 결국 기억 능력을 크게 떨어뜨려 인간을 퇴보하게 할 것이라고 주장하지만, 보조 기억을 디지털 기기로 이동하는 것이 기억 능력의 퇴보는 아니라고 본다. 정보를 어디서 찾을 수 있는가에 대한 정보도 기억이 돼야 하며, 앞으로는 정보 자체의 기억보다는 이런 정보를 찾을 수 있는 원천이나 방법에 대한 기억이 더욱 중요해질 것이기 때문이다.

(다) 요컨대 디지털 기술 의존 현상은 인간의 진화와 문명의 진전 과정에서 늘 존재해 왔던 기존의 기술 의존 현상과 다를 바 없는 것이요, 방대한 정보 처리와 효율적 업무 처리를 요하는 현대 사회의 환경에 적응하기 위한 불가피한 선택일 뿐이며, 그로 인해 오히려 더욱 창조적인 새로운 능력을 인간에게 가져다준 것으로 보아야 한다. 그러니 굳이 디지털 치매라는 이상한 종류의 병에 걸렸다고 걱정하지 말고 인간 진화의 자연스러운 양상일 뿐이며 미래형 인간을 향한 진보의 결과로 마음 편하게 받아들이길 권할 따름이다.

05 이 글에 대한 설명으로 적절하지 않은 것은?

① 예상 반론을 제시하고 재반박하고 있다.
② 예시적이고 설득적인 성격을 가지고 있다.
③ 디지털 기술 의존 현상을 제재로 하고 있다.
④ 대상에 대한 중립적인 관점을 보여 주고 있다.
⑤ 다른 사람의 말을 인용하여 내용을 뒷받침하고 있다.

06 (나)를 바탕으로 정보에 대한 접근 방식의 변화를 정리하였을 때 적절한 것은?

① 개인이 보관한 정보 찾기 → 산재한 정보를 찾기
② 모두가 활용할 수 있는 정보 → 자기 자신만의 정보
③ 정보의 원천에 대한 기억 → 정보 자체에 대한 기억
④ 필요한 정보를 찾기 → 다양한 정보를 수집하고 보관
⑤ 디지털 기기를 보조 기억으로 활용 → 뇌에 정보를 저장

07 (다)에 드러난 글쓴이의 중심 주장으로 가장 적절한 것은?

① 디지털 치매는 인간에게 창조적인 새로운 능력을 가져다 줄 것이다.
② 디지털 치매는 진보의 결과이자 자연스러운 현상으로 받아들여야 한다.
③ 현대 사회의 노동 환경은 방대한 정보 처리와 효율적 업무 처리를 요구하고 있다.
④ 디지털 치매는 기계 문명의 발전과 함께 늘 존재했던 기술 의존 현상의 하나이다.
⑤ 디지털 치매는 이상한 질병으로 걱정할 필요는 없지만 매우 심각하게 받아들여야 한다.

서술형

08 ㉠에 담겨 있는 현대 노동 환경의 변화 양상을 한 문장으로 서술하시오.

조건
예전의 노동 환경의 특징을 포함하여 서술할 것.

[09~12] 다음 글을 읽고, 물음에 답하시오.

(가) 저는 오늘 우리 역사에서 자유를 위한 가장 위대한 행진으로 기억될 이 자리에 여러분과 함께하게 되어 기쁩니다.

100년 전, 우리 위대한 미국인(링컨 대통령)이 노예 해방령에 서명했습니다. 지금 우리는 그를 상징하는 자리에 서 있습니다. 그 중대한 선언은 부당함이라는 불길에 몸을 데이며 시들어 간 수백만 흑인 노예들에게 희망의 등불이었습니다. 그 선언은 노예 생활의 기나긴 밤을 걷어 내는 환희의 새벽이었습니다.

(나) 그러나 그로부터 100년이 지났지만 흑인은 여전히 자유롭지 못합니다. 100년이 지났지만 흑인은 여전히 인종 분리 정책이라는 족쇄와 인종 차별이라는 쇠사슬에 묶인 채 절뚝거리며 비참하게 살고 있습니다. 100년이 지났지만 흑인은 이 거대한 물질적 풍요의 바다 한가운데에 가난이라는 섬에 고립되어 살고 있습니다. 100년이 지났지만 흑인은 여전히 미국 사회의 후미진 곳으로 내몰려, 자신의 땅에서 추방당한 채 살고 있습니다. 그리하여 우리는 이 치욕스러운 현실을 알리고자 오늘 이 자리에 모였습니다.

(다) 동지 여러분, 저는 오늘 여러분에게 말씀드리고 싶습니다. 절망의 구렁에 빠져 허우적대지 맙시다.

비록 우리는 지금 고난을 마주하고 있지만 나에게는 꿈이 있습니다. 그 꿈은 아메리칸드림에 깊이 뿌리를 내리고 있습니다.

(라) 나에게는 꿈이 있습니다. 언젠가 조지아주의 붉은 언덕에서 노예의 후손과 노예 주인의 후손이 형제애라는 식탁 앞에 나란히 앉을 수 있는 날이 오리라는 꿈입니다.

나에게는 꿈이 있습니다. 부당함과 억압의 뜨거운 열기로 신음하는 미시시피주도 언젠가 자유와 정의가 샘솟는 오아시스가 되리라는 꿈입니다.

나에게는 꿈이 있습니다. 언젠가 내 아이들이 자신의 피부색이 아니라 인격으로 평가받는 나라에서 살게 되리라는 꿈입니다. / 지금 나에게는 꿈이 있습니다!

나에게는 꿈이 있습니다. 지독한 인종 차별주의자들이 들끓는 앨라배마, 주지사가 '주권 우위'라느니, '연방 법령 실시 거부'라느니 같은 말만 떠벌리는 저기 앨라배마에서도 언젠가 흑인 소년, 소녀들이 백인 소년, 소녀들과 형제자매처럼 손을 마주 잡게 되리라는 꿈입니다.

09 이 연설에 대한 설명으로 적절하지 <u>않은</u> 것은?

① 연설자의 간절한 꿈을 중심 소재로 하고 있다.
② 반복되는 말을 통해 청중의 관심을 유도하고 있다.
③ 비유적 표현을 자주 사용하여 효과적으로 주제를 전달하고 있다.
④ 청중들과 동질감을 갖고 있음을 표현하여 전달 효과를 높이고 있다.
⑤ 연설자가 자신의 감정을 직접적으로 드러내지 않고 담담하게 말하고 있다.

10 (가)에서 설득력을 높이기 위해 중점적으로 활용한 것과 설득 전략을 바르게 연결한 것은?

① 긍정적인 전망을 제시하였다. – 인성적 설득
② 청중에게 감동을 자아내고 있다. – 감성적 설득
③ 역사적 사실을 근거로 제시하였다. – 이성적 설득
④ 청중의 분노를 불러일으키고 있다. – 감성적 설득
⑤ 연설자의 인격적인 측면이 강조되었다. – 인성적 설득

11 (나)와 (다)에 대한 분석으로 적절하지 <u>않은</u> 것은?

① 청중들에게 현실을 극복해 보자고 권유하고 있어.
② 아메리칸드림이라는 이상을 부정적으로 대하고 있어.
③ '100년이 지났지만'을 강조하여 현실 상황을 표현하고 있군.
④ 청중의 분노를 불러일으키는 설득 전략을 사용하고 있군.
⑤ 흑인이 사회적·경제적으로 심한 차별을 받는 상황에 있음을 강조하고 있어.

12 〈보기〉의 ㉠과 ㉡이 설명하는 소재를 (라)에서 찾아 각각 쓰시오.

보기
㉠ 평등한 사회의 긍정적인 모습을 비유적으로 드러낸 소재
㉡ 현실에서 흑인이 부당한 대우를 받고 있음을 드러내는 사회적 부류

대단원 확인 문제

[13~15] 다음 글을 읽고, 물음에 답하시오.

(가) 현대의 노동 환경을 생각해 보자. 우리는 과거와 완전히 다른 방식으로 일하고 있다. 세상은 훨씬 더 복잡해졌고 제공되는 정보의 양은 너무나 많다. 상대해야 하는 사람의 수도 훨씬 많아졌고, 무엇보다도 발달된 정보 통신 기술 때문에 이들을 실시간으로 상대해야 하는 환경에 처해 있다.

어느 여류 작가의 말처럼, 오늘날 우리는 '끊임없는 작은 집중'의 시대에 살고 있다. 이 일에서 저 일로 빨리빨리 주의를 옮겨 가야 할 때, 아무리 집중을 하더라도 우리는 그 각각의 일에 관한 정보를 모두 갖고 있기가 힘들게 마련이다. 수많은 일을 처리해야 하는 이러한 근무 환경에 서라면 많은 정보들을 다른 곳에 저장했다가 필요할 때마다 빨리 찾아내어 사용하는 것이 효율적인 방법인 동시에 불가피한 선택이라 하겠다. 이제 정보는 '기억하는' 것이 아니고 '찾는' 것인 시대가 되고 있는 것이다.

일하는 환경이 이렇게 바뀜에 따라 우리 뇌의 능력은 점점 기억하는 뇌가 아닌 필요한 정보를 빨리 찾는 뇌로 바뀌어 가고 있다. 자신이 알고 있는 몇몇 정보보다는 다른 사람이 갖고 있는 모든 정보를 모아 놓은 것이 정보로서 훨씬 더 기치가 있으며, 자기 자신만의 정보를 잘 기억하는 능력보다는 여기저기 놓여 있는 정보를 효과적으로 잘 찾는 능력이 훨씬 중요하게 여겨지는 사회로 바뀌고 있는 것이다.

(나) 나에게는 꿈이 있습니다. 언젠가 내 아이들이 자신의 피부색이 아니라 인격으로 평가받는 나라에서 살게 되리라는 꿈입니다. / 지금 나에게는 꿈이 있습니다!

나에게는 꿈이 있습니다. 지독한 인종 차별주의자들이 들끓는 앨라배마, 주지사가 '주권 우위'라느니, '연방 법령 실시 거부'라느니 같은 말만 떠벌리는 저기 앨라배마에서도 언젠가 흑인 소년, 소녀들이 백인 소년, 소녀들과 형제자매처럼 손을 마주 잡게 되리라는 꿈입니다.

이것이 우리의 희망입니다. 저는 이러한 믿음을 안고 남부로 돌아갈 것입니다.

이러한 믿음이 있으면 우리는 절망이라는 산을 깎아 희망이라는 돌을 만들 수 있을 것입니다. 이러한 믿음이 있으면 우리는 이 시끄러운 불협화음을 형제애라는 아름다운 교향곡으로 바꿀 수 있을 것입니다. 이러한 믿음이 있으면 우리는 언젠가 자유로워지리라는 사실을 알면서 함께 일하고 함께 투쟁하며 함께 감옥에 갈 것이요, 함께 자유를 옹호할 것입니다.

13 (가)와 (나)의 공통점으로 적절한 것은?

① 교훈적인 주제를 서사적인 이야기로 담아 전달한다.
② 설득을 목적으로 자신의 주장을 분명하게 전달한다.
③ 중요한 정보를 요약하여 이해하기 쉽게 전달하고 있다.
④ 예상 독자나 예상 청중을 불특정 다수로 설정하고 있다.
⑤ 비유적인 표현을 활용하여 주제를 효과적으로 표현한다.

14 (가)를 읽고 다음과 같이 대화를 나누었을 때 내용이 적절하지 않은 사람은?

> 정호: 현대의 노동 환경은 예전과는 많이 달라졌어.
> 민수: 정보의 홍수라고나 할까? 일단 전달되는 정보가 너무 많아.
> 종우: 만나야 하는 사람의 수도 예전과는 비교할 수도 없이 많아졌고.
> 정민: 수많은 일을 거의 실시간으로 처리해야 하니까 다루어야 할 정보를 모두 기억할 수는 없게 되는 거지.
> 수정: 그래서 정보를 많이 기억하는 사람이 능력을 인정받는다는 거지.

① 정호 ② 민수 ③ 종우 ④ 정민 ⑤ 수정

서술형
15 〈보기〉를 바탕으로 (나)가 설득력이 있다고 판단할 때, 그 이유가 무엇인지 서술하시오.

> 보기
> 마틴 루서 킹은 미국의 목사이자 시민권 운동을 이끈 지도자이다. 1955년 앨라배마주의 버스에서 한 흑인 여성이 백인 승객에게 자리를 양보하지 않아 체포되자, 마틴 루서 킹은 비폭력적인 시위를 통해 인종 차별 금지 판결을 받아냈다. 이후 그는 전국을 돌며 흑인 인권 보호를 위한 강연을 했고, 비폭력 저항 운동을 펼쳤다.

[16~19] 다음을 읽고, 물음에 답하시오.

(가) 산을 오르는 과정은 누구나 힘듭니다. 비탈길도 올라가야 하고, 고개도 넘어야 합니다. 한참을 올랐는데도 끝이 나지 않을 것 같은 기분이 들기도 합니다. 그러나 그 고난을 뒤로 참고 견디어 정상에 오르면 우리는 세상 무엇과도 바꿀 수 없는 성취감에 큰 기쁨을 맛보게 됩니다. 독서도 이와 같습니다. 글을 읽는 동안에는 인내와 노력이 필요하기도 합니다. 때로는 졸립기도 하고, 때로는 독서 밖의 세상이 더 재미있어 보이기도 합니다. 하지만 한 권의 책을 다 읽고 나면 책이 주는 즐거움과 감동을 맛볼 수 있게 됩니다.

(나) 사람은 사회적 동물이다. 누구나 사회적 집단을 이루어 살면서 가정, 마을, 나아가 국가라는 공동체와 더불어 산다. 사람은 날마다 먹는 음식, 입는 옷, 사는 집 등의 삶의 기본 요소를 혼자 힘으로는 마련하기 힘든 데다가, 사람 간의 관계를 추구하며 함께 어울려 살기를 원하기 때문이다. 우리는 모두 이러한 사람이다. 그러므로 우리는 사회적 동물이다.

(다)

(라) 여러분은 경이로운 시대에 성년을 맞이하고 있습니다. 하버드를 떠나는 여러분에게는 저의 학우들이 결코 가지지 못했던 과학 기술이 있습니다. 여러분은 우리 세대와는 달리 세계적 불평등에 관한 인식이 있습니다. 그러한 인식과 더불어, 여러분이 만약 여러분의 조촐한 노력만으로도 삶을 변화시킬 수 있는 사람들을 포기한다면 여러분은 양심의 소리에 고뇌하게 될 것입니다. 여러분은 저희 세대보다 더 많은 것을 가졌습니다. 그러므로 여러분은 더 빨리 시작해야만 하며 또한 더 오래 계속해야만 합니다.

16 (가)에 활용된 논증 방법에 대한 설명으로 가장 적절한 것은?

① 삼단 논법을 통해 결론을 이끌어 내는 방식
② 인과 관계를 바탕으로 결론을 이끌어 내는 방식
③ 일반적인 원리에서 개별적인 사실을 이끌어 내는 방식
④ 두 대상이 유사하다는 전제를 바탕으로 결론을 이끌어 내는 방식
⑤ 결론이 참이 되려면 대전제와 소전제가 모두 참이 되어야 하는 방식

17 (나)를 다음과 같이 분석할 때, 빈칸에 적절한 내용을 찾아 쓰시오.

대전제	㉠
소전제	㉡
결론	㉢

18 (다)에 대한 설명으로 적절하지 <u>않은</u> 것은?

① 시각적 표현이 강조되는 매체이다.
② 시간 순서에 따라 이야기를 구성하고 있다.
③ 시청자로부터 자신을 돌아보도록 하고 있다.
④ 남을 배려하는 마음을 갖자는 주제를 전달한다.
⑤ 시간을 수치로 보여 주는 감성적 설득 전략이 활용되었다.

19 (라)에 중심적으로 활용된 설득 전략으로 적절한 것은?

① 청중의 분노를 일으키는 감성적 설득 전략
② 청중이 자부심을 갖게 하는 감성적 설득 전략
③ 청중에게 통계 자료를 제시하는 이성적 설득 전략
④ 청중이 연설자와 동질감을 느끼게 하는 감성적 설득 전략
⑤ 청중이 쉽게 동참하지 못하는 이유를 설명한 이성적 설득 전략

보충 자료 너 자신을 사랑하라

다음은 방탄소년단의 유엔(UN) 연설문으로, 학창 시절에 모두가 한 번쯤은 고민해 봤을 법한 내용을 익숙하고 친근한 소재로 전달하고 있다. 연설에서 청중을 설득하기 위해 사용한 설득 전략과 글의 논지 전개 방식에 유의하며 읽도록 한다.

존경하는 유엔(UN) 사무총장님, 유니세프(UNICEF) 총재님, 세계 각국의 정상 분들과 귀빈 여러분, 감사합니다.

저는 방탄소년단의 김남준입니다. 오늘날의 젊은 세대들을 위한 의미 있는 자리에 초대받게 되어 대단히 영광입니다.

작년 11월 방탄소년단은 유니세프와 함께 "진정한 사랑은 나 자신을 사랑하는 것에서 시작한다."라는 믿음을 바탕으로 '나 자신을 사랑하자(LOVE MYSELF)' 운동을 시작했습니다. 전 세계 어린이와 청소년들을 폭력으로부터 보호하는 엔드바이올런스 프로그램도 유니세프와 함께해 오고 있습니다. 그리고 저희 팬들은 행동과 열정으로 이 운동에 중요한 부분을 담당하게 되었습니다.

저는 오늘 저에 대한 이야기로 시작하려 합니다.

저는 대한민국 서울 근교에 위치한 일산이라는 도시에서 태어났습니다. 그곳은 호수와 산이 있고, 해마다 꽃 축제가 열리는 아름다운 곳입니다. 저는 그곳에서 매우 행복하게 어린 시절을 보냈고, 그저 평범한 소년이었습니다. 경이로운 눈으로 밤하늘을 올려다보고, 소년으로서 공상하기도 했습니다. 세상을 구할 수 있는 영웅이 되는 상상을 하고는 했습니다.

저희 초기 음악 중, '아홉, 열 살쯤 내 심장은 멈췄다.'라는 가사가 있습니다. 돌이켜 보면 그때쯤이 처음으로 다른 사람들이 나를 어떻게 생각할지 걱정하고 다른 사람의 시선으로 나를 보기 시작한 때인 것 같습니다. 저는 점차 밤하늘과 별들을 올려다보지도 않게 됐고, 공상을 하지도 않게 되었습니다. 대신 다른 이가 만들어 놓은 틀에 저를 끼워 맞추려 했습니다. 얼마 지나지 않아 저는 제 목소리를 내지 않고 다른 사람의 목소리를 듣기 시작했습니다. 아무도 제 이름을 불러 주지 않았고, 저 스스로도 그랬습니다. 제 심장은 멈췄고 제 시선은 닫혔습니다. 그렇게 저는, 우리는, 모두 이름을 잃어버렸습니다. 우리는 유령처럼 되었습니다.

하지만 제게는 하나의 피난처가 있었고, 그것은 바로 '음악'이었습니다. 제 안에서 작은 목소리가 들렸습니다.

'깨어나. 너 자신에게 귀를 기울여!'

그러나 음악이 제 진짜 이름을 부르는 것을 듣는 데까지는 오랜 시간이 걸렸습니다. 방탄소년단에 합류하기로 결심한 이후에도 많은 난관이 있었습니다. 못 믿는 분들도 계시겠지만, 대다수 사람들은 저희가 희망이 없다고 생각했습니다. 때때로 저는 그냥 포기하고 싶었습니다.

하지만 제가 모든 것을 포기하지 않은 것이 정말 행운이었다고 생각합니다. 그리고 저는, 우리는, 앞으로도 이렇게 비틀거리고 넘어질 것입니다.

방탄소년단은 지금 대규모 경기장에서 공연을 하고, 수백만 장의 음반을 파는 음악가가 되었습니다. 하지만 저는 여전히 스물네 살의 평범한 청년입니다. 제가 성취한 것이 있다면, 이는 바로 제 곁의 방탄소년단 구성원들, 그리고 저희를 위해 결성된 전 세계 아미(ARMY) 팬들의 사랑과 성원 덕분에 가능했습니다.

아마 제가 어제 실수를 했을 수도 있지만, 그 어제의 저도 저입니다. 오늘, 부족하고 실수하는 저도 저입니다. 내일, 좀 더 현명해질 수 있는 저도 역시 저일 것입니다. 이런 제 실수와 잘못들이 저이며, 내 삶의 별자리 중 가장 밝은 별을 만들 것입니다. 저는 오늘의 나를, 어제의 나를, 앞으로 되고 싶은 나를, 저 자신을 사랑하게 되었습니다.

마지막으로 한 가지만 더 말씀드리고 싶습니다.

『너 자신을 사랑하라(LOVE YOURSELF)』 음반을 발매하고, '나 자신을 사랑하자(LOVE MYSELF)' 운동을 시작한 후 저희는 전 세계 팬들로부터 믿지 못할 이야기들을 듣게 되었습니다. 저희의 메시지가 그들이 삶의 역경을 극복하고 그들 자신을 사랑하게 되는 데 얼마나 도움이 되었는지에 관해서요. 그런 이야기들은 저희에게 꾸준히 저희의 책임감을 상기시킵니다. 그러니 우리 모두 한발 더 나아가 봅시다.

우리는 우리 자신을 사랑하는 법을 배웠고, 이제 저는 여러분께 "여러분 자신에 관해 말해보세요."라고 말씀드립니다.

저는 여러분 모두에게 묻고 싶습니다. 여러분의 이름은 무엇입니까? 무엇이 여러분을 심장 뛰게 만듭니까?

여러분의 이야기를 들려주세요. 저는 여러분의 목소리를 듣고 싶고, 여러분의 신념을 듣고 싶습니다. 여러분이 누구이든, 어느 나라 출신이든, 피부색과 성 정체성이 무엇이든 간에 상관없이 그저 여러분 자신에 관해 이야기해 주세요. 여러분 자신에 관해 이야기하면서 여러분의 이름과 목소리를 찾으세요.

저는, 김남준이며, '방탄소년단'의 알엠(RM)이기도 합니다. 아이돌이자 한국에 있는 작은 마을 출신의 음악가입니다. 다른 많은 사람들처럼 저도 많은 결점이 있고 더 많은 두려움이 있지만, 온 힘을 다해 저 자신을 포용하고 천천히, 그저 조금씩 제 자신을 사랑하려 합니다.

당신의 이름은 무엇입니까? 여러분 자신에 관해 이야기해 주세요!

진심으로 감사드립니다.

정답과 해설

중학교 국어 3-1

1 문학을 통한 소통과 공감

• 본문 p.007

확인 문제

01. (1) × (2) × (3) ○ **02.** 관심, 요구

01. '심미적 체험'은 어떤 대상을 감상하고 지각하고 즐기는 경험을 의미한다.

02. 말하기를 계획할 때는 청중에게 필요한 것이 무엇인지, 청중이 원하는 것이 무엇인지 등을 고려해야 한다.

1 나를 멈추게 하는 것들

개념 확인 콕콕 • 본문 p.008

01. ⑤ **02.** 성찰 **03.** ②

01. '심미적 인식'이란 대상의 가치를 아름다움의 측면에서 깨닫는 행위나 깨달음의 결과를 의미한다.

02. 심미적 인식을 바탕으로 한 심미적 체험을 통해 삶의 의미를 성찰할 수 있으며 나아가 바람직한 인생관과 세계관을 형성할 수 있다.

03. 죽는 날까지 부끄러움 없이 살겠다는 화자의 성찰적 태도에서 아름다움을 느낄 수 있는 시이다.

• 확인 문제 • • 본문 p.010

01. ① **02.** ② **03.** ③ **04.** ① 우리 주위에서 흔히 발견할 수 있는 작고 연약한 대상이다. ② 화자에게는 삶의 의미와 가치를 전해 주는 대상이다.

01. 이 시에는 어떤 지방의 특유한 자연, 풍속 따위의 정취나 특색이 느껴지지 않는다.

오답 해설

② 화자를 멈추게 한 것들을 열거하고 있다.

③ 일상의 평범하고 사소한 대상에서 발견한 가치를 통해 삶의 의미를 성찰하고 있다.

④ 화자는 어느 봄날 길을 걷다가 사소하고 일상적이지만 가치 있는 대상들을 발견하고 그것이 주는 삶의 위안 또는 가치를 표현하고 있다.

⑤ '~는 ~이(/가/은) 나를 멈추게 한다'라는 문장 구조의 반복을 통해 운율감을 형성하고 있다.

02. 작가는 화자의 모습을 통해 일상의 사소한 대상들이 주는 삶의 위안과 가치를 독자들에게 전달하고 있다.

03. 이 시에는 시각적 심상이 주로 쓰였다. ③에서도 화자의 서러운 심정을 풀빛이라는 시각적 심상으로 표현하고 있다.

오답 해설

①은 촉각, ②는 청각, ④는 공감각(청각의 시각화), ⑤는 후각적 심상이 나타나므로 적절하지 않다.

04. 화자를 멈추게 한 것들의 특성은 우리 주변에서 흔히 발견할 수 있는 작고 연약한 대상이라는 점이다. 또한 주제와의 관련성 측면에서 보면 화자를 멈추게 한 것들은 화자에게 삶의 의미와 가치를 전해 준 대상이다.

학습 활동 다지기 • 본문 p.011

이해 다지기 문제 **1.** ②

목표 다지기 문제 **1.** ① **2.** ⑤ **3.** ③

이해 **1.** 이 시에서 화자를 멈추게 한 것들은 '씀바귀꽃 한 포기, 제비 한두 마리, 노점 할머니의 옆모습, 실업자 어머니의 뒷모습'으로, 우리 주위에서 흔히 볼 수 있는 작고 연약한 대상이다. 화자는 이런 대상들을 통해 삶의 의미와 가치를 깨닫고 있다.

목표 **1.** 이 시의 화자는 일상의 평범하고 사소한 대상에서 발견한 가치를 통해 삶의 의미를 성찰하고 있다.

2. 이 시는 평소에 의미가 없던 존재의 의미를 새롭게 발견함으로써 삶의 의미를 깨닫는 화자의 모습을 통해 일상의 사소한 대상들의 가치에 대해 이야기하고 있다.

3. ③에는 '바람이 찬', '아버지의 서느런 옷자락' 등 촉각이 주로 쓰였다.
①은 '따뜻한 입김', '포근하다'라는 표현에서 촉각이, ②는 '부푼 바다 물빛'에서 시각이, ④는 '웃으며 먹는 어린 동생의 모습'에서 시각이, ⑤는 '초롱초롱 반짝이는 아이들의 눈'에서 시각이 쓰였다.

소단원 핵심 문제 · 본문 p.015

01. ① **02.** ③ **03.** ① **04.** ③ **05.** ③ **06.** 우리 주위에서 흔히 발견할 수 있는 작고 연약한 대상이지만 화자에게는 삶의 의미와 가치를 전해 주는 대상들이다. **07.** ② **08.** ④ **09.** 말하고자 하는 바를 구체적이고 생생하게 느낄 수 있다. **10.** ② **11.** ② **12.** ② **13.** ② **14.** ③ **15.** 일상의 사소한 대상들이 주는 삶의 위안 또는 가치

01. 이 시의 화자는 주변의 대상에서 가치를 발견하고 삶의 의미를 성찰하는 모습을 보여 주고 있다.

02. 화자는 사소하고 일상적인 대상에게서 가치를 느낀 사람으로, 주변의 대상을 따스하게 바라보고 있다는 것을 알 수 있다.

오답 해설

② 자연물인 씀바귀꽃, 제비들 외에 사람들의 모습에서도 사소한 것들이 주는 삶의 가치를 발견하였다.

03. ㉠에는 시각적 심상이 사용되었다. ①의 '분홍빛 놀(노을)'에서도 시각적 심상이 사용되었다.

오답 해설

② 미각적 심상이 사용되었다.
③ 청각적 심상이 사용되었다.
④ 후각적 심상이 사용되었다.
⑤ 촉각적 심상이 사용되었다.

04. ㉡은 화자가 작고 나약하지만 굳세게 살아가는 존재들을 통해 삶의 위안과 힘을 얻는다는 의미이다.

05. 이 시에는 주변의 사소하고 일상적인 대상에게서 의미를 발견하여 걸음을 멈춘 화자의 모습이 나타나 있다.

06. 화자의 걸음을 멈추게 한 것들은 일상 속에서 관심을 기울이지 않으면 쉽게 지나칠 수 있는 대상이지만, 화자에게 삶의 의미를 전해 준 것들이다.

07. 화자는 길을 걷다가 사소하고 일상적인 대상들에게서 가치를 발견하고 길을 멈춘 상황이다.

08. 이 시에 현실에 대한 비판적 인식과 그것에 대한 우의적 표현은 나타나 있지 않다.

오답 해설

① 일상의 평범하고 사소한 대상에서 발견한 가치를 쉽고 간결한 언어로 표현하고 있다.
② '나를 멈추게 한다'라는 말의 반복을 통해 주제를 강조하고 운율을 형성하고 있다.
③ 나를 멈추게 하는 것들은 우리 주위에서 흔히 발견할 수 있는 작고 연약한 대상이다.
⑤ '나'라는 화자를 겉으로 드러내어 화자가 발견한 가치를 진솔하게 드러내고 있다.

09. 심미적으로 인식한 내용을 심상의 방법으로 표현하면 구체성과 생동감을 줄 수 있다.

10. 화자는 주변의 사소한 대상들에게서 가치를 발견하고 받은 감동을 이야기하고 있다.

오답 해설

① 이 시의 어조에서 독자들에게 설득하고자 하는 의도는 느껴지지 않으며, 이 시는 성찰적 어조가 잘 드러나고 있다.
③ 독자를 구체적으로 한정하지는 않았다.
④ 문장 구조의 반복을 통해 주제 의식을 효과적으로 강조하고 있지만, 동일한 음보를 반복하지 않았다.
⑤ 주변에서 흔히 발견할 수 있는 사람들의 모습이 드러나지만 이들은 우리 사회의 모습을 잘 보여 주기보다는 삶의 의미와 가치를 전해 주는 대상들이다.

11. 〈보기〉는 자신의 딸이 주변을 관찰하고, 도움이 필요한 대상을 배려할 줄 아는 사람이 되기를 바라는 아버지의 마음을 담은 시이다. 두 시의 화자 모두 주변의 대상을 따뜻하게 보고 애정을 가지고 있다는 공통점이 있다.

12. 이 시는 일상의 평범하고 사소한 대상에서 발견한 가치를 통해 삶의 의미를 성찰하고 있다.

13. 평소에는 큰 의미가 없었던 일상의 사소한 대상에게서 의미를 발견하여 발걸음을 멈춘 화자는 ㉠에서 작고 나약하지만 굳세게 사는 대상을 보면서 삶의 위안을 얻고 있다.

14. ③은 제비꽃을 통해 우리 주변의 일상적이고 사소한 존재의 가치와 중요성에 대해서 말하고 있는 시이다.

오답 해설

① 벼의 강인한 생명력을 예찬하고 있다.
② 절망적 상황에서도 희망을 잃지 않고 살아가겠다는 굳은 의지를 드러내고 있다.
④ 나무를 보고 시련과 고난을 겪지 않고서는 제대로 결실을 맺을 수 없음을 깨닫고, 바람직한 삶의 태도에 대해 이야기하고 있다.

⑤ 절망적 상황에서도 포기하지 않고 절망을 극복해 내는 의지를 표현하고 있다.

15. 이 시의 화자는 일상의 사소한 대상을 통해 삶의 위안과 힘을 얻었음을 말하고 있다.

별

개념 확인 콕콕 • 본문 p.018

01. ④ **02.** 심미적 **03.** ⑤

01. 온전한 심미적 체험을 하기 위해서는 작품의 주제, 내용과 형식, 표현 모두를 고려해야 한다.

02. 문학 작품의 주제와 작품 속에 나타난 다양한 표현 방식을 심미적으로 인식하는 행위를 심미적 체험이라고 한다.

03. 비유와 심상을 활용한 다양한 문학적 표현을 통해 신비롭고 생명력 넘치는 자연의 모습이 심미적으로 표현되어 있으며, 설의법은 사용되지 않았다.

• 확인 문제 • • 본문 p.020

01. ③ **02.** ④ **03.** ③ **04.** '나'는 아가씨를 남몰래 좋아하고 있다. **05.** ① **06.** ① **07.** ② **08.** 누구였을까 맞혀 보세요! **09.** ② **10.** ⑤ **11.** 눈에 넣어도 아프지 않을 것만 같더군요. **12.** ② **13.** ② **14.** 날이, 있었지요 **15.** ② **16.** ⑤ **17.** ① **18.** 다른 모든 양보다 훨씬 더 소중하고 더 하얀 양 **19.** ⑤ **20.** 자신이 아가씨를 지켜 주고 있다는 자랑스러운 마음이 들었기 때문이다. **21.** ⑤ **22.** ② **23.** 양치기들은 높은 산에서 밤에 별을 보며 지내기 때문에 별들에 관해서는 다른 사람들보다 잘 이해하고 있다는 뜻이다. **24.** ① **25.** ③ **26.** ④ **27.** ⑤ **28.** ① **29.** 가장 여릿여릿하고 가장 반짝이는 별 **30.** 아가씨를 향한 양치기의 순수하고 아름다운 사랑

01. 과거 회상의 말투를 사용하여 실제로 자신에게 일어났던 일을 들려주는 듯한 느낌과 지나간 일에 대한 애틋한 느낌을 주는 효과가 있다.

02. (가)는 이 글의 발단 부분으로, 아가씨를 좋아하는 '나'의 마음을 통해 사건의 실마리를 드러내고 있다.

오답 해설

① 전개 단계에 대한 설명으로, '나'에게 음식을 가져다주러 아가씨가 산에 올라온 부분이 이에 해당한다.

② 위기 단계에 대한 설명으로 이 글에서는 위기가 나타나지 않는다.

③ 절정 단계에 대한 설명으로, 갑자기 내린 소나기에 강물이 불어 다시 돌아온 아가씨가 잠들지 못하고 '나'가 있는 불 옆으로 오는 부분이 이에 해당한다.

⑤ 결말 단계에 대한 설명으로, 함께 이야기를 나누던 아가씨가 '나'의 어깨에 기대어 잠이 드는 부분이 이에 해당한다.

03. ③은 뤼르산의 은둔 수도자나 피에몽 지방 숯쟁이에 대한 설명이다.

04. 먹을 것을 날라다 주는 사람들에게 아가씨의 근황을 티나지 않게 은근히 묻는 '나'의 행동을 통해 '나'가 아가씨를 남몰래 좋아하고 있음을 알 수 있다.

05. 정오에 거센 비바람이 몰아쳤지만 오후 3시쯤 되니 맑게 개었다고 하였다.

06. 이 글은 1인칭 주인공 시점의 소설로, '나'가 자신의 이야기를 독자에게 직접 이야기하듯 전달하고 있다.

오답 해설

② 액자식 구성에 대한 설명이다.

③ 병렬적 구성에 대한 설명이다.

④ 입체적 구성에 대한 설명이다.

⑤ 이 소설은 이미 지나간 사건을 등장인물이 돌이켜 보는 방법으로 묘사하는 회상 수법이 사용되고 있다. 따라서 현재 눈에 보이는 장면을 생생하게 묘사하고 있는 것은 아니다.

07. '나'는 식량을 전하러 오는 사람이 나타나지 않아서 불안해하며 기다리다가 아가씨가 대신 오자 깜짝 놀라고 있다.

08. 이 글에서는 '나'가 독자에게 직접 말을 건네듯이 서술함으로써 독자로 하여금 '나'에 대해 친밀감을 느끼도록 하고 있다.

09. 이 글은 1인칭 주인공 시점의 소설로, 이 소설의 서술자는 주인공인 '나'이다. '나'가 자신의 이야기를 전달하고 있다.

오답 해설

①, ③ 1인칭 관찰자 시점에 관한 설명이다.

④ 전지적 작가 시점에 관한 설명이다.
⑤ 3인칭 관찰자 시점에 관한 설명이다.

10. 아가씨는 평소 하인들에게 말을 건네는 법이 없었고, 조금은 으스대는 모습이라고 하였다. 따라서 다른 사람을 잘 배려하는 사람이라 보기 어렵다.

11. '눈에 넣어도 아프지 않다.'는 매우 귀엽거나 사랑스럽다라는 의미의 관용 표현이다. '나'는 이와 같은 표현을 통해 아가씨에 대한 호감을 표현하고 있다.

12. 짓궂은 아가씨의 질문에 쩔쩔매며, 당황스러워하는 모습을 보이는 것으로 보아 '나'는 수줍음이 많고 순박한 인물임을 알 수 있다.

13. 아가씨가 '나'의 마음을 눈치챘다고 볼 수 없으며 '나'에게 무례하게 행동했다고도 볼 수 없다.

오답 해설
① 아가씨와 함께할 수 있어서 무척 행복해하는 '나'의 심리를 '마치 환영처럼 느껴지는'이라고 표현하였고, 아가씨가 떠나갔을 때의 아쉬움을 비유를 활용하여 감각적으로 표현하였다.
③ 한밤중이라는 시간은 이미 농장 본채로 돌아갈 생각을 할 수 없는 시간이라는 표현에서 시간적 배경이 소설의 극적인 요소를 더하고 있다고 볼 수 있다.
④ 걱정하는 아가씨를 최선을 다해 안심시키는 모습에서 배려심이 많다는 것을 알 수 있다.
⑤ '나'는 아가씨와 함께하면서 느꼈던 행복이 사라져 버릴까 봐 움직일 엄두도 못 내고 마치 잠에 취한 사람처럼 그렇게 서 있었다고 하였다.

14. 아가씨가 떠나자 아쉬움에 꼼짝 못 하고 서 있는 '나'의 행동이 '잠에 취한 사람처럼'이라는 비유적 표현과 함께 나타나고 있는, (마)의 세 번째 문장이 제시된 설명에 해당된다.

15. '나'는 아가씨가 떠나자 아쉬움에 꼼짝 못 하고 서 있다가 아가씨가 물에 흠뻑 젖은 모습으로 나타나자 깜짝 놀라고 있다.

16. 산 아래로 내려갔던 아가씨가 다시 나타난 것은 소그르강이 넘쳐 강을 건너지 못해 집으로 돌아갈 수 없었기 때문이다.

17. 아가씨가 불 옆에 있는 '나'에게 와서 나란히 앉은 것을 통해 아가씨가 '나'를 더 이상 경계하지 않는 것을 알 수 있다.

18. 아가씨를 '다른 모든 양보다 훨씬 더 소중하고 더 하얀 양'에 빗댐으로써 아가씨의 연약함과 순수함을 드러내고 있다.

19. ㉤은 아가씨의 선하고 순수한 모습을 드러낸 것이 아니라 아가씨가 잠을 자지 않고 나온 까닭을 '나'가 추측한 내용에 해당한다.

20. '나'는 자신이 좋아하는 아가씨를 지켜 주고 있다는 자랑스러운 마음에 밤하늘과 별이 아름답게 보인 것이다.

21. '나'는 높은 산에서 생활하다 보니 다른 사람들에 비해 별을 더 자주 보며 지내는 것이지, 신비로운 존재는 아니다.

22. [A]에서는 다양한 문학적 표현을 통해 밤의 정경을 신비롭고 아름답게 그려내고 있다.

오답 해설
① 1인칭 주인공 시점은 맞지만, [A]에서는 '나'의 심리보다는 밤의 풍경에 대한 감각적 묘사가 주를 이루고 있다.
③ '나'와 아가씨의 순수한 사랑이 아니라 아가씨를 향한 '나'의 순수한 사랑이 드러난다.
④ '나'는 극적이고 흥미로운 인물이 아니다.
⑤ 시간적 배경과 공간적 배경이 잘 어우러져 전원 밤의 신비로운 분위기를 비유적 · 환상적으로 묘사하고 있지만 사실감을 부여하고 있지는 않다.

23. '나'는 양치기로 산속에서 살아가기 때문에 다른 사람들에 비해 별을 관찰할 일이 많아서 별에 관해 잘 알고 있다는 뜻이다.

24. 이 글에서는 별을 살아 있는 존재처럼 표현하여 낭만적이고 서정적인 분위기를 조성하고, 문학적 표현의 아름다움을 느끼게 하고 있다.

25. (사)에서 아가씨는 무서움을 잊고 '나'가 들려주는 별자리 이야기를 관심 있게 듣고 있다.

26. 이 소설에서 별자리 이야기는 다양한 정보와 지식의 전달이 아니라 낭만적이고 서정적인 분위기를 불러일으키는 역할을 하고 있다.

27. 이 소설에서 인물 간에 크게 두드러진 갈등 구조는 나타나지 않는다.

오답 해설

① 아가씨를 향한 '나'의 순수하고 아름다운 사랑을 통해 순수와 정신적 사랑의 아름다움이라는 작가의 심미적 인식이 드러나고 있다.

② 천상과 지상, 별과 인간을 대비하여 하늘의 별과 같은 인간의 순수성을 추구하고 있다.

③ '나'를 향한 경계를 누그러뜨리고 모닥불 곁으로 먼저 다가오는 모습에서 '나'를 대하는 아가씨의 태도 변화가 나타나 있다고 볼 수 있다.

④ 평소 마을에서 '나'는 고귀한 신분인 아가씨와 친밀한 관계를 맺을 일이 없었지만, 오늘 산속에서는 아가씨와 대화를 나누며 친밀한 관계를 형성하고 연약한 아가씨를 보호해 주는 존재로 관계가 변화하였다.

28. ㉠은 잠결에 '나'의 어깨에 기댄 아가씨의 머리를 가리킨다.

29. '가장 여릿여릿하고 가장 반짝이는 별'은 아가씨의 고귀함과 아름다움을 드러내면서 아가씨를 지켜 주어야 하는 존재로 묘사하고 있는 부분이다.

30. 이 소설은 양치기의 순수하고 아름다운 사랑을 보여 주고 있는 작품이다.

학습 활동 다지기

• 본문 p.028

이해 다지기 문제 **1.** ⑤ **2.** ④
목표 다지기 문제 **1.** ② **2.** ② **3.** ③

이해 **1.** '나'에게 별 이야기를 듣던 아가씨가 '나'의 어깨에 기대어 잠이 드는 것이 소설의 결말이므로 잠이 깬 이후 아가씨가 당황한 이유는 질문으로 적절하지 않다.

2. '나'는 아가씨를 고귀한 존재라고 생각하면서도 아가씨와 대화를 나누며 친밀한 관계를 형성하고 있다.

목표 **1.** 이 소설은 아가씨를 향한 '나'의 순수한 사랑을 통해 '순수'와 '사랑'이라는 가치를 전달하고 있는 작품이다.

2. 이 소설은 비유와 감각적 표현을 효과적으로 사용하여 낭만적이고 서정적인 분위기를 조성하고 있다.

3. 문학적 표현은 작가에게는 심미적 인식을 드러내는 방법이 되고 독자에게는 작가의 의도를 전달해 주는 역할을 한다.

소단원 핵심 문제

• 본문 p.033

01. ④ **02.** ④ **03.** ③ **04.** ㉠과 ㉡은 아가씨를 가리킨다. ㉠은 아가씨가 아름답고 신비로우며 금방 사라져 버리는 꿈과 같은 존재임을, ㉡은 아가씨가 고귀하고 '나'가 지켜 주어야 하는 존재임을 드러내고 있다. **05.** ① **06.** ④ **07.** ① **08.** ③ **09.** ① **10.** ③ **11.** 마을에서 '나'는 고귀한 신분인 '아가씨'와 친밀한 관계를 맺을 일이 없었으나, 산속에서 '나'는 아가씨와 직접 대화를 나누며 친밀한 관계를 형성하고 있다.

01. 이 소설은 두드러진 갈등 없이 잔잔하게 이야기가 흘러가고 있다.

02. (나)를 통해서 '나'가 수줍음이 많고 순박한 인물임을 알 수 있다.

03. (다)를 보면 전원의 밤 풍경과 자연의 신비롭고 생명력 넘치는 모습이 심미적으로 잘 드러나 있다.

04. ㉠은 아가씨가 요정처럼 신비로운 존재임을, ㉡은 아가씨가 고귀하고 아름다우며 '나'가 지켜 주어야 하는 존재임을 비유적으로 표현한 것이다.

05. 이 글에서는 주인공인 '나'가 자신의 사랑 이야기를 독자에게 직접 이야기하듯 전달하고 있다.

06. '나'는 (나)에서 아가씨를 만나 기뻐하고 있으며, (다)에서는 아가씨가 떠난 것에 대해 서운해하고 있다. (라)에서는 다시 나타난 아가씨를 자신이 지켜 주고 있다는 생각에 자랑스러움을 느끼고 있다.

07. 이 글에 아가씨의 나이를 추측할 만한 내용은 나타나 있지 않다. 이야기 속에서 갓 스물인 인물은 아가씨가 아니라 '나'이다.

오답 해설

② (라)의 '갑자기, 양 우리의 울타리가 살포시 열리더니 어여쁜 스테파네트 아가씨가 나타났'에서 알 수 있다.

③ (가)의 '여전히 구애하는 남자들이 새록새록 찾아오는지'에서 알 수 있다.

④ (나)의 '노새 방울 소리가 딸랑딸랑~우리 아가씨였답니다.'에서 알 수 있다.

⑤ (라)의 '우리 주인댁 따님'에서 알 수 있다.

08. ㉠은 '나'가 식량을 전하러 온 아가씨와 짧은 시간이나마 함께 있었던 행복한 순간을 표현한 것이다.

09. 이 글은 1인칭 주인공 시점의 소설로 '나'의 섬세한 감정 묘사가 돋보이는 작품이다.

오답 해설

② 과거 회상의 말투를 사용하여 실제로 자신에게 일어났던 과거의 이야기를 들려주는 느낌과 지나간 일에 대한 애틋한 느낌을 주고 있다.
③ 주인공 '나'가 자신의 이야기를 독자에게 직접 이야기하듯 전달하고 있다.
④ '나'가 아가씨에게 한 별자리 이야기는 서정적인 분위기와 정서를 불러일으키고 있어 이 소설이 아름답게 느껴지게 해 준다. 삶에 대한 가치관이 드러나지는 않는다.
⑤ 이 소설에서 드러나는 상징적인 소재는 '산', '밤', '별'로 '아가씨를 향한 양치기의 순수하고 아름다운 사랑'이라는 주제와 관련 있다. 현대 사회에 대한 비판과는 관련이 없다.

10. (다)는 산속이라는 공간적 배경과 밤이라는 시간적 배경이 비유적 · 감각적인 묘사를 통해 어우러져 작품의 서정적인 분위기가 잘 드러나고 있다. 〈보기〉의 작품도 달밤에 지나는 메밀밭의 비유적 · 감각적 묘사를 통해 서정적이고 향토적인 분위기를 잘 드러내고 있다.

11. 마을(평소)에서 '나'는 일방적으로 아가씨를 동경했으나, 산속(오늘)에서 '나'는 아가씨와 직접 대화를 나누며 친밀한 관계를 형성하고 있다.

3 자연이 하는 말을 받아쓰다

개념 확인 콕콕 • 본문 p.036

01. ② **02.** 의사소통 **03.** ③

01. 청중의 요구나 관심, 지식 정도, 주제에 대한 개인적 관련성 등은 청중 분석 시 꼭 필요한 내용이지만, 신체적 조건이나 특징은 개인마다 차이가 있고 일반적인 말하기에서 고려하지 않아도 되는 내용이다.

02. 여러 사람 앞에서 효과적인 말하기를 하기 위해서는 청중의 요구나 관심, 주제와 관련된 입장 등을 분석해야 한다.

03. 말하기를 할 때는 청중과의 의사소통을 돕는 적절한 몸짓이나 동작을 활용해야 한다.

• 확인 문제 • • 본문 p.038

01. ④ **02.** ③ **03.** 청소년, 행복한 삶을 위한 공부 **04.** 청중의 대답과 호응을 유도함으로써 청중이 강연에 몰입하게 한다. **05.** ⑤ **06.** ④ **07.** ④ **08.** ⑤ **09.** ⑤ **10.** ③ **11.** ① **12.** ② **13.** ① **14.** ⑤ **15.** ③ **16.** 창의적인 사고를 키우는 공부

01. (가)에서 강연자는 주제에 관한 질문으로 강연을 시작함으로써 청중의 관심과 흥미를 유발하고 있다.

02. 청중은 공부에는 관심이 많은 청소년이지만, 이 강연의 주제인 '행복한 삶을 위한 공부'에 대해서는 사전 지식이 충분하지 않을 수 있다.

03. (가)를 통해 강연의 청중과 주제를 파악할 수 있다.

04. 강연자는 ㉠과 같은 행동을 통해 청중이 강연에 몰입하게 한다.

05. 강연자의 경험을 일화로 제시하여 청중의 흥미를 유발하는 것은 맞지만, 그것이 단순히 청중의 웃음을 유발하기 위한 것은 아니다.

06. 강연자가 아이들에게 자기 나무를 정하여 나무에게 일어나는 일을 쓰게 한 의도는 아이들에게 글쓰기의 방법과 기술을 가르치지 않고 세상을 바라보는 눈을 갖도록 하기 위해서이다.

07. (마)에 보면, 아이들이 선생님의 말씀을 잘 듣지는 않지만, 선생님이 아이들에게 꾸준히 물어봄으로써 아이들의 답을 이끌어 내는 과정이 나타나 있다.

오답 해설

① (다)에서 아이들은 늘 세상을 새로운 눈으로 바라보는 신비함을 강연자에게 가르쳐 주었다고 하였다.
② (라)에서 아이들은 개념이 없고 논리적이지 않기 때문에 교육이 어렵다고 하였다.
③ (다)에서 아이들은 감동을 잘하고, 감동을 잘하기 때문에 교육이 이루어지는 것이라고 하였다.
⑤ (라)에서 아이들에게 교육적인 용어, 문학적인 용어를 활용하지 않고 글쓰기를 가르쳤다고 하였다.

08. (사)에서 경수가 쓴 글을 큰 화면을 통해 청중에게 직접 제시함으로써 청중이 강연에 흥미를 가지도록 하고 있다.

오답 해설

① 문학적 개념을 설명하고 있지 않다.
② 학생이 쓴 시를 청중들에게 보여 주어서 청중이 강연에 흥미를 가지도록 하였다.
③ "나무 봤어? 어떻게 하고 있었어?"라는 반복되는 질문은 학생과의 대화를 재연한 것이다.
④ 비유적 표현을 통한 강연 주제 소개는 나타나지 않는다.

09. (바)~(아)의 핵심 내용은 (아)에 정리되어 있는데, (아)에서는 '창조'라는 것은 하나를 자세히 볼 때 생겨나는 것이라고 말하고 있다.

10. [A]는 시각적 심상을 통해 아이의 눈으로 본 나무 주변의 풍경을 그리고 있다. 다양한 감각이 사용된 것은 아니다.

11. (자)에서 자연은 새롭지만 자연 안에 들어가면 편안하다고 하였고, (차)에서 자연은 새로운 모습을 창조해서 우리에게 보여 준다고 하였다.

오답 해설

ⓒ 창의적 생각은 우리가 사는 세계를 다 받아들였을 때 오는 것이다.
ⓓ 자연 자체가 언제 보아도 완성이 되어 있고, 새로운 것이다.

12. 자연은 받아들이는 힘이 있어 변화하는 환경을 다 받아들이고 새로운 모습을 창조해서 보여 주기 때문이다.

13. 비가 올 때 나무가 비를 받아들이고 새로운 모습이 되는 것처럼 창조적 힘이란 우리가 사는 세계를 다 받아들였을 때 온다고 말할 수 있다.

14. (파)에서 강연자는 공부를 통해 좋아하는 것을 찾아서 행복하고 안정된 삶을 살라는 당부를 하고 있다.

15. 마무리 부분에서 전개 부분의 내용을 요약하고 있지 않다.

오답 해설

① 마무리 부분에서 청중에게 공손하게 끝인사를 하며 마무리하고 있다.
② 앞으로 청중들이 어떤 공부를 해야 하는지를 제시하고 좋아하는 것을 찾아 행복하고 안정된 삶을 살기를 당부하며 마무리하고 있다.
④ 자신이 좋아하는 것을 찾아 평생 할 수 있는 일을 위한 공부를 해야 하고, 이를 통해 창조적인 생각을 키워 나가야 한다고 강조하고 있다.
⑤ (타)에서 청소년은 지금 받아들이는 힘을 키우고 있는 때임을 환기시키고 있다.

16. 강연자가 자기 반 아이들에게 나무를 보고 글을 쓰게 한 것은 아이들에게 창의적인 사고를 키워 주기 위해서이다. 강연자는 자기가 좋아하는 것을 찾아 안정적이고 행복한 삶을 살아야 창의적이고 창조적인 생각을 키울 수 있다고 말하고 있다.

학습 활동 다지기

• 본문 p.043

이해 다지기 문제 **1.** ③
목표 다지기 문제 **1.** ② **2.** ③ **3.** ④

이해 **1.** 강연자는 행복하고 안정된 삶을 살아야 창의적이고 창조적인 생각을 키워 나갈 수 있다고 말하고 있다. 따라서 강연자가 말하는 '행복한 삶을 위한 공부'는 '창의적인 사고를 키우는 공부'라고 말할 수 있다.

목표 **1.** 아이들에게 글쓰기를 가르친 경험을 청중에게 들려준 이유는 글쓰기 기술과 전략을 안내하기 위한 것이 아니라 창조적인 생각을 키우는 방법을 알게 하기 위한 것이다.

2. 이 강연에 관용적 표현을 사용한 표현 전략은 나타나 있지 않다.

3. 강연의 마무리 부분에서 강연자는 '행복한 삶을 위한 공부는 자기 자신이 좋아하는 것을 찾아 평생 할 수 있는 일을 위한 공부를 하는 것이다.'라고 분명하게 밝히고 있다.

소단원 핵심 문제

• 본문 p.047

01. ⑤ **02.** ③ **03.** ② **04.** 아이들과의 일화를 실제처럼 생생하게 전달하여 청중들이 강연자가 소개하는 장면을 구체적으로 생생하게 떠올릴 수 있도록 하였다. **05.** ③ **06.** ⑤ **07.** ④ **08.** 학생이 쓴 글을 청중에게 보여 주어서 청중이 강연에 흥미를 가지도록 하고, 실제 사례를 통해 강연의 신뢰도를 높인다. **09.** ⑤ **10.** ② **11.** 아이들에게 글쓰기의 방법과 기술을 가르치지 않고 세상을 바라보는 눈을 갖게 하기 위해서이다.

01. 이 강연은 '행복한 삶을 위한 공부'를 주제로 하고 있으므로, 청중들은 '공부를 잘하는 방법'이 궁금한 것이 아니라 어떤 공부가 행복한 삶을 위한 공부인지를 알고 싶어 할 것이다.

02. 강연자는 아이들에게 자기 나무를 정하여 보게 하였으나 그 것을 시라는 형식으로 표현하게 한 것은 아니고, 자기가 본 것을 써 보라고 이야기했다.

오답 해설

① (가)에서 강연자는 "행복한 삶을 위한 공부'에 관한 강연을 하려고 한다.'라고 하였다.

② (나)에서 강연자는 '아이들이 오히려 저에게 많은 것을 가르치고 있었다.'라고 하였다.

④ 강연자는 (가)에서 청중과 눈을 맞추며 기다리거나, (라)에서 눈앞에 학생이 있는 듯 손가락으로 앞을 가리키는 등 상황에 맞는 동작을 활용하여 청중과 의사소통을 원활하게 하고 있다.

⑤ (다)에서 강연자는 논리가 없는 아이들에게 글쓰기를 가르치는 것은 너무 힘들기 때문에 글쓰기의 방법과 기술을 가르치지 않고 세상을 바라보는 눈을 갖도록 해줬다고 하였다.

03. 청중의 대답과 호응을 유도함으로써 청중이 강연 내용에 몰입하도록 하고 있다.

04. 강연자는 아이들에게 자기 나무를 정하고 관찰하도록 했던 일화를 구체적으로 생생하게 재연하며 청중이 상상할 수 있도록 하고 있다.

05. 효과적으로 강연하기 위해서는 상황에 맞는 손짓이나 몸동작과 같은 비언어적 표현을 사용해야 한다.

06. 강연자는 나무의 변화를 살펴보는 것이 창조적 사고를 키울 수 있는 가장 좋은 방법이라고 하지 않았다. 창조적 사고는 나무(자연)와 같이 우리가 사는 세계를 다 받아들였을 때 온다고 하였다.

오답 해설

① (나)에서 자연은 늘 완성되어 있고 새로움을 보여 준다고 하였다.

② (다)에서 창의적 생각이란 우리가 사는 세계를 다 받아들였을 때 온다고 하였다.

③ (나)에서 자연은 변화하는 환경을 받아들이면서 새로운 모습을 창조해서 보여 준다고 하였다.

④ (나)에서 자연은 완성이 되어 있어서 자연 안에 들어가면 편안하다고 하였다.

07. 강연자는 나무만 보라고 하였으나 경수라는 학생이 나무의 주위를 자세히 본 후 종합하여 그 내용을 시로 썼다고 하였다.

08. 강연자는 학생이 쓴 글을 큰 화면을 통해 청중에게 직접 제시하는 표현 전략을 사용하고 있다.

09. (마)에서 강연자는 청소년들에게 좋아하는 것을 찾아 행복하고 안정된 삶을 살 것을 당부하고 있다.

10. (가)의 '청중과 눈을 맞추며 기다린다.'에서 ㉠이 나타난다. (다)에서 자기 나무를 정해 글로 쓰게 한 사례를 들려주는 데서 ㉡이 나타난다. (다)의 '눈앞에 학생이 있는 듯 손가락으로 앞을 가리킨다.'에서 ㉣이 나타난다.

11. 강연자가 아이들에게 자기 나무를 정하여 거기서 일어나는 일을 쓰게 한 의도는 (나)에 나타나 있다.

대단원 확인 문제

• 본문 p.051

01. ② **02.** ② **03.** ⑤ **04.** ② **05.** 화자가 작고 나약하지만 굳세게 살아가는 대상들을 통해 삶의 위안과 힘을 얻고, 그것을 통해 앞으로 나아가게 되었다는 의미이다. **06.** ④ **07.** ③ **08.** (나): 에스테렐 요정, (다): 천상의 작은 목동, (라): 다른 모든 양보다 훨씬 더 소중하고 더 하얀 양, (마): 가장 여릿여릿하고 가장 반짝이는 별 **09.** ① **10.** ④ **11.** 아가씨에게 친절을 베풀고 잠든 아가씨를 지켜보며 밤을 새우는 행동으로 보아, '나'는 배려심이 많으며 순박한 인물이다. **12.** ④ **13.** ⑤ **14.** ⑤ **15.** ⑤ **16.** 학생이 쓴 글을 청중에게 보여 주어서 청중이 강연에 흥미를 가지도록 하고, 실제 사례를 통해 강연의 신뢰도를 높이고 있다. **17.** 강연자는 청중이 공부를 통해 좋아하는 것을 찾아서 행복하고 안정된 삶을 살기를 당부하고 있다. **18.** ④ **19.** ② **20.** 비유 등의 문학적 표현과 낭만적이고 서정성이 풍부한 환상적인 이야기를 통해 서정적인 분위기와 정서를 불러일으키고 있어 이 소설이 아름답게 느껴진다. **21.** ② **22.** ⑤ **23.** ④ **24.** 작가는 '나'의 순수하고 아름다운 사랑을 통해 '순수'와 '정신적 사랑의 아름다움'이라는 가치를 전달하고 있다.

01. '씀바귀꽃, 제비, 노점상 할머니의 옆모습, 실업자 어머니의 뒷모습' 등 주변의 평범한 대상으로부터 발견한 가치를 통해 삶의 의미를 성찰하고 앞으로 나아가려는 화자의 모습을 형상화한 작품이다.

02. 문장 구조를 반복하고 중심 소재를 열거하여 화자의 체험과 주제를 효과적으로 드러내고 있다.

오답 해설

㉠ 이 시에는 시각적 표현만이 나타나고 있다.

㉢ 자연물을 통해 우리 사회의 모습을 형상화한 것은 아니다.

㉣ 제비 한두 마리가 서울 하늘을 선회하고 있지만, 그것이 힘차고 활발하게 움직이는 시적 분위기를 형성하고 있지는 않다.

03. 이 시는 일상의 사소한 대상에서 발견한 가치를 통해 삶의 의미를 성찰하고 앞으로 나아갈 원동력을 얻고 있는 시이다. ⑤에도 하늘을 우러러 부끄럽지 않은 삶을 살고 싶어 하는 화자의 성찰과 이를 바탕으로 앞으로 나아가겠다는 다짐이 드러나 있다.

오답 해설

① 자라나는 청소년들에게 꿈을 키우라고 권하고 있다.

② 이름을 부르는 행위 속에 담긴 존재의 본질을 인식하는 과정이 나타나 있다.

③ 낙화의 모습을 바라보며 결별이 영혼의 성숙을 이룰 수 있음을 깨닫고 있다.

④ 어둠(현실의 불행)과 별(희망)의 대조적 시어를 통해 현실적 어려움에 처한 사람들에게 따뜻한 공감과 위로를 전하고 있다.

04. 이 시는 주변의 사물과 사람에게서 얻은 삶의 위안을 노래한 작품이므로, 주변의 사소한 것들에 대해서 쉽게 넘기지 않겠다는 ②의 반응이 적절하다.

05. 화자는 평소에는 큰 의미가 없었던 일상의 사소한 대상에서 의미를 발견하여 발걸음을 멈추었다. 따라서 마지막 연은 화자가 작지만 굳센 대상들을 통해 얻은 삶의 위안에 대해서 말하고 있다.

06. (나): 음식을 가져다주러 온 아가씨가 '나'에게 짓궂은 질문을 함.

(가): 아가씨가 떠난 뒤 '나'는 몹시 아쉬워했으나 아가씨가 다시 나타남.

(라): 울안으로 들어갔던 아가씨가 잠들지 못하고 '나'가 있는 곳으로 옴.

(다): 아가씨가 '나'와 대화를 하며 친밀해짐.

(마): 아가씨가 '나'의 어깨에 기대어 잠이 듦.

07. '나'는 아가씨를 지켜 주고 있다는 생각으로 자랑스러움을 느끼며 뿌듯해하고 있으나, 별에 관해 많은 지식을 갖고 있다는 것을 자랑스러워하고 있는 것은 아니다. '나'는 양치기들은 높은 산에서 생활하여 별들에 대해 다른 사람보다 많이 알고 있을 뿐이라고 겸손하게 이야기하고 있다.

08. '나'는 아가씨를 비유한 다양한 표현들을 통해 아가씨의 아름다움과 순수한 모습 등을 나타내고 있다.

09. 이 글은 비유 등 문학적 표현을 활용하여 낭만적이고 서정적인 분위기가 잘 나타나고 있으며 밤의 분위기를 잔잔하게 묘사하여 아름다움을 주는 글이다.

10. 이 글은 '나'가 전해 주는 별 이야기를 통해 천상과 지상, 별과 인간을 대비하여 '별'로 상징되는 인간의 순수성을 추구하고 있는 글이다.

오답 해설

① 이 글은 크고 두드러진 갈등 구조 없이 전체적으로 잔잔하게 이야기가 흘러간다.

② 이 글의 주제는 아가씨를 향한 양치기의 순수하고 아름다운 사랑으로 주제가 무거운 것은 아니다.

③ 1인칭 주인공 시점으로 작품 속의 주인공 '나'가 자신의 이야기를 독자에게 직접 이야기하듯 전달하고 있어 독자의 상상력을 제한하고 있다.

⑤ 아가씨와 이별하는 상황 등 상황에 따라 '나'의 심리 변화를 섬세하게 묘사하는 것은 맞지만, 공간의 이동에 따른 심리 묘사는 드러나지 않는다.

11. '나'는 아가씨에게 온갖 정성을 다하고 있으며 자신의 어깨에 잠든 아가씨를 보며 밤을 새우며 순수한 사랑을 추구한다.

12. 강연은 청중의 관심과 요구를 반영하지만 그렇다고 하여 강연 내용이 청중의 주장을 모두 반영해야 하는 것은 아니다.

13. 이 강연은 강연자의 일화나 사례 중심으로 이루어지고 있으므로 객관적인 사실이 더 많다고 보기 어렵다.

오답 해설

① 강연자는 청중과 눈을 맞추며 기다리거나 눈앞에 학생이 있는 듯 손가락으로 앞을 가리키는 등 강연 내용에 적절한 동작을 사용하고 있다.

② 강연자는 아이들에게 글쓰기를 가르친 일화를 활용하여 강연의 내용을 전개하고 있다.

③ 강연자는 '행복한 삶을 위한 공부'라는 주제에 관해 생각해 본 적이 있는지 질문하면서 강연을 시작하고 있다.

④ 친근한 어조로 아이들의 말투를 따라 함으로써 청중들이 강연자의 이야기에 몰입하도록 하고 있다.

14. (나)에는 자기 나무를 정해 글로 쓰게 한 강연자의 의도가 분명하게 제시되고 있다.

15. (가)에 나타난 「느티나무」라는 시는 화자의 주관적 생각보다는 화자의 눈에 보이는 마을의 정경을 잘 드러내고 있다.

16. 강연자는 일화에 등장하는 학생이 쓴 글을 큰 화면을 통해 청중에게 직접 제시하는 표현 전략을 사용하고 있다.

17. (다)~(라)는 이 강연의 마무리 부분으로 강연자가 청중에게 당부하는 내용이 직접적으로 드러나고 있다.

18. (나)에서 '밤'은 서정적 분위기를 형성하고, '별'은 순수성을 상징하는 소재로, 아가씨를 향한 양치기의 사랑이라는 주제를 효과적으로 뒷받침한다.

오답 해설

① (가)의 화자는 일상의 평범하고 사소한 대상에서 발견한 가치를 강조하고 있다.
② (가)는 우리 주위에서 흔히 발견할 수 있는 작고 연약한 대상을 통해 화자에게 삶의 의미와 가치를 깨닫게 하고 있다.
③ (나)에서 '나'의 별자리 이야기를 통해 서정적인 분위기와 정서를 불러일으키고 있다.
⑤ (다)는 아이들과 함께한 창조적 글쓰기 수업을 제재로 하여 청중에게 행복한 삶을 위한 공부에 관해 이야기하는 강연이다.

19. (가) 시는 화자가 작고 나약하지만 굳세게 살아가는 사물과 사람들을 통해 삶의 위안과 힘을 얻었음을 말하고 있다.

20. 이 글의 별자리 이야기는 문학적 표현을 통해 서정적인 분위기를 형성하여 아름다움을 준다.

21. (다)는 강연으로, 주제와 목적에 따라 정보 전달적, 설득적 성격을 지닌다. 친교적 성격의 말하기는 주로 대화가 해당된다.

22. (다)는 도전적인 삶보다 안정을 추구하는 삶을 살라는 내용이 아니라, 자기가 좋아하는 일을 하여 행복하고 안정이 되어야 창조성을 발현할 수 있다는 내용을 담고 있다.

23. (가)의 시에는 비유적 표현은 나타나지 않고, 제시된 시에는 애기똥풀을 사람에 빗댄 의인법, '코딱지 같은 어여쁜 꽃'에서 직유법이 나타나고 있다.

24. 이 소설의 주제는 아가씨를 향한 양치기의 순수한 사랑이다. 독자들은 소설을 읽음으로써 이와 같은 보편적 가치의 아름다움을 느끼는 심미적 체험을 할 수 있다.

2 좋은 글, 바른 문장

• 본문 p.059

확인 문제

01. (1) ○ (2) × (3) ○ (4) ○
02. (1) 문장 성분 (2) 부속 성분 (3) 홑문장 (4) 안은문장

01. 능숙한 글쓴이는 다양한 해결 방안을 찾아 문제를 해결한다.

02. 주어, 서술어, 목적어, 보어는 주성분이라고 하며, 관형어, 부사어는 부속 성분이라고 한다. 문장은 크게 홑문장과 겹문장으로, 겹문장은 이어진문장과 안은문장으로 구분한다.

문제 해결 과정으로서의 쓰기

개념 확인

• 본문 p.060

01. 문제 해결 **02.** ④ **03.** ⑤ **04.** ②

01. 쓰기는 글쓴이가 주제, 목적, 독자, 매체 등의 구체적 상황 안에서 여러 가지 문제들을 해결해 나가며 한 편의 글을 완성하는 문제 해결 과정이다.

02. 글을 쓰는 과정에서 만나게 되는 문제들은 주제, 목적, 독자, 매체 등을 고려하여 해결해야 한다. 그러나 집필 장소는 반드시 고려해야 할 요소는 아니다.

03. 글쓰기 과정은 회귀적인 것으로, 앞의 단계로 되돌아가 문제를 해결하는 것이 가능하다.

04. 쓰기는 '계획하기 – 내용 생성하기 – 내용 조직하기 – 표현하기 – 고쳐쓰기'의 일반적인 과정을 따른다.

확인 문제

• 본문 p.062

01. ② **02.** ① **03.** 주제 **04.** ① **05.** ⑤ **06.** 여수 지도 **07.** ⑤ **08.** ④ **09.** ㉥, 여수의 관광 정보에 해당하지 않고 여수를 소개한다는 글의 목적과 주제에도 맞지 않기 때문이다. **10.** ② **11.** ④ **12.** ㉠ 개요, ㉡ 조정 **13.** ④ **14.** ⑤ **15.** ③ **16.** ② **17.** 글의 처음 부분에서 독자의 흥미를 끌기 위해서이다. **18.** ③ **19.** ⑤ **20.** ④ **21.** ⑤ **22.** ② **23.** 예상 독자의 수준에 맞는 어휘로 고치거나 설명을 추가한다. **24.** ④ **25.** ③ **26.** ㉠ 배경지식, ㉡ 연상하기, 메모하기, 브레인스토밍, 생각 그물 등 **27.** ② **28.** ㉠ 국립 경주 박물관, ㉡ 다양한 놀 거리가 있는 경주 **29.** ④ **30.** 국립경주박물관의 전시물을 글로만 소개하기보다 '성덕 대왕 신종'의 사진 등 시각 자료를 활용하여 보여 주면 독자의 이해와 흥미를 높일 수 있을 것이다. **31.** ⑤

01. 진욱이는 여행 정보를 검색하는 다른 지역에 살고 있는 또래 친구들에게 자신의 고장인 여수를 소개하기 위한 글을 쓰려 하고 있다.

02. 블로그는 자신의 관심사나 주제에 따라 자유롭게 칼럼, 일기, 취재 기사 등을 올리는 인터넷 매체로, 사진, 동영상 등의 다양한 자료를 올릴 수 있다.

오답 해설

② 블로그는 일반적으로 주제를 검색한 사람들의 접근이 제한적이지 않으며 자신의 관심사에 따라 자유롭게 작성할 수 있다.
③ 댓글을 통해 많은 사람들이 의견을 제시할 수 있지만, 여러 사람이 글을 수정할 수 있는 것은 아니다.
④ 모르는 사람과도 의견을 주고받을 수 있다.
⑤ 글의 내용이 같아도 담아내는 매체가 달라지면 표현 방법도 달라진다.

03. 계획하기 단계에서는 글의 목적, 주제, 독자, 매체 등을 명료하게 분석하고 설정해야 한다.

04. 진욱이는 자신의 고장인 '여수'를 소개하는 글을 쓰려고 하는데, 글의 화제인 '여수'와 관련된 배경지식이 부족하여 내용을 생성하는 데 어려움을 겪고 있다.

05. 내용을 생성하기 위해 자료를 수집할 때에는 직접 체험뿐만 아니라 인터넷 검색, 신문, 잡지나 서적, 방송 매체 등 다양한 방법을 활용할 수 있다.

06. 제시된 자료는 여수시의 기본적인 지리 정보를 담고 있다. 따라서 지리 정보를 가장 효과적으로 전달할 수 있는 시각 자료를 선택해야 한다. 여수 지도를 함께 제시하면 여수의 지리적 특징을 잘 보여 줄 수 있다.

07. 진욱이가 내용을 생성하는 과정임을 고려할 때, 그가 예상 독자의 흥미를 끌 만한 요소가 부족하다는 문제에 부딪혔고, 이를 해결하기 위해 또래 친구들이 좋아할 만한 자료로 어떤 것을 추가할지 고민하고 있다는 것을 알 수 있다.

오답 해설

① 예상 독자를 고려하여 보완할 자료를 찾는 것은 맞지만, 독자의 수준보다는 독자의 흥미를 고려하여 자료를 찾고 있다.

②, ③ 진욱이는 내용 생성 과정에서 예상 독자의 흥미를 고려하여 또래 친구들이 좋아할 만한 내용의 자료를 찾고 있다. 따라서 글의 갈래를 정하지 못했거나 성격을 파악하지 못해 어려움에 부딪혔다는 것을 이유로 보기는 어렵다.

④ 진욱이가 내용을 생성하는 과정임을 고려할 때, 글을 쓰기 전 목적을 설정하지 않아 어려움에 부딪혔다는 것은 거리가 멀다.

08. 예상 독자를 중학생으로 가정한 것을 고려할 때, 전문어와 학술 용어를 많이 사용한 자료는 중학생에게 어려울 수 있으므로 이를 고려하여 자료를 찾는 것은 적절하지 않다.

09. 주제, 목적, 독자를 고려함으로써 필요한 자료와 불필요한 자료를 구분할 수 있다.

10. 개요표는 생성한 내용을 관련된 것끼리 묶은 후, 쓰고자 하는 글의 특성에 맞게 순서를 정한 후 짜임새 있게 배열한 것이다. 따라서 개요표를 보면 앞으로 쓸 글의 전체적인 흐름과 구조를 볼 수 있다.

11. 진욱이는 글의 주제, 목적, 독자를 고려하여 제목, 글의 구조, 내용 전개 등을 점검하였으나 글의 어휘 및 표현을 점검하지는 않았다. 글에 쓰이는 어휘와 표현에 대한 문제는 내용 조직 단계가 아닌 초고 작성 및 고쳐쓰기에서 고려할 사항이다.

12. 글의 개요를 작성하면 글을 쓰는 과정에서 글의 전체 구조를 파악하여 글쓰기를 용이하게 할 수 있다. 그러나 작성된 개요는 글을 쓰는 과정에서 상황에 따라 조정이 가능하다.

13. 활용한 모든 매체 자료의 출처는 정확하게 밝혀야 한다.

14. (다)는 블로그 매체에서 활용하기에 적합하고, 여수를 배경으로 하는 노래로, 글의 배경 음악으로 활용하면 독자들이 여수의 정취를 떠올릴 수 있으므로 적절하다.

15. 표현하기 단계는 '계획하기 – 내용 생성하기 – 내용 조직하기' 이후의 단계로, 작성한 개요에 따라 글을 쓰는 과정이다. 주제와 목적에 대한 고민은 계획하기 단계 정도에 고민하는 것이 적절하다.

16. '지리적 · 역사적 정보'에 제시된 이순신 장군 초상은 첨부 파일로 올리기보다는 현재처럼 글 옆에 바로 제시하는 것이 더 효과적이다.

17. 〈보기〉에서 진욱이는 예상 독자의 흥미를 끌기 위한 방법을 생각하고 있다.

18. 글쓰기 과정에서 초고는 아직 완결된 글이 아니다. 독자는 고쳐쓰기 이후에 완결된 글을 보게 되므로 ③은 적절하지 않다.

19. ㉠에서는 독자들에게 낯선 소재가 있음을, ㉡에서는 독자를 고려한 관련 정보를 충분히 제공하지 않았음을 문제로 느끼고 있으므로, 예상 독자의 유형이나 수준을 가장 고려하고 있다고 할 수 있다.

20. 진욱이는 '여수의 즐길 거리'를 설명하기에 [A]에 제시된 내용만으로는 충분하지 않다고 보고 있다. 따라서 독자들이 좋아할 만한 여수의 또 다른 즐길 거리 정보를 추가하는 것이 가장 적절한 해결 방법이 될 수 있다.

21. 고쳐쓰기는 독자가 이해하기 쉽게 글을 개선하기 위한 과정이다. 따라서 주제와 목적이 잘 드러났는지, 내용과 표현에 있어 독자와 매체를 고려하고 있는지를 보기 위해 글, 문단, 문장, 단어 수준에서 점검하는 것이다.

22. 글을 고쳐쓰기 할 때에는 제목의 적합성, 주제에 대한 통일성과 일관성, 문장의 호응과 바른 표기 등을 살펴 고쳐 써야 한다. 독자에게 감동을 주기 위해 내용을 고치는 것은 진욱이가 쓰려는 글의 주제와 목적에 적절하지 않다.

23. 표현하기 단계에서 글쓴이는 독자의 수준을 고려해야 한다. 따라서 초고를 점검할 때에는 독자의 수준에 적절한 어휘나 표현을 사용하였는지를 살핀 후, 적절하게 고쳐야 한다.

24. 계획하기 단계에서는 주제, 목적, 독자, 매체를 설정해야 한다. ④는 내용 조직하기 단계에서 해결해야 할 문제이다.

25. 〈보기〉의 글쓰기 계획에 따르면 글이 실릴 매체는 '학급 신문'이므로 ③의 의견은 적절하지 않다.

26. 내용을 마련할 때에는 우선 자신이 기존에 알고 있는 지식, 즉 배경지식을 활용할 수 있다. 이때 연상, 메모, 브레인스토밍, 생각 그물(마인드맵) 등의 방법을 사용하면 더 효과적이다.

27. 출처를 보면 주로 인쇄 매체와 인터넷 매체를 이용해 자료를 수집하였음을 알 수 있다. 그러나 표에서 전문가를 찾아가 정보를 수집한 자료는 찾을 수 없다.

오답 해설

① 각 자료의 출처를 정확히 제시하고 있다.
③ 인터넷을 활용하여 국립 경주 박물관 누리집, 경주시 누리집, ○○ 월드 누리집에서도 자료를 수집하고 있다.
④ 경주를 여행지로 추천하기에 적합한 자료를 수집하고 있다.
⑤ 여행 안내 책자에서도 정보를 수집하고 있다.

28. 수집한 자료를 보면 ㉠에는 역사 공부에 도움이 되는 곳인 '국립 경주 박물관'이, ㉡에는 경주에는 다양한 놀거리가 있다는 내용이 들어가는 것이 적절하다.

29. ㉣의 앞 문장의 내용을 보면 글쓴이가 국립 경주 박물관을 들러 볼 것을 권유하고 있다. ㉣이 붙는 문장의 내용은 그 권유에 대한 이유이다. 따라서 '그것과 같게', '거기에다 더'라는 의미의 '또한' 보다는 현재 쓰인 '그러면'이 적절하다.

오답 해설

① '이미'는 다 끝나거나 지난 일을 이를 때 쓰는 말이다. 이어지는 문장에서 여행지를 정하지 못한 사람들에게 경주를 추천하고 있으므로, 어떤 일이나 상태가 끝나지 않고 지속되고 있음을 나타내는 '아직'이 적절하다.
② 시간상으로 썩 긴 동안을 가리키는 명사는 '오랫동안'이 옳은 표기이다.
③ 앞뒤의 내용이 역사적인 공간인 경주와 역사 공부를 하기 좋은 도시 경주에 관해 이야기하고 있으므로, 놀 거리에 관해 이야기하는 것은 문단의 통일성을 해치는 것이다.
⑤ 경주에 간다는 상황을 가정한 후, 그곳에서 종소리를 드는 것이 가능하다는 이야기를 하고 있으므로 '들어 볼 수 있습니다.'로 고치는 것이 자연스럽다.

30. '학급 신문'이라는 인쇄 매체에 활용할 수 있는 방안을 생각해 본다.

31. 글의 내용은 쓰기 과정의 모든 단계에서 점검하고 조정할 수 있다.

소단원 핵심 문제

• 본문 p.076

01. ③ **02.** ③ **03.** 글의 화제인 여수에 관한 배경지식이 부족하여 인터넷 매체를 통해 관련 정보를 찾으며 해결하고 있다. **04.** ④ **05.** ③ **06.** ㉠ 개요, ㉡ 삭제 **07.** ③ **08.** ④ **09.** ① **10.** (다) **11.** ⑤ **12.** ②

01. '다양한 자료를 활용하여 구성해야 처음 접하는 사람들도 이해하기 쉬울' 것이라는 글쓰기 계획의 내용 등으로 보아, 예상 독자는 여수에 대해 잘 모르고, 관광 정보를 찾고 있는 또래 친구들이라고 볼 수 있다.

오답 해설

①, ② '우리 고장 여수를 알리는 글을 써야겠어.'를 보면 알 수 있다.
④ '블로그에 글을 올리면 여행에 관한 정보를 검색하는 친구들이 찾아볼 수 있을 거야.'를 보면 알 수 있다.
⑤ '여수를 잘 이해할 수 있도록 역사 · 지리 정보, 관광 정보, 먹거리, 체험 활동 등을 소개해야지.'를 보면 알 수 있다.

02. 진욱이는 여수를 알리는 것을 목적으로 하므로, 독자를 감동하게 하기 위한 장치를 고민하는 것은 거리가 멀다.

03. 진욱이는 화제와 관련된 배경지식의 부족 문제로 인해 내용 생성에 어려움을 겪고 있다. 이에 따라 인터넷을 활용하여 관련 자료를 수집하였다.

04. 진남 체육 공원에 관한 내용은 여수를 소개한다는 목적과 주제에 맞지 않는다.

05. ㉮는 여수의 역사, ㉯는 지리 정보, ㉰는 관광 정보에 해당하는 자료이다.

오답 해설

ㄴ. 성종과 선조의 업적에 대한 상세한 정보는 글의 주제나 목적에 적절하지 않은 정보이다.

ㄷ. ㉯의 지도는 해안선의 모양과 섬이 많은 모습 등 여수의 지리적 정보를 시각적으로 보여 주기 위한 것이다. 교통편을 설명하기에는 적절하지 않다.

06. 개요를 작성하면 글을 쓰는 과정에서 글의 전체 구조를 파악하여 주제와 목적에 맞는 글을 쓸 수 있다. 이 과정에서 조직된 내용을 점검하여 주제, 목적에 맞지 않는 내용은 빼거나 다른 내용으로 교체할 수 있다.

07. 여수를 소개하는 목적을 지닌 글이므로 처음 부분에 '여수를 소개하는 까닭'을 넣으면 글의 목적이 잘 드러나게 될 것이다.

오답 해설

① 여수를 소개하는 글의 주제가 드러나지 않는 제목으로 수정하였으므로 적절하지 않다.
② '여수의 지리적인 특성'은 '여수에 관한 기본 설명'에 해당되므로 Ⅱ-1의 하위 항목으로 이동하는 것이 적절하다.
④ 수정 방안은 글의 주제와 목적에 적절하지 않은 내용이다.
⑤ 주제에 맞고 ㉤은 문단의 중심 내용에 적합한 내용이므로 그대로 유지해야 한다.

08. 이 글은 여수를 소개한다는 주제와 목적에 효과적으로 내용을 전개하고 있으며, 각 문단의 내용은 중심 내용에 벗어나지 않고 있다. 따라서 내용 조직 단계에서 글의 주제와 목적을 효과적으로 전달할 수 있도록 개요표를 짰을 것이라는 추측은 적절하다.

오답 해설

① (가)와 (바)로 보았을 때, 예상 독자는 여수에 살지 않으며, 여수에 관광 오기를 바라는 다른 지역의 사람이라는 것을 알 수 있다.
② 예상 독자들이 읽기 쉽도록 접근성이 높은 블로그를 선택하였을 수는 있으나, 그들만이 글을 읽도록 설정한 것은 아니다.
③ 초고의 내용으로 글쓴이가 배경지식만으로 내용을 설정하였는지 알 수 없으며, 내용 생성 단계에서는 경험과 배경지식이 부족할 경우 다양한 매체를 통해 필요한 정보를 수집하고 선택하는 과정을 거친다.
⑤ 초고는 완결된 글을 쓰는 것을 목표로 하지 않으며, 초고를 쓴 다음에도 고쳐쓰기를 통해 글을 계속 수정해 나가며 완결성을 더한다.

09. '여수를 소개함.'이라는 글의 목적을 고려하였을 때, 여수와 관련된 노래를 부른 가수를 부각하는 것은 적절하지 않다. 뮤직비디오가 독자의 흥미를 유발할 수는 있으나, 글의 주제나 목적에 적절하지 않으면 넣지 말아야 한다.

10. 〈보기〉는 여수의 오동도에 관한 정보이므로, 여수의 아름다운 경관을 설명하기에 적절하다.

11. '돌게'와 '갓'은 맞춤법 규정에 맞는 단어이다. 이 단어들은 중학생인 독자들에게 낯선 소재일 수 있으므로 글에 관련 설명을 넣어 주겠다는 계획을 세우는 것이 적절하다.

12. 〈보기 1〉과 〈보기 2〉는 모두 '베토벤의 교향곡 제9번 「합창 교향곡」 4악장'을 설명하는 글이며, 〈보기 2〉는 〈보기 1〉에 비해 음악적 지식이 부족한 사람들도 이해하기 쉽도록 고쳐 쓴 것이다. ②에서 수찬이의 말은 글의 예상 독자뿐만 아니라 주제 역시 바꾼 것이므로 적절하지 않다.

2 문장의 짜임과 양상

개념 확인 콕콕

• 본문 p.080

01. (1) ○ (2) × (3) ○ **02.** (1) 한 번 (2) 이어진문장 (3) 부사 **03.** ② **04.** ②

01. 문장은 짜임에 따라 뜻과 표현 효과가 다르므로, 표현 의도에 따라 적절하게 문장을 만들어야 한다.

02. 문장은 홑문장과 겹문장으로 나뉘며, 겹문장은 다시 이어진문장과 안은문장으로 나뉜다.

03. ②는 주어(바다가)와 서술어(푸르다)로 이루어진 문장으로, 의미가 온전하게 전달된다.

오답 해설

①, ⑤는 '무엇을(목적어)', ③은 '누가(주어)', ④는 '누구에게(부사어)'와 '무엇을(목적어)'에 해당하는 말을 넣어야 의미가 온전해진다.

04. ②는 주어(나는)와 서술어(샀다)가 한 번만 나타나는 문장이다.

확인 문제

• 본문 p.082

01. ③ 02. ② 03. ① 04. ② 05. ③ 06. ② 07. ④ 08. 부사어 09. ㉠ 홑문장, ㉡ 겹문장 10. ④ 11. ⑤ 12. 예 나는 다연이가 성실하다고 생각한다. 13. ⑤ 14. ③ 15. ④ 16. 예 승현이는 지원이가 돌아오기를 기다렸다. 17. ㉠ 이어진문장, ㉡ 종속적 18. ② 19. ① 20. 예 비가 내려서 강물이 불어난다. 21. ㉠ 안긴문장, ㉡ 안은문장 22. ⑤ 23. ② 24. 예 석호는 동규와 달리 수영을 잘한다. 25. ㉠ 서술, ㉡ 인용 26. ③ 27. ② 28. (1) ㉢ (2) ㉤ (3) ㉣ (4) ㉡ 29. ④ 30. 홑문장: ㉢ / 이어진문장: ㉣ / 안은문장: ㉠, ㉡ 31. ②

01. 주어, 서술어, 목적어, 보어와 같이 문장의 골격을 이루는 필수적인 성분을 주성분이라고 한다.

02. 필수적인 문장 성분은 주어, 서술어, 목적어, 보어이다. ②는 주어(언니는), 보어(대학생이), 서술어(아니다)만으로 이루어져 있다

오답 해설

① '정말'은 형용사 '파랗다'를 꾸미는 부사어이다.
③ '매우'는 형용사 '친하다'를 꾸미는 부사어이다.
④ '예쁜'은 명사 '모자'를 꾸미는 관형어이다.
⑤ '불고기의'는 체언에 관형격 조사 '의'가 붙은 관형어이며, '완전히'는 부사어이다.

03. '참'은 부사어, 나머지는 모두 관형어이다.

오답 해설

② '신기한'은 명사 '일'을 꾸미는 관형어이다.
③ '그'는 명사 '구두'를 꾸미는 관형어이다.
④ '자신의'는 명사 '꿈'을 꾸미는 관형어이다.
⑤ '큰'은 명사 '가방'을 꾸미는 관형어이다.

04. '지연이는(주어) 멋진(관형어) 무용수가(보어) 되었다(서술어).', '어머니께서(주어) 우리에게(부사어) 용돈을(목적어) 주셨다(서술어).'로 분석된다.

05. '수현아'는 부름의 자리에 놓인 독립어로, 문장에서 다른 문장 성분과 관계없이 독립적으로 쓰인다.

오답 해설

① 문장에서 체언을 꾸미는 것은 관형어이다.
② 독립어는 독립 성분이므로 다른 문장 성분과도 직접적인 관계가 없다. 문장의 필수적인 성분은 주성분이다.
④ 주성분의 상태나 모습, 움직임을 표현하는 것은 서술어이다.
⑤ 서술어 '되다', '아니다' 앞에서 문장의 부족한 부분을 채워 주는 것은 보어이다.

06. '그래'는 대답의 의미를 나타내는 독립어로, 부속 성분이 아닌 독립 성분이다.

오답 해설

① '훨훨'은 부사어이다.
③ '착한'은 관형어이다.
④ '눈부시게'는 부사어이다.
⑤ '칼로'와 '예쁘게'는 부사어이다.

07. ㉣은 주어에 대한 설명이다. '그의 말은 사실이 아니다.'에서 주어는 '말은'이고 '사실이'는 보어이다.

08. '어디에'에 해당하는 문장 성분인 부사어가 있어야 의미가 온전한 문장이 된다.

09. 주어와 서술어의 관계가 한 번만 이루어지는 문장은 홑문장이고, 두 번 이상 이루어지는 문장은 겹문장이다.

10. ④는 '엄마는(주어) 부드럽게(부사어) 내(관형어) 머리를(목적어) 쓰다듬었다(서술어).'로, 주어와 서술어의 관계가 한 번만 이루어지는 문장이다.

11. ㉡, ㉤은 홑문장, ㉠, ㉢, ㉣은 겹문장이다.

오답 해설

㉤은 주어(막내가), 서술어(잔다)의 관계가 한 번만 나오는 홑문장이다.

12. 주어와 서술어의 관계가 두 번 이상 이루어지도록 문장을 만든다.

13. ㉠은 이어진문장, ㉡은 안은문장이다.

14. ③은 한 홑문장이 다른 홑문장에 포함되어 있고, 나머지는 모두 두 홑문장이 나란히 연결되어 있다.

15. ④는 '태훈이는 춤을 잘 춘다.'와 '태훈이는 친구들에게 인기가 많다.'라는 두 개의 홑문장이 나란히 연결된 이어진문장이다.

오답 해설

① '눈이 충혈되도록'이 안겨 있는 안은문장이다.
② '내가 의사가 되기를'이 안겨 있는 안은문장이다.

③ '예고도 없이'가 안겨 있는 안은문장이다.
⑤ "너희 지금 어디에 가니?"가 안겨 있는 안은문장이다.

16. 하나의 홑문장이 다른 문장의 성분으로 사용되도록 만든다.

17. 이어진문장은 홑문장들이 서로 이어져 이루어진 겹문장으로, 대등하게 이어진 문장과 종속적으로 이어진 문장으로 나뉜다. 이 중 종속적으로 이어진 문장은 한 문장이 다른 문장의 이유, 조건, 의도, 결과가 되는 종속적인 관계에 있다.

18. 제시된 문장은 앞 문장과 뒤 문장이 연결 어미 '-고'에 의해 연결된 '대등하게 이어진 문장'이다.

오답 해설
①, ③, ⑤ 앞 문장과 뒤 문장의 의미가 대등한 대등하게 이어진 문장이다.
④ 주어와 서술어가 모두 두 번씩 나타난다.

19. ①은 앞 문장과 뒤 문장이 대등하게 이어진 문장이고, 나머지는 모두 종속적으로 이어진 문장이다.

20. 앞 문장이 뒤 문장의 원인이 되므로 '비가 내린다.'에 종속적 연결 어미 '-아서 / -어서', '-니까', '-자' 등을 사용하여 '강물이 불어난다.'라는 문장 앞에 연결한다.

21. 다른 문장 안에서 하나의 문장 성분으로 사용되는 문장을 안긴문장이라고 하고, 안긴문장을 포함하고 있는 문장을 안은문장이라고 한다.

22. ㉠은 관형어, ㉡은 부사어, ㉢은 목적어 역할을 한다.

23. 〈보기〉의 '그가 진실하지 않다는'은 '인상'을 꾸미는 관형어 역할을 한다. ②의 '그녀를 만난'도 '기억'을 꾸미는 관형어 역할을 한다.

24. '석호는 동규와 다르다.'라는 문장이 '석호는 수영을 잘한다.'라는 문장의 부사어 역할을 하도록 만든다.

25. 제시된 두 문장은 '앞발이 짧다'라는 서술절과 '자기가 범인이라고'라는 인용절을 각각 안고 있다.

26. ③은 관형사절을 가진 안은문장이고, 나머지는 모두 부사절을 가진 안은문장이다.

27. ②는 '비가 오기'라는 명사절을 가진 안은문장이다.

오답 해설
①은 서술절, ③은 관형사절, ④는 부사절, ⑤는 인용절을 가진 안은문장이다.

28. (1)은 서술절, (2)는 부사절, (3)은 관형사절, (4)는 명사절을 가진 안은문장이다.

29. ㉠, ㉣은 겹문장이고 ㉡, ㉢은 홑문장이다. 겹문장 중 ㉠은 대등하게 이어진 문장, ㉣은 관형사절을 가진 안은문장이다.

30. ㉠, ㉡은 관형사절을 가진 안은문장, ㉢은 홑문장, ㉣은 종속적으로 이어진 문장이다.

31. ㉠은 홑문장들이고, ㉡은 ㉠의 홑문장들을 결합한 겹문장이다. 논리적인 관계가 명확하여 설득력 있게 느껴지는 것은 홑문장이 아닌 겹문장의 표현 효과로 볼 수 있다.

소단원 핵심 문제

• 본문 p.092

01. ② **02.** ② **03.** ③ **04.** ③ **05.** ② **06.** ④ **07.** 목적어 **08.** ② **09.** ② **10.** ① **11.** ㉥ 내가 그의 손을 잡았다. **12.** ④ **13.** ② **14.** ① **15.** ㉥ 날씨가 추워서(/추우니까) 감기에 걸렸다. **16.** ⑤ **17.** ③ **18.** ④ **19.** ② **20.** ③ **21.** 공자가 제자들에게 앞날을 결정짓고자 하면 옛것을 공부하라고 말하였다. **22.** ③ **23.** ④ **24.** ⑤ **25.** ② **26.** (1) ㉠ (2) ㉡ (3) ㉣ (4) ㉤ (5) ㉥ **27.** ㉥ 나는 배가 아파서 학교에 가지 않고 병원에 가서 주사를 맞았다. / 사건의 인과성이 커져서 논리적인 관계가 명확하게 드러난다.

01. 목적어는 주성분으로, 서술어 동작의 대상이 되며(㉡), 관형어, 부사어는 부속 성분으로, 주성분의 내용을 꾸며 뜻을 더한다(㉣).

오답 해설
㉠ 주성분은 주어, 서술어, 목적어, 보어로 구성된다.
㉢ 문장의 불완전한 부분을 채워 주는 문장 성분은 보어이다.

02. 〈보기〉의 '문장의 골격을 이루는 필수적인 성분'은 주성분(주어, 서술어, 목적어, 보어)을 의미한다. ②는 주어(동생이), 목적어(우유를), 서술어(마신다)로 이루어진 문장이다.

오답 해설
① 둥근(관형어) 달이(주어) 높이(부사어) 떴다(서술어).

③ 엄마가(주어) 아기의(관형어) 손을(목적어) 잡았다(서술어).

④ 준호는(주어) 결국(부사어) 선생님이(보어) 되었다(서술어).

⑤ 그(관형어) 산은(주어) 눈부시게(부사어) 아름다웠다(서술어).

03. '예쁜'은 관형어, '활짝'은 부사어이므로 이 둘은 부속 성분이라는 공통점이 있다. 부속 성분은 주성분의 내용을 꾸며 뜻을 더하는 문장 성분이다.

오답 해설

①은 주성분, ②는 부사어, ④는 독립어, ⑤는 관형어에 관한 설명이다.

04. '정말'은 '잘하는구나'를 꾸며 주는 부사어이다.

오답 해설

① '해인아'는 독립어이다.

②, ④, ⑤ '나란히', '눈부시게', '도서관으로'는 모두 부사어이다.

05. ②의 '새'는 '신발'을 꾸미는 관형어이고, 나머지는 모두 부사어이다.

06. ㉢은 '우아(독립어), 우리가(주어) 또(부사어) 이겼다(서술어).'로 분석되므로 주성분에 해당하는 문장 성분은 2개이다. ㉣은 '누나가(주어) 새(관형어) 휴대폰을(목적어) 샀다(서술어).'로 분석되므로 주성분에 해당하는 문장 성분은 3개이다.

오답 해설

① ㉠은 '함박눈이(주어) 내린다(서술어).', ㉡은 '그는(주어) 선생님이(보어) 아니다(서술어).'로 분석되므로, 주성분으로만 이루어져 있음을 알 수 있다.

② ㉢의 '우아'는 독립 성분인 독립어이다.

③ ㉣의 '휴대폰을'과 ㉤의 '일을'은 목적어이다.

⑤ ㉤은 '나는(주어) 그(관형어) 일을(목적어) 재빨리(부사어) 해결했다(서술어).'로 분석되므로, ㉢과 ㉣에서 부속 성분으로 사용된 문장 성분인 관형어와 부사어를 모두 포함하고 있음을 알 수 있다.

07. 제시된 문장들은 서술어인 '읽었다'와 '주셨다'의 대상이 되는 목적어가 있어야 의미가 온전해진다.

08. ②는 주어(누나가)와 서술어(띠었다)가 한 번만 나타나는 홑문장이다.

오답 해설

①, ④는 이어진문장, ③, ⑤는 안은문장으로 겹문장이다.

09. ㉡, ㉣은 안은문장, ㉢은 이어진문장으로 겹문장이다.

10. ①은 서술절을 가진 안은문장이므로 겹문장이다.

11. 관형어는 체언을 꾸며 주는 말임에 유의하여 제시된 문장 성분이 모두 나타나는 문장을 만들도록 한다.

12. ④는 '여름에는 비가 온다.'와 '겨울에는 눈이 온다.'를 대등적 연결 어미 '-고'로 연결한 대등하게 이어진 문장이다.

13. 〈보기〉의 문장은 앞 문장과 뒤 문장의 각각의 의미가 대등한 관계에 있는 대등하게 이어진 문장이다.

14. 〈보기〉의 문장은 앞 문장이 뒤 문장에 대해 '조건'의 의미를 지닌다. ① 역시 '조건'의 의미를 지닌다.

오답 해설

②는 '나열', ③은 '이유', ④는 '대조', ⑤는 '의도'의 의미를 지닌다.

15. 이유, 원인의 의미를 더하는 종속적 연결 어미인 '-(으)니까', '-아서/-어서' 등으로 이어진문장을 만들어야 한다.

16. ㉢의 '빛이'는 보어에 해당한다. ㉢은 '사랑이(주어) 세상의(관형어) 빛이(보어) 된다(서술어).'로 분석되는 홑문장이다.

17. '홑문장이 다른 문장 속의 한 문장 성분이 되는 것'은 안은문장에 대한 설명이다. ③은 종속적으로 이어진 문장이고, 나머지는 모두 안은문장이다.

오답 해설

①은 서술절, ②는 관형사절, ④는 명사절, ⑤는 인용절을 가진 안은문장이다.

18. 〈보기〉는 부사절을 가진 안은문장에 해당한다. ④의 '형과 다르게'도 부사절에 해당한다.

오답 해설

①은 서술절, ②는 명사절, ③은 인용절, ⑤는 관형사절을 가진 안은문장이다.

19. ②에서 '그 일은 하기'는 명사절에 해당한다.

오답 해설

①은 관형사절, ③은 명사절, ④는 부사절, ⑤는 인용절을 가진 안은문장이다.

20. ㉮의 '동생이 곤히 낮잠을 잔다.'가 ㉰에서 '곤히 낮잠을 자는'으로 안겨 있다. 즉 ㉮가 ㉯에 관형사절로 안긴 것이고, 그 과정에서 ㉮의 주어인 '동생이'가 생략되었다.

21. 〈조건〉의 내용을 종합하면 인용절을 가진 안은문장을 만들어야 한다. 인용절은 화자의 생각, 판단 또는 남의 말을 인용한 문장을 안긴문장으로 안고 있는 문장이므로, '앞날을 결정짓고자 ~ 공부하라.'가 안긴문장이 되는 것이 적절하다.

22. ③은 종속적으로 이어진 문장이고, 나머지는 모두 안은문장이다.

오답 해설

①은 인용절, ②는 관형사절, ④는 명사절, ⑤는 부사절을 가진 안은문장이다.

23. ㉠은 서술절을 가진 안은문장, ㉡은 홑문장, ㉢은 명사절을 가진 안은문장, ㉣과 ㉤은 종속적으로 이어진 문장이다.

24. ㉢은 명사절을 가진 안은문장으로, 안긴문장이 목적어의 역할을 하고 있다. ㉣에서 '책을'이 목적어에 해당한다.

오답 해설

①, ③ ㉠은 서술절, ㉡은 관형사절, ㉢은 명사절을 가진 안은문장이고, ㉣은 대등하게 이어진 문장이므로 모두 겹문장이다.

② ㉡에만 '사업가가'라는 보어와 '훌륭한'이라는 관형어가 모두 있다.

④ ㉠에는 '꽤', ㉡에는 '아주'라는 부사어가 있고, ㉢, ㉣에는 부사어가 없다.

25. ㉠은 종속적으로, ㉦은 대등하게 이어진 문장이다. ㉡은 부사절, ㉢은 서술절, ㉣은 명사절, ㉤은 관형사절, ㉥은 인용절을 가진 안은문장이다.

26. (1)은 종속적으로 이어진 문장이다. (2)는 부사절, (3)은 명사절, (4)는 관형사절, (5)는 인용절을 가진 안은문장이다.

27. 적절한 연결 어미를 사용하여 문장들을 연결하고, 겹문장의 표현 효과를 생각해 본다.

대단원 확인 문제

• 본문 p.097

01. ⑤ **02.** ② **03.** ② **04.** ⑤ **05.** ⑤ **06.** ⑤
07. ⑤ **08.** ④ **09.** ④ **10.** ② **11.** ③ **12.** ②
13. ⑤ **14.** ③ **15.** ④ **16.** ⑤ **17.** ② **18.** ③
19. '그 일은 하기', 명사절로, 문장에서 주격 조사 '이/가'가 붙어 주어의 역할을 하고 있다. **20.** ⑤ **21.** ④ **22.** ④
23. ④ **24.** ④ **25.** ③ **26.** ① **27.** 대훈이는 달리기를 하였다. 대훈이는 발에 땀이 났다. **28.** ⑤ **29.** ③

01. 글쓰기의 과정에서 글쓴이가 수행하게 되는 문제 해결 과정은 여행 계획을 세우거나 공부할 계획을 세우는 것과 마찬가지로 일상생활에서 수행하는 문제 해결 과정과 매우 비슷하다.

02. 글을 쓰기 전 계획하기 단계에서는 글의 주제, 목적, 예상 독자, 매체를 반드시 고려해야 한다. 시대적 현실은 이에 해당하지 않는다.

03. 초고에서 '오동도의 동백꽃'에 관한 내용은 찾아볼 수 없다.

04. ㄷ. 글의 처음과 마지막 부분을 보면 여수를 소개하기 위해 글을 썼으며 방문을 권유하는 것을 알 수 있다. 여수에 방문하기를 원하는 독자에게 교통 정보를 추가하는 것은 적절하다. ㄹ, ㅁ 블로그는 매체의 특성상 글의 주제나 목적을 위해 배경 음악, 사진, 동영상 등의 다양한 매체 자료를 활용할 수 있으며, 첨부 파일을 이용하여 다른 자료를 내려받도록 할 수 있는 특성도 있다.

오답 해설

ㄱ. 초고의 처음 부분을 보면 글의 목적과 주제가 잘 드러나 있다. 여수 세계박람회 해양 공원에 관한 내용은 본문의 여수의 즐길 거리에 해당한다.

ㄴ. 초고의 '지리적 · 역사적 정보' 부분을 보면 '유인도', '연륙도', '전라 좌수영', '전라 수군 절도사' 등 중학생인 독자들이 이해하기 쉽지 않은 어휘들이 있다.

05. 부름, 감탄, 대답 등을 나타내는 문장 성분은 독립 성분이라고 한다. 부속 성분은 주성분의 내용을 꾸며 뜻을 더하는 문장 성분이다.

06. 문장을 이루는 데 꼭 필요한 성분을 주성분이라고 하는데, 주어, 서술어, 목적어, 보어가 이에 해당한다. ⑤의 '사탕을'은 목적어이다.

오답 해설

①의 '두'는 관형어, ②, ③, ④의 밑줄 친 말은 모두 부사어이다.

07. ⑤의 '동욱이는(주어) 사랑한다(서술어).'는 목적어가 없어서 의미가 온전하지 못하다.

오답 해설

②는 주어, ③과 ④는 보어를 보충해야 한다.

08. '멋진'은 관형어, '맛있게'는 부사어이다. 관형어와 부사어는 부속 성분으로서 주성분의 내용을 꾸며 뜻을 더하는 역할을 한다.

오답 해설

①은 주성분에 대한 설명으로 주어, 서술어, 목적어, 보어와 같이 문장의 골격을 이루는 필수적인 성분을 주성분이라고 한다.
② 관형어에 대한 설명이다.
③ 부사어에 대한 설명이다.
⑤ 독립어에 대한 설명이다.

09. ④의 '과연'은 부사어, 나머지는 모두 독립어이다.

10. 문장의 필수적인 성분은 주성분이며, 주성분에는 주어, 서술어, 목적어, 보어가 있다. ②의 '약국의'는 관형어로 부속 성분에 해당한다.

11. 제시된 문장에서 '의사가'는 서술어 '되다', '아니다' 앞에 와서 문장의 불완전한 부분을 채워 주는 보어로, 주성분이다.

오답 해설

① '서영아(독립어), 넌(주어) 정말(부사어) 훌륭한(관형어) 의사가(보어) 되었구나(서술어).'로 분석된다. 여기에서 주어, 보어, 서술어는 주성분이고 부사어, 관형어는 부속 성분이며 독립어는 독립 성분에 속한다.
② 서술어가 '되다', '아니다'일 경우 보어가 의미상 부족한 부분을 채워 주어야 의미가 온전한 문장이 된다.
④ '서영아'는 부름의 의미를 나타내며 다른 문장 성분과 관계없이 독립적으로 쓰인 독립어이다.
⑤ '정말'은 부사어이므로 문장에서 용언인 '되었구나'를 꾸며 주고, '훌륭한'은 관형어이므로 체언인 '의사'를 꾸며 준다.

12. 주어와 서술어의 관계가 한 번만 나타나는 것은 홑문장이다. ②는 '연희가(주어)', '떠었다(서술어)'로 주어와 서술어의 관계가 한 번만 나타난다.

오답 해설

①은 인용절을, ③, ⑤는 관형사절을 가진 안은문장, ④는 대등하게 이어진 문장으로 모두 겹문장이다.

13. ⑤는 '혜민이가 (장갑을) 만들다.'와 '나는 장갑을 받았다.'라는 두 개의 홑문장이 결합하여 이루어진 겹문장이다. 나머지는 모두 홑문장이다.

14. ㉠, ㉡은 주어와 서술어의 관계가 한 번만 이루어진 홑문장이고, ㉢은 홑문장 두 개가 대등적 연결 어미 '-고'에 의해 대등하게 이어진 겹문장이다.

15. '우리나라 축구팀이 우승을 해서 기분이 좋다.'와 같이 원인과 결과의 의미 관계를 지니는 이어진문장으로 바꾸는 것이 적절하다.

16. '콩 심은 데 콩 난다.'와 '팥 심은 데 팥 난다.'가 나란히 연결된 대등하게 이어진 문장이다.

17. ㉠, ㉢은 종속적으로 이어진 문장이다. ㉡은 서술절, ㉣은 인용절, ㉤은 관형사절을 가진 안은문장이다.

18. ㉢은 한 홑문장이 다른 한 홑문장에 인용절로 안겨 있다.

19. 제시된 문장은 명사절을 가진 안은문장으로, 안긴문장 '그 일은 하기'가 주어 역할을 하고 있다.

20. ㉠의 '관우가 학생임'은 문장의 목적어 역할을 하므로 명사절이고, ㉡의 '관우가 학생이라는'은 '사실'을 꾸며 주고 있으므로 관형사절이다.

21. ④는 안긴문장이 부사절이며, 나머지는 모두 안긴문장이 서술절이다.

22. 〈보기〉의 '내일 할'은 관형사절이다. ④의 '비가 오는'도 관형사절에 해당한다.

오답 해설

①은 서술절을, ②는 명사절을, ③은 부사절을, ⑤는 인용절을 안고 있다.

23. '선미가 그 어려운 일을 해냈음'이 전체 문장의 주어 역할을 하므로 명사절을 가진 안은문장이다.

24. ④는 '아무 일도 없었다는'이라는 관형사절을 안고 있으므로 안은문장에 해당한다.

오답 해설

①, ③ 종속적으로 이어진 문장이다.
②, ⑤ 대등하게 이어진 문장이다.

25. ③은 부사절을 가진 안은문장이다. 나머지는 모두 관형사절을 가진 안은문장이다.

26. ①은 '영승이는 나에게 밖으로 나가자고 속삭였다.'로 바꾸는 것이 적절하다.

27. 제시된 문장은 '발에 땀이 나도록'이 부사의 역할을 하며 안겨 있는 안은문장이다. 주어와 서술어의 관계에 유의하여 문장을 나누어 본다.

28. '빛깔이 곱게'가 부사절에 해당되며, 서술어 '피어있다'를 꾸미고 있다. '활짝'은 부사로, 마찬가지로 서술어를 꾸미는 역할을 한다.

오답 해설

① 관형사절 '내가 잃어버린'이 '시계'를 꾸미고 있다.
② '비가 오다.'의 서술어가 이유나 근거를 나타내는 연결 어미 '–아서/–어서'로 활용하여 '그 공연은 취소되었다.'의 원인이 된다.
③ '내가 어제 만난'과 '키가 크다.'가 각각 관형사절과 서술절에 해당된다.
④ '낮말은 새가 듣다.'와 '밤말은 쥐가 듣는다.'가 두 가지 이상의 사실을 대등하게 연결하는 어미 '–고'로 이어진 문장이다.

29. (나)의 ㉡은 관형사절을 가진 안은문장이다.

3 전략적으로 읽고 논리적으로 쓰기

• 본문 p.103

확인 문제

01. ⑤ **02.** 배경지식 **03.** 근거

01. 설명에 맞는 적절한 예시를 마련하는 것은 설명하는 글을 쓸 때 글쓴이가 해결해야 할 과제이다.

02. 글을 읽을 때는 글에 나타난 정보와 배경지식을 활용하여 읽기 과정에서 발생한 문제를 해결하며, 부족할 경우 인터넷, 사전 등의 자료를 찾아 해결한다.

03. 주장을 하면서 그것을 뒷받침할 수 있는 근거가 적절하지 않으면 설득력을 가질 수 없다.

모두를 위한 디자인

개념 확인

• 본문 p.104

01. ③ **02.** ① **03.** 질문

01. 글을 읽는 과정에서 독자는 여러 가지 문제에 직면하게 되며, 글에 나타난 정보, 배경지식 등으로 이를 해결해 나간다. 이처럼 읽기는 글을 읽으면서 발생하는 여러 가지 인지적인 문제를 해결해 나가는 행위라고 할 수 있다.

02. 글을 읽을 때 단어나 문장의 의미를 이해하지 못하는 경우가 생길 수 있다. 이때 글 전체에 제시된 정보나 주제를 통해 의미를 유추할 수도 있지만, 모르거나 어려운 단어는 사전을 통해 정확하게 의미를 이해하고 읽는 것이 다음 읽기 활동을 위해서도 가장 좋은 방법이라 할 수 있다.

03. 읽기 과정에서 발생하는 여러 문제들은, 능동적으로 글을 읽으며 스스로 질문하고 글에 나타난 정보와 자신의 배경지식을 바탕으로 질문에 관한 답을 찾아 해결할 수 있다.

확인 문제

• 본문 p.106

01. ⑤ **02.** ③ **03.** ④ **04.** 사회적 약자도 사용하는 데 불편하지 않은 디자인에서, 모든 사람을 위한 디자인이라는 의미로 확대되었다. **05.** ① **06.** ② **07.** ④ **08.** 신체, 인종, 종교, 문화 차이에 따라 차별을 받지 않도록 규정하는 '동등한 기회' 정신이 '모두를 위한 디자인'의 바탕이 되었다. **09.** ② **10.** ③ **11.** ③ **12.** ② **13.** ④

01. 2의 내용을 보면 대부분의 디자인은 특정한 집단을 목표 대상으로 하고 있음을 알 수 있다.

02. 1은 디자인이 매우 중요한 요소가 되었음을 강조함으로써 이어지는 내용이 디자인 산업에서 나아갈 방향을 안내할 것임을 암시하고 있다.

오답 해설

① 문제 상황과 그 해결 방향을 제시한 부분은 찾을 수 없다.
② 일상화되고 핵심어가 된 디자인에 관해 설명했을 뿐, 그 개념을 풀어 설명하지 않고 있으며, 글의 전개 과정에 대한 설명도 없다.
④ 디자인이 특정한 분야나 제품에만 국한되지 않는다고 하였을 뿐, 독자에게 친근한 사례를 제시하여 설명하는 부분은 찾을 수 없다.
⑤ '디자인'의 현황에 대한 일반적인 분석으로 글을 시작하고 있을 뿐, 화제에 관한 글쓴이의 입장을 드러내진 않는다.

03. ㉠에 이어지는 내용을 보면 기업은 실패하지 않기 위해 목표 대상을 명확히 하여 그들에게 적합한 디자인을 하는 것임을 알 수 있다.

04. 3의 내용을 보면 처음에는 장애인과 노약자 같은 사회적 약자를 위한 복지 차원에서 시작되었으나, 지금은 좀 더 보편적 의미인 '모든 사람들을 위한 디자인'으로 그 의미가 확대되었음을 알 수 있다.

05. 4는 '모두를 위한 디자인'의 구체적 사례를 제시하여, 그것의 유용성을 설명하고 있다.

06. '악력(握力)'은 '손아귀로 무엇을 쥐는 힘'을 의미한다.

07. 모두를 위한 디자인은 사용자의 언어 능력이나 지식의 정도, 경험 지식과 관계없이 간단하고 직관적으로 사용할 수 있어야 한다.

08. 4의 두 번째 문장을 보면 '모두를 위한 디자인'은 그것이 시작된 미국의 '동등한 기회' 정신이 디자인의 바탕이 된 가치관으로서 적용되었음을 알 수 있다.

09. 모따기 시공은 공공 시설물뿐만 아니라 가정의 현관에도 적용할 수 있다.

10. 버스 정류소는 버스를 이용하는 사람들뿐만 아니라 도로를 보행하는 일반 통행자들의 편의 역시 고려해야 한다.

11. 글을 읽다가 모르는 내용이 나오면 글에 나타난 정보를 바탕으로 이해하거나, 사전이나 참고 자료를 찾아보면서 해당 내용을 확인한다.

오답 해설

①, ②, ④, ⑤ 읽기는 글에 나타난 정보와 독자의 배경지식을 활용하여 문제를 해결하는 과정이다. 문제를 해결하며 읽기 위해 끊임없이 질문하고, 그에 관한 답을 능동적으로 찾아야 한다. 글에 나타난 정보나 배경지식으로 해결되지 않는 문제는 참고 자료, 사전, 인터넷 검색 등으로 해결한다.

12. 6 의 마지막 문장을 보면, '모두를 위한 디자인'은 불편한 사람과 건강한 사람, 나와 나의 가족과 내가 속한 집단 모두를 위한 보편적 디자인임을 알 수 있다.

13. '모두를 위한 디자인'은 사업적 가치가 큰 미래 산업 중의 하나로, 타인을 보살피려는 마음을 가져야 하는 것은 사실이지만 이윤을 완전히 배제해야 하는 것은 아니다.

오답 해설

① 애정을 가지고 사람들의 지극히 평범한 일상생활을 관찰해야 한다고 하였다.

② 개성이나 상상력을 발휘하고 튀어 보려는 마음보다는 타인을 보살피려는 마음 자세에서 비롯된다고 하였다.

③ 사람들이 인식하지 못하는 불편한 점을 찾아내어 그 개선 사항을 반영할 수 있어야 가능하다고 하였다.

⑤ 타인에 대한 애정 어린 관찰과 타인을 보살피려는 마음 자세를 가져야 한다고 하였다.

학습 활동 다지기

• 본문 p.110

이해 다지기 문제 **1.** ②

목표 다지기 문제 **1.** ④ **2.** ⑤

이해 **1.** 이 글은 '모두를 위한 디자인'의 정의와 함께 이러한 디자인이 적용된 사례를 소개하고, 그것의 원칙과 가치에 대해 설명하고 있다.

목표 **1.** 읽기는 글을 읽고 의미를 구성하는 과정에서 발생하는 여러 가지 문제를 해결해 가는 과정이다. 따라서 글에 나타난 정보와 독자의 배경지식을 활용하여 읽기 과정의 문제를 해결해 나가야 한다. 글쓴이의 의도를 파악하기 위해서는 중요한 부분에 밑줄을 긋고, 그것의 의미를 의도와 관련지어 생각해야 한다.

2. 글쓴이는 '모두를 위한 디자인'이 타인을 보살피려는 마음에서 비롯되는 것이며 사업적 가치가 큰 미래 산업 중의 하나라고 말하고 있다. 그리고 '모두를 위한 디자인'은 크게는 사회적 약자에서부터 작게는 내가 속한 집단까지 모든 사람을 위한 보편적 디자인임을 강조하고 있다.

소단원 핵심 문제

• 본문 p.124

01. ⑤ **02.** ① **03.** '대부분의 디자인'은 특정한 집단을 목표 대상으로 하지만, '모두를 위한 디자인'은 모든 사람을 대상으로 한다는 점에서 차이가 있다. **04.** ⑤ **05.** ③ **06.** 픽토그램은 누구나 쉽게 알아볼 수 있도록 상징적으로 나타낸 그림 문자이므로 '동등한 기회' 정신에 부합하는 '모두를 위한 디자인'이라고 할 수 있다. **07.** ③ **08.** ④ **09.** ②

01. 우리나라의 디자인 산업이 세계 유수의 좋은 디자인 선정에서 다수 수상할 정도로 발전한 것은 사실이지만, 세계 최고의 경쟁력을 지닌 정도의 수준인지는 알 수 없다.

오답 해설

① 기업은 실패하지 않기 위해 목표 대상을 명확히 하여 그들에게 적합한 디자인을 한다고 하였다.

② 이제 디자인은 기업 혁신과 국가 경쟁력에서 매우 중요한 핵심어가 되었다고 하였다.

③ 대부분의 디자인이 특정한 집단을 목표 대상으로 한다고 하였으므로, 그 외 사람들에게는 불필요할 수 있다는 추론은 적절하다.

④ '모두를 위한 디자인'은 처음에 사회적 약자를 위한 복지 차원에서 시작된 것이나, 지금은 좀 더 보편적인 의미인 '모든 사람을 위한 디자인'이라는 의미로 통용되고 있으며, 개인이 사용하는 도구나 물건은 물론 공공시설 같은 환경으로까지 확대되고 있다.

02. 은주는 '유수', '만성적', '통용' 등과 같은 단어의 의미를 알지 못해 글의 내용을 온전하게 이해하지 못하는 문제 상황을 겪고 있다. 이런 문제에 부딪혔을 경우, 앞뒤 문장의 맥락을 파악하여 의미를 짐작해 본 후 사전을 찾아 단어의 의미를 이해해야 한다.

03. (나)를 보면 '대부분의 디자인'은 실패하지 않기 위해 특정한 집단을 목표 대상으로 함을 알 수 있고, (다)를 보면 '모두를 위한 디자인'은 처음에는 사회적 약자를 그 대상으로 하였으나 지금은 좀 더 보편적인 의미로 모든 사람들을 대상으로 함을 알 수 있다.

04. ⑤는 주장하는 글(논설문)을 읽는 방법이다.

05. (가)에는 '모두를 위한 디자인'의 대상 범위와 기반이 되는 가치관, 구체적 사례 등이 제시되어 있고, (나)에는 '모두를 위한 디자인'의 원칙과 부칙이 제시되어 있다. 하지만 '모두를 위한 디자인'의 디자인 방법은 (가)와 (나) 모두에 언급되어 있지 않다.

오답 해설

① (가)에서 사회적 약자뿐만을 위한 디자인이 아니라 비사회적 약자에게도 유용한 것으로 범위를 제시하였다.
② (가)에서 옆으로 긴 막대 모양의 문손잡이 등 구체적인 사례를 제시하였다.
④ (나)에서 '모두를 위한 디자인'의 원칙과 부칙을 정리하였다.
⑤ (가)에서 '동등한 기회' 정신의 가치관이 적용된 디자인이라고 하였다.

06. 모두를 위한 디자인은 보편적으로 적용이 되는 '동등한 기회' 정신을 가치관으로 하고 있으므로, 픽토그램은 언어를 초월하여 직관적으로 이해할 수 있다는 점에서 '모두를 위한 디자인'으로 볼 수 있을 것이다.

07. 이 글은 '모두를 위한 디자인'의 성격과 가치에 대해 설명하고 있음을 (다)에서 확인할 수 있다.

08. (가)와 (나)는 '모두를 위한 디자인'의 구체적인 사례로, 일반적으로 구체적인 사례를 들어 설명하면 대상에 대한 이해가 쉬워진다.

오답 해설

① (가)와 (나)는 개념을 설명하지 않았고, 설명하려는 바에 대한 구체적인 사례를 제시하고 있다.
② (가)와 (나)는 대조되는 사례가 아니다.
③ (가)와 (나)에서 새로운 시각으로 인해 발생된 문제 상황은 찾을 수 없다.
⑤ (가)와 (나)는 '모두를 위한 디자인'이 적용된 사례를 들고 있을 뿐, 개념을 분류하고 특징을 설명하는 부분은 언급되지 않았다.

09. ㉠ 앞의 내용으로 보아 '모두를 위한 디자인'은 사람들이 인식하지 못하는 불편한 점을 찾아내어 그 개선 사항을 반영하는 것으로 타인을 보살피려는 마음 자세에서 비롯한다고 할 수 있다.

2 주장하는 글 쓰기

개념 확인 콕콕 • 본문 p.127

01. 설득 **02.** 근거 **03.** ⑤ **04.** ②

01. 주장하는 글은 자신의 의견과 생각을 주장하여 다른 사람을 설득한다는 목적을 가진 글이다.

02. 자신의 주장이 유효하며 합리적이라고 설득하려면 구체적인 증거나 논리적 근거가 제시되어야 한다.

03. ㉠에는 주장만 나타나 있지만, ㉡에는 왜 도토리를 가져가면 안 되는지에 관한 까닭이 나타나 있기 때문에 ㉡이 더 설득력 있다.

04. 주장하는 글을 쓸 때는 글에서 다룰 문제를 명확하게 제기하고 글을 쓴 목적과 의도를 밝히는 것이 좋다.

확인 문제 • 본문 p.129

01. ⑤ **02.** ① **03.** ⑤ **04.** ⑤ **05.** ⑤ **06.** ④ **07.** ④ **08.** ④ **09.** ② **10.** ③ **11.** ③ **12.** 〈보기〉는 (나)에 가까운 관점으로, 팬덤 문화에 관해 부정적인 관점이다. **13.** ⑤ **14.** ④ **15.** ③ **16.** ③ **17.** ② **18.** ④ **19.** 자신의 주장을 적절하게 뒷받침해 줄 수 있는 자료인지를 판단해야 한다. **20.** ① **21.** ③ **22.** ⑤ **23.** 청소년들의 팬덤 문화는 건전한 성장에 도움을 준다. **24.** ⑤ **25.** ④

01. 이 글은 '물이 부족한 현상'에 관한 글쓴이의 관점과 주장을 담고 있다.

오답 해설

① 설명하는 글에 관한 설명이다.
② 개인의 삶의 고양은 주로 문학 작품에서 이루어진다.
③ 이 글은 친교를 도모하는 것을 목적으로 하고 있지 않다.

④ 이 글은 자신의 주장을 논리적으로 독자에게 전달하는 글로, 의견을 나누는 것이 아닌 글쓴이의 주장을 일방적으로 전달하고 있다.

02. 이 글은 물 부족의 심각성을 알리고, 그 해결 방법으로 물을 경제적으로 써야 함을 주장하고 있는 글이다.

03. 제시된 자료에서 '신뢰성'은 해당 분야에 대한 권위자의 말이나 공신력 있는 통계 자료 등을 통해 확보된다고 하였다. 이 글에서는 이스마일 세라겔딘의 경고를 인용하고, 세계기상기구와 경제협력개발기구의 자료를 제시하여 신뢰성을 확보하고 있다.

오답 해설

①, ② 주장하는 글을 쓸 때 고려할 요소이지만, 〈보기〉에서 설명한 신뢰성 확보 전략과는 거리가 멀다.

③ 모든 글을 쓸 때 고려할 요소이다.

④ 이 글에는 담수화가 물 부족 문제를 해결할 수 없는 이유에 대해 근거를 제시하고 있을 뿐, 과거 사례를 드는 부분은 찾을 수 없다.

04. 주장하는 글은 어떤 문제가 되는 쟁점에 대한 자신의 생각이나 의견을 밝히는 글이기 때문에 기본적으로 주관적인 성격을 지닌다. 따라서 쟁점을 다룰 때에는 쟁점에 대한 자신의 관점을 정리하고, 이를 조리 있게 표현하는 것이 중요하기 때문에 주관을 배제하는 것은 적절하지 않다.

오답 해설

①, ② 주장하는 글은 다른 사람을 설득하기 위하여 자신의 생각이나 의견을 조리 있고 짜임새 있게 밝혀 쓴 글이다.

③ 자신의 주장이 설득력을 갖도록 하기 위해 사회 · 문화적 맥락 안에서 수용 가능한 논리적이고 타당한 근거를 들어 설득력 있게 써야 한다.

④ 주장하는 글을 쓸 때는 문제가 되는 쟁점과 관련된 다양한 의견을 분석해 자신의 관점을 정리한다.

05. 글쓴이는 인구 증가와 그로 인한 식량 소비량 증가, 그리고 곡식 재배에 필요한 담수량의 증가 등으로 물 수요가 증가하는 것과 가뭄 심화로 인한 물의 담수량 감소 등을 물 부족의 원인으로 들면서, 이 때문에 국가 간 갈등이 일어날 수도 있다고 주장하고 있다. 하지만 물을 담수화할 수 있는 기술 개발의 실패는 언급하고 있지 않다.

06. 글쓴이는 해수 담수화가 물 부족 문제의 근본적인 해결책이 될 수 없는 이유로 비용이 높다는 문제와 시설 구축이 선진국에 편중되어 전 인류가 사용하기 어려운 문제, 그리고 다른 환경 문제로 이어질 수 있다는 것을 들고 있다.

07. (가)는 팬덤 문화가 끼치는 긍정적 영향을 소개하고 있고, (나)는 잘못된 팬덤 문화와 그 폐해를 제시하고 있다.

08. 환경 오염 문제에 대한 비판은 인기 사회자가 한 선행으로, 팬클럽이 이러한 뜻을 이어받아 환경 보호 캠페인을 했다는 것은 연예인의 선행이 팬클럽 회원들의 선행으로 이어지는 긍정적 영향력을 보여 주는 것과 유사한 사례이다.

오답 해설

① 팬클럽이 연예인의 캐릭터로 수익 사업을 벌인 것으로, ㉠의 사례와는 거리가 멀다.

② 이 사례는 대중적으로 인기가 높은 콘텐츠가 제품 소비로 이어지는 경우를 든 것으로, ㉠의 사례로는 적절하지 않다.

③ 사회적 물의를 일으킨 연예인의 퇴출 요구는 연예인의 선행과 관련이 없다.

⑤ ㉠의 사례와는 반대로 팬클럽 회원들의 선행이 연예인의 선행으로 이어진 사례라고 할 수 있다.

09. (나)의 두 번째 문단에서 땀 흘려 노력한 다른 가수들에게 피해를 끼치고, 맹목적인 팬덤 문화를 형성하여 다른 사람들과의 갈등으로 이어질 수 있다는 점을 음원 사재기의 문제로 제시하고 있다.

10. (나)는 음원 사재기와 같은 팬덤 문화의 부정적인 측면을 조명하고 있지만, 팬덤 문화가 청소년들의 범죄를 유발한다는 점은 나타나 있지 않다.

11. 〈보기〉는 팬덤 문화에 관해 긍정적인 관점을 가진 주장이다. 팬덤 활동을 통해 스트레스를 해소한다는 내용도 팬덤 문화의 긍정적인 측면을 말한 것이므로, 〈보기〉의 관점과 같다고 볼 수 있다.

12. 〈보기〉는 연예인에게 지나치게 적극적이거나 열광적으로 빠져 그의 개인 일상까지 추적하는 팬층을 일컫는 말이 생긴 현상에 관한 자료이다. 이는 팬덤 문화의 부정적인 측면을 나타낸 자료로, (나)에 나타난 관점에 가깝다고 할 수 있다.

13. 자료를 무조건 많이 수집한다고 해서 좋은 것은 아니고, 자신이 쓸 내용과 관련 있는 자료, 주장을 뒷받침할 수 있는 자료를 수집하는 것이 중요하다.

오답 해설

①, ②, ③, ④ 다루려는 쟁점과 관련된 근거를 마련할 때에는, 다양한 매체에 나타난 구체적 사례, 사회 상황과 관련된 전문가의 의견 등을 조사하여 참고해야 한다.

14. (나)를 보면, ○○○ 팬덤의 기부 사례를 말하며 긍정적인 형태의 팬덤 문화를 보여 주는 것이라고 하였다. 따라서 ④는 팬덤 문화의 긍정적인 측면에 대한 내용이라 볼 수 있다.

15. (나)의 마지막 부분과 (다)의 마지막 문장에 기부와 봉사 활동을 하는 팬덤 문화의 긍정적 발전을 언급하고 있다.

16. 내용을 조직할 때에는 자료를 찾은 순서에 따라 조직하는 것이 아니라, 글의 논리적인 순서를 고려하여 자료의 순서를 재조정해야 한다.

17. (가)는 팬덤 활동 시 드는 긍정적인 기분에 대한 통계 자료이고, (나)는 사회적인 문제에도 관심을 가지고 행동하는 팬덤 문화의 긍정적 형태를 다루고 있다.

18. (가)는 팬덤 문화에 참여하는 사람들의 긍정적인 심리 상태를 보여 준다는 점, (나)는 팬덤의 선행에 관한 기사라는 점, (다)는 팬덤 문화가 성숙했다는 전문가의 의견이라는 점에서 팬덤 문화를 긍정적 관점인 〈보기〉 주장의 근거로 활용하기에 적절하다. 하지만 (라)는 팬덤 문화의 부정적인 관점이므로 〈보기〉의 근거로 활용하기에 적절하지 않다.

19. (가)~(라)의 자료를 분석한 것은 자신의 주장을 뒷받침할 근거를 마련하기 위해서이다. 이때 자신의 주장을 뒷받침하기에 적절한 것을 선택해야 주장의 설득력을 높일 수 있다.

20. 주장하는 글의 서론에서는 글을 쓴 목적과 의도를 밝히고, 글에서 다룰 문제를 명확하게 제기해야 한다.

오답 해설

②, ③ 글의 결론에 들어가는 내용이다. 이밖에 결론에서는 자신의 주장을 다시 한번 강조하는 내용이 들어갈 수 있다.
④, ⑤ 글의 본론에 들어가는 내용이다.

21. 주장이 설득력을 얻기 위해 반론의 근거가 되는 자료도 함께 제시하기도 하지만 그 근거에 대한 재반박이나 보완책을 함께 제시해야지 반론의 근거를 그대로 제시하는 것은 적절하지 않다.

22. 이 개요표는 팬덤 문화에 대해 긍정적인 관점을 가지고, 팬덤 활동은 청소년들의 성장에 긍정적 영향을 미친다고 주장하고 있다. ㄱ, ㄴ, ㄹ은 모두 팬덤 문화의 긍정적인 측면이므로 이 개요표에 추가할 수 있다.

오답 해설

ㄷ. 팬덤에 참여하지 않으면 또래 친구들과 공통 화제를 찾기 힘들다는 내용은 팬덤 활동의 부정적인 관점의 근거로 활용될 수 있다.

23. 개요의 전체 내용을 보면 팬덤 문화를 부정적으로 보던 기존 시각에 대한 문제 제기를 바탕으로 팬덤 문화가 청소년들에게 정서적 안정감과 활력을 주고, 사회에 참여하도록 한다는 점에서 청소년들의 성장에 긍정적으로 작용하고 있다는 주장을 담고 있음을 알 수 있다. 따라서 주제문은 팬덤 문화가 청소년들의 성장에 긍정적인 영향을 준다는 내용을 포함하는 것이어야 한다.

24. 주장하는 글 역시 독자들에게 유용한 정보를 전달하기는 하지만 기본적으로 주장하는 글은 현안에 대한 자신의 주관을 드러내는 것이므로 유용한 정보의 객관적 전달을 평가하는 것은 적절하지 않다.

25. ⓓ의 앞뒤 문장은 모두 팬덤 문화의 긍정적 측면을 강조하는 주장의 근거가 되므로, '반면'이 아닌 대등한 의미를 지닌 말을 이어주는 데 쓰는 말인 '또한'으로 연결하는 것이 자연스럽다.

소단원 핵심 문제

• 본문 p.139

01. ④ **02.** ④ **03.** ⑤ **04.** 지금부터라도 물 소비 행태에 관한 경각심을 가지고 물을 경제적으로 쓰도록 노력하자. **05.** ④ **06.** ② **07.** ④ **08.** 음원 사재기 등 정당하지 않은 방법에 의한 맹목적인 팬덤 문화 현상은 다른 사람들과의 갈등으로 이어질 수 있어 이를 바로잡아야 한다고 하였기 때문에, (다)는 팬덤 문화에 관해 부정적인 관점이다. **09.** ④ **10.** ⑤ **11.** ④ **12.** ① **13.** 팬덤 문화는 청소년들에게 정서적 안정감과 삶의 활력을 준다. 또한, 사회에 참여하도록 이끌어 준다는 점에서 팬덤 문화는 청소년들의 삶에 긍정적 영향을 끼친다. 비록 팬덤 문화에 대한 부정적인 시각도 있지만 이와 같은 긍정적 영향을 고려하여 청소년들이 건전하게 팬덤 문화를 향유할 수 있도록 해야 한다. **14.** ⑤

01. 구체적인 근거를 들어 물을 경제적으로 쓰자는 주장을 하고 있으나, 독자들에게 구체적인 실천 과제를 나열하여 제시하고 있지는 않다.

오답 해설

① (가), (나)를 보면, 인류가 물 부족 상태에 직면했을 때를 가정하여 어떠한 문제가 생길지 말하여 문제의 심각성을 알리고 있다.

② (가)에서 전 세계은행 부총재인 이스마일 세라겔딘의 말을 인용하여 물 부족 문제는 전쟁으로 이어질 수 있다는 위험성을 경고하고 있다.

③ (라)에서 다음 세대에게 물 부족으로 인한 고통을 안겨줄 것인지 삶을 영위할 수 있는 환경을 물려줄 것인지를 고민해야 한다고 하며, 물 소비 행태에 관한 경각심을 가지고 물을 경제적으로 쓸 것을 촉구하고 있다.

⑤ (다)에서 해수 담수화는 물 부족 문제의 근본적인 해결책이 될 수 없음을 지적하며, 예상되는 반론을 반박하고 있다.

02. (나)를 보면, 인구 증가로 인한 식량 부족, 그리고 그것을 해결하기 위한 담수 필요량 증가 등으로 인해 생존을 위해 필수적인 물이 부족해지면 그것을 차지하기 위한 갈등이 벌어질 것으로 예측하고 있다. 또한, 그 갈등은 국가 간 갈등으로 이어져 전쟁이 일어날 것이며, 글쓴이는 이를 커다란 시련, 즉 '큰 위기'로 지칭하고 있는 것이다.

03. 글쓴이는 주장에 대한 근거 중 하나로, 일부에서 해수 담수화를 제시하지만 이것은 근본적인 해결책이 될 수 없다고 하였다. 따라서 글쓴이의 주장에 반론을 제기한 관점에서는, 과학 기술의 발전을 고려할 때 지금 문제를 극복할 수 방법을 찾을 것이라는 의견을 드는 것은 타당하다.

04. 이 글은 물 부족으로 인한 미래의 위기 상황을 제시하고, 이를 방지하기 위해 물을 아껴 쓰자는 주장을 담고 있다.

05. 소속감 때문에 팬덤 활동에 참여한다는 사실은 확인할 수 없으며, (나)에서 팬덤 활동 시 드는 기분에 나타난 수치를 고려할 때, 소속감이 생긴다는 것이 가장 높은 것은 아님을 알 수 있다.

06. 쟁점에 관해 근거를 들어 주장하는 글을 쓸 때 가장 먼저 할 일은 사회적 쟁점에 관한 다양한 의견을 분석하여 자신의 관점을 정하는 것이다.

오답 해설

타당한 근거를 들어 주장하는 글 쓰기는 문제를 분석하여 자신의 관점을 정하고 주장할 내용을 써 보는 활동(①), 주장을 뒷받침할 근거를 마련하는 활동(③), 글쓰기 개요를 만드는 활동(④), 주장하는 글을 쓰는 활동(④), 글을 고쳐 평가하고 고쳐 쓰는 활동(①)의 순서로 이루어진다.

07. (가)는 팬덤 문화는 청소년들에게 소중한 추억을 만들고, 청소년 시기의 넘치는 에너지를 건전하게 표출하는 계기가 된다는 기사이다. (나)는 팬덤 문화에 참여하는 사람들의 긍정적인 심리 상태를 보여 주고 있다. (다)는 음원 사재기 등의 맹목적인 팬덤 문화 현상은 다른 사람들과의 갈등으로 이어질 수 있어 이를 바로잡아야 한다는 기사이다. (라)는 팬덤의 선행에 관한 기사이다. 따라서 팬덤 문화에 관해 (가), (나), (라)는 긍정적인 관점이고, (라)는 부정적인 관점이다.

08. (다)는 비뚤어진 팬덤 문화인 음원 사재기 등으로 음원 시장이 왜곡되는 현상을 다룬 기사로, 팬덤 문화에 대해 부정적인 관점을 보이고 있다.

09. ⓓ에서 음원 사재기 문제로 다른 가수들이 피해를 입는 것은 (다)에서 확인할 수 있지만, 사생활 간섭에 대한 부분은 (가)~(라)에서 확인할 수 없다.

오답 해설

ⓐ는 (가)에서, ⓑ는 (가)와 (나)에서, ⓒ는 (다)에서, ⓔ는 (라)에서 확인할 수 있다.

10. (다)는 잘못된 팬덤 문화 현상을 바로잡아야 한다는 기사로, 〈보기〉의 근거로 적절하지 않다.

오답 해설

① 〈보기〉는 팬덤 문화에 관해 긍정적인 관점이고, (가)는 팬덤 문화는 청소년들에게 소중한 추억을 만들어 주고, 청소년 시기의 넘치는 에너지를 건전하게 표출하는 계기가 된다고 하였으므로 〈보기〉의 근거로 적절하다.

② (나)는 '팬덤 활동 시 드는 기분'을 설문 그래프로 보여 준 자료로, 팬덤 문화에 참여하는 사람들의 긍정적인 심리 상태를 알릴 수 있어 〈보기〉의 근거로 적절하다.

③ (다)는 음원 사재기 등 정당하지 않은 방법에 의한 맹목적인 팬덤 문화 현상은 다른 사람들과의 갈등으로 이어질 수 있으므로 바로잡아야 한다는 내용이다. 이는 〈보기〉의 주장에 나타난 관점과 반대되므로 근거로는 적절하지 않다.

④ (가)와 (라)에는 팬덤 활동이 기부 활동으로 이어지는 긍정적인 내용을 공통적으로 담고 있으므로 〈보기〉의 근거로 적절하다.

11. (가)~(라)와 같이 사회적 쟁점과 관련하여 다양한 자료를 수집한 후 주장에 관한 근거로 활용할 때에는 자신의 주장을 뒷받침하기에 적절한 것과 그렇지 못한 것을 취사선택해야 한다. 근거가 아무리 논리적이라 하더라도 주장을 뒷받침하지 못하는 근거는 설득력을 높일 수 없기 때문이다

12. '근거 1'은 팬덤 활동이 청소년들에게 정서적 안정감과 삶의 활력을 줄 수 있다는 내용을 담고 있고, '근거 2'는 팬덤 활동이 기부 활동이나 건전한 응원 문화 형성과 같은 사회 참여에 기여함을 보여 주고 있다.

13. 본론에서 제시하고 있는 팬덤 문화의 긍정적 측면, 즉 정서적 안정감과 사회 참여의 기회 제공이라는 내용을 재강조하고, 이와 같은 팬덤 문화를 청소년들이 건전하게 향유할 수 있도록 해야 함을 제시하도록 한다.

14. 근거의 타당성이나 신뢰성을 평가하는 것은 내용에 대한 평가에 해당된다.

대단원 확인 문제 • 본문 p.144

01. ② **02.** ③ **03.** 인터넷 검색이나 책을 참고하여 '모두를 위한 디자인'과 관련된 배경지식을 넓힌다. **04.** ② **05.** ① **06.** ④ **07.** ④ **08.** ② **09.** ⑤ **10.** ① **11.** ⑤ **12.** 팬덤 활동은 청소년들에게 즐거움과 행복함의 정서를 주며, 성취감과 소속감 같은 긍정적 정서를 주기도 한다. 이렇게 볼 때, 팬덤 활동은 청소년의 삶에 즐거움과 활력, 그리고 안정감과 같은 긍정적인 영향을 미치고 있음을 알 수 있다. **13.** ③ **14.** ④ **15.** ㉠ 해수 담수화가 물 부족 문제를 해결할 수 있다. ㉡ 해수 담수화는 물 부족 문제의 근본적인 해결책이 될 수 없다. ㉢ 해수 담수화는 비용이 높고 그 혜택을 전 인류가 받을 수 없으며, 해수 담수화 기술은 환경 문제를 유발할 수 있기 때문이다. **16.** ④ **17.** ⑤ **18.** ②

01. (나)에서 대부분의 디자인은 특정한 집단을 목표 대상으로 한다고 하였고, (다)에서 '모두를 위한 디자인'은 사회적 약자와 비사회적 약자 모두를 포함한 모든 사람을 목표 대상으로 한다고 하였다.

오답 해설

① (가)에서 이제 디자인 기업 혁신과 국가 경쟁력에서 매우 중요한 핵심어가 되었다고 하였으므로 적절하다.

③, ④ (다), (라)에서 '모두를 위한 디자인'이 사회적 약자를 위한 복지 차원에서 시작하여 '모든 사람을 위한 디자인'이라는 의미로 확대되고 보통 사람들에게도 보편적으로 유용한 물건과 시설, 환경을 추구한다고 하였으므로 적절하다.

⑤ (다)에서 특히 공공시설이나 대중교통에서 장애, 나이, 성별, 국적과 관계없이 불편함이 없도록 하는 데 노력을 기울인다고 하였으므로 적절하다.

02. 앞뒤 문맥을 고려할 때, ㉢ '양식'은 '기능'에 대응하는 '예술 작품이나 건축물에 나타나는 독특한 표현 양식'이라는 의미로 사용되었다.

03. 글을 읽을 때는 글에 나타난 정보와 배경지식을 활용해서 읽기 문제를 해결해야 한다. 〈보기〉의 '나'처럼 배경지식의 부족으로 글의 내용이 이해되지 않을 때에는 인터넷 검색이나 책을 참고하여 글의 내용과 관련된 배경지식을 넓혀야 한다.

04. 이 글의 끝부분에서 글쓴이는 '모두를 위한 디자인'은 크게는 불편한 사람과 건강한 사람 모두부터 작게는 내가 속한 집단까지 모든 사람을 위한 보편적 디자인임을 강조하고 있다.

05. 휠체어를 탄 사람은 턱이 있으면 보행하기가 불편하다. 이는 누구나 차별받지 않고 사용할 수 있어야 한다는 원칙을 벗어나므로 '모두를 위한 디자인'이라고 볼 수 없다.

오답 해설

② 외국인들도 사용하는 언어와 관계없이 사용할 수 있도록 한 것이므로 적절하다.

③ 시각 장애인이나 색을 구분하지 못하는 사람들도 사용할 수 있게 음성 수단을 통해 정보를 얻도록 한 것이므로 적절하다.

④ 나이나 키와 상관없이 이용할 수 있으며, 휠체어를 탄 장애인들도 힘들이지 않게 사용할 수 있도록 한 것이므로 적절하다.

⑤ 몸이 불편한 사람도 자유롭게 이동할 수 있도록 한 것이므로 적절하다.

06. (나)는 '모두를 위한 디자인'의 구체적 사례를 제시하여 '모두를 위한 디자인'의 개념, 특징, 성격을 쉽게 이해할 수 있도록 돕고 있다.

07. 글쓴이는 자신의 주장에 관한 근거로 상황을 가정하여 독자가 심각성을 느껴 행동을 바꾸도록 글을 전개하고 있다. 이는 실제 일어난 사례가 아닌 원인을 두고 예측한 가정 상황이다.

오답 해설

① (다)에서 주장에 대한 반론으로 제기할 만한 해수 담수화 기술의 문제점을 지적하며 주장의 근거로 삼고 있다.

② (가), (나)에서 앞으로 물이 부족한 상황이 올 것이라 예견한 후, 물이 부족할 경우 일어날 위기 상황을 가정하고 있다.

③ (가)에서 세계기상기구 등 공신력 있는 기관의 자료를 활용하고 있다.

⑤ (라)에서 다음 세대에게 어떠한 환경을 물려줄 것인지 선택하는 상황을 제시하며, 물 소비 행태에 경각심을 가지고 물을 경제적으로 쓰도록 촉구하고 있다.

08. (라)에서 글쓴이가 물 소비 행태에 관한 경각심을 갖고 물을 경제적으로 쓰도록 노력해야 한다고 주장하고 있음을 알 수 있다.

09. (다)에서 바닷물 담수화 기능의 한계로, 바닷물 담수화는 비용이 높고 기술이나 전문 인력 활용 시설의 구축이 선진국 중심으로 이루어져 전 인류가 사용하기 어렵다는 점과 에너지 소비가 많은 증발법을 사용하여 환경 문제로 이어질 수밖에 없다는 점을 들었다.

10. (가)는 팬덤 문화가 기부와 봉사 활동과 같이 사회적으로 기여하는 모습을 언급하고 있고, (나)는 무분별한 팬덤 문화로 인한 폐해를 이야기하고 있다.

11. 〈보기〉는 팬덤 문화에 부정적이고, 팬픽 문화를 소개하고 있지만, (가)는 기부와 봉사와 같은 팬덤 문화의 긍정적 측면만 제시되어 있다.

오답 해설

① (가)는 팬덤 문화가 긍정적으로 변화하고 있는 양상에 관한 자료이다.

② (나)는 음원 사재기 등 팬덤 문화의 부정적인 사례에 관한 자료이다.

③ 〈보기〉의 세 번째 문장에서 팬덤의 개념을 설명하고 있다.

④ (가)는 팬덤 문화의 긍정적 변화 양상을, 〈보기〉는 팬덤 문화의 부정적 사례를 제시하고 있으므로, 〈보기〉와 같은 팬덤 문화를 지양하고 (가)와 같은 방향으로 나아가야 할 것임을 제시할 수 있다.

12. (다)는 팬덤 활동으로 청소년들이 느끼는 정서를 나타내고 있는 자료로, 그래프를 보면 청소년들은 대체로 팬덤 활동을 통해 긍정적인 정서를 얻고 있음을 알 수 있다. 이를 근거로 보면 팬덤 문화는 청소년들의 삶에 긍정적인 영향을 미치고 있다고 말할 수 있다.

13. (가)는 '모두를 위한 디자인'에 대한 정보를 전달하는 글이고, (다)는 물 부족에 대한 경각심을 일깨우고, 물 절약을 실천하자는 주장을 담고 있는 글이다.

오답 해설

① (나)는 다른 사람을 설득하는 것을 목적으로 하고 있다.

② (나)가 주장하는 글이고, 의견을 건의하는 글은 건의문이다.

④, ⑤ 친교를 목적으로 하는 글은 편지(서간문) 등의 사적인 글이며, 심미적 체험을 목적으로 하는 글은 주로 문학 작품이다.

14. '모두를 위한 디자인'의 구체적인 사례는 (가)에 나타나 있지 않다.

15. 물 부족 문제를 해수 담수화로 해결할 수 있다는 주장에 대한 반박으로, 글쓴이는 해수 담수화가 근본적인 해결책이 되지 않는다고 주장하고 있다. 그 이유는 해수 담수화는 비용이 높고 시설의 구축이 선진국에 국한되어 전 인류가 사용할 수 없고, 환경 문제를 유발할 수 있기 때문이다.

16. (가), (나)는 설명하는 글이다. 설명하는 글은 글쓴이의 주장이 아닌, 대상에 대한 정보를 전달하는 글이다.

17. (나)와 (다) 모두 대조의 기법이 쓰이지 않았다.

18. 인구의 증가는 식량 부족으로 이어지고, 부족한 식량을 더 생산하기 위해서는 식량 생산에 필요한 담수 필요량이 증가하게 된다. 이는 곧 물 부족으로 이어져 부족한 물을 차지하기 위한 전쟁과 같은 국가 간의 갈등이 벌어질 수 있다.

4 문학 속의 세상

• 본문 p.151

확인 문제

01. (1) ○ (2) × (3) ○ **02.** 성찰

01. 사회 · 문화적 배경은 작품 속 사건에 직접 드러날 수도 있고, 작품의 창작 배경으로 작용하면 직접 드러나지 않을 수도 있다. 작품을 효과적으로 이해하기 위해서는 사회 · 문화적 배경을 파악해야 하는데, 이를 파악하기 위해서는 등장인물의 말과 행동, 등장인물 간의 관계, 다양한 사건 등에 주목해야 한다.

02. 문학 작품은 독자에게 삶을 성찰하는 기회를 제공하며, 독자는 성찰을 통해 자신과 타인, 사회를 이해하고 보다 가치 있는 삶을 살아가는 길을 찾을 수 있다.

1 천만리 머나먼 길에

개념 확인 콕콕

• 본문 p.152

01. (1) ○ (2) × (3) ○ **02.** 사회 · 문화 **03.** ②

01. 문학 작품은 사회 · 문화적 배경을 바탕으로 창작된다. 이때 사회 · 문화적 배경은 작품에 직접 드러날 수도 있고, 작품 창작의 배경을 바탕으로 작용할 수도 있다.

02. 작품의 사회 · 문화적 배경은 작품을 깊이 있게 이해하는 데 도움을 주며, 작품의 배경이 되는 시대를 폭넓게 이해할 수 있도록 해 준다.

03. ②는 작품 그 자체만을 감상하고 이해하는 방법이다. 따라서 작품의 창작 배경이 된 사회 · 문화적 배경을 파악하는 방법으로 적절하지 않다.

확인 문제

• 본문 p.154

01. ① **02.** ① **03.** ③ **04.** 이 시조에서 화자는 자신의 감정을 '물(냇물)'에 이입하여 표현하고 있다.

01. '고운 님 여의옵고(이별하옵고)'에서 시적 화자가 임과 이별한 상황임을 알 수 있다.

02. 이 시조에서 작가는 단종을 유배지로 호송한 다음 돌아오는 길에 단종과 이별한 자신의 애통한 심정을 드러내고 있다.

오답 해설

② 이 시조에는 슬픔, 애통함, 상실감, 안타까움 등의 정서가 나타나고 있지만, 누군가를 향한 원망의 마음을 드러내는 부분은 나타나 있지 않다.

③ 이 시조는 수양 대군(세조)이 조카 단종의 왕위를 빼앗고 유배를 보냈다는 역사적인 사실을 배경으로 하고 있지만, 그 사실에 대한 비판이나 저항 의지가 나타나진 않는다.

④ 화자는 임(단종)과 이별한 슬픔을 노래하고 있지만, 재회에 대한 소망을 표현하고 있지는 않다.

⑤ 시조에서 화자는 임과 이별하고 오면서 느낀 슬픔을 자연물(냇물)에 비유하여 표현하고 있지만, 이를 통해 깨달음과 시련의 극복을 드러내고 있지는 않다.

03. '여의다'는 '멀리 떠나보내다.'를 이르는 말인데, 이 시조에서는 '이별하다'의 뜻으로 쓰였다.

04. 종장에서는 화자의 비통함, 죄책감, 안타까움을 흐르는 '물(냇물)'에 이입하여 표현하고 있다.

학습 활동 다지기

• 본문 p.155

이해 다지기 문제 **1.** ②

목표 다지기 문제 **1.** ⑤

이해 **1.** 종장에서 화자는 냇물이 흐르는 소리를 울음소리라고 생각하고, 자신이 임과 이별하여 슬픈 것처럼 냇물도 슬퍼서 울며 간다고 표현하고 있다. 이를 통해 화자가 자신의 감정을 '물(냇물)'이라는 자연물에 이입하였음을 알 수 있다.

목표 **1.** 이 시조는 왕방연이 단종을 유배지까지 모셔다드린 후 돌아오면서 느낀 어린 임금에 대한 슬픔과 안타까움을 표현하고 있다.

소단원 핵심 문제

• 본문 p.158

01. ③ **02.** ② **03.** ④ **04.** ① **05.** ㉠은 '단종'을 가리키고, ㉡은 단종에 대한 왕방연의 안타까운 마음을 의미한다. **06.** ④ **07.** ④ **08.** ⑤ **09.** ⑤ **10.** 글쓴이는 당시 여성으로서 제약이 많은 삶을 견디기 위해 바느질에 마

음을 붙이고 시름을 잊고자 했다. 그러므로 글쓴이에게 바늘은 단순한 도구가 아니라 외로운 삶에 의지가 되는 친구이자 동료로 소중한 대상이었기 때문에 이 글과 같이 바늘을 추모하는 글을 쓰게 된 것이다.

01. 일반적으로 평시조는 3 · 4조 또는 4 · 4조의 음수율을 지니고 있는데, 이 시조 역시 대체로 3글자, 4글자를 반복해서 사용하고 있다.

오답 해설

① 이 시조의 화자는 임과 이별한 상황에 대한 자신의 감정을 노래하고 있을 뿐, 대화의 형식을 취하는 부분은 찾을 수 없다.
② 이 시조에는 유사한 어구를 반복하여 표현하는 부분은 나타나 있지 않다.
④ 이 시조의 종장의 첫 구 '저 물도'를 보면, 세 글자를 지키고 있음을 확인할 수 있으며, 전체적으로 3장 6구 45자, 4음보 형식을 지니는 평시조임을 알 수 있다.
⑤ 이 시조는 주로 우리말을 사용하여 임금과 이별한 슬픔을 애절하게 표현하고 있다.

02. 화자는 임과 이별한 상황에 처해 있으며, 이로 인해 슬픔과 안타까움을 느끼고 있다.

03. 임과 이별한 화자는 냇가에 앉아 물을 보다가 그 물소리가 자신의 울음소리와 비슷하다고 생각하고 '저 물도 내 안 같아서'라고 하며 자신의 감정을 '물(냇물)'에 이입하고 있다.

04. 단종을 호송하는 임무를 맡은 왕방연은 어린 단종을 유배지에 모셔다드린 후 돌아오는 길에 (가)를 창작하였다.

05. (나)를 통해 (가)는 단순히 남녀 간의 이별의 슬픔을 노래한 시조가 아님을 알 수 있다. (가)의 작가인 왕방연이 어떤 사회 · 문화적 상황에서 이 시조를 짓게 되었는지 (나)를 참고하면, '고운 님'이 누구인지와 '내 안', 즉 왕방연의 마음이 어떠한지 파악할 수 있다.

06. 작품의 사회 · 문화적 배경을 파악하면 작품을 보다 깊이 있게 감상할 수 있다.

오답 해설

① (나)를 몰라도 (가)는 하나의 시조로서 감상할 수 있다.
②, ③ (가)는 (나)의 내용을 압축한 것이 아니라, (가)가 창작될 당시의 사회 · 문화적 배경을 설명한 것이다.
⑤ (가)에 나오는 자연물은 어떤 인물을 상징적으로 표현한 것이 아니라 화자의 마음을 드러내기 위한 대상이다.

07. 이 글은 편지 형식이 아니라 제사를 지낼 때 쓰는 제문 형식으로 쓴 글이다.

08. 글쓴이는 소중하게 여겼던 바늘이 갑자기 부러져 매우 당황하였고, 더 이상 바늘을 쓸 수 없게 되어 섭섭해하고 슬퍼하고 있다.

09. 글쓴이에게 '바늘'은 오랜 세월 함께하며 위안과 힘이 되어 준 존재이다. 이와 가장 유사한 의미를 갖는 존재는 어린 시절부터 가지고 놀면서 의지를 많이 한, 이제는 낡아서 다 찢어진 인형이다.

오답 해설

① 국어 수행 평가는 예정된 일이고 친구들과 함께 수행해야 하는 대상이지만, 글쓴이에게 '바늘'은 이미 오랜 시간 의지가 된 유일한 대상이다.
② 피시방 게임은 유용하여 글쓴이에게 의지가 된 대상이지만, 글쓴이와 같이 망가져서 추모의 의미를 담는 대상이 되기에는 적절하지 않다.
③ 스마트폰은 망가진 것이 아니라 마음이 변하여 흥미가 떨어진 것이므로, '바늘'과 유사한 의미로 볼 수 없다.
④ 사진은 부모님이 간직하였던 것이고, 자신에게 오랜 시간 의지가 되지는 않았기 때문에 유사한 의미로 볼 수 없다.

10. 당시 글쓴이가 살았던 사회 · 문화적 배경과 본문에서 글쓴이가 이 글을 쓴 이유를 밝힌 부분을 관련지어 보면 글쓴이가 이 글을 쓰게 된 이유를 찾을 수 있다.

2 수난이대

개념 확인 • 본문 p.160

01. 사회 · 문화 **02.** (1) 등장인물 (2) 소재 (3) 주제
03. ④

01. 「수난이대」는 일제 강점기와 6.25 전쟁을 배경으로 하는 소설로, 우리 역사의 비극적인 두 사건으로 인해 수난을 당하는 아버지와 아들의 이야기를 다루고 있다.

02. 문학 작품에 등장하는 인물들의 말과 행동, 인물들 사이에서 벌어지는 사건, 작품에 드러나는 소재 등을 통해 작품의 사회 · 문화적 배경을 파악할 수 있으며, 작품의 사회 · 문화적 배경을 파악하면 작품을 더욱 깊이 있게 이해할 수 있다.

03. '정류장'은 오늘날에도 흔히 사용되는 단어이므로 작품의 사회 · 문화적 배경을 드러내는 단어로 보기 어렵다.

• 확인 문제 •

• 본문 p.162

01. ① **02.** ④ **03.** ④ **04.** 만도는 한쪽(왼쪽) 팔이 없다. **05.** ⑤ **06.** ③ **07.** ③ **08.** 외나무다리를 건너다 굴러 떨어진 경험이 있기 때문이다. **09.** ③ **10.** ③ **11.** ③ **12.** 고등어 **13.** 전쟁에서 돌아오는 아들에게 맛있는 음식을 해 주기 위해서이다. **14.** ④ **15.** ③ **16.** ② **17.** ② **18.** ① **19.** ② **20.** ② **21.** 슬픔을 참아 내기 위해서이다. **22.** ③ **23.** ④ **24.** ③ **25.** 징용지에서 겪어야 할 참담한 고통을 강조하기 위해서이다. **26.** ① **27.** ④ **28.** ⑤ **29.** ② **30.** 극심한 노동에서 벗어나 잠시라도 쉬고 싶었기 때문이다. **31.** ⑤ **32.** ③ **33.** ④ **34.** 만도는 아들인 진수가 자신과 같은 불구가 되었을 것이라고는 생각하지 않았기 때문이다. **35.** ④ **36.** ① **37.** ① **38.** 진수가 한쪽 다리를 잃었다. **39.** ② **40.** ③ **41.** ③ **42.** ③ **43.** ② **44.** ② **45.** ⑤ **46.** 아들을 걱정하고 사랑하는 아버지의 마음을 느낄 수 있다. **47.** ④ **48.** ④ **49.** ⑤ **50.** 객관적인 어조로 말하고 있는 것을 통해 진수가 불구가 된 자신의 현실을 체념적으로 받아들이고 있음을 알 수 있다. **51.** ④ **52.** ⑤ **53.** ④ **54.** 아버지의 위로를 통해 삶에 대한 새로운 의욕을 갖게 되었음을 의미한다. **55.** ⑤ **56.** ④ **57.** ② **58.** 외나무다리로 시냇물을 건너가는 것을 포기하고 직접 시냇물을 건너가려고 한다. **59.** ② **60.** ① **61.** ④ **62.** 만도가 아들을 업고 외나무다리를 조심조심 건너는 행동을 통해 고난을 극복하는 모습을 보여 주고 있다.

01. '아무개는 전사했다는 통지가 왔고, 아무개는 죽었는지 살았는지 통 소식이 없는데'를 통해 전쟁으로 인해 많은 사람이 죽거나 소식이 없는 당시의 사회 · 문화적 배경이 드러나고 있다.

02. 아들이 돌아온다는 소식을 들은 만도가 정거장으로 마중을 나서며 이야기가 시작되고 있다.

03. 만도는 아들을 볼 수 있다는 기쁨과 설렘으로 아들의 마중을 서두르고 있다. 만도가 실망감을 느낄 만한 상황은 나오지 않는다.

04. 오른쪽 팔만 흔들고 왼쪽 팔은 주머니에 아무렇게나 쑤셔 넣고 있다는 것을 통해 만도가 왼쪽 팔이 없어 아무렇게나 쑤셔 넣고 왼쪽 팔을 흔들 수 없는 처지임을 추측할 수 있다.

05. 만도는 아들이 돌아온다 하여 반갑기도 하지만, 병원에서 나온다 하니 혹시 자신처럼 불구의 몸이 되어 돌아오는 것은 아닐지 불안해하고 있다.

오답 해설

① 다쳐서 돌아오는 아들을 안쓰럽게 바라보는 부분은 확인할 수 없다.

② 아들이 살아서 돌아오는 것을 옳다고 여기며 부상 소식에 혹시나 싶은 불안감을 느끼고는 있지만, 절망하고 있지는 않다.

③ 서먹한 마음을 갖는 부분은 나타나지 않는다.

④ 아들의 부상이 자신과 같을까봐 불안해하는 것이지, 아들과 다시 헤어질까봐 염려하는 부분은 찾을 수 없다.

06. 만도가 길을 가는 과정을 짧은 문장으로 서술함으로써 시간이 빠르게 가는 느낌을 주며, 아들을 만나러 가는 만도의 기쁨을 간접적으로 보여 주고 있다. ㉠에 만도의 내적 갈등은 나타나지 않는다.

07. 만도가 개천 둑에 이르렀을 때 '외나무다리'를 보며 과거에 술에 취해 실수로 외나무다리에서 떨어진 기억을 회상하는 부분에서 현재와 과거를 교차시키고 있는 것을 확인할 수 있다.

오답 해설

① 액자식 구성은 외부 이야기 속에 내부 이야기가 들어 있는 방식으로 이 글의 구성 방법과는 거리가 멀다.

② 평면적 구성에 대한 설명으로 이 글의 구성 방법과는 거리가 멀다.

④ 피카레스크식 구성에 대한 설명으로 이 글의 구성 방법과는 거리가 멀다.

⑤ 이 소설은 현재와 과거를 오가며 이야기를 전개하고 있으며, (라)에 등장하는 주인공은 한 명이다.

08. 만도는 외나무다리를 건너다가 굴러떨어진 적이 있기 때문에 외나무다리를 퍽 조심하게 되었다.

09. 만도는 아들을 만나는 기쁨에 들뜨고 기대감에 차 있다.

10. 한쪽 팔이 없어서 벌어진 일인데도 그때 일을 생각하며 웃음을 터뜨리는 것으로 보아 만도가 낙천적이고 긍정적인 성격을 지녔음을 알 수 있다.

11. ㉡은 만도의 불편함을 드러내는 행동으로, 한쪽 팔을 잃은 만도의 비극을 드러내기 위해 작가가 의도적으로 설정한 장치이다.

오답 해설

① 이 장면에서 만도가 절망감을 드러내는 말이나 행동은 찾을 수 없다.

② 장거리에서 고등어 한 손을 샀지만, 이 고등어가 싱싱하다는 것은 알 수 없으며 어깻죽지를 움직이는 행동은 간지러운 겨드랑이 밑을 긁을 만한 손이 만도에게 없기 때문이다.

④ 어깻죽지를 연방 위아래로 움직거리는 행동은 신체적 불편함을 해소하기 위한 행동이다.

⑤ 한쪽 팔로만 생활하는 만도의 불편함을 의도적으로 드러낸 부분으로, 만도의 성격을 두드러지게 표현하고 있다고는 볼 수 없다.

12. 고등어는 만도가 전쟁터에서 살아 돌아오는 아들에게 맛있는 음식을 먹이고 싶어 산 것으로, 아들에 대한 만도의 애정을 드러내는 역할을 하고 있다.

13. 만도는 아들에게 줄 음식을 사려고 가던 길과 반대되는 방향으로 걸음을 옮겼다.

14. 이 글에서는 만도가 사용하는 경상도 사투리를 통해 토속적인 분위기를 자아내고, 만도의 성격이 순박함을 간접적으로 드러내고 있다.

15. 만도가 열 시 사십 분임을 확인한 후 아직도 한 시간이나 넘어 남았다고 하였으므로, 만도의 아들이 열두 시쯤 도착할 것임을 추측할 수 있다.

오답 해설

① 만도는 대합실 시계가 고장이 나서 양복쟁이에게 시간을 물어본 것일 뿐, 시계를 부러워하는 부분은 찾을 수 없다.

② 만도가 일찍 도착하여 후회하는 부분은 찾을 수 없으며, 오히려 늦은 것인지 놀라고 당황해하는 모습을 확인할 수 있다.

④ 만도는 고장난 시계 때문에 자신이 늦은 것인 줄 알고 당황해했지만, 곧 제대로 된 시각을 확인하고 한 시간이나 넘게 남았다는 것을 알게 된다.

⑤ 만도는 대합실 시계를 자세히 보고 시계가 고장이 났다는 것을 알아챘다.

16. 만도는 처음에 대합실에 도착했을 때 두 시 이십 분인 줄 알고 매우 당황하고 놀란다. 그러나 곧 시계가 고장났다는 것을 알고 제대로 된 시간을 알게 된 후 안도한다.

17. ㉡에는 아들이 도착하기로 한 시간에 늦지 않았다는 만도의 안도감이 담겨 있다.

18. '징용', '북해도', '남양 군도', '만주' 등의 단어를 통해 많은 사람이 강제로 징용에 끌려갔음을 알 수 있다.

오답 해설

② 정거장에 모인 사람들은 징용에 끌려 나가는 사람들로, 자의가 아닌 타의로 강제 노동에 동원되는 사람들이다.

③ 징용에 끌려가는 사람들은 자신의 나라를 위해 나간 것도, 자원하여 나간 것도 아니었다.

④ 남편이 징용에 끌려 나가는 상황들을 만도 부부를 통해 유추할 수는 있으나, 이 소설에서 아내 홀로 생계를 책임진다는 것은 알기 어렵다.

⑤ 만도가 슬며시 아내가 서 있는 방향에서 돌아서 버린 것은 슬픈 표정으로 자신만을 바라보는 아내 때문이다.

19. 만도는 새로운 곳에 가는 것을 두려워하거나 걱정하고 있지는 않지만, 남겨진 아내가 우는 것을 보자 '코허리가 찡'해지며 슬퍼하고 있다.

20. 아내의 모습을 보고 슬퍼하다가 곧 새로운 풍경을 보고 유쾌함을 느끼는 것을 통해, 만도가 단순하고 낙천적인 성격의 소유자임을 알 수 있다.

21. ㉡은 슬픔을 참기 위해 자신만 바라보는 아내를 보지 않으려고 한 의식적인 행동이다.

22. 비행장을 닦는 일로 일제의 강제 징용이 끝난 게 아니라 비행기를 숨길 수 있는 굴을 파는 일까지 해야 했다.

오답 해설

① (차)에서 확인할 수 있다.

② (카)를 보면 열악한 강제 노동 환경으로 '일을 하다가도 벌떡 자빠지기가 예사'였다고 하였다.

④ (타)를 보면 연합군의 비행기가 날아든다고 언급하였고, 그로 인해 밤중까지 일이 계속되고 비행장 닦는 것보다 벅찬 일, 즉 산허리에 비행기를 집어넣을 굴을 파는 작업을 하였음을 알 수 있다.

⑤ '더위', '모기떼', '고역', '병', '벅찬 일' 등 징용지는 너무 열악한 환경이었고 강제 노동의 강도가 심했다는 것을 알 수 있다.

23. 농사일에 뼈가 굳어진 몸에도 이만저만한 고역이 아니었다고 한 것을 통해, 만도가 고된 노역에 힘들어하고 있음을 알 수 있다.

24. ㉠은 노역도 힘든데 물도 맞지 않았으며, 음식도 쉽게 상하여 먹기 힘든 상황에 전염병까지 퍼지는 상황을 가리킨다. 이런 상황에 어울리는 한자 성어는 '눈 위에 서리가 덮인다.'라는 뜻으로, 난처한 일이나 불행한 일이 잇따라 일어남을 이르는 '설상가상(雪上加霜)'이다.

오답 해설

① 가담항설(街談巷說): 거리나 항간에 떠도는 소문.
② 금의환향(錦衣還鄕): 비단옷을 입고 고향에 돌아온다는 뜻으로, 출세를 하여 고향에 돌아가거나 돌아옴을 비유적으로 이르는 말.
④ 타산지석(他山之石): 본이 되지 않은 남의 말이나 행동도 자신의 지식과 인격을 수양하는 데에 도움이 될 수 있음을 비유적으로 이르는 말.
⑤ 흥진비래(興盡悲來): 즐거운 일이 다하면 슬픈 일이 닥쳐온다는 뜻으로, 세상일은 순환되는 것임을 이르는 말.

25. 황홀한 일몰 광경이 무시무시하다고 한 것은 징용지에서의 고통스러운 삶을 강조하기 위한 묘사이다.

26. '공습경보'를 통해 만도가 전쟁 중의 겪은 일을 회상하고 있음이 드러난다.

27. (파)에서는 만도가 한쪽 팔을 잃게 된 경위를 요약하여 객관적으로 제시하고 있다.

오답 해설

①, ⑤ (파)에서 서술자는 공습 당시의 긴박한 상황을 객관적인 시선으로 서술하고 있다.
②, ③ (파)에는 만도가 한쪽 팔을 잃게 된 날의 경위를 시간의 흐름에 따라 이야기하고 있다.

28. 맥락상 ㉠은 바로 앞부분에서 언급된 '그럴 때'와 같은 상황이고, '그럴 때'는 '사이렌이 미처 불기 전에 비행기가 산등성이를 넘어 달려드는 때'를 가리킨다.

29. 불이 제대로 붙지 않고 꺼져 버리는 것은 무언가 불길한 일이 일어날 것임을 암시하고 있다.

30. 징용자들이 목숨을 잃을지도 모르는 공습을 더러 기다린 이유는 일제의 강제 징용이 그만큼 가혹해서 잠시라도 쉬고 싶었기 때문이다.

31. 만도는 일제 강점기 때 징용에 끌려가 한쪽 팔을 잃었고, 아들은 6.25 전쟁 중에 한쪽 다리를 잃었으므로, 당시의 사회 · 문화적 상황이 인물들의 삶에 가장 큰 영향을 미쳤음을 알 수 있다.

32. 기차가 가까이 오자 만도의 가슴이 울렁거렸다는 것을 통해 아들을 만난다는 만도의 기대감과 기쁨을 엿볼 수 있다.

오답 해설

① 만도는 전쟁에서 살아 돌아오는 아들을 만난다는 기쁨과 기대감을 안고 플랫폼에서 아들을 찾고 있다. 심리적 갈등을 드러낸 것과는 거리가 멀다.
② 만도는 이미 기차 소리를 듣고 과거 회상에서 현실로 돌아왔다.
④, ⑤ (하)에는 아직 만도의 아들 진수가 등장하지 않았으며, 시점이 바뀌는 부분이나 아들이 겪은 일을 묘사하는 부분은 나타나 있지 않다.

33. ㉠은 과거 회상에서 현실로 돌아오게 하는 매개체이며, 만도가 있는 곳이 아들을 기다리는 기차역의 대합실이라는 공간적 배경을 환기하는 역할을 하고 있다.

34. 만도는 지팡이를 짚고 절룩이는 상이군인이 아들일 것이라고 생각하지 않았기 때문에 그 사람에게 주의를 기울이지 않았다.

35. 만도는 자신을 부르는 아들의 목소리에 뒤돌아보았을 때, 아들의 다리 한쪽이 없다는 사실을 발견하고는 ㉠과 같이 놀래고 있다.

오답 해설

① 예상치 못하게 뒤에서 아들이 부르는 소리에 만도는 깜짝 놀라기는 했지만, 만도가 ㉠과 같이 충격을 받았다는 반응을 보인 것은 옛날과 같은 진수가 아니었기 때문이다.
② 진수가 상이군인들 틈에 있다는 내용을 찾을 수 없다.
③ 진수를 오랜만에 보는 것이기는 하지만, 만도가 충격을 받은 이유는 양쪽 겨드랑이에 지팡이를 끼고 서 있는 진수의 한쪽 바짓가랑이가 비어 있는 모습을 보았기 때문이다.
⑤ 만도와 진수가 이미 재회하였기 때문에 돌아온다는 편지가 거짓이었다는 진술은 적절하지 않다.

36. 사랑하는 아들이 처한 상황에 대한 안타까움과 그러한 상황에 이르게 된 현실에 대한 분노와 좌절을 ㉡과 같은 방식으로 표현하고 있다.

37. 만도가 앞만 보고 가는 것은 집에 빨리 가고 싶어서가 아니라 아들이 처한 상황에 대한 분노와 그러한 상황을 외면하고 싶기 때문이다.

38. '양쪽 겨드랑이에 지팡이'와 '한쪽 바짓가랑이가 펄럭거리는 것'은 진수가 한쪽 다리가 없다는 것을 알려주고 있다.

39. 주막에 들어선 만도는 주인에게 빨리 술을 달라며 재촉하고 있다.

오답 해설

① '웃으며 후다닥 옷섶을 여'미는 것과 "오늘은 서방님 아닌가 배."라고 말하는 부분을 통해 주막집 주인이 만도를 반기고 있음을 알 수 있다.
③ 주막집 술방에 들어가 앉기가 바쁘게 술을 재촉하여 마시는 것을 보면 만도가 주막에 술을 마시기 위해 들렀다는 것을 짐작할 수 있다.
④ 주막집 주인이 "오늘은 와 이카노?"라고 말한 부분과 '눈을 휘둥그레져 가지고 혀를 내둘렀다.'는 부분을 통해, 만도가 평소와 다른 모습을 보여 놀라고 있음을 알 수 있다.
⑤ 주막집 주인이 만도를 보자 반가워하며 친근하게 말을 건네는 모습을 볼 때, 주인 여자와 만도가 친분이 두터운 사이임을 짐작할 수 있다.

40. 만도가 눈살을 찌푸린 것은 아들이 미워서가 아니라 아들의 불쌍한 처지를 보고 마음이 아팠기 때문이다. 또한, 만도는 자신과 아들에게 닥친 불행한 현실에 분노하고 있다.

41. 만도는 아들의 상황이 걱정스럽고 안타깝지만 그런 마음은 드러내지 않은 채 버럭 소리를 지르거나 무뚝뚝하게 표현하고 있다.

42. 만도는 자신과 아들이 처한 불행한 상황에 대한 분노와 답답함을 날려 버리고 싶어 술을 마셨다.

43. (머)에서는 인물의 대화와 행동을 통해 인물의 심리를 간접적으로 제시하며 사건을 전개하고 있다.

44. 수세미 같은 손수건으로 아무렇게나 땀을 닦고 국물을 훌쩍 들이마시고 입술을 싹 닦는 모습에서 순박함을 엿볼 수 있고, 방으로 들어와 국수를 먹으라는 주막집 주인의 말과 한 그릇 더 먹으라는 아버지의 말을 거절하는 것에서 진수가 내성적인 성격임을 알 수 있다.

45. 진수는 한쪽 다리를 잃고 돌아온 자신으로 인해 괴로워하는 아버지에 대한 미안함에 주눅이 든 상태이다. 이러한 상황은 만도가 진수에게 국수를 사 줌으로써 어느 정도 완화되고 있음을 알 수 있다.

오답 해설

① 만도가 재차 한 그릇 더 먹을 것을 권유한 이유는 아들에 대한 사랑 때문으로, 이를 진수가 거절했다고 해서 분노가 심화되지는 않았다.
② 만도와 주막집 주인의 갈등은 이 글에서 찾을 수 없다.
③ 진수가 만도에게 실망감을 가지고 있다는 부분은 확인할 수 없다.
④ 만도와 진수는 주막집에서 갈등이 점차 해소되고 있다.

46. 진수가 배고플까 봐 주인 여자에게 국수를 많이 달라고 하고, 진수에게 한 그릇을 더 먹으라고 권하는 것에서 진수에 대한 만도의 애정을 느낄 수 있다.

47. 만도와 진수의 대화를 통해 진수와 같은 젊은이들이 전쟁에 동원되었다가 부상을 당하기도 하였음을 알 수 있다.

48. 진수는 자신의 처지를 비관하며 어떻게 살아야 할지 걱정하고 있지만, 만도는 어떻게든 살게 되어 있다며 긍정적으로 말하고 있다.

49. 진수는 자신의 다리를 잃게 된 상황을 객관적으로 이야기하고 있을 뿐, 군의관에 대한 원망을 드러내고 있지는 않다.

오답 해설

① 주막에 올 때와는 다르게 진수를 먼저 앞세운 것은, 만도가 아들의 상황을 인정하고 그를 배려하기 위해 한 행동이다.
② 신체적 불구를 의태어를 사용하여 그들의 수난을 압축적으로 표현함으로써 안타까움과 비극성을 더하고 있다.
③ 배 속에서 술이 끓는다는 걸 보니, 재촉하여 연거푸 마신 술의 취기가 오르고 있다는 것을 알 수 있다.
④ 취기가 오른 만도의 생각을 직접 드러내고 있는 부분으로, 주막에 올 때와 다르게 마음이 많이 누그러졌음을 알 수 있다.

50. 진수가 자신의 일임에도 객관적인 어조로 담담하게 말하고 있는 것을 통해, 불구가 된 자신의 현실을 체념적으로 수용하고 있음을 알 수 있다.

51. ㉠에서 만도는 자신과 아들이 각자 불행한 상황에 처해 있지만, 그런 상황에 좌절하지 않고 상대방의 부족한 점을 서로 채워 주며 함께 문제를 해결하고자 하는 의지적인 태도를 보이고 있다.

52. 만도는 볼일을 보기 위해 손에 든 고등어 묶음을 입으로 물려고 한다. 이때 진수는 아버지를 돕기 위해 고등어를 대신 들어 주고 있으므로 여기에서 고등어는 부자의 협력을 유발하는 역할을 하고 있음을 알 수 있다.

53. 한쪽 팔이 없는 아버지와 한쪽 다리가 없는 아들이 서로 협동하여 어려움을 극복하고 있다.

오답 해설

① 지팡이는 다리가 불편한 진수에게 필요한 도구일 뿐이다.
② 아버지를 위해 고등어를 대신 받아 드는 진수의 행동을 서로에 대한 오해를 풀고 있다는 것으로 보는 것은 거리가 멀다.
③ 이 장면에서는 진수가 아버지의 어려운 처지를 돕기 위한 계기를 제공하는 것으로 볼 수 있다.
⑤ ㉢에서 서로의 처지를 불쌍하게 여기는 마음을 나타내고 있다고 보기는 어렵다.

54. 진수가 아버지가 들고 있던 고등어를 대신 들어 줌으로써 아버지의 어려운 처지를 돕고자 한다. 이는 진수가 아버지의 위로 덕에 삶에 대한 새로운 의욕을 갖게 되었음을 의미한다.

55. 아들을 업고 외나무다리를 건너는 만도의 모습은 화합과 협동을 통해서 시대의 아픔을 극복할 수 있음을 보여 준다.

56. 진수는 외나무다리 앞에서는 난처함과 걱정스러움을, 아버지의 등에 업힐 때에는 죄송함과 황송함을 느끼고 있다.

57. '외나무다리'는 만도와 진수가 서로 도우며 문제를 해결해 가는 계기가 된다. 이를 통해 두 사람이 고된 현실을 함께 헤쳐 나갈 수 있다는 희망을 상징적으로 보여 주고 있다.

58. 한쪽 다리로 외나무다리를 건널 수 없다고 판단한 진수는 바지를 걷어 올린 후 시냇물을 직접 건너려고 하였다.

59. 만도와 진수가 속으로 생각한 말에는 서로 상대방의 처지를 염려하고 걱정하는 마음이 담겨 있다.

오답 해설

① 만도는 '세상을 잘못 타고나서'라며 세상에 대한 원망을 드러내고 있지만, 진수는 이러한 원망이 나타나지 않는다.
③ 진수는 아버지에 대한 미안함에 자신의 불운을 원망하고 있지만, 만도는 불운을 원망하는 모습은 나타나지 않는다.
④ 만도와 진수 모두 자신이 처한 운명을 두려워하는 심리는 드러나지 않는다.
⑤ 만도와 진수 모두 서로의 처지를 염려할 뿐, 앞날을 낙관하거나 희망에 부푼 심리는 찾을 수 없다.

60. 용머리재가 만도와 진수를 바라보도록 서술 시점에 변화를 줌으로써, 부자의 모습이 주는 감동의 여운을 남기며 마무리하고 있다.

61. 이 소설은 일제 강점기에서 6.25 전쟁에 이르는 우리 민족의 수난사와 그러한 수난을 극복하려는 의지를 그리고 있다.

62. 한쪽 팔이 없는 아버지가 한쪽 다리가 없는 아들을 업고 외나무다리를 건너는 것은 인물들이 자신에게 닥친 고난을 극복하는 모습을 보여 주는 행동이다.

학습 활동 다지기

• 본문 p.177

이해 다지기 문제 **1.** ④ **2.** ⑤
목표 다지기 문제 **1.** ⑤ **2.** ⑤

이해 **1.** 만도는 주막에 들러 진수에게 국수를 사 주었다. 주막에서 술을 마신 것은 진수가 아니라 만도이다.

2. 한쪽 다리를 잃은 아들의 처지를 현실로 받아들인 만도는 아들을 업고 외나무다리를 조심조심 건너며 화해와 화합으로 수난을 극복하려 하고 있다.

목표 **1.** 6.25 전쟁 때 몸이 불편한 사람들이 참전했는지의 여부는 이 글의 내용만으로 알 수 없다. 진수는 멀쩡한 몸으로 전쟁에 나갔다가 수류탄을 맞아 불구의 몸이 된 것이다.

2. 작가는 비극적인 역사가 준 상처를 입은 만도와 진수가 자신들에게 닥친 난관을 함께 극복해 가는 모습을 통해 화합과 긍정적 삶의 태도를 가져야 함을 말하고 있다.

소단원 핵심 문제

• 본문 p.182

01. ④ **02.** ⑤ **03.** ① **04.** (나)는 있었던 일을 요약적으로 서술하는 반면, (다)는 현재의 상황을 자세하게 묘사하듯 서술하고 있다. **05.** ⑤ **06.** ④ **07.** ⑤ **08.** 만도가 고된 강제 노동에도 적응해 가는 모습을 드러냄으로써, 그가 자신에게 닥친 시련을 극복할 수 있을 만큼 강한 생존력을 지닌 인물임을 보여 주고자 했다. **09.** ① **10.** ③ **11.** ⑤ **12.** 만도가 처한 상황의 비극성을 더 강하게 드러내 준다. **13.** ⑤ **14.** ③ **15.** ① **16.** 만도는 진수에게 모질게 화를 내고 있는데 이는 자신에게 닥친 불행이 아들에게까지 미친 현실에 대한 분노 때문이다. **17.** ⑤ **18.** ④ **19.** 무겁디무거운 짐을 진 사람 **20.** (가)와 (나)에서 공통적으로 드러나는 만도의 심리는 '안쓰러움'이다. (가)에서 만도는 힘들게 볼 일을 보고 있는 진수를 바라보며 안쓰러움을 느꼈을 것이고, (나)에서는 먼 길을 오느라 배가 고플 진수가 안쓰러워

국수를 곱빼기로 시켜 주었을 것이다. **21.** ③ **22.** ②
23. 작가는 일제 강점기와 6.25 전쟁이 우리 민족에게 큰 상처를 남겼지만, 만도와 진수처럼 서로 힘을 합쳐 노력하면 극복할 수 있다는 것을 말하고 있다.

01. 이 글에서는 작가가 주인공 만도의 상황, 행동, 심리 등을 독자에게 자세하게 전달하고 있다.

02. 만도는 전쟁에 나갔던 삼대독자 아들을 마중하러 가기 위해 정거장으로 향하던 중, 장에 들러서 아들에게 줄 고등어를 산 뒤 다시 정거장으로 갔다.

오답 해설

① (가)~(다)에서는 만도가 기차 도착 시각에 늦었는지 아닌지는 알 수 없다.
② 만도에게 아들이 더 있었는지는 이 글에서 찾을 수 없고, (가)의 '삼대독자'는 '삼대에 걸쳐 형제가 없는 외아들'이라는 의미로 아들이 하나 뿐이라는 것을 알 수 있다.
③ (다)에서 만도가 장에 가서 결국 고등어 한 손을 산 것을 확인할 수 있다.
④ (가)에서 '소맷자락 속에는 아무것도 든 것이 없었다.'고 하였고, (다)에서 '한쪽밖에 없는 손'이라고 말한 것을 통해 만도는 한쪽 팔만 있는 처지라는 것을 알 수 있다.

03. 만도는 한쪽 팔이 없는 자신의 처지에 대해 약간 불편해할 뿐 그것을 억울해하고 있지는 않다.

04. (나)에서는 만도가 과거에 외나무다리에서 떨어진 사건을 요약하여 제시하고 있는 반면, (다)에서는 만도가 아들을 위해 고등어를 사는 현재의 상황을 구체적으로 묘사하고 있다.

05. 징용에 끌려간 사람들은 자신들이 어디로 가는 것인지를 알지 못했다.

오답 해설

①, ③ (다)를 보면, 일제 강제 징용지의 열악한 환경과 가혹한 노동 착취를 짐작할 수 있다.
② (가)에서 징용에 끌려가던 날 정거장에 많은 사람이 모여 있는 것을 볼 때, 당시 실제 징용에 많은 사람이 강제로 끌려갔음을 짐작할 수 있다.
④ (다)를 보면, 일도 고역이고 병까지 돌아 일을 하다가 사람들이 쓰러지는 일이 예사라고 하였다.

06. 징용에 끌려가면서도 불안해하거나 초조해하는 기색이 없고, 징용지에서의 고된 일도 날이 감에 따라 몸에 배어 갔다고 한 것으로 보아, 만도는 어떤 힘든 상황에도 잘 적응하는 인물임을 알 수 있다.

07. 만도는 정거장 대합실에서 과거 징용에 끌려갔던 일을 떠올렸다.

08. 가혹한 노동 환경에도 적응해 가는 만도의 강인한 모습을 드러냄으로써 만도가 그 어떤 시련에도 굴하지 않고 극복해 나갈 것임을 보여 주고 있다.

09. '공습경보'라는 단어를 통해 만도가 회상하는 과거의 시대적 배경이 태평양 전쟁(일제 강점기) 때임을 알 수 있다.

10. ⓒ는 여느 날과 다르게 만도에게 뭔가 나쁜 일이 생길 것임을 암시하고 있다.

오답 해설

①, ② 여느 날과 다름없는 일과적인 일을 설명하고 있는 부분으로, 만도의 불행한 미래에 대한 암시는 찾을 수 없다.
④, ⑤ 만도가 한쪽 팔을 잃게 되는 과정에 해당한다.

11. 공습은 자칫하면 죽을 수도 있는 위험한 상황이지만, 적어도 그 시간에는 일을 하지 않을 수 있었기 때문에 사람들은 은근히 공습을 기다린 것이다. 이는 그만큼 그들이 하는 일이 힘들고 고된 것이었음을 말해 준다.

12. ⓛ에서는 감정을 철저히 배제하고 담담하게 객관적으로 상황을 묘사하고 있는데, 이는 만도가 처한 상황의 비극성을 한층 더 강하게 드러내 주고 있다.

13. 진수가 오지 않아 초조해하고 불안해하던 만도는 진수의 모습을 보고 슬픔과 절망감을 느낀다. 만도가 후회할 만한 상황은 드러나지 않는다.

14. 이 글의 마지막 문장 '진수는 입술에 ~ 뒤를 따랐다.'에서 아버지의 분노 어린 탄식에 슬픈 감정을 애써 감추려는 진수의 모습을 볼 수 있다.

오답 해설

① 진수는 제때 기차에서 내렸지만, 출찰구로 밀려가는 사람들 속에 부자가 서로를 발견하지 못한 것이다.
② 진수는 전쟁에 참전했다가 한쪽 다리를 잃고 돌아왔다.
④ 징용에 끌려간 것은 아버지 만도이고, 만도는 한쪽 팔을 잃었다.
⑤ 진수는 자신의 처지와 그런 자신을 보고 충격을 받은 아버지에 대한 미안함과 슬픔으로 눈물을 흘린 것이다.

15. 만도가 상이군인에게 주의를 기울이지 않은 이유는 진수를 외면하고 싶었기 때문이 아니라, 진수가 상이군인이 되었을 것이라고는 상상도 하지 않았기 때문이다.

16. 만도는 전쟁에서 불구가 된 것이 진수 잘못이 아님에도 진수에게 화를 내고 있는데, 이는 자신은 물론 아들까지 희생물로 만든 시대와 역사에 대한 분노가 표출된 것이다.

17. 전쟁에서 불구가 된 것이 진수의 잘못 때문이 아님에도 만도가 진수에게 화를 내는 것은, 아들을 불구로 만든 시대와 역사에 대한 분노와 좌절 때문이다.

오답 해설

① (가)의 중반을 보면 멀리 앞선 아버지 뒤로 걷는 진수가 자신의 처지와 아버지에 대한 미안함으로 슬픈 감정을 애써 감추려하는 것을 확인할 수 있다.
② (가)에서 거리가 점점 멀어지다 '작은 소리로 불러서는 들리지 않을 만큼 떨어져 버리고 말았다.'는 것을 알 수 있다.
③, ④ 괴로웠던 마음이 풀어진 만도는 진수에게 주기 위해 국수를 부탁하고, 이로써 진수와의 긴장 상태가 점차 풀어지고 있다.

18. 만도가 진수를 두고 혼자 먼저 가 버린 것은 진수가 처한 상황에 대한 분노 때문이지 만도가 원래부터 무관심하고 이기적이기 때문은 아니다. 오히려 만도는 진수를 걱정하며 안쓰러워하고 있다.

19. 아들의 상태를 확인한 절망감과 괴로운 심정에 휩싸인 만도의 모습을 무겁디무거운 짐을 진 사람처럼 땅바닥만 내려다보며 걸어가는 것으로 비유하여 표현하고 있다.

20. (가)와 (나)에서 드러나는 만도의 심리는 다양하지만, (가)와 (나)에서 공통적으로 드러나는 심리는 한쪽 다리를 잃은 진수의 불쌍한 처지에 대한 안쓰러움이다.

21. '외나무다리'는 만도와 진수가 맞닥뜨린 고난이자 두 사람이 협동과 화합을 통해 고난을 극복해 가는 과정을 보여 주는 장치이다. 이러한 장치는 이 글의 주제를 효과적으로 드러내는 역할을 하고 있다.

오답 해설

①, ② 만도나 진수가 개별적으로 극복해야 할 대상이 아니라, 부자가 힘을 합쳐 극복해야 하는 대상이다.
④ '외나무다리'는 부자가 극복해야 할 대상으로, 그들이 궁극적으로 바라는 희망과는 거리가 멀다.
⑤ 처음 '외나무다리'를 맞닥뜨리는 부자의 태도는 다르지만, 이 글에서 '외나무다리'의 역할은 부자가 화합과 협동으로 시련을 극복하는 과정의 장치이다.

22. 진수는 자신을 업고 외나무다리를 건너야 하는 아버지에게 죄송하고 황송한 마음이 들어 난처해하고 있다

23. 작가는 이 글을 통해 우리 민족의 수난과 그 극복 의지에 대해 이야기하고 있다.

3 성북동 비둘기

개념 확인 콕콕 • 본문 p.188

01. (1) 시어 (2) 의미 (3) 창작 **02.** ① **03.** ④

01. 작가는 창작 의도를 효과적으로 보여 줄 수 있는 사회 · 문화적 상황을 배경으로 선택하며, 이러한 사회 · 문화적 상황을 파악하면 작품을 깊이 있게 이해할 수 있다.

02. 문학 작품은 사회 · 문화적 배경을 바탕으로 작가가 상상하여 재구성하는 것이므로 사실만을 그려 낸다고 볼 수는 없다.

03. 시어의 의미를 통해 시에 반영된 사회 · 문화적 배경을 파악하고, 이를 바탕으로 자신과 우리 사회를 반성하고 살피는 계기가 될 수 있다.

• 확인 문제 • • 본문 p.190

01. ② **02.** ③ **03.** ① **04.** ①

01. 1연과 2연에서 비둘기라는 대상이 처한 상황을 구체적으로 묘사하고 있다.

02. ㉠은 실제 귀로 듣는 것과 같은 느낌을 주는 청각적 심상이 사용된 표현이다. ③은 '쏴아'라는 음성 상징어를 사용해 찬물을 퍼붓는 소리를 듣는 것과 같은 느낌을 주고 있다.

오답 해설

① 촉각의 미각화인 공감각적 심상이 쓰인 것으로 겨울의 추위로부터 오는 불안 의식을 심화하고 있다.
② 시각적 심상이 나타나 있다.
④ 후각의 미각화인 공감각적 심상이 나타나 있다.
⑤ 촉각적 심상이 나타나 있다.

03. ㉡은 문명에 의해 파괴된 자연이며, 이 돌의 온기에 입을 닦는 행위는 파괴되기 전의 자연을 그리워하는 비둘기의 모습을 형상화한 것이다.

04. 이 시에서 시인은 산업화 · 도시화를 명목으로 자연을 함부로 파괴하는 현상을 비판하고 있다.

학습 활동 다지기

• 본문 p.191

이해 다지기 문제 **1.** ②
목표 다지기 문제 **1.** ③

이해 **1.** 시의 맥락으로 볼 때, 자신의 터전을 파괴하는 문명의 소리인 '돌 깨는 산울림, 채석장 포성'을 비둘기가 그리워한다고 한 ②는 비둘기에 대한 올바른 설명이 아니다.

목표 **1.** 신문 기사에서는 자연을 함부로 훼손하고 무분별하게 개발하는 현상을 문제 삼고 있다. 이는 자연이나 동식물보다 인간을 소중히 여기기 때문에 나타나는 현상이다.

소단원 핵심 문제

• 본문 p.194

01. ① **02.** ③ **03.** ④ **04.** (가)의 '비둘기'는 물질문명에 의해 터전을 잃어버리고 소외받는 존재를 의미한다. 〈보기〉의 '비둘기'는 자신의 이익만을 생각하는 이기적인 현대인을 의미한다. **05.** ④ **06.** ① **07.** (가)와 (나)를 깊이 있게 감상하기 위해서는 작품을 둘러싼 사회 · 문화적 배경을 파악해야 한다.

01. 이 작품에서는 '비둘기'를 통해 산업화 · 도시화된 시대의 문제점을 우의적으로 비판하고 있다.

02. ⓒ는 비둘기가 원래 가지고 있었던 축복의 메시지를 전하듯 '사랑과 평화'의 의미를 실천하는 행위이다. 나머지는 모두 물질문명에 의해 갈 곳을 잃어 상처받고 소외되어 가는 비둘기의 모습을 의미한다.

오답 해설

① 비둘기가 살던 곳에 사람들이 집을 짓고 살게 되면서 비둘기의 보금자리가 없어진 것을 말한다. 여기에서 '번지'는 비둘기의 보금자리, 즉 '자연'을 의미한다.
② 비둘기의 아픔을 시각적 심상을 사용하여 표현하고 있다.
④ 보금자리를 잃은 비둘기의 절박한 현실을 나타내고 있다.
⑤ 삶의 공간, 비둘기와 공존했던 인간을 잃은 비둘기의 상황을 드러내고 있다.

03. '금방 따낸 돌'은 인간이 개발을 하는 과정에서 만들어 낸 부산물이며, 동시에 문명에 의해 파괴된 자연을 뜻한다. 비둘기는 이러한 돌에서라도 온기를 느끼고 싶을 만큼 자연을 그리워하고 있다.

오답 해설

① '금방 따낸 돌'은 문명에 의해 파괴된 자연으로, 물질문명이 낳은 돌로 볼 수도 있지만 비둘기가 이를 불쌍히 여기는지는 알 수 없다.
② 비둘기가 '돌 온기에 입을 닦는' 행동을 한 것은 그리움을 행동으로 보여준 것이지, 보금자리를 만들고 싶어서 한 행동은 아니다.
③ 비둘기는 부산물에서라도 옛날의 자연을 느끼고자 한 것이지, 비둘기 자신이 따뜻한 존재가 되길 바란 것은 아니다.
⑤ 비둘기가 옛날을 그리워하는 것을 드러낸 것과 물질문명이 가져오는 변화를 기다리는 것은 거리가 멀다.

04. 두 시의 연관성을 고려하되, 각 시에서 묘사되는 비둘기의 모습이 어떠한지 비교해 보면 그 상징적 의미를 알 수 있다.

05. 시인은 이 시를 통해 산업화 · 도시화라는 목적에만 매몰되어 자연을 파괴하는 현대 문명을 비판하고 있다.

06. ㉠은 아무도 돌보지 않고 비바람과 눈보라에 시달려도 언제나 변함없이 푸르른 솔잎의 모습을 표현한 것이다.

07. (가)는 1960년대에 산업화 · 도시화 과정에서 일어난 자연 파괴 현상을 비판하기 위해 창작된 작품이고, (나)는 함께 일하고 공부하던 동료 노동자들의 합동결혼식을 축하해 주기 위해 창작된 노래로, 작품의 의미를 온전하게 파악하기 위해서는 작품의 사회 · 문화적 배경에 대한 이해가 필요하다.

대단원 확인 문제

• 본문 p.197

01. ② **02.** ⑤ **03.** ② **04.** ③ **05.** ⑤ **06.** (나)에서 작가는 매우 열악한 상황에서도 적응해 나가는 만도의 모습에서 그의 강인한 생명력을 보여 주고 있다. **07.** ① **08.** ① **09.** ④ **10.** ⑤ **11.** ㉠과 ㉡은 모두 '눈물'을 가리킨다. ㉠은 아들의 불행을 확인한 만도가 분노로 인해 보인 눈물이고, ㉡은 아버지에게 미안한 마음과 자신의 처지에 대한 좌절감으로 괴로워서 흘린 진수의 눈물이다. **12.** ③ **13.** ⑤ **14.** 한쪽 팔, 한쪽 다리 **15.** 아들(진수)에게 맛있는 국수를 배불리 먹이고 싶은 아버지(만도)의 사랑이 드러난다. **16.** ④ **17.** ④ **18.** ① **19.** ㉠은 만도와 진수가 넘어야 할 시련이자 고난을 상징한다. 그러나 두 사람의 화합과 협동을 통해 극복할 대상이므로 두 사람의 삶이 더 나아질 것이라는 희망을 상징하기도 한다. **20.** ④ **21.** ③ **22.** ① **23.** 이 시는 자연을 함부로 파괴하는 현대 문명을 비판하고 있고, 〈보기〉는 이해타산적이고 냉정한 현대인의 모습을 비판하고 있다. **24.** ④ **25.** ④ **26.** ④ **27.** ㉠은 자연인 '물'이 운다고 하여 마치 사람인 것처럼 표현하고 있다. ㉡도 자연인 '비둘기'가 향수를 느낀다고 하며 마치 사람인 것처럼 표현하고 있다.

01. (가)는 임과 이별한 비통한 심정을, (나)는 아끼는 바늘을 잃은 비통한 심정을 드러내고 있다.

오답 해설

① (나)는 조선 시대 양반가 부녀자가 지은 수필이지만, (나)는 조선 전기의 문신인 왕방연이 지은 시조이다.

③ (가)에서 현실의 부정적 현상이나 모순 따위를 빗대어 비웃으면서 쓰는 부분은 찾을 수 없다.

④ (가)에서 화자는 '물'에 감정을 이입하고 있지만, (나)에서 작가는 '바늘'을 잃은 슬픔을 제문의 형식을 빌려 쓰고 있을 뿐이다.

⑤ (가)와 (나)에 드러난 사회 · 문화적 배경에 유교 사상은 드러나지만, (가)에 '충'이 드러날 뿐 (가)와 (나) 모두 '충효'를 상징하는 소재를 활용하고 있지는 않다.

02. '예놋다'의 의미는 '(흘러)가는구나.'는 의미이며, 〈보기〉를 고려할 때 작가는 단종을 유배지에 두고 오며 느낀 슬픔과 상실감에 냇가에 앉아 자신의 마음과 같이 울며 밤길 흐르는 물소리를 듣고 있음을 알 수 있다. 따라서 ㉤은 밤을 새워 다시 단종 돌아가고 싶다는 것과는 거리가 멀다.

03. 동지상사 명을 받아 북경에 다녀온 것은 글쓴이가 아니라 글쓴이의 시삼촌이다.

04. 공습 때문에 목숨을 잃을 수 있는데도 사람들이 공습을 기다렸다는 것은 그만큼 일제의 강제 노동 착취가 가혹했기 때문이다.

오답 해설

① (나)를 보면 강제 노동 환경의 열악함에 대해 나타나 있다.

②, ⑤ (가)를 보면 당시 사람들이 북해도 탄광, 남양 군도, 만주 등 여러 장소로 강제 징용되었음을, 또 어디로 가는지는 모르고 추측만 하고 있음을 알 수 있다.

④ (나)와 (다)를 보면 강제 징용된 사람들이 점점 더 가혹해지는 노동을 하고 있음이 드러난다.

05. 강제로 징용에 끌려가는 처지에 있으면서도 앞으로의 일에 대해 불안해하거나 초조해하지 않는 것에서 만도의 성격이 단순하고 낙천적임을 알 수 있다.

06. 작가는 꿋꿋하게 살아남는 강인한 생명력을 가진 만도의 모습을 통해 만도가 수난에 좌절하지 않고 극복할 수 있는 존재임을 보여 주고 있다.

07. (다)에서는 만도가 징용에 끌려갔을 때 있었던 일을 요약적으로 제시하고 있다.

08. 진수는 자신을 본 아버지의 분노 어린 탄식에 실망하는 것이 아니라 죄송스러움을 느끼며 슬픈 감정을 애써 감추고 있다.

오답 해설

② (나)를 보면 불구가 되어 돌아온 아들의 모습에 만도가 충격을 받는 보습이 서술되어 있다.

③ (나)에서 '양쪽 겨드랑이에 지팡이를 끼고', '바람결에 한쪽 바짓가랑이가 펄럭거리는 것' 등을 볼 때 진수는 한쪽 다리를 잃고 지팡이를 짚으며 나타난 것을 알 수 있다.

④ (가)에서 눈앞에 보인 아무렇게나 던져져 있던 자신의 팔뚝을 보고 만도가 정신을 잃어버렸다는 것을 알 수 있다.

⑤ (다)의 첫 문장에서 '앞장서 가는 만도는 ~ 한 번도 돌아보지 않았다.'를 통해 알 수 있다.

09. 만도가 진수에게 모질게 말하거나 앞장서 걷는 것은 불구가 된 진수의 모습을 보고 충격을 받아 화가 났기 때문이다. 이는 자신에게 닥친 불행이 아들에게까지 이어지는 현실에 대한 분노와 좌절 때문이며, 아들에 대한 사랑의 역설적 표현이기도 하다.

10. 서술자의 냉정하고 객관적인 서술 태도는 만도의 비극성을 한층 더 강하게 드러내는 효과를 거두고 있다.

11. ㉠은 만도의 눈물을, ㉡은 진수의 눈물을 가리킨다. 두 사람

이 이 소설의 맥락 속에서 왜 눈물을 흘리고 있는가를 파악해서 〈조건〉에 맞게 서술하도록 한다.

12. 방언을 사용함으로써 사건의 진행에 생동감을 더하고 있지만, 사건을 긴장감 있고 빠르게 전개하는 효과를 주고 있지는 않다.

13. (가)에는 귀한 아들이 다리 한쪽을 잃어버린 것에 대한 슬픔과 속상함, 그리고 앞으로 힘들게 살아가야만 하는 아들에 대한 불쌍함과 안타까움 등의 감정이 드러나 있다.

14. '수난이대'에서 '수난'은 사회 · 문화적 상황에 의해 아버지와 아들 두 세대가 겪은 불행을 의미한다.

15. 국수를 곱빼기로 잘 말아 달라고 하고 맛있게 참기름도 넣어 달라고 부탁하는 말에는 아들에 대한 아버지의 애정이 담겨 있다.

16. 이 글에서는 일제 강점기와 6.25 전쟁을 배경으로 하여 부자의 수난과 그것의 극복 과정을 다루고 있지만 실제 인물이 겪은 역사적 사실을 그대로 담고 있는 것은 아니다.

오답 해설

① 이 소설에는 일제 강점기의 징용과 6.25 전쟁이라는 당시 사회 · 문화적 상황이 드러나 있다.
② 이 소설에는 시대의 시련 때문에 한쪽 팔을 잃은 아버지와 한쪽 다리를 잃은 아들의 수난과 극복을 형상화하고 있다.
③ 만도와 진수 부자의 시련을 우리 민족의 비극이자 시련으로 보고 이를 극복하는 의지를 보여 주고 있다.
⑤ 만도가 진수를 업고 '외나무다리'를 건너는 장면을 통해 협동을 통해 수난을 극복해 나가는 과정을 보여 주고 있다.

17. (가)에서 진수는 팔이 하나밖에 없어서 불편해하는 만도를 도와주고 있고, (나)에서 만도는 다리가 하나밖에 없어서 난처해하고 있는 진수를 도와 외나무다리를 건너고 있다.

18. 의인화된 자연이 인간을 내려다보도록 서술의 주체에 변화를 줌으로써 부자의 모습이 주는 감동의 여운을 증폭시키며 마무리하고 있다.

오답 해설

② 이 부분의 서술 태도는 앞부분과 같이 전지적 태도로 동일하다.
③ 인물의 성격 변화가 드러나지 않는다.
④ 사건의 결말이므로 새로운 사건을 암시하지는 않는다.
⑤ 모든 갈등이 해소되는 결말 부분이다.

19. 용머리재는 만도와 진수가 집으로 돌아가기 위해서는 반드시 넘어야 할 대상이므로, 1차적으로는 시련과 고난을 상징한다. 그러나 그 시련과 고난을 화합과 협동을 통해 극복하게 될 것이므로 그것은 결국 새로운 시작이나 좀 더 나은 삶을 가져올 것이다. 즉 용머리재는 두 사람 앞에 놓인 희망을 상징하기도 한다.

20. 3연을 통해 성북동 비둘기가 더 이상 낳지 못하게 된 것은 알이 아니라 사랑과 평화의 사상임을 알 수 있다.

오답 해설

① '아침 구공탄 굴뚝 연기에서 향수를 느끼다가 / 산 1번지 채석장에 도루 가서 / 금방 따낸 돌 온기에 입을 닦는다'로 보아 비둘기가 옛날을 그리워하고 있음을 알 수 있다.
②, ③, ⑤ 새로운 번지를 위해 본래 살던 성북동 비둘기의 번지가 파괴되었음에도 비둘기는 떠나지 못하고 옛 보금자리를 맴돌고 있는 것을 확인할 수 있다.

21. '쫓기는 새'는 인간과 자연으로부터 소외되고 평화를 잃어버린 비둘기를 의미한다.

22. 이 시의 비둘기는 인간에 의해 파괴된 자연, 산업화 · 도시화로 삶의 터전을 잃고 소외된 계층을 의미하는 반면, 〈보기〉의 비둘기는 이해관계만을 따지는 이기적인 현대인의 모습을 의미한다.

23. 1960년대에 쓰인 이 시는 산업화 · 도시화 과정에서 인간에 의해 파괴된 자연에 대한 안타까움과 향수를 노래하고 있으며, 1980년에 쓰인 〈보기〉는 이익에 따라 모이고 흩어지기를 반복하며 이기적으로 살아가는 도시의 시민들을 비판하고 있다.

24. (가)와 (나)의 창작 동기 및 사회 · 문화적 배경을 고려할 때, (가)와 (나) 모두 개인적인 문제보다는 사회적인 문제를 다루고 있음을 알 수 있다.

25. 이 시조는 작가가 단종을 유배지에 호송하고 돌아오는 길에 잠시 냇가에 앉아 유배지에 갇힌 단종에 대한 슬픔과 안타까움을 노래한 것이다.

26. ⓐ와 '채석장 포성'은 모두 성북동 산을 개발하는 과정에서 나는 소리로, 인간 문명에 의해 파괴되는 자연을 청각적 이미지로 형상화한 것이다.

27. ㉠과 ㉡은 사람이 아닌 대상을 마치 사람인 것처럼 표현하였다는 공통점이 있다.

5 비판적인 읽기와 듣기

• 본문 p.205

확인 문제

01. ② **02.** 이성적 설득 전략

01. 추론은 근거로부터 주장을 이끌어 내는 사고 과정이다.

02. 화자가 자신의 주장을 적절한 근거를 들어서 말함으로써 설득의 효과를 높이고 있다.

1 디지털 치매, 걱정할 일 아니다

개념 확인 콕콕

• 본문 p.206

01. 추론 **02.** 귀납 **03.** 사람은 죽는다. **04.** ③

01. 추론은 근거를 바탕으로 결론을 이끌어 내는 과정을 말한다.

02. 귀납은 특수한 근거 또는 구체적인 근거를 바탕으로 하여 일반적인 결론을 도출하는 방법이다.

03. 〈보기〉의 추론은 연역 논증의 일종인 삼단 논법이다. '대전제 – 소전제 – 결론'의 형식으로 이루어진다.

04. 논증은 주장에 설득력을 높여 준다는 점에서 가치가 있다.

• 확인 문제 •

• 본문 p.208

01. ④ **02.** ① **03.** ④ **04.** ① **05.** 전문가의 의견을 제시하여 독자에게 신뢰감을 줄 수 있다. **06.** ③ **07.** ② **08.** ⓐ 기억하는, ⓑ 찾는 **09.** ④ **10.** ③ **11.** ② **12.** ② **13.** 긍정(/ 낙관), 전망하고 있다

01. 디지털 치매 현상은 디지털 기술에 지나치게 의존함으로써 기억력이나 계산 능력이 떨어지는 현상을 말한다. 휴대 전화에 전화번호를 모두 저장해 두기 때문에 전화번호를 잘 기억하지 못하거나 간단한 계산도 계산기에 의존해야 하는 현상을 예로 들 수 있다.

02. 계산기가 없으면 암산은커녕 간단한 계산조차 하지 못하는 것이 디지털 치매의 예로 볼 수 있다.

03. 디지털 기술에 지나치게 의존하는 현상은 사회적으로 관심이 높은 현상으로 많은 사람의 걱정거리가 되는 문제이므로 일부 사람들의 문제로 보기 어렵다.

04. (다)에서는 인류의 역사에서 상실하는 능력이 있으면 얻게 되는 능력이 있다는 사례를 세 가지 제시하고 결론을 이끌어 내는 논증 방법을 보여 주고 있다. 이와 같이 구체적인 사례로부터 일반적 원리를 이끌어 내는 논증 방법을 귀납 추론이라고 한다.

오답 해설

② 일반적 원리나 진리를 전제로 하여 특수한 사실을 결론으로 이끌어 내는 방법이다.
③ 둘 이상의 대상이나 현상이 몇 가지 점에서 비슷하다는 점을 근거로 하나의 대상에서 나타나는 현상이 다른 대상이나 현상에서도 그럴 것이라고 추론하는 논증 방법이다.
④ 연역 논증의 대표적인 형식으로서 대전제, 소전제, 결론으로 이루어지는 구성이다.
⑤ 하나의 주장이 나와 정립되면 그에 맞서는 주장이 나타난다는 논리의 논증 방법. '정립 – 반정립 – 종합'의 세 단계의 인식으로 구성된다.

05. ㉠과 같이 전문가의 저서와 강연 내용을 인용하여 자신의 주장을 뒷받침하면 독자들이 글에 대한 신뢰감을 높이는 데 도움이 된다.

06. [A]에서는 인류의 진화 과정과 역사를 돌아볼 때, 상실하는 능력이 있으면 동시에 얻는 능력도 있었음을 다양한 사례를 통해 드러내고 있다.

07. ㉡은 현대의 작업 환경을 나타내는 표현으로, 이 일에서 저 일로 주의를 빨리 옮겨야 하는 상황을 말하는 것이다. 한 가지에 오래 집중하는 것과는 거리가 멀다.

08. (라)에서는 현대 노동 환경의 변화는 많은 정보를 기억하고 있는 환경에서 많은 정보를 다른 곳에 저장했다가 필요할 때마다 빨리 찾아내어 사용하는 환경으로 변화되었음을 말해 주고 있다.

09. (마)에서는 일하는 환경의 변화로 인해 자기 자신만의 정보를 잘 기억하는 능력보다 여기저기 놓여 있는 정보를 효과적으로 잘 찾는 능력이 훨씬 중요해졌음을 말하고 있다.

10. (마)를 보면 현대 사회에서는 정보를 많이 기억하고 있는 사람보다는 어디에 정보가 있는지 잘 알아서 그 정보를 빨리 찾는 사람이 필요하다는 것을 알 수 있다.

11. ㉠에는 글쓴이의 주장에 대한 예상 반론과 함께 그 반론에 대한 글쓴이의 재반론이 들어 있다.

오답 해설

'어떤 사람들은 ~ 인간을 퇴보하게 할 것이라고 주장하지만,'은 글쓴이의 주장에 대한 반론에 해당하고, '보조 기억을 ~ 기억 능력의 퇴보는 아니라고 본다.'는 그 반론에 대한 글쓴이의 재반론에 해당한다.

12. (바)를 보면 글쓴이가 디지털 치매에 대해 긍정적인 시각을 가지고 있음을 알 수 있다. 그러므로 디지털 치매에 대해 경계심을 가져야 한다는 표현은 글쓴이의 생각과 거리가 멀다.

13. (바)는 이 글의 끝 부분으로 중간 부분의 내용을 요약하면서 중심 소재인 디지털 치매 현상의 미래에 대해 긍정적으로 전망하고 있다.

학습 활동 다지기

• 본문 p.212

이해 다지기 문제 **1.** ② **2.** ④ **3.** ㉮ 글쓴이는 디지털 치매에 대해 긍정적 관점을 가지고 있다.

목표 다지기 문제 **1.** ⑤ **2.** ② **3.** ③ **4.** 논증 방법의 종류: 귀납, 특징: 개별적이고 특수한 사실이나 현상에서 일반적인 사실이나 진리를 결론으로 이끌어 냄. **5.** 나쁜 아이이다. **6.** 연역

이해 **1.** 글쓴이는 디지털 치매 현상에 대해 긍정적인 관점을 보여 주고 있다. 글쓴이는 디지털 치매 현상이 디지털 기기의 발달로 인해 생긴 현상으로 인류가 발전해 가는 과정에서 자연스럽게 드러나는 양상이므로 지나치게 걱정할 필요가 없다고 말하고 있다.

오답 해설

① 디지털 치매 현상은 인류의 진화, 우리 사회의 노동 환경의 변화와 연관된 복잡한 현상이지 그것이 심각한 사회 문제를 야기하는 것은 아니다.

③ 디지털 치매 현상을 인간 진화의 자연스러운 양상으로 받아들이라는 것이지 더욱 강화해야 한다는 내용은 제시되어 있지 않다.

④ 디지털 치매 현상은 인류의 진화와 현대의 노동 환경 변화와 깊은 관련이 있는 것이므로 일부에서만 일어나는 현상이라 하거나, 사소한 현상이라고 보기 어렵다.

⑤ 디지털 치매 현상은 디지털 기술에 지나치게 의존하여 기억력과 기억 능력 등이 현저하게 떨어지는 현상이므로 실체가 없다고 볼 수는 없다.

2. 정보를 처리하고 다루는 기술이 발달하기는 했지만 우리의 삶이 더 단순해졌다는 사실은 〈보기〉를 통해 알 수 없다. 오히려 이런 기술의 발달은 우리의 삶을 복잡하게 만들었다.

3. 글쓴이는 디지털 치매 현상이 인류의 발전 과정에서 자연스럽게 나타나는 양상이라고 생각하고 있으므로 긍정적으로 보고 있다고 할 수 있다.

목표 **1.** 이 글에서는 디지털 치매 현상의 뜻과 접근 방식, 노동 환경의 변화 등을 다루고 있지만 세대에 따라 디지털 치매 현상이 어떻게 다르게 드러나는지에 대해서는 다루고 있지 않다.

2. 〈보기〉에서는 노동 환경이 끊임없이 작은 집중을 연속적으로 해야 하는 환경으로 변했음을 지적하면서 정보를 많이 기억하기보다 다른 곳에 저장해 두고 빨리 찾는 능력이 필요하다고 말하고 있다.

3. 〈보기〉의 사례는 인류의 발전 과정에서 상실한 능력이 있으면 새로운 능력을 얻었다는 것을 보여 준다. 도구의 사용으로 입이 무는 기능을 잃고 말하는 기능을 얻었으며, 문자와 인쇄술의 발명으로 기억력이 약해진 대신 새로운 지식을 생산하는 능력을 얻었다는 것이다.

4. 제시된 논증 방법은 여러 가지 곤충이 알을 낳는다는 개별적 사실에서 곤충은 알을 낳는다는 일반적인 사실(결론)을 도출해 내는 '귀납'에 해당한다.

5. 연역적 추론에서 결론은 새로운 주장이 아니라 대전제 안에 포함되어 있다.

6. 대전제: 모든 성장 소설은 등장인물의 정신적 성숙을 다룬다. 소전제: 박완서의 「자전거 도둑」은 성장 소설이다. 결론: 「자전거 도둑」은 주인공인 수남의 정신적 성장을 다루고 있다.

소단원 핵심 문제 • 본문 p.217

01. ① **02.** ④ **03.** ① **04.** 구체적인 사례들을 바탕으로 일반적인 원리를 추론해 내는 논증 방법이다. **05.** ④ **06.** ㉰ 디지털 치매 현상은 현대 사회의 환경에 적응하려는 불가피한 선택입니다. 디지털 기술 의존 현상은 새로운 능력을 가져다줄 테니 걱정하지 마세요. **07.** ④ **08.** ④ **09.** ④ **10.** 글쓴이는 디지털 기술 의존 현상을 긍정적으로 바라보면서 인간 진화의 자연스러운 양상이며 미래형 인간을 향한 진보의 결과로 보고 있다.

01. 이 글은 디지털 치매에 대한 일반적 인식과 달리 디지털 치매를 새로운 관점에서 보고 있는 글이다.

오답 해설

② 글쓴이의 직접적인 경험이 드러나 있지는 않다.

③ 이 글은 귀납적 방법을 사용하여 디지털 기술 의존 현상이 인간 진화의 양상이라는 자신의 주장을 받아들이도록 설득하고 있다.

④ 자신의 의견이 옳다는 것을 합당한 근거와 이유를 들어 논리적 추론을 통해 밝히고 있다.

⑤ 다양한 주장들을 비교하는 것이 아니라 기존의 관점을 부정하면서 귀납적 방법으로 자신의 주장을 펼치고 있다.

02. 디지털 치매는 휴대 전화, 컴퓨터, 노래방 기기, 계산기 등의 디지털 기술에 지나치게 의존하여 기억력이나 계산력이 떨어지는 현상을 말한다.

03. 글쓴이는 (나)에서 디지털 치매에 대해 단지 좋다, 나쁘다고 쉽게 말할 성격의 것은 아니라고 말한다. 디지털 치매 현상은 인류의 진화, 우리 사회의 노동 환경의 변화와 연관된 복잡한 현상이기 때문이다.

04. (다)에서는 귀납의 논증 방법이 활용되었다. 귀납은 구체적인 사례에서 일반적 원리를 이끌어 내는 방식이다.

오답 해설

인류의 역사에서 상실하는 능력이 있으면 얻게 되는 능력이 있다는 사례를 세 가지 제시하고 결론을 이끌어 내는 논증 방법을 보여 주고 있다.

05. (나)에는 정보와 관련된 현상이 인류 발전 과정에서 계속적으로 제기된 문제라는 내용이 담겨 있지 않다. 이 문단은 정보를 다루는 능력이 변하였다는 점이 중심 내용이다.

06. 〈보기〉는 디지털 기술에 지나치게 의존하는 현상에 대해 부정적인 태도를 보이고 있다. (다)를 바탕으로 〈보기〉의 글쓴이에게 조언할 때, 디지털 치매 현상이 불가피한 선택이고 자연스러운 양상이며 잃는 것이 있으면 얻는 것이 있다는 점을 강조하는 것이 효과적이다.

07. 이 글에서는 정보 통신 기술의 발달로 실시간으로 많은 정보를 접해야 하고, 많은 사람을 상대해야 하는 어려움을 겪게 되었다고 말하고 있다. 여가 시간이 어떻게 되었다는 언급은 찾을 수 없다.

08. (다)에서는 일하는 환경의 변화로 인해 뇌의 능력, 정보를 다루는 능력에 변화가 있었다는 것을 중심 내용으로 하고 있다. 디지털 치매의 부정적 모습을 다루고 있지는 않다.

09. (나)는 귀납의 논증 방법이 활용되었고 〈보기〉는 연역의 논증 방법이 활용되었다. '대상들 사이의 공통점을 바탕으로 결론을 이끌어 내는' 방식은 '유추'로 (나)에서 활용된 방식과는 거리가 있다.

오답 해설

① (나)는 귀납의 논증 방법으로 개별적 사실에서 결론을 끄집어낸 것이므로 전제가 참이면 결론은 반드시 참은 아니지만 어느 정도 참이라는 논증이다. 즉, 귀납 논증의 결론은 전제로부터 필연적으로 도출되지는 않는다.

② 〈보기〉는 전제가 결론에 결정적인 근거를 제공하는 연역 논증이다. 타당한 연역 논증은 전제가 참이면 결론도 반드시 참인 논증이므로 필연적으로 연결된다.

③ 개별적인 사례로부터 결론을 이끌어 내는 형식은 귀납 논증 방식에 대한 설명이다.

⑤ 〈보기〉는 '대전제 – 소전제 – 결론'의 형식으로 이루어진 삼단 논법이다.

10. 글쓴이는 디지털 기술 의존 현상을 자연스러운 양상으로 보는 긍정적 관점을 가지고 있다.

2 비판적으로 분석하며 듣기

개념 확인 콕콕 • 본문 p.220

01. 전문적 **02.** 설득 전략 **03.** 이성적 설득 **04.** ④

01. 동네 아주머니보다 수의사의 말이 더 설득력이 있는 것은 그가 수의사라는 직업을 가진 전문인이기 때문이다.

02. 설득을 목적으로 말하기를 할 때에는 적절한 설득 전략을 활용하여야 목적을 이룰 수 있다.

03. 설득 전략에는 이성적 설득, 감성적 설득, 인성적 설득이 있다. 이와 같이 논리적이고 이성적인 방법으로 주장을 뒷받침하는 전략을 이성적 설득 전략이라고 한다.

04. 연설을 비판적으로 분석하며 듣기 위해서는 연설자의 주장에 적극적으로 공감하는 태도보다는 거리를 두고 비판적으로 설득 전략을 분석하면서 들어야 한다.

• 확인 문제 •

• 본문 p.222

01. ① **02.** ② **03.** ① **04.** ③ **05.** ㉢ **06.** 연설자의 인물 됨됨이가 잘 드러나 이야기에 설득력을 갖게 되었기 때문이다. **07.** ② **08.** ① **09.** ① **10.** ④ **11.** ① **12.** (아름다운) 교향곡 **13.** ⑤ **14.** ② **15.** 이성적 설득 전략 **16.** ② **17.** ④ **18.** ①

01. (가)~(다)의 상황 모두 상대방을 설득하기 위한 말하기가 이루어지는 상황이다. 각 상황에서 모두 다른 설득 전략을 활용하여 설득이 이루어지고 있다.

02. (가)에서 점원은 고객에게 휴대 전화의 장점에 대한 적절한 정보를 제공하여 고객이 휴대 전화를 사도록 설득하고 있다.

03. (다)에서는 연설자가 봉사 활동을 많이 하고 솔선수범하는 인물이라는 점이 설득의 근거가 되고 있다.

04. 논리적인 주장과 근거를 강조하는 특성을 보이는 것은 이성적 설득 전략이다.

05. (나)의 오디션 참가자는 어떤 이유로 자신이 오디션에 적합한 인물인지 이야기함으로써 심사 위원들의 감정에 호소하는 감성적 설득 전략을 구사하고 있다. ㉢에서도 청중의 동정심 등과 같은 감정에 호소하여 청중의 마음을 움직이고 있으므로 감성적 설득 전략이 사용되었다.

오답 해설

㉠은 화자의 전문성과 과거의 행동으로 공신력을 얻으려는 것이므로 인성적 설득 전략을 사용하였고, ㉡은 화자가 자신의 주장을 적절한 근거를 들어서 말함으로써 설득의 효과를 높이는 인성적 설득 전략을 사용하였다.

06. (다)에서는 연설자의 인성을 근거로 한 설득 전략인 인성적 전략이 활용되고 있다.

07. 이 연설은 흑인에 대한 인종 차별 정책에 맞서서 백인과 흑인이 평등하게 지내길 바라며 행한 연설이다.

08. 연설자는 '100년이 지났지만'을 반복함으로써 오랜 시간이 지났음에도 흑인의 인권이 결코 개선되지 않았음을 강조하고 있다.

09. '동지'라는 표현은 뜻을 함께 한다는 의미가 강하게 드러나는 표현이다. 이는 일반적인 호칭에 비해 청중들이 동질감을 느끼게 할 가능성이 높다.

10. 연설자는 어린이만 구별하여 평등을 말하는 것이 아니라 흑인과 백인이 모두 평등한 사회, 즉 인종 차별이 없는 평등한 사회에 관한 꿈을 꾸고 있다.

오답 해설

①, ⑤ 언젠가 내 아이들이 자신의 피부색이 아니라 인격으로 평가받는 나라에서 살게 되리라는 꿈이 있다고 하였다.

② (인종 차별이 없는 평등한 사회가 올 것이라는) 믿음이 있으면 언젠가 자유로워지리라는 사실을 알면서 함께 일하고 함께 투쟁할 것이라고 하였다.

③ 앨라배마주는 지독한 인종 차별주의자들이 들끓는 곳이며 주지사가 주권 우위와 연방 법령 실시 거부를 주장하고 있는 곳이라 하면서, 여전히 인종 차별 철폐를 거부하고 흑인을 차별하고 있음을 비판하고 있다.

11. '절망'은 흑인이 차별을 받는 현실을 의미하고, '희망'은 흑인이 차별 받지 않는 평등한 사회를 의미한다.

12. 불평등한 사회를 불협화음에 비유하였고, 평등이 이루어진 사회를 아름다운 교향곡에 비유하여 표현하였다.

13. 흑인에 대한 차별 철폐를 위한 대규모 집회에서 행해진 연설이므로 조용하고 차분한 분위기라는 분석은 적절하지 않다.

14. [A]에서는 노예 해방령, 건국 시조와 같은 역사적 사실을 근거로 제시하여 청중을 설득하고 있다.

오답 해설

① 주장을 위해 근거로 제시한 링컨 대통령의 노예 해방령이나 건국 시조는 전문가의 의견을 인용한 것이 아니다.

③ 현재 상황을 있는 그대로 보여 주는 것이 아니라 역사적 사실을 근거로 제시하였다.
④ 글쓴이의 경험이 드러나지 않는다.
⑤ '100년 전'은 역사적 시기를 나타낼 뿐 통계적인 수치라고 볼 수 없다.

15. 역사적 사실을 설득의 근거로 내세우는 설득 전략은 이성적 설득 전략에 해당한다. 이성적 설득 전략은 논리적이고 이성적인 방법으로 설득하는 것이다.

16. 연설자는 흑인들이 처한 인종 차별의 상황을 제시하여 부당한 상황에 관한 청중의 분노에 호소하거나, 평등한 사회에 대한 간절한 꿈 이야기를 통해 청중에게 감동을 불러일으키고 있다.

17. ㉠은 100년이라는 긴 시간이 지났음에도 흑인들에 대한 차별이 여전하고 흑인들이 비참하게 살아가고 있음을 드러내고 있다.

18. 연설자 마틴 루서 킹은 여러 가지 시련에도 불구하고 흑인들의 인권을 위해 앞장선 흑인 인권 운동의 지도자로, 부당한 현실을 개혁하기 위해 끊임없이 노력하였다. 연설자의 이러한 인성적 측면은 설득력을 높일 수 있다.

소단원 핵심 문제 • 본문 p.230

01. ④ **02.** ⑤ **03.** ⑤ **04.** 연설하는 사람의 인물 됨됨이나 인격적 측면이 강조되어 선출되었을 것이다. 이는 인성적 설득 전략이 효과를 거두었다고 할 수 있다. **05.** ④ **06.** ④ **07.** ㉠과 ㉡에는 역사적 사실을 근거로 제시하는 이성적 설득 전략을 활용하고 있다. **08.** ④ **09.** ③ **10.** ④ **11.** ①, ④ **12.** 인종 차별이 없는 평등한 사회를 이루어 조화롭게 사는 것을 의미한다.

01. (가)~(다)는 모두 상대방을 설득하기 위한 말하기 상황이다. (가)는 사적인 말하기 상황이고 (나), (다)는 공식적인 말하기 상황이다. (가)에서는 정보를 전달하고 있지만 정보 전달이 목적은 아니다.

02. (가)에는 이성적 설득 전략이 쓰였다. 휴대 전화의 장점을 항목별로 나누어서 설명하면서 개선된 점들을 근거로 제시하는 이성적 설득 전략을 구현하여 설득력을 갖기 때문이다. ⑤에서도 객관적 정보를 제공하는 방식으로 책을 읽어야 함을 설득하고 있다.

03. (나)에서 오디션 참가자는 심사 위원들에게 자신이 그동안 평범한 삶을 살았지만 오디션을 통해 새로운 삶을 살고자 함을 표현하고 있다.

04. (다)에서 유권자들은 연설자의 평소 행실, 즉 인물 됨됨이를 근거로 연설자를 긍정적으로 판단하고 있으므로 인성적 설득 전략이 유효하게 작용되었을 것으로 추측할 수 있다.

05. 연설이 중립적인 태도를 가지고 있어야 하는 것은 아니므로 중립적인 태도를 가지고 있는지 판단하며 듣는 것은 유의할 점으로 적절하지 못하다.

06. 노예 해방령이 이미 시행된 이후의 현실이므로 노예 해방령을 간절히 원하고 있다는 것은 잘못된 설명이다.

오답 해설
① 100년이 지났지만 흑인은 여전히 미국 사회의 후미진 곳에 내몰려 추방당한 채 살고 있다고 하였다.
② 100년이 지났지만 흑인은 이 거대한 물질적 풍요의 바다 한가운데에 가난이라는 섬에 고립되어 살고 있다고 하였다.
③, ⑤ 100년이 지났지만 흑인은 여전히 인종 분리 정책이라는 족쇄와 인종 차별이라는 쇠사슬에 묶인 채 절뚝거리며 비참하게 살고 있다고 하였다.

07. 역사적 사실을 제시하여 주장의 정당성을 높이는 것은 논리적이고 이성적인 설명을 통해 설득하는 이성적 설득 전략이라고 할 수 있다.

08. 연설자는 조지아주에서 흑인과 백인이 평등해진 사회를 꿈꾸고 있다고 했으므로 현재 조지아주에 대해서는 부정적으로 보고 있다는 것을 알 수 있다.

09. (가)에서는 청중에게 질문을 던지거나 호응을 유도하는 등 연설자가 청중의 반응을 요구하는 부분은 찾을 수 없다.

오답 해설
① (가)는 흑인에 대한 인종 차별을 철폐하자는 주장을 하는 설득적 연설이고, (나)는 타인을 배려하고 돕는 마음을 갖자는 설득을 목적으로 하는 광고이다.
② (가)는 마틴 루서 킹이 1963년 미국의 워싱턴 평화 행진에서 한 연설로, 흑인에 대한 인종 차별 정책이라는 당시 사회 현실이 분명하게 드러나 있다.
④ (나)는 '출근길 → 회사 → 퇴근길' 장면을 통해 인물의 하루를 이야기로 구성하여 시간 순서대로 보여 주고 있다.
⑤ (나)는 영상 광고로 시각적 표현이 중심을 이루고 있으므로 장면 구성 등 시각적 표현 요소가 중요하다.

10. (가)에서 연설자는 현실에 대해서 언급하고 있기는 하지만 자신의 경험을 구체적으로 제시하고 있지는 않다.

11. (나)에서는 시간을 수량화함으로써 보는 사람으로부터 이성적인 판단을 할 수 있도록 설득하는 이성적 설득 전략과, 일상에서 남을 배려하는 감동적 장면을 활용한 감성적 설득 전략 등을 보여 주고 있다.

12. 흑인 인권 운동가였던 마틴 루서 킹은 인종 차별이 없는 미국 사회를 꿈꾸면서 이 연설을 했다.

대단원 확인 문제

• 본문 p.235

01. ④ **02.** ② **03.** ④ **04.** 글쓴이는 디지털 치매로 인해 상실하는 능력이 있지만 새롭게 얻는 능력도 있을 것이라고 낙관적(긍정적)으로 전망하고 있다. **05.** ④ **06.** ① **07.** ② **08.** 예 실시간으로 처리해야 하는 정보가 많아져서 예전처럼 한 가지 일에 집중하지 못하고 짧은 집중을 계속해야 하는 환경으로 변화되었다. **09.** ⑤ **10.** ③ **11.** ② **12.** ㉠ 오아시스, ㉡ 인종 차별주의자들 **13.** ② **14.** ⑤ **15.** 연설자 마틴 루서 킹은 흑인 인권 보호를 위해 시민 운동가로서 노력했던 사람이라는 점으로 인해 청중에게 인성적 측면에서 설득력을 가지기 때문이다. **16.** ④ **17.** ㉠ 사람은 사회적 동물이다. ㉡ 우리는 모두 이러한 사람이다. ㉢ 우리는 사회적 동물이다. **18.** ⑤ **19.** ②

01. 이 글은 주장하는 글이다. 글쓴이의 경험이 구체적으로 드러나는 글은 수필이 대표적이며 주장하는 글은 자신만의 관점으로 대상에 관해 간결하고 논리적인 표현을 써서 주장하며, 일반적으로 3단 구성으로 되어 있다.

02. 디지털 치매 현상은 좋다, 나쁘다를 쉽게 말할 수 없다고 했으므로 가치 판단을 내리기 어려운 현상이다.

03. ㉠은 인류 진화 과정의 예를 바탕으로 인간이 상실하는 능력이 있으면 얻는 능력도 있다는 결론을 이끌어 내므로 귀납적 논증 방법에 해당이 된다. 따라서 이를 설명한 ④가 적절하다.

오답 해설

①, ② 연역적 논증 방법에 대한 설명이다.

③ 변증법적 논증 방법은 하나의 주장이 나와 정립되면 그에 맞서는 주장이 나타난다는 논리의 논증 방법으로, '정립 – 반정립 – 종합'의 세 단계의 인식으로 구성된다.

⑤ 유추에 대한 설명이다.

04. ㉠을 통해 내릴 수 있는 결론은 인류의 진화 과정에서 인간이 상실하는 능력이 있으면 동시에 얻는 능력도 있다는 것으로, 이를 바탕으로 하면 디지털 치매에 대한 긍정적 전망을 내릴 수 있다.

05. 이 글은 대상에 대한 긍정적 관점으로 주장을 펼치고 있는 글이므로 중립적인 관점을 보여 주고 있다는 내용은 적절하지 않다.

오답 해설

① (나)에서 '어떤 사람들은 ~ 퇴보하게 할 것이라고 주장하지만,'은 예상 반론이고, '보조 기억을 디지털 기기로 ~ 퇴보는 아니라고 본다.'는 그에 대한 재반박이라고 볼 수 있다.

② 예를 들어 디지털 기술 의존 현상은 인간 진화의 자연스러운 양상이라는 주장을 펼치며 설득하고 있다.

③ 디지털 기술 의존 현상을 제재로 하고 있다.

⑤ (가)에서 '어느 여류 작가의 말처럼 ~ 시대에 살고 있다.'에서 여류 작가의 말을 인용하였고, 이어서 그에 관련된 근거를 제시하여 내용의 신뢰감을 높여 주고 있다.

06. (나)를 보면 개인이 기억하는 몇몇 정보에서 많은 정보를 다른 곳에 모아 두었다가 적절할 때 찾는 능력이 훨씬 중요해졌다고 언급하고 있다.

07. (다)에서는 본론 부분에서 언급했던 내용을 요약한 후에, 디지털 치매를 진보의 결과이고 자연스러운 현상으로 받아들여야 한다고 주장하고 있다.

08. 예전의 노동 환경은 처리해야 할 정보도 많지 않았고 만나야 할 사람도 많지 않았다. 이에 비해 현대는 정보의 양도 많고 만나야 할 사람도 많아서 한 가지 일에 오래 집중할 시간이 없다. 이러한 양상을 한 여류작가가 '끊임없는 작은 집중'이라 표현한 것이다.

09. 연설자는 위대한 행진의 자리에 함께하게 되어 기쁘다고 자신의 감정을 직접적으로 표현하고 있다.

10. (가)에서는 링컨이 노예 해방령에 서명했다는 역사적 사실을 제시하여 청중들로부터 연설자의 연설에 동의하도록 설득하고 있다. 이와 같은 방법을 이성적 설득 전략이라고 한다.

11. 연설자는 자신이 꾸고 있는 꿈이 아메리칸드림에 깊이 뿌리를 내리고 있다고 했으므로 아메리칸드림을 긍정적으로 보고 있음을 알 수 있다.

12. 연설자는 오아시스라는 소재를 활용하여 자유와 정의가 넘치는 국가, 평등한 국가에 대한 꿈을 표현하였고, 흑인을 부당하게 억압하는 사람들을 인종 차별주의자들이라고 지칭하고 있다.

13. (가)는 디지털 치매에 대한 긍정적 관점의 주장을, (나)는 인종 차별 정책에 대한 반대 의견을 전달하고 있다. (가)와 (나) 모두 설득을 목적으로 하고 있다.

오답 해설

① (가)와 (나) 모두 교훈적인 주제를 서사적인 이야기로 담아 전달하고 있지 않다.
③ (가)와 (나) 모두 정보 전달을 목적으로 한 글이 아니다.
④ (가)는 예상 독자가 불특정한 다수이지만, (나)는 1963년 미국의 워싱턴 평화 행진에서 한 연설로 예상 청중이 워싱턴 평화 행진 참가자이다.
⑤ (나)에서 '절망이라는 산', '희망이라는 돌', '교향곡' 등 비유적인 표현을 활용하여 주제를 효과적으로 표현하고 있다.

14. 현대 정보화 사회에서 능력을 인정받는 사람들은 정보를 많이 기억하는 사람이 아니라 여기저기 놓여 있는 정보를 효과적으로 잘 찾는 사람이다.

15. 〈보기〉를 보면 마틴 루서 킹이 어떤 사람인지 잘 드러난다. 이런 마틴 루서 킹의 모습을 아는 청중은 그의 인성으로 인해 연설 내용을 신뢰하게 된다.

16. (가)에는 둘 이상의 대상이 비슷하다는 전제를 바탕으로 공통점을 찾아가는 유추의 논증 방법이 적용되었다.

17. (나)는 삼단 논법이라는 연역적 방법으로 논리가 전개되고 있다.

18. 시간을 수치로 보여 주는 것은 맞지만 이는 보는 사람들이 이성적 판단을 하도록 하는 이성적 설득 전략이 활용되었다.

오답 해설

① 영상 광고로 시각적 표현이 중심을 이루는 공익 광고이다.
② '출근길 → 회사 → 퇴근길' 장면을 통해 인물의 하루를 이야기로 구성하여 순서대로 보여 주고 있다.
③ 우리가 타인을 배려하는 데 드는 시간을 수량화하여 보여 줌으로써 나 자신의 하루를 다시 한번 되돌아보게 하고 있다.
④ 타인을 배려하는데 쓴 수치화된 시간과 그것의 총합이 1분이라는 것을 강조하여, 적은 시간으로도 타인을 배려할 수 있음을 논리적으로 설득하고 있다.

19. (라)에서 화자는 청중이 자신의 세대는 가지지 못했던 과학기술을 가졌고, 불평등에 대한 인식이 있으며, 작은 노력으로도 삶을 변화시킬 수 있으니 자부심을 가지라고 당부하면서 사회적 책무를 다하는 사람이 될 것을 설득하고 있다.